平面几何证题手册

鲁有专 编著

中国科学技术大学出版社

内 容 简 介

本书旨在提高广大初中生平面几何思维能力,将知识点细分为基础知识与基本技能的训练、基本图形与解题思路的联想、常见模式与创新思维训练三部分.书中汇集了大量平面几何典型题目,并提供了详尽的解题思路,内容丰富,题量充足,讲解详细.

本书可作为初中学生学习平面几何的入门辅导书,也可供数学教师研修参考.

图书在版编目(CIP)数据

平面几何证题手册/鲁有专编著. ——合肥:中国科学技术大学出版社,2022.3
ISBN 978-7-312-05373-3

Ⅰ.平… Ⅱ.鲁… Ⅲ.几何课—初中—教学参考资料　Ⅳ.G634.633

中国版本图书馆 CIP 数据核字(2022)第 026700 号

平面几何证题手册
PINGMIAN JIHE ZHENGTI SHOUCE

出版	中国科学技术大学出版社
	安徽省合肥市金寨路 96 号,230026
	http://press.ustc.edu.cn
	https://zgkxjsdxcbs.tmall.com/
印刷	合肥华苑印刷包装有限公司
发行	中国科学技术大学出版社
开本	787 mm×1092 mm　1/16
印张	32.25
字数	825 千
版次	2022 年 3 月第 1 版
印次	2022 年 3 月第 1 次印刷
印数	1—4000 册
定价	88.00 元

前　言

　　本书是为了提高广大初中生思维能力而编写的入门教材.阅读本书不仅有助于学生破解中考压轴题,而且还有助于学生开阔眼界、拓展思路、活跃思维.

　　学好数学,思维能力是关键.训练思维最好的素材是平面几何.现在市场上有关平面几何的书籍可谓汗牛充栋,大体上可分为两类,即教辅类与竞赛类,但既以思维培训为宗旨,又能使每一位同学从中受益的基础资料却不多见.这就使我联想到自己的成长经历,恩师赵遂之为了提高我的解题能力,送我一本刻印的平面几何讲义,让我自学.刚开始解题时我没有一点思路,磕磕绊绊,可解完所有习题后,思路就豁然开朗了.因此,我希望将这种成功的经验分享给大家.经过多年的教学实践,总结了多次参与高中自主招生和数学竞赛培训的心得,我编写了本书.

　　本书分为3章.第1章是基础知识与基本技能的训练,补充了教材中没有的有关知识点,比如直角三角形的射影定理、角平分线的性质定理、圆幂定理等,还补充了梅涅劳斯定理和塞瓦定理,使知识体系更完整、更充实.选用的题目除一部分常规的典型题外,更多的是在课改下新增加的几何变换题和探究题.开放题是动的几何题与活的几何题.本书所有题目都适度进行了自我解答,目的是控制难度.所以,解这一部分的题目靠的是基本功,而不是"高、大、上"的技能技巧.解法可能不是最好的,但一定是最自然、最接地气的.

　　第2章是基本图形与解题思路和方法的联想.由题设中涉及的几何图形(比如角平分线、三角形的中线以及"手牵手"模型、"半角"模型等),联想处理这类问题可能使用的作辅助线的方法以及解题思路,目的是进一步提高、拓宽常规的解题思路和方法,巩固第一章思维训练的成果.

　　第3章是常见模式与创新思维训练.由结论中涉及的类型(比如证明线段与角相等、证明线段与角的和差倍分关系等),联想处理这类题型可能使用的证题方法和解题思路.大多数题目难度适中,目的是让大部分同学能经过自己的探索,找到解题思路.在创新思维部分还选用了一些多解题、探究题、创新题和数学竞赛中的初赛题,目的是训练在常规思路或方法有困难时,如何通过变通、改造、创新,寻求其他解题思路和方法,既训练我们的创新思维能力,又为数学爱好者进一步深造搭台阶、夯基础.

总之,愿望是好的,能否达成目标还待实践检验,希望广大读者在使用本书的过程中多提宝贵意见.

作者
2022 年 1 月

目 录

前言 ·· (i)

第1章 从知识到技能 ·· (1)
  1.1 相交线、平行线 ·· (1)
    习题1.1 ··· (6)
  1.2 三角形 ··· (9)
    1.2.1 三角形的边与角 ··· (9)
    习题1.2.1 ··· (16)
    1.2.2 全等三角形的判定与性质 ······················· (17)
    习题1.2.2 ··· (22)
    1.2.3 等腰三角形 ··· (27)
    习题1.2.3 ··· (32)
    1.2.4 直角三角形 ··· (39)
    习题1.2.4 ··· (44)
    1.2.5 勾股定理 ··· (51)
    习题1.2.5 ··· (55)
  1.3 四边形 ··· (57)
    1.3.1 四边形与平行四边形 ································· (57)
    习题1.3.1 ··· (64)
    1.3.2 矩形与菱形 ··· (71)
    习题1.3.2 ··· (79)
    1.3.3 正方形 ··· (85)
    习题1.3.3 ··· (95)
    1.3.4 梯形 ··· (104)
    习题1.3.4 ··· (108)
    1.3.5 平移、对称与旋转 ······································· (112)
    习题1.3.5 ··· (124)
    1.3.6 面积与面积法 ··· (133)
    习题1.3.6 ··· (138)
  1.4 圆 ··· (143)

  1.4.1 圆的有关概念 ··· (143)
   习题 1.4.1 ··· (146)
  1.4.2 圆与直线的关系 ··· (149)
   习题 1.4.2 ··· (154)
  1.4.3 圆与圆的关系 ··· (157)
   习题 1.4.3 ··· (161)
  1.4.4 圆与角的关系 ··· (163)
   习题 1.4.4 ··· (168)
  1.4.5 圆内接四边形与圆外切四边形 ··· (172)
   习题 1.4.5 ··· (176)
  1.4.6 四点共圆 ··· (178)
   习题 1.4.6 ··· (182)
  1.4.7 三角形的五心 ··· (186)
   习题 1.4.7 ··· (190)
  1.4.8 圆中的度量 ··· (194)
   习题 1.4.8 ··· (195)
1.5 相似形 ··· (196)
  1.5.1 比和比例 ··· (196)
  1.5.2 相似三角形 ··· (197)
  1.5.3 相似多边形 ··· (197)
   习题 1.5 ·· (201)
1.6 比例线段 ··· (205)
  1.6.1 直线型中的比例线段 ·· (205)
   习题 1.6.1 ··· (213)
  1.6.2 圆中的比例线段 ··· (220)
   习题 1.6.2 ··· (227)

第 2 章 从图形到方法 ·· (237)
2.1 平行线 ··· (237)
  习题 2.1 ·· (242)
2.2 角平分线 ··· (245)
  习题 2.2 ·· (249)
2.3 三角形中线 ··· (252)
  习题 2.3 ·· (256)
2.4 三角形中位线 ··· (259)
  习题 2.4 ·· (264)
2.5 两角互余 ··· (266)

习题 2.5 ·· (270)
2.6 直角三角形 ·· (273)
习题 2.6 ·· (277)
2.7 梯形 ·· (280)
习题 2.7 ·· (284)
2.8 平行线截割线段成比例 ·· (285)
习题 2.8 ·· (290)
2.9 相似三角形 ·· (292)
习题 2.9 ·· (298)
2.10 直线与圆的位置关系 ·· (302)
习题 2.10 ·· (305)
2.11 和圆有关的角 ·· (308)
习题 2.11 ·· (314)
2.12 两圆的位置关系 ·· (316)
习题 2.12 ·· (320)
2.13 圆中的比例线段 ·· (322)
习题 2.13 ·· (326)
2.14 图形的拆分 ·· (327)
习题 2.14 ·· (332)

第 3 章 从模式到创新 ·· (336)
3.1 线段相等 ·· (336)
习题 3.1 ·· (358)
3.2 角相等 ·· (366)
习题 3.2 ·· (382)
3.3 线段与角的和差倍分 ·· (387)
习题 3.3 ·· (401)
3.4 位置关系 ·· (412)
习题 3.4 ·· (428)
3.5 比例线段 ·· (436)
习题 3.5 ·· (447)

习题解答思路分析与提示 ·· (453)

第1章　从知识到技能

1.1　相交线、平行线

基础知识

几何图形的基本要素：点、线、面．点没有大小，线没有粗细，面没有厚薄．

1. 线段、射线与角

定义1　在直线上某一点一旁的部分叫做射线，这一点叫做射线的端点，这条直线上的另一部分叫做射线的反向延长线．

公理1　直线是无限长的．

公理2(直线公理)　两点确定一直线．

推论　两条直线至多相交于一点．

定义2　直线上任意两点间的部分叫做线段，这两点叫做线段的端点．直线上其余部分叫做线段的延长线．连接两点的线段长度叫做这两点间的距离．平分线段的点叫做线段的中点．分线段成定比的点，叫做线段的定比分点．

公理3(线段公理)　两点之间线段最短．

平面内两条直线的位置关系：相交(只有一个交点)、平行(没有交点)、重合(无数个交点)．

【注】　如无特殊说明，一般不考虑两条直线重合的情况．

探究　(1)已知平面内有4个点，过其中每两个点作一条直线，可以作出几条不同的直线？(2)平面内有两两相交的6条直线，其交点个数可能是多少？

定义3　从一点引出两条射线，这样所得到的图形叫做角，这一点叫做角的顶点，两条射线叫做角的边．平分一个角的射线叫做角的平分线．

一个角也可以看做是一条射线绕着它的端点旋转而成的，旋转开始时这条射线的位置叫做角的始边；旋转终止时这条射线的位置叫做角的终边．

定义4　如果一个角的两边构成一条直线，那么这个角叫做平角(平角度数为180°)．如果一条射线绕着它的端点旋转一周，使所成的角的终边与始边重合，那么这样的角叫做周角(周角的度数为360°)．

定义5　平角的一半叫做直角，小于直角的角叫做锐角；大于直角而小于平角的角叫做钝角．

定义 6 如果两个角的和为 180°,那么称这两个角互为补角;如果两个角的和为 90°,那么称这两个角互为余角.

定理 1 等角的补角相等;等角的余角相等.

定义 7 如果两个角有公共顶点和一条公共边,并且它们分别在公共边的两旁,这两个角就叫做邻角.如果两个邻角相补,这两个角就叫做邻补角.

定义 8 如果一个角的两边分别是另一个角的两边的反向延长线,这两个角就叫做对顶角.

定理 2 对顶角相等.

探究 平面内三条直线交于一点,共有多少对对顶角?

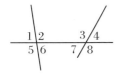

图 1.1.1

定义 9 (三线八角)如图 1.1.1,两条直线和第三条直线相交,则 ∠1 和 ∠3、∠2 和 ∠4……叫做同位角;∠2 和 ∠7、∠3 和 ∠6 叫做内错角;∠2 和 ∠3、∠6 和 ∠7 叫做同旁内角.

两条直线的夹角 $\alpha \leqslant 90°$.

2. 垂线、斜线与射影

定义 10 如果两条直线所成的角是直角,那么称这两条直线互相垂直,这两条直线的交点叫做垂足.从一点向一直线作垂线,那么从这点到垂足的线段的长,叫做从这点到这条直线的距离,也叫做从这点到直线的垂线的长.

定理 3(垂直公理) 过直线外一点或直线上一点一定可以作这条直线的垂线,并且只能作一条.

定义 11 相交的两条直线,如果不互相垂直,那么其中的一条叫做另一条的斜线;交点叫做斜足.从直线外一点向这条直线作斜线,那么从这点到斜足的线段的长,叫做从这点到这条直线的斜线的长.

定义 12 从一点向一条直线作垂线,那么所得的垂足叫做这点在这条直线上的射影.从一条线段的两个端点向一条直线作垂线,那么两个垂足之间的线段,叫做这条线段在这条直线上的射影.

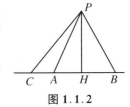

图 1.1.2

定理 4 如图 1.1.2,从直线外一点向这条直线作一条垂线和若干条斜线,那么

(1)垂线短于斜线;

(2)斜线相等,则它们的射影相等;

(3)斜线的射影相等,则斜线相等;

(4)斜线不等,则斜线较长的,射影也长;

(5)斜线的射影不等,则射影较长的,斜线也长.

3. 平行线的判定与性质

定义 13 在同一平面内,不相交的两条直线叫做平行线.垂直于两条平行线的直线叫做这两条平行线的公垂线.公垂线上夹在两条平行线之间的线段的长叫做这两条平行线之间的距离.

探究 如图 1.1.3,两条平行线被另外两条直线所截,共有几对同位角、几对内错角、几对同旁内角?

定理 5(平行线公理) 过已知直线外一点,最多只能作一条直线平行于已知直线.

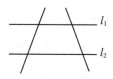

图 1.1.3

推论 在同一平面内,如果一条直线和两条平行线的一条相交,它一定也和另一条相交.

探究 在同一平面内的 6 条直线,能不能产生 16 个交点?如果能,请画出;如果不能,请说明理由.

将上面 6 条直线换成 7 条直线,回答同样的问题.

定理 6(平行线判定定理) (1)若两条直线和第三条直线相交,则:① 同位角相等,两条直线平行;② 内错角相等,两条直线平行;③ 同旁内角互补,两条直线平行.

(2) 若两条直线同平行于第三条直线,则两条直线平行.

(3) 若两条直线同垂直于第三条直线,则两条直线平行.

定理 7(平行线性质定理) (1)若两条平行线和第三条直线相交,则同位角相等,内错角相等,同旁内角互补.

(2) 平行线间的距离处处相等.

(3) 一组平行线如果在一条直线上截得相等的线段,那么它们在任何直线上截得的线段也都相等.

定理 8 如果一个角的两边和另一个角的两边对应平行,那么这两个角或相等或互补.

定理 9 如果一个角的两边和另一个角的两边对应垂直,那么这两个角或相等或互补.

技能训练

例 1 如图 1.1.4,已知 M 是线段 AB 的中点,P 是线段 AB 延长线上的一点.求证:$PM = \frac{1}{2}(PA + PB)$.

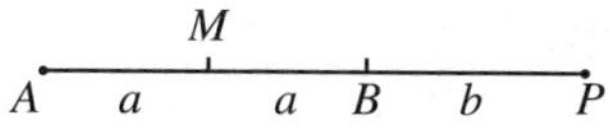

图 1.1.4

点拨 通过代换,应用计算法证明.

证明 设 $MA = MB = a$,$PB = b$,则 $\frac{1}{2}(PA + PB) = \frac{1}{2}(2a + b + b) = a + b = PM$,即 $PM = \frac{1}{2}(PA + PB)$.

说明 注意到 $PA = PM + AM$,$PB = PM - BM = PM - AM$,也可得 $PM = \frac{1}{2}(PA + PB)$.

例 2 如图 1.1.5,已知点 P 在线段 AB 上,点 Q 在线段 AB 延长线上,且满足 $\frac{2}{AB} = \frac{1}{AP} + \frac{1}{AQ}$.求证:$\frac{AP}{PB} = \frac{AQ}{QB}$.

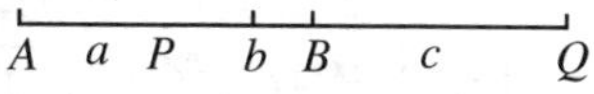

图 1.1.5

点拨 设 $PA = a$,$PB = b$,$BQ = c$,转化为条件等式证明.

证明 设 $PA = a$,$PB = b$,$BQ = c$,则由 $\frac{2}{AB} = \frac{1}{AP} + \frac{1}{AQ}$,得 $\frac{2}{a+b} = \frac{1}{a} + \frac{1}{a+b+c}$,即

$2a(a+b+c)=(a+b)(2a+b+c)$，展开化简，得 $\dfrac{a}{b}=\dfrac{a+b+c}{c}$，即 $\dfrac{AP}{PB}=\dfrac{AQ}{BQ}$.

说明　满足条件的点 A、B、P、Q 成调和点列.

例 3　如图 1.1.6，已知 OD、OE 分别是邻补角 $\angle AOC$ 和 $\angle BOC$ 的平分线. 求证：$OD\perp OE$，即邻补角的平分线互相垂直.

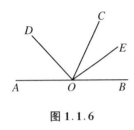

图 1.1.6

点拨　即证 $\angle DOE=90°$.

证明　如图 1.1.6. 因为 $\angle AOC$ 与 $\angle BOC$ 是邻补角，所以有 $\angle AOC+\angle BOC=180°$.

又 OD 平分 $\angle AOC$，OE 平分 $\angle BOC$，则 $\angle DOC+\angle EOC=\dfrac{1}{2}\angle AOC+\dfrac{1}{2}\angle BOC=\dfrac{1}{2}\times 180°=90°$，所以 $OD\perp OE$.

说明　若 $\angle AOC$ 与 $\angle BOC$ 的边 OA、OB 互为反向延长线，则这两个角互为邻补角.

例 4　如图 1.1.7，在四边形 $ABCD$ 中，对角线 AC、BD 互相垂直，又 $AB>AD$. 求证：$AB+BC>AD+DC$.

点拨　因为 $AO\perp BD$，$AB>AD$，所以 $BO>OD$.

证明　如图 1.1.7. 因为 $AC\perp BD$ 交于点 O，且 $AB>AD$，所以 $BO>OD$，进而有 $BC>DC$. 所以 $AB+BC>AD+DC$.

说明　比较从同一点引出的斜线及其射影长度大小才有意义.

例 5　如图 1.1.8，已知 $\angle 1=\angle 2$，$GD\mathbin{/\mkern-5mu/} BC$. 求证：$BD\mathbin{/\mkern-5mu/} EF$.

点拨　只要证 $\angle 3=\angle 2$ 即可.

证明　因为 $GD\mathbin{/\mkern-5mu/} BC$，所以 $\angle 1=\angle 3$. 又 $\angle 1=\angle 2$，则 $\angle 3=\angle 2$，所以 $BD\mathbin{/\mkern-5mu/} EF$.

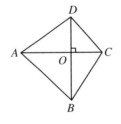

图 1.1.7

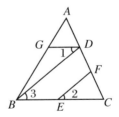

图 1.1.8

说明　两条直线平行，内错角相等；内错角相等，两条直线平行.

例 6　如图 1.1.9，若 $\angle A+\angle C+\angle E=360°$. 求证：$AB\mathbin{/\mkern-5mu/} CD$.

点拨　连接 AC，则由已知可得 $\angle BAC+\angle DCA=180°$.

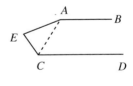

图 1.1.9

证明　连接 AC. 因为 $\angle A+\angle C+\angle E=360°$，即 $\angle BAC+\angle EAC+\angle ECA+\angle DCA+\angle E=360°$. 又 $\angle EAC+\angle ECA+\angle E=180°$，则 $\angle BAC+\angle DCA=180°$，所以 $AB\mathbin{/\mkern-5mu/} CD$.

说明　还可以任作一条直线分别与 AB、CD 相交于 M、N，证明 $\angle BMN+\angle DNM=180°$，或过点 E 作 $EF\mathbin{/\mkern-5mu/} AB$，证明 $EF\mathbin{/\mkern-5mu/} CD$.

例7 如图 1.1.10,$AB/\!/CD$.求证:$\angle A+\angle C+\angle E=\angle F+180°$.

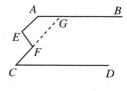

图 1.1.10

点拨 延长 CF 交 AB 于点 G,则 $\angle BGC+\angle C=180°$.

证明 延长 CF 交 AB 于点 G,因为 $AB/\!/CD$,所以 $\angle BGC+\angle C=180°$,因此要证 $\angle A+\angle C+\angle E=\angle F+180°$,即证 $\angle A+\angle E=\angle EFC+\angle BGC$.

又因 $\angle A+\angle E+\angle EFG+\angle AGF=360°$,即 $\angle A+\angle E=(180°-\angle EFG)+(180°-\angle AGF)=\angle EFC+\angle BGC$,所以 $\angle A+\angle C+\angle E=\angle F+180°$.

说明 还可以过 E、F 分别作与直线 AB 的平行直线,也可得证.

例8 如图 1.1.11,已知 $\angle 1=2\angle 2,\angle 3=2\angle 4,\angle G+\angle 4=120°$.求证:$AD/\!/BC$.

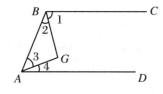

图 1.1.11

点拨 理清条件,适当转化.证明 $\angle 1+\angle 2+\angle 3+\angle 4=180°$,即证 $\angle 2+\angle 4=60°$.

证明 因为 $\angle 1=2\angle 2,\angle 3=2\angle 4,\angle G+\angle 4=120°$,又因在 $\triangle ABG$ 中,$\angle 2+\angle 3+\angle G=180°$,所以 $\angle 2+2\angle 4+\angle G=\angle 2+\angle 4+120°=180°$,即 $\angle 2+\angle 4=60°$.因此 $\angle 1+\angle 2+\angle 3+\angle 4=3(\angle 2+\angle 4)=3\times 60°=180°$,所以 $AD/\!/BC$.

说明 也可以证 $\angle G=\angle 1+\angle 4$,则 $AD/\!/BC$.

例9 如图 1.1.12(a),已知 $AB/\!/CD$,$\angle EAF=\dfrac{1}{4}\angle EAB$,$\angle ECF=\dfrac{1}{4}\angle ECD$.求证:$\angle AFC=\dfrac{3}{4}\angle AEC$.

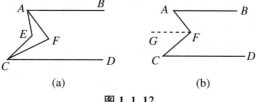

图 1.1.12

点拨 由 $AB/\!/CD$,可得 $\angle F=\angle BAF+\angle DCF$.

证明 如图 1.1.12(b),过点 F 作 $FG/\!/AB$,则由 $AB/\!/CD$,得 $FG/\!/CD$,所以 $\angle F=\angle AFG+\angle CFG=\angle BAF+\angle DCF$.同理 $\angle AEC=\angle EAB+\angle ECD$.

由 $\angle EAF=\dfrac{1}{4}\angle EAB$,得 $\angle BAF=\angle EAB-\angle EAF=\dfrac{3}{4}\angle EAB$.同理 $\angle DCF=\dfrac{3}{4}\angle ECD$,所以 $\angle AFC=\angle BAF+\angle DCF=\dfrac{3}{4}\angle EAB+\dfrac{3}{4}\angle ECD=\dfrac{3}{4}\angle AEC$.

说明 要证一个复杂命题,可先证一个简单命题,称该简单命题为"引理".

例10 如图 1.1.13(a),一两边平行的纸条,将一直角板的直角顶点 B 放在纸片的一条边上,将三角板的另一个角的顶点放在纸片的另一边上,$\angle ABC=90°,\angle A=30°$.

(1) 求证:① $\angle 1+\angle 4=90°$;② $\angle 2-\angle 3=30°$.

(2) 如图 1.1.13(b)，将三角板沿水平方向平移，同时过点 C 作直线 CD，使 $\angle MCD = \dfrac{1}{3}\angle MCB$，过点 B 作直线 BD，使 $\angle DBC = \dfrac{2}{3}\angle NBC$，直线 BD 与 CD 交于 D。求证：$\angle CDB = 60°$。

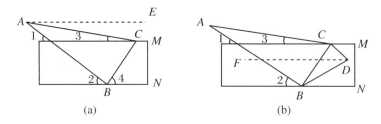

图 1.1.13

点拨 (1) 过点 A 作 $AE \parallel BN$；(2) 过点 D 作 $DF \parallel NB$。

证明 (1) ① 由 $MC \parallel NB$，得 $\angle 1 = \angle 2$。因为 $\angle ABC = 90°$，则 $\angle 2 + \angle 4 = 90°$，所以 $\angle 1 + \angle 4 = 90°$。

② 过点 A 作 $AE \parallel CM$，则 $\angle 1 = \angle EAB$，$\angle 3 = \angle EAC$。因为 $\angle 2 - \angle 3 = \angle 1 - \angle 3 = \angle EAB - \angle EAC = \angle BAC$，所以 $\angle 2 - \angle 3 = 30°$。

(2) 过点 D 作 $DF \parallel MC$，由 $MC \parallel BN$，$DF \parallel MC$，得 $DF \parallel BN$，所以 $\angle MCB + \angle NBC = 180°$。

又由 $\angle MCD = \dfrac{1}{3}\angle MCB$，$\angle DBC = \dfrac{2}{3}\angle NBC$，得 $3\angle MCD + 3\angle DBN = 180°$，所以 $\angle MCD + \angle DBN = 60°$。

又因 $\angle FDB = \angle DBN$，$\angle MCD = \angle CDF$，故 $\angle MCD + \angle DBN = \angle FDB + \angle CDF = \angle CDB$，所以 $\angle CDB = 60°$。

说明 构作平行线，将角度进行转换是关键。

习题 1.1

1. 已知 M 是线段 AB 的中点，P 是线段 AB 上任一点。求证：$PM = \dfrac{1}{2}|PA - PB|$。

2. 已知 A、B、C、D 是一直线上顺序四点。求证：$AB \cdot CD + AD \cdot BC = AC \cdot BD$。

3. 如图 1.1.14，$\angle BAC = 90°$，$AD \perp BC$ 于点 D，写出 $\angle 1$ 与 $\angle C$ 及 $\angle 2$ 与 $\angle B$ 的关系，并说明理由。

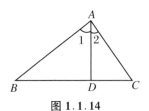

图 1.1.14

4. 已知∠AOB = ∠COD = 90°，分别根据图 1.1.15(a)和图 1.1.15(b)写出∠1 和∠2 的关系，并说明理由．

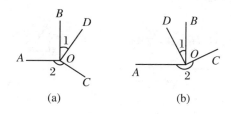

图 1.1.15

5. 如图 1.1.16，∠AOB 和∠BOC 是邻补角，OD 和 OE 三等分∠AOB，OF 和 OG 三等分∠BOC．求证：∠DOG + ∠EOF = 180°．

6. 求证：对顶角的平分线互为反向延长线．

7. 如图 1.1.17，已知 AD 是△ABC 的高，P 是 AD（或延长线）上任意一点，若 AB > AC，求证：PB > PC．

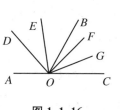

图 1.1.16

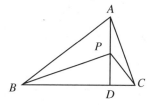

图 1.1.17

8. 如图 1.1.18，在 Rt△ABC 的两条直角边 AC 和 BC 上任意各取一点 A′和 B′．求证：A′B′ < AB．

9. 求证：三角形三条高之和小于它的周长．

10. 求证：两条平行线和第三条直线相交，那么同位角的平分线互相平行．

11. 求证：两条平行线和第三条直线相交，那么同旁内角的平分线互相垂直．

12. 如图 1.1.19，已知∠1 = ∠2，AC 平分∠DAB．求证：DC // AB．

13. 如图 1.1.20，已知∠EGF = ∠BEG + ∠CFG．求证：∠A + ∠B + ∠C + ∠D = 180°．

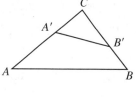

图 1.1.18

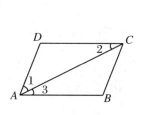

图 1.1.19

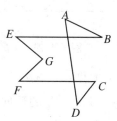

图 1.1.20

14. 如图1.1.21,已知∠D = ∠B + ∠H.求证:∠A + ∠C + ∠F = ∠E + ∠G.

15. 如图1.1.22,已知BE∥DF,∠B = ∠D.求证:AD∥BC.

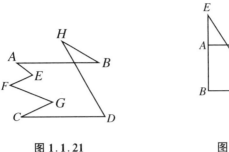

图1.1.21　　　　图1.1.22

16. 如图1.1.23,已知DE∥BC,CD是∠ACB的平分线.求证:∠DCE = ∠EDC.

17. 如图1.1.24,已知CD平分∠ACB,AC∥DE,CD∥EF.求证:EF平分∠DEB.

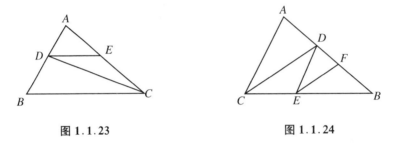

图1.1.23　　　　图1.1.24

18. 如图1.1.25,已知CE⊥AB于点E,DF⊥AB于点F,AC∥ED,CE是∠ACB的角平分线.求证:∠EDF = ∠BDF.

19. 如图1.1.26,在△ABC中,∠ACB = 90°,直线EF与边CB、AB分别交于点E、F,直线HG与边AC、AB分别交于点H、G,且HG∥EF.

(1) 求证:∠CEF − ∠AHG = 90°.

(2) 若点N在AC上,且∠NEF + ∠CEF = 180°,请写出∠NEF与∠AHG之间的等量关系,并给出证明.

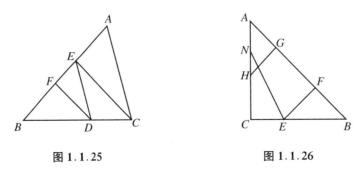

图1.1.25　　　　图1.1.26

20. (1) 如图1.1.27(a),AB∥CD,E是AB上方一点,M、N分别是AB、CD上的点,MF平分∠AME,点G在MF的反向延长线上,且NE平分∠CNG,2∠E与∠G互余.求证:∠AME = 60°.

(2) 如图1.1.27(b),在(1)的条件下,若点P是EM上一动点,PQ平分∠MPN,NH平分∠PNC,交 AB 于点 H,PJ∥NH,当点 P 在线段 EM 上运动时,∠JPQ 的度数是否改变？若不变,求出其值；若改变,请说明理由.

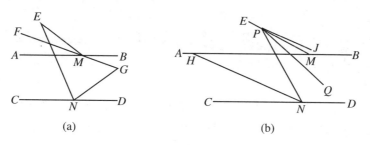

图 1.1.27

1.2 三角形

1.2.1 三角形的边与角

基础知识

1. 三角形的定义

定义 1 不在同一直线上而顺次首尾相接的若干条线段叫做折线.首端和末端重合的折线叫做封闭折线或多边形.

定义 2 由三条线段构成的多边形叫做三角形；这些线段叫做三角形的边；它们的交点叫做三角形的顶点；每两条边所夹的角叫做三角形的角(或内角)；一条边的延长线和另一边所夹的角叫做三角形的外角.

2. 三角形的分类

定义 3(按边分类) 有两条边相等的三角形叫做等腰三角形,这两条边叫做腰；另一条边叫做底；而两腰所夹的角叫做顶角；一腰和底边所夹的角叫做底角.三条边都相等的三角形叫做等边三角形或正三角形.

定义 4(按角分类) 三个角都是锐角的三角形叫做锐角三角形；有一个直角的三角形叫做直角三角形；有一个钝角的三角形叫做钝角三角形.

3. 三角形中的线段

定义 5 在三角形中,过一边的中点,并且垂直于这边的直线叫做边的中垂线(或垂直平分线)；平分内角的射线叫做内角平分线；平分外角的射线叫做外角平分线；过一个顶点而垂直于对边的线段叫做高；连接一个顶点和对边中点的线段叫做中线；连接两条边的中点的线段叫做中位线.

4．三角形的边角关系

定理 1　三角形的内角和为 $180°$，外角和为 $360°$．

定理 2　三角形的外角等于不相邻的两个内角之和．

定理 3　三角形的外角大于任何一个不相邻的内角．

定理 4　在三角形中，任何两边之和大于第三边，任何一边小于另两边之和而大于另两边之差的绝对值．

定理 5　在同一三角形中：(1) 边大则所对的角也大；(2) 角大则所对的边也大．

定理 6　在两组边对应相等的两个三角形中：(1) 如果夹角大，则第三边也大；(2) 如果第三边大，则夹角也大．

技能训练

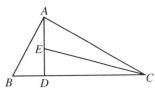

图 1.2.1

例 1　如图 1.2.1，在 $\triangle ABC$ 中，$\angle BAC = 90°$，$AD \perp BC$ 于点 D，E 是 AD 上一点．求证：$\angle DEC > \angle ABC$．

点拨　$\angle CAD = \angle B$．

证明　因为 AD 是 $\mathrm{Rt}\triangle ABC$ 斜边 BC 上的高，所以 $\angle CAD = \angle ABC$．

又因为 $\angle DEC = \angle CAD + \angle ACE > \angle CAD$，所以 $\angle DEC > \angle ABC$．

说明　在 $\mathrm{Rt}\triangle ABC$ 中，若 $AB \perp AC$，$AD \perp BC$，则 $\angle B = \angle CAD$，$\angle C = \angle BAD$．

例 2　如图 1.2.2，已知 $\triangle ABC$ 的三条角平分线交于点 P，过点 P 作 $PH \perp BC$ 于点 H．求证：$\angle BPD = \angle CPH$．

点拨　$\angle CPH = 90° - \dfrac{1}{2}\angle ACB = \angle BPD$．

证明　因为 $PH \perp DC$，所以 $\angle CPH = 90° - \angle PCH$．

又因为 P 是三条角平分线的交点，所以 $\angle BPD = \angle PAB + \angle PBC = \dfrac{1}{2}(\angle BAC + \angle ABC) = \dfrac{1}{2}(180° - \angle ACB) = 90° - \dfrac{1}{2}\angle ACB = \angle CPH$，即 $\angle BPD = \angle CPH$．

说明　三角形的一个外角等于不相邻的两个内角的和，是常用的定理之一．

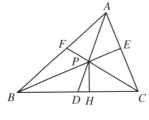

图 1.2.2

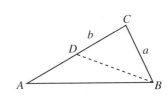

图 1.2.3

例 3　如图 1.2.3，在 $\triangle ABC$ 中，$BC = a$，$CA = b$．求证：(1) 若 $b > a$，则 $\angle B > \angle A$；(2) 若 $\angle B > \angle A$，则 $b > a$．

点拨 由 $b>a$,可在 CA 上截取 $CD=CB=a$.同理,由 $\angle B>\angle A$,可作 $\angle ABD=\angle A$.

证明 (1) 由 $b>a$,得 $CA>CB$.在 CA 上截取 $CD=CB$,连接 BD,则 $\angle CDB=\angle CBD$,所以 $\angle B>\angle CBD=\angle CDB=\angle A+\angle DBA>\angle A$,即 $\angle B>\angle A$.

(2) 因为 $\angle B>\angle A$,可作 $\angle ABD=\angle A$,则 $AD=BD$,所以 $b=CD+AD=CD+DB>BC=a$,即 $b>a$.

说明 对于(2),由 $\angle B>\angle A$,作 $\angle CBD=\angle A$,无法找到证明思路.

例 4 如图 1.2.4,在 $\triangle ABC$ 中,$AB=AC$,D、E、F 分别在 AB、BC、CA 上,且 $DE=EF=FD$.求证:$\angle DEB=\dfrac{1}{2}(\angle ADF+\angle CFE)$.

点拨 在 $\triangle BDE$ 与 $\triangle CEF$ 中,$\angle B=\angle C$.

证明 因为 $AB=AC$,所以 $\angle B=\angle C$.

又因为 $\triangle DEF$ 是等边三角形,所以 $\angle EDF=\angle DEF=60°$,则 $\angle BDE=120°-\angle ADF$,$\angle CEF=120°-\angle DEB$.

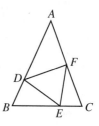

图 1.2.4

在 $\triangle BDE$ 和 $\triangle CEF$ 中,因为 $\angle B+\angle BDE+\angle DEB=\angle C+\angle CEF+\angle CFE=180°$,所以 $120°-\angle ADF+\angle DEB=120°-\angle DEB+\angle CFE$,即 $\angle DEB=\dfrac{1}{2}(\angle ADF+\angle CFE)$.

说明 在三角形中,导出角的关系是求解几何问题的常规思路.

例 5 对于下列命题,如果是正确的请说明理由,如果是错误的请举出反例.

已知 $\triangle ABC$ 的三边长分别为 a、b、c,则

(1) 以 a^2、b^2、c^2 为三边的三角形一定存在;

(2) 以 $\dfrac{1}{2}(a+b)$、$\dfrac{1}{2}(b+c)$、$\dfrac{1}{2}(c+a)$ 为三边的三角形一定存在;

(3) 以 $\dfrac{1}{a+b}$、$\dfrac{1}{b+c}$、$\dfrac{1}{c+a}$ 为三边的三角形一定存在.

点拨 a、b、c 三线段能构成三角形,则 $a+b>c$,$b+c>a$,$c+a>b$ 或 $|b-c|<a<b+c$.

解 (1) 错误.取 $a=1$,$b=\sqrt{2}$,$c=\sqrt{3}$,则 a、b、c 为边可以构成三角形,但以 $a^2=1$,$b^2=2$,$c^2=3$ 为边构不成三角形.

(2) 正确.理由如下:由 $a+b>c$,$b+c>a$,$c+a>b$,得 $\dfrac{1}{2}(a+b)+\dfrac{1}{2}(b+c)>\dfrac{1}{2}(c+a)$,$\dfrac{1}{2}(b+c)+\dfrac{1}{2}(c+a)>\dfrac{1}{2}(a+b)$,$\dfrac{1}{2}(c+a)+\dfrac{1}{2}(a+b)>\dfrac{1}{2}(b+c)$,所以以 $\dfrac{1}{2}(a+b)$、$\dfrac{1}{2}(b+c)$、$\dfrac{1}{2}(c+a)$ 为边可以构成三角形.

(3) 正确.理由如下:不妨设 $a\geqslant b\geqslant c$,则 $\dfrac{1}{a+b}+\dfrac{1}{a+c}\geqslant\dfrac{1}{2a}+\dfrac{1}{2a}=\dfrac{1}{a}$,又 $b+c>a$,则 $\dfrac{1}{a}>\dfrac{1}{b+c}$.综上可得 $\dfrac{1}{a+b}+\dfrac{1}{b+c}>\dfrac{1}{c+a}$,所以以 $\dfrac{1}{a+b}$、$\dfrac{1}{b+c}$、$\dfrac{1}{c+a}$ 为边可以构成三角形.

说明 若已知 $a<c$，$b<c$，$a+b>c$，则以 a、b、c 为边能构成三角形．

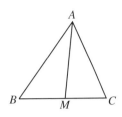

图 1.2.5

例 6 如图 1.2.5，M 为 $\triangle ABC$ 边 BC 的中点．求证：$AM+BM>\dfrac{1}{2}(AB+AC)$．

点拨 三角形中任两边之和大于第三边．

证明 在 $\triangle ABM$ 与 $\triangle ACM$ 中，$AM+BM>AB$，$AM+CM>AC$，所以 $2AM+BM+CM>AB+AC$．

又因 $CM=BM$，所以 $AM+BM>\dfrac{1}{2}(AB+AC)$．

说明 在题设条件下，还可以证明 $AB+AC>2AM$．

例 7 如图 1.2.6，四边形 $ABCD$ 的对角线 AC 与 BD 相交于点 O．求证：$AC+BD>\dfrac{1}{2}(AB+BC+CD+DA)$．

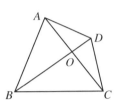

图 1.2.6

点拨 在 $\triangle AOB$ 中，有 $AO+OB>AB$．

证明 在 $\triangle AOB$ 中，有 $AO+OB>AB$．同理 $BO+CO>BC$，$CO+DO>CD$，$DO+AO>DA$，所以 $2(AO+OC+OB+OD)=2(AC+BD)>AB+BC+CD+DA$，即 $AC+BD>\dfrac{1}{2}(AB+BC+CD+DA)$．

说明 证线段不等关系，化归到三角形中是基本方法．

例 8 如图 1.2.7，P 是 $\triangle ABC$ 内一点，且 $CP=CB$．求证：$AB>AP$．

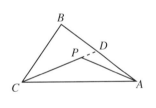

图 1.2.7

点拨 延长 CP 交 AB 于点 D，则 $BC+BD>CD$，$DP+DA>AP$．

证明 延长 CP 交 AB 于点 D，则在 $\triangle BCD$ 与 $\triangle DPA$ 中，有 $BC+BD>CD$，$DP+DA>AP$．又因 $CP=CB$，则 $CP+BD>CP+PD$，所以 $BD>PD$．故 $AB=BD+DA>PD+DA>AP$．

说明 若 P 是 $\triangle ABC$ 内一点，则 $AB+BC>PA+PC$．

例 9 (1) 如图 1.2.8(a)．求证：$\angle A+\angle B+\angle C+\angle D+\angle E=180°$．

(2) 如图 1.2.8(b)，由(1)的结论，探索 $\angle A+\angle B+\angle C+\angle D+\angle E+\angle F+\angle G$ 的度数(不要求证明)．

(3) 如图 1.2.8(c)，探索 $\angle A+\angle B+\angle C+\angle D+\angle E+\angle F+\angle G+\angle H+\angle I$ 的度数，并证明你的结论．

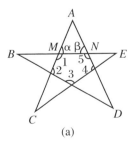 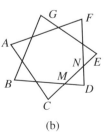 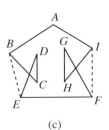

(a)　　　　　　(b)　　　　　　(c)

图 1.2.8

点拨 多边形的内角和,可以通过构作辅助线,转化为三角形的内角和进行求解.

解 (1) 如图 1.2.8(a),在△AMN 中,∠A + α + β = 180°,又因∠1 + α = ∠5 + ∠β = 180°,所以∠A = ∠1 + ∠5 − 180°.

同理,∠B = ∠1 + ∠2 − 180°,∠C = ∠2 + ∠3 − 180°,∠D = ∠3 + ∠4 − 180°,∠E = ∠4 + ∠5 − 180°.

又因∠1 + ∠2 + ∠3 + ∠4 + ∠5 = 3 × 180°,所以∠A + ∠B + ∠C + ∠D + ∠E = 2 × 3 × 180° − 5 × 180° = 180°.

(2) 由(1)的结论,得

∠A + ∠B + ∠C + ∠D + ∠E + ∠F + ∠G = 2 × 5 × 180° − 7 × 180° = 540°.

(3) 连接 BE、IF,则由对顶角定理与三角形内角和定理,得∠C + ∠D = ∠CBE + ∠DEB,∠G + ∠H = ∠GFI + ∠HIF,从而所求角的和等于多边形 ABEFI 的内角和,即∠A + ∠B + ∠C + ∠D + ∠E + ∠F + ∠G + ∠H + ∠I = 3 × 180° = 540°.

说明 (1) 凸 n 边形的内角和等于(n − 2)·180°,外角和为 360°.

(2) 对于(1),还可以用"三角形外角等于不相邻两内角和",得 α = ∠C + ∠E,β = ∠B + ∠D,所以∠A + ∠B + ∠C + ∠D + ∠E = ∠A + α + β = 180°,但此法对问题(2)失效.问题(2)还可以由∠B + ∠BMN + ∠E + ∠G = 360°,∠FNM + ∠F + ∠A + ∠C = 360°,∠BMN + ∠FNM = ∠D + 180°,得∠A + ∠B + ∠C + ∠D + ∠E + ∠F + ∠G = 540°.

例 10 已知 I 是△ABC 所在平面内一点.

(1) 如图 1.2.9(a),若 I 是∠B 和∠C 的内角平分线的交点.求证:∠I = 90° + $\frac{1}{2}$∠A.

(2) 如图 1.2.9(b),若 I 是∠B 和∠C 的外角平分线的交点,(1)中∠I 和∠A 的关系是否还成立? 写出你的结论,并给出证明.

(3) 如图 1.2.9(c),若 I 是∠B 的内角平分线和∠C 的外角平分线的交点,探究∠I 与∠A 的关系,并给出证明.

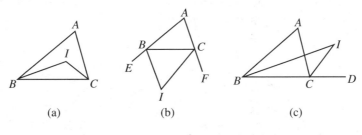

图 1.2.9

点拨 应用三角形中角的有关定理求解.

证明 (1) 在△ABC 中,∠A + ∠ABC + ∠ACB = 180°.

由 IB、IC 分别平分∠B 和∠C,得∠ABC = 2∠IBC,∠ACB = 2∠ICB.则∠A + 2(∠IBC + ∠ICB) = 180°,即∠IBC + ∠ICB = 90° − $\frac{1}{2}$∠A.

又因为在△IBC 中,∠I + ∠IBC + ∠ICB = 180°,所以∠I = 180° − $\left(90° - \frac{1}{2}∠A\right)$ =

$90° + \frac{1}{2}\angle A$.

(2) (1)中的结论不成立,$\angle I$ 与 $\angle A$ 的关系是 $\angle I = 90° - \frac{1}{2}\angle A$.证明如下:

由 I 是 $\angle B$ 和 $\angle C$ 的外角平分线交点,得 $\angle CBE = 2\angle CBI$,$\angle BCF = 2\angle BCI$.

又因为在 $\triangle ABC$ 中,$\angle A + \angle ABC + \angle ACB = 180°$,所以 $\angle A + (180° - 2\angle CBI) + (180° - 2\angle BCI) = 180°$,故得 $\angle CBI + \angle BCI = 90° + \frac{1}{2}\angle A$.

在 $\triangle IBC$ 中,$\angle I + \angle CBI + \angle BCI = 180°$,即 $\angle I + 90° + \frac{1}{2}\angle A = 180°$,所以 $\angle I = 90° - \frac{1}{2}\angle A$.

(3) $\angle I = \frac{1}{2}\angle A$. 证明如下:

由 I 是 $\angle B$ 的内角平分线与 $\angle C$ 的外角平分线的交点,得 $\angle ACD = 2\angle ACI$,$\angle B = 2\angle ABI$.

因为 $\angle ACD = \angle A + \angle B$,则 $2\angle ACI = \angle A + 2\angle ABI$,所以 $\angle ACI - \angle ABI = \frac{1}{2}\angle A$.

又因 $\angle A + \angle ABI = \angle I + \angle ACI$,所以 $\angle A - \angle I = \angle ACI - \angle ABI = \frac{1}{2}\angle A$,即 $\angle I = \frac{1}{2}\angle A$.

说明 对于(2),还可以利用四边形 $ABIC$ 内角和求解;对于(3),还可以利用 $\triangle ABC$ 与 $\triangle BCI$ 内角和求解.

例 11 (1) 如图 1.2.10(a),点 E 在 AC 的延长线上,$\angle BAC$ 与 $\angle DCE$ 的平分线交于点 F,试问:$\angle B$、$\angle F$ 与 $\angle BDC$ 之间有何等量关系?请说明理由.

(2) 如图 1.2.10(b),点 E 在 CD 的延长线上,$\angle BAD$ 与 $\angle ADE$ 的平分线交于点 F,试问:$\angle F$、$\angle B$ 和 $\angle C$ 之间有何等量关系?为什么?

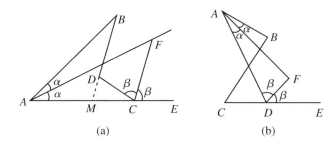

图 1.2.10

点拨 (1) 延长 BD 交 AC 于点 M,导出角的关系;(2) $\angle A + \angle B = \angle C + \angle ADC$.

解 (1) $\angle BDC + 2\angle F = 180° + \angle B$. 理由如下:

延长 BD 交 AC 于点 M,设 $\angle BAD = \angle CAD = \alpha$,$\angle DCF = \angle ECF = \beta$,则 $\angle BDC = \angle DMC + \angle DCM = \angle A + \angle B + 180° - \angle DCE = 2\alpha + \angle B + 180° - 2\beta = \angle B + 180° + 2(\alpha$

$-\beta$).又因$\angle FCE = \angle F + \angle FAC$,即 $\beta = \angle F + \alpha$,则 $\beta - \alpha = \angle F$,所以$\angle BDC + 2\angle F = 180° + \angle B$.

(2) $\angle C + 2\angle F = 180° + \angle B$.理由如下:

设$\angle BAF = \angle FAD = \alpha$,$\angle ADF = \angle FDE = \beta$.则由$\angle A + \angle B = \angle C + \angle ADC$,得$2\alpha + \angle B = \angle C + 180° - 2\beta$.又因$\angle F + \angle DAF + \angle FDA = 180°$,即$\angle F + \alpha + \beta = 180°$,所以$\angle C + 2\angle F = 180° + \angle B$.

说明 设角未知数,列方程或方程组求角,是导出角度关系的常用方法之一.

例 12 已知$\angle A = \angle C = 90°$.

(1) 如图 1.2.11(a),$\angle ABC$ 的平分线与$\angle ADC$ 的平分线交于点 E,试问:BE 与 DE 有何位置关系? 说明你的理由.

(2) 如图 1.2.11(b),试问:$\angle ABC$ 的平分线 BE 与$\angle ADC$ 的外角平分线 DF 有何位置关系? 说明你的理由.

(3) 如图 1.2.11(c),若$\angle ABC$ 的外角平分线与$\angle ADC$ 的外角平分线交于点 E,试问:BE 与 DE 有何位置关系? 说明你的理由.

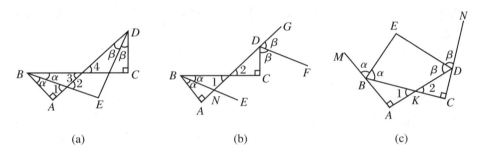

图 1.2.11

点拨 观察、猜测可知(1) $BE \perp DE$;(2) $BE \parallel DF$;(3) $BE \perp DE$.

解 (1) $BE \perp DE$.理由如下:

由$\angle 3 = \angle 4$,得$\angle B = \angle D$,即 $2\alpha = 2\beta$,所以 $\alpha = \beta$.

又因$\angle 1 = \angle 2$,$\angle 1 + \alpha = 90°$,得$\angle 2 + \beta = \angle 1 + \alpha = 90°$,即$\angle BED = 90°$,所以 $BE \perp DE$.

(2) $BE \parallel DM$.理由如下:

由$\angle 1 = \angle 2$,得$\angle B = \angle ADC = 180° - \angle CDB$,得 $2\alpha = 180° - 2\beta$,即 $\alpha + \beta = 90°$.

设 BE 与 AD 交于点 N,则$\angle END = \angle BNA = 90° - \alpha = \beta = \angle BDF$,所以 $BE \parallel DM$.

(3) $BE \perp DE$.理由如下:

由$\angle 1 = \angle 2$,得$\angle ABC = \angle ADC$,则$\angle MBC = \angle NDA$,即 $2\alpha = 2\beta$,所以 $\alpha = \beta$.

设 BC 与 AD 交于点 K,则$\angle BKD = \angle A + \angle ABC = 90° + 180° - 2\alpha = 270° - 2\alpha$,故$\angle E = 360° - 2\alpha - (270° - 2\alpha) = 90°$,所以 $BE \perp DE$.

说明 对于(3),要证 $BE \perp DE$,即证$\angle E = 90°$,只能从四边形 $BEDK$ 内角和导出,其中 K 是 AD 与 BC 的交点.

习题 1.2.1

1. 如图 1.2.12.求证：$\angle A + \angle B + \angle C + \angle D + \angle E + \angle F = 360°$.

2. 如图 1.2.13.求证：$\angle A + \angle B + \angle C + \angle D + \angle E = 180°$.

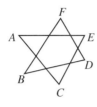

图 1.2.12

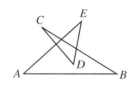

图 1.2.13

3. 如图 1.2.14，D 是 $\triangle ABC$ 的边 AB 上一动点，E 为 BC 边上一点，$\angle BCD = \angle BDC$. 求证：(1) $\angle BCD = 90° - \frac{1}{2}\angle ABC$；(2) $\angle EAB + \angle AEB = 2\angle BDC$.

4. 如图 1.2.15，在 $\triangle ABC$ 中. 求证：(1) 若 $\angle B = 2\angle C$，则 $AC < 2AB$；(2) 若 $AC = 2AB$，则 $\angle B > 2\angle C$.

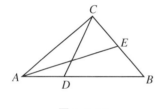

图 1.2.14

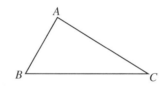

图 1.2.15

5. 在 $\triangle ABC$ 中. 求证：(1) 若 $AB = AC$，P 是 $\triangle ABC$ 内一点，且 $PB < PC$，则 $\angle APB > \angle APC$；(2) 若 $AB > AC$，AM 是 BC 边上的中线，P 是 AM 上任意一点，则 $\angle PBM < \angle PCM$.

6. 在四边形 $ABCD$ 中. 求证：(1) 任一组对边中点连线小于对角线之和的一半；(2) 任何一组对边中点连线大于两条对角线之差的绝对值的一半.

7. 如图 1.2.16，P 是 $\triangle ABC$ 内一点，且 $AP \perp BC$. 求证：$|PB - PC| \geq |AB - AC|$.

8. 如图 1.2.17，在 $\triangle ABC$ 中，$AB > AC > BC$，D 是 BC 边上任意一点，连接 AD，P 是 AD 边上任意一点. 求证：(1) $AB + AC > AD + BC$；(2) $AB + AC > AP + BP + CP$.

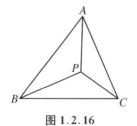

图 1.2.16

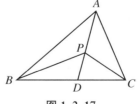

图 1.2.17

9. 将一副直角三角板按图 1.2.18(a)放置,$\angle ACB = \angle CDE = 90°$,$\angle CAB = 60°$,$\angle ECD = 45°$,$AB$ 边交直线 DE 于点 M,设 $\angle BMD = \alpha$,$\angle BCE = \beta$.

(1) 当其中一个三角板旋转时,如图 1.2.18(b),猜想 α 和 β 的关系,并证明你的猜想;

(2) 如图 1.2.18(c),作 $\angle AME$ 的角平分线交射线 EC 于点 F,用 β 的代数式表示 $\angle CFM$,并说明理由.

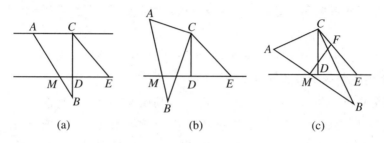

图 1.2.18

10. 已知 $AB \parallel CD$,$\angle AEB = \angle BFC$.

(1) 如图 1.2.19(a).求证:$\angle AEB = \angle ABE + \angle DCF$.

(2) 如图 1.2.19(b),连接 BC,设 $\angle BCF = 2\angle ABE$,点 P 在线段 AB 上,$\angle BCD = 2\angle BCP$,射线 CP 交 EF 于点 M,补全图形后请探究 $\angle CME$、$\angle CAB$、$\angle AEB$ 的数量关系,并证明你的结论.

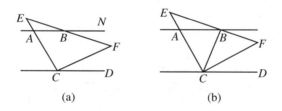

图 1.2.19

1.2.2 全等三角形的判定与性质

基础知识

定义 6 如果一个三角形的三条边和三个角分别和另一个三角形的三条边和三个角对应相等,那么这两个三角形叫做全等三角形.

推论 1 两个全等三角形经过运动后一定重合.

相互重合的顶点叫做对应顶点;相互重合的边叫做对应边;相互重合的角叫做对应角.

推论 2 全等三角形的对应部分相等.

1．全等三角形的性质

定理 7（全等三角形的性质定理） 全等三角形的对应边相等，对应角相等．

2．全等三角形的判定

定理 8（三角形全等的判定定理）

(1) 若两个三角形两边及其夹角对应相等，则这两个三角形全等(SAS)．

(2) 若两个三角形两角一边（不一定是夹边）对应相等，则这两个三角形全等(ASA 或 AAS)．

(3) 若两个三角形三边对应相等，则这两个三角形全等(SSS)．

定理 9（直角三角形全等的判定定理）

(1) 若两个直角三角形两组直角边对应相等，则这两个直角三角形全等．

(2) 若两个直角三角形一组锐角和一组对应边相等，则这两个直角三角形全等．

(3) 若两个直角三角形一组斜边和一组直角边对应相等，则这两个直角三角形全等．

3．三角形中位线的性质

定理 10 三角形的中位线平行于第三边且等于第三边的一半．

定理 11 在任意三角形中，过一边中点而平行于第二边的直线必平分第三边．

技能训练

例 1 如图 1.2.20，$\angle 1 = \angle 2$，$\angle 3 = \angle 4$，$AD = EC$．求证：$\triangle ABD \cong \triangle EBC$．

点拨 只要证 $\angle ABD = \angle EBC$．

证明 由 $\angle 1 = \angle 2$，得 $\angle ABD = \angle EBC$．又因 $\angle 3 = \angle 4$，$AD = EC$，所以 $\triangle ABD \cong \triangle EBC$．

说明 $\triangle EBC$ 可以看作 $\triangle ABD$ 绕顶点顺时针旋转 $\angle ABE$ 而得．

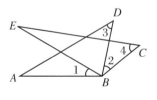

图 1.2.20

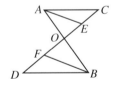

图 1.2.21

例 2 如图 1.2.21，AB、CD 相交于点 O，$OA = OB$，E、F 为 CD 上两点，$AE \parallel BF$，$CE = DF$．求证：$AC \parallel BD$．

点拨 即证 $\angle C = \angle D$，可证 $\triangle AOC \cong \triangle BOD$．

证明 在 $\triangle AOE$ 和 $\triangle BOF$ 中，由 $AE \parallel BF$，得 $\angle EAO = \angle FBO$．

又因 $\angle AOE = \angle BOF$，$OA = OB$，所以 $\triangle AOE \cong \triangle BOF$，故得 $OE = OF$．

在 $\triangle AOC$ 和 $\triangle BOD$ 中，由 $CE = DF$，$OE = OF$，得 $OC = OD$．

又因 $OA = OB$，$\angle AOC = \angle BOD$，所以 $\triangle AOC \cong \triangle BOD$，故得 $\angle C = \angle D$，所以 $AC \parallel BD$．

说明 若一开始证明 $\triangle AEC \cong \triangle BFD$，条件不够．

例3 如图1.2.22,已知 $AB = DC$,$AE = DF$,$CE = BF$.求证:$AF = DE$.

点拨 要证明 $AF = DE$,只要证 $\triangle AEF \cong \triangle DEF$.为此,由条件还要证 $\angle CFD = \angle BEA$.

证明 在 $\triangle CDF$ 与 $\triangle BAE$ 中,由 $CE = BF$,得 $CF = BE$.又因 $DC = AB$,$DF = AE$,则 $\triangle CDF \cong \triangle BAE$,所以 $\angle CFD = \angle BEA$.

在 $\triangle AEF$ 与 $\triangle DEF$ 中,因为 $\angle EFD = \angle FEA$,$AE = DF$,$EF = EF$,所以 $\triangle AEF \cong \triangle DFE$,故 $AF = DE$.

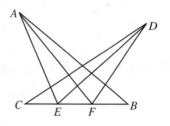

图 1.2.22

说明 也可证 $\triangle AFB \cong \triangle DEC$.

例4 如图1.2.23,已知 $AC = BD$,$AD \perp AC$,$BC \perp BD$.求证:$AD = BC$.

点拨 连接 DC,可证 $Rt\triangle ACD \cong Rt\triangle BDC$.

证明 连接 DC.在 $Rt\triangle ACD$ 与 $Rt\triangle BDC$ 中,$AC = BD$,DC 公用,则 $Rt\triangle ACD \cong Rt\triangle BDC$,所以 $AD = BC$.

说明 在题设条件下还可以证明 $AE = BE$.

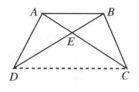

图 1.2.23

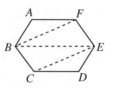

图 1.2.24

例5 如图1.2.24,$AF = CD$,$BC = EF$,$AB = DE$,$\angle A = \angle D$.求证:$BC \parallel EF$.

点拨 由 $\angle A = \angle D$,可知要先证 $\triangle ABF \cong \triangle DEC$.

证明 连接 BF、BE、CE.

在 $\triangle ABF$ 和 $\triangle DEC$ 中,由 $\angle A = \angle D$,$AF = DC$,$AB = DE$,得 $\triangle ABF \cong \triangle DEC$,所以 $BF = EC$.

在 $\triangle BEF$ 和 $\triangle EBC$ 中,由 $BF = EC$,$EF = BC$,$EB = BE$,得 $\triangle BEF \cong \triangle EBC$,所以 $\angle BEF = \angle EBC$,故得 $BC \parallel EF$.

说明 证直线平行,可证同位角相等、内错角相等或同旁内角互补.

例6 如图1.2.25,在 $\triangle ABC$ 中,D 是 BC 的中点,$\angle BAD = 30°$,$\angle BAC = 120°$.求证:$AB = 2AC$.

点拨 延长 AD 到点 E,使 $DE = AD$,则 $\triangle BDE \cong \triangle CDA$.

证明 延长 AD 到点 E,使 $DE = AD$,连接 BE.由 $BD = CD$,$\angle BDE = \angle CDA$,得 $\triangle BDE \cong \triangle CDA$,所以 $AC = EB$,$\angle BED = \angle CAD = 90°$.又因 $\angle BAD = 30°$,所以 $AB = 2BE = 2AC$.

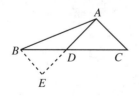

图 1.2.25

说明 遇到中线,作辅助线的方法较为常用.

例 7 如图 1.2.26，$AB = CD$，O 是 AC、BD 的垂直平分线的交点. 求证：$\angle ABO = \angle CDO$.

点拨 证 $\triangle AOB \cong \triangle COD$.

证明 连接 OA、OC，则由 O 是 AC、BD 垂直平分线的交点，得 $OA = OC$，$BO = DO$. 又由 $AB = CD$，得 $\triangle AOB \cong \triangle COD$，所以 $\angle ABO = \angle CDO$.

说明 证角相等，可证明角所在的三角形全等.

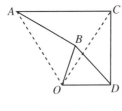

图 1.2.26

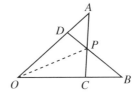

图 1.2.27

例 8 如图 1.2.27，在 $\angle O$ 的两边上分别取点 A、D 和 B、C，连接 AC、BD 相交于点 P. 求证：

(1) 若 $\angle A = \angle B$，$PA = PB$，则 $OA = OB$；

(2) 若 $OA = OB$，$PA = PB$，则 $PC = PD$.

点拨 (1) $\triangle PAD \cong \triangle PBC$；(2) $\triangle PAD \cong \triangle PBC$.

证明 (1) 由 $\angle A = \angle B$，$PA = PB$，$\angle APD = \angle BPC$，得 $\triangle PAD \cong \triangle PBC$，则 $PD = PC$，得 $AC = BD$. 又由 $\angle AOC = \angle BOD$，得 $\triangle AOC \cong \triangle BOD$，所以 $OA = OB$.

(2) 连接 OP，则由 $OA = OB$，$PA = PB$，$OP = OP$，得 $\triangle AOP \cong \triangle BOP$，所以 $\angle A = \angle B$，从而可得 $\triangle PAD \cong \triangle PBC$，所以 $PC = PD$.

说明 在条件(1)、(2)的前提下还可以证明 OP 平分 $\angle AOB$.

例 9 如图 1.2.28，在 $\triangle ABC$ 中，M、N 分别是 AB、AC 上的点，且 $BM = CN$，D、E 分别是 MN、BC 的中点，过点 A 作 $AP // DE$，AP 交 BC 于点 P. 求证：$\angle BAP = \angle PAC$.

点拨 连接 MC，取 CM 的中点 F，应用中位线性质，求解.

证明 取 MC 的中点 F，连接 FD、FP，则由 D 是 MN 的中点，得 $DF // AC$，$DF = \frac{1}{2} NC$.

同理，$EF // AB$，$EF = \frac{1}{2} BM$.

由 $BM = CN$，得 $DF = EF$，所以 $\angle FDE = \angle FED$.

又由 $AP // DE$，得 $\angle FDE = \angle PAC$，$\angle FED = \angle BAP$，所以 $\angle BAP = \angle PAC$.

说明 两个角两边对应平行，且方向相同时，这两个角相等. 否则，这两个角互补.

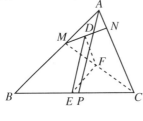

图 1.2.28

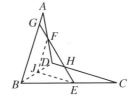

图 1.2.29

例 10 如图 1.2.29，$AB = CD$，E、F 分别为 BC、AD 的中点，G 是 BA、EF 的交点，H 是 CD、EF 的交点. 求证：$\angle BGE = \angle CHE$.

点拨 取 BD 的中点 J,可得 $JF \underline{\underline{=}} \frac{1}{2}AB$,$JE \underline{\underline{=}} \frac{1}{2}DC$.

证明 连接 BD,取 BD 的中点 J,连接 JE、JF,因为 E、F 分别是 BC、AD 的中点,所以 $JE \underline{\underline{=}} \frac{1}{2}DC$,$JF \underline{\underline{=}} \frac{1}{2}AB$.

由 $AB = CD$,得 $JE = JF$,则 $\angle JEF = \angle JFE$. 又 $\angle BGE = \angle JFE$,$\angle CHE = \angle JEF$,得 $\angle BGE = \angle CHE$.

说明 本题和上题在本质上没有区别,图 1.2.29 中的四边形 $MBCN$ 是凹四边形,将其改为凸四边形 $ABCD$ 即为上例.

例 11 如图 1.2.30,在四边形 $ABCD$ 中,$AB = AD$,$\angle B + \angle D = 180°$,$E$、$F$ 分别在 BC、CD 上,且 $\angle BAD = 2\angle EAF$. 求证:$EF = BE + FD$.

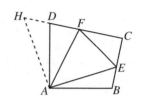

图 1.2.30

点拨 延长 FD 至点 H,使 $DH = BE$,则 $\triangle ADH \cong \triangle ABE$.

证明 延长 FD 至点 H,使 $DH = BE$,连接 AH.

在 $\triangle ADH$ 与 $\triangle ABE$ 中,由 $DH = BE$,$\angle HDA = 180° - \angle D = \angle EBA$,$AD = AB$,得 $\triangle ADH \cong \triangle ABE$,则 $AH = AE$,$\angle FAH = \angle FAD + \angle HAD = \angle FAD + \angle BAE$.

又由 $\angle BAD = 2\angle EAF$,得 $\angle FAH = \angle FAE$. 进而由 $AH = AE$,$AF = AF$,得 $\triangle AFH \cong \triangle AFE$. 所以 $EF = HF = HD + DF = BE + FD$.

说明 $\triangle ADH$ 可以看作 $\triangle ABE$ 绕顶点 A 逆时针方向旋转 $\angle DAB$ 而得.

例 12 如图 1.2.31,在四边形 $ABCD$ 中,$\angle B + \angle D = 180°$,$AB = AD$,$E$、$F$ 分别是 BC、CD 上的点,且 $BE + FD = EF$. 求证:$\angle EAF = \frac{1}{2}\angle BAD$.

点拨 延长 FD 至点 H,使 $DH = BE$,则 $\triangle ABE \cong \triangle ADH$.

证明 延长 FD 至点 H,使 $DH = BE$,连接 AH. 则由 $AB = AD$,$BE = DH$,$\angle ABE = \angle ADH$,得 $\triangle ABE \cong \triangle ADH$,所以 $AE = AH$,$EF = BE + FD = DH + FD = HF$. 又由 $AF = AF$,得 $\triangle AEF \cong \triangle AHF$,则 $\angle EAF = \angle HAF = \frac{1}{2}\angle EAH = \frac{1}{2}\angle BAD$.

说明 本题是将上题条件 $\angle BAD = 2\angle EAF$ 与结论 $EF = BE + FD$ 互换而得,其他条件不变.

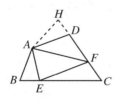

图 1.2.31

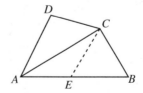

图 1.2.32

例 13 如图 1.2.32,在四边形 $ABCD$ 中,$AB > AD$,AC 平分 $\angle BAD$,$\angle B + \angle D = 180°$. 求证:$CD = CB$.

点拨 在 AB 上截取 $AE = AD$,连接 CE,则只要证 $CE = CB$.

证明 $AB > AD$,在 AB 上截取 $AE = AD$,连接 CE,又 $\angle DAC = \angle EAC$,$AC = AC$,得 $\triangle ADC \cong \triangle AEC$,则 $CD = CE$,$\angle AEC = \angle D$. 又 $\angle B + \angle D = 180°$,$\angle CEA + \angle CEB =$

180°,得∠CEB = ∠B,所以 CB = CE,进而 CD = CB.

说明 也可以延长 AD 至点 F,使 AF = AB,同样可证 CB = CF = CD.

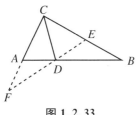

图 1.2.33

例 14 如图 1.2.33,在△ABC 中,∠A = 2∠B,CD 平分∠ACB.求证:BC = AC + AD.

点拨 可用截长法或补短法.

证明 (方法 1)在 CB 上截取 CE = CA,连接 DE.

由∠ACD = ∠ECD,AC = EC,CD = CD,得△ACD≌△ECD,则 AD = ED,∠CED = ∠A = 2∠B.

又∠CED = ∠B + ∠EDB,则∠EDB = ∠B,得 DE = BE,所以 BC = BE + CE = DE + CE = AC + AD.

(方法 2)延长 CA 到点 F,使 CF = CB,连接 DF.

又 CD = CD,∠FCD = ∠BCD,得△CFD≌△CBD,则∠F = ∠B.又∠A = 2∠B,∠A = ∠F + ∠ADF,得∠F = ∠ADF,则 AF = AD,所以 BC = AC + AF = AC + AD.

说明 遇有角平分线,这两种添辅助线的方法是常用的.

例 15 如图 1.2.34,在△ABC 中,AD⊥BC 于点 D,∠B = 2∠C.求证:AB + BD = CD.

点拨 在 DC 上截取 DE = DB,再证 AB = AE = CE.

证明 在 DC 上截取 DE = DB,连接 AE.由 AD⊥BE,得 AB = AE,∠AEB = ∠B = 2∠C.

又∠AEB = ∠EAC + ∠C,则∠EAC = ∠C,得 AE = CE,所以 CD = DE + CE = DE + AE = AB + BD.

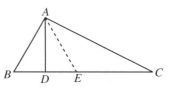

图 1.2.34

说明 本题结论同上例,但若延长 AB 到点 F,使 BF = BD,则无法证明 AF = CD.

习题 1.2.2

1. 如图 1.2.35,AB = AC,AD = AE.求证:∠B = ∠C.

2. 如图 1.2.36,AB⊥AC,AD⊥AE,AB = AC,AD = AE,连接 BE、CD.求证:BE = CD.

3. 如图 1.2.37,已知 AB∥CD,AE∥DF,OE = OF.求证:AB = CD.

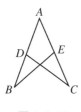

图 1.2.35

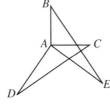

图 1.2.36

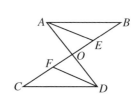

图 1.2.37

4. 如图 1.2.38,已知 AB⊥BC,AE⊥BD,CD⊥BD,AB = BC.求证:BE = CD.

5. 如图 1.2.39,已知 AB⊥BD,ED⊥BD,AC⊥CE,AC = CE.求证:AB = CD.

6. 如图 1.2.40,已知 BE⊥CD 于点 E,BE = DE,AE = CE.求证:DA⊥BC.

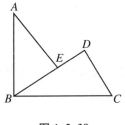 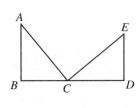 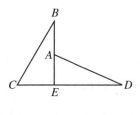

图 1.2.38　　　　　　　　图 1.2.39　　　　　　　　图 1.2.40

7. 如图 1.2.41,已知 $DE=AB$,且 $DC<BC$. 求证:(1) 若 $AC=CE$,则 $\angle B+\angle D=180°$;(2) 若 $\angle B+\angle D=180°$,则 $AC=CE$.

8. 如图 1.2.42,已知 $AB=AC$,$AD=AE$,CD、BE 相交于点 O. 求证:OA 平分 $\angle DAE$.

9. 如图 1.2.43,(1) 已知 $AB=DE$,$BC=EF$,$CD=AF$,$\angle A=\angle D$. 求证:$\angle ABC=\angle DEF$.

(2) 已知 $AB/\!/ED$,$\angle EAB=\angle BDE$,$AF=CD$,$EF=BC$. 求证:$\angle F=\angle C$.

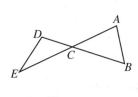 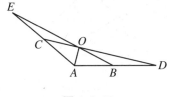 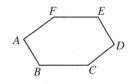

图 1.2.41　　　　　　　　图 1.2.42　　　　　　　　图 1.2.43

10. 如图 1.2.44,已知 $Rt\triangle ABC\cong Rt\triangle ADE$,$\angle ABC=\angle ADE=90°$,$BC$ 与 DE 相交于点 F,连接 CD、EB.

(1) 图中还有几对全等三角形,请一一列举;

(2) 求证:$CF=EF$.

11. 如图 1.2.45,点 A、B、C、D 四点在一条直线上,$AE=DF$,$CE=BF$,$AB=CD$. 求证:$BE=CF$.

12. 如图 1.2.46,BC 是 $\triangle ABC$ 和 $\triangle DCB$ 的公共边,$AB=DC$,$AC=BD$,AE、DF 分别垂直 BC 于点 E、F. 求证:$AE=DF$.

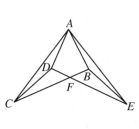 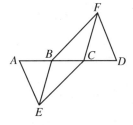 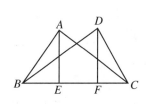

图 1.2.44　　　　　　　　图 1.2.45　　　　　　　　图 1.2.46

13. $\triangle ABC$ 和 $\triangle A'B'C'$ 中,$AB=A'B'$,$BC=B'C'$,则满足下列条件的 $\triangle ABC$ 与 $\triangle A'B'C'$ 是否全等:

(1) $\angle BAC = \angle B'A'C' = 110°$;(2) $\angle BAC = \angle B'A'C' = 90°$;(3) $\angle BAC = \angle B'A'C' = 70°$.

综合(1)、(2)、(3)你能得出什么结论？

14. 有下列三个命题，请判断正确与否，并说明理由：

(1) 有两边及其中一边上的高对应相等的两个三角形全等；

(2) 有两边及第三边上的高对应相等的两个三角形全等；

(3) 一边及其他两边上的高对应相等的两个三角形全等.

15. 如图1.2.47，C 是 AB 的中点，$CD = CE$，$\angle DCA = \angle ECB$. 求证：$\angle DAE = \angle EBD$.

16. 如图1.2.48，已知 BD、CE 是 $\triangle ABC$ 的高，点 P 在 BD 的延长线上，且 $BP = AC$，点 Q 在 CE 的延长线上，且 $CQ = AB$. 求证：$AP = AQ$，且 $AP \perp AQ$.

17. 如图1.2.49，D、E 分别是 $\triangle ABC$ 边 AC、AB 上的点，BD 与 CE 交于点 O，且 $\angle DBC = \angle ECB = \dfrac{1}{2} \angle A$. 求证：$BE = CD$.

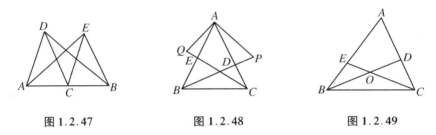

图 1.2.47　　　　　图 1.2.48　　　　　图 1.2.49

18. 如图1.2.50，在四边形 $ABCD$ 中，$CE \perp AB$ 于点 E，AC 平分 $\angle BAD$，且 $AE = \dfrac{1}{2}(AB + AD)$. 求证：$\angle ABC + \angle ADC = 180°$.

19. 如图1.2.51，在 $\triangle ABC$ 中，点 P 是形内一点，$\angle PBA = \angle PCA$，$PD \perp AB$ 于 D，$PE \perp AC$ 于 E，点 M 是 BC 的中点. 求证：$MD = ME$.

20. 如图1.2.52，在 $\triangle ABC$ 中，$AB > AC$，AD 是 $\angle BAC$ 的平分线，AH 是高. 求证：$\angle DAH = \dfrac{1}{2}(\angle C - \angle B)$.

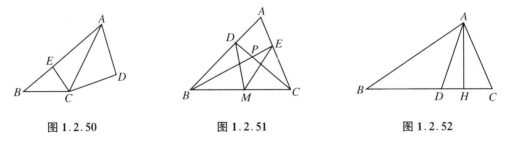

图 1.2.50　　　　　图 1.2.51　　　　　图 1.2.52

21. 如图1.2.53，已知 AD 是 $\triangle ABC$ 的中线，BE 分别交 AD、AC 于点 F、E，且 $AE = EF$. 求证：$BF = AC$.

22. 如图1.2.54，$\triangle ADE$ 的顶点 D 在 $\triangle ABC$ 的 BC 边上，且 $\angle ABD = \angle ADB$，$\angle BAD = \angle CAE$，$AC = AE$. 求证：$BC = DE$.

23. 如图 1.2.55,在四边形 ABCD 中,AB = AD,BC = DC,E、F 分别是 DC、BC 的中点.求证:AE = AF.

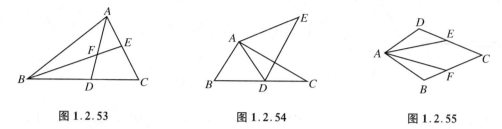

图 1.2.53　　　　　图 1.2.54　　　　　图 1.2.55

24. 如图 1.2.56,在△ABC 与△$A_1B_1C_1$ 中,∠B = ∠B_1,∠C = ∠C_1,AD 为∠BAC 的角平分线,A_1D_1 为∠$B_1A_1C_1$ 的角平分线,AD = A_1D_1.求证:△ABC≌△$A_1B_1C_1$.

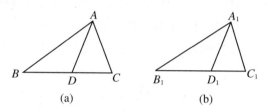

(a)　　　　　(b)

图 1.2.56

25. 如图 1.2.57,M 是 BC 上一点,F 是 AM 上一点,BE ∥ CF,BE = CF.求证:AM 是△ABC 的中线.

26. 如图 1.2.58,∠A = ∠B,AE = BE,点 D 在 AC 边上,∠CED = ∠ADB,AE 和 BD 相交于点 O.求证:(1) ∠BDE = ∠C;(2) △AEC≌△BED.

27. 如图 1.2.59,在四边形 ABCD 中,∠A = ∠BCD = 90°,BC = DC,延长 AD 至 E 点,使 DE = AB.求证:(1) ∠ABC = ∠EDC;(2) △ABC≌△EDC.

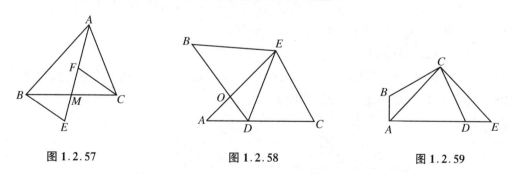

图 1.2.57　　　　　图 1.2.58　　　　　图 1.2.59

28. 如图 1.2.60,四边形 ABCD 中,∠BAD≠90°,AB = AD,∠B + ∠D = 180°,点 E、F 分别在 BC、CD 上,试探究∠EAF 与∠BAD 满足怎样的关系时,EF = BE + DF.

29. 如图 1.2.61,在四边形 ABCD 中,∠B = 2∠D,AC 平分∠BCD.求证:AB + BC = CD.

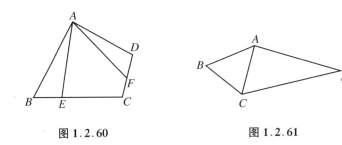

图 1.2.60　　　　　　　图 1.2.61

30. 求证:(1) 若两个三角形的两个角及第三个角的平分线对应相等,则这两个三角形全等.

(2) 若两个三角形的两边及第三边上的中线对应相等,则这两个三角形全等.

31. 如图 1.2.62,在 $\triangle ABC$ 中,$AB > AC$,点 D、E 在 BC 上,$DE = EC$,$DF \parallel BA$ 交 AE 于点 F.求证:(1) 若 $DF = AC$,则 AE 平分 $\angle BAC$;(2) 若 AE 平分 $\angle BAC$,则 $DF = AC$.

32. 如图 1.2.63,在 $\triangle ABC$ 中,$\angle A = 90°$,$AD \perp BC$ 于点 D,BE 平分 $\angle B$,交 AD 于点 E,$EF \parallel AC$ 交 BC 于点 F.求证:$AE = EF$.

33. 如图 1.2.64,在 $\triangle ABC$ 中,P、Q 分别是 BC、AC 上的点,过点 P 作 $PR \perp AB$ 于点 R,$PS \perp AC$ 于点 S,若 $AQ = PQ$,$PR = PS$.求证:(1) $AS = AR$;(2) $QP \parallel AR$.

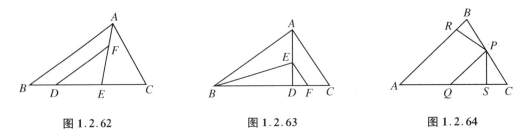

图 1.2.62　　　　　　　图 1.2.63　　　　　　　图 1.2.64

34. 如图 1.2.65(a),E、F 分别为线段 AC 上的两个动点,且 $DE \perp AC$ 于点 E,$BF \perp AC$ 于点 F,若 $AB = CD$,$AF = CE$,BD 交 AC 于点 M.

(1) 求证:$MB = MD$,$ME = MF$.

(2) 当 E、F 两点运动到如图 1.2.65(b) 的位置时,其余条件不变,上述结论能否成立? 若成立,请给予证明;若不成立,请说明理由.

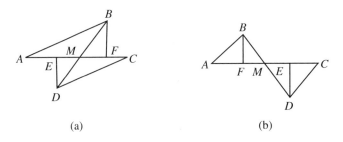

(a)　　　　　　　　　(b)

图 1.2.65

35. （1）如图 1.2.66(a)，AD 平分∠BAC，∠B + ∠C = 180°，∠B = 90°. 求证：DB = DC.

（2）如图 1.2.66(b)，AD 平分∠BAC，∠B + ∠C = 180°，∠B＜90°. 求证：DB = DC.

（3）如图 1.2.66(c)，四边形 ABCD 中，∠ABD + ∠ACD = 180°，DB = DC. 求证：AD 平分∠BAC.

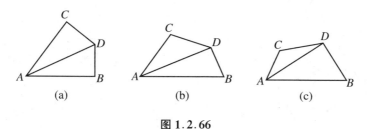

图 1.2.66

1.2.3 等腰三角形

基础知识

1. 等腰三角形

（1）基本概念：腰、底、顶角、底角．

（2）性质：

定理 12 等腰三角形的两个底角相等（简称"等边对等角"）．

定理 13 在等腰三角形中，顶角的平分线、底边上的中线、底边上的高、底边的垂直平分线，四线合一．

定理 14 等腰三角形是轴对称图形，对称轴是顶角平分线（或底边上的高，或底边上的中线）所在的直线．

（3）判定：

定理 15 如果三角形有两个角相等，那么它们所对的边也相等（简称"等角对等边"）．

2. 等边三角形

（1）性质：

定理 16 等边三角形的三条边相等，三个角相等，都是 60°．

注 等边三角形具备等腰三角形的所有性质．

（2）判定：

定理 17 三个内角都相等的三角形是等边三角形．

定理 18 有一个内角等于 60°的等腰三角形是等边三角形．

技能训练

例 1 如图 1.2.67，在△ABC 中，AB = AC，D 是 BC 边上一点，点 E、F 分别在 AB、AC 上，BD = CF，CD = BE，G 为 EF 的中点. 求证：DG⊥EF.

点拨 证 $DE = DF$,可由 $\triangle BDE \cong \triangle CFD$ 而得.

证明 由 $AB = AC$,得 $\angle B = \angle C$.又由 $BD = CF$,$BE = CD$,得 $\triangle BDE \cong \triangle CFD$,则 $DE = DF$.又因 G 是 EF 的中点,所以 $DG \perp EF$.

说明 由 G 是 EF 的中点,可自然联想到等腰三角形"三线合一".

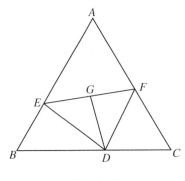

图 1.2.67

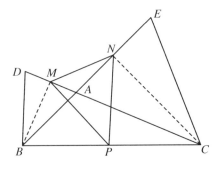

图 1.2.68

例 2 如图 1.2.68,在 $\triangle ABC$ 中,延长 CA 至点 D,使 $BD = BA$,延长 BA 至点 E,使 $CE = CA$,设 P、M、N 分别是 BC、AD、AE 的中点.求证:$\triangle PMN$ 是等腰三角形.

点拨 由等腰三角形"三线合一"性质可得.

证明 连接 BM、CN.由 $BD = BA$,M 是 AD 的中点,得 $BM \perp CM$.又由 P 是 BC 的中点,得 $PM = \dfrac{1}{2}BC$.同理,$PN = \dfrac{1}{2}BC$,则 $PM = PN$,所以 $\triangle PMN$ 是等腰三角形.

说明 本题还可以取 AB、AC 的中点 G、H,证 $\triangle MGP \cong \triangle PHN$.

例 3 如图 1.2.69,D、E 是等边 $\triangle ABC$ 边 AB、AC 上的点,$AD = CE$,BE 与 CD 交于点 F.求证:$\angle BFC = 120°$.

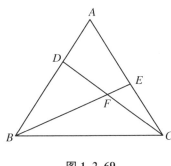

图 1.2.69

点拨 可证 $\angle DFB = 60°$.

证明 在 $\triangle ADC$ 与 $\triangle CEB$ 中,由 $AC = CB$,$AD = CE$,$\angle DAC = \angle ECB = 60°$,得 $\triangle ADC \cong \triangle CEB$,则 $\angle ACD = \angle CBE$,所以 $\angle DFB = \angle CBE + \angle BCD = \angle ACD + \angle BCD = \angle ACB = 60°$,则 $\angle BFC = 120°$.

说明 直接证明 $\angle BFC = 120°$ 有困难,这里转化为证明 $\angle DFB = 60°$.

例 4 如图 1.2.70,已知 $AB = AC$,D 是 BC 边的中点,AB 平分 $\angle DAE$,$AE \perp BE$ 于点 E.求证:$AD = AE$.

点拨 由 $AB = AC$,D 是 BC 边的中点,得 $AD \perp BC$.

证明 由 $AB = AC$,D 是 BC 的中点,得 $AD \perp BC$.

又 $AE \perp BE$,故在 Rt$\triangle ABD$ 和 Rt$\triangle ABE$ 中,由 $\angle 1 = \angle 2$,$AB = AB$,得 Rt$\triangle ABD \cong$ Rt$\triangle ABE$,所以 $AD = AE$.

说明 证明本题用到等腰三角形"三线合一"的性质.

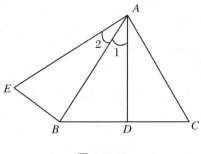

图 1.2.70

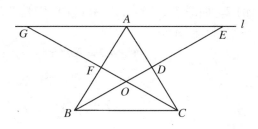

图 1.2.71

例 5 如图 1.2.71,在△ABC 中,AB = AC,直线 l 经过点 A 且 l∥BC,∠B 的平分线与 AC、l 分别交于 D、E,∠C 的平分线与 AB、l 分别交于 F、G,BE 与 CG 交于点 O. 求证:
(1) AG = AE;(2) DE = FG.

点拨 (1) AG = AC = AB = AE;

(2) △ADE≌△AFG.

证明 (1) 由 BE 平分∠ABC,得∠ABE = ∠CBE. 又由 l∥BC,得∠AEB = ∠CBE,则∠ABE = ∠AEB,所以 AE = AB.

同理,AG = AC. 又因 AB = AC,所以 AG = AF.

(2) 在△ADE 与△AFG 中,由 $\angle G = \frac{1}{2}\angle C = \frac{1}{2}\angle B = \angle E$,∠GAF = ∠B = ∠C = ∠EAD,AG = AF,得△ADE≌△AFG,所以 DE = FG.

说明 l 是△ABC 的∠A 的外角平分线.

例 6 如图 1.2.72,D 是等边△ABC 边 AB 上的点,E 是 CB 延长线上的点,且 AD = BE. 求证:CD = ED.

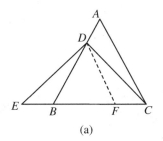

(a)

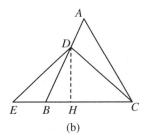

(b)

图 1.2.72

点拨 过点 D 作 DF∥AC,或过点 D 作 DH⊥BC.

证明 (方法 1)如图 1.2.72(a),过点 D 作 DF∥AC,交 BC 于点 F,则△DBF 是等边三角形,故得 FC = AD = BE,DF = DB,DF = DB,∠DFC = ∠DBE,从而△FCD≌△BED,所以 CD = ED.

(方法 2)如图 1.2.72(b),过点 D 作 DH⊥CE 于点 H,则 $CH = BC - BH = BC - \frac{1}{2}BD$ $= BC - \frac{1}{2}(AB - AD) = BC - \frac{1}{2}(BC - BE) = \frac{1}{2}CE$,即 CH = EH,所以 CD = ED.

说明 本题还有其他证法.

例7 如图1.2.73,在△ABC中,D是BC的中点,DE⊥AC于点E,DF⊥AB于点F,BE = CF.求证:AB = AC.

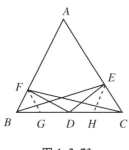

图1.2.73

点拨 证△BCF≌△CBE.

证明 设G、H分别是BD、CD的中点,连接FG、EH.由BD = CD,得CG = BH,$FG = \frac{1}{2}BD = \frac{1}{2}CD = EH$.

又由CF = BE,得△FCG≌△EBH,则∠FCB = ∠EBC,从而△BCF≌△CBE,故可得∠FBC = ∠ECB,所以AB = AC.

说明 直接证△BCF≌△CBE有困难,因为△BDF、△CDE是直角三角形,所以取BD、CD的中点是一种想法.

例8 如图1.2.74,在△ABC中,AB = AC,点D、E、F分别在AB、BC、CA边上,且BE = CF,BD = CE.

(1) 求证:△DEF是等腰三角形;

(2) 求证:$\angle DEF = 90° - \frac{1}{2}\angle A$;

(3) 若∠A = ∠DEF,判断△DEF的形状,并给出证明.

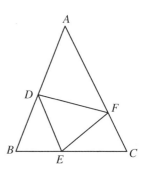

图1.2.74

点拨 (1) △BED≌△CFE;(2) ∠DEF = ∠B;(3) ∠DEF = 60°.

证明 (1) 因为AB = AC,所以∠B = ∠C.又由BE = CF,BD = CE,得△BED≌△ECF,则ED = FE,所以△DEF是等腰三角形.

(2) 由(1)得∠BDE = ∠CEF,所以∠DEF = 180° - (∠BED + ∠CEF) = 180° - (∠BED + ∠BDE) = ∠B.又由∠B = ∠C,得2∠B + ∠A = 180°,所以$\angle DEF = \angle B = 90° - \frac{1}{2}\angle A$.

(3) △DEF是等边三角形.证明如下:

由(2)得$\angle DEF = 90° - \frac{1}{2}\angle A$,又因∠A = ∠DEF,所以$\angle DEF = 90° - \frac{1}{2}\angle DEF$,故得∠DEF = 60°.又因ED = EF,所以△DEF是等边三角形.

说明 由(1)知△DEF是等腰三角形,所以(3)中结论不是等边三角形就是等腰直角三角形.

例9 如图1.2.75,在四边形ABCD中,∠ABD = ∠ACB = ∠ACD = 60°.求证:△ABD是等边三角形.

点拨 设法证BD = AB.

证明 (方法1)在CA上截取CE = CB,则由∠ACB = 60°,得△BCE是等边三角形,所以BE = BC,∠AEB = 120° = ∠BCD.

又因∠ABD = ∠DCA = 60°,所以∠BAE = ∠DBC,故得△ABE≌△DBC,所以AB

$= BD$.

又因$\angle ABD = 60°$,所以$\triangle ABD$是等边三角形.

(方法 2)延长 BC 至点 F,使 $CF = CD$,则由$\angle DCF = 60°$, 得$\triangle CDF$是等边三角形,所以 $DC = DF$,$\angle ACD = \angle BFD = 60°$. 又由$\angle CAD = \angle FBD$,得$\triangle ACD \cong \triangle BFD$,则 $AD = BD$. 又因$\angle ABD = 60°$,所以$\triangle ABD$是等边三角形.

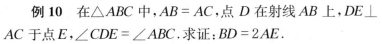

图 1.2.75

说明 此题条件中没有边相等,所以确定证明 $AD = BD$ 或 $AB = BD$ 是关键.

例 10 在$\triangle ABC$ 中,$AB = AC$,点 D 在射线 AB 上,$DE \perp AC$ 于点 E,$\angle CDE = \angle ABC$. 求证: $BD = 2AE$.

点拨 与上例类似,从而可使用作辅助线的方法.

证明 (1)如图 1.2.76(a),若点 D 在线段 AB 上:

在 EC 上截取 $EF = EA$,连接 DF,则由 $DE \perp AC$,得$\angle DFA = \angle A = 180° - 2\angle ABC$, $\angle FCD = 90° - \angle CDE = 90° - \angle ABC$,则$\angle FDC = \angle DFA - \angle FCD = 90° - \angle ABC = \angle FCD$,所以 $CF = DF = DA$. 又因 $AB = AC$,所以 $BD = AF = 2AE$.

(2)如图 1.2.76(b),若 D 在线段 AB 的延长线上:

延长 AE 至点 F,使 $EF = EA$,连接 DF,则由 $DE \perp AC$,得$\angle F = \angle DAE = 2\angle ABC$.

又因$\angle FCD = 90° - \angle ABC$,则$\angle FDC = 180° - \angle F - \angle FCD = 90° - \angle ABC = \angle FCD$, 所以 $CF = DF = DA$.

又因 $AB = AC$,所以 $BD = AF = 2AE$.

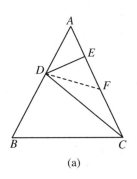 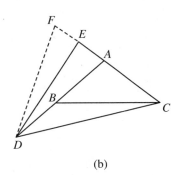

(a) (b)

图 1.2.76

说明 点 D 在射线 AB 上,要分点 D 在线段 AB 上与点 D 在线段 AB 延长线上进行讨论.

例 11 如图 1.2.77,在$\triangle ABC$ 中,$AD \perp BC$ 于点 D,$AB + CD = AC + BD$,求证: $AB = AC$.

点拨 分别延长 DC、DB 至点 E、F,使 $CE = AB$,$BF = AC$.

证明 延长 DC 至点 E,使 $CE = AB$,延长 DB 至点 F,使 $BF = AC$,连接 AE、AF,则由 $AB + CD = AC + BD$,得 $DE = DF$.

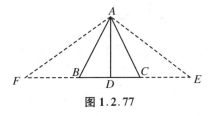

图 1.2.77

因为 $AD \perp BC$，所以 $AE = AF$，故 $\triangle ACE \cong \triangle FBA$，可得 $\angle ACE = \angle FBA$，从而 $\angle ACB = \angle ABC$，所以 $AB = AC$.

说明 若延长 AB 至 M、AC 至 N，使 $BM = CD$，$CN = BD$，也可证得 $AB = AC$，但没有这里的方法方便.

例 12 如图 1.2.78，在等边 $\triangle ABC$ 边 AB 上取一点 D，使 $AD = AE$，作等边 $\triangle PCD$、等边 $\triangle QAE$ 和等边 $\triangle RAB$. 求证：P、Q、R 是等边三角形的三个顶点.

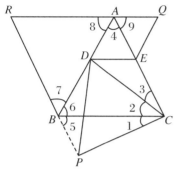

图 1.2.78

点拨 连接 PB. 证明 P、B、R 三点共线，且 $RQ = RP$ 即可.

证明 连接 PB. 因为 $\triangle ABC$ 与 $\triangle PCD$ 都是等边三角形，所以 $AC = BC$，$CD = CP$，$\angle 1 = 60° - \angle 2 = \angle 3$，从而得 $\triangle CDA \cong \triangle CPB$，则 $\angle 5 = \angle 4 = 60°$，$BP = AD$.

又由 $\triangle RAB$ 是等边三角形，所以 $\angle 5 + \angle 6 + \angle 7 = 3 \times 60° = 180°$，$\angle 4 + \angle 8 + \angle 9 = 3 \times 60° = 180°$，从而得 R、B、P 三点共线，R、A、Q 三点共线. 所以

$$RQ = RA + AQ = RB + AE = RB + AD = RB + BP = RP.$$

又因 $\angle B = 60°$，所以 $\triangle RPQ$ 是等边三角形.

说明 证明过程中容易忽视证明 R、B、P 三点共线和 R、A、Q 三点共线.

习题 1.2.3

1. 如图 1.2.79，D 是 $\triangle ABC$ 边 BC 的中点，E 是边 AB 上一点，延长 DE、CA 交于点 F，且 $BE = CF$. 求证：$\triangle AEF$ 是等边三角形.

2. 如图 1.2.80，$AB = AC$，$AD = AE$，$\angle BAC = \angle DAE = 90°$，$M$ 是 BE 的中点. 求证：$AM \perp DC$.

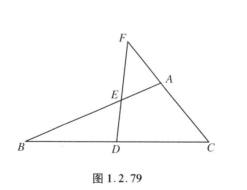

图 1.2.79

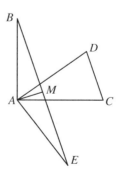

图 1.2.80

3. 如图 1.2.81，在 $\triangle ABC$ 中，$AB = AC$，D、E、F 分别为 AB、BC、CA 上的点，且 $BD = CE$，$\angle DEF = \angle B$. 求证：$\triangle DEF$ 是等腰三角形.

4. 如图 1.2.82，在 $\triangle ABC$ 中，$\angle ACB = 90°$，$CD \perp AB$ 于点 D，AE 平分 $\angle BAC$ 交 CD

于点 F，交 BC 于点 E．求证：△CEF 是等腰三角形．

5. 如图 1.2.83，在△ABC 中，$AB=AC$，D 为 BC 的中点，点 E 在 AD 上．

(1) 求证：$BE=CE$．

(2) 延长 BE 交 AC 于点 F，且 $BF\perp AC$ 于点 F，若 $\angle BAC=45°$．求证：△$AEF\cong$△BCF．

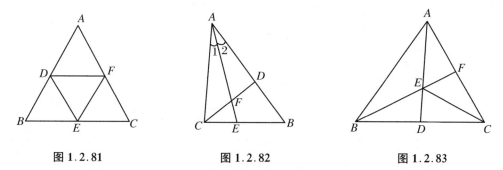

图 1.2.81　　　图 1.2.82　　　图 1.2.83

6. 如图 1.2.84，在△ABC 中，$AB=AC$，D、E 分别是 AB、AC 的中点，$AM\perp CD$ 于点 M，$AN\perp BE$ 于点 N．求证：$AM=AN$．

7. 如图 1.2.85，已知 $DE\parallel BC$，BF 是 $\angle ABC$ 的平分线，交 DE 于点 F，且 $BD+EC=DE$．求证：CF 平分 $\angle ACB$．

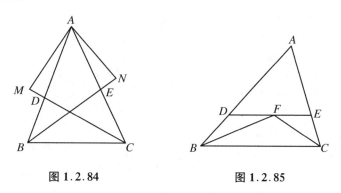

图 1.2.84　　　　图 1.2.85

8. 如图 1.2.86，在△ABC 中，$AB=AC$，D 为 BA 延长线上一点，点 E 在 AC 上，$AD=AE$，DE 延长线交 BC 于点 F．求证：$DF\perp BC$．

9. 如图 1.2.87，在△ABC 与△ADE 中，$AB=AC$，$AD=AE$，$\angle BAC=\angle DAE$，点 C 在 DE 上．求证：(1) △$ABD\cong$△ACE；(2) $\angle BDA=\angle ADC$．

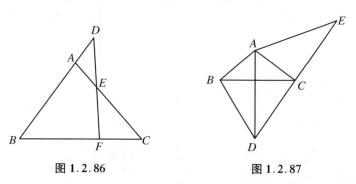

图 1.2.86　　　　图 1.2.87

10. 如图 1.2.88，AD 是△ABC 的角平分线，$DE\perp AB$ 于点 B，$DF\perp AC$ 于点 F．求证：

$AD \perp EF$.

11. 如图 1.2.89，$AC = BD$，$AD = BC$，E 是 AD、BC 的交点，M 是 AB 的中点. 求证：EM 平分 $\angle AEB$.

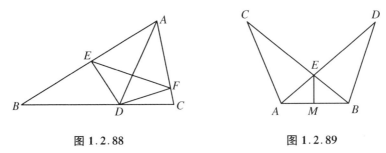

图 1.2.88　　　　　图 1.2.89

12. 如图 1.2.90，在 $\triangle ABC$ 中，$AB = AC$，$BD \perp AC$ 于点 D、$CE \perp AB$ 于点 E，BD 与 CE 相交于点 F. 求证：AF 平分 $\angle BAC$.

13. 如图 1.2.91，D 是等边 $\triangle ABC$ 边 BC 的中点，E 为 AB 上一点，F 为 AC 上一点，且 $\angle EDF = 120°$. 求证：$DE = DF$.

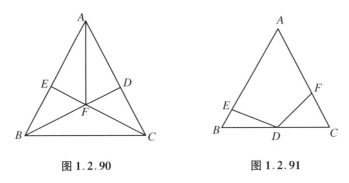

图 1.2.90　　　　　图 1.2.91

14. 如图 1.2.92，在等边 $\triangle ABC$ 中，点 E 在 BA 的延长线上，点 D 在边 BC 上，且 $AE = BD$. 求证：$ED = EC$.

15. 如图 1.2.93，在五边形 $ABCDE$ 中，$AB = AE$，$\angle B = \angle E$，$BC = ED$，$AH \perp CD$ 于点 H. 求证：(1) $CH = DH$；(2) AH 平分 $\angle BAE$.

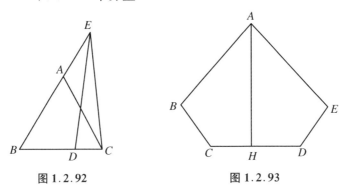

图 1.2.92　　　　　图 1.2.93

16. 如图 1.2.94，过等边 $\triangle ABC$ 顶点作射线，P、Q 是射线上两点，且 $\angle ABP = \angle ACQ$，$BP = CQ$，问 $\triangle APQ$ 是什么三角形？证明你的结论.

17. 如图 1.2.95，在 $\triangle ABC$ 中，D 是 BC 的中点，过点 D 的直线 EG 交 AB 于点 E，交

AB 的平行线 CG 于点 G，$DF \perp EG$，交 AC 于点 F．

（1）求证：$BE = CG$．

（2）判断 $BE + CF$ 与 EF 的大小，并证明你的结论．

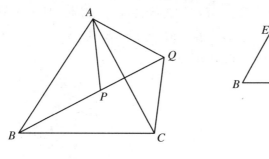

图 1.2.94

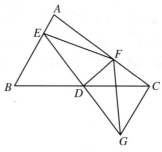

图 1.2.95

18. 如图 1.2.96，在 $\triangle ABC$ 中，$AB = BC$，$BD \perp AC$ 于点 D，$CE \perp AB$ 于点 E，$\angle ABC = 45°$，CE、BD 交于点 F．求证：$BF = 2CD$．

19. 如图 1.2.97，在 $\triangle ABC$ 中，$\angle ACB = 90°$，$CA = CB$，D 是边 AC 上一点，E 是 BC 延长线上一点，且 $AE = BD$，BD 的延长线交 AE 于点 F．求证：$BF \perp AE$．

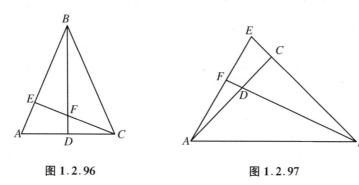

图 1.2.96　　　　　　图 1.2.97

20. 如图 1.2.98，$\triangle ABC$ 与 $\triangle ADE$ 都是等边三角形，D 是 BC 延长线上一点，连接 CE．求证：$BD = CE$．

21. 如图 1.2.99，在 $\triangle ABC$ 中，$\angle ABC = 45°$，$CD \perp AB$ 于点 D，BE 平分 $\angle ABC$ 且 $BE \perp AC$ 于点 E，与 CD 相交于点 F，H 是 BC 边的中点，连接 DH 与 BE 相交于点 G．求证：（1）$BF = AC$；（2）$DG = DF$．

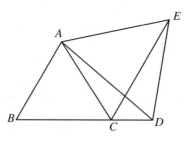

图 1.2.98

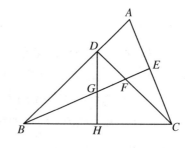

图 1.2.99

22. 如图 1.2.100(a),已知△ACB 和△DCE 均为等边三角形,点 A、D、E 在同一直线上,连接 BE.

(1) 求证:AD = BE,∠AEB = 60°.

(2) 如图 1.2.100(b),若△ABC 和△DCE 均为等腰直角三角形,且∠ACB = ∠DCE = 90°,点 A、D、E 在同一条直线上,CM⊥DE 于点 M,连接 BE. ① 求证:∠AEB = 90°;② 写出线段 CM、AE、BE 之间的数量关系,并加以证明.

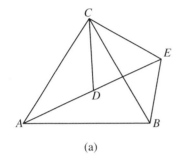
(a)

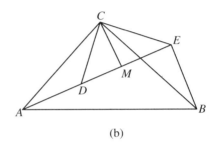
(b)

图 1.2.100

23. △ABC 是等边三角形,D 是射线 BC 上一动点(异于点 B、C),以 AD 为一边向右侧作等边△ADE(C 与 E 不重合),连接 CE.

(1) 如图 1.2.101(a),当点 D 在线段 BC 上时.求证:∠ECF = 60°.

(2) 如图 1.2.101(b),当点 D 在线段 BC 的延长线上时,(1)中的结论是否仍然成立? 请说明理由.

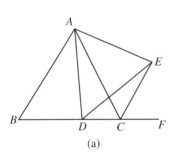
(a)

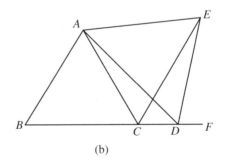
(b)

图 1.2.101

24. 如图 1.2.102(a),已知点 C 在 AB 上,以 AC、BC 为边在直线 AB 同侧作等边△ACN 和等边△BCM,连接 AM、BN 分别交 CN、CM 于点 E、F.

(1) 求证:AM = BN,CE = CF,EF // AB.

(2) 将等边△ACN 绕点 C 旋转得图 1.2.102(b)和图 1.2.102(c),试问:AM = BN 是否还成立?并问直线 AM 和直线 BN 所夹的锐角的大小是否随着旋转而改变?揭示其一般规律,并说明理由.

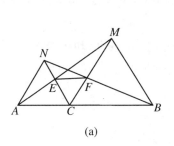 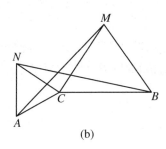 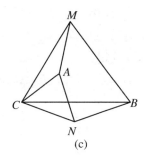

(a)   (b)   (c)

图 1.2.102

25. 如图 1.2.103，△ABC 是等边三角形，E 是 AC 延长线上一点，△CDE 是等边三角形，M 是 AD 的中点，N 是 BE 的中点. 求证：△CMN 是等边三角形. 并问：当 E 不在 AC 延长线时，结论是否还成立？

26. 如图 1.2.104，点 O 是等边△ABC 内一点，D 是△ABC 外一点，∠AOB = 110°，∠BOC = α，△BOC ≌ △ADC，∠OCD = 60°，连接 OD. (1) 求证：△OCD 是等边三角形. (2) 当 α = 150° 时，试判断△AOD 的形状，并说明理由. (3) △AOD 能否为等边三角形，为什么？(4) 探究：当 α 为多少度时，△AOD 是等腰三角形？

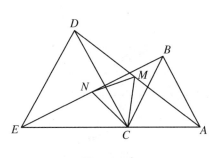 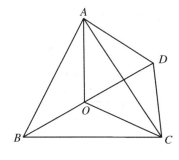

图 1.2.103   图 1.2.104

27. 如图 1.2.105，O 是凸四边形 ABCD 内一点，∠AOB = ∠COD = 120°，OA = OB，OC = OD，设 K、L、M 分别为 AB、BC、CD 的中点. 求证：(1) KL = LM；(2) △KLM 为等边三角形.

28. 如图 1.2.106，在△ABC 中，D 是 AC 上一点，且 CD = AB，E、F 分别是 BC、AD 的中点，连接 EF 并延长，与 BA 延长线交于点 G，连接 GD，若∠EFC = 60°，试判断△AGD 的形状，并给出证明.

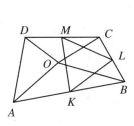 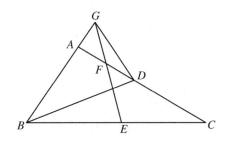

图 1.2.105   图 1.2.106

29. 如图 1.2.107，在△ABC 中，AB = AC，点 D 在△ABC 外，且∠ACD = ∠DBC = 30°. 求证：∠BAC = 2∠CAD.

30. 如图 1.2.108，以正△ABC 的顶点为顶点向外作两个正△ADE 和正△AGF，连接 EF、DB、CG，设 M、K、N 分别是 EF、DB、CG 的中点. 求证：△KNM 是正三角形.

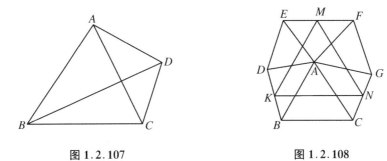

图 1.2.107　　　　　图 1.2.108

31. 如图 1.2.109(a)，点 D 是等腰△ABC 外一点，AB = AC，∠BDC = 2∠ABC，过点 A 作 AE⊥BD 于点 E.

(1) 求证：DE = BE + CD.

(2) 如图 1.2.109(b)，连接 AD，交 BC 于点 F，当 F 为 AD 中点时，翻折△BCD 得△BCG，连接 AG. 求证：AG∥BC.

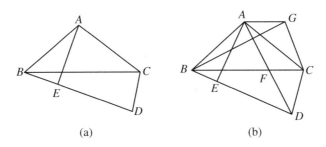

图 1.2.109

32. 已知等边△ABC 与等腰△EDC 有公共顶点，其中∠EDC = 120°，AB = CE，P 是 BE 的中点，连接 PD、AD.

(1) 如图 1.2.110(a)，当 CE 与 CA 重合时. 求证：AP⊥PD.

(2) 如图 1.2.110(b)，将△EDC 绕点 C 旋转一个适当的角度，(1)中的结论是否仍然成立？若成立，请给出证明；若不成立，请说明理由.

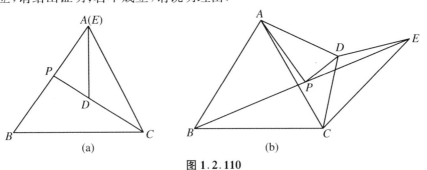

图 1.2.110

1.2.4 直角三角形

基础知识

1. 直角三角形的性质

定理 19 直角三角形的两个锐角互为余角.

定理 20 如果一个三角形的两个角互为余角,那么第三个角为直角.

定理 21 如果直角三角形有一个锐角为 $30°$,那么这个角的对边等于斜边的一半.

定理 22 如果直角三角形的一条直角边等于斜边的一半,那么这边所对的角为 $30°$.

定理 23 直角三角形斜边上的中线等于斜边的一半.

定理 24 如果一个三角形一边上的中线等于这边的一半,那么这边所对的角是直角.

2. 两个特殊的直角三角形(三角板)

(1) 含 $30°$、$60°$、$90°$ 角的直角三角形的三边比为 $1:\sqrt{3}:2$.

(2) 含 $45°$、$45°$、$90°$ 角的直角三角形的三边比为 $1:1:\sqrt{2}$.

技能训练

例 1 如图 1.2.111,在 $\triangle ABC$ 中,$\angle ACB = 90°$,$AC = BC$,线段 CD 经过点 C,$AE \perp CD$ 于点 E,$BD \perp CD$ 于点 D. 求证:$AE = BD + DE$.

点拨 $Rt\triangle AEC \cong Rt\triangle CDB$.

证明 由 $\angle ACB = 90°$,$AE \perp CD$,得 $\angle CAE = \angle BCD$.

又 $AC = BC$,则 $Rt\triangle AEC \cong Rt\triangle CDB$,故得 $CE = BD$,$AE = CD = CE + DE = BD + DE$.

说明 直角三角形全等只要两边相等或一边一锐角相等即可.

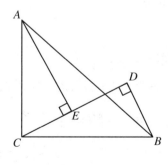

图 1.2.111

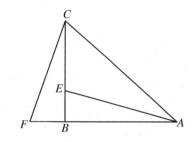

图 1.2.112

例 2 如图 1.2.112,在 $\triangle ABC$ 中,$AB = CB$,$\angle ABC = 90°$,F 是 AB 延长线上一点,E 在 BC 上,且 $AE = CF$.(1) 求证:$Rt\triangle ABE \cong Rt\triangle CBF$;(2) $\angle ACF + \angle CAE = 90°$.

点拨 $\angle BCF = \angle BAE$.

证明 (1) 由 $AB = CB$,$BE = BF$,得 $Rt\triangle ABE \cong Rt\triangle CBF$.

(2) 由(1)得∠BCF = ∠BAE,由已知得∠BAC = ∠BCA = 45°,所以∠ACF + ∠CAE = (∠BCF + 45°) + (45° - ∠BAE) = 90°.

说明 证明结论(1),是为证明结论(2),这样就降低了证明(2)的难度.

例 3 如图 1.2.113,在△ABC 中,点 D 在边 AC 上,DB = BC,E 是 CD 的中点,F 是 AB 的中点.求证:$EF = \frac{1}{2}AB$.

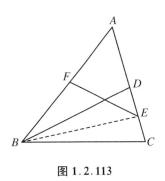

图 1.2.113

点拨 由 BC = BD,E 是 CD 的中点,得 BE⊥CD.

证明 连接 BE.由 BC = BD,E 是 CD 的中点,得 BE⊥CD.

又由 F 是 AB 的中点,得 EF 是 Rt△ABE 斜边 AB 上的中线,所以 $EF = \frac{1}{2}AB$.

说明 由等腰三角形底边中点,容易联想到等腰三角形的"三线合一"这一性质.

例 4 如图 1.2.114,在△ABC 中,∠A = 60°,BM⊥AC 于点 M,CN⊥AB 于点 N,P 是 BC 边的中点,连接 PM、PN.求证:△PMN 为等边三角形.

点拨 显然 PM = PN,再证∠MPN = 60°即可.

证明 由 PM、PN 分别是 Rt△BCM、Rt△BCN 斜边 BC 上的中线,得 PM = PN.

由 PM = PC,PB = PN,得∠BPN = 180° - 2∠ABC,∠CPM = 180° - 2∠ACB,又∠A = 60°,则∠BPN + ∠CPM = 360° - 2(∠ABC + ∠ACB) = 360° - 2×120° = 120°,得∠MPN = 60°,故△PMN 为等边三角形.

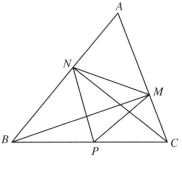

图 1.2.114

说明 含有一角为 60°的等腰三角形为等边三角形.

例 5 如图 1.2.115,△ABC 和△ADE 都是等腰直角三角形,M 为 EC 的中点.求证:△BMD 为等腰直角三角形.

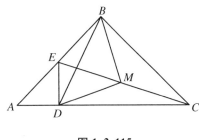

图 1.2.115

点拨 $BM = DM = \frac{1}{2}CE$.

证明 由点 M 是 Rt△BEC 斜边 EC 的中点,得 $BM = \frac{1}{2}EC = MC$,∠MBC = ∠MCB,则∠BME = 2∠BCM.

同理,$DM = \frac{1}{2}EC = MC$,∠EMD = 2∠MCD,所以∠BMD = 2∠BCA = 90°.又因 BM = DM,所以△BMD 是等腰直角三角形.

说明 当 BM 是 Rt△BCE 斜边的中线时,由 ME = MB = MC,得∠MBE = ∠BEM,

∠MBC = ∠MCB.

例 6 如图 1.2.116,在 Rt△ABC 中,AD 是斜边 BC 上的高,BE 是∠ABC 的平分线,AD 交 BE 于点 O,EF⊥AD 于点 F.求证:AF = OD.

点拨 作 OG⊥AB,则△AEF≌△OAG.

证明 过点 O 作 OG⊥AB 于点 G.由∠DBO = ∠GBO,得 OG = OD.又∠AEO + ∠ABO = 90°,∠BOD + ∠DBO = 90°,得 AE = AO.

因为 EF∥DC,所以∠AEF = ∠C.由∠C + ∠CAD = 90°,∠GAO + ∠CAD = 90°,得 ∠C = ∠GAO,则∠AEF = ∠GAO,所以△AEF≌△OAG,则 OG = AF,所以 AF = OD.

说明 由 BO 平分∠ABD 且 OD⊥BC,容易想到作 OG⊥AB.

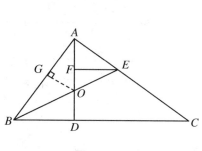

图 1.2.116

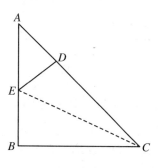

图 1.2.117

例 7 如图 1.2.117,在△ABC 中,∠ABC = 90°,D 是边 AC 上一点,且 CD = CB = AB,DE⊥AC 交 AB 于点 E.求证:AD = DE = EB.

点拨 连接 CE,则△CBE≌△CDE.

证明 连接 CE.在 Rt△CBE 和 Rt△CDE 中,由 CB = CD,CE = CE,得 Rt△CBE≌Rt△CDE,得 EB = DE.

又在 Rt△ADE 中,由条件∠A = 45°,得 AD = DE,所以 AD = DE = EB.

说明 有两角相等且为 45°的三角形是等腰直角三角形.

例 8 如图 1.2.118,在△ABC 中,∠A = 3∠C,BC = 2AB.求证:△ABC 是直角三角形.

点拨 在 CB 上截取 CD = DA,则可得 BD = CD = AD.

证明 在 CB 上截取 CD = DA,则∠DAC = ∠C,∠ADB = ∠DAC + ∠C = 2∠C.由∠A = 3∠C,得 ∠BAD = 2∠C,则 BD = AB.

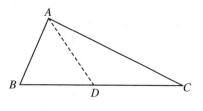

图 1.2.118

又由 BC = 2AB,得 BD + DC = AB + DC = 2AB,则 DC = AB,进而得 BD = CD = AD.所以△ABC 是直角三角形.

说明 若 D 是 BC 边中点,且 AD = $\frac{1}{2}$BC,则△ABC 是直角三角形.

例 9 如图 1.2.119,∠ABE = 2∠ACD,AD⊥AC.求证:CD = 2AB.

点拨 取 CD 的中点 F,则有 $AF=AB$.

证明 取 CD 的中点 F,连接 AF,则由 $\triangle ACD$ 是直角三角形,得 $AF=CF=\dfrac{1}{2}CD$, $\angle ACF=\angle CAF$,所以 $\angle AFD=2\angle ACF=\angle ABE$,则 $AB=AF=\dfrac{1}{2}CD$,即 $CD=2AB$.

说明 直角三角形斜边上的中线等于斜边的一半.

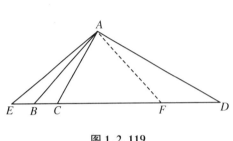

图 1.2.119

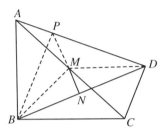

图 1.2.120

例 10 如图 1.2.120,在四边形 $ABCD$ 中,$\angle ABC=\angle ADC=90°$,$M$、$N$ 分别是 AC、BD 的中点.求证:

(1) $BM=DM$,$MN\perp BD$.

(2) 能否在 AD 上找到一点 P,使得 $PB=PD$?若能,指出点 P 的位置;若不能,请说明你的理由.

点拨 MN 是 BC 的垂直平分线.

证明 (1) 连接 MB、MD,则由 BM、DM 分别是 $\mathrm{Rt}\triangle ABC$、$\mathrm{Rt}\triangle ADC$ 斜边 AC 上的中线,得 $BM=\dfrac{1}{2}AC=DM$.又因 N 是 BD 中点,所以 $MN\perp BD$.

(2) 由(1)可知,MN 是 BD 的垂直平分线,所以延长 NM 交 AD 于点 P,则有 $PB=PD$.

说明 由中点与直角三角形,可联想到直角三角形斜边上的中线.

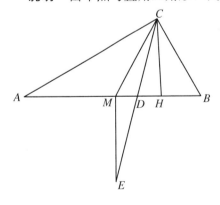

图 1.2.121

例 11 如图 1.2.121,在 $\mathrm{Rt}\triangle ABC$ 中,$\angle ACB=90°$,点 M 是 AB 边的中点,$CH\perp AB$ 于点 H,CD 平分 $\angle ACB$.

(1) 求证:CD 平分 $\angle MCH$.

(2) 过点 M 作 AB 的垂线交 CD 的延长线于点 E.求证:$CM=EM$.

(3) $\triangle AEB$ 是什么三角形?证明你的猜想.

点拨 (1) $\angle ACM=\angle BCH$;(2) $\angle MCE=\angle MEC$;(3) 等腰直角三角形.

解 (1) 由 CM 是 $\mathrm{Rt}\triangle ABC$ 斜边 AB 上的中线,得 $CM=AM=BM$,又 $CH\perp AB$,则 $\angle BCH=\angle CAM=\angle ACM$.又由 CD 平分 $\angle ACB$,得 CD 平分 $\angle MCH$.

(2) 由 $CH\perp AB$,$ME\perp AB$,得 $CH\parallel ME$,则 $\angle E=\angle HCD=\angle MCE$,所以 $CM=EM$.

(3) △ABE 是等腰直角三角形.证明:由 EM = CM = AM = BM,得∠AEB = 90°.又 ME⊥AB,AM = BM,则 EA = EB,所以△ABE 是等腰直角三角形.

说明 在△ABC 中,若∠ACB = 90°,CH⊥AB,则∠BCH = ∠A,∠ACH = ∠B.

例 12 如图 1.2.122(a),已知在△ABC 中,∠ACB = 90°,∠ABC = 45°,分别以 AB、BC 为边向外作△ABD 和△BCE,使得 DA = DB,EB = EC,且∠DAB = ∠BAC = ∠BCE.连接 DE 交 AB 于点 F,探究线段 DE 与 EF 的数量关系,并给出证明.

(2) 如图 1.2.122(b),若∠ABC = 30°,∠ADB = ∠BEC = 60°,原问题中的其他条件不变,你在(1)中得到的结论是否发生变化?请写出你的猜想,并加以证明.

(3) 如图 1.2.122(c),若∠ADB = ∠BEC = 2∠ABC,原问题中的其他条件不变,你在(1)中得到的结论是否发生变化?请写出你的猜想,并加以证明.

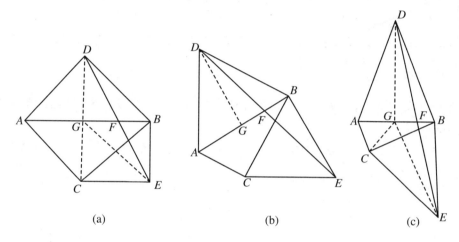

图 1.2.122

点拨 $DE = 2EF$.

解 (1) $DE = 2EF$.证明:如图 1.2.122(a),过 D 作 DG⊥AB 于点 G,则 DG = BG = BE,AB⊥BE,所以 Rt△DGF≌Rt△EBF,则 DF = EF,即 DE = 2EF.

(2) 结论不变,即 $DE = 2EF$.证明:过 D 作 DG⊥AB 于点 G,则由△ABD 和△BCE 是等边三角形,△ABC 是∠ABC = 30°的直角三角形,得 DG = BC = BE,BE⊥BF,∠DFG = ∠EFB,所以 Rt△DFG≌Rt△EFB,则 DF = EF,即 DE = 2EF.

(3) 结论不变,即 $DE = 2EF$.证明:过点 D 作 DG⊥AB 于点 G,连接 GC、GE.由 DA = DB,EB = EC,∠ADB = ∠BEC = 2∠ABC,得 BDG = $\frac{1}{2}$∠ADB = ∠ABC.又 AG = BG = CG,∠EBG = 90°,∠GCE = 90°,所以 Rt△CGE≌Rt△BGE≌Rt△GBD,则 BE = GD.又∠DFG = ∠EFB,则 Rt△DGF≌Rt△EBF,所以 DF = EF,即 DE = 2EF.

说明 对于(3),可设 $AB = c, AC = b, BC = a$,通过计算得 $DG = BE = \frac{ac}{2b}$.

习题 1.2.4

1. 如图 1.2.123，在四边形 $ABCD$ 中，$\angle DAB = \angle BCD = 90°$，$M$ 为 BD 的中点，N 为 AC 的中点．求证：$MN \perp AC$．

2. 如图 1.2.124，在 $\triangle ABC$ 中，$AB = AC$，$\angle BAC = 120°$，$AD \perp BC$ 于点 D，$DE \perp AC$ 于点 E．求证：$CE = 3AE$．

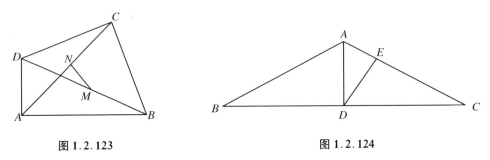

图 1.2.123　　　　　　　　图 1.2.124

3. 如图 1.2.125，$AC \perp BC$，$AD \perp BD$，$AD = BC$，$CE \perp AB$ 于点 E，$DF \perp AB$ 于点 F．求证：$CE = DF$．

4. 如图 1.2.126，在 $\triangle ABC$ 中，$\angle ACB = 90°$，D、E 为 AB 上两点，若 $AE = AC$，$\angle DCE = 45°$．求证：$BC = BD$．

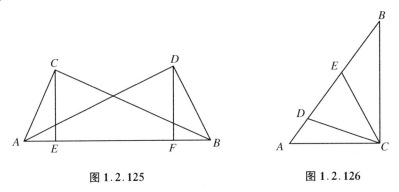

图 1.2.125　　　　　　　　图 1.2.126

5. 如图 1.2.127，$\triangle ABC$ 与 $\triangle DEB$ 都是等腰直角三角形，$\angle BAC = \angle EDB = 90°$，$P$ 是线段 CE 的中点．求证：$AP = DP$，$AP \perp DP$．

6. 如图 1.2.128，$\triangle ACB$、$\triangle CDE$ 为等腰直角三角形，$\angle CAB = \angle CDE = 90°$，$F$ 为 BE 的中点．求证：$AF = DF$，$AF \perp DF$．

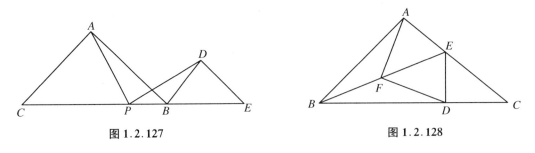

图 1.2.127　　　　　　　　图 1.2.128

7. 如图1.2.129,在△ABC中,∠ACB=90°,AD是∠A的平分线,DE⊥AB于点E,点F在AC上,且DF=BD.求证:AE-BE=AF.

8. 如图1.2.130,在△ABC中,∠C=2∠B,D是BC边上一点,AD⊥AB,E是BD的中点,连接AE.求证:(1) ∠AEC=∠C;(2) BD=2AC.

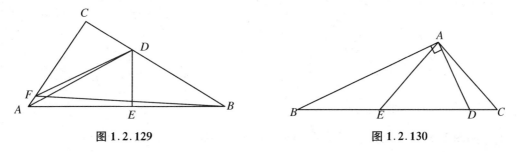

图1.2.129　　　　　　　　图1.2.130

9. 如图1.2.131,在△ABC中,AB=CB,∠ABC=90°,D为AB延长线上一点,点E在BC边上,且BE=BD,连接AE、DE、DC.求证:(1) AE=CD;(2) ∠BDC=45°+∠CAE.

10. 如图1.2.132,在Rt△ABC中,∠ACB=90°,AC=BC,D为BC的中点,CE⊥AD于点E,BF∥AC交CE的延长线于点F.求证:AB垂直平分DF.

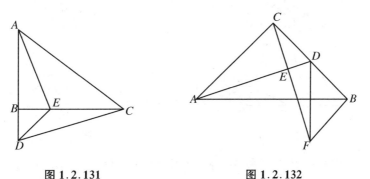

图1.2.131　　　　　　　　图1.2.132

11. 如图1.2.133,在Rt△ABC中,∠C=90°,BC=AC,AD平分∠BAC交BC于点D.求证:AB=AC+CD.

12. 如图1.2.134,在△ABC中,AB=AC,∠BAC=90°,D是BC的中点,DE⊥FD,DE与AB交于点E,FD与AC交于点F.求证:BE=AF,AE=CF.

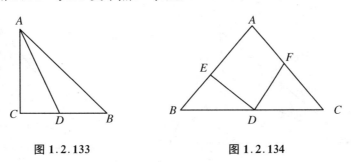

图1.2.133　　　　　　　　图1.2.134

13. 如图1.2.135,D、E是等边△ABC边BC、AC上的点,且AE=CD,P是AD、BE的交点,BQ⊥AD于点Q.求证:BP=2PQ.

14. 如图1.2.136,在△ABC中,AB=AC,E、F分别是BC、AC的中点,以AC为斜边

作 Rt△ADC,(1) 求证:FE = FD. (2) 若∠CAD = ∠CAB.求证:∠EFD = 3∠CAB.

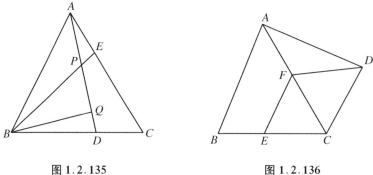

图 1.2.135　　　　　　图 1.2.136

15. 如图 1.2.137,已知在五边形 ABCDE 中,∠ABC = ∠AED = 90°,∠1 = ∠2,M 为 CD 的中点.求证:MB = ME.

16. 如图 1.2.138,在△ABC 中,AD 是高,CE 是中线,DC = BE,DG⊥CE 于点 G.求证:(1) G 是 CE 的中点;(2) ∠B = 2∠BCE.

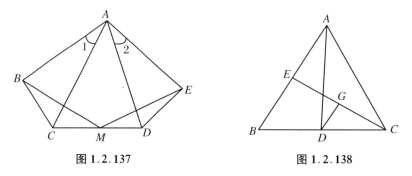

图 1.2.137　　　　　　图 1.2.138

17. 如图 1.2.139,点 B 在线段 AC 上,点 E 在线段 BD 上,∠ABD = ∠DBC,AB = DB,EB = CB,M、N 分别是 AE、CD 的中点,试探究 BM 与 BN 的关系,并证明你的结论.

18. 如图 1.2.140,在 Rt△ABC 中,∠C = 90°,BD 平分∠ABC 且交于点 D.

(1) 若∠BAC = 30°,求证:AD = BD.

(2) 若 AP 平分∠BAC 且交 BD 于点 P.求证:∠BPA = 90° + $\frac{1}{2}$∠C.

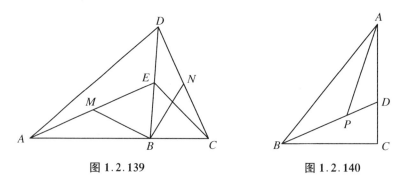

图 1.2.139　　　　　　图 1.2.140

19. 如图 1.2.141,D 是△ABC 边 BC 上的一点,BE⊥AD 于点 E,CF⊥AD 于点 F,G 为 BC 的中点.求证:GE = GF.

20. 如图 1.2.142,在四边形 ABCD 中,AE⊥BD 于点 E,CF⊥BD 于点 F,G 为 AC 的中点.求证:GF = GE.

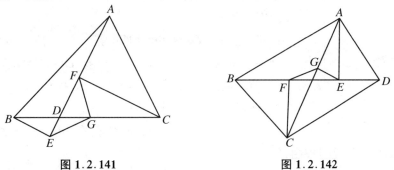

图 1.2.141　　　　　图 1.2.142

21. 如图 1.2.143,在 Rt△ABC 中,∠ACB = 90°,D 在△ABC 内,∠CAD = 30°,AC = BC = AD.求证:CD = BD.

22. 如图 1.2.144,在△ABC 和△EDC 中,AC = CE = CB = CD,∠ACB = ∠DCE = 90°,AB 与 CE 交于点 F,ED 分别与 AB、BC 交于点 M、N,(1) 求证:CF = CN.(2) 固定△ABC,将△EDC 绕点 C 旋转到∠BCE = 45°时,判断 AM 与 DM 的数量关系,并加以证明.

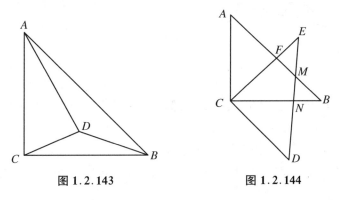

图 1.2.143　　　　　图 1.2.144

23. 如图 1.2.145,在等腰 Rt△ABC 中,∠C = 90°,D 是斜边 AB 上任意一点,AE⊥CD 于点 E,BF⊥CD 交 CD 的延长线于点 F,CH⊥AB 于点 H,交 AE 于点 G.求证:BD = CG.

24. 如图 1.2.146,∠BAD = ∠CAE = 90°,AB = AD,AC = AE,AF⊥CF 于点 F.(1) 求证:△ABC≌△ADE.(2) 求证:CA 平分∠ECF.(3) 请指出 CE 与 AF 有怎样的数量关系,并加以证明.

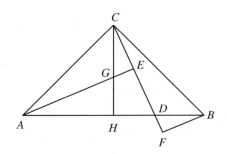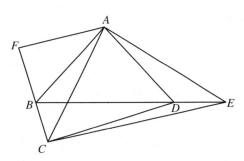

图 1.2.145　　　　　图 1.2.146

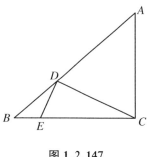

图 1.2.147

25. 如图 1.2.147，在 Rt△ABC 中，∠ACB = 90°，D、E 分别是 AB、BC 上的点，且 AD = AC，CE = 2BD，CD ⊥ DE。求证：AC = BC。

26. 已知△OBD 和△OCA 是等腰直角三角形，∠ODB = ∠OCA = 90°，M 是 AB 的中点，连接 DM、CM、CD。

(1) 如图 1.2.148(a)，若点 C 在 BO 的延长线上，试判断△CDM 的形状，并给出证明。

(2) 如图 1.2.148(b)，若点 C 在 OB 的延长线上，(1)中的结论是否还成立？请说明理由。

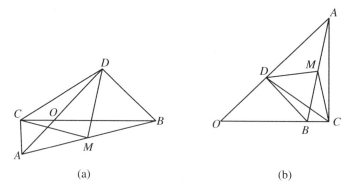

图 1.2.148

27. 如图 1.2.149(a)，△ABC、△ADE 都是等腰直角三角形，绕着顶点 A 旋转后位置如下：

(1) 当 C、A、D 在同一直线上时，求证：CE = BD。

(2) 当△ADE 旋转到图 1.2.149(b)、(c)、(d)的位置后，CE 与 BD 有何关系？请说明理由。

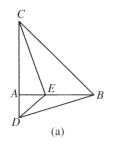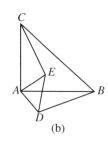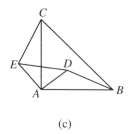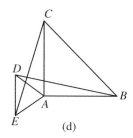

(a)　　　　　(b)　　　　　(c)　　　　　(d)

图 1.2.149

28. 等腰 Rt△ABC 的顶点 A 在直线 l 上移动，过点 B、C 分别向直线 l 作垂线，垂足分别为 D、E。

(1) 如图 1.2.150(a)，当 B、C 在 l 的两侧，且 BD＞EC 时，求证：BD = DE + EC。

(2) 如图 1.2.150(b)，当 B、C 在 l 的两侧，且 BD＜EC 时，BD、DE、EC 有何关系？请说明理由。

(3) 如图 1.2.150(c),当 B、C 在 l 的同侧,BD、DE、EC 有何关系？请说明理由.

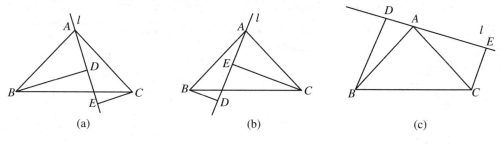

图 1.2.150

29. 在 Rt△ABC 中,AB = AC,∠BAC = 90°,O 是 BC 的中点.

(1) 如图 1.2.151(a),若点 M、N 分别在线段 AB、AC 上移动,并保持 AN = BM.求证：△OMN 是等腰直角三角形.

(2) 如图 1.2.151(b),若点 M、N 分别在线段 BA、AC 的延长线上移动,并保持 AN = BM,请判断(1)中结论是否还成立？请说明理由.

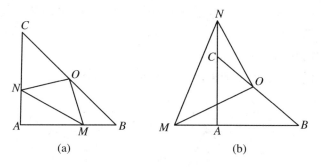

图 1.2.151

30. 如图 1.2.152(a),已知点 D 在 AC 上,△ABC 和△ADE 是等腰直角三角形,点 M 为 EC 的中点.

(1) 求证：△BMD 为等腰直角三角形.

(2) 将图(a)中的△ADE 绕点 A 逆时针旋转 45°,得如图(b)所示,则(1)中结论是否还成立？请说明理由.

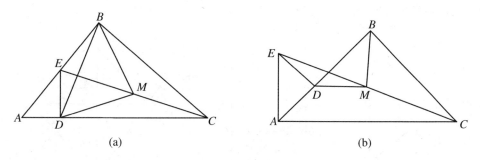

图 1.2.152

31. (1) 如图 1.2.153(a)、(b),△OAB 和△OCD 均为等腰直角三角形,AC 与 BD 交于

点 E,连接 OE.求证:$\angle AEB = 90°$,OE 平分 $\angle AED$.

(2) 如图 1.2.153(c)、(d),若将△OAB 和△OCD 换成等腰三角形,$OA = OB$,$OC = OD$,$\angle AOB = \angle COD$.问(1)中成立是否还成立?若不成立,写出你认为的正确结论;若成立,给出证明.

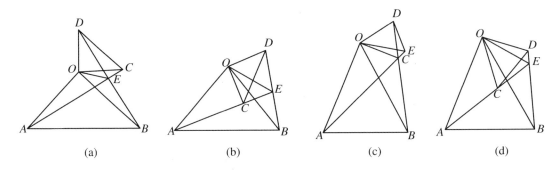

图 1.2.153

32. 图 1.2.154 中是一副三角板,45°的三角形 Rt△DEF 的直角顶点 D 恰好在 30°的三角板 Rt△ABC 的斜边 AB 的中点处,$\angle A = 30°$,$\angle E = 45°$,$\angle EDF = \angle ACB = 90°$,$DE$ 交 AC 于点 G,$GM \perp AB$ 于点 M.

(1) 如图(a),当 DF 经过点 C 时,作 $CN \perp AB$ 于点 N.求证:$AM = DN$.

(2) 如图(b),当 $DF \parallel AC$ 时,DF 交 BC 于点 H,作 $HN \perp AB$ 于点 N,问(1)中的结论仍然成立吗?请说明理由.

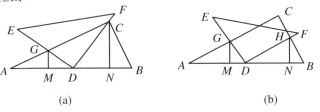

图 1.2.154

33. 如图 1.2.155(a),在等腰 Rt△ABC 中,$\angle ACB = 90°$,点 E 在 AC 的延长线上,且 $\angle DEC = 45°$,点 M、N 分别是 DE、AE 的中点,连接 MN 交直线 BE 于点 F,当点 D 在 CB 的延长线上时,则易证 $MF + FN = \dfrac{1}{2}BE$.

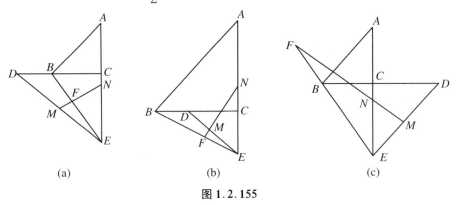

图 1.2.155

(1) 如图(b),当点 D 在 CB 边上时,上述结论是否成立?若成立,请给予证明;若不成立,请说明理由.

(2) 如图(c),当点 D 在 BC 边的延长线上时,上述结论还成立吗?

34. 如图 1.2.156,已知△ABC 和△DCE 均为等腰直角三角形,$\angle ACB = \angle DCE = 90°$,点 D 在线段 AC 上,点 F 为 AB 的中点,点 M 为 BE 的中点,点 N 为 AD 的中点.

(1) 如图(a),请直接写出∠FMN 的大小以及 FM 和 MN 之间的数量关系;

(2) 如图(b),将△DCE 绕点 C 顺时针方向旋转,此时(1)中的结论是否还成立?若成立,请给出证明;若不成立,请写出相应的正确结论.

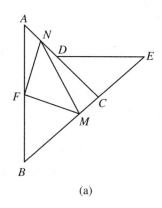
(a)

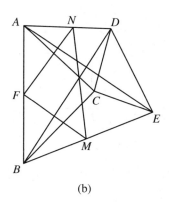
(b)

图 1.2.156

1.2.5 勾股定理

基础知识

定理 25(勾股定理) 在直角三角形中,两条直角边的平方和等于斜边的平方.

定理 26(勾股定理的逆定理) 在三角形中,如果两边的平方和等于第三边的平方,那么第三边所对的角是直角.

技能训练

例 1 如图 1.2.157,AD 是△ABC 的中线.求证:$AB^2 + AC^2 = 2(BD^2 + AD^2)$.

点拨 作高 AE,构造直角三角形,应用勾股定理.

证明 过点 A 作 $AE \perp BC$ 于点 E,则在 Rt△ABE,Rt△ACE 与 Rt△ADE 中,由勾股定理,得
$AB^2 + AC^2 = (AE^2 + BE^2) + (AE^2 + CE^2) = 2AE^2 + (BD + DE)^2 + (BD - DE)^2 = 2(AE^2 + DE^2) + 2BD^2 = 2(AD^2 + BD^2)$,所以 $AB^2 + AC^2 = 2(AD^2 + BD^2)$.

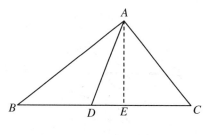

图 1.2.157

说明 由此结果可得中线长公式,称为中线定理.

例2 如图1.2.158,AD 是 $\triangle ABC$ 的高,M 为 BC 的中点,$AB>AC$.求证:$(AB-AC) \cdot (AB+AC) = 2BC \cdot MD$.

点拨 $(AB-AC)(AB+AC) = AB^2 - AC^2$,且 $AB^2 - BD^2 = AC^2 - DC^2$.

证明 由 $AD \perp BC$ 于点 D,$BM = CM$,得 $AD^2 = AB^2 - BD^2 = AC^2 - CD^2$.

又 $AB>AC$,则 D 在 MC 上,所以 $AB^2 - AC^2 = BD^2 - DC^2 = (BD+DC)(BD-DC) = BC(BM+MD-MC+MD) = 2BC \cdot MD$,即 $AB^2 - AC^2 = 2BC \cdot MD$.

说明 当 M 是 BC 的中点时,因为 $AB>AC$,所以 D 只能在 MC 上.

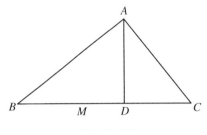

图 1.2.158

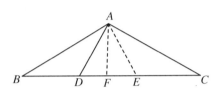

图 1.2.159

例3 如图1.2.159,在等腰 $\triangle ABC$ 中,$AB = AC$,$\angle A = 120°$,点 D 在边 BC 上,且 $CD = 2BD$.求证:$AD = BD$.

点拨 取 DC 的中点 E,则 $\triangle ABD \cong \triangle ACE$.

证明 设 E 是 DC 的中点,则由 $CD = 2BD$,得 $BD = DE = CE$.

连接 AE,则由 $AB = AC$,$\angle A = 120°$,得 $\angle A = \angle C = 30°$,从而 $\triangle ABD \cong \triangle ACE$,故得 $AD = AE$.

过点 A 作 $AF \perp BC$ 于点 F,则 F 是 BC 的中点,且 F 是 DE 的中点.

设 $BD = DE = CE = 2a$,则 $DF = a$,从而 $AF = \sqrt{3}a$,$AD = \sqrt{a^2 + 3a^2} = 2a = BD$.

说明 在已知条件下还可证明 $\angle DAC = 90°$.

例4 如图1.2.160,在四边形 $ABCD$ 中,$\angle ABC = 30°$,$\angle ADC = 60°$,$AD = DC$.求证:$AB^2 + BC^2 = BD^2$.

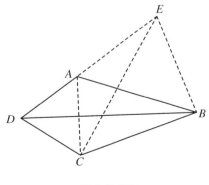

图 1.2.160

点拨 将线段 AB、BC、BD 化归到一个直角三角形中,再应用勾股定理.

证明 连接 AC.由 $AD = DC$,$\angle ADC = 60°$,得 $\triangle ADC$ 为等边三角形,则 $DC = CA = AD$.

以 AB 边为边向形外作等边 $\triangle ABE$,连接 CE,则 $\angle CBE = 90°$,从而 $BE^2 + BC^2 = CE^2$.

由 $DA = CA$,$AB = AE$,$\angle DAB = \angle CAE$,得 $\triangle DAB \cong \triangle CAE$,则 $BD = CE$,所以 $AB^2 + BC^2 = BD^2$.

说明 本题也可以以 BC 为边作等边$\triangle BCE$,同法可证.

例 5 如图 1.2.161,在 $\triangle ABC$ 中,$\angle ACB = 90°$,D 是 AB 的中点,$\angle EDF = 90°$.

(1) 如图(a),若 E、F 分别在 AC、BC 边上,猜想 AE^2、BF^2 和 EF^2 之间有何等量关系,并证明你的猜想.

(2) 若 E、F 分别在 CA、BC 的延长线上,请在图(b)中画出相应的图形,并判断(1)中的结论是否仍然成立?并给出证明.

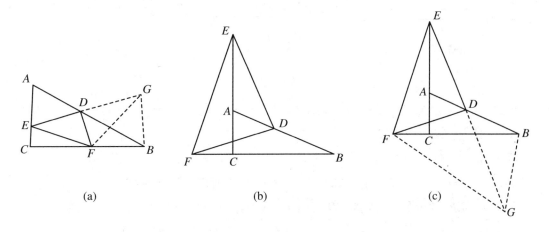

图 1.2.161

点拨 (1) $EF^2 = AE^2 + BF^2$.延长 ED 至点 G,使 $DG = DE$;(2) 成立.

解 (1) $EF^2 = AE + BF^2$,证明如下:延长 ED 至点 G,使 $DG = DE$,连接 BG,则 $\triangle ADE \cong \triangle BDG$,故有 $AE = BG$,又 $DF \perp EG$,则 $EF = GF$.

由 $AE = BG$,$\angle EAD = \angle GBD$,得$\angle FBG = \angle FBA + \angle GBD = \angle CBA + \angle EAD = 90°$,则在 Rt$\triangle FBG$ 中,由勾股定理,得 $FG^2 = BF^2 + BG^2$,即 $EF^2 = AE^2 + BF^2$.

(2) 成立.证明如下:如图 1.2.161(c),延长 ED 至点 G,使 $DG = DE$,连接 BG、FG,则 $\triangle ADE \cong \triangle BDG$.

同理可证$\triangle FBG$ 是直角三角形,从而可得 $EF^2 = AE^2 + BF^2$.

说明 遇有中线常用加倍法.

例 6 (1) 探究发现:如图 1.2.162(a),$\triangle ABC$ 为等边三角形,点 D、E 为 AC 边上两点,且$\angle DCE = 30°$,$\angle DCF = 60°$,$CF = CD$.

① 求证:$\angle EAF = 120°$.② DE 与 EF 相等吗?请说明理由.

(2) 类比探究,如图 1.2.162(b),$\triangle ABC$ 为等腰直角三角形,$\angle ACB = 90°$,D、E 为 AB 边上的两点,$\angle DCE = 45°$,$CF = CD$,$CF \perp CD$,作出下列判断:① $\angle EAF$ 的度数是多少?② 线段 AE、ED、DB 之间有何数量关系?请说明理由.

(3) 拓展应用:如图 1.2.162(c),$\triangle ABC$ 为等腰直角三角形,$\angle ACB = 90°$,点 D 在 AB 上,点 E 在 BA 延长线上,$\angle DCE = 45°$,问:线段 AE、ED、DB 之间有何数量关系?请说明

理由.

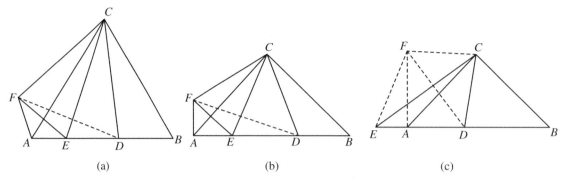

图 1.2.162

点拨 (1) ① $\triangle AFC \cong \triangle BDC$；② $DE = EF$；(2) ① $\angle EAF = 90°$；② $AE^2 + DB^2 = DE^2$；(3) $AE^2 + DB^2 = DE^2$.

解 (1) ① 在 $\triangle AFC$ 与 $\triangle BDC$ 中,由 $AC = BC$, $CF = CD$, $\angle ACF = 60° - \angle ACD = \angle BCD$,得 $\triangle AFC \cong \triangle BDC$,则 $\angle CAF = \angle CBD = 60°$,所以 $\angle EAF = 120°$.

② $DE = EF$. 理由如下:连接 FD. 由 $CF = CD$, $\angle FCD = 60°$,得 $\triangle CDF$ 是等边三角形,则 $\angle FCE = \angle DCE = 30°$. 又 $CE = CE$,得 $\triangle EFC \cong \triangle EDC$,所以 $EF = DE$.

(2) ① $\angle EAF = 90°$；② $AE^2 + DB^2 = DE^2$. 理由如下：① 在 $\triangle AFC$ 与 $\triangle BDC$ 中,由 $AC = BC$, $CF = CD$, $\angle ACF = 90° - \angle ACD = \angle BCD$,得 $\triangle AFC \cong \triangle BDC$,则 $\angle CAF = \angle CBD = 45°$,所以 $\angle EAF = 90°$.

② 在 $\triangle EFC$ 与 $\triangle EDC$ 中,由 $CF = CD$, $\angle FCE = \angle DCE = 45°$, $CE = CE$,得 $\triangle EFC \cong \triangle EDC$,所以 $EF = DE$.

在 $Rt\triangle AEF$ 中,由勾股定理,得 $AE^2 + AF^2 = EF^2$,所以 $AE^2 + DB^2 = DE^2$.

(3) $AE^2 + DB^2 = DE^2$. 理由如下:由(2)的启发,可得 $\triangle DCB$ 绕点 C 顺时针旋转 $90°$ 至 $\triangle FCA$,连接 EF、DF,则 $\angle FAD = \angle FAC + \angle DAC = \angle DBC + \angle DAC = 90°$,从而在 $Rt\triangle AEF$ 中,由勾股定理,得 $AE^2 + AF^2 = EF^2$.

又由 $\triangle EFC \cong \triangle EDC$,得 $EF = DE$. 故 $AE^2 + DB^2 = DE^2$.

说明 本题是"半角模型"的一种,$\triangle ACF$ 是 $\triangle BCD$ 绕点顺时针旋转 $60°(90°)$ 而得. 所以(3)的证明可以照抄(2)的证明.

习题 1.2.5

1. 如图 1.2.163,在△ABC 中,$AC=BC$,$\angle C=90°$,D 是 BC 的中点,$DE \perp AB$ 于点 E. 求证:$AC=2\sqrt{2}DE$.

2. 如图 1.2.164,A、B 是 $\text{Rt}\triangle COD$ 两直角边 OC、OD 上的点. 求证:$AB^2+CD^2=AD^2+BC^2$.

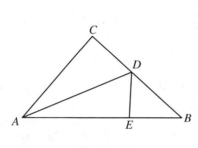

图 1.2.163

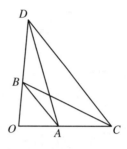

图 1.2.164

3. 如图 1.2.165,H 是△ABC 的垂心. 求证:$AB^2-AC^2=BH^2-CH^2$.

4. 如图 1.2.166,D 是等腰△ABC 底边 BC 上任意一点. 求证:(1) $AB^2-AD^2=BD \cdot CP$;(2) $BD^2+CD^2=2AD^2$.

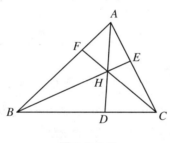

图 1.2.165

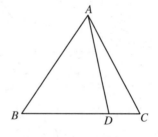

图 1.2.166

5. 如图 1.2.167,在△ABC 中,$\angle A=90°$,G 是△ABC 三条中线的交点. 求证:$GB^2+GC^2=5GA^2$.

6. 如图 1.2.168,在四边形 $ABCD$ 中,$AB \parallel CD$. 求证:$AC^2+BD^2=AD^2+BC^2+2AB \cdot DC$.

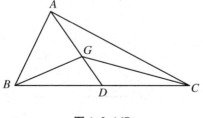

图 1.2.167

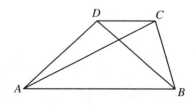

图 1.2.168

7. 如图 1.2.169,在△ABC 中,$\angle C=90°$,M 在 AC 上,$AM=CM$,$MP \perp AB$ 于点 P.求

证：$BP^2 = AP^2 + BC^2$.

8. 如图 1.2.170,在△ABC 中,D 是 BC 的中点,M、N 分别在边 AB、AC 上,且 DM⊥DN.若 $BM^2 + CN^2 = DM^2 + DN^2$,求证：$AD^2 = \frac{1}{4}(AB^2 + AC^2)$.

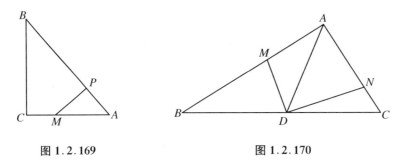

图 1.2.169　　　　　　图 1.2.170

9. 如图 1.2.171,在 Rt△ABC 中,∠ACB = 90°,∠BAC = 30°,D 是△ABC 的内心.求证：$AD = \sqrt{2}BC$.

10. 如图 1.2.172,在△ABC 中,D 是 BC 的中点,DM⊥DN,且 $BM^2 + CN^2 = DM^2 + DN^2$.求证：$AD^2 = \frac{1}{4}(AB^2 + AC^2)$.

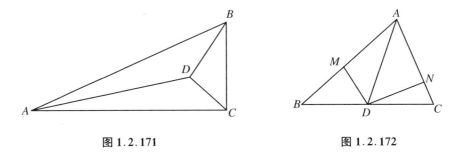

图 1.2.171　　　　　　图 1.2.172

11. 如图 1.2.173,在等腰 Rt△ABC 中,AB = AC,∠BAC = 90°,AD⊥BC 于点 D,P 是 BC 上一点,PE⊥AB 于点 E,PF⊥AC 于点 F.求证：$BE^2 + CF^2 = 2DF^2$.

12. 如图 1.2.174,在△ABC 中,CD⊥AB 于点 D,CD = BD,BG 平分∠DBC,与 CD、AC 分别交于点 E、F,且 DA = DE,H 是 BC 的中点,连接 DH 与 BE 相交于点 G.(1) 求证：△EBD≌△ACD.(2) 求证：点 G 在∠DCB 的平分线上.(3) 探索 CF、GF 和 BG 之间的数量关系,并证明你的结论.

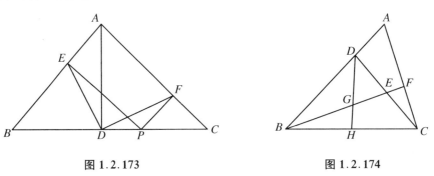

图 1.2.173　　　　　　图 1.2.174

1.3 四边形

1.3.1 四边形与平行四边形

基础知识

定义 1 由四条线段首尾相连组成的多边形叫做四边形,这些线段叫做四边形的边;这些线段的交点叫做四边形的顶点;相邻两边所夹的角叫做四边形的角(或内角);一条边和相邻的另一条边的延长线所夹的角叫做四边形的外角;连接不在同一条边上的两个顶点所得的线段叫做四边形的对角线.

定义 2 两组对边分别平行的四边形叫做平行四边形;有一个角为直角的平行四边形叫做矩形或长方形;有一组邻边相等的平行四边形叫做菱形;有一组邻边相等的矩形叫做正方形.

定义 3 一组对边平行而另一组对边不平行的四边形叫做梯形;在梯形中,互相平行的两边叫做梯形的底;不平行的一组对边叫做梯形的腰;腰中点的连线叫做梯形的中位线.两腰相等的梯形叫做等腰梯形;有一个角为直角的梯形叫做直角梯形.

$$\text{四边形}\begin{cases}\text{平行四边形}\begin{cases}\text{矩形}\\\text{菱形}\end{cases}\text{正方形}\\\text{梯形}\begin{cases}\text{等腰梯形}\\\text{直角梯形}\end{cases}\end{cases}$$

定理 1 四边形的内角和为 $360°$,外角和也为 $360°$.

定理 2(平行四边形的判定定理)

(1) 两组对边分别相等的四边形是平行四边形.

(2) 两组对角分别相等的四边形是平行四边形.

(3) 一组对边平行且相等的四边形是平行四边形.

(4) 对角线互相平分的四边形是平行四边形.

定理 3(平行四边形的性质定理) 在平行四边形中:

(1) 两组对边分别平行;(2) 两组对边分别相等;(3) 两组对角分别相等;(4) 相邻的两角互补;(5) 对角线互相平分;(6) 平行四边形的面积等于一边与这边上的高的积.

推论 夹在两条平行线间的平行线段相等.

技能训练

例1 如图1.3.1,在△ABC中,AB = AC,D为BC上一点,DE // CA交AB于点E,DF // BA交AC于点F.求证:DE + DF = AC.

点拨 DE = AF,DF = CF.

证明 由DE // AC,DF // AB,得四边形AEDF是平行四边形,所以DE = AF.

由DF // AB,得∠FDC = ∠ABC.又由AB = AC,得∠ABC = ∠ACB,所以∠FDC = ∠FCD,则DF = CF.

所以AC = AF + FC = DE + DF.

说明 构造平行四边形并利用其有关性质,是证线段和角相等的重要方法之一.

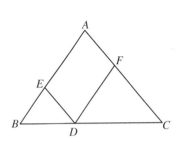

图1.3.1

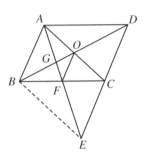

图1.3.2

例2 如图1.3.2,已知E是▱ABCD边DC延长线上一点,且CE = DC,连接AE,分别交BC、BD于点F、G,连接AC交BD于点O,连接OF.求证:AB = 2OF.

点拨 只要证OF是△ABC的中位线即可.

证明 连接BE,由四边形ABCD是平行四边形,CE = DC,得CE ≜ AB,所以四边形ABEC是平行四边形,则BF = FC.

又因O是▱ABCD对角线AC、BD的交点,所以OA = OC,则OF是△ABC的中位线,得AB = 2OF.

说明 平行四边形对角线互相平分,对角线互相平分的四边形是平行四边形.

例3 如图1.3.3,在▱ABCD中,O是对角线AC、BD的交点,BD = 2AD,E、F、G分别是OC、OD、AB的中点.求证:(1) BE⊥AC;(2) BG = EF.

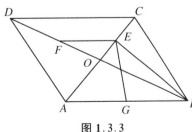

图1.3.3

点拨 (1) OB = CB;(2) $EF = \frac{1}{2}CD = \frac{1}{2}AB$.

证明 (1) 在▱ABCD中,$BO = \frac{1}{2}BD$,BC = AD,DC = AB.则由BD = 2AD,得BO = AD = BC.又因E是OC的中点,所以BE⊥AC.

(2) 由E、F、G分别是OC、OD、AB的中点,得EF是△OCD的中位线,所以$EF = \frac{1}{2}DC = \frac{1}{2}AB = BG$.

说明 由中点应联想到中位线和等腰三角形"三线合一"性质.

例 4 如图 1.3.4,在 □ABCD 中,分别以边 BC、CD 作等腰△BCF 和等腰△CDE,使 $BF = BC$, $DE = CD$, $\angle CBF = \angle CDE$.

(1) 求证:△ABF≌△EDA.

(2) 延长 AB 与 CF 相交于点 G,若 $AF \perp AE$. 求证: $BF \perp BC$.

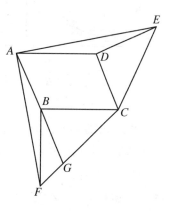

图 1.3.4

点拨 (1) $\angle ABF = \angle EDA$;(2) $\angle FBG + \angle CBG = \angle EAF = 90°$.

证明 (1)在 □ABCD 中,$AD = BC$, $AB = DC$,所以 $BF = BC = AD$, $DE = CD = AB$.

又由 $\angle CBF = \angle CDE$,得 $\angle ABF = 360° - (\angle ABC + \angle CBF) = 360° - (\angle CDA + \angle CDE) = \angle EDA$,所以△ABF≌△EDA.

(2) 由(1)中△ABF≌△EDA,得 $\angle AFB = \angle EAD$.

又由 $BC \parallel AD$,得 $\angle CBG = \angle DAB$. 由 $AF \perp AE$,得 $\angle FBC = \angle FBG + \angle CBG = \angle BAF + \angle AFB + \angle DAB = \angle BAF + \angle DAB + \angle EAD = 90°$,所以 $BF \perp BC$.

说明 延长 AB 交 CF 于点 G,是本题作辅助线的方法.

例 5 如图 1.3.5,将 □ABCD 沿过点 A 的直线 l 折叠使点 D 落在 AB 边上的 D' 处,折痕 l 交 CD 边于点 E,连接 BE.

(1) 求证:四边形 $BCED'$ 是平行四边形.

(2) 若 BE 平分 $\angle ABC$. 求证: $AB^2 = AE^2 + BE^2$.

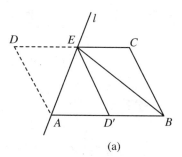
(a)

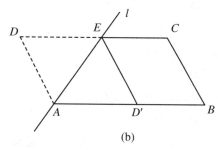
(b)

图 1.3.5

点拨 (1) $CE \parallel D'B$, $CE = D'B$;(2) $\angle AEB = 90°$.

证明 (1) 由题意可得 $\angle DAE = \angle D'AE$, $\angle DEA = \angle D'EA$, $\angle D = \angle AD'E$. 又由 $DE \parallel AD'$,得 $\angle DEA = \angle EAD'$,则 $\angle DAE = \angle EAD' = \angle DEA = \angle D'EA$,从而 $\angle DAD' = \angle DED'$,所以四边形 $DAD'E$ 是平行四边形.进而由 $AB \parallel DC$, $AB = DC$,得 $CE \parallel D'B$, $CE = D'B$,所以四边形 $BCED'$ 是平行四边形.

(2) 由 BE 平分 $\angle ABC$,得 $\angle CBE = \angle EBA$. 由 $AD \parallel BC$,得 $\angle DAB + \angle CBA = 180°$. 又 $\angle DAE = \angle BAE$,则 $\angle EAB + \angle EBA = 90°$,所以 $\angle AEB = 90°$,故 $AB^2 = AE^2 + BE^2$.

说明 由 $AB^2 = AE^2 + BE^2$ 可联想到勾股定理.

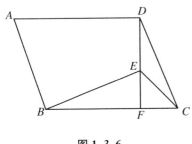

图 1.3.6

例 6 如图 1.3.6，E 是 $\square ABCD$ 内一点，满足 $ED \perp AD$ 于点 D，$\angle EBC = \angle EDC$，$\angle ECB = 45°$，请从图中找出与 BE 相等的一条线段，并给予证明.

点拨 延长 DE 交 BC 于点 F，则 $\triangle BEF \cong \triangle DCF$.

解 $BE = CD$. 证明如下：延长 DE 交 BC 于点 F，则由 $ED \perp AD$，四边形 $ABCD$ 是平行四边形，得 $DF \perp BC$.

又 $\angle ECB = 45°$，则 $EF = CF$. 由 $\angle EBF = \angle CDF$，得 $Rt\triangle BEF \cong Rt\triangle DCF$，所以 $BE = DC$.

说明 由 $\angle ECB = 45°$ 可联想到等腰直角三角形.

例 7 如图 1.3.7，在 $Rt\triangle ABC$ 中，$\angle ABC = 90°$，E 是 AC 的中点，BD 平分 $\angle ABC$，四边形 $BCDE$ 是平行四边形，点 F 在 AB 上，且 $BF = BC$. 求证：(1) $AE = DF$；(2) $AE \perp DF$.

点拨 (1) BD 垂直平分 CF；(2) $\triangle BDE \cong \triangle DBF$.

证明 (1) 由 $BF = BC$，BD 平分 $\angle ABC$，得 BD 是 CF 的垂直平分线，则 $DF = DC$.

又由四边形 $BCDE$ 是平行四边形，E 是 $Rt\triangle ABC$ 斜边 AC 的中点，得 $DF = DC = BE = AE$.

(2) 在 $\triangle BDE$ 与 $\triangle DBF$ 中，由 $BE = AE = DF$，$DE = BC = BF$，$BD = DB$，得 $\triangle BDE \cong \triangle DBF$，所以 $\angle FDB = \angle EBD$.

又由 $\angle A = \angle EBA$，$\angle AMD = \angle A + 45°$，得 $\angle FDB + \angle AMD = \angle EBD + \angle A + 45° = \angle EBD + \angle EBA + 45° = 45° + 45° = 90°$，所以 $AE \perp DF$.

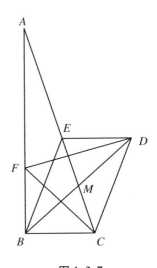

图 1.3.7

说明 要证 $AE \perp DF$，即证 $\angle FDM + \angle DME = 90°$，注意到 $\angle ABD = 45°$，然后转化为证明 $\angle FDM + \angle DME = 2\angle ABD$.

例 8 如图 1.3.8，在 $\square ABCD$ 中，$\angle A$ 和 $\angle B$ 的平分线交于点 E，$\angle C$ 和 $\angle D$ 的平分线交于点 F. 求证：$EF \parallel BC$.

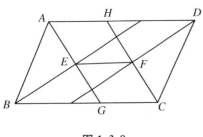

图 1.3.8

点拨 证 E、F 分别是 AG、CH 的中点.

证明 在 $\square ABCD$ 中，$\angle BAD + \angle ABC = 180°$. 由 EA、EB 分别是 $\angle A$、$\angle B$ 的平分线，得 $\angle BAE + \angle ABE = 90°$.

又由 $\angle BAG = \angle DAG = \angle BGA$，得 $AE = EG$.

同理 $HF = FC$. 由 $\triangle ABG \cong \triangle CDH$，得 $BG = DH$，所以 $CG = AH$.

又由 $CG \parallel AH$，得四边形 $AGCH$ 是平行四边形，所以 $EF \parallel BC$.

说明 证得 E、F 分别是 AG、HC 的中点时，不能直接认为 $EF \parallel BC$.

例9 如图 1.3.9,O 是 $\square ABCD$ 的对角线的交点,AE 平分 $\angle BAC$,交 BC 于点 E,$DH \perp AE$ 于点 H,交 AB 于点 F,交 AC 于点 G. 求证:$BF = 2OG$.

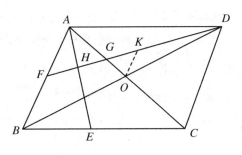

图 1.3.9

点拨 由 O 是 BD 的中点,可作 $OK \parallel AB$,则 $OG = OK = \dfrac{1}{2}BF$.

证明 过点 O 作 $OK \parallel AB$,交 DF 于点 K,由 O 是 $\square ABCD$ 对角线的交点,得 $OD = OB$,所以 $OK \underline{\underline{\parallel}} \dfrac{1}{2}BF$.

又 AE 平分 $\angle BAC$,$AH \perp FG$,则 $\angle OKG = \angle AFG = \angle AGF = \angle OGK$,所以 $OG = OK = \dfrac{1}{2}BF$,即 $BF = 2OG$.

说明 要证 $BF = 2OG$,结合图形,可联想到中位线,所以作 $OK \parallel AB$ 或取 FD 中点 K 均可.

例10 如图 1.3.10,在等腰 $\triangle ABC$ 中,$AB = AC$,延长 AB 至点 D,延长 CA 至点 E,连接 DE,使得 $AD = BC = CE = DE$. 求证:$\angle BAC = 100°$.

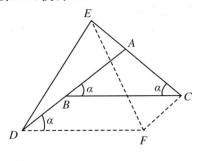

图 1.3.10

点拨 作 $\square CBDF$,则 $\triangle DEF$ 是等边三角形.

证明 作 $\square CBDF$,连接 EF,则 $\angle ACB = \angle ABC = \angle BDF = \angle BCF$.

在 $\triangle ADE$ 与 $\triangle CEF$ 中,由 $AE = CE - AC = AD - AB = BD = FC$,$DE = EC$,$\angle DEA = \angle DAE = 2\angle ACB = \angle ECF$,得 $\triangle ADE \cong \triangle FEC$,所以 $EF = DA = DE$,则 $\triangle DEF$ 是等边三角形,即 $\angle EDF = 60°$.

设 $\angle ABC = \alpha$,则 $\angle ADF = \alpha$,$\angle EAD = 2\alpha$,$\angle EDA = 180° - 4\alpha$,由 $\angle EDF = 180° - 3\alpha = 60°$,得 $\alpha = 40°$,所以 $\angle A = 100°$.

说明 本题还有其他作辅助线的方法,但作平行四边形是较为常用的方法.

例11 如图 1.3.11,在 $\triangle ABC$ 中,M 是 AB 的中点,P 是 AC 的中点,D 是 MB 上一点,N 是 CD 的中点,Q 是 MN 中点,直线 PQ 交 MB 于点 K. 求证:$KB = KD$.

点拨 中点较多,应构造中位线.

证明 连接 PM、PN、NK.

由 PN 是 $\triangle ADC$ 的中位线,得 $PN \parallel MK$,所以 $\angle NPQ = \angle MKQ$.

又由 $QN = QM$,$\angle PQN = \angle KQM$,得 $\triangle PNQ \cong \triangle KMQ$,则 $PN = MK$,所以四边形 $PMKN$ 是平行四边形,从而 $PM \parallel NK$. 又 $PM \parallel BC$,故 $NK \parallel BC$.

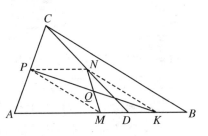

图 1.3.11

由 N 是 CD 的中点,得 K 是 DB 的中点,所以 $KB = KD$.

说明 本题用到三角形中位线的两种情况,即若 D、E 是 $\triangle ABC$ 边 AB、AC 的中点,则 $DE \underline{\underline{//}} \dfrac{1}{2} BC$;若 D 是 $\triangle ABC$ 边 AB 的中点,$DE /\!/ BC$ 交 AC 于点 E,则 E 是 AC 的中点.

例 12 如图 1.3.12,四边形 $ABCD$ 对角线 AC、BD 交于点 P,过点 P 作直线交 AD 于点 E,交 BC 于点 F,若 $PE = PF$,且 $AP + AE = CP + CF$. 求证:四边形 $ABCD$ 是平行四边形.

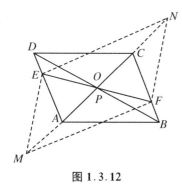

图 1.3.12

点拨 延长 PA、PC 至点 M、N,使 $AM = AE$,$CN = CF$.

证明 延长 PA 至点 M,使 $AM = AE$,延长 PC 至点 N,使 $CN = CF$,连接 ME、MF、NE、NF,则由 $AP + AE = CP + CF$,得 $PM = PN$.

又 $PE = PF$,所以四边形 $EMFN$ 是平行四边形,则 $\angle PAE = 2\angle AME = 2\angle CNF = \angle PCF$.

又由 $PE = PF$,$\angle APE = \angle CPF$,得 $\triangle PAE \cong \triangle PCF$,则 $PA = PC$,所以四边形 $AFCE$ 是平行四边形,从而 $AE /\!/ CF$,于是 $\triangle PED \cong \triangle PFB$,得 $PB = PD$,所以四边形 $ABCD$ 是平行四边形.

说明 由 $AP + AE = CP + CF$,延长拼成一条线段是常用的方法之一.

例 13 如图 1.3.13,在凸四边形 $ABCD$ 中,$AD /\!/ BC$,且 $AB + BC = AD + DC$. 求证:四边形 $ABCD$ 是平行四边形.

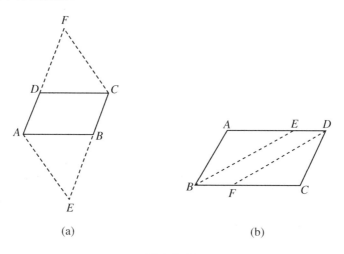

图 1.3.13

点拨 类似上例,可延长 CB 至点 E,延长 AD 至点 F,使 $BE = AB$,$DF = DC$.

证明 如图 1.3.13(a),延长 CB 至点 E,使 $BE = AB$,延长 AD 于点 F,使 $DF = DC$. 连接 AE、CF,则由 $AB + BC = AD + DC$,得 $EC = AF$.

又因 $AD /\!/ BC$,即 $AF /\!/ EC$,所以四边形 $ECFA$ 是平行四边形,则 $\angle E = \angle F$,从而 $\angle ABC = 2\angle E = 2\angle F = \angle CDA$.

又由 $AD /\!/ BC$，得 $\angle BAD + \angle ABC = 180°$，从而 $\angle BAD + \angle CDA = 180°$，所以 $AB /\!/ CD$，即四边形 $ABCD$ 是平行四边形.

说明 由 $AB + BC = AD + DC$，也可得 $AD - AB = BC - DC$，如图 1.3.13(b)，可在 AD 上截取 $AE = AB$，在 CB 上截取 $CF = CD$，连接 BE、DF，则 $DE \underline{\underline{/\!/}} CF$，即四边形 $BFDE$ 是平行四边形，从而可得 $\triangle ABE \cong \triangle CDF$，所以 $AD = AE + ED = CF + FB = BC$，即四边形 $ABCD$ 是平行四边形.

例 14 如图 1.3.14，在 $\square ABCD$ 中，CE 平分 $\angle BCD$，交 AB 于点 E，$EF /\!/ BC$，交 CD 于点 F，G 是 BC 的中点，连接 GF，且 $\angle 1 = \angle 2$，M 是 CE 与 GF 的交点，过点 M 作 $MH \perp CD$ 于点 H. 求证：(1) $BC = BE = EF$；(2) $EM = FG + MH$.

点拨 （1）四边形 $BCFE$ 是平行四边形；
（2）$\triangle BCF$ 是等边三角形.

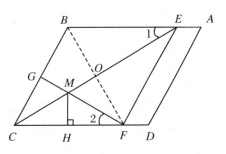

图 1.3.14

证明 （1）由四边形 $ABCD$ 是平行四边形，得 $AB /\!/ CD$，则 $\angle 1 = \angle ECF$.

又由 $EF /\!/ BC$，得四边形 $BCFE$ 是平行四边形，所以 $BC = EF$.

由 CE 平分 $\angle BCD$，得 $\angle BCE = \angle ECF$，从而 $\angle BCE = \angle 1$，得 $BC = BE$，所以 $BC = BE = EF$.

（2）连接 BF 交 CE 于点 O. 由 $\angle MCH = \angle 1 = \angle 2$，$MH \perp CF$，得 $CH = \dfrac{1}{2} CF$. 又 $CG = \dfrac{1}{2} CB$，有 $CG = CH$，则 $\triangle CGM \cong \triangle CHM$，所以 $\angle CGM = \angle CHM = 90°$，即 $FG \perp BC$，从而 $CF = BF$.

又 $BC = CF$，则 $BC = CF = BF$，即 $\triangle BCF$ 是等边三角形，从而 $\angle BFC = 60°$，所以 $\angle 2 = \angle BFG = 30°$. 由 $BF \perp CE$，得 $OM = MH$. 又 $OE = OC = FG$，所以 $EM = FG + MH$.

说明 在题设条件下，还有 $BF \perp CE$.

例 15 我们知道：有两条边相等的三角形叫做等腰三角形. 类似地，我们定义：至少有一组对边相等的四边形叫做等对边四边形.

（1）请写出一个你学过的特殊四边形中是等对边四边形的名称；

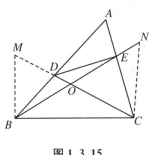

图 1.3.15

（2）如图 1.3.15，在 $\triangle ABC$ 中，点 D、E 分别在 AB、AC 上，设 CD、BE 相交于点 O，若 $\angle A = 60°$，$\angle DCB = \angle EBC = \dfrac{1}{2}\angle A$，请你写出图中一个与 $\angle A$ 相等的角，猜想图中哪个四边形是等对边四边形并证明.

（3）在 $\triangle ABC$ 中，如果 $\angle A$ 是不等于 $60°$ 的锐角，点 D、E 分别在 AB、AC 上，且 $\angle DCB = \angle EBC = \dfrac{1}{2}\angle A$. 探究：满足上述条件的图形是否存在等对边四方边形？并证明你的结论.

点拨 由(2)猜想 $BD = CE$，再给出证明.

解 （1）平行四边形.

(2) $\angle DOB = \angle COE = 60°$,四边形 $BCED$ 是等对边四边形. 理由如下:延长 OD 至点 M,延长 OE 至点 N,使 $\angle DBM = \angle ECO$,$\angle ECN = \angle DBO$,则由 $OB = OC$,得 $\triangle BOD$ 与 $\triangle CON$ 是全等的正三角形,从而可得 $\triangle BDM \cong \triangle CEO$,所以 $BD = CE$,即四边形 $BCED$ 是等对边四边形.

(3) 四边形 $BCED$ 是等对边形四边形.证明如下:设 $\angle A = 2\alpha$,则 $\angle OBC = \angle OCB = \alpha$. 延长 OD 至点 M,延长 OE 至点 N,使 $\angle DBM = \angle ECD$,$\angle ECN = \angle DBO$,则可得 $\angle BMO = \angle BOM = \angle CNO = \angle NOC = 2\alpha$,$OB = OC$,故得 $\triangle BMO \cong \triangle CNO$,从而可得 $\triangle BDM \cong \triangle CEO$,所以 $BD = CE$,即四边形 $BCED$ 是等对边四边形.

说明 (3)的证明与(2)的证明本质上一样,所以要善于从特殊情况寻求思路,给出一般情况的证明.

习题 1.3.1

1. 如图 1.3.16,G 是▱$ABCD$ 边 AD 的中点,BA、CG 延长交于点 F,连接 FD.求证:(1) 四边形 $ACDF$ 是平行四边形;(2) 若 $BH \perp FC$ 于 H,则 $AH = AB$.

2. 如图 1.3.17,在▱$ABCD$ 中,将 AB 两端延长,分别使 $AE = AD$,$BF = BC$.求证:$DE \perp CF$.

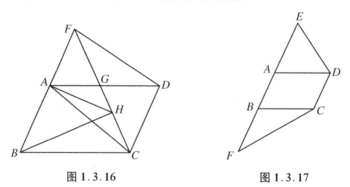

图 1.3.16   图 1.3.17

3. 如图 1.3.18,在▱$ABCD$ 中,$EF \parallel BD$ 分别交 AB、AD 的延长线于点 E、F,交 BC、CD 于点 G、H.求证:$EG = FH$.

4. 如图 1.3.19,已知 AC 是平行四边形 $ABCD$ 的对角线,$\triangle ACP$ 和 $\triangle ACQ$ 都是等边三角形.求证:四边形 $BPDQ$ 是平行四边形.

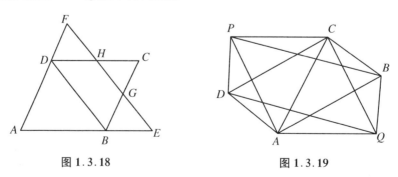

图 1.3.18   图 1.3.19

5. 如图 1.3.20,在▱$ABCD$ 中,$AH = FC$,$BE = DG$,连接 AG、BH、CE、DF,M、N、P、

Q 分别是交点，O 是 MP 与 NQ 的交点．求证：$OM = OP$，$ON = OQ$．

6. 如图 1.3.21，P、Q、R、S 分别是四边形 $ABCD$ 边 AB、BC、CD、DA 的中点，若在四边形内存在一点 M，使得四边形 $APMS$ 是平行四边形．求证：四边形 $CRMQ$ 也是平行四边形．

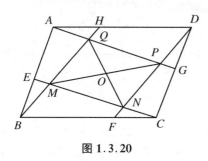

图 1.3.20

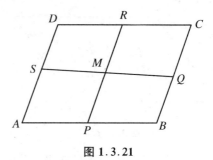

图 1.3.21

7. 如图 1.3.22，E、F 分别是 AB、BC 的中点，G、H 分别是 AC 的三等分点，EG 与 FH 延长后相交于点 D．求证：四边形 $ABCD$ 是平行四边形．

8. 如图 1.3.23，E、F 分别是 ▱$ABCD$ 边 AB、CD 的中点，AF、CE 分别交对角线 BD 于 M、N．求证：$DM = MN = NB$．

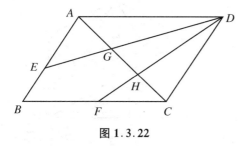

图 1.3.22

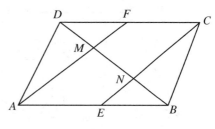

图 1.3.23

9.（1）如图 1.3.24(a)，在△ABC 中，D 是 AB 的中点，E 是 AC 上任意一点，EF∥AB，DF∥BE．求证：DF 与 AE 互相平分．

（2）如图 1.3.24(b)，在平行四边形 $ABCD$ 中，AE⊥BC 于点 E，CF⊥AD 于点 F，$DN = BM$．求证：EF 与 MN 互相平分．

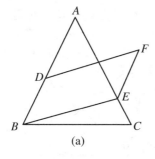

(a)

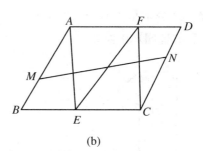

(b)

图 1.3.24

10. 如图 1.3.25，在 ▱$ABCD$ 中，G、H 是对角线 BD 上两点，且 $DG = BH$，$DF = BE$．求证：∠GEH = ∠GFH．

11. 如图 1.3.26，△ABC 为等边三角形，D、F 分别为 CB、BA 上的点，且 $CD = BF$，以

AD 为边作等边 $\triangle ADE$. 求证:(1) $\triangle ACD \cong \triangle CBF$;(2) 四边形 $CDEF$ 为平行四边形.

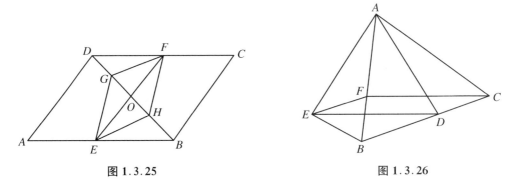

图 1.3.25　　　　　　　　　　图 1.3.26

12. 如图 1.3.27,在 $\square ABCD$ 中,对角线 AC 和 BD 相交于点 O, $AE \perp BD$ 于点 E, $BF \perp AC$ 于点 F, $CG \perp BD$ 于点 G, $DH \perp AC$ 于点 H. 求证:四边形 $EFGH$ 是平行四边形.

13. 如图 1.3.28,在 $\square ABCD$ 中,以 AC 为斜边作 $Rt\triangle ACE$,若 $\angle BED = 90°$. 求证: $AC = BD$.

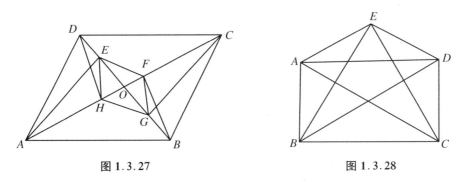

图 1.3.27　　　　　　　　　　图 1.3.28

14. 如图 1.3.29(a),在 $\triangle ABC$ 中, $AB = BC$, P 为 AB 边上一点,连接 CP,以 PA、PC 为邻边作 $\square APCD$, AC 与 PD 相交于点 E. 已知 $\angle ABC = \angle AEP = \alpha (0° < \alpha < 90°)$.

(1) 求证: $\angle EAP = \angle EPA$.

(2) 如图(b), F 为 BC 的中点,连接 FP,将 $\angle AEP$ 绕点 E 顺时针旋转适当的角度,得到 $\angle MEN$(点 M、N 分别是 $\angle MEN$ 的两边与 BA、FP 延长线的交点),猜想线段 EM 与 EN 之间的数量关系,并证明你的结论.

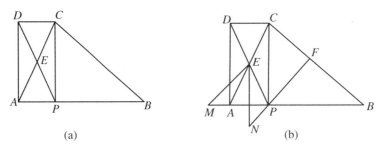

图 1.3.29

15. 如图 1.3.30(a), E、F 分别为线段 AC 上的两个动点,且 $DE \perp AC$ 于点 E, $BF \perp AC$

于点 F，$AB = CD$，$AF = CE$，BD 交 AC 于点 M.

(1) 求证：$MB = MD$，$ME = MF$.

(2) 当 E、F 两点移动到如图(b)的位置时，其余条件不变，上述结论能否成立？若成立，请证明；若不成立，请说明理由.

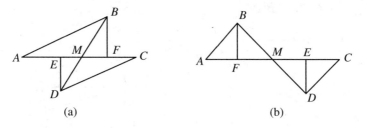

图 1.3.30

16. 如图 1.3.31，以 △ABC 两边 AB、AC 向三角形外作等腰 Rt△ABD 和等腰 Rt△ACE，O 为 DE 的中点，OA 的延长线交 BC 于点 H. 求证：$OH \perp BC$.

17. 如图 1.3.32，在 □$ABCD$ 中，$AB = 2BC$，E 为 AB 的中点，$DF \perp BC$ 于点 F. 求证：$\angle AED = \angle EFB$.

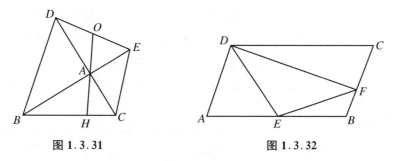

图 1.3.31　　　　　　　　　图 1.3.32

18. 如图 1.3.33，△ABC 是等边三角形，D、F 分别为 CB、BA 上的点，且 $CD = BF$，以 AD 为边作等边△ADE. 求证：四边形 $CDEF$ 为平行四边形.

19. 如图 1.3.34，分别以 Rt△ABC 的直角边 AC 和斜边 AB 向外作等边△ACD 和等边△ABE. 已知 $\angle BAC = 30°$，$EF \perp AB$ 于点 F，连接 DF. 求证：(1) $AC = EF$；(2) 四边形 $ADFE$ 是平行四边形；(3) $AC \perp DF$.

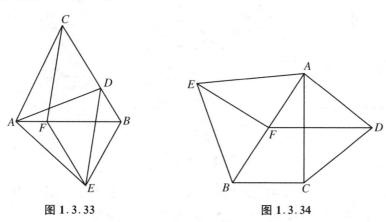

图 1.3.33　　　　　　　　　图 1.3.34

20. 如图1.3.35,在▱ABCD中,AE平分∠BAD,交BC于点E,且AB=AE,延长AB与DE的延长线交于点F.求证:(1) △ABE是等边三角形;(2) △ABC≌△EAD;(3) $S_{\triangle ABE} = S_{\triangle CEF}$.

21. 如图1.3.36,在▱ABCD中,DE⊥AB于点E,点M在平面ABCD内,MD=ME,MC=CD.求证:∠EMC=3∠BEM.

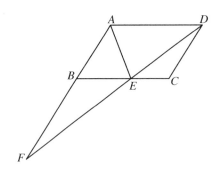

图1.3.35

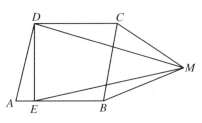

图1.3.36

22. 如图1.3.37,以▱ABCD对角线AC为边在两侧各作一个等边△ACP和等边△ACQ.求证:∠BPD=∠DQB.

23. (1) 如图1.3.38(a),在△ABC中,点D、E分别是AB、AC的中点,则DE∥BC,DE=_____BC.(不需证明)

(2) 如图1.3.38(b),在四边形ABCD中,点E、F、G、H分别是AB、BC、CD、DA的中点,判断四边形EFGH的形状,并加以证明.

(3) 在(2)的条件下,四边形ABCD满足什么条件时,EG⊥FH?你添加的条件是_____.(只要添加一个条件)

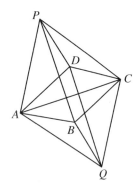

图1.3.37

(4) 如图1.3.38(c),在四边形ABCD中,点E、F、G、H分别是AB、BC、CD、DA的中点,对角线AC、BD相交于点O.若AO=OC.求证:$S_{阴影} = \frac{1}{2} S_{四边形 EFGH}$.

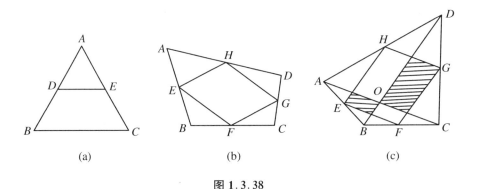

图1.3.38

24. (1) 如图1.3.39(a),AC、BD是四边形ABCD的对角线,若∠ACB=∠ACD=∠ABD=∠ADB=60°,则线段BC、CD、AC之间的数量关系是_____.

(2) 如图 1.3.39(b)，将(1)中"$\angle ACB = \angle ACD = \angle ABD = \angle ADB = 60°$"改为"$\angle ACB = \angle ACD = \angle ABD = \angle ADB = 45°$"，其他条件不变，那么 BC、CD、AC 三者之间有何等量关系？并给出证明．

(3) 若将(1)中"$\angle ACB = \angle ACD = \angle ADB = \angle ABD = 60°$"改为"$\angle ACB = \angle ACD = \angle ABD = \angle ADB = \alpha$"，其他条件不变，那么线段 BC、CD、AC 三者之间有何等量关系？并给出证明．

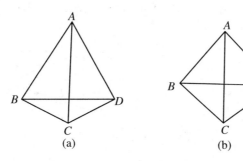

图 1.3.39

25. 在 □ABCD 中，$AB = BC$，$\angle ABC = 60°$，E 是对角线 AC 上一点，F 是线段 BC 延长线上一点，且 $CF = AE$，连接 BE、EF．

(1) 如图 1.3.40(a)，若 E 是线段 AC 的中点，则 BE 与 EF 有何关系？（不需证明）

(2) 如图 1.3.40(b)、(c)，若 E 是线段 AC 或延长线上的任意一点，其他条件不变，线段 BE、EF 有怎样的数量关系，直接写出你的猜想，并选择一种情况给予证明．

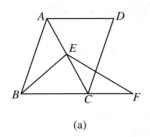 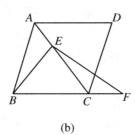 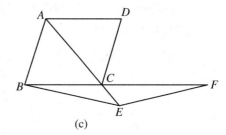

(a)　　　　　　　(b)　　　　　　　(c)

图 1.3.40

26. 定义：在 □ABCD 中，若有一条对角线是一边的两倍，则称这个平行四边形为"美丽四边形"，其中这条对角线叫做"美丽对角线"，这条边叫"美丽边"．

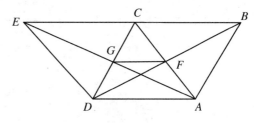

图 1.3.41

(1) 在 □ABCD 中，$AB \perp AC$，$BC = \sqrt{2}AB$，判断 □ABCD 是否是"美丽四边形"，并说明理由；

(2) 若 □ABCD 与 □ACED 都是"美丽四边形"，其中 BD 与 AE 为"美丽对角线"，CD 与 DE 为"美丽边"，F 是 AC 与 BD 的交点，G 是 AE 与 CD 的交点．① 求证：$BE = 4GF$．

② 若 $AB = DE$，求证：$AD = \dfrac{\sqrt{6}}{2}DE$.

27. 如图 1.3.42(a)，在 □$ABCD$ 中，点 E 是 AB 的中点，连接 DE 并延长交 CB 的延长线于点 F.

(1) 求证：$\triangle ADE \cong \triangle BFE$.

(2) 如图(b)，点 G 是边 BC 上任意一点(异于点 B、C)，连接 AG 交 DF 于点 H，连接 HC，过点 A 作 $AK \parallel HC$，交 DF 于点 K. ① 求证：$HC = 2AK$. ② 当点 G 是 BC 中点时，恰有 $HD = n \cdot HK$(n 为正整数)，求 n 的值.

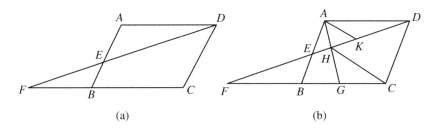

图 1.3.42

28. 如图 1.3.43，在 □$ABCD$ 和等边 △BEF 中，$AB = BC$，$\angle ABC = 60°$，G 是 DF 的中点，$BE = \dfrac{1}{2}AB$，连接 GC、GE.

(1) 如图(a)，当点 E 在 BC 边上时. 求证：$GE = \dfrac{\sqrt{3}}{4}AB$.

(2) 如图(b)，当点 F 在 AB 的延长线上时，线段 GC、GE 有怎样的数量和位置关系，写出你的猜想，并给予证明.

(3) 如图(c)，当点 F 在 CB 的延长线上时，(2)问中的关系还成立吗？写出你的猜想，并给予证明.

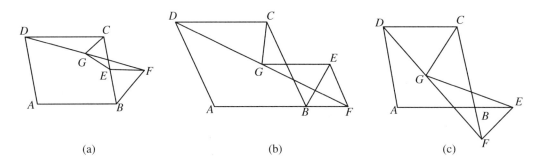

图 1.3.43

1.3.2 矩形与菱形

基础知识

定理 4(矩形的判定定理)

(1) 对角线相等的平行四边形是矩形.

(2) 四个角都是直角的四边形是矩形.

定理 5(矩形的性质定理)

矩形除具有平行四边形的一切性质外,还有:

(1) 对角线相等.

(2) 四个角都是直角.

定理 6(菱形的判定定理)

(1) 对角线互相垂直的平行四边形是菱形.

(2) 四边相等的四边形是菱形.

定理 7(菱形的性质定理)

菱形除具有平行四边形的一切性质外,还有:

(1) 对角线互相垂直.

(2) 四条边都相等.

(3) 每条对角线平分一组内角.

技能训练

例 1 如图 1.3.44,点 G 在四边形 $ABCD$ 边 BC 的延长线上,CE 平分 $\angle BCD$,CF 平分 $\angle GCD$,$EF \parallel BC$ 交 CD 于 O,若 O 是 CD 中点.求证:四边形 $DECF$ 是矩形.

点拨 $OE = OF = OC = OD$.

证明 由 CE 平分 $\angle BCD$,CF 平分 $\angle GCD$,得 $\angle 1 = \angle 2$,$\angle 3 = \angle 4$.由 $EF \parallel BC$,得 $\angle 5 = \angle 1 = \angle 2$,所以 $OE = OC$.

同理,$OF = OC$.又 $OC = OD$,则四边形 $DECF$ 是平行四边形.

又因 $\angle ECF = \angle 2 + \angle 4 = 90°$,所以四边形 $DECF$ 是矩形.

说明 有一个角是直角的平行四边形是矩形,这是矩形的定义.

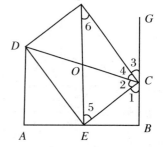

图 1.3.44

例 2 如图 1.3.45,设凸四边形 $ABCD$ 的 4 个顶点满足条件:每一点到其他三点的距离之和都相等,试问:这个四边形是什么四边形?并证明你的结论.

点拨 先猜是平行四边形,再证 $AB = CD$.

解 四边形 $ABCD$ 是矩形.证明如下:由题意,可设

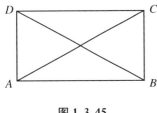

图 1.3.45

$AB+AC+AD=m$，$BA+BC+BD=m$，
$CA+CB+CD=m$，$DA+DB+DC=m$，

m 为一个常数. 由后面三个等式减去第一个等式，得

$$\begin{cases} AC+AD=BC+BD, & ① \\ AB+AD=BC+CD, & ② \\ AB+AC=BD+CD, & ③ \end{cases}$$

由①+②-③，得 $AD=CB$. 由②+③-①，得 $AB=CD$. 所以四边形 $ABCD$ 是平行四边形. 又由①+③-②，得 $AC=BD$. 故四边形 $ABCD$ 是矩形.

说明 在平行四边形的基础上证明矩形，只要证明对角线相等；在四边形的基础上证明矩形，要证明四边形的三个角是直角.

例 3 如图 1.3.46，在四边形 $ABCD$ 中，$BC=CD$，$\angle C=2\angle BAD$，O 是四边形 $ABCD$ 内一点，且 $OA=OB=OD$. 求证：(1) $\angle BOD=\angle C$；(2) 四边形 $OBCD$ 是菱形.

点拨 (1) $\angle BOD=2\angle BAD$；(2) $BD\perp OC$.

证明 (1) 由 $OA=OB=OD$，得 $\angle OBA=\angle OAB=\angle OAD=\angle ODA$，则 $\angle BOD=\angle OBA+\angle OAB+\angle OAD+\angle ODA=2\angle BAD$. 又 $\angle C=2\angle BAD$，所以 $\angle BOD=\angle C$.

(2) 连接 BD，过 O 作 $OE\perp BD$ 于点 E，则由 $OB=OD$，得 E 是 BD 的中点，且 OE 平分 $\angle BOD$.

连接 CE，由 $CB=CD$，得 $CE\perp BD$，且 CE 平分 $\angle BCD$. 所以 O、E、C 三点共线.

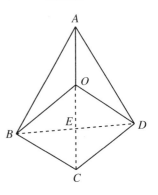

图 1.3.46

由(1)得 $\angle BOC=\dfrac{1}{2}\angle BOD=\dfrac{1}{2}\angle C=\angle BCO$，则 $BO=BC$，进而有 $BO=OD=DC=CB$，所以四边形 $OBCD$ 是菱形.

说明 由四边形 $OBCD$ 是菱形，得 $BD\perp OC$.

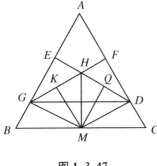

图 1.3.47

例 4 如图 1.3.47，在 $\triangle ABC$ 中，$AB=AC$，M 是 BC 的中点，$MG\perp AB$ 于点 G，$MD\perp AC$ 于点 D，$GF\perp AC$ 于点 F，$DE\perp AB$ 于点 E，H 是 GF、DE 交点. 求证：(1) 四边形 $HGMD$ 是菱形；(2) $MH\perp BC$；(3) 若 $\angle GMD=120°$，则从 M 向对角的 HG、HD 边所引两条垂线 MK、MQ 分别平分这两边.

点拨 先证 $GM/\!/DE$，$MD/\!/GF$，再证 $MG=MD$.

证明 (1) 由 $MG\perp AB$，$DE\perp AB$，得 $MG/\!/DE$. 同理，$MD/\!/GF$. 所以四边形 $HGMD$ 是平行四边形.

由 $AB=AC$，得 $\angle B=\angle C$. 又 $BM=CM$，所以 $\text{Rt}\triangle GBM\cong \text{Rt}\triangle DCM$，则 $MG=MD$. 故四边形 $HGMD$ 是菱形.

(2) 由(1)得四边形 $HGMD$ 是菱形，则 $MH\perp DG$. 又 $\text{Rt}\triangle BMG\cong \text{Rt}\triangle CMD$，则 $BG=CD$，所以 $GD/\!/BC$，故得 $MH\perp BC$.

(3) 在菱形 $HGMD$ 中,由 $\angle GMD = 120°$,得 $\angle MDH = 60°$. 又 $MQ \perp HD$,则 $\angle DMQ = 30°$,所以 $DQ = \dfrac{1}{2} MD$. 又 $MD = HD$,所以 $DQ = \dfrac{1}{2} HD$,即 MQ 平分 HD.

同理,MK 平分 HG.

说明 因为 $MH = MG = MD$,所以 MK、MQ 平分 HG、HD.

例 5 如图 1.3.48(a),在 $\triangle ABC$ 中,$\angle A$、$\angle B$ 的平分线交于点 D,$DE \parallel AC$ 交 BC 于点 E,$DF \parallel BC$ 交 AC 于点 F. 求证:四边形 $DECF$ 为菱形.

点拨 CD 平分 $\angle ACB$.

证明 (方法 1)如图(b),连接 CD. 由 $DE \parallel AC$,$DF \parallel BC$,得四边形 $DECF$ 是平行四边形. 又 D 是 $\triangle ABC$ 的内心,则 CD 平分 $\angle ACB$,即 $\angle FCD = \angle ECD$. 又由 $\angle FDC = \angle ECD$,得 $\angle FCD = \angle FDC$,则 $FC = FD$,即 $\square DECF$ 为菱形.

(方法 2)如图(c),过 D 分别作 $DG \perp AB$ 于点 G,$DH \perp BC$ 于点 H,$DI \perp AC$ 于点 I. 由 AD、BD 平分 $\angle CAB$ 和 $\angle ABC$,得 $DI = DG$,$DG = DH$,则 $DH = DI$. 又 $DE \parallel AC$,$DF \parallel BC$,则四边形 $DECF$ 为平行四边形,所以 $S_{\square DECF} = CE \cdot DH = CF \cdot DI$,得 $CE = CF$,即 $\square DECF$ 为菱形.

说明 由角平分线,可作 $DG \perp AB$ 等辅助线. 两种方法都要先证四边形 $DECF$ 是平行四边形.

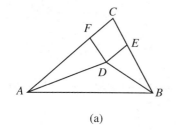
(a)

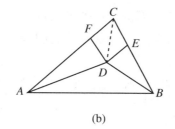
(b)

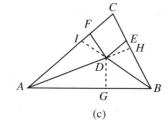
(c)

图 1.3.48

例 6 如图 1.3.49,在 $\square ABCD$ 中,E 是 BC 的中点,连接 AE 并延长交 DC 的延长线于点 F,连接 BF,(1) 求证:$\triangle ABE \cong \triangle FCE$. (2) 若 $AF = AD$. 求证:四边形 $ABFC$ 是矩形.

点拨 (1) $BE = CE$;(2) $AF = BC$.

证明 (1) 由 $\angle 1 = \angle 2$,$\angle 3 = \angle 4$,$BE = CE$,得 $\triangle ABE \cong \triangle FCE$.

(2) 由 $\triangle ABE \cong \triangle FCE$,得 $AB = FC$. 又 $AB \parallel FC$,所以四边形 $ABFC$ 是平行四边形. 又四边形 $ABCD$ 是平行四边形,则 $AD = BC$. 由 $AF = AD$,得 $AF = BC$,所以四边形 $ABFC$ 是矩形.

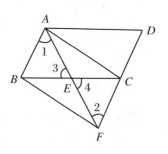

图 1.3.49

说明 证明四边形是矩形,在平行四边形的基础上,只要证明对角线相等即可.

例7 如图1.3.50,在矩形 $ABCD$ 中,点 M 是边 AD 的中点,点 N 是 DC 的中点,E 是 AN 与 MC 的交点.求证:$\angle MBN = \angle CEN$.

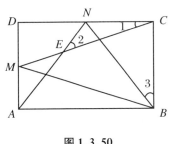

图1.3.50

点拨 即证 $\angle 1 + \angle 2 + \angle 3 = 90°$.

证明 由 N 是 DC 的中点,得 $DN = NC$. 又 $AD = BC$,所以 $\text{Rt}\triangle ADN \cong \text{Rt}\triangle BCN$,则 $\angle DAN = \angle 3$. 又 $\angle DNA = \angle 1 + \angle 2$,$\angle DNA + \angle DAN = 90°$,则 $\angle 1 + \angle 2 + \angle 3 = \angle DNA + \angle DAN = 90°$.

同理,由 $\text{Rt}\triangle ABM \cong \triangle DCM$,得 $\angle ABM = \angle 1$. 又 $\angle 1 + \angle MBN + \angle 3 = 90°$,则 $\angle MBN = \angle CEN$.

说明 本题若从这两个角所在的三角形全等来思考,会误入歧途.

例8 如图1.3.51,F 在矩形 $ABCD$ 边 CB 的延长线上,且 $AE = EF$,$CF = CA$. 求证:$BE \perp DE$.

点拨 $\triangle AED \cong \triangle BEC$,或证 $OE = OB = OD$.

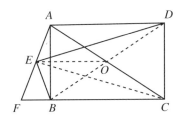

图1.3.51

证明 (方法1)连接 EC,由 E 是 $\text{Rt}\triangle ABF$ 的斜边 AF 上的中点,得 $EA = EF = EB$,则 $\angle EAB = \angle EBA$,所以 $\angle EAD = \angle EBC$. 又由 $AD = BC$,得 $\triangle AED \cong \triangle BEC$,从而得 $\angle AED = \angle BEC$. 再由 $CA = CF$,E 是 AF 的中点,得 $CE \perp AF$,则 $\angle BED = \angle BEC + \angle CED = \angle AED + \angle CED = 90°$,所以 $BE \perp DE$.

(方法2)连接 BD 交 AC 于点 O,则 O 是 BD 的中点. 又 E 是 AF 的中点,$AC = CF$,则 $OE = \frac{1}{2}CF = \frac{1}{2}AC = \frac{1}{2}BD = OB = OD$,所以 $\angle BED = 90°$,即 $BE \perp DE$.

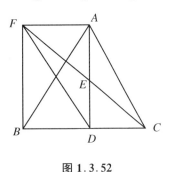

图1.3.52

说明 由 $CA = CF$,E 是 AF 的中点,得 $CE \perp AF$,这是方法1的思路.方法2充分利用了矩形性质,较方法1简单.

例9 如图1.3.52,在 $\triangle ABC$ 中,D 是 BC 边上一点,E 是 AD 的中点,过点 A 作 BC 的平行线交 CE 的延长线于点 F,且 $AF = BD$,连接 BF.

(1)求证:D 是 BC 的中点.

(2)如果 $AB = AC$,试判断四边形 $AFBD$ 的形状,并证明你的结论.

点拨 (1) $CD = AF = BD$;(2) $AD \perp BC$.

(1)**证明** 由 $AF \parallel BC$,得 $\angle AFE = \angle DCE$. 由 E 是 AD 的中点,得 $AE = DE$. 又 $\angle AEF = \angle DEC$,则 $\triangle AEF \cong \triangle DEC$,所以 $AF = DC$.

又由 $AF = BD$,得 $BD = CD$,所以 D 是 BC 的中点.

(2)四边形 $AFBD$ 是矩形.证明如下:

由 $AB = AC$,D 是 BC 的中点,得 $AD \perp BC$,即 $\angle ADB = 90°$. 又 $AF = BD$,$AF \parallel BC$,所

以四边形 $AFBD$ 是矩形.

说明 $AFBD$ 是平行四边形,再证 $AD \perp BD$.

例 10 如图 1.3.53,点 E 为矩形 $ABCD$ 外一点,$DE \perp BD$ 于点 D,$DE = CE$,BD 的垂直平分线交 AD 于点 F,交 BD 于点 G,连接 EF 交 BD 于点 H.

(1) 若 $\angle CDE = \angle DEH = \dfrac{1}{2}\angle HEC$. 求证:$\angle ABG = 54°$.

(2) 求证:H 是 EF 的中点.

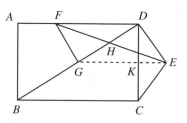

图 1.3.53

点拨 (1) 设 $\angle CDE = \alpha$,则 $\angle ADB = \alpha$;(2) 四边形 $DFGE$ 是平行四边形.

证明 (1) 设 $\angle CDE = \alpha$,则 $\angle DEH = \alpha$,$\angle HEC = 2\alpha$.

又 $DE = CE$,则 $\angle ECD = \angle CDE = \alpha$. 在 $\triangle CDE$ 中,由 $5\alpha = 180°$,得 $\alpha = 36°$.

又由 $\angle ADB = 90° - \angle BDC = \angle CDE = \alpha = 36°$,得 $\angle ABG = 90° - 36° = 54°$.

(2) 过点 E 作 $EK \perp DC$ 于点 K,由 $DE = CE$,得 K 是 CD 的中点.

又 G 是 BD 的中点,连接 GK,则 $GK /\!/ BC$,即 $GE /\!/ BC$.

再由 $FG \perp BD$,$DE \perp BD$,得 $FG /\!/ DE$,所以四边形 $FGED$ 是平行四边形,故得 H 是 EF 的中点.

说明 若直接连接 GE,则说明 $GE /\!/ BC$,思维欠严密性.

例 11 如图 1.3.54,在菱形 $ABCD$ 中,$\angle B = 60°$,动点 E、F 分别在边 BC、CD 上运动.

(1) 若 E 是 BC 的中点,$\angle AEF = 60°$. 求证:$BE = DF$.

(2) 若 $\angle EAF = 60°$. 求证:$\triangle AEF$ 是等边三角形.

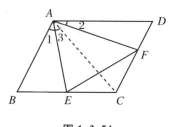

图 1.3.54

点拨 (1) $AE \perp BC$;(2) $\triangle AEC \cong \triangle AFD$.

证明 (1) 连接 AC. 由四边形 $ABCD$ 是菱形,$\angle B = 60°$,得 $AC = AB$.

又因 E 是 BC 的中点,所以 $AE \perp BC$. 再由 $\angle AEF = 60°$,得 $\angle FEC = 30°$. 进而由 $\angle BCD = 120°$,得 $\angle EFC = 30° = \angle FEC$,所以 $CE = CF$. 又因 $BC = CD$,所以 $BE = DF$.

(2) 由题意得 $\angle 1 + \angle 2 = 60°$,$\angle 1 + \angle 3 = 60°$,则 $\angle 2 = \angle 3$.

又 $\angle ADF = \angle ACE = 60°$,则 $AD = AC$,从而 $\triangle ADF \cong \triangle ACE$,则 $AF = AE$. 又因 $\angle EAF = 60°$,所以 $\triangle AEF$ 是等边三角形.

说明 对于(2),由于是半角模型,即 $\angle EAF = \dfrac{1}{2}\angle BAD$,容易想到旋转 $\triangle ADF$ 至 $\triangle ADH$,但该思路行不通.

例 12 如图 1.3.55,在菱形 $ABCD$ 中,点 E、F 分别是 BC、CD 上一点,连接 DE、EF,且 $AE = AF$,$\angle DAE = \angle BAF$.

(1) 求证:$CE = CF$.

(2) 若 $\angle ABC = 120°$,点 G 是线段 AF 的中点,连接 DG、EG. 求证:$DG \perp GE$.

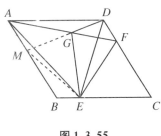

图 1.3.55

点拨 (1) $\triangle ABE \cong \triangle ADF$;(2) 延长 DG 交 AB 于点 M,则 $\triangle EMB \cong \triangle DEF$,且 G 为 DM 的中点.

证明 (1) 由四边形 $ABCD$ 是菱形,得 $AB = AD$,由 $\angle DAE = \angle BAF$,得 $\angle DAF = \angle BAE$,又 $AE = AF$,则 $\triangle ABE \cong \triangle ADF$,所以 $BE = DF$.又 $BC = DC$,则 $CE = CF$.

(2) 延长 DG 交 AB 于点 M,连接 ME.在 $\triangle AMG$ 与 $\triangle FDG$ 中,由 $AG = FG$,$\angle AGM = \angle FGD$,$\angle GAM = \angle GFD$,得 $\triangle AMG \cong \triangle FDG$,则 $MG = DG$.

在 $\triangle MBE$ 与 $\triangle EFD$ 中,由(1)得 $BE = DF$.又由题意可知 $\triangle ECF$ 是等边三角形,即 $EF = CF = MB$,且 $\angle DFE = \angle EBM = 120°$,则 $\triangle EFD \cong \triangle MBE$,得 $DE = ME$,所以 $EG \perp MD$,即 $DG \perp GE$.

说明 本题若不用等腰三角形"三线合一"定理,一时无法找到好的思路.

例 13 (1) 操作发现:如图 1.3.56(a),在矩形 $ABCD$ 中,E 是 BC 的中点,将 $\triangle ABE$ 沿 AE 折叠后得到 $\triangle AFE$,点 F 在矩形 $ABCD$ 的内部,延长 AF 交 CD 于点 G.猜想线段 FG 与 GC 有何数量关系,并证明你的结论.

(2) 类比探究:如图 1.3.56(b),将(1)中矩形 $ABCD$ 改为平行四边形,其他条件不变,则(1)中的结论是否仍然成立?请说明理由.

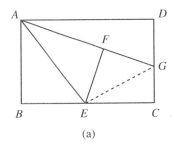
(a)

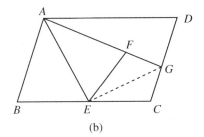
(b)

图 1.3.56

点拨 (1) $GF = GC$;(2) 成立.

解 (1) 连接 EG.由 $Rt\triangle ABE \cong Rt\triangle AFE$,得 $BE = FE$.

又 $CE = BE$,则 $CE = FE$.进而有 $EG = EG$,故得 $Rt\triangle EFG \cong Rt\triangle ECG$,则 $GF = GC$.

(2) 不变.理由如下:连接 EG.由 $\triangle ABE \cong \triangle AFE$,得 $\angle ABE = \angle AFE$,$BE = FE$.又 $BE = CE$,则 $EF = EC$.

由 $AB \parallel CD$,得 $\angle ABE + \angle ECG = 180°$,而 $\angle AFE + \angle EFG = 180°$,所以 $\angle ECG = \angle EFG$.

又由 $\angle EFG$ 与 $\angle ECG$ 是钝角,得 $\triangle EGF \cong \triangle EGC$,所以 $GF = EG$.

说明 对于(2),在图中给出的 $\square ABCD$ 中,$\angle C$ 为钝角,所以结论成立.若 $\angle C$ 为锐角,则结论未必成立.

例 14 如图 1.3.57,在五边形 $ADBCE$ 中,$\angle ADB = \angle AEC = 90°$,$\angle DAB = \angle EAC$,$M$、$N$、$O$ 分别为 AC、AB、BC 的中点.

(1) 求证:△EMO≌△OND.

(2) 若 $AB = AC$,∠BAC = 40°,则当∠DAB 等于多少度时,四边形 ADOE 是菱形,并证明.

点拨 (1) $OM = \frac{1}{2}AB = DN$, $ON = \frac{1}{2}AC = ME$;

(2) ∠DAB = 35°.

解 (1) 由∠ADB = 90°,N 是 AB 的中点,得 $DN = \frac{1}{2}AB = AN$,则∠ADN = ∠BAD.由 OM 是△ABC 的中位线,得 $OM = \frac{1}{2}AB$,OM // AB,则∠OMC = ∠BAC.同理,∠BNO = ∠BAC,所以∠BNO = ∠OMC.又 $DN = \frac{1}{2}AB$,$OM = \frac{1}{2}AB$,则 DN = OM.同理,ME = ON.

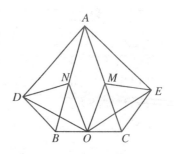

图 1.3.57

又∠BND = ∠ADN + ∠BAD,∠CME = ∠CAE + ∠AEM,则∠BND = 2∠BAD,∠CME = 2∠CAE.又∠BAD = ∠CAE,所以∠BND = ∠CME,则∠BND + ∠BNO = ∠CME + ∠OMC,即∠DNO = ∠EMO,所以△EMO≌△OND.

(2) 当∠DAB = 35°时,四边形 ADOE 是菱形.证明如下:连接 AO,设∠DAB = α,则∠BND = 2α.由 AB = AC,O 是 BC 中点,得 AO⊥BC.又∠BAC = 40°,则∠BAO = 20°.由 N 是 Rt△ABO 斜边 AB 的中点,得 $ON = \frac{1}{2}AB = AN$,则∠BAO = ∠AON = 20°,所以∠BNO = 40°.由(1)得 $ON = \frac{1}{2}AC$,$DN = \frac{1}{2}AB$,则 ON = DN,所以∠NDO = ∠NOD = 70° - α.由∠ADB = ∠AEC = 90°,∠BAD = ∠CAE,AB = AC,得△ADB≌△AEC,则 AD = AE.由(1)得△EMO≌△OND,则 OD = OE,所以当 AD = OD 时,四边形 ADOE 是菱形,则∠DAO = ∠AOD,即 α + 20° = 70° - α + 20°,故得 α = 35°.

所以当∠DAB = 35°时,四边形 ADOE 是菱形.

说明 先假设四边形 ADOE 是菱形,求出∠DAB = 35°,再说明理由即可.

例 15 如图 1.3.58,在▱ABCD 中∠A 的平分线交直线 BC 于点 E,交直线 DC 于点 F.

(1) 如图(a),求证:CE = CF.

(2) 如图(b),若∠ABC = 90°,G 是 EF 的中点,直接写出∠BDG 的度数.

(3) 如图(c),若∠ABC = 120°,FG // CE,FG = CE,分别连接 DB、DG.求证:∠BDG = 60°.

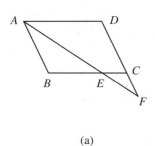
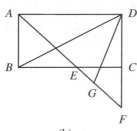
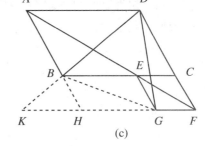

(a)　　　　　(b)　　　　　(c)

图 1.3.58

点拨 (1) $\angle CEF = \angle CFE$；(2) $45°$；(3) $CEGF$ 是菱形，设法证明 $\triangle BDG$ 是等边三角形．

证明 (1) 如图 1.3.58(a)，由 $AD \parallel BC$，$AB \parallel DC$，AE 是 $\angle BAD$ 的平分线，得 $\angle CEF = \angle DAE = \angle BAE = \angle CFE$，所以 $CE = CF$．

(2) $\angle BDG = 45°$．

(3) 如图 1.3.58(c)，延长 AB、FG 交于点 H．由题意，四边形 $ADFH$ 与 $ECFG$ 都是菱形，且 $\angle ECF = \angle ABC = 120°$．

再延长 GH 至点 K，使 $HK = GF$，连接 BK，则由 $BH = HK$，$\angle BHK = 60°$，得 $\triangle BKH$ 是等边三角形，所以 $\angle K = 60°$，$BK = GF$．在 $\triangle BKG$ 与 $\triangle GFD$ 中，由 $BK = GF$，$KG = HF = DF$，$\angle BKG = \angle GFD = 60°$，得 $\triangle BKG \cong \triangle GFD$，所以 $BG = DG$，$\angle BGK = \angle GDF$．又 $\angle DGK = \angle GDF + \angle F$，即 $\angle DGB + \angle BGK = \angle GDF + 60°$，得 $\angle DGB = 60°$，所以 $\triangle BDG$ 是等边三角形，即 $\angle BDG = 60°$．

说明 (2)中 $\angle BDG = \dfrac{1}{2}\angle ABC = 45°$，(3)中 $\angle BDG = \dfrac{1}{2}\angle ABC = 60°$．

例 16 如图 1.3.59，在菱形 $ABCD$ 中，F 是对角线 AC 的中点，过点 A 作 $AE \perp BC$ 于点 E，G 在 AB 上，GF 的延长线交 BC 的延长线于点 H．

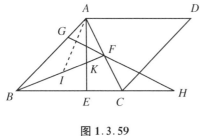

图 1.3.59

(1) 当 $\angle CAE = 30°$ 时，求证：E 是 BC 的中点．

(2) 若 $\angle BGF + \angle BCF = 180°$，$AE = BE$ 时，求证：$BF = (\sqrt{2} + 1)GF$．

点拨 (1) $\triangle ABC$ 为等边三角形；(2) $AF \perp AC$，$FA = FG$．

证明 (1) 当 $\angle CAE = 30°$ 时，由 $AE \perp BC$，得 $\angle ACB = 60°$，则 $\triangle ABC$ 是等边三角形，所以 E 是 BC 的中点．

(2) 由 $BA = BC$，F 是 AC 的中点，得 $\angle BCF = \angle BAF$，$BF \perp AF$，$\angle ABF = \dfrac{1}{2}\angle ABE = \dfrac{45°}{2}$．又由 $\angle BGF + \angle BCF = 180°$，$\angle BGF + \angle FGA = 180°$，得 $\angle FGA = \angle BCF$，所以 $\angle FGA = \angle BAF$，即 $\angle FGA = \angle FAG$，故得 $GF = AF$．

在 BF 上取点 I，连接 AI，使 $\angle BAI = \angle ABF$，则 $\angle AIF = 2\angle ABI = 45°$，所以 $\triangle AFI$ 是等腰直角三角形，即 $AI = \sqrt{2}AF$，$IF = AF$，则 $BF = BI + IF = (\sqrt{2}+1)AF = (\sqrt{2}+1)GF$．

说明 在题设条件下，容易想到 $\mathrm{Rt}\triangle BEK \cong \mathrm{Rt}\triangle AEC$，所以还可以证明 $BK = 2GF$．

习题 1.3.2

1. 如图 1.3.60,在 □ABCD 中,点 E、F、G、H 分别在边 AB、BC、CD、DA 上,且 AE = CG,AH = CF,EG 平分∠HEF.求证:(1) △AEH≌△CGF;(2) 四边形 EFGH 是菱形.

2. 如图 1.3.61,在 △ABC 和 △BCD 中,AB = DC,AC = DB,AC 与 DB 交于点 M.
(1) 求证:△ABC≌△DCB.
(2) 作 CN∥BD,BN∥AC,CN 与 BN 交于点 N.求证:四边形 BNCM 是菱形.

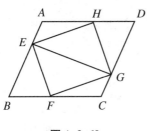

图 1.3.60

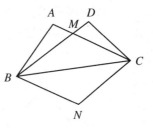

图 1.3.61

3. 如图 1.3.62,矩形 ABCD 的对角线相交于点 O,AE 平分∠BAD 交 BC 于点 E,∠CAE = 15°.求证:∠BOE = 75°.

4. 如图 1.3.63,在 □ABCD 中,E、F 分别是边 AB、CD 的中点,BD 是对角线,AG∥DB 交 CB 的延长线于点 G.若四边形 BEDF 是菱形,则四边形 AGBD 是什么特殊四边形? 并证明你的结论.

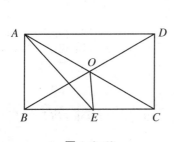

图 1.3.62

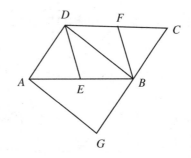

图 1.3.63

5. 如图 1.3.64,自矩形 ABCD 的顶点 C,作 CE⊥BD 于点 E,延长 EC 到点 F,使 CF = BD,连接 AF.求证:∠DAF = ∠BAF.

6. 如图 1.3.65,在四边形 ABCD 中,O 是对角线 AC、BD 的交点,OA = OC,OB = OD,过点 O 作 EF⊥BD,分别交 AD、BC 于点 E、F.
(1) 求证:△AOE≌△COF.
(2) 判断四边形 BEDF 的形状,并说明理由.

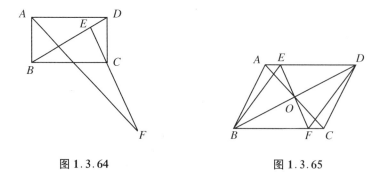

图 1.3.64　　　　　　　　　图 1.3.65

7. 如图 1.3.66，在矩形 $ABCD$ 和矩形 $BFDE$ 中，若 $AB=BF$。求证：$MN \perp CF$。

8. 如图 1.3.67，在矩形 $ABCD$ 中，E 在 CB 的延长线上，且 $CE=AC$，F 是 AE 的中点。求证：$DF \perp FB$。

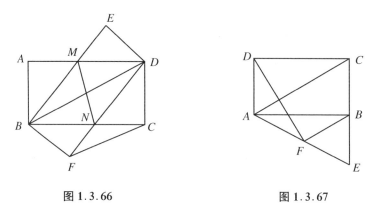

图 1.3.66　　　　　　　　　图 1.3.67

9. 如图 1.3.68，O 是矩形 $ABCD$ 内一点，且 $\angle ODA = \angle OAD = \frac{1}{4}\angle BOC$。求证：$OB=OC=AB$。

10. 如图 1.3.69，将矩形 $ABCD$ 沿对角线 AC 翻折，点 B 落在点 B_1 处，AB_1 交 CD 于 E。

(1) 找出一个与 $\triangle ADE$ 全等的三角形，并给出证明。

(2) 若 P 是 AC 上一个动点，$PG \perp AE$ 于 G，$PH \perp EC$ 于 H。求证：$PG+PH=AD$。

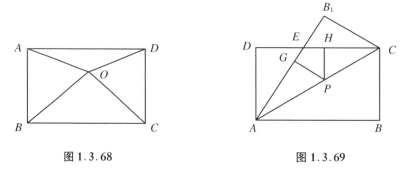

图 1.3.68　　　　　　　　　图 1.3.69

11. 如图 1.3.70，在菱形 $ABCD$ 中，M、N 分别是边 AB、BC 的中点，$MP \perp AB$ 交 CD 于点 P，连接 NM、NP。

(1) 求证：$NM = NP$.

(2) 若△NPC 为等腰三角形，求∠B 的度数.

12. 如图 1.3.71，以矩形 $ABCD$ 边 AB、AD 为边分别向内侧作等边△ABF 和等边△ADE，连接 EB、FD 交于点 G. 求证：(1) $DF = BE$；(2) ∠$EGD = 120°$.

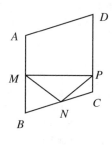

图 1.3.70

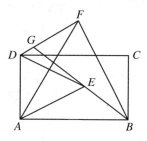

图 1.3.71

13. 如图 1.3.72，在菱形 $ABCD$ 中，F 是边 BC 上任意一点，连接 AF 交对角线 BD 于点 E，连接 CE.

(1) 求证：$AE = EC$.

(2) 若∠$ABC = ∠CEF = 60°$，求证：$CE = 2EF$.

14. 如图 1.3.73，在△ABC 中，AD 是 BC 边上的中线，E 是 AD 的中点，过点 A 作 BC 的平行线交 BE 的延长线于点 F，连接 CF.

(1) 求证：$AF = DC$.

(2) △ABC 满足什么条件时，四边形 $ADCF$ 是矩形？证明你的结论.

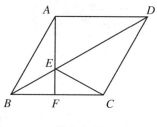

图 1.3.72

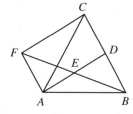

图 1.3.73

15. 如图 1.3.74，E 是▱$ABCD$ 边 AD 上的点，CE 平分∠BCD，$BE \perp CE$. 求证：$BC = 2CD$.

16. 如图 1.3.75，▱$ABCD$ 的对角线 AC 的垂直平分线与边 AD、BC 分别交于点 E、F. 求证：四边形 $AFCE$ 是菱形.

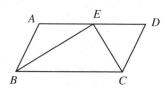

图 1.3.74

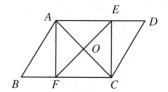

图 1.3.75

17. 如图 1.3.76,在等边 △ABC 中,点 D 为 AC 的中点,以 AD 为边作菱形 ADEF,且 AF ∥ BC,连接 FC 交 DE 于点 G.求证:BD = CF.

18. 如图 1.3.77,将矩形 ABCD 绕点 A 顺时针旋转 α(0°<α<360°),得到矩形 AEFG.

(1) 当点 E 在 BD 上时.求证:FD = CD.

(2) 当 α 为何值时,GC = GB？画出图形,并说明理由.

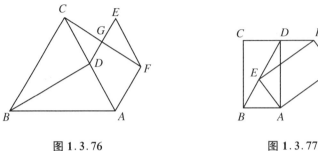

图 1.3.76 　　　　图 1.3.77

19. 如图 1.3.78(a),在 Rt△ABC 中,∠ACB = 90°,CD⊥AB 于点 D,AF 平分∠CAB,交 CD 于点 E,交 CB 于点 F.

(1) 求证:CE = CF.

(2) 将图(a)中的△ADE 沿 AB 向右平移到△A′D′E′的位置,使点 E′落在 BC 边上,其他条件不变,如图(b)所示,试猜想:BE′与 CF 有怎样的数量关系？请证明你的结论.

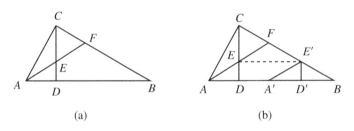

图 1.3.78

20. 如图 1.3.79,在 Rt△ABC 中,∠ABC = 90°,将 Rt△ABC 绕点 C 顺时针方向旋转 60°得到△DEC,点 E 在 AC 上,再将 Rt△ABC 沿 AB 所在的直线翻转 180°得到△ABF,连接 AD.

(1) 求证:四边形 AFCD 是菱形.

(2) 连接 BE 并延长交 AD 于点 G,连接 CG,请问:四边形 ABCG 是什么特殊平行四边形？并说明理由.

21. 如图 1.3.80,在△ABC 中,D 是 BC 边上一点,E 是 AD 的中点,过点 A 作 BC 的平行线交 CE 的延长线于点 F,且 AF = BD,连接 BF.

(1) 求证:D 是 BC 的中点.

(2) 当△ABC 满足什么条件时,四边形 AFBD 是矩形？并说明理由.

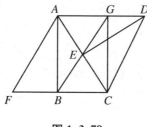
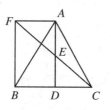

图 1.3.79　　　　　　　图 1.3.80

22. 如图 1.3.81,在 □ABCD 中,E、F 分别是 AB、CD 的中点,AF 与 DE 相交于点 G,EC 与 BF 相交于点 H.

(1) 求证:四边形 EHFG 是平行四边形.

(2) □ABCD 满足什么条件时,四边形 EHFG 是矩形? 并说明理由.

23. 如图 1.3.82,在菱形 ABCD 中,∠ABC = 78°,点 E 在菱形内,且 ∠EAD = 21°,∠EDA = 9°.求证:△BCE 是等边三角形.

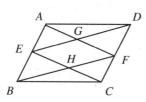
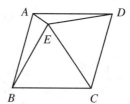

图 1.3.81　　　　　　　图 1.3.82

24. 如图 1.3.83,在 △ABC 中,D、E、F 分别是 AB、AC、BC 的中点,连接 DE、DF.

(1) 如图(a),若 AC = BC.求证:四边形 DECF 为菱形.

(2) 如图(b),过点 C 作 CG∥AB 交 DE 延长线于点 G,连接 EF、AG,在不添加任何辅助线的情况下,写出图中所有与 △ADG 面积相等的平行四边形.

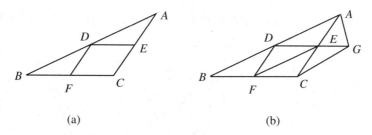

(a)　　　　　　　(b)

图 1.3.83

25. 如图 1.3.84,在 □ABCD 中,BE、CF 分别是 ∠ABC、∠BCD 的平分线,BE、CF 交于点 O,(1) 求证:BE⊥CF.(2) 试判断 AF 与 DE 的数量关系,并加以证明.(3) 当 △BOC 为等腰直角三角形时,四边形 ABCD 是何四边形?

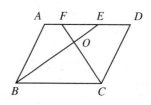

图 1.3.84

26. 如图 1.3.85(a),已知矩形 ABCD 和点 P,当点 P 在 BC 边上任意位置时,有 $PA^2 + PC^2 = PB^2 + PD^2$,请你探究:当点 P 分

别在图(b)、(c)的位置时,PA^2、PB^2、PC^2 和 PD^2 又有怎样的数量关系?并证明你的结论.

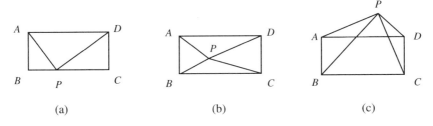

图 1.3.85

27. 如图 1.3.86,将一块直角三角板的直角顶点绕着矩形 $ABCD(AB<BC)$ 的对角线交点 O 旋转(如图(a)→(b)→(c)),图中 M、N 分别为直角三角板的直角边与矩形 $ABCD$ 的边 CD、BC 的交点.

(1) 在图(a)(三角板的一直角边与 OD 重合)中,$BN^2 = CD^2 + CN^2$;在图(c)(三角板的一直角边与 OC 重合)中,$CN^2 = BN^2 + CD^2$,请你选择一种结论给出证明.

(2) 试探究图(b)中 BN、CN、CM、DM 这四条线段之间的关系,写出你的结论,并证明你的结论.

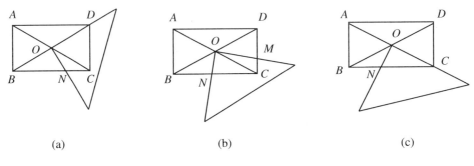

图 1.3.86

28. 如图 1.3.87,已知四边形 $ABCD$ 是菱形,$AB = 1$,$\angle ABC = 60°$,$\angle EAF$ 的两边分别与射线 CB、DC 相交于点 E、F,且 $\angle EAF = 60°$.

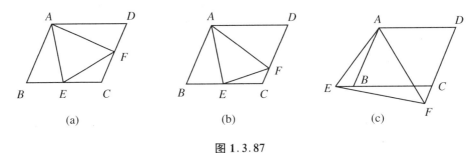

图 1.3.87

(1) 如图(a),当点 E 是线段 CB 的中点时,直接写出线段 AE、EF、AF 之间的数量关系.

(2) 如图(b),当点 E 是线段 CB 上任意一点时(点 E 异于点 B、C).求证:$BE = CF$.

(3) 如图(c),当点 E、F 在线段 CB、DC 的延长线上,且 $\angle EAD = 15°$时,求点 F 到 BC

的距离.

29. 如图 1.3.88(a),在矩形 $ABCD$ 中,AC 为对角线,延长 CD 至点 E,使 $CE = CA$,连接 AE,F 为 AB 上一点,且 $BF = DE$,连接 FC.求证:

(1) 若 $CF = 2\sqrt{2}DE$,则 $CD = 3BF$;

(2) 如图(b),点 G 为 AE 的中点,连接 BG 交 AC 于点 H,若 $\angle BHC + \angle ABG = 60°$,则 $AF + CE = \sqrt{3}AC$.

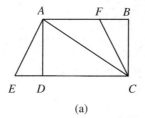 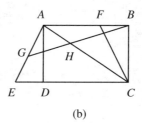

(a)　　　　　　　(b)

图 1.3.88

30. 如图 1.3.89(a),在 Rt$\triangle ABC$ 中,$\angle ACB = 90°$,D、E 分别是边 AB、AC 的中点,连接 BE、CD,交于点 O,连接 DE、DF、EG、FG.

(1) 求证:四边形 $DFGE$ 是平行四边形.

(2) 如图(b),若把 Rt$\triangle ABC$ 改为任意$\triangle ABC$,通过观察,第(1)问的结论是否仍然成立?

(3) 在图(b)中,试想:如果拖动点 A,通过你的观察和探究,在什么条件下,四边形 $DFGE$ 是矩形? 并给出证明.

(4) 在第(3)问中,试想:如果拖动点 A,是否存在四边形 $DFGE$ 是正方形或菱形? 如果存在,画出相应的图形,并加以证明.

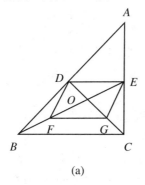 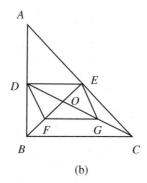

(a)　　　　　　　(b)

图 1.3.89

1.3.3 正方形

基础知识

定理 8(正方形的判定定理)

(1) 有一角为直角,且有一组邻边相等的平行四边形是正方形.

(2) 有一角为直角的菱形是正方形.

(3) 四边都相等,四角也都相等的四边形是正方形.

定理 9(正方形的性质定理)

正方形除具有平行四边形的一切性质外,还有:

(1) 对角线互相垂直且相等.

(2) 四边相等,四角相等.

(3) 每条对角线平分一组内角,并与边成 $45°$ 角.

技能训练

例 1 如图 1.3.90,在正方形 $ABCD$ 中,点 P 在对角线 BD 上,$PE \perp BC$ 于点 E,$PF \perp CD$ 于点 F.求证:$AP = EF$.

点拨 $PA = PC$.

说明 连接 PC.由 $AD = CD$,$PD = PD$,$\angle ADP = \angle CDP = 45°$,得 $\triangle ADP \cong \triangle CDP$,则 $PA = PC$.

又由四边形 $PECF$ 是矩形,得 $PC = EF$,所以 $PA = EF$.

说明 由正方形的对称性可得 $PA = PC$.

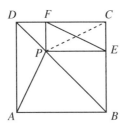
图 1.3.90

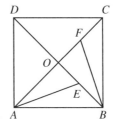
图 1.3.91

例 2 如图 1.3.91,O 是正方形 $ABCD$ 对角线 AC 与 BD 的交点,E、F 分别是 OB、OC 上的动点.

(1) 若 $BE = CF$.求证:$AE \perp BF$.

(2) 若 $BE = OF$,问 $AE \perp BF$ 时,点 E 在什么位置?并证明你的结论.

点拨 (1) $\triangle ABE \cong \triangle BCF$;(2) E 是 OB 的中点.

证明 (1) 在 $\triangle ABE$ 与 $\triangle BCF$ 中,$AB = BC$,$BE = CF$,又由 $\angle ABE = \angle BCF = 45°$,所以 $\triangle ABE \cong \triangle BCF$,则 $\angle BAE = \angle CBF$,从而 $\angle BAE + \angle FBA = \angle CBF + \angle FBA = 90°$,即 $AE \perp BF$.

(2) 若 $AE \perp BF$,则可得 $\angle BAE = \angle CBF$.又 $\angle ABE = \angle BCF = 45°$,$AB = BC$,得 $\triangle ABE \cong \triangle BCF$,从而有 $BE = CF$.又 $BE = OF$,得 $CF = OF$,即 F 是 OC 的中点,从而 E 是 OB 的中点.

说明 若 $BE = CF$,则 $AE \perp BF$;若 $AE \perp BF$,则 $BE = CF$.

例 3 如图 1.3.92,四边形 $ABCD$ 与 $CEFG$ 都是正方形,延长 CD 至点 H,在 BC 上取一点 K,使 $DH = CE = BK$.求证:四边形 $AKFH$ 是正方形.

点拨 $\triangle ADH \cong \triangle KEF$,$\triangle ABK \cong \triangle HGF$.

证明 在△ADH 与△KEF 中,由 DH = CE = EF, AD = BC = BK + KC = CE + KC = KE,得 Rt△ADH≌Rt△KEF,则 AH = KF.同理,Rt△ABK≌Rt△HGF,得 AK = HF,所以四边形 AKFH 为菱形.

又由 Rt△ABK≌Rt△KEF,得∠AKF = ∠AKB + ∠FKE = 90°,所以四边形 AKFH 为正方形.

说明 由 Rt△ABK≌Rt△KEF,可得 AK = KF, AK⊥KF.

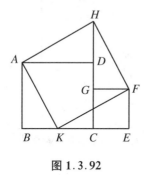

图 1.3.92

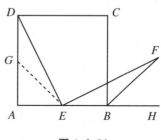

图 1.3.93

例 4 如图 1.3.93,在正方形 ABCD 中,E 为 AB 上任意一点,连接 DE,过点 E 作 DE 的垂线与∠ABC 的外角平分线交于点 F.求证:DE = FE.

点拨 构作全等三角形.

证明 在 AD 上截取 AG = AE,连接 GE,则∠AGE = 45°.

在△DGE 与△EBF 中,∠DGE = ∠EBF = 135°,∠EDG = 90° − ∠AED = ∠FEB,DG = AD − GA = AB − AE = EB,从而得△DGE≌△EBF,所以 DE = FE.

说明 由上题启发,本题容易想到过点 F 作 FH⊥AB 于点 H,虽然有△ADE≌△HEF,但无法直接证明.

例 5 如图 1.3.94,在正方形 ABCD 的对角线 BD 上截取 BE = BC,P 是 CE 上一点,过点 P 作 PF⊥BD 于点 F, PG⊥BC 于点 G.求证:$PF + PG = \frac{1}{2}BD$.

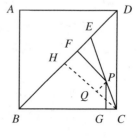

图 1.3.94

点拨 等腰三角形底边上任意一点到两腰的距离之和等于一腰上的高.

证明 过点 C 作 CH⊥BD 于点 H,过点 P 作 PQ⊥CH 于点 Q,则 $CH = \frac{1}{2}BD$, PF = HQ.由 PQ⊥CH, DH⊥CH,得 PQ∥DH,从而∠QPC = ∠HEC.又 BC = BE,则∠QPC = ∠GCP,所以 Rt△QPC≌Rt△GCP,故得 QC = PG.因此 $PF + PG = QH + QC = CH = \frac{1}{2}BD$.

说明 要证 PF + PG = CH,还可以用分割法,在 HC 上截取 HQ = FP,再证 QC = PG.

例 6 如图 1.3.95,以△ABC 的边 AB、AC 分别为一边向内作正方形 ABMN 和正方形 ACPQ.求证:BQ = CN,且 BQ⊥CN.

点拨 △AQB≌△ACN.

证明 在△AQB 与△ACN 中,由∠QAB = 90° − ∠BAC = ∠CAN, AQ = AC, AB =

AN,得 $\triangle AQB \cong \triangle ACN$,所以 $BQ = CN$. 又 $AQ \perp AC$, $AB \perp AN$,且 $\triangle AQB$ 与 $\triangle ACN$ 是共顶点 A 的三角形,所以 $BQ \perp CN$.

说明 $\triangle ACN$ 是 $\triangle AQB$ 绕 A 点逆时针旋转 $90°$而得,所以 $QB \perp CN$.

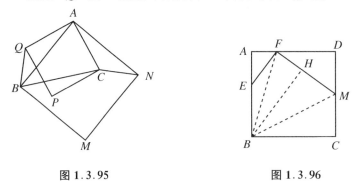

图 1.3.95　　　　　　　图 1.3.96

例 7 如图 1.3.96,在正方形 $ABCD$ 中,E、F、M 分别是边 AB、AD、DC 上的点,且 $BE = EF$,$EF \perp FM$. 求证:$AF + CM = FM$.

点拨 作 $BH \perp FM$ 于点 H.

证明 连接 BF、BM,过点 B 作 $BH \perp MF$ 于点 H. 由 $BE = EF$,得 $\angle EBF = \angle EFB$,则 $\angle CBF = \angle MFB = \angle AFB$,所以 $\text{Rt}\triangle ABF \cong \text{Rt}\triangle HBF$,得 $AF = HF$,$AB = BH$.

又 $BC = AB = BH$,$BM = BM$,则 $\text{Rt}\triangle BCM \cong \text{Rt}\triangle BHM$,所以 $CM = HM$,则 $AF + CM = FH + HM = FM$.

说明 要证 $AF + CM = FM$,用分割法,在 FM 上截取 $FH = FA$. 注意到 $\triangle ABF$ 是直角三角形,所以作 $BH \perp FM$,再证 $HM = MC$ 反而方便.

例 8 如图 1.3.97,以四边形 $ABCD$ 的边 AB、AD 为边分别向外侧作等边 $\triangle ABF$ 和等边 $\triangle ADE$,连接 EB、FD 交于点 G.

(1) 如图(a),当四边形 $ABCD$ 为正方形时,EB 和 FD 的数量关系是_____.

(2) 如图(b),当四边形 $ABCD$ 为矩形时,EB 和 FD 具有怎样的数量关系?请加以证明.

(3) 在四边形 $ABCD$ 由正方形到矩形再到一般平行四边形的变化过程中,$\angle EGD$ 是否发生变化?如果改变,请说明理由;如果不变,请在图(c)中求出 $\angle EGD$ 的度数.

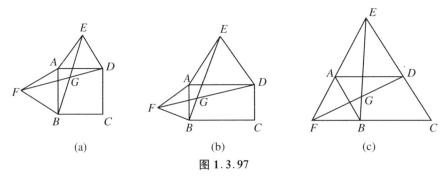

图 1.3.97

点拨 (1) 观察可得 $EB = FD$;(2) $\triangle FAD \cong \triangle BAE$;(3) $\angle EGD = 60°$.

解 (1) $EB = FD$. (2) $EB = FD$. 证明如下:

由△AFB 为等边三角形,得 AF = AB,∠FAB = 60°.又△ADE 为等边三角形,则 AD = AE,∠EAD = 60°,所以∠FAB + ∠BAD = ∠EAD + ∠BAD,即∠FAD = ∠BAE,从而有△FAD≌△BAE,得 EB = FD.

(3) 由△ADE 为等边三角形,得∠AED = ∠EDA = 60°.又△FAD≌△BAE,得∠AEB = ∠ADF.设∠AEB = α,则∠ADF = α,∠BED = 60° − α,∠EDF = 60° + α,所以∠EGD = 180° − ∠BED − ∠EDF = 180° − (60° − α) − (60° + α) = 60°.

说明 由(1)(2)可猜测∠EGD = 60°.

例9 如图1.3.98,在 Rt△ABC 中,∠ACB = 90°,过点 C 的直线 l∥AB,D 为 AB 边上一点,过点 D 作 DE⊥BC 交直线 l 于点 E,垂足为 F,连接 CD、BE.

(1) 求证:CE = AD.

(2) 当点 D 是 AB 的中点时,四边形 BECD 是什么特殊四边形?请说明理由.

(3) 当∠A 的大小满足什么条件时,四边形 BECD 是正方形?请说明理由.

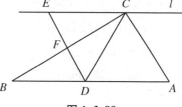

图 1.3.98

点拨 (1) 四边形 ADEC 是平行四边形;(2) 四边形 BECD 是菱形;(3) 由四边形 BECD 是正方形导出∠A 大小.

证明 (1) 由直线 l∥AB,得 EC∥AD.又∠ACB = 90°,得 BC⊥AC.又 DE⊥BC,所以 DE∥AC,由 EC∥AD,DE∥AC,得四边形 ADEC 是平行四边形,所以 CE = AD.

(2) 当点 D 是 AB 的中点时,四边形 BECD 是菱形.证明如下:

由点 D 是 AB 的中点,DE∥AC,得点 F 是 BC 的中点,即 BF = CF.

由直线 l∥AB,得∠ECF = ∠DBF.又∠BFD = ∠CFE,则△BFD≌△CFE,所以 DF = EF.又 DE⊥BC,则 BC 和 DE 垂直且互相平分,即四边形 BECD 是菱形.

(3) 当∠A = 45°时,四边形 BECD 是正方形.理由如下:

由∠ACB = 90°,∠A = 45°,得∠ABC = ∠A = 45°,则 AC = BC.

由点 D 为 AB 的中点,得 CD⊥AB,则∠CDB = 90°.由四边形 BECD 是菱形,得四边形 BECD 是正方形.

说明 由四边形 BECD 是菱形,要得到其为正方形的结论,可以证明一个角是直角或对角线相等即可.

例10 如图1.3.99(a),在正方形 ABCD 中,点 E、F 分别是边 BC、AB 上的点,且 CE = BF,连接 DE,过点 E 作 EG⊥DE,使 EG = DE,连接 GF、FC.

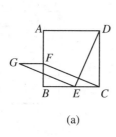

(a)

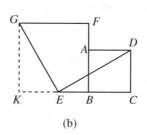

(b)

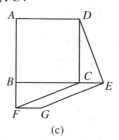

(c)

图 1.3.99

(1) 请判断:FG 与 CE 的数量关系是_____,位置关系是_____.

(2) 如图(b),若点 E、F 分别是边 CB、BA 延长线上的点,其他条件不变,则(1)中结论是否仍然成立？请作出判断并给予证明.

(3) 如图(c),若点 E、F 分别是边 BC、AB 延长线上的点,其他条件不变,则(1)中结论是否仍然成立？请直接写出你的判断.

点拨 (1) $FG = CE$,$FG \parallel CE$;(2) 成立;(3) 成立.

解 (1) $FG = CE$,$FG \parallel CE$;

(2) 成立.证明如下:过点 G 作 $GK \perp BC$ 交 CB 的延长线于点 K,则四边形 $GKBF$ 是矩形,所以 $GK = FB = CE$.

又 $\angle KGE + \angle KEG = 90°$,$\angle DEC + \angle KEG = 90°$,则 $\angle KGE = \angle DEC$,从而有 $Rt\triangle GKE \cong Rt\triangle ECD$,则 $DC = KE$.又由 $BC = CD$,得 $KB = EC = BF$,所以四边形 $GKBF$ 是正方形,则 $FG = CE$,$FG \parallel CE$.

(3) $FG = CE$,$FG \parallel CE$.

说明 问题(1)与(3)的证明与问题(2)的证明完全类似,需要提醒的是先有矩形 $GKBF$,才有正方形 $GKBF$.

例 11 如图 1.3.100,以 $\triangle ABC$ 三边为边、在 BC 边同侧作正方形 $BCMN$、正方形 $ABRT$ 和正方形 $ACPQ$,连接 RM、BP.求证:$BP \parallel RM$.

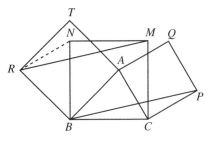

图 1.3.100

点拨 连接 RN,则 $\triangle MNR \cong \triangle BCP$.

证明 连接 RN,则在 $\triangle BNR$ 与 $\triangle BAC$ 中,由 $BN = BC$,$BR = BA$,$\angle RBN = 90° - \angle ABN = \angle ABC$,得 $\triangle BNR \cong \triangle BCA$,则 $RN = CA = CP$,$\angle BNR = \angle BCA$.又 $MN = BC$,$\angle RNM = 90° + \angle BNR = 90° + \angle BCA = \angle PCB$,得 $\triangle MNR \cong \triangle BCP$,从而 $\angle NMR = \angle CBP$,所以 $BP \parallel RM$.

说明 $\triangle RBN$ 可以看作 $\triangle ABC$ 绕点 B 旋转 $90°$ 而得,所以可知 $AC \perp RN$.

例 12 如图 1.3.101,Q 是正方形 $ABCD$ 外一点,且 $\angle DQA = \angle DQC = 45°$,$P$ 是 QD 上一点,$CP = CD$.求证:$PD = \sqrt{2}AQ$.

点拨 由 $PD = \sqrt{2}AQ$ 联想到构作正方形.

证明 过点 C 作 $CE \perp PD$ 于点 E,则由 $CP = CD$,得 $PE = DE$,且由 $\angle 1 = \angle 2$,得 $\angle ADQ = \angle DCE$,延长 CE 至点 R,使 $CR = DQ$,连接 RP、RD.由 $AD = DC$,得 $\triangle ADQ \cong \triangle DCR \cong \triangle PCR$,则 $\angle PRC = \angle DRC = \angle AQD = 45°$,$PR = RD = AQ$,$\angle PRD = 2\angle AQD = 90°$,所以 $PD = \sqrt{2}RD$,即 $PD = \sqrt{2}AQ$.

说明 在题设条件下,有 $QD = QC$,$QA = QB$.

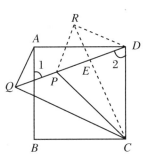

图 1.3.101

例13 如图1.3.102(a),在正方形 $ABCD$ 中,点 E 在 BD 上,过点 E 作 $EF \perp AE$ 交射线 CB 于点 F,连接 CE.

(1) 如图(a),若点 F 是边 BC 上的点. 求证:① $CE = EF$;② 若 $BC = 2BF$,则 $DE = \frac{1}{4}BD$.

(2) 如图(b),若 F 在 CB 的延长线上,$BC = 2BF$,则(1)中的两个结论是否还成立?请证明你的结论.

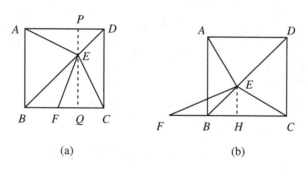

图 1.3.102

点拨 $\triangle AED \cong \triangle CED$.

证明 (1) ① 在 $\triangle AED$ 与 $\triangle CED$ 中,由 $AD = CD$,$DE = DE$,$\angle ADE = \angle CDE = 45°$,得 $\triangle AED \cong \triangle CED$,则 $\angle DAE = \angle DCE$. 由 $\angle BAE + \angle DAE = 90°$,$\angle ECF + \angle DCE = 90°$,得 $\angle ECF = \angle BAE$. 又 $\angle ABC = \angle AEF = 90°$,则 $\angle EFC = 180° - \angle BFE = \angle BAE$,所以 $\angle EFC = \angle ECF$,故得 $EF = EC$.

② 过点 E 作 $PQ \perp BC$ 于点 Q,交 AD 于点 P,则由 $EF = EC$,得 $FQ = QC$,由四边形 $PQCD$ 是矩形,得 $PD = QF = QC$. 设 $BF = 2a$,则 $BC = 4a$,$CF = 2a$,$QC = a$,因此 $PD = PE = a$,从而 $DE = \sqrt{2}a$,$BD = 4\sqrt{2}a$,即 $DE = \frac{1}{4}BD$.

(2) 结论①成立,结论②为 $BE = \frac{1}{4}BD$. 证明如下:

① 由 $\angle F = \angle BAE = \angle BCE$,得 $EF = CE$.

② 过点 E 作 $EH \perp BC$ 于点 H,则由 $EF = CE$,得 $FH = HC$. 设 $BF = a$,则 $BC = 2a$,$EH = BH = \frac{1}{2}a$,因此 $BE = \frac{\sqrt{2}}{2}a$,$BD = 2\sqrt{2}a$,故 $BE = \frac{1}{4}BD$.

说明 对于图1.3.102(a),由 $CQ = \frac{1}{2}CF = \frac{1}{4}BC$,得 $DE = \frac{1}{4}BD$;对于图1.3.102(b),由 $BH = \frac{1}{4}BC$,得 $BE = \frac{1}{4}BD$.

例 14 如图 1.3.103(a),四边形 $ABCD$ 是正方形,点 G 是 BC 上任意一点,$DE \perp AG$ 于点 E,$BF \perp AG$ 于点 F.

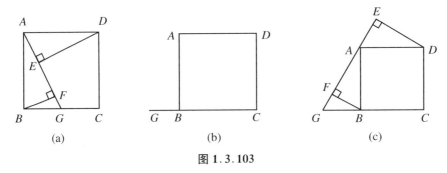

图 1.3.103

(1) 求证:$DE - BF = EF$.

(2) 若点 G 为 CB 延长线上一点,其余条件不变,请你在图(b)中画出图形,写出此时 DE、BF、EF 之间的数量关系.

(3) 若 $AB = 2a$,点 G 为 BC 的中点,试探究线段 EF 与 GF 之间的数量关系,并通过计算来验证你的结论.

点拨 (1) $\triangle ABF \cong \triangle ADE$;(2) $EF - BF = DE$;(3) $BF \cdot AG = AB \cdot BG$.

证明 (1) 由四边形 $ABCD$ 是正方形,$BF \perp AG$,$DE \perp AG$,得 $\angle BAF = \angle ADE$,又 $AB = AD$,则 $\text{Rt}\triangle ABF \cong \text{Rt}\triangle DAE$,得 $BF = AE$,$AF = DE$,所以 $DE - BF = AF - AE = EF$.

(2) 图形如图(c)所示,此时 $EF - BF = DE$.

(3) $EF = 2GF$. 理由如下:由 $AG = \sqrt{5}a$,$S_{\triangle ABG} = S_{\triangle ABG}$,得 $\frac{1}{2} \cdot BF \cdot \sqrt{5}a = \frac{1}{2} \cdot 2a \cdot a$,则 $BF = \frac{2}{\sqrt{5}}a$,$AE = \frac{2}{\sqrt{5}}a$,$GF = \frac{1}{\sqrt{5}}a$,所以 $EF = \sqrt{5}a - \frac{2}{\sqrt{5}}a - \frac{1}{\sqrt{5}}a = \frac{2}{\sqrt{5}}a = 2GF$.

说明 在题设条件下有 $DF = DA$.

例 15 如图 1.3.104(a),在正方形 $ABCD$ 中,点 E、H 分别在 BC、AB 上,AE 与 DH 交于点 O,若 $AE = DH$. 求证:$AE \perp DH$.

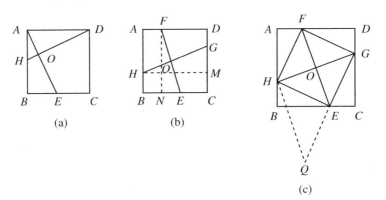

图 1.3.104

(2) 如图(b),在正方形 $ABCD$ 中,点 H、E、G、F 分别在 AB、BC、CD、DA 上,EF 与

GH 交于点 O，若 $EF = HG$，探究线段 EF 与线段 HG 的位置关系，并说明理由.

(3) 如图(c)，在(2)的条件下，若 $HF \parallel GE$，试探究线段 FH、线段 EG 与线段 EF 的数量关系，并说明理由.

点拨 (1) $\triangle ABE \cong \triangle DAH$；(2) $EF \perp HG$；(3) 四边形 $FHEG$ 是正方形.

证明 (1) 由 $AE = DH$，$AB = DA$，得 $Rt\triangle ABE \cong Rt\triangle DAH$，所以 $\angle BAE = \angle ADH$，则 $\angle AHO + \angle BAE = \angle AHO + \angle ADH = 90°$，故得 $AE \perp DH$.

(2) $EF \perp HG$. 理由如下：过点 F 作 $FN \perp BC$ 于点 N，过点 H 作 $HM \perp DC$ 于点 M. 由(1)同理可证 $Rt\triangle HMG \cong Rt\triangle FNE$，从而可得 $EF \perp HG$.

(3) $FH = EG$，$EF = \sqrt{2}FH$. 理由如下：延长 GE 至点 Q，使 $EQ = EG$，连接 HQ. 由 $HF \parallel GE$，得 $FH \underline{\parallel} EQ$，所以四边形 $HQEF$ 是平行四边形，从而 $HQ = EF = HG$，进而得 $HE \perp EG$.

又 $FE \perp HG$，则 $HQ \perp HG$，从而 $HE = EG$. 同理可证 $HF \perp FG$，$HF = FG$.

综上可得 $Rt\triangle BHE \cong Rt\triangle CEG \cong Rt\triangle AFH$，则 $FH = EG$，从而四边形 $HEGF$ 是正方形，所以 $EF = \sqrt{2}FH$.

说明 由 $\triangle HEG$ 与 $\triangle HFG$ 是共斜边的等腰直角三角形，即可得四边形 $HEGF$ 是正方形.

例 16 如图 1.3.105(a)，E 是正方形 $ABCD$ 边 BC 的中点，$\angle AEF = 90°$，且 EF 交正方形外角 $\angle DCG$ 的平分线 CF 于点 F，则 $AE = EF$.

(1) 如图(b)，若 E 是边 BC 上任意一点（异于点 B、C）时，其他条件不变，则结论 $AE = EF$ 是否成立？证明你的结论.

(2) 如图(c)，若 E 是 BC 延长线上一点，其他条件不变，则结论 $AE = EF$ 是否仍然成立？若成立，请给出证明；若不成立，请说明理由.

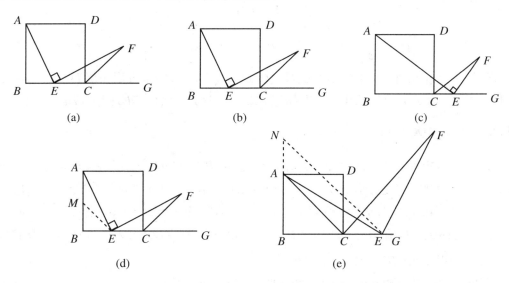

图 1.3.105

点拨 先猜后证.

解 (1)成立.证明如下:在 AB 上取一点 M,使 $AM = EC$,连接 ME,则 $BM = BE$, $\angle BME = 45°$,$\angle AME = 135°$.由 CF 是外角平分线,得 $\angle DCF = 45°$,则 $\angle ECF = 135°$,所以 $\angle AME = \angle ECF$.又 $\angle AEB + \angle BAE = 90°$,$\angle AEB + \angle CEF = 90°$,则 $\angle BAE = \angle CEF$,从而有 $\triangle AME \cong \triangle BCF$,所以 $AE = EF$.

(2)成立.证明如下:在 BA 的延长线上取一点 N,使 $AN = CE$,连接 NE,则 $BN = BE$,从而有 $\angle N = \angle FCE = 45°$.又四边形 $ABCD$ 是正方形,则 $AD // BE$,得 $\angle DAE = \angle BEA$,从而 $\angle NAE = \angle BEF$,即 $\angle NAE = \angle CEF$,所以 $\triangle ANE \cong \triangle GCF$,得 $AE = EF$.

说明 从特殊到一般,探求结论,可先猜后证.

例 17 如图 1.3.106,在正方形 $ABCD$ 中,E 是边 BC 上的一个动点(异于点 B、C),连接 DE,点 C 关于直线 DE 的对称点为 C',连接 AC',并延长交直线 DE 于点 P,F 是 AC' 中点,连接 DF.

(1)求证:$\angle FDP = 45°$.

(2)连接 BP,请用等式表示 AP、BP、DP 三条线段之间的数量关系,并证明你的结论.

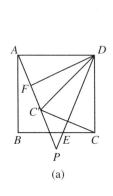 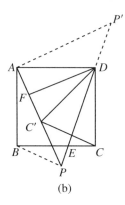

图 1.3.106

点拨 (1) $\angle FDP = \frac{1}{2} \angle ADC$;(2) $DP + BP = \sqrt{2} AP$.

证明 (1)由对称性,得 $C'D = CD$,$\angle C'DE = \angle CDE$.在正方形 $ABCD$ 中,$AD = CD$,则 $AD = C'D$.由 F 是 AC' 的中点,得 $DF \perp AC'$,$\angle ADF = \angle C'DF$,则 $\angle FDP = \angle FDC' + \angle EDC' = \frac{1}{2} \angle ADC = 45°$.

(2) $BP + DP = \sqrt{2} AP$.证明如下:如图(b),连接 BP,作 $AP' \perp AP$ 交 PD 的延长线于点 P',则 $\angle PAP' = 90°$.在正方形 $ABCD$ 中,$DA = BA$,$\angle BAD = 90°$,所以 $\angle DAP' = \angle BAP$.由(1)得 $\angle FDP = 45°$,又 $\angle DFP = 90°$,则 $\angle APD = 45°$,从而有 $\angle P' = 45°$,所以 $AP = AP'$.在 $\triangle BAP$ 和 $\triangle DAP'$ 中,由 $BA = DA$,$\angle BAP = \angle DAP'$,$AP = AP'$,得 $\triangle BAP \cong \triangle DAP'$,则 $BP = DP'$,所以 $DP + BP = PP' = \sqrt{2} AP$.

说明 (2)中结论猜测较难,可从特殊情况入手进行探求.

例 18 如图 1.3.107,四边形 $ABCD$ 与 $DEFG$ 都是正方形,F 在 CD 上,M 是 BF 的中点,连接 EM 并延长交 CB 于点 H.

(1) 求证：$CM = ME$，$CM \perp ME$.

(2) 如图(b)，把图(a)中的正方形 $DFEG$ 绕点顺时针旋转 $45°$，此时 E、G 恰好分别在 AD、CD 上，其他条件不变，(1)中结论是否成立？请说明理由.

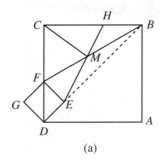 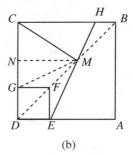

图 1.3.107

点拨　(1) D、E、B 三点共线；(2) 成立.

证明　(1) 由题意，点 D、E、B 三点在同一条直线上，则 $\angle FEB = 90°$. 由 M 为 BF 的中点，得 $CM = \dfrac{1}{2}BF = ME$，$\angle MCB = \angle MBC$，$\angle MBE = \angle MEB$，则 $\angle CME = 2\angle CBE = 90°$，即 $CM \perp ME$.

(2) 成立. 理由如下：连接 MG，则 $\triangle MGF \cong \triangle MEF$，得 $MG = ME$，$\angle GMF = \angle EMF$.

过点 M 作 $MN \perp CG$ 于点 N. 由 M 是 FB 的中点，$GF \parallel CB$，得 N 是 CG 的中点，则 $\angle CMN = \angle GMN$，$MC = MG = ME$，$\angle CME = 2(\angle GMN + \angle GMD) = 2\angle CBM = 90°$，即 $CM \perp ME$.

说明　若连接 MA，则 $CM = AM = EM$.

习题 1.3.3

1. 如图 1.3.108，在 $\mathrm{Rt}\triangle ABC$ 中，$\angle ACB = 90°$，BC 的垂直平分线 EF 交 BC 于点 D，交 AB 于点 E，且 $CF = AE$. (1) 求证：四边形 $BECF$ 是菱形.

(2) 若四边形 $BECF$ 是正方形. 求证：$\angle A = 45°$.

2. 如图 1.3.109，在正方形 $ABCD$ 中，O 是对角线 AC、BD 的交点，AF 是 $\angle BAC$ 的平分线，交 BD、BC 于点 E、F，$BP \perp AF$ 于点 H，交 AC、DC 于 G、P. 求证：(1) $\triangle OAE \cong \triangle OBG$；(2) 四边形 $BFGE$ 是菱形.

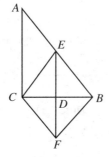 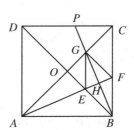

图 1.3.108　　　　图 1.3.109

3. 如图 1.3.110，B_1 是正方形 $ABCD$ 边 BC 上一点，以 AB_1 为边作正方形 $AB_1C_1D_1$. 求证：$\angle ADD_1 = 90°$，$\angle DCC_1 = 45°$.

4. 如图 1.3.111，E、F 分别是正方形 $ABCD$ 边 CB、DC 延长线上的点，$BE = CF$，M、N、P、Q 分别是 AE、EF、FD、AD 的中点. 求证：四边形 $MNPQ$ 是正方形.

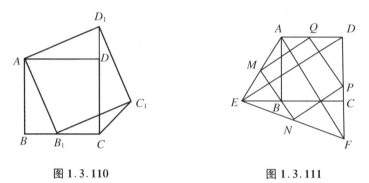

图 1.3.110　　　　图 1.3.111

5. 如图 1.3.112，P 是正方形 $ABCD$ 对角线 AC 上任意一点，过点 P 作 $PE \perp AB$ 于点 E，$PF \perp BC$ 于点 F. 求证：$PD \perp EF$.

6. 如图 1.3.113，F 是正方形 $ABCD$ 对角线 BD 上一点，E 是 AB 边上一点，使得 $CF \perp FE$. 求证：$AE = \sqrt{2}DF$.

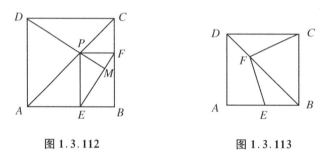

图 1.3.112　　　　图 1.3.113

7. 如图 1.3.114，在正方形 $ABCD$ 中，O 是对角线的交点，AF 平分 $\angle BAC$，$DH \perp AF$ 于点 H，交 AC 于点 G，DH 的延长线交 AB 于点 E. 求证：$BE = 2OG$.

8. 如图 1.3.115，在正方形 $ABCD$ 中，$\triangle PBC$ 与 $\triangle QCD$ 是两个等边三角形，PB 与 DQ 交于点 M，BP 与 CQ 交于点 E，CP 与 DQ 交于点 F. 求证：$PM = QM$.

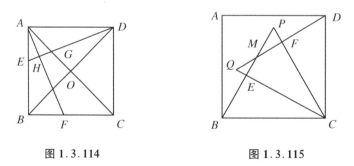

图 1.3.114　　　　图 1.3.115

9. 如图 1.3.116，四边形 $ABCD$ 是正方形，$AE = AC$，且 $\angle CDE = 45°$. 求证：$CE = CF$.

10. 如图 1.3.117，在正方形 $ABCD$ 中，E 是 BC 的中点，F 是 CD 上一点，且 $\angle AEF =$

$90°$. 求证: $AE = 2EF$.

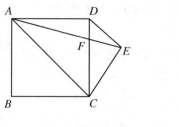

图 1.3.116

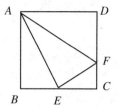

图 1.3.117

11. 如图 1.3.118, 在正方形 $ABCD$ 中, E 是 AD 边的中点, BD 与 CE 交于点 F. 求证: $AF \perp BE$.

12. 如图 1.3.119, 在 Rt$\triangle ABC$ 中, $\angle A = 90°$, $AD = CD$, E 是 AC 中点, DE 的延长线交 BC 于点 F, $AG \parallel BC$ 交 DE 于点 G, 连接 AF、CG.

(1) 求证: $AF = BF$.

(2) 若 $AB = AC$. 求证: 四边形 $AFCG$ 是正方形.

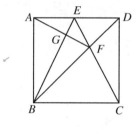

图 1.3.118

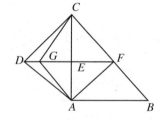

图 1.3.119

13. 如图 1.3.120, 在正方形 $ABCD$ 中, E、F 是对角线 BD 上的两点, 且 $BE = DF$, 连接 AE、AF、CE、CF.

(1) 求证: $\triangle ABE \cong \triangle ADF$.

(2) 试判断四边形 $AECF$ 的形状, 并加以证明.

14. 如图 1.3.121, 在 Rt$\triangle ABC$ 中, $\angle BAC = 90°$, D 是 BC 的中点, E 是 AD 的中点, 过点 A 作 $AF \parallel BC$ 交 BE 的延长线于点 F.

(1) 求证: $\triangle AEF \cong \triangle DEB$.

(2) 证明四边形 $ADCF$ 是菱形.

(3) 当$\triangle ABC$ 满足什么条件时, 四边形 $ADCF$ 是正方形? 请说明理由.

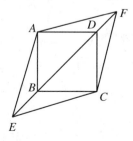

图 1.3.120

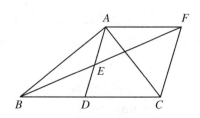

图 1.3.121

15. 如图1.3.122,在□ABCD中,对角线AC、BD相交于点O,点E在BD的延长线上,且△ACE是等边三角形.求证:(1)四边形ABCD是菱形;(2)若∠AED = 2∠EAD,则四边形ABCD是正方形.

16. 如图1.3.123,在△ABC中,∠C = 90°,D为边BC上一点,E为边AB的中点,过点A作AF∥BC,交DE的延长线于点F,连接BF.

(1) 求证:四边形ADBF是平行四边形.

(2) 当D为边BC的中点,且BC = 2AC时,求证:四边形ACDF为正方形.

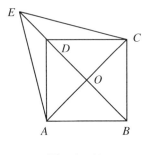

图 1.3.122

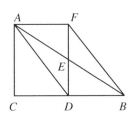

图 1.3.123

17. 如图1.3.124,在四边形ABCD中,AD∥BC,AD = AB,E是对角线AC上一点,且EB = ED.

(1) 求证:四边形ABCD是菱形.

(2) 若$DE = EC = \frac{\sqrt{2}}{2}AD$.求证:四边形ABCD是正方形.

18. 如图1.3.125,在△ABC中,点O是AC边上(异于点A、C)的一个动点,过点O作直线MN∥BC.设MN交∠BCA的平分线于点E,交∠BCA的外角平分线于点F,连接AE、AF.

(1) 那么当点O运动到何处时,四边形AECF是矩形?并说明理由.

(2) 在(1)的前提下△ABC满足什么条件,四边形AECF是正方形?

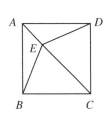

图 1.3.124

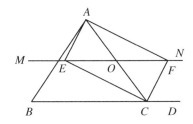

图 1.3.125

19. 如图1.3.126,四边形ABCD是正方形,点E、K分别在BC、AB上,点G在BA的延长线上,且CE = BK = AG.

(1) 求证:① DE = DG;② DE⊥DG.

(2) 尺规作图,以线段DE、DG为边作正方形DEFG(要求:只保留作图痕迹,不写作法和证明).

(3) 猜想并写出四边形 CEFK 是怎样的特殊四边形,并证明你的猜想.

20. 如图 1.3.127,四边形 ABCD 为正方形,以 AB 为边向正方形外作等边△AEB,CE 与 DB 相交于点 F.求证:∠AFD = 67.5°.

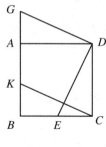

图 1.3.126

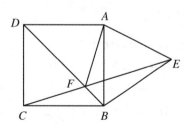

图 1.3.127

21. 如图 1.3.128,正方形 ABCD 被两条与边平行的线段 EF、GH 分割成四个矩形,P 是 EF 与 GH 的交点,若矩形 PFCH 的面积恰是矩形 AEPG 面积的 2 倍,试确定∠HAF 的大小,并证明你的结论.

22.(1) 如图 1.3.129(a),已知正方形 ABCD 对角线 AC、BD 交于点 O,E 是 AC 上一点,AG⊥BE 于点 G,AG 交 DB 于点 F.求证:OE = OF.

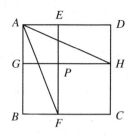

图 1.3.128

(2) 将上题中的点 E 换成 AC 延长线上一点,AG⊥BE 交 EB 延长线于点 G,延长 AG 交 DB 延长线于点 F,其他条件不变,问 OE = OF 是否还成立?并证明你的结论.

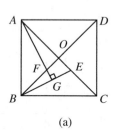

(a)

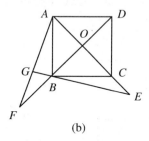

(b)

图 1.3.129

23. 如图 1.3.130,在正方形 ABCD 中,AC 是对角线,一直角三角板的一边始终过点 B,直角顶点 P 在射线 AC 上移动,另一边交 DC 于点 Q.

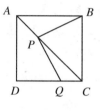

(a)

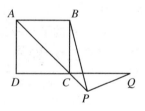

(b)

图 1.3.130

(1) 如图(a),当点 Q 在 DC 边上时,猜想并写出 PB 与 PQ 所满足的数量关系,并加以证明;

(2) 如图(b),当点 Q 在 DC 的延长线上时,猜想并写出 PB 与 PQ 满足的数量关系,请证明你的猜想.

24. 如图 1.3.131(a),在正方形 $ABCD$ 中,P 是对角线 BD 上一点,点 E 在 CD 的延长线上,且 $PC = PE$,PE 交 AD 于点 F.

(1) 求证:① $PA = PC$;② $\angle APE = 90°$.

(2) 如图(b),把正方形 $ABCD$ 改为菱形 $ABCD$,其条件不变,当 $\angle ABC = 120°$,连接 AE,试探究线段 AE 与线段 PC 的数量关系,并给予证明.

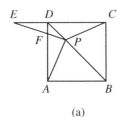
(a)
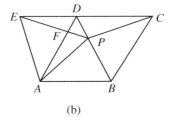
(b)

图 1.3.131

25. 如图 1.3.132(a),B、C 是正方形 $ADEF$ 边 AD、AF 上的点,且 $AB = AC$,则 $BD = CF$,$BD \perp CF$ 成立.

(1) 如图(b),当 $\triangle ABC$ 绕点 A 逆时针旋转 $\alpha(0° < \alpha < 90°)$时,$BD = CF$ 还成立吗?证明你的结论.

(2) 如图(c),当 $\triangle ABC$ 绕点 A 逆时针旋转 $45°$时,延长 DB 交 CF 于点 H.求证:$BD \perp CF$.

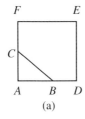
(a)
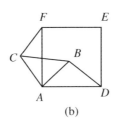
(b)
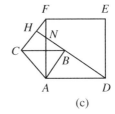
(c)

图 1.3.132

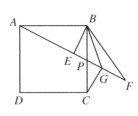

图 1.3.133

26. 如图 1.3.133,P 是正方形 $ABCD$ 边 BC 上的任意一点,$BE \perp AP$ 于点 E,在 AP 的延长线上取点 F,使 $EF = AE$,连接 BF,$\angle CBF$ 的平分线交 AF 于点 G.求证:(1) $BF = BC$;(2) $\triangle BEG$ 是等腰直角三角形;(3) $CG = FG$.

27. 如图 1.3.134(a),在正方形 $ABCD$ 中,点 E、F 分别是边 BC、AB 上的点,且 $CE = BF$,连接 DE.

(1) 求证:$DE = CF$.

(2) 如图(b),在(a)的条件下,过点 E 作 EG⊥DE,且 EG = DE,试判断 FG 与 CE 的数量关系和位置关系,并给出证明.

(3) 如图(c),若点 E、F 分别是 CB、BA 的延长线上的点,其他条件不变,则(2)中结论是否仍然成立?请直接写出你的结论.

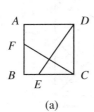
(a)

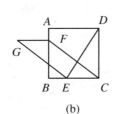
(b)

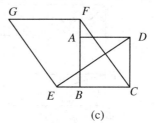
(c)

图 1.3.134

28. 如图 1.3.135, O 是正方形 ABCD 对角线的交点, BE 平分∠DBC, 交 DC 于点 E, 延长 BC 至点 F, 使 CF = CE, 连接 DF 交 BE 的延长线于点 G, 连接 OG.

(1) 求证:△BCE≌△DCF.

(2) 判断 OG 与 BF 有什么数量关系,证明你的结论.

(3) 求证: $DE = \sqrt{2}CE$.

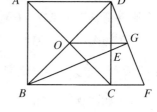

图 1.3.135

29. 如图 1.3.136,在正方形 ABCD 中,连接 AC,取 AC 的中点 E,连接 DE,点 F 在 CD 边上,连接 AF,DG 是△ADF 的高,延长 DG 交 AC 于点 H.

(1) 如图(a),若 F 是 CD 的中点,连接 FH.求证:DH + FH = AF.

(2) 如图(b),若 F 是 CD 上的动点(异于点 C、D),则∠EGH 是否改变?若不变,求出其度数;若改变,请说明理由.

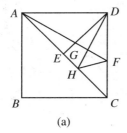
(a)

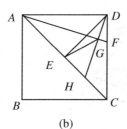
(b)

图 1.3.136

30. 如图 1.3.137,点 E、F 分别是正方形 ABCD 边 AB、对角线 AC 上的点,且 EF∥BC, O、M 分别是 AF、CE 的中点.

(1) 求证: $OM = \dfrac{1}{2}CE$.

(2) 探究 OB 与 OM 的数量关系,并证明你的结论.

(3) 若将"正方形 ABCD"改为"菱形 ABCD",则(1)、(2)中的结论是否成立?

31. 如图 1.3.138,把一个含 45°角的直角三角板 ECF 和一个正方形 ABCD 摆放在一起,使三角板的直角顶点和正方形的顶点 C 重合,点 E、F 分别在正方形的边 CB、CD 上,连接 AC、AE、AF,其中 AC 与 EF 交于点 N,取 AF 的中点 M,连接 MD、MN.

(1) 求证:$\triangle AEF$ 是等腰三角形.

(2) 在(1)的条件下,请判断 MD、MN 的数量关系和位置关系,并给出证明.

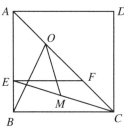

图 1.3.137　　　　图 1.3.138

32. 如图 1.3.139(a),在正方形 $ABCD$ 中,点 M、N 分别在 AD、CD 上,若 $\angle MBN = 45°$,则易证 $MN = AM + CN$.

(1) 如图(b),在梯形 $ABCD$ 中,$BC \parallel AD$,$AB = BC = CD$,点 M、N 分别在 AD、CD 上,若 $\angle MBN = \dfrac{1}{2} \angle ABC$,试探究线段 MN、AM、CN 有怎样的数量关系?并给出证明.

(2) 如图(c),在四边形 $ABCD$ 中,$AB = BC$,$\angle ABC + \angle ADC = 180°$,点 M、N 分别在 DA、CD 的延长线上,若 $\angle MBN = \dfrac{1}{2} \angle ABC$,试探究线段 MN、AM、CN 又有怎样的数量关系?并给出证明.

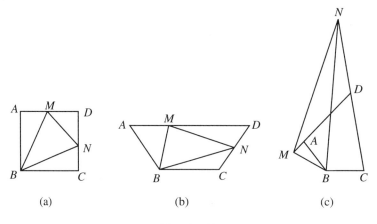

(a)　　　　(b)　　　　(c)

图 1.3.139

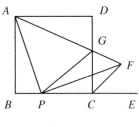

33. 如图 1.3.140,在正方形 $ABCD$ 中,$AB = 5$,P 是 BC 边上任意一点,E 是 BC 延长线上一点,连接 AP,作 $PF \perp AP$,使 $PF = PA$,连接 CF、AF,AF 与 CD 交于点 G,连接 PG.

(1) 求证:$\angle GCF = \angle FCE$.

(2) 判断线段 PG、PB 与 DG 之间的数量关系,并证明你的结论.

图 1.3.140

(3) 若 $BP=2$,在直线 AB 上是否存在一点 M,使四边形 $DMPF$ 是平行四边形?若存在,求出 BM 的长度;若不存在,请说明理由.

34. 如图 1.3.141(a),在 $\triangle ABC$ 中,$\angle ACB$ 为锐角,点 D 为射线 BC 上一点,连接 AD,以 AD 为一边,且在 AD 的右侧作正方形 $ADEF$,连接 CF.

(1) 如果 $AB=AC$,$\angle BAC=90°$.① 当点 D 在线段 BC 上(异于点 B)时,如图(b),线段 CF、BD 所在直线的位置关系为_____,线段 CF、BD 的数量关系为_____.

② 当点 D 在线段 BC 的延长线上时,如图(c),则①中的结论是否仍然成立?并说明理由.

(2) 如果 $AB\neq AC$,$\angle BAC$ 是锐角,点 D 在线段 BC 上,当$\angle ACB$ 满足什么条件时,$CF\perp BC$(点 C、F 不重合)?并说明理由.

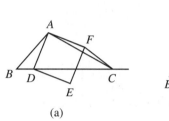
(a)

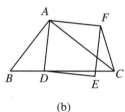
(b)

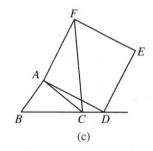
(c)

图 1.3.141

35. 如图 1.3.142(a),$\triangle ABC$ 是等边三角形,点 M 是边 BC 的中点,$\angle AMN=60°$,且 MN 交 $\triangle ABC$ 外角的平分线 CN 于点 N.则 $AM=MN$.

(1) 如图(b),四边形 $ABCD$ 是正方形,点 M 是边 BC 的中点,CN 是正方形 $ABCD$ 的外角平分线.

① 当$\angle AMN=$_____时,$AM=MN$.

② 证明①中的结论.

(2) 请根据问题(1)的解题过程,在正五边形 $ABCDE$ 中推广出一个类似的真命题.(请在图(c)中作出相应的图形,标注必要的字母,写出已知和结论),并加以证明.

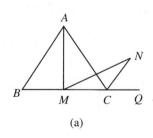
(a)

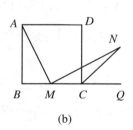
(b)

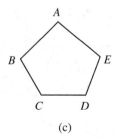
(c)

图 1.3.142

1.3.4 梯形

基础知识

定理 10（梯形的性质定理）

梯形的中位线平行于上、下两底，并且等于两底之和的一半.

定理 11（等腰梯形的性质定理）

（1）等腰梯形的对角线相等.

（2）在等腰梯形中，同底上的两个角相等.

定理 12（等腰梯形的判定定理）

（1）在同一底边上的两个内角相等的梯形是等腰梯形.

（2）对角线相等的梯形是等腰梯形.

技能训练

例 1 如图 1.3.143，在 $\triangle ABC$ 中，$AD \perp BC$ 于点 D，点 E、F、G 分别是 AC、AB、BC 的中点. 求证：四边形 $DEFG$ 是等腰梯形.

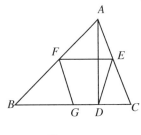

图 1.3.143

点拨 $FG = \dfrac{1}{2}AC = DE$.

证明 由 EF 是 $\triangle ABC$ 的中位线，得 $EF \parallel BC$，即 $EF \parallel DG$. 又因 $EF = \dfrac{1}{2}BC = CG > DG$，所以四边形 $DEFG$ 是梯形.

又由 GF 是 $\triangle ABC$ 的中位线，且 DE 是 $\text{Rt}\triangle ADC$ 斜边上的中线，得 $FG = \dfrac{1}{2}AC = DE$，所以四边形 $DEFG$ 是等腰梯形.

说明 若证得 $FG = ED$，且 $FE \parallel GD$，也不能说明 $DEFG$ 是等腰梯形，还可能是平行四边形.

例 2 如图 1.3.144，在梯形 $ABCD$ 中，$AB \parallel DC$，$AD = DC = CB = \dfrac{1}{2}AB$，延长 BD 至点 E，使 $DE = DB$，过点 E 作 $EF \perp AB$ 交 BA 的延长线于点 F. 求证：AE 垂直平分 DF.

点拨 $AD = AF$，$EF = ED$.

证明 过 D、C 分别作 AB 的垂线，垂足为 M、N. 设 $CD = a$，则 $MN = a$，由等腰梯形性质得 $AM = BN = \dfrac{1}{2}a$，则 $\angle ADM = 30°$，$\angle DAB = 60°$，$AD \perp BD$，所以 $BD = \sqrt{3}a$.

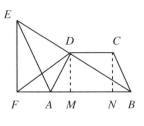

图 1.3.144

由 D 是 BE 的中点，$EF \parallel DM$，得 $EF = 2DM = ED$. 又 $FA = AD$，所以 AE 垂直平分 DF.

说明 通过计算给出证明，有时会很方便.

例 3 如图 1.3.145,在梯形 $ABCD$ 中,$DC // AB$,BD 平分 $\angle ADC$,$\angle ADC = 60°$,$BE \perp DC$ 于点 E,$AF \perp BD$ 于点 F,连接 EF,判断 $\triangle BEF$ 的形状,并证明你的结论.

点拨 由 $\angle EBF = 60°$ 可猜测 $\triangle BEF$ 是等边三角形.

证明 $\triangle BEF$ 是等边三角形.证明如下:由 $\angle BDE = \frac{1}{2}\angle ADC = 30°$,$BE \perp DC$,得 $\angle EBF = 60°$.由 $AB // DC$,得 $\angle ABD = 30°$,从而有 $\angle ADB = \angle ABD$.又因 $AF \perp DB$,所以 F 是 BD 的中点,则 $EF = \frac{1}{2}BD = BF$,所以 $\triangle BEF$ 是等边三角形.

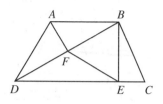

图 1.3.145

说明 正确画图可猜测有关结论.

例 4 如图 1.3.146,直角梯形 $BCED$ 是由两个全等的 $\triangle ABC$ 与 $\triangle DAE$ 构成,$\angle ABC = \angle DAE = 30°$,$\angle ACB = \angle DEA = 90°$,点 E、A、C 在一条直线上,M 是 BD 的中点.连接 ME、MC,试判断 $\triangle EMC$ 的形状,并说明理由.

点拨 连接 AM,则 $\triangle EDM \cong \triangle EAM$.

解 $\triangle EMC$ 是等腰直角三角形.理由如下:连接 MA.由 $\angle DAE = 30°$,$\angle BAC = 60°$,得 $\angle DAB = 90°$.由 $\triangle ADE \cong \triangle BAC$,得 $AD = AB$.又由 M 是 BD 的中点,得 $AM = DM = BM$,所以 $\angle ADM = \angle MAB = 45°$,从而有 $\angle EDM = \angle EDA + \angle ADM = 60° + 45° = 105°$,$\angle MAC = \angle MAB + \angle BAC = 45° + 60° = 105°$,即 $\angle EDM = \angle MAC$.又因 $ED = CA$,所以 $\triangle EDM \cong \triangle CAM$,故得 $EM = CM$,$\angle DME = \angle AMC$.由 $\angle DME + \angle EMA = 90°$,从而得 $\angle AMC + \angle EMA = 90°$,即 $\angle EMC = 90°$.所以 $\triangle EMC$ 是等腰直角三角形.

说明 图形是两个全等的锐角分别为 30°、60° 的三角板 ADE、BAC 构成的.

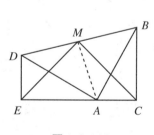

图 1.3.146

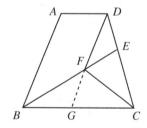

图 1.3.147

例 5 如图 1.3.147,在梯形 $ABCD$ 中,$AD // BC$,$BC = DC$,CF 平分 $\angle BCD$,$DF // AB$,BF 的延长线交 DC 于点 E.求证:$AD = DE$.

点拨 $BF = FD$.

证明 延长 DF 交 BC 于点 G.由 CF 平分 $\angle BCD$,$BC = DC$,$CF = CF$,得 $\triangle BCF \cong \triangle DCF$,则 $BF = DF$,$\angle CBF = \angle CDF$.

又由 $\angle BFG = \angle DFE$,得 $\triangle BFG \cong \triangle DFE$,故 $BG = DE$.

由 $AD // BG$,$AB // DG$,得四边形 $ABGD$ 是平行四边形,则 $AD = BG$,从而有 $AD = DE$.

说明 由 CF 平分 $\angle BCD$ 应立即联想到 $\triangle BCF \cong \triangle DCF$.

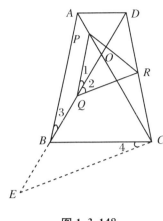

图 1.3.148

例 6 如图 1.3.148,在梯形 $ABCD$ 中,$AD /\!/ BC$,$AB = DC$,AC 与 BD 相交于点 O,且 $\angle AOD = 60°$,设 P、Q、R 分别是 AO、BO、CD 的中点.求证:$\triangle PQR$ 是等边三角形.

点拨 显然 $\angle 1 = \angle 3$,$\angle DBC = 60°$,要证 $\angle 1 + \angle 2 = 60°$,需作 $\angle QEC = \angle 2$,注意到 R 是 CD 的中点,可延长 DQ 至点 E,使 $QE = QD$,连接 CE,可得 $\angle QEC = \angle 2$.

证明 延长 DB 至点 E,使 $QE = QD$,连接 CE.

由 R 是 DC 的中点,得 QR 是 $\triangle DEC$ 的中位线,则 $QR = \dfrac{1}{2}CE$.在梯形 $ABCD$ 中,$AD /\!/ BC$,$AB = DC$,$\angle AOD = 60°$,则 $\triangle AOD$、$\triangle BOC$ 都是等边三角形.

由 $BE = OD = OA$,$BC = BO$,$\angle EBC = 120° = \angle AOB$,得 $\triangle BCE \cong \triangle OBA$,则 $PQ = \dfrac{1}{2}AB = \dfrac{1}{2}CE = RQ$,$\angle 1 = \angle 3 = \angle 4$.又 $\angle 2 = \angle E$,$\angle E + \angle 4 = \angle QBC = 60°$,得 $\angle 1 + \angle 2 = \angle E + \angle 4 = 60°$.

综上可得,$\triangle PQR$ 是等边三角形.

说明 如果连接 QC,也是一个较好的方法.

例 7 如图 1.3.149,在梯形 $ABCD$ 中,$AD /\!/ BC$,E 是 BC 的中点,AC 平分 $\angle BCD$,$AC \perp AB$,DE 交 AC 于点 F.

(1) 求证:$AD = CE$.

(2) 若 $\angle B = 60°$,试确定四边形 $ABED$ 是什么特殊四边形,请说明理由.

点拨 (1) $\triangle AFD \cong \triangle CFE$;(2) 菱形.

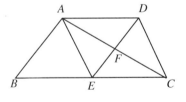

图 1.3.149

证明 (1) 由 AC 平分 $\angle BCD$,得 $\angle BCA = \angle DCA$.又 $AD /\!/ BC$,进而有 $\angle DCA = \angle DAC$,则 $AD = CD$.由 $AB \perp AC$,E 是 BC 的中点,得 $AE = CE = BE = \dfrac{1}{2}BC$,从而有 $DE \perp AC$,$AF = CF$,则 $\angle AFD = \angle CFE = 90°$,从而 $\triangle AFD \cong \triangle CFE$,得 $AD = CE$.

(2) 当 $\angle B = 60°$ 时,四边形 $ABED$ 是菱形.证明如下:由 $AB \perp AC$,$DE \perp AC$,得 $AB /\!/ DE$,所以四边形 $ABED$ 是平行四边形.又 $AE = BE$,$\angle B = 60°$,则 $\triangle ABE$ 是等边三角形,故得 $AB = BE$,所以 $\square ABED$ 是菱形.

说明 判断四边形的类型,从平行四边形开始,应逐步递推,再排除.

例 8 如图 1.3.150,在梯形 $ABCD$ 中,$AD /\!/ BC$,E 是 AB 的中点,连接 DE 并延长交 CB 的延长线于点 F,点 G 在边 BC 上,且 $\angle GDF = \angle ADF$.

(1) 求证:$\triangle ADE \cong \triangle BFE$.(2) 连接 EG,判断 EG 与 DF 的位置关系,并说明理由.

证明 (1) 由 $AD /\!/ BC$,得 $\angle ADE = \angle BFE$.又由 E 为 AB 的中点,得 $AE = BE$.在 $\triangle ADE$ 和 $\triangle BFE$ 中,由 $\angle ADE = \angle BFE$,$\angle AED = \angle BEF$,$AE = BE$,得 $\triangle ADE \cong \triangle BFE$.

(2) EG 与 DF 的位置关系是 EG 垂直平分 DF.理由如下:连接 EG,由 $\angle GDF =$

∠ADE，∠ADE = ∠BFE，得∠GDF = ∠BFE．又由(1)中△ADE≌△BFE，得 DE = FE，即 GE 为 DF 上的中线，所以 GE 垂直平分 DF．

说明 在以上两例中，四边形 ABCD 是平行四边形，结论也成立．

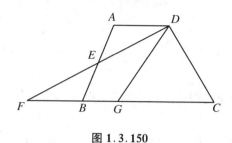

图 1.3.150

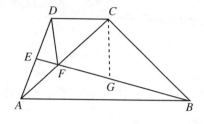

图 1.3.151

例 9 如图 1.3.151，在梯形 ABCD 中，AB∥DC，AC = BC，AC⊥BC，BE⊥AD 于点 E，交 AC 于点 F．求证：AD + DF = BF．

点拨 在 BF 上截取 BG = AD，再证 GF = DF．

证明 在 BF 上截取 BG = AD，连接 GC．在△ADC 与△BGC 中，由∠EFA = ∠CFB，得∠DAC = ∠GBC．又 AD = BG，AC = BC，得△ADC≌△BGC，则∠ACD = ∠BCG，DC = CG．由 DC∥AB，得∠DCF = ∠BAC = 45°，则∠BCG = 45°，所以∠FCG = 45° = ∠FCD．又 CF = CF，从而有△DCF≌△GCF，所以 DF = FG．

综上可得，BF = BG + FG = AD + DF．

说明 如可以作 CM⊥AB 交 FB 于点 G，同样可得△ADC≌△BGC，△FDC≌△FGC．

例 10 如图 1.3.152(a)，在梯形 ABCD 中，AD∥BC，DC = AD + BC，点 M 是 AB 的中点，过点 M 作 MN⊥CD 于点 N．求证：(1) $CM^2 + DM^2 = CD^2$；(2) $MN^2 = AD \cdot BC$．

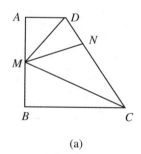
(a)

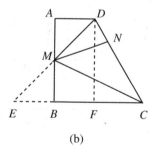
(b)

图 1.3.152

点拨 (1) CM⊥DM；(2) MN = BM．

证明 (1) 如图(b)，延长 DM，交 CB 于点 E．在梯形 ABCD 中，由 AD∥BC，得∠ADM = ∠BEM．又 M 是 AB 的中点，则 AM = BM，所以△ADM≌△BEM，则 AD = BE，DM = EM，从而有 CE = CB + BE = CD，进而可知 CM⊥DM，所以 $CM^2 + DM^2 = CD^2$．

(2) 过点 D 作 DF⊥BC 于点 F．由 CE = CD，DM = EM，得 CM 平分∠ECD．又∠ABC = 90°，即 MB⊥BC，则 MN = MB．由 AD∥BC，得∠BAD = 90°，又∠DFB = 90°，所以四边形 ABFD 为矩形，从而 BF = AD，AB = DF，则 FC = BC − BF = BC − AD．在 Rt△DFC 中，∠DFC = 90°，则 $DF^2 = DC^2 − FC^2 = (BC + AD)^2 − (BC − AD)^2 = 4AD \cdot BC$，所以 $MN^2 =$

$$MB^2 = \frac{1}{4}AB^2 = \frac{1}{4}DF^2 = AD \cdot BC.$$

说明 由 M 是 AB 的中点,可用"加倍法",可延长 DM 至点 E,使 $ME = MD$.该题延长 DM、CB 交于点 E,证 $ME = MD$ 较好.

习题 1.3.4

1. 如图 1.3.153,在四边形 $ABCD$ 中,$AB \parallel DF$,$\angle BAF = \angle CAF$,$AC = DF$.求证:四边形 $ADCF$ 是等腰梯形.

2. 如图 1.3.154,在梯形 $ABCD$ 中,$AB \parallel CD$,$\angle D = 2\angle B$.求证:$CD = AB - AD$.

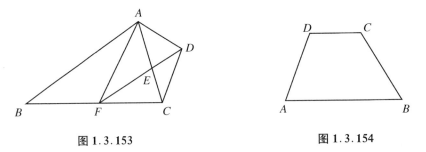

图 1.3.153   图 1.3.154

3. 如图 1.3.155,在梯形 $ABCD$ 中,$AB \parallel CD$,M 是 BC 的中点,$MN \perp AD$ 于点 N,$DE \perp AB$ 于点 E.求证:$2MN \cdot AD = (DC + AB) \cdot DE$.

4. 如图 1.3.156,在梯形 $ABCD$ 中,$AD \parallel BC$,$AB \perp BC$,M 是 DC 的中点.求证:$AM = BM$.

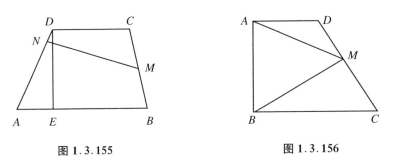

图 1.3.155   图 1.3.156

5. 如图 1.3.157,在梯形 $ABCD$ 中,$AD \parallel BC$,$AB = CD$,$BC = 2AD$,$AD = \sqrt{2}AB$,$DF \perp BC$ 于点 F,延长 DF 到点 E,使 $FE = FD$,连接 AE 交边 BC 于点 G.求证:四边形 $DGEC$ 是正方形.

6. 如图 1.3.158,在等腰梯形 $ABCD$ 中,$AD \parallel BC$,M、N 分别是 AD、BC 的中点,E、F 分别是 BM、CM 的中点.

(1) 求证:四边形 $MENF$ 是菱形.

(2) 若四边形 $MENF$ 是正方形,请探索等腰梯形 $ABCD$ 的高和底边 BC 的数量关系,并证明你的结论.

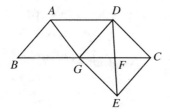
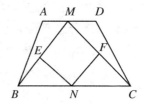

图 1.3.157　　　　　　图 1.3.158

7. 如图 1.3.159,在梯形 ABCD 中,AD∥BC,AB = DC,点 E、F、G 分别在边 AB、BC、CD 上,AE = GF = GC.

(1) 求证:四边形 AEFG 是平行四边形.

(2) 当∠FGC = 2∠EFB 时.求证:四边形 AEFG 是矩形.

8. 如图 1.3.160,AD 与 BC 相交于点 O,△AOB 为等边三角形,AB∥CD,线段 AD 垂直平分线段CE.求证:

(1) 四边形 ABDC 是等腰梯形;

(2) ∠AED + ∠EDB = 120°.

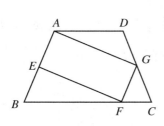
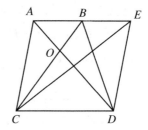

图 1.3.159　　　　　　图 1.3.160

9. 如图 1.3.161,在△ABC 中,AB = AC,点 E、F 分别是 AB、AC 的中点,CE⊥BF 于点 O.求证:(1) 四边形 EBCF 是等腰梯形;(2) $EF^2 + BC^2 = 2BE^2$.

10. 如图 1.3.162,在直角梯形 ABCD 中,DC∥AB,∠A = 90°,EF 是中位线,CE⊥EB,EG⊥BC 于点 G.求证:

(1) △CDE≌△CGE.

(2) 当∠ABC = 60°时,$AB^2 + AE^2 = 3EF^2$.

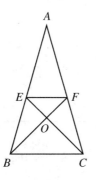
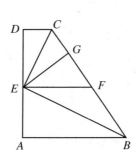

图 1.3.161　　　　　　图 1.3.162

11. 如图 1.3.163,在直角梯形 ABCD 中,∠B = ∠C = 90°,AD = AB + CD,O 为 BC 的中点.求证:(1) OA、OD 分别平分∠DAB 和∠ADC;(2) 若 OP⊥AD 于 P,则∠BPC = 90°.

12. 如图 1.3.164,四边形 ABCD 是梯形,四边形 ACED 是平行四边形,延长 DC 交 BE 于点 F.求证:EF = FB.

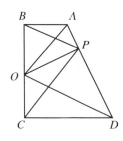

图 1.3.163

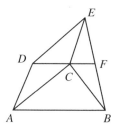

图 1.3.164

13. 如图 1.3.165,在直角梯形 ABCD 中,AD // BC,∠BCD = 90°,BC = CD = 2AD,DE // AB 交∠BCD 的平分线于点 E,连接 BE.

(1) 将△BCE 绕点 C 顺时针旋转 90°得到△CGD,连接 EG.求证:CD 垂直平分 EG.

(2) 延长 BE 交 CD 于点 P.求证:P 是 CD 的中点.

14. 如图 1.3.166,在梯形 ABCD 中,AD // BC,AB = DC,G 是 AC 与 BD 的交点,且∠AGD = 60°,E 是 CG 的中点,F 是 AB 的中点.求证:$EF = \frac{1}{2}AB$.

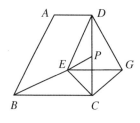

图 1.3.165

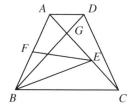

图 1.3.166

15. 如图 1.3.167,在四边形 ABCD 中,AB = DC,AC = DB,判断四边形 ABCD 的形状,并给出证明.

16. 如图 1.3.168,BD、CE 分别是锐角△ABC 的两条高,过点 B、C 分别作 ED 的垂线 BF、CG,F、G 是垂足.求证:EF = DG.

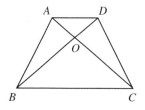

图 1.3.167

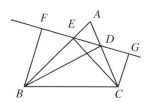

图 1.3.168

17. 如图 1.3.169,在梯形 ABCD 中,AD∥BC,以两腰 AB、CD 为一边分别向外作正方形 ABGE 和正方形 DCHF,AD 的垂直平分线交线段 EF 于点 M.求证:EM = FM.

18. 如图 1.3.170,在梯形 ABCD 中,AD∥BC,AB = AD = DC,∠C = 60°,AE⊥BD 于点 E,F 是 CD 的中点,连接 EF.

(1) 求证:四边形 AEFD 是平行四边形.

(2) 点 G 是 BC 边上的一个动点,当点 G 在什么位置时,四边形 DEGF 是矩形.

(3) 在 BC 边上能否找到另外一点 G′,使四边形 DEG′F 的周长与(2)中矩形 DEGF 的周长相等?请简述你的理由.

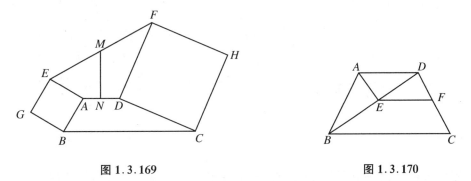

图 1.3.169　　　　　图 1.3.170

19. (1) 如图 1.3.171(a),在梯形 ABCD 中,AB∥CD,E 是 BC 的中点,若 AE 是 ∠BAD 的平分线,试判断 AB、AD、DC 之间的数量关系.解决此问题可用如下方法:延长 AE 交 DC 的延长线于点 F,则易证△AEB≌△FEC,得到 AB = FC,从而把 AB、AD、DC 转化到一个三角形中即可判断 AB、AD、DC 之间的数量关系为_____.

(2) 问题探究:在梯形 ABCD 中,AB∥CD,E 是 BC 的中点,若 AE 是∠BAF 的平分线,试判断 AB、AF、FC 之间的数量关系,并证明你的结论.

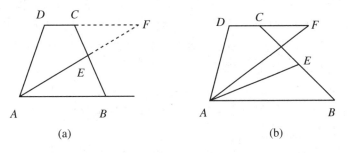

图 1.3.171

20. 如图 1.3.172,在梯形 ABCD 中,AB∥CD,∠BCD = 90°,BC = CD = 2AB,O 是对角线 AC 和 BD 的交点,E 在 CB 上,F 在 DC 延长线上,且 CE = CF,将△CEF 绕点 C 旋转.

(1) 如图(a),线段 DE 与 BF 的位置关系是_____,数量关系是_____.

(2) 如图(b),旋转 α 角,补充图形,并判断(1)中结论是否还成立?若成立,请加以证明;若不成立,请说明理由.

(3) 如图(c),当 CF 与梯形对角线 AC 重合时,设 P 是 CD 与 EF 的交点,判断 BF 与 DE 的数量关系,并证明∠PED = 90°.

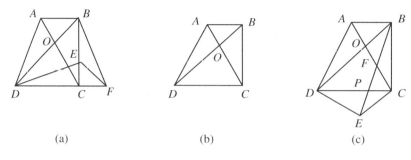

图 1.3.172

1.3.5 平移、对称与旋转

基础知识

定义 4 将一个平面图形按一定方向移动一定距离变成另一图形的几何变换叫做平行移动,简称平移.

推论 平移前后两个图形是全等图形.

定理 13(平移变换图形的性质)

(1) 对应线段平行(或共线)且相等.

(2) 对应角的两边分别平行且方向相同,因此对应角相等.

定义 5 如果两点适合下列三个条件:① 两点在直线 MN 的两旁;② 两点到直线 MN 等距离;③ 两点的连线垂直于 MN.我们就说这两点关于 MN 为轴对称,MN 叫做这两点的对称轴.如果在这个图形中,任何一个图形上的任何一点关于直线 MN 的对称点都在另一个图形上,我们就说这两个图形关于 MN 为轴对称,MN 叫做这两个图形的对称轴.

推论 1 轴对称的图形是全等图形.

推论 2 对称轴上的点是它本身的对称点.

定义 6 如果两点适合下列三个条件:① 两点在另一点 O 的两旁;② 两点到 O 点等距离;③ 两点与 O 点在一直线上.

我们就说这两点关于 O 点为中心对称,O 点叫做这两点的对称中心.如果在这两个图形中,任何一个图形上的任何一点关于 O 点的对称点都在另一个图形上,我们就说这两个图形关于 O 点为中心对称,O 点叫做这两个图形的对称中心.

推论 1 中心对称图形是全等图形.

推论 2 对称中心是它本身的对称点.

定义 7 把一个图形变为它关于直线 l 的轴对称图形,这样的变换叫做关于直线 l 的反射,直线 l 叫做反射轴.

定理 14 平行四边形是中心对称图形,对称中心是两条对角线的交点.

定理 15 菱形是轴对称图形,对称轴是两条对角线.

定理 16 关于两条对角线都成轴对称的四边形是菱形.

定理 17 矩形是轴对称图形,对称轴是对边中点的连线.

定理 18 正方形是轴对称图形,对称轴是对边中点的连线和两条对角线所在的直线.

定理 19 等腰梯形是轴对称图形,它只有一条对称轴,底边的垂直平分线是它的对称轴.

定义 8 将平面图形绕该平面内一个定点按一定方向(顺时针或逆时针)旋转一个定角,得到另一个平面图形,这种变换叫做旋转变换,定点叫做旋转中心,定角叫做旋转角.

推论 旋转变换图形是全等图形.

定理 20 旋转变换图形的性质

(1) 对应线段相等,对应角相等.

(2) 对应点位置的排列次序相同.

(3) 任意两条对应线段所在的直线的夹角都等于旋转角.

(4) 旋转中心是旋转变换下的不动点.

技能训练

例 1 如图 1.3.173,两条相等的线段 AB 与 CD 相交于点 O,且 $\angle AOC = 60°$.求证:$AC + BD \geq AB$.

点拨 平移 AB 至 CE,则 $\triangle CDE$ 是等边三角形.

证明 将 AB 平移至 CE,连接 BE、DE,则四边形 $ABEC$ 是平行四边形,所以 $CE = AB$,$\angle DCE = \angle DOB = 60°$.又 $CD = AB$,则 $CD = CE$,所以 $\triangle CDE$ 是等边三角形,$DE = CD = AB$.

在 $\triangle BDE$ 中,由 $BD + BE \geq DE$,得 $AC + BD \geq AB$.当且仅当 D、B、E 三点共线时,等号成立.

说明 等号能否取到,对不等式要注意讨论.

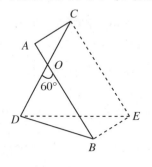

图 1.3.173

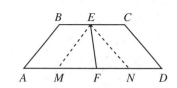

图 1.3.174

例 2 如图 1.3.174,E、F 是梯形 $ABCD$ 上、下底 BC、AD 的中点,$\angle A + \angle D = 90°$.求证:$EF = \dfrac{1}{2}(AD - BC)$.

点拨 由于条件 $\angle A + \angle D = 90°$ 较特殊,因此容易联想到"直角三角形两锐角互余",于是可得作辅助线的方法.

证明 将 AB 平移至 EM,CD 平移至 EN,则 $\angle EMN + \angle ENM = \angle A + \angle D = 90°$,所以 $\angle MEN = 90°$.又四边形 $ABEM$ 与四边形 $DCEN$ 都是平行四边形,E、F 分别是 BC、AD 的中点,则 $AM = BE = EC = ND$,$MF = NF$,所以 $EF = \dfrac{1}{2}MN = \dfrac{1}{2}(AD - BC)$.

说明 本题也可以延长 AB、DC 交于点 G，则 $\angle AGD = 90°$，且 E 在 GF 上，所以 $EF = GF - GE = \dfrac{1}{2}(AD - BC)$.

例 3 如图 1.3.175，F 为正方形 $ABCD$ 边 CD 上一点，连接 AC、AF，延长 AF 交 AC 的平行线 DE 于点 E，连接 CE. 若 $AE = AC$，求证：$CE = CF$.

点拨 设点 G 与 E 关于 AD 对称，则 $\triangle CDG \cong \triangle ADE$.

证明 作点 E 关于 AD 的对称点 G，则 $DE \perp DG$，$\triangle CDG \cong \triangle ADE$，$\triangle ACG$ 是等边三角形，$\angle GAC = 60°$，$\angle DAF = 15°$，$\angle CEF = 30°$，$\angle DEF = 30°$，$\angle CFE = 30°$，得 $\triangle CEF$ 是等腰三角形，所以 $CE = CF$.

说明 作 E 关于 AD 的对称点 G，叫做反射变换. 用反射变换解题. 方法比较独特.

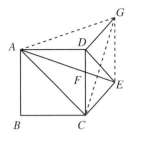

图 1.3.175

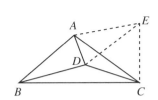

图 1.3.176

例 4 如图 1.3.176，在 $\triangle ABC$ 中 $\angle ABC = \angle ACB = 40°$，$D$ 是 $\triangle ABC$ 内一点，$\angle DCA = \angle DAC = 20°$. 求证：$\angle DBC = 10°$.

点拨 作等边 $\triangle ACE$，则 B、E 关于 AC 对称.

证明 以 AC 为边作等边 $\triangle ACE$，连接 DE. 由 $\angle DCA = \angle DAC = 20°$，得 $DA = DC$，则点 A 与点 C 关于 DE 对称，故得 $\angle DEA = \dfrac{1}{2} \angle AEC = 30°$.

由 $\angle ACB = \angle ABC = 40°$，得 $AB = AC = AE$. 又 $\angle DAE = 80° = \angle DAB$，则点 B 与点 E 关于 AD 对称，从而有 $\angle DBA = \angle DEA = 30°$，所以 $\angle DBC = 10°$.

说明 直接作对称点，有时难寻思路，这里先作等边 $\triangle ACE$，再证 A、C 关于 DE 对称，B、E 关于 AD 对称，就方便多了.

例 5 如图 1.3.177，在 $\triangle ABC$ 中，$\angle ABC = 50°$，$\angle ACB = 30°$，D 是 $\triangle ABC$ 内一点，且 $\angle DBA = \angle DCA = 20°$. 求证：$\angle DAB = 20°$.

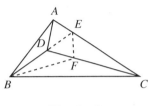

图 1.3.177

证明 延长 BD 交 AC 于点 E，过点 E 作 BC 的垂线交 CD 于点 F，连接 BF.

由 $\angle DBC = 30° = \angle ACB$，得点 B 与点 C 关于 EF 对称，则 $\angle FBC = \angle DCB = 10°$，$\angle DBF = 20° = \angle DBA$. 又 $\angle FEB = 60° = \angle FEC$，得 $\angle BEA = 60° = \angle BEF$，则点 A 与点 F 关于 BE 对称，所以 $\angle DAB = \angle DFB = \angle FBC + \angle FCB = 20°$.

说明 本题如果直接用点 A 关于 BD 的对称点 F，要说明 F 在 DC 上比较麻烦. 由 $\angle DBC = \angle ACB = 30°$，利用等腰三角形"三线合一"寻求对称性是一个不错想法.

例 6 如图 1.3.178，在四边形 $ABCD$ 中，$AB = AD$，$\angle BAD = 60°$，$\angle BCD = 120°$. 求证：

$BC + DC = AC$.

点拨 用旋转法，即将△ABC 旋转至△ADE．

证明 将△ABC 绕点 A 逆时针旋转 60°至△ADE，即 ∠CAE = ∠BAD = 60°，又 AE = AC，则△ACE 是等边三角形，所以 $BC + DC = DE + DC = CE = AC$．

说明 可用旋转法求解的问题，图形中必须出现共顶点的两条线段，比如等腰三角形和正方形等．

例 7 如图 1.3.179，在正方形 ABCD 中，E、F 分别是边 BC、CD 上的点，且∠AEB = ∠AEF．求证：$BE + DF = EF$．

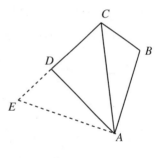

图 1.3.178

点拨 延长 CB 至点 G，使 EG = EF，则 Rt△ABG≌Rt△ADF．

证明 延长 CB 至点 G，使 EG = EF，连接 AG．由 AE = AE，∠AEG = ∠AEB = ∠AEF，得△AEG≌△AEF，则 AG = AF．

又由 AB = AD，得 Rt△ABG≌Rt△ADF，则 BG = DF，所以 EF = EG = BE + BG = BE + DF．

说明 △ABG 是△ADF 绕点 A 顺时针旋转 90°而得的，若直接用旋转法，则证明△AEG≌△AEF 麻烦一些．

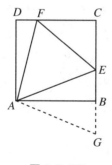

图 1.3.179

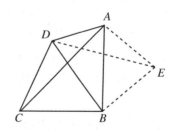

图 1.3.180

例 8 如图 1.3.180，在四边形 ABCD 中，AB = BC，∠ABC = 90°，DA = 3，DC = 4．求证：BD 的最小值为 $\frac{\sqrt{2}}{2}$，最大值为 $\frac{7\sqrt{2}}{2}$．

点拨 由于有条件 AB = BC，也可以考虑用旋转法．

证明 将△CBD 绕点 B 顺时针旋转 90°至△ABE，连接 DE，则 AE = 4，BD = BE，∠DBE = 90°，所以 $DE = \sqrt{2}BD$．

又因 $AE - AD \leqslant DE \leqslant AE + AD$，即 $1 \leqslant \sqrt{2}BD \leqslant 7$，所以 $\frac{\sqrt{2}}{2} \leqslant BD \leqslant \frac{7\sqrt{2}}{2}$，即 BD 的最小值为 $\frac{\sqrt{2}}{2}$，最大值为 $\frac{7\sqrt{2}}{2}$．

说明 此题若不用旋转法，一时难易找到简易的方法．另外，用反射法与旋转法求线段最值是最为常用的方法．

例 9 如图 1.3.181，在△ABC 外侧分别以 AB、AC 为边向外作等边△ABD 和等边△ACE，以 BC 为边在点 A 的同侧作等边△BCF．

(1) 求证:四边形 AEFD 是平行四边形.

(2) 如图(b),以▱ABCD 的边 AB 和 BC 向外作正△ABE 和正△BCF. 求证:△DEF 是等边三角形.

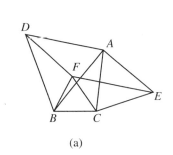
(a)

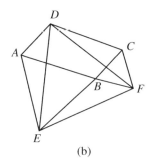
(b)

图 1.3.181

点拨 (1) △ABC≌△DBF;(2) △ADE≌△CFD.

证明 (1) 在△ABC 与△DBF 中,由 AB = DB,BC = BF,∠ABC = 60° − ∠ABF = ∠DBF,得△ABC≌△DBF,则 DF = AC = AE. 同理,EF = AD,所以四边形 AEFD 是平行四边形.

(2) 由四边形 ABCD 是平行四边形,得 AD = BC,AB = DC,∠DAB = ∠DCB.

由△ABE 与△BCF 都是等边三角形,得 AE = AB = DC,AD = BC = CF.

又∠DAE = ∠DAB + 60° = ∠DCB + 60° = ∠FCD,则△ADE≌△CFD,故得 DE = DF. 同理,DE = FE,所以 DE = DF = EF,即△DEF 是等边三角形.

说明 (1) △ABC 绕点 B 逆时针旋转 60°角可得△DBF;(2) △BEF 绕点 E 逆时针旋转 60°角可得△AED.

例 10 (1) 如图 1.3.182(a),在四边形 ABCD 中,AB = AD,∠B = ∠D = 90°,E、F 分别是边 BC、DC 上的点,且∠EAF = $\frac{1}{2}$∠BAD. 求证:EF = BE + DF.

(2) 若将∠B = ∠D = 90°换成∠B + ∠D = 180°,其余条件不变,则(1)中结论是否还成立?

(3) 如图(b),若将四边形 ABCD 改为菱形,且∠B = 60°,∠EAF = 60°,则(1)中结论是否还成立?若成立,请给出证明;若不成立,请说明理由.

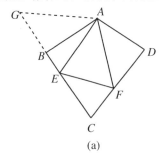
(a)

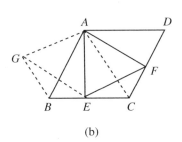
(b)

图 1.3.182

点拨 此类问题是"半角模型",旋转拼角是基本思路.

(1) **证明** 将△ADF 绕点 A 顺时针旋转∠BAD 至△ABG,则由∠B=∠D=90°,知 G、B、E 三点共线,且∠EAG=∠EAF,所以△EAG≌△EAF,故得 EF=EG=BE+BG=BE+DF.

(2) (1)中结论不变.证法同(1).

(3) (1)中结论不成立.证明如下:将△ADF 绕点 A 顺时针旋转 120°至△ABG,连接 EG,BG. 则△AEG≌△AEF,得 GE=EF. 在△BEG 中,有 GE<BE+BG,即 EF<BE+DF.

说明 由题(1)启示,将题(3)菱形改为正方形,当∠EAF=45°时,(1)中结论就成立了. 另外,在题(3)中,连接 AC,则△ABE 与△ACF 可以看作绕点 A 相互旋转 60°而得,所以 AE=AF,从而△AEF 是等边三角形.

例 11 如图 1.3.183,E 是正方形 ABCD 边 AB 上任意一点,点 A 与点 F 关于 DE 对称,延长 CF、DE 交于点 P,连接 AP.求证:AP⊥PC.

点拨 由对称性,通过导角求解.

证明 由点 A 与点 F 关于 DE 对称,得∠APD=∠DPF. 设∠ADE=α,则∠FDE=α,∠CDF=90°−2α. 由 DC=AD=DF,得∠CFD=45°+α.

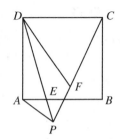

图 1.3.183

又∠CFD=∠DPC+∠FDE=α+∠DPC,则∠DPC=45°,进而有∠APF=90°,即 AP⊥PC.

说明 对称问题,有点关于点对称、点关于直线对称和直线关于直线对称.将图形沿某条直线翻折,是有关折叠问题的典型问题.

例 12 如图 1.3.184,EF 为正方形纸片 ABCD 的对折线,将∠A 沿 DK 折叠,使它的顶点 A 恰好落在 EF 上的 G 点处.求证:∠DKG=75°.

点拨 即证∠EKG=30°,可证∠DGF=30°.

证明 设 AK=a,EK=b,则由对称性,得 GK=a,DG=DA=2a+2b. 在 Rt△DGF 中,由 DG=2a+2b=2DF,得∠DGF=30°. 又∠KGE+∠DGF=90°,则∠EKG=30°,所以∠DKG=$\frac{1}{2}$∠AKG=$\frac{1}{2}$(180°−30°)=75°.

说明 若在△KEG 中通过证明 KG=2EG,那就走弯路了.

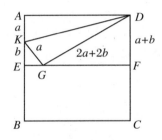

图 1.3.184

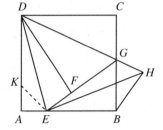

图 1.3.185

例 13 如图 1.3.185,在正方形 ABCD 中,E 是边 AB 上一个动点(异于点 A、B),连接

DE,点 A 关于直线 DE 的对称点为 F,连接 EF 并延长交 BC 于点 G,连接 DG,过点 E 作 $EH \perp DE$ 交 DG 的延长线于点 H,连接 BH.

(1) 求证:$GF = GC$.(2) 用等式表示线段 BH 与 AE 的数量关系,并证明.

点拨 (1) $\triangle DGF \cong \triangle DGC$;(2) $ED = EH, BH = \sqrt{2} AE$,

证明 (1) 在 $\triangle DGF$ 与 $\triangle DGC$ 中,由 $DF = DA = DC, DG = DG$,得 $Rt\triangle DGF \cong Rt\triangle DGC$,则 $GF = GC$.

(2) 在 AD 上截取 $AK = AE$,连接 KE,则 $DK = BE$.在 $\triangle DKE$ 与 $\triangle EBH$ 中,由 $\angle BEH + \angle DEA = 90°, \angle KDE + \angle DEA = 90°$,得 $\angle KDE = \angle BEH$.由(1)得 $\angle CDG = \angle FDG$,又 $\angle ADE = \angle FDE$,则 $\angle EDG = \frac{1}{2}\angle ADC = 45°$.又 $DE \perp EH$,则 $\angle DHE = 45°$,进而有 $DE = EH$,得 $\triangle DKE \cong \triangle EBH$,所以 $KE = BH$. 又 $KE = \sqrt{2} AE$,所以 $BH = \sqrt{2} AE$.

说明 注意到 $DE = EH$,可联想到构造与 $\triangle EBH$ 全等的三角形.显然 $\triangle ADE$ 与 $\triangle EBH$ 不全等,所以截取 $AK = AE$ 就水到渠成了.

例 14 如图 1.3.186(a),把 $\triangle ABC$ 沿 DE 折叠,使点 A 落在点 A' 处,试探索 $\angle 1 + \angle 2$ 与 $\angle A$ 的关系(不必证明).

(2) 如图(b),BI 平分 $\angle ABC$,CI 平分 $\angle ACB$,把 $\triangle ABC$ 折叠,使点 A 与点 I 重合,试探索 $\angle 1 + \angle 2$ 与 BIC 的关系,并证明你的结论.

(3) 如图(c),在锐角 $\triangle ABC$ 中,$BF \perp AC$ 于点 F,$CG \perp AB$ 于点 G,BF、CG 交于点 H,把 $\triangle ABC$ 折叠,使点 A 与点 H 重合,试探索 $\angle 1 + \angle 2$ 与 $\angle BHC$ 的关系,并证明你的结论.

点拨 (1) $\angle 1 + \angle 2 = 2\angle A$;(2) $\angle BIC = 90° + \frac{1}{2}\angle A$;(3) $\angle BHC = 180° - \angle A$.

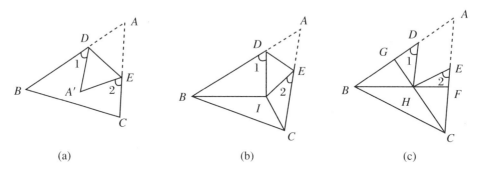

图 1.3.186

证明 (1) 如图(a),由折叠性质,得 $\angle ADE = \angle A'DE, \angle AED = \angle A'ED$,分别设 $\angle ADE$、$\angle AED$ 为 α, β,则有 $\angle 1 + \angle 2 + 2\alpha + 2\beta = 360°$.又 $\alpha + \beta + \angle A = 180°$,则 $\angle 1 + \angle 2 = 2\angle A$.

(2) 由 I 是 $\triangle ABC$ 的内心,得 $\angle BIC = 180° - \frac{1}{2}(\angle B + \angle C) = 180° - \frac{1}{2}(180° - \angle A)$ $= 90° + \frac{1}{2}\angle A$,所以 $\angle 1 + \angle 2 = 2\angle A = 4\angle BIC - 360°$.

(3) 由 H 是 $\triangle ABC$ 的垂心,得 $\angle BHC = \angle GHF = 180° - \angle A$,所以 $\angle 1 + \angle 2 = 2\angle A =$

$360° - 2\angle BHC$.

说明 讨论角度关系,导角是关键.必要时可用 $\alpha, \beta, \gamma, \cdots$ 等表示有关角,列方程或方程组求解.

例 15 用两个全等的等边 $\triangle ABC$ 和 $\triangle ACD$ 拼成菱形 $ABCD$,把一个含 $60°$ 角的三角尺与这个菱形叠合,使三角尺的 $60°$ 角的顶点与点 A 重合,两边分别与 AB、AC 重合,将三角尺绕点 A 按逆时针方向旋转.

(1) 如图 1.3.187(a),当三角尺的两边分别与菱形的两边 BC、CD 相交于点 E、F,探究 BE、CF 的数量关系,并证明你的结论;

(2) 如图 1.3.187(b),当三角尺的两边分别与菱形的两边 BC、CD 的延长线相交于 E、F 时,你在(1)中得到的结论还成立吗?简单说明理由.

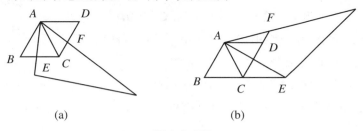

图 1.3.187

点拨 (1) $BE = CF$;(2) 成立.

解 (1) $BE = CF$. 证明如下:

在 $\triangle ABE$ 和 $\triangle ACF$ 中,由 $\angle BAE + \angle EAC = \angle CAF + \angle EAC = 60°$,得 $\angle BAE = \angle CAF$. 又 $AB = AC$,$\angle B = \angle ACF = 60°$,则 $\triangle ABE \cong \triangle ACF$,所以 $BE = CF$.

(2) $BE = CF$ 仍然成立. 同样可证 $\triangle ABE \cong \triangle ACF$,所以 $BE = CF$.

说明 本题属于"半角模型",在题设条件还可以证明 $AE = AF$.

例 16 如图 1.3.188(a),正方形 $ABCD$ 的边 CD 在正方形 $DEFG$ 的边 DE 上,连接 AE、GC.

(1) 试猜想 AE 与 GC 有怎样的数量关系.

(2) 将正方形 $DEFG$ 绕点 D 按顺时针方向旋转,使点 E 落在 BC 边上(如图(b)),连接 AE、GC,你认为(1)中的结论是否还成立?若成立,给出证明;若不成立,请说明理由.

(3) 在(2)的条件下,求证:$AE \perp GC$.

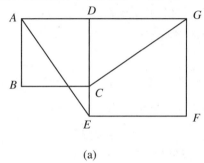
(a)

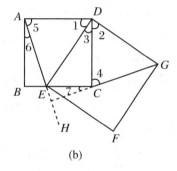
(b)

图 1.3.188

点拨 (1) $AE = GC$;(2) 成立;(3) 设 AE、GC 延长线交于 H,证 $\angle CEH + \angle 7 = 90°$.

解 (1) 猜想:$AE = GC$.

(2) $AE = CG$ 成立.证明如下:

由四边形 $ABCD$ 与四边形 $DEFG$ 都是正方形,得 $AD = DC$,$DE = DG$.由 $\angle ADC = \angle EDG = 90°$,得 $\angle 1 + \angle 3 = \angle 2 + \angle 3 = 90°$,则 $\angle 1 = \angle 2$,所以 $\triangle ADE \cong \triangle CDG$,故得 $AE = CG$.

(3) 延长 AE、GC 相交于点 H,由(2)可知 $\angle 5 = \angle 4$.又 $\angle 5 + \angle 6 = 90°$,$\angle 4 + \angle 7 = 180° - \angle DCE = 90°$,则 $\angle 6 = \angle 7$.又 $\angle AEB = \angle CEH$,则 $\angle CEH + \angle 7 = 90°$,所以 $\angle EHC = 90°$,即 $AE \perp GC$.

说明 角度关系太多,用数字或字母 $\alpha,\beta,\gamma,\cdots$ 表示角,便于叙述.

例 17 如图 1.3.189(a),现有矩形纸片 $ABCD$($AB > AD$).

操作发现:(1) 如图(b),将图(a)中的矩形纸片沿对角线 AC 折叠,使点 B 落在点 B' 处,则 $\triangle ADC$ 与 $\triangle AB'C$ 重合部分三角形的形状是_____.

(2) 如图(c),将图(b)中的纸片展平,两次折叠,使点 A 与点 C 重合,折痕为 EF,然后展平,则以 A、F、C、E 为顶点的四边形是什么特殊四边形?并说明理由.

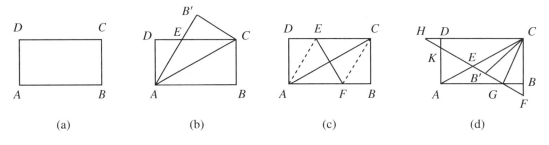

图 1.3.189

实践探究:(3) 如图(d),将图(c)中的 EF 隐去,点 G 为边 AB 上一点,且 $\angle GCB = \frac{1}{2}\angle DCA$,将纸片沿 GC 折叠,使点 B 落在点 B' 处,延长 GB' 与 CD 的延长线交于点 H,则 GB 与 HD 有何数量关系?并说明理由.

点拨 (1) $EA = EC$;(2) 菱形;(3) $GB = HD$.

解 (1) 由 $\triangle ADE \cong \triangle CB'E$,得 $AE = CE$,所以 $\triangle AEC$ 是等腰三角形.

(2) 菱形.理由如下:连接 AE、CF,则由折叠的对称性,得 $EC = EA$,$FC = FA$.又因 EF 经过 AC 的中点,所以以 A、F、C、E 为顶点的四边形是菱形.

(3) $GB = HD$.理由如下:

延长 CB 与 HG 交于点 F.设 $\angle GCB = \alpha$,则 $\angle DCA = 2\alpha$,$\angle CAB = 2\alpha$.由 $\angle CB'G = \angle CBG = 90°$,得 $\angle F = 90° - 2\alpha$,则 $\angle H = \angle AGH = \angle BGF = 2\alpha = \angle HCE$,所以 $EH = EC$.又 $\angle HCF = 90°$,所以 $EH = EF$.

又 $EK = EA = EG$,则 $HK = GF$,从而有 $Rt\triangle HKD \cong Rt\triangle GFB$,所以 $DH = BG$.

说明 此题的关键是添加辅助线,两次利用直角三角形斜边上的中线性质.

例 18 已知点 P 是 $\square ABCD$ 对角线 AC 所在直线上的一个动点(异于点 A、C),分别过点 A、C 作直线 BP 的垂线,垂足分别为 E、F,点 O 是 AC 的中点.

(1) 当点 P 与点 O 重合时(图 1.3.190(a)),则 OE 与 OF 有何关系.(不需证明)

(2) 直线 BP 绕点 B 逆时针方向旋转,当 $\angle OFE = 30°$ 时,如图 1.3.190(b)、(c)的位置,猜想:线段 CF、AE、OE 之间有怎样的数量关系? 请你写出对图(b)、(c)的猜想,并选择一种情况给予证明.

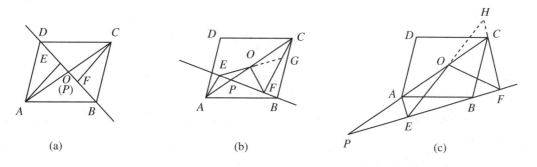

图 1.3.190

点拨 (1) $\triangle OAE \cong \triangle OCF$;(2) 延长 EO 交 CF 于点 G;(3) 延长 EO 交 FC 于点 H.

证明 (1) 当点 P 与点 O 重合时,$\triangle OAE \cong \triangle OCF$,所以 $OE = OF$.

(2) $CF = AE + OE$. 证明如下:

延长 EO 交 CF 于点 G,则在 $\triangle OAE$ 与 $\triangle OCG$ 中,由 $OA = OC$,$\angle OAE = \angle OCG$,$\angle EOA = \angle GOC$,得 $\triangle OAE \cong \triangle OCG$,则 $OE = OG$,$AE = CG$. 在 Rt$\triangle EFG$ 中,$FO = OG = OE$. 又由 $\angle OFE = 30°$,得 $\angle OFG = 60°$,则 $\triangle OFG$ 是等边三角形,从而有 $FG = OG = OE$,所以 $CF = CG + GF = AE + OE$.

(3) $OE = CF + AE$. 证明如下:

延长 EO 与 FC 延长线交于点 H,则在 $\triangle AEO$ 与 $\triangle CHO$ 中,由 $OA = OC$,$\angle AOE = \angle COH$,$\angle AEO = \angle CHO$,得 $\triangle AEO \cong \triangle CHO$,则 $OE = OH$,$AE = CH$. 在 Rt$\triangle EFH$ 中,$OF = OE = OH$. 又 $\angle OFE = 30°$,则 $\angle OFH = 60°$,得 $\triangle OFH$ 是等边三角形,进而有 $FH = OH = OE$,所以 $OE = HF = HC + CF = AE + CF$.

说明 由(1)的启示,应从构作与 $\triangle OAE$ 全等的三角形入手,先找后作,就有思路了.

例 19 在 $\triangle ABC$ 中,M 是 BC 的中点,直线 l 绕点 A 旋转,过点 B、M、C 分别作 $BD \perp l$ 于点 D,$ME \perp l$ 于点 E,$CF \perp l$ 于点 F.

(1) 如图 1.3.191(a),当直线 l 经过点 B 时,$EM = \dfrac{1}{2}CF$.(不需证明)

(2) 当直线 l 不经过点 B,旋转到如图(b)、(c)的位置时,线段 BD、ME、CF 之间有怎样的数量关系? 请直接写出你的猜想,并选择一种情况加以证明.

点拨 (1) EM 是 $\triangle BCF$ 的中位线;(2) $BD + CF = 2ME$;(3) $CF - BD = 2ME$.

证明 (1) 由 EM 是 $\triangle BCF$ 中位线可得 $EM = \dfrac{1}{2}CF$.

(2) $BD + CF = 2ME$. 证明如下:

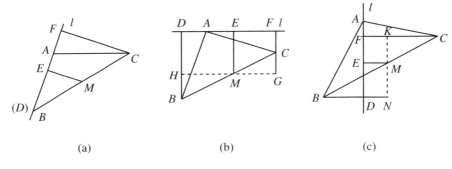

图 1.3.191

过点 M 作 $MH \parallel DF$，分别交 BD、FC 于点 H、G，则由 M 是 BC 的中点，得 $\mathrm{Rt}\triangle BHM \cong \mathrm{Rt}\triangle CGM$，从而有 $BH = CG$.

由 $BH = BD - ME$，得 $CG = FG - CF = ME - CF$，则 $BD + CF = EM + GC + CF = EM + FG = 2EM$.

（3）$CF - BD = 2ME$. 证明如下：

过点 M 作 $MK \perp FC$ 于点 K，交 BD 的延长线于点 N，则由 M 是 BC 的中点，得 $\mathrm{Rt}\triangle BMN \cong \mathrm{Rt}\triangle CMK$，则 $BN = CK$. 又由四边形 $EMND$ 是矩形，得 $ND = ME$，则 $CF - ME = CK + KF - ME = CK = BN = BD + DN = BD + ME$，所以 $CF - BD = 2ME$.

说明 先猜后证的问题，猜想结论是关键，可以以特殊化入手，分析探求.

例 20 在等腰 $\mathrm{Rt}\triangle ABC$ 中，$\angle B = 90°$，AM 是 $\triangle ABC$ 的角平分线，过点 M 作 $MN \perp AC$ 于点 N，$\angle EMF = 135°$，将 $\angle EMF$ 绕点 M 旋转，使 $\angle EMF$ 的两边交直线 AB 于点 E，交直线 AC 于点 F.

（1）当 $\angle EMF$ 绕点 M 旋转到如图 1.3.192(a) 的位置时，求证：$BE + CF = BM$.

（2）当 $\angle EMF$ 绕点 M 旋转到如图 1.3.192(b)、(c) 的位置时，请写出线段 BE、CF、BM 之间的数量关系，并说明理由.

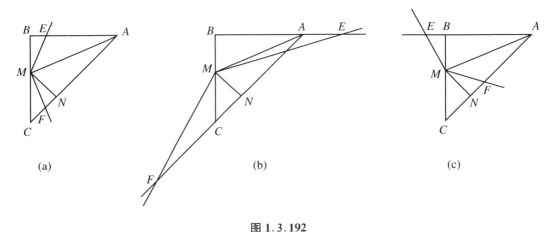

图 1.3.192

点拨 （1）$\triangle BME \cong \triangle NMF$；（2）$BE - CF = BM$，$CF - BF = BM$.

证明 （1）由 $\triangle ABC$ 为等腰直角三角形，得 $\angle BAC = \angle C = 45°$. 又 AM 平分 $\angle BAC$，

$MN \perp AC$，则 $BM = MN$.

在四边形 $ABMN$ 中，$\angle BMN = 360° - 90° - 90° - 45° = 135°$，又 $\angle EMF = 135°$，则 $\angle BME = \angle NMF$，得 $\triangle BME \cong \triangle NMF$，从而有 $BE = NF$. 由 $MN \perp AC$，$\angle C = 45°$，得 $\angle CMN = \angle C = 45°$，则 $NC = NM = BM$. 又 $CN = CF + NF$，则 $BE + CF = BM$.

(2) 在图(b)中 $BE - CF = BM$；在图(c)中，$CF - BE = BM$. 证明如下：

对于图(b)，同(1)方法，得 $\triangle BME \cong \triangle NMF$，则 $BE = NF$. 由 $MN \perp AC$，$\angle C = 45°$，得 $\angle CMN = \angle C = 45°$，从而有 $NC = NM = BM$. 又因 $NC = NF - CF$，所以 $BE - CF = BM$.

对于图(c)，同(1)方法，得 $\triangle BME \cong \triangle NMF$，则 $BE = NF$. 由 $MN \perp AC$，$\angle C = 45°$，得 $\angle CMN = \angle C = 45°$，从而有 $NC = NM = BM$. 又因 $NC = CF - NF$，所以 $CF - BE = BM$.

说明 对于图(b)、(c)，因为要求选择一个证明，说明两个问题的证明有类似之处.

例21 正方形 $ABCD$ 的顶点 A 在直线 MN 上，点 O 是对角线 AC、BD 的交点，过点 O 作 $OE \perp MN$ 于点 E，过点 B 作 $BF \perp MN$ 于点 F.

(1) 如图 1.3.193(a)，当 O、B 两点均在直线 MN 上方时，则 $AF + BF = 2OE$.（不需证明）

(2) 当正方形 $ABCD$ 绕点 A 顺时针旋转至图 1.3.193(b)、(c) 的位置时，线段 AF、BF、OE 之间又有怎样的关系？请直接写出你的猜想，并选择一种情况给予证明.

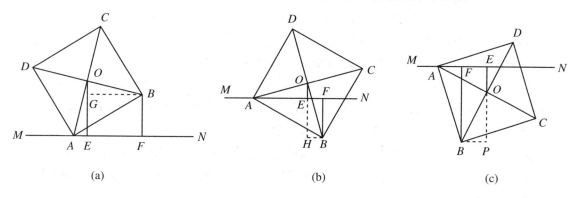

(a)　　　　(b)　　　　(c)

图 1.3.193

点拨 (1) 作 $BG \perp OE$；(2) 作 $BH \perp OE$；(3) 作 $BP \perp OE$.

证明 (1) 如图(a)，过点 B 作 $BG \perp OE$ 于点 G，则由 $OA = OB$，$\angle AOE = \angle OBG$，得 $Rt\triangle OAE \cong Rt\triangle BOG$，从而有 $OE = BG = EF$，$AE = OG$，则 $AF + BF = AE + EF + GE = (OG + GE) + OE = 2OE$.

(2) $AF - BF = 2OE$. 证明如下：

如图(b)，过点 B 作 $BH \perp OE$ 交 OE 的延长线于点 H，同理可证 $Rt\triangle AOE \cong Rt\triangle OBH$，则 $AE = OH$，$OE = BH = EF$. 又因 $BF = EH$，所以 $AF - BF = AE + EF - EH = (OH - EH) + OE = 2OE$.

(3) $BF - AF = 2OE$. 证明如下：

如图(c)，过点 B 作 $BP \perp OE$ 交 EO 的延长线于点 P，同理可证 $Rt\triangle AOE \cong Rt\triangle OBP$，得 $AE = OP$，$OE = BP = EF$. 所以 $BF - AF = PE - AE + EF = 2OE + OP - AE = 2OE$.

说明 都是过点 B 作直线 OE 的垂线，容易构作全等三角形.

例 22 如图 1.3.194(a),在正方形 $ABCD$ 和正方形 $CGEF$ 中,点 B、C、G 在同一条直线上,M 是线段 AE 的中点,DM 的延长线交 EF 于点 N,连接 FM,则易证 $DM = FM$,$DM \perp FM$.

(1) 如图(b),当点 B、C、F 在同一条直线上,DM 的延长线交 EG 于点 N,其余条件不变,试探究线段 DM 与 FM 有怎样的关系?请写出猜想,并给予证明.

(2) 如图(c),当点 E、B、C 在同一条直线上,DM 的延长线交 CE 的延长线于点 N,其余条件不变,探究线段 DM 与 FM 有怎样的关系?请写出猜想,并给予证明.

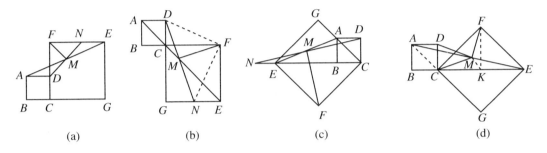

图 1.3.194

点拨 (1)(2)中均有 $DM = FM$,$DM \perp FM$.

证明 (1) $DM = FM$,$DM \perp FM$.证明如下:

在 $\triangle ADM$ 与 $\triangle ENM$ 中,由 $AD \parallel GE$,得 $\angle DAM = \angle NEM$.又 $\angle AMD = \angle EMN$,$AM = EM$,从而有 $\triangle ADM \cong \triangle ENM$,则 $MD = MN$,$AD = EN$.连接 FD、FN,则易证 $\triangle DCF \cong \triangle NEF$,则 $DF = NF$,$\angle DFN = \angle CFN + \angle EFN = 90°$,所以 $DM = FM$,$DM \perp FM$.

(2) $DM = FM$,$DM \perp FM$.连接 FD、FN.证明同上.

说明 图 1.3.194(b)、(c)都是正方形 $ABCD$ 绕顶点 C 旋转而得.特别地,如图 1.3.194(d),当旋转到 B、C、E 三点共线时,结论也成立.显然 $DM = CM$,取 CE 的中点 K,连接 MK、FK,则 $\triangle CKM \cong \triangle FKM$,从而可得 $FM = CM = DM$,$FM \perp DM$.

习题 1.3.5

1. 如图 1.3.195,在梯形 $ABCD$ 中,$AD \parallel BC$,$AC = BD$.求证:四边形 $ABCD$ 是等腰梯形.

2. 如图 1.3.196,已知 D、E 是 $\triangle ABC$ 边 BC 上的两点,$BD = CE$.求证:$AB + AC > AD + AE$.

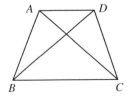

图 1.3.195

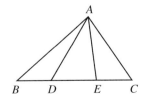

图 1.3.196

3. 如图 1.3.197，在△ABC 中，∠ABC = 60°，∠ACB = 20°，M 为 ∠ACB 平分线上一点，∠MBC = 20°. 求证：∠MAB = 70°.

4. 如图 1.3.198，在△ABC 中，∠ABC = ∠ACB = 40°，D 是△ABC 内一点，且 ∠DAC = 20°，∠DCB = 30°. 求证：∠DBC = 20°.

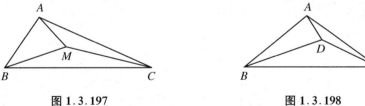

图 1.3.197　　　　　　　　图 1.3.198

5. 如图 1.3.199，在正方形 ABCD 中，点 F 在线段 CD 上，AE 平分∠BAF 交 BC 于点 E. 求证：AF = DF + BE.

6. 如图 1.3.200，在 Rt△ABC 中，∠ABC = 90°，∠ACB = 30°，将△ABC 绕点 A 顺时针旋转一定的角度 α 得到△DEC，点 A、B 的对应点分别是 D、E. 若 α = 60°，点 F 是边 AC 的中点，求证：四边形 BEDF 是平行四边形.

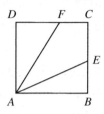

图 1.3.199　　　　　　　　图 1.3.200

7. 如图 1.3.201，在矩形 ABCD 中，E 是 AB 的中点，沿 EC 对折矩形 ABCD，使 B 点落在点 P 处，折痕为 EC，连接 AP 并延长线交 CD 于点 F.

(1) 求证：四边形 AECF 为平行四边形.

(2) 若△AEP 为等边三角形，连接 BP. 求证：△APB ≌ △EPC.

8. 如图 1.3.202，已知 O 是正方形 ABCD 对角线 AC、BD 的交点，分别延长 OA、OD 至点 F、E，使 OF = 2OA，OE = 2OD，连接 EF，将△FOE 绕点 O 逆时针旋转 α 角得到△F_1OE_1.

(1) 探究 AE_1 与 BF_1 的数量关系，并给予证明；

(2) 求证：当 α = 30°时，△AOE_1 是直角三角形.

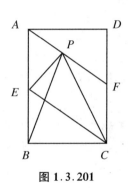
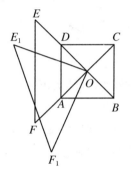

图 1.3.201　　　　　　　　图 1.3.202

9. 如图 1.3.203(a),在△ABC 中,∠ACB = 90°,BC = AC,点 D 在 AB 上,DE⊥AB 交 BC 于点 E,点 F 是 AE 的中点.

(1) 写出线段 FD 与线段 FC 的关系并证明;

(2) 如图(b),将△BDE 绕点 B 逆时针旋转 45°角,其他条件不变,线段 FD 与线段 FC 的关系是否变化? 写出你的结论并证明.

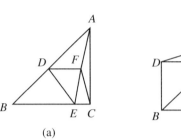

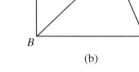

图 1.3.203

10. 如图 1.3.204(a),等腰直角三角板的一个锐角顶点与正方形 ABCD 的顶点 A 重合,将此三角板绕点 A 旋转,使三角板中该锐角的两边分别交正方形的两边 BC、DC 于点 E、F,连接 EF.

(1) 猜想 BE、EF、DF 三条线段之间的数量关系,并证明你的猜想;

(2) 在图(a)中,过点 A 作 AM⊥EF 于点 M,请直接写出 AM 和 AB 的数量关系;

(3) 在图(b)中,将 Rt△ABC 沿斜边 AC 翻折得到 Rt△ADC,点 E、F 分别在 BC、CD 上,∠EAF = $\frac{1}{2}$∠BAD,连接 EF,过点 A 作 AM⊥EF 于点 M,试猜想 AM 与 AB 之间的数量关系,并证明你的猜想.

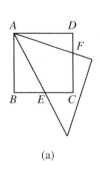

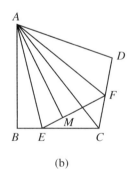

图 1.3.204

11. 如图 1.3.205(a),已知正方形 ABCD 和正方形 AEFG 有一个公共点 A,点 G、E 分别在线段 AD、AB 上.

(1) 如图(a),连接 DF、BF,若将正方形 AEFG 绕点 A 按顺时针方向旋转,判断:在旋转过程中,线段 DF 与 BF 的长度是否始终相等? 若成立,给出证明;若不成立,请说明理由.

(2) 若将正方形 AEFG 绕点 A 按顺时针方向旋转,连接 DG,则在旋转过程中能否找到一条线段,它的长始终与线段 DG 的长相等? 说明理由.

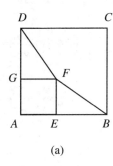
(a)

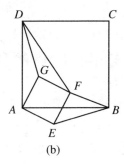
(b)

图 1.3.205

12. 如图 1.3.206,已知正方形 ABCD,一等腰直角三角板的一个锐角顶点与 A 重合,将此三角板绕 A 点旋转时,两边分别交直线 BC、CD 于点 M、N.

(1) 如图(a),当 M、N 分别在边 BC、CD 上时.求证:BM + DN = MN.

(2) 如图(b),当 M、N 分别在边 BC、CD 的延长线时,线段 BM、DN、MN 之间又有怎样的数量关系,请直接写出结论_____.(不用证明)

(3) 如图(c),当 M、N 分别在边 BC、CD 的反向延长线时,线段 BM、DN、MN 之间又有怎样的数量关系? 请写出结论,并写出证明过程.

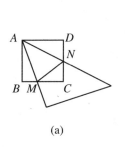
(a)

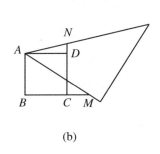
(b)

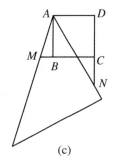
(c)

图 1.3.206

13. 如图 1.3.207(a),在正方形 ABCD 中,E 是边 AB 上一点(异于点 A、B),F 是边 BC 上一点(异于点 B、C).

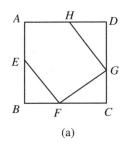
(a)

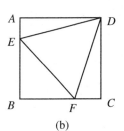
(b)

图 1.3.207

第一次操作:将线段 EF 绕点 F 顺时针旋转,当点 E 落在正方形边上时,记为点 G.

第二次操作:将线段 FG 绕点 G 顺时针旋转,当点 F 落在正方形边上时,记为点 H,依次这样操作下去.

(1) 图(b)中的 $\triangle EFD$ 是经过两次操作后得到的,判断其形状,并说明理由.

(2) 若经过三次操作可得到四边形 $EFGH$,请判断四边形 $EFGH$ 的形状和此时 AE 与 BF 的数量关系,并说明理由.

14. 如图 1.3.208(a),已知在正方形 $ABCD$ 中,E 为对角线 BD 上一点,过 E 点作 $EF \perp BD$ 交 BC 于点 F,连接 DF,G 为 DF 中点,连接 EG、CG.

(1) 直接写出线段 EG 与 CG 的数量关系;

(2) 将图(a)中的 $\triangle BEF$ 绕点 B 逆时针旋转 $45°$,如图(b)所示,取 DF 的中点 G,连接 EG、CG,则你在(1)中得到的结论是否发生变化?写出你的猜想,并加以说明.

(3) 将图(a)中的 $\triangle BEF$ 绕点 B 旋转任意角度,如图(c)所示,再连接相应的线段,问(1)中的结论是否仍然成立?

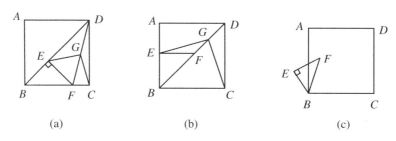

(a)　　　　(b)　　　　(c)

图 1.3.208

15. 如图 1.3.209(a),两个不全等的等腰 $Rt\triangle OAB$ 和等腰 $Rt\triangle OCD$ 叠放在一起,并且有公共的直角顶点 O,则 AC、BD 的数量关系是_____,直线 AC、BD 相交所成的角为_____度.

(1) 将图(a)中的 $\triangle OAB$ 绕点 O 顺时针旋转 $90°$,如图(b),这时上面两个结论是否成立? 请作出判断并说明理由.

(2) 将图(a)中的 $\triangle OAB$ 绕点 O 顺时针旋转一个锐角,如图(c),这时上面两个结论是否还成立? 请作出你的判断并说明理由.

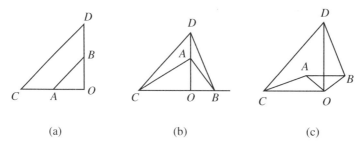

(a)　　　　(b)　　　　(c)

图 1.3.209

16. 如图 1.3.210,$\triangle ABC$ 的边 BC 在直线 l 上,$AC \perp BC$,且 $AC = BC$,$\triangle DEF$ 的边 FE 也在直线 l 上,边 DF 与边 AC 重合,且 $DF = EF$.

(1) 在图(a)中,观察得 AB 与 AE 所满足的数量关系是_____;位置关系是_____(不要求证明);

(2) 将△DEF 沿直线 l 向左平移到图(b)的位置时,DE 交 AC 于点 G,连接 AE、BG,猜想△BCG 与△ACE 能否通过旋转重合?证明你的猜想.

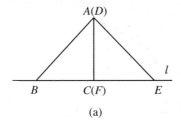
(a)

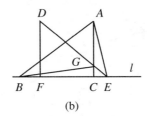
(b)

图 1.3.210

17. 如图 1.3.211,△ABC 和△ADE 是有公共点 A 的等腰直角三角形,∠BAC = ∠DAE = 90°.

(1) 如图(a),当点 D 在 AC 上时.求证:BD = CE.

(2) 将△ADE 绕点 A 旋转到如图(b)的位置时,(1)中的结论是否成立?证明你的结论.

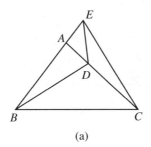
(a)

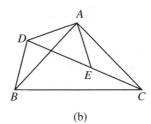
(b)

图 1.3.211

18. 如图 1.3.212,已知∠AOB = 30°,H 为射线 OA 上一定点,$OH = \sqrt{3} + 1$,P 为射线 OB 上一点,M 为线段 OH 上一动点,连接 PM,满足∠OMP 为钝角,以点 P 为中心,将线段 PM 顺时针旋转 150°,得到线段 PN,连接 ON.

(1) 依题意补全图.

(2) 求证:∠OMP = ∠OPN.

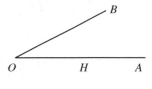

图 1.3.212

(3) 点 M 关于点 H 的对称点为 Q,连接 QP,写出一个 OP 的值,使得对任意的点 M 总有 ON = QP,并证明.

19. 如图 1.3.213,在△ABC 中,AB = BC,∠ABC = 120°,将△ABC 绕点 B 顺时针旋转角 α(0°<α<90°)得△A_1BC_1,A_1B 交 AC 于点 E,A_1C_1 分别交 AC、BC 于 D、F 两点.

(1) 如图(a),观察并猜想,在旋转过程中,线段 EA_1 与 FC 有怎样的数量关系?并证明你的结论.

(2) 如图(b),当 $\alpha = 30°$ 时,试判断四边形 BC_1DA 的形状,并说明理由.

(3) 在(2)的情况下,求证:$AB = 2\sqrt{3}DE$.

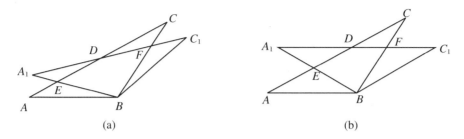

图 1.3.213

20. 如图 1.3.214,对一张矩形纸片 $ABCD$ 进行折叠,具体操作如下:

第一步:先对折,使 AD 与 BC 重合,得到折痕 MN,展开.

第二步:再一次折叠,使点 A 落在 MN 上的点 A' 处,并使折痕经过点 B,得到折痕 BE,同时得到线段 BA'、EA',展开(图(a)).

第三步:再沿 EA' 所在的直线折叠,点 B 落在 AD 上的点 B' 处,得到折痕 EF,同时得到线段 $B'F$,展开(图(b)).

证明:(1) $\angle ABE = 30°$;(2) 四边形 $BFB'E$ 为菱形.

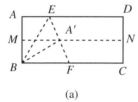 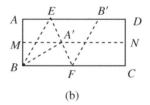

图 1.3.214

21. 如图 1.3.215(a),在 Rt$\triangle ABC$ 中,$\angle A = 90°$,$AB = AC$,点 D、E 分别在边 AB、AC 上,$AD = AE$,连接 DC,点 M、P、N 分别为 DE、DC、BC 的中点.

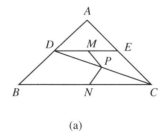 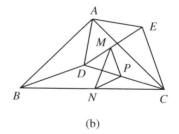

图 1.3.215

(1) 观察猜想:在图(a)中,线段 PM 与 PN 的数量关系是_____,位置关系是_____.

(2) 探究证明:把$\triangle ADE$ 绕点 A 逆时针方向旋转到图(b)的位置,连接 MN、BD、CE,判断$\triangle PMN$ 的形状,并说明理由.

(3) 把△ADE 绕点 A 在平面内自由旋转，若 AB = m，AD = n. 求证：△PMN 面积的最大值为 $\frac{1}{2}(m+n)^2$.

22. 在 Rt△ACB 和 Rt△AEF 中，∠ACB = ∠AEF = 90°，若点 P 是 BF 的中点，连接 PC、PE.

如图 1.3.216(a)，若点 E、F 分别落在边 AB、AC 上，则 PC = PE 成立（不要求证明）. 把图(a)中的△AEF 绕着点 A 顺时针旋转.

(1) 如图(b)，若点 E 落在边 CA 的延长线上，则上述结论是否成立？若成立，请给予证明；若不成立，请说明理由.

(2) 如图(c)，若点 F 落在边 AB 上，则上述结论是否仍然成立？若成立，请给予证明；若不成立，请说明理由.

(3) 记 $\frac{AC}{BC} = k$，当 k 为何值时，△CPE 总是等边三角形？（请直接写出 k 的值，不必说明理由.）

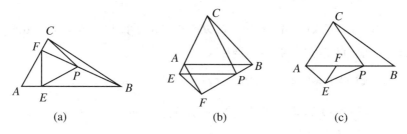

图 1.3.216

23. 如图 1.3.217，△OPA 和△OQB 分别是以 OP、OQ 为直角边的等腰直角三角形，C、D、E 分别是 OA、OB、AB 的中点.

(1) 如图(a)，∠AOB = 90°时，连接 PE、QE，直接写出 EP 与 EQ 的大小；

(2) 如图(b)，将△OQB 绕点 O 逆时针方向旋转，当∠AOB 是锐角时，(1)中的结论是否还成立？若成立，请给出证明；若不成立，请加以说明.

(3) 如图(c)，仍将△OQB 绕点 O 旋转，当∠AOB 为钝角时，延长 CP、DQ 交于点 G，使△ABG 为等边三角形时. 求证：∠AOB = 120°.

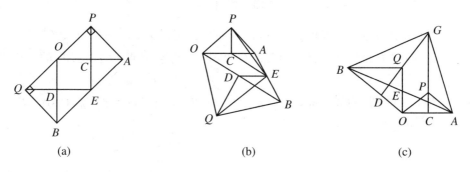

图 1.3.217

24. 如图 1.3.218(a),在等腰 Rt△ABC 中,∠BAC = 90°,点 E 在 AC 上(异于点 A、C),在△ABC 的外部作等腰 Rt△CED,使∠CED = 90°,连接 AD,分别以 AB、AD 为邻边作平行四边形 ABFD,连接 AF.

(1) 请直接写出线段 AF、AE 的数量关系;

(2) 如图(b),将△CED 绕点 C 逆时针旋转,使点 E 在 BC 上,连接 AE,请判断线段 AF、AE 的数量关系,并证明你的结论.

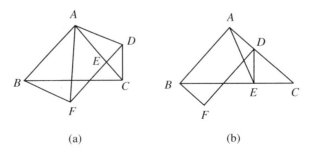

图 1.3.218

25. 如图 1.3.219,已知△AOB 和△COD 均为等腰直角三角形,∠AOB = ∠COD = 90°,连接 AD、BC,点 H 是 BC 的中点,连接 OH.

(1) 如图(a),则 $OH = \frac{1}{2}AD$ 且 $OH \perp AD$.(不需证明)

(2) 将△COD 绕点 O 旋转到图(b)、(c)所示的位置时,线段 OH 与 AD 又有怎样的关系,并选择一个图形证明你的结论.

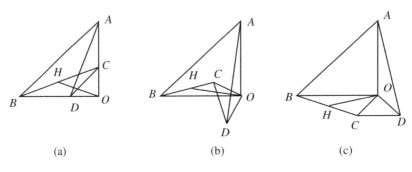

图 1.3.219

26. 如图 1.3.220(a),一等腰直角三角尺 GEF 的两直角边与正方形 ABCD 的两条边分别重合在一起,固定正方形,将三角尺 GEF 绕边 EF 的中点 O(点 O 也是 BD 的中点)按顺时针方向旋转.

(1) 如图(b),当 EF 与 AB 相交于点 M,GF 与 BD 相交于点 N 时,猜测 BM、FN 满足的数量关系,并给出证明;

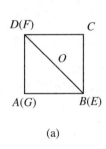 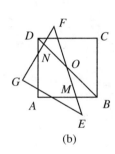 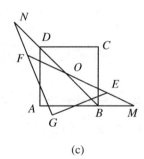

(a)   (b)   (c)

图 1.3.220

（2）若三角尺 GEF 旋转到如图(c)所示的位置时，线段 FE 的延长线与 AB 的延长线相交于点 M，线段 BD 的延长线与 GF 的延长线相交于点 N，此时(1)中结论还成立吗？若成立，请证明；若不成立，请说明理由．

1.3.6 面积与面积法

基础知识

定理 21 矩形的面积等于两邻边的积．

推论 正方形的面积等于一边的平方．

定理 22 平行四边形的面积等于底乘高．

推论 等底等高的两个平行四边形等积．

定理 23 三角形的面积等于底乘高的一半．

推论 同(等)底等(同)高的两个三角形等积．

定理 24 菱形的面积等于两条对角线乘积的一半．

定理 25 梯形的面积等于上、下两底之和与高的积的一半．

推论 梯形的面积等于中位线与高的积．

定理 26 任意两个三角形的面积比，等于底和高乘积的比．

定理 27 如果两个三角形有一组角相等或相补，那么它们的面积比等于夹角两边乘积的比．

定理 28 如果两个三角形的高(底)相等，那么它们的面积比等于它们对应底(高)的比．

推论 三角形的一条中线将三角形面积两等分．

技能训练

例 1 如图 1.3.221，从 $\triangle ABC$ 各顶点 A、B、C 作 $AD \parallel BE \parallel CF$，与对边或延长线交于点 D、E、F．求证：$S_{\triangle DEF} = 2 S_{\triangle ABC}$．

点拨 由"平行"得"等高"，从而 $S_{\triangle ADE} = S_{\triangle ADB}$，$S_{\triangle ADF} = S_{\triangle ADC}$，所以只要证 $S_{\triangle ABC} = S_{\triangle AEF}$．

证明 由 $AD \parallel BE$，得 $S_{\triangle ADE} = S_{\triangle ADB}$. 同理，$S_{\triangle ADF} = S_{\triangle ADC}$. 所以 $S_{\triangle ADE} + S_{\triangle ADF} = S_{\triangle ABC}$.

又 $BE \parallel CF$，得 $S_{\triangle BEC} = S_{\triangle BEF}$，则 $S_{\triangle AEF} = S_{\triangle ABC}$. 所以 $S_{\triangle DEF} = S_{\triangle ADE} + S_{\triangle ADF} + S_{\triangle AEF} = 2S_{\triangle ABC}$.

说明 本题是用"同底等高的两个三角形面积相等"来证明的，值得重视的是将 $\triangle DEF$ 分割成三个部分，这是解这类问题的常用技巧.

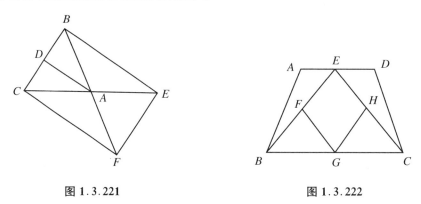

图 1.3.221　　　　　　　　图 1.3.222

例 2 如图 1.3.222，在等腰梯形 $ABCD$ 中，$AD \parallel BC$，E、F、G、H 分别是 AD、BE、BC、CE 的中点. 求证：

(1) 四边形 $EFGH$ 是菱形；

(2) 若 $BC = 2AD$，则 $S_{\text{菱形}EFGH} = \dfrac{1}{3}S_{\text{梯形}ABCD}$.

点拨 (1) $FG \underline{\parallel} EH$；(2) $S_{\triangle BFG} = \dfrac{1}{4}S_{\triangle BCE}$.

证明 (1) 由 E 是等腰梯形 $ABCD$ 的底 AD 的中点，得 $\triangle ABE \cong \triangle DCE$，则 $BE = CE$. 由 F、G、H 分别是 BE、BC、CE 的中点，得 $FG \underline{\parallel} EH$，则四边形 $EFGH$ 是平行四边形.

又因 $GF = GH$，所以四边形 $EFGH$ 是菱形.

(2) 由 $FG \parallel CE$，$FG = \dfrac{1}{2}CE$，得 $S_{\triangle BFG} = \dfrac{1}{4}S_{\triangle BCE}$. 同理，$S_{\triangle CGH} = \dfrac{1}{4}S_{\triangle BCE}$. 所以 $S_{\text{菱形}EFGH} = \dfrac{1}{2}S_{\triangle BCE}$.

由 E、G 是等腰梯形 $ABCD$ 两底的中点，得 $EG \perp BC$，则 $S_{\triangle EBC} = \dfrac{1}{2}BC \cdot EG$，$S_{\text{梯形}ABCD} = \dfrac{1}{2}(AD + BC) \cdot EG$. 又 $BC = 2AD$，则 $S_{\text{梯形}ABCD} = \dfrac{3}{2}AD \cdot EG = \dfrac{3}{2}S_{\triangle BCE}$. 所以 $S_{\text{菱形}EFGH} = \dfrac{1}{2}S_{\triangle BCE} = \dfrac{1}{2} \cdot \dfrac{2}{3}S_{\text{梯形}ABCD} = \dfrac{1}{3}S_{\text{梯形}ABCD}$.

说明 要求菱形 $EFGH$ 的面积，这里未直接用其面积公式，而采用间接求法. 事实上，直接用公式可得 $S_{\text{菱形}EFGH} = \dfrac{1}{2}EG \cdot FH = \dfrac{1}{4}BC \cdot EG = \dfrac{1}{2}AD \cdot EG = \dfrac{1}{3}S_{\text{梯形}ABCD}$.

例3 如图1.3.223,在$\triangle ABC$中,D为BC边上一点,P为AD上一点.求证:$S_{\triangle ABP}:S_{\triangle ACP}=BD:CD$.

点拨 $S_{\triangle ABD}:S_{\triangle ACD}=\ :S_{\triangle PBD}:S_{\triangle PCD}$.

证明 由$\triangle ABD$与$\triangle ACD$同高,得$S_{\triangle ABD}:S_{\triangle ACD}=BD:CD$.同理,$S_{\triangle PBD}:S_{\triangle PCD}=BD:CD$.所以

$$\frac{BD}{CD}=\frac{S_{\triangle ABD}}{S_{\triangle ACD}}=\frac{S_{\triangle PBD}}{S_{\triangle PCD}}=\frac{S_{\triangle ABD}-S_{\triangle PBD}}{S_{\triangle ACD}-S_{\triangle PCD}}=\frac{S_{\triangle ABP}}{S_{\triangle ACP}},$$

即$S_{\triangle ABP}:S_{\triangle ACP}=BD:CD$.

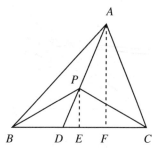

图 1.3.223

说明 作高AF、PE,直接用面积公式也不难证明.事实

上,$\dfrac{S_{\triangle ABP}}{S_{\triangle ACP}}=\dfrac{S_{\triangle ABD}-S_{\triangle BPD}}{S_{\triangle ACD}-S_{\triangle PCD}}=\dfrac{\dfrac{1}{2}BD\cdot AF-\dfrac{1}{2}BD\cdot PE}{\dfrac{1}{2}CD\cdot AF-\dfrac{1}{2}CD\cdot PE}=\dfrac{BD}{CD}$.

例4 如图1.3.224,在四边形$ABCD$中,E是BC的中点,F是AE与BD的交点,$BF=DF$,$AF=2EF$.求证:$S_{\triangle ACD}:S_{\triangle ABD}:S_{\triangle ABC}=1:2:3$.

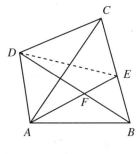

图 1.3.224

点拨 连接DE,由$AE//DC$,得$S_{\triangle ECD}=S_{\triangle ACD}$.

证明 连接DE,并设$S_{\triangle BEF}=\delta$.由$AF=2EF$,得$S_{\triangle BAF}=2S_{\triangle BEF}=2\delta$.又由$DF=BF$,得$S_{\triangle DEF}=S_{\triangle BEF}=\delta$.同理,$S_{\triangle DEC}=2S_{\triangle DEF}=2\delta$,$S_{\triangle ABC}=2S_{\triangle ABE}=6\delta$,$S_{\triangle ABD}=2S_{\triangle BAF}=4\delta$.

由EF是$\triangle BDC$的中位线,得$AE//DC$,则$S_{\triangle ACD}=S_{\triangle ECD}=2\delta$.所以$S_{\triangle ACD}:S_{\triangle ABD}:S_{\triangle ABC}=2\delta:4\delta:6\delta=1:2:3$.

说明 三角形的中线将三角形面积分割成相等两部分;三角形的中位线将三角形面积分割成1:3两部分.

例5 如图1.3.225,在$\triangle ABC$中,D是AB上一点(异于点A、B),E、F分别是AB、CD的中点,P是EF与AC的交点.求证:$S_{\triangle PBD}=\dfrac{1}{2}S_{\triangle ABC}$.

点拨 $S_{\triangle PBD}=S_{\triangle BFD}+S_{\triangle BFP}+S_{\triangle PFD}$.

证明 连接AF、BF.由F是DC的中点,得AF平分$\triangle ADC$的面积,BF平分$\triangle BDC$的面积.所以

$$\begin{aligned}S_{\triangle PBD}&=S_{\triangle BFD}+S_{\triangle BFP}+S_{\triangle PFD}\\&=\frac{1}{2}S_{\triangle BCD}+(S_{\triangle AFP}+S_{\triangle CFP})\\&=\frac{1}{2}S_{\triangle BCD}+S_{\triangle ACF}\\&=\frac{1}{2}S_{\triangle BCD}+\frac{1}{2}S_{\triangle ACD},\end{aligned}$$

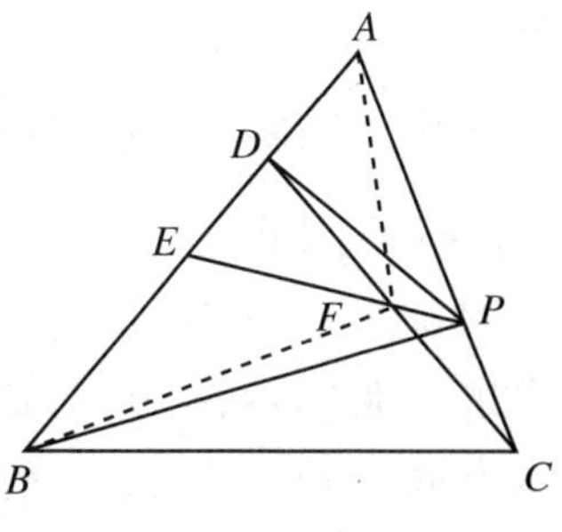

即$S_{\triangle PBD}=\dfrac{1}{2}S_{\triangle ABC}$.

图 1.3.225

说明 中线将三角形面积分割成相等的两部分.

例6 如图1.3.226,在四边形 $ABCD$ 中,点 E、F 分别是对角线 AC、BD 的三等分点,那 $CE=2AE$,$DF=2BF$,FE 与 CD 交于点 N.求证:$S_{\triangle ABN}=\dfrac{1}{3}S_{\text{四边形}ABCD}$.

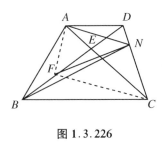

图1.3.226

点拨 连接 AF、CF,则 $\dfrac{S_{\triangle ANF}}{S_{\triangle CNF}}=\dfrac{AE}{CE}$,$\dfrac{S_{\triangle CNF}}{S_{\triangle BCN}}=\dfrac{FD}{BD}$.

证明 连接 AF、CF.由 $CE=2AE$,$DF=2BF$,得 $\dfrac{S_{\triangle ANF}}{S_{\triangle CNF}}=\dfrac{AE}{CE}=\dfrac{1}{2}$,$\dfrac{S_{\triangle CNF}}{S_{\triangle BCN}}=\dfrac{FD}{BD}=\dfrac{FD}{FD+BF}=\dfrac{2}{3}$,从而有 $S_{\triangle ANF}=\dfrac{1}{3}S_{\triangle BCN}$.所以 $S_{\triangle ABN}=S_{\triangle ABF}+S_{\triangle BNF}+S_{\triangle ANF}=\dfrac{1}{3}S_{\triangle ABD}+\dfrac{1}{3}S_{\triangle BND}+\dfrac{1}{3}S_{\triangle BCN}$,即 $S_{\triangle ABN}=\dfrac{1}{3}S_{\text{四边形}ABCD}$.

说明 若 $\dfrac{AE}{AC}=\dfrac{BF}{BD}=k$,则有 $S_{\triangle ABN}=kS_{\text{四边形}ABCD}$.

例7 如图1.3.227,在 $\triangle OEF$ 中,A、C 是 OE 上的两点,B、D 是 OF 上的两点,若 $S_{\triangle AOB}=S_{\triangle ABC}=S_{\triangle BCD}=S_{\triangle CDE}=S_{\triangle DEF}$.求证:$S_{\triangle CDF}:S_{\triangle ACD}=1:2$.

点拨 先导出边 OE、OF 上的线段比.

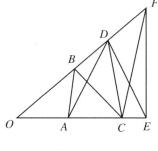

图1.3.227

证明 设 $OA=a$,$OB=b$,$S_{\triangle OAB}=s$,则由 $S_{\triangle OAB}=S_{\triangle ABC}$,得 $AC=OA=a$.由 $S_{\triangle OCB}:S_{\triangle BCD}=2:1$,得 $BD=\dfrac{1}{2}b$.由 $S_{\triangle DCE}:S_{\triangle OCD}=1:3$,得 $CE=\dfrac{2}{3}a$.由 $S_{\triangle DEF}:S_{\triangle OED}=1:4$,得 $DF=\dfrac{1}{4}OD=\dfrac{1}{4}(b+\dfrac{1}{2}b)=\dfrac{3}{8}b$,从而有 $\dfrac{S_{\triangle CDF}}{S_{\triangle CBD}}=\dfrac{\frac{3}{8}b}{\frac{1}{2}b}=\dfrac{3}{4}$.又 $S_{\triangle CBD}=S_{\triangle OAB}=s$,则 $S_{\triangle CDF}=\dfrac{3}{4}s$.同理,$\dfrac{S_{\triangle ACD}}{S_{\triangle CDE}}=\dfrac{a}{\frac{2}{3}a}=\dfrac{3}{2}$,$S_{\triangle CDE}=S_{\triangle OAB}=s$,故得 $S_{\triangle ACD}=\dfrac{3}{2}s$.所以 $S_{\triangle CDF}:S_{\triangle ACD}=\dfrac{3}{4}s:\dfrac{3}{2}s=1:2$.

说明 直接求 $S_{\triangle CDF}:S_{\triangle ACD}$ 较困难,这里转化为 $\dfrac{S_{\triangle CDF}}{S_{\triangle ACD}}=\dfrac{S_{\triangle CDF}}{S_{\triangle CBD}}:\dfrac{S_{\triangle CDE}}{S_{\triangle ACD}}$,其中 $S_{\triangle CBD}=S_{\triangle CDE}=s$,就方便了.

例8 如图1.3.228,C 是线段 AB 上一点,以 AC、BC 为边向 AB 同侧作等边 $\triangle ACD$ 和等边 $\triangle BCE$,O 是 AE 与 BD 的交点.求证:$\angle AOC=\angle BOC$.

点拨 $AE=BD$,作 $CP\perp OA$,$CQ\perp OB$,得 $CP=CQ$.

证明 过点 C 分别作 $CP\perp OA$ 于点 P,$CQ\perp OB$ 于点 Q.由 $\triangle ACD$ 与 $\triangle BCE$ 都是等边三角形,得 $AC=DC$,$CE=CB$,$\angle ACD=\angle BCE$,进而有 $\angle ACE=\angle DCB$,所以 $\triangle ACE\cong\triangle DCB$,故得 $AE=BD$,则 $CP=CQ$,从而 $\angle AOC=\angle BOC$.

说明 到边的距离相等的点在角的平分线上.

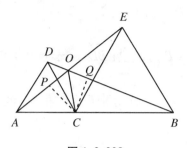

图 1.3.228

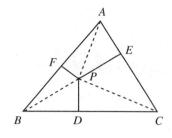

图 1.3.229

例 9 如图 1.3.229,设 P 是 $\triangle ABC$ 内一点,三边 BC、CA、AB 的长为 a、b、c,三条边上的高的长为 h_a、h_b、h_c,P 到三边的距离分别为 t_a、t_b、t_c.求证:$\dfrac{t_a}{h_a}+\dfrac{t_b}{h_b}+\dfrac{t_c}{h_c}=1$.

点拨 用面积法.

证明 连接 PA、PB、PC,则有 $S_{\triangle ABC}=S_{\triangle APB}+S_{\triangle BPC}+S_{\triangle CPA}$,从而 $\dfrac{S_{\triangle APB}}{S_{\triangle ABC}}+\dfrac{S_{\triangle BPC}}{S_{\triangle ABC}}+\dfrac{S_{\triangle CPA}}{S_{\triangle ABC}}=1$. 又 $S_{\triangle APB}=\dfrac{1}{2}c\cdot t_c$,$S_{\triangle BPC}=\dfrac{1}{2}a\cdot t_a$,$S_{\triangle CPA}=\dfrac{1}{2}b\cdot t_b$,$S_{\triangle ABC}=\dfrac{1}{2}c\cdot h_c=\dfrac{1}{2}a\cdot h_a=\dfrac{1}{2}b\cdot h_b$,则 $\dfrac{S_{\triangle APB}}{S_{\triangle ABC}}=\dfrac{t_c}{h_c}$.

同理,$\dfrac{S_{\triangle BPC}}{S_{\triangle ABC}}=\dfrac{t_a}{h_a}$,$\dfrac{S_{\triangle CPA}}{S_{\triangle ABC}}=\dfrac{t_b}{h_b}$,所以 $\dfrac{t_a}{h_a}+\dfrac{t_b}{h_b}+\dfrac{t_c}{h_c}=1$.

说明 线段比转化为面积比,从而可用面积法.

例 10 如图 1.3.230,一直线截 $\triangle ABC$ 的三边 BC、CA、AB(或其延长线)于点 D、E、F. 求证:$\dfrac{BD}{DC}\cdot\dfrac{CE}{EA}\cdot\dfrac{AF}{FB}=1$.

点拨 $\dfrac{BD}{DC}=\dfrac{S_{\triangle BDE}}{S_{\triangle CDE}}$,$\dfrac{CE}{EA}=\dfrac{S_{\triangle CDE}}{S_{\triangle ADE}}$,$\dfrac{AF}{FB}=\dfrac{S_{\triangle AFE}}{S_{\triangle BFE}}$.

证明 连接 AD、BE,则由 $\triangle BDE$ 与 $\triangle CDE$ 等高,得 $\dfrac{S_{\triangle BDE}}{S_{\triangle CDE}}=\dfrac{BD}{CD}$. 同理,$\dfrac{S_{\triangle CDE}}{S_{\triangle ADE}}=\dfrac{CE}{EA}$,$\dfrac{S_{\triangle AFE}}{S_{\triangle BFE}}=\dfrac{AF}{FB}$,$\dfrac{FE}{ED}=\dfrac{S_{\triangle AFE}}{S_{\triangle ADE}}$,$\dfrac{EF}{ED}=\dfrac{S_{\triangle BFE}}{S_{\triangle BDE}}$. 从而有 $\dfrac{S_{\triangle AFE}}{S_{\triangle ADE}}=\dfrac{S_{\triangle BFE}}{S_{\triangle BDE}}$,即 $\dfrac{S_{\triangle AFE}}{S_{\triangle BFE}}=\dfrac{S_{\triangle ADE}}{S_{\triangle BDE}}$,则 $\dfrac{AF}{FB}=\dfrac{S_{\triangle AFE}}{S_{\triangle BFE}}=\dfrac{S_{\triangle ADE}}{S_{\triangle BDE}}$. 所以 $\dfrac{BD}{DC}\cdot\dfrac{CE}{EA}\cdot\dfrac{AF}{FB}=\dfrac{S_{\triangle BDE}}{S_{\triangle CDE}}\cdot\dfrac{S_{\triangle CDE}}{S_{\triangle ADE}}\cdot\dfrac{S_{\triangle ADE}}{S_{\triangle BDE}}=1$.

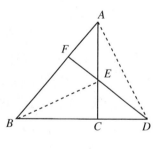

图 1.3.230

说明 此定理称为梅涅劳斯定理,该定理及其逆定理是用来证明三点共线的最常用定理,没有之一.

习题 1.3.6

1. 如图 1.3.231，在梯形 $ABCD$ 中，$AB \parallel CD$，AC 与 BD 交于点 P. 求证：$S_{\triangle ADP} = S_{\triangle BCP}$.

2. 如图 1.3.232，在梯形 $ABCD$ 中，$AB \parallel CD$，过 C、D 分别作 AD 和 BC 的平行线，相交于点 P. 求证：$S_{\triangle PAD} = S_{\triangle PBC}$.

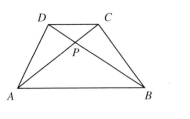
图 1.3.231

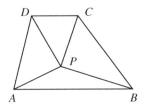
图 1.3.232

3. 如图 1.3.233，过 ▱$ABCD$ 顶点 A 作直线交 BC 于 E，交 DC 的延长线于 F. 求证：$S_{\triangle CDE} = S_{\triangle BEF}$.

4. 如图 1.3.234，过 ▱$ABCD$ 顶点 D 作直线分别交 BC 和 BA 的延长线于 E 和 F. 求证：$S_{\triangle ABE} = S_{\triangle CEF}$.

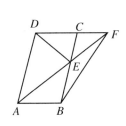
图 1.3.233

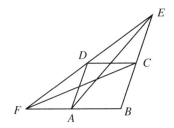
图 1.3.234

5. 如图 1.3.235，在梯形 $ABCD$ 中，$AB \parallel CD$，过点 A 和点 C 分别作 BC 和 BD 的平行线相交于点 E. 求证：$S_{\triangle CDE} = S_{\triangle ABC}$.

6. 如图 1.3.236，BE 和 CF 是 $\triangle ABC$ 的两条中线，相交于点 G. 求证：$S_{\triangle GBC} = S_{四边 AFGE}$.

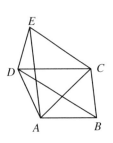
图 1.3.235

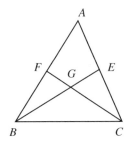
图 1.3.236

7. 如图 1.3.237,在任意四边形 $ABCD$ 中,对角线相交于点 O,分别延长 OA 和 OB 至点 E 和点 F,使 $AE=OC$,$BF=OD$. 求证:$S_{\triangle OEF}=S_{四边形ABCD}$.

8. 如图 1.3.238,在 $\square ABCD$ 中,对角线交于点 O,P 是 $\triangle AOB$ 内任一点. 求证:$S_{\triangle PCD}=S_{\triangle PAC}+S_{\triangle PBC}$.

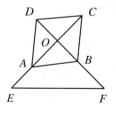

图 1.3.237

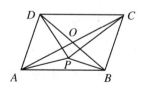

图 1.3.238

9. 如图 1.3.239,在梯形 $ABCD$ 中,$AB /\!/ CD$,对角线相交于点 O,P 为 AB 上任一点. 求证:$S_{\triangle DOP}+S_{\triangle COP}=S_{\triangle BOC}$.

10. 如图 1.3.240,在梯形 $ABCD$ 中,$AB /\!/ CD$,M 是 BC 的中点. 求证:$S_{\triangle AMD}=\dfrac{1}{2}S_{\square ABCD}$. 其逆亦真,证明之.

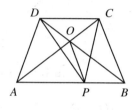

图 1.3.239

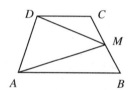

图 1.3.240

11. 如图 1.3.241,在 $\triangle ABC$ 中,D 是 BC 上任一点,P 是 AD 上任一点. 求证:$S_{\triangle PAB}:S_{\triangle PAC}=BD:CD$.

12. 如图 1.3.242,AM 是 $\triangle ABC$ 的中线,P 是 AM 的中点,BP 交 AC 于点 N. 求证:$S_{\triangle ABN}:S_{\triangle BCN}=1:2$.

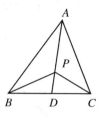

图 1.3.241

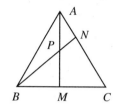

图 1.3.242

13. 如图 1.3.243,在 $\triangle ABC$ 的各边上取 $AD=\dfrac{1}{3}AB$,$BE=\dfrac{1}{3}BC$,$CF=\dfrac{1}{3}CA$. 求证:$S_{\triangle DEF}:S_{\triangle ABC}=1:3$.

14. 如图 1.3.244,E、F、G、H 是 $\square ABCD$ 各边 AB、BC、CD、DA 的中点. 求证:$S_{\square EFGH}:S_{\square ABCD}=1:2$.

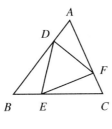
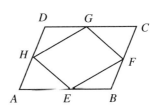

图 1.3.243　　　　　　　图 1.3.244

15. 如图 1.3.245,在 □ABCD 中,AE 平分∠BAD,交 BC 于点 E,且 AE = AB,延长 AB 与 DE 的延长线交于点 F. 求证:(1) △ABE 是等边三角形;(2) △ABC≌△AED;(3) $S_{\triangle ABE} = S_{\triangle CEF}$.

16. 如图 1.3.246,在 □ABCD 中,E、F 分别是 AD、AB 边上的点,且 BE = DF,BE 与 DF 交于点 G. 求证:GC 平分∠BGD.

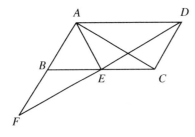
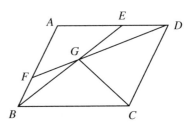

图 1.3.245　　　　　　　图 1.3.246

17. 如图 1.3.247,在 Rt△ABC 中,∠A = 90°,AD⊥BC 于点 D. 求证:$\dfrac{1}{AB^2} + \dfrac{1}{AC^2} = \dfrac{1}{AD^2}$.

18. 如图 1.3.248,AD 是△ABC 中∠A 的平分线. 求证:

(1) $\dfrac{AB}{AC} = \dfrac{BD}{DC}$.

(2) 若 AD 是∠A 的外角平分线,D 在 BC 的延长线,则(1)的结论还成立吗?并给出证明.

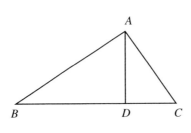
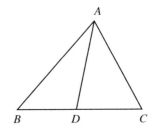

图 1.3.247　　　　　　　图 1.3.248

19. 如图 1.3.249，在△ABC 中，D、E 分别是 AB、AC 上的点，且 BD = CE，DF ∥ BE，EF ∥ CD，DF 与 EF 交于点 F．求证：AF 平分∠BAC．

20. 如图 1.3.250，P 是△ABC 中∠A 的平分线上一点，BE ∥ PC，CF ∥ PB．求证：BF = CE．

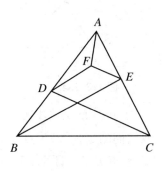

图 1.3.249

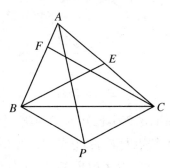

图 1.3.250

21. 如图 1.3.251，D、E、F 分别是△ABC 三边 AB、BC、CA 上的点，且 $AD = \frac{1}{2}DB$，$AF = 4CF$，$BE = EC$．求证：$S_{\triangle DEF} = \frac{3}{10}S_{\triangle ABC}$．

22. 如图 1.3.252，△ABC 是等边三角形，P 是 BC 边上的任意一点，PE⊥AB 于点 E，PD⊥AC 于点 D，AF⊥BC 于点 F．

（1）求证：PD + PE = AF．

（2）当点 P 在△ABC 内或外时，又有怎样的结论？写出结论，并加以证明．

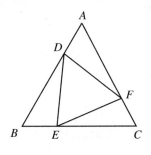

图 1.3.251

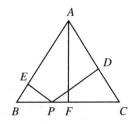

图 1.3.252

23. 如图 1.3.253，四边形 PQMN 是▱ABCD 的内接四边形．

（1）若 MP ∥ BC，NQ ∥ AB．求证：$S_{四边形 PQMN} = \frac{1}{2}S_{▱ABCD}$．

（2）若 $S_{四边形 PQMN} = \frac{1}{2}S_{▱ABCD}$，问：是否能推出 MP ∥ BC 或 NQ ∥ AB？并证明你的结论．

24. 如图 1.3.254，在△ABC 中，∠A = 90°，AB = AC，D 是斜边 BC 的中点，E、F 分别在边 AB、AC 上，且∠EDF = 90°．

（1）求证：△DEF 为等腰直角三角形．

（2）求证：$S_{四边形 AEDF} = S_{\triangle BDE} + S_{\triangle CDF}$．

(3) 如果点 E 运动到 AB 的延长线上，F 在射线 CA 上且保持 $\angle EDF = 90°$，那么(1)中的结论是否还成立？请画出图形并说明理由.

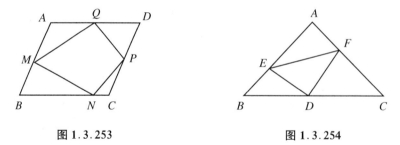

图 1.3.253　　　　　　　　图 1.3.254

25. 如图 1.3.255，已知 Rt$\triangle ABC$ 中，$AC = BC$，$\angle C = 90°$，D 为 AB 边的中点，$\angle EDF = 90°$，$\angle EDF$ 绕点 D 旋转，它的两边分别交 AC、CB（或它们的延长线）于点 E、F.

(1) 如图(a)，当 $\angle EDF$ 绕点 D 旋转到 $DE \perp AC$ 于点 E 时，证明：$S_{\triangle DEF} + S_{\triangle CEF} = \frac{1}{2} S_{\triangle ABC}$.

(2) 当 $\angle EDF$ 绕点 D 旋转到 DE 与 AC 不垂直时，在图(b)和图(c)这两种情况下，上述结论是否成立？若成立，请给予证明；若不成立，$S_{\triangle DEF}$、$S_{\triangle CEF}$、$S_{\triangle ABC}$ 又有怎样的数量关系？请写出你的猜想.

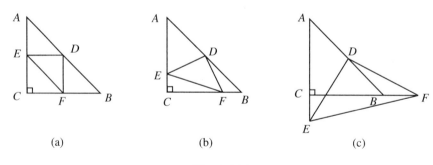

图 1.3.255

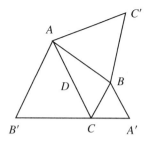

图 1.3.256

26. 如图 1.3.256，在 $\triangle ABC$ 中，$\angle ACB = 60°$，$AC > BC$，$\triangle ABC'$、$\triangle BCA'$、$\triangle CAB'$ 都是 $\triangle ABC$ 形外的等边三角形，点 D 在 AC 上，$BC = DC$.

(1) 求证：① $\triangle C'BD \cong \triangle B'DC$；② $\triangle AC'D \cong \triangle DB'A$.

(2) 对于 $\triangle ABC$、$\triangle ABC'$、$\triangle BCA'$、$\triangle CAB'$，你能否得出关于面积的等量关系吗？

27. (1) 如图 1.3.257(a)，四边形 $ABCD$ 和四边形 $CEFG$ 均为正方形. 求证：$BE = DG$.

(2) 如图 1.3.257(b)，四边形 $ABCD$ 和四边形 $CEFG$ 均为菱形，且 $\angle A = \angle F$，是否仍存在结论 $BE = DG$？若不存在，请说明理由；若存在，请给出证明.

(3) 如图 1.3.257(c),四边形 ABCD 和四边形 CEFG 均为菱形,点 E 在边 AD 上,点 G 在 AD 的延长线上.若 $AE=2ED$,$\angle A=\angle F$,求证:$S_{菱形CEFG}=\dfrac{8}{3}S_{\triangle EBC}$.

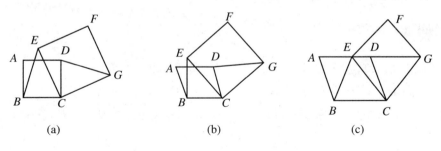

图 1.3.257

28. 如图 1.3.258,过 $\triangle ABC$ 内一点 P 与三个顶点的连线 AP、BP、CP,分别交边 BC、CA、AB 或延长线于点 D、E、F. 求证:$\dfrac{BD}{DC}\cdot\dfrac{CE}{EA}\cdot\dfrac{AF}{FB}=1$(塞瓦定理).

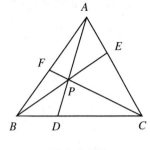

图 1.3.258

1.4 圆

1.4.1 圆的有关概念

基础知识

定义 1 在平面内,与一个定点的距离等于定长的点的轨迹叫做圆;定点叫做圆心.连接圆心和圆上任一点的线段叫做半径.连接圆上任意两点的线段叫做弦,过圆心的弦叫做直径.圆心到弦的距离叫做弦心距.

定义 2 圆上两点之间的部分叫做弧,这两点叫做弧的端点.如果一条弧的两个端点在同一直径上,那么这条弧叫做半圆.小于半圆的弧叫做劣弧;大于半圆的弧叫做优弧.

定理 1(径弦关系定理)
(1) 过圆心而垂直于弦的直线平分弦,并且平分弦所对的弧.
(2) 过圆心而平分弦(直径除外)的直线垂直于弦,并且平分弦所对的弧.
(3) 过圆心而平分弧的直线垂直于弧所对的弦,并且平分弦.

定理 2(弧、弦、弦心距关系定理) 在同圆或等圆中:
(1) 弧相等则弦相等;弧(限于劣弧)大则所对的弦也大.

(2) 弦相等则所对的劣弧相等;弦大则所对的劣弧也大.

(3) 弦相等则弦心距相等;弦大则弦心距反而小.

(4) 弦心距相等则弦相等;弦心距大则弦反而小.

技能训练

例 1 如图 1.4.1,在 ⊙O 中,若 $\overparen{AB} = 2\overparen{CD}$.求证:$AB < 2CD$.

点拨 由 $CD + CD > AB$ 知,可构作三边长为 CD、CD、AB 的三角形.

证明 取 $\overparen{AB}$ 的中点,连接 AE、BE.由 $\overparen{AB} = 2\overparen{CD}$,得 $\overparen{AE} = \overparen{BE} = \overparen{CD}$,从而有 $AE = BE = CD$.

在△ABE 中,有 $BE + AE > AB$,即 $AB < 2CD$.

说明 在同圆或等圆中,相等的弦所对的弧相等.反之,弧相等,所对的弦相等.

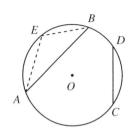

图 1.4.1

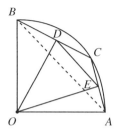

图 1.4.2

例 2 如图 1.4.2,在扇形 AOB 中,∠$AOB = 90°$,点 C 是 $\overparen{AB}$ 上的一个动点(异于点 A、B),$OD \perp BC$ 于点 D,$OE \perp AC$ 于点 E.问:在△DOE 中是否存在长度保持不变的边?如果存在,请给出证明;若不存在,请说明理由.

点拨 由 $OD \perp BC$ 得 D 是 BC 的中点.

证明 DE 长度保持不变,证明如下:由 $OD \perp BC$ 于点 D,得 D 是 BC 的中点.同理,E 是 AC 的中点,连接 AB,则 DE 是△CAB 的中位线,即 $DE = \dfrac{1}{2} AB$.又因 AB 的长度为定值,所以 DE 的长度为定值.

说明 仅点 C 是 $\overparen{AB}$ 上动点,BC、AC 长度不定,从而 OD、OE 长度也不定.

例 3 如图 1.4.3,AD 是△ABC 外接圆的直径,$AD \perp BC$ 于点 F,∠ABC 的平分线 BE 交 AD 于点 E,连接 BD、CD.

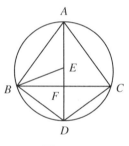

图 1.4.3

(1) 求证:$BD = CD$.

(2) 若∠$BAD = ∠CBD$,请判断 B、E、C 三点是否在以 D 为圆心、DB 为半径的圆上,并说明理由.

点拨 $DB = DE = DC$.

(1) **证明** 由 AD 为直径,$AD \perp BC$,得 $\overparen{BD} = \overparen{CD}$,则 $BD = CD$.

(2) B、E、C 三点在以 D 为圆心、DB 为半径的圆上,理由如下:由于 BE 平分∠ABC,从而∠$CBE = ∠ABE$.

由 $\angle BAD = \angle CBD$,$\angle DBE = \angle CBD + \angle CBE$,$\angle DEB = \angle BAD + \angle ABE$,得 $\angle DBE = \angle DEB$,则 $DB = DE$.

由(1)知,$BD = CD$,从而有 $DB = DE = DC$.所以 B、E、C 三点在以 D 为圆心、DB 为半径的圆上.

说明　证明点在圆上,可由圆的定义证明.

例 4　如图 1.4.4,在圆的直径 MN 上任取一点 P,过点 P 作 PA 和 PB 交圆于点 A 和点 B,使 $\angle APN = \angle BPN$.求证:$PA = PB$.

点拨　作 $OE \perp PA$,$OF \perp PB$,由 $\angle APN = \angle BPN$,得 $OE = OF$.

证明　过点 O 分别作 $OE \perp PA$ 于点 E,$OF \perp PB$ 于点 F.

由 $\angle APN = \angle BPN$,得 $OE = OF$.延长 AP、BP 交 $\odot O$ 于点 H、G,则 $AH = BG$.由点 E、F 分别是 AH、BG 的中点,得 $EA = BF$.又 $\mathrm{Rt}\triangle POE \cong \mathrm{Rt}\triangle POF$,则 $PE = PF$,从而有 $PA = PB$.

说明　证得 $OE = OF$,不能直接下结论得 $PA = PB$.

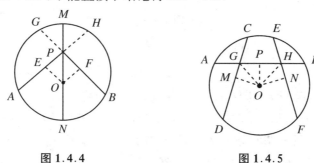

图 1.4.4　　　　　　图 1.4.5

例 5　如图 1.4.5,AB 是 $\odot O$ 的弦,点 G、H 在 AB 上,且 $AG = BH$,过点 G、H 作弦 CD、EF,若 $\angle DGB = \angle FHA$.求证:$CD = EF$.

点拨　过点 O 作 $OM \perp CD$,$ON \perp EF$,$OP \perp AB$,则只要证 $OM = OP = ON$.

证明　过点 O 作 $OM \perp CD$ 于点 M,$ON \perp EF$ 于点 N,$OP \perp GH$ 于点 P,则 $AP = PB$.

由 $AG = BH$,得 $GP = HP$,则 $\triangle GPO \cong \triangle HPO$,从而有 $OG = OH$,$\angle BGO = \angle AHO$.

连接 OG、OH.由 $\angle DGB = \angle FHA$,得 $\angle DGO = \angle FHO$,从而有 $\triangle OGM \cong \triangle OHN$,则 $OM = ON$,所以 $CD = EF$.

说明　证弦相等,可证弦心距相等.反之,证弦心距相等,也可证弦相等.

例 6　如图 1.4.6,不过圆心的直线 l 交 $\odot O$ 于 C、D 两点,AB 是 $\odot O$ 的直径,$AE \perp l$ 于点 E,$BF \perp l$ 于点 F.

(1) 在图(a)、(b)、(c)的三个圆中分别补画出满足上述条件的具有不同位置关系的图形;

(2) 请你观察(1)中所画图形,写出一个各图都具有的两条线段相等的结论(不再标注其他字母,找结论的过程中所连辅助线不能出现在结论中,不写推理过程);

(3) 请你选择(1)中的一个图形,证明(2)所得的结论.

点拨　可固定直线 l,让直径 AB 绕点 O 旋转.

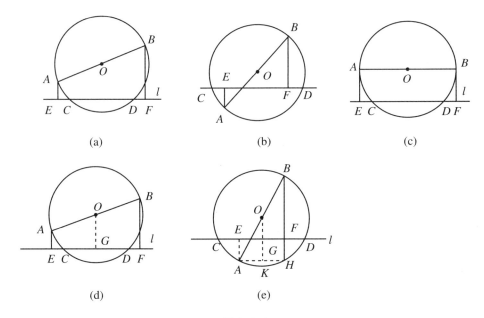

图 1.4.6

解 (1) 如图 1.4.6(a)、(b)、(c).

(2) $CE = FD$.

(3) ① 如图(d),作 $OG \perp CD$ 于点 G. 由 $AE \perp CD$, $BF \perp CD$, 得 $AE \parallel OG \parallel BF$. 又 AB 是 $\odot O$ 的直径, 则 $CG = GD$, $AO = OB$, 从而有 $EG = FG$, 所以 $CE = FD$.

② 如图(e)所示, 延长 BF 交 $\odot O$ 于点 H, 连接 AH, 作 $OG \perp CD$ 于点 G, 交 AH 于点 K, 则由 $AE \perp CD$, $BF \perp CD$, 得 $AE \parallel OG \parallel BF$.

由 AB 是 $\odot O$ 的直径, 得 $AO = OB$. 又 $CG = GD$, 从而有 $AK = KH$, $EG = GF$, 所以 $CE = FD$.

说明 图(d)是构作梯形中位线, 图(e)是构作三角形中位线.

习题 1.4.1

1. 如图 1.4.7, 以 $\square ABCD$ 的顶点 A 为圆心, AB 长为半径作 $\odot A$, 分别交 BC、AD 于点 E、F, 交 BA 的延长线于点 G. 求证: $\overset{\frown}{EF} = \overset{\frown}{FG}$.

2. 如图 1.4.8, 一个圆的圆心 O 在 $\angle CPD$ 的平分线上, 这个圆截这个角两边所得弦为 AC、BD. 求证: $AC = BD$.

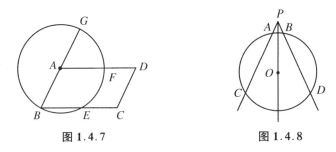

图 1.4.7   图 1.4.8

3. 如图 1.4.9，AB 和 CD 是圆内两条相等的弦，相交于点 M．求证：(1) AC = BD；(2) AM = DM．

4. 如图 1.4.10，AB 和 CD 是⊙O 的互相垂直的直径，弦 EF 垂直平分 OC．求证：∠EBC = 2∠ABE．

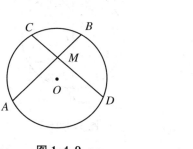

图 1.4.9

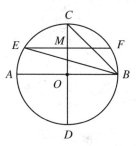

图 1.4.10

5. 如图 1.4.11，M 是⊙O 内直径 AB 上任意一点，CD 是过 M 而垂直于 AB 的弦．求证：CD 是过点 M 的最短的弦．

6. 如图 1.4.12，M 是弦 AB 的中点，N 是 $\overparen{AB}$ 的中点，C 是 $\overparen{AB}$ 上任意一点，CD⊥AB 于点 D．求证：(1) MN⊥AB；(2) MN ≥ CD．

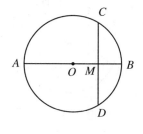

图 1.4.11

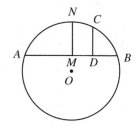

图 1.4.12

7. 如图 1.4.13，AB 是⊙O 的直径，M、N 分别是 AO、BO 的中点，CM⊥AB，DN⊥AB．求证：$\overparen{AC}$ = $\overparen{BD}$．

8. 如图 1.4.14，AB 是⊙O 的直径，CO⊥AB，D 是 CO 的中点，DE∥AB．求证：$\overparen{EC}$ = 2$\overparen{EA}$．

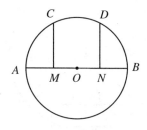

图 1.4.13

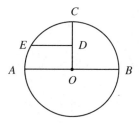

图 1.4.14

9. 如图 1.4.15，A、B、C 是⊙O 上三点，D、E 分别是 $\overparen{AB}$、$\overparen{AC}$ 的中点，连接 DE 分别交 AB、AC 于点 F、G．求证：AF = AG．

10. 如图 1.4.16，AB 是⊙O 的直径，CD 是弦，AB⊥CD．

(1) P 是 $\overset{\frown}{CAD}$ 上一点(异于点 C、D). 求证: $\angle CPD = \angle COB$.

(2) 点 P' 是劣弧 CD 上一点(异于点 C、D),$\angle CP'D$ 与 $\angle COB$ 有什么数量关系? 请证明你的结论.

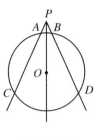
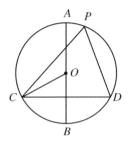

图 1.4.15　　　　　　图 1.4.16

11. 如图 1.4.17, AB 是 $\odot O$ 的直径, P 是 AB 上一点, 过点 P 作弦 CD, 若 $\angle DPB = 45°$. 求证: $PC^2 + PD^2 = 2OA^2$.

12. 如图 1.4.18, 在 $\odot O$ 的弦 AB 上取 $AC = BD$, 过点 C 和点 D 分别作 AB 的垂线 CE 和 DF, 交 $\odot O$ 于点 E 和点 F, 若 E、F 在 AB 的同侧. 求证: $CE = DF$.

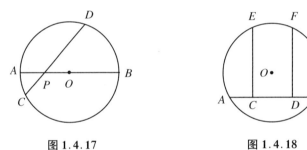

图 1.4.17　　　　　　图 1.4.18

13. 如图 1.4.19, 已知 AB、AC 是 $\odot O$ 的两条弦, 且 $AB = AC$, 弦 PQ 分别交 AB、AC 于点 M、N, 并且 M、N 分别是 AB、AC 的中点, PM 与 QN 有怎样的大小关系? 并给出证明.

14. 如图 1.4.20, $\overset{\frown}{AD}$ 的度数是 $90°$, B、C 将 $\overset{\frown}{AD}$ 三等分, 弦 AD 与半径 OB、OC 相交于点 E、F. 求证: $AE = BC = FD$.

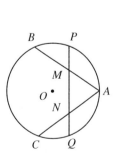
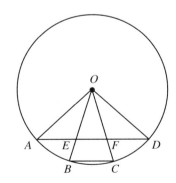

图 1.4.19　　　　　　图 1.4.20

15. 如图 1.4.21(a), $\odot O$ 中 AB 是直径, C 是其上一点, $\angle ABC = 45°$, $\triangle DCE$ 是等腰三角形, $\angle DCE = 90°$, 点 D 在线段 AC 上.

(1) 求证:B、C、E 三点共线.

(2) 若 M、N 分别是 BE、AD 的中点.求证:$MN = \sqrt{2}OM$.

(3) 如图(b),将 $\triangle DCE$ 绕点 C 逆时针旋转角 $\alpha(0° < \alpha < 90°)$ 后,得 $\triangle D_1CE_1$,若 M_1、N_1 分别是 BE_1、AD_1 的中点,则 $M_1N_1 = \sqrt{2}OM_1$ 是否成立?若成立,请证明;若不成立,请说明理由.

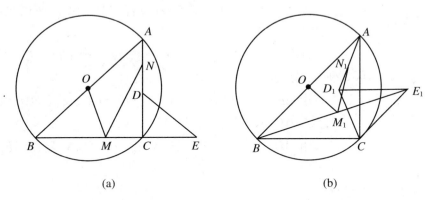

图 1.4.21

1.4.2 圆与直线的关系

基础知识

定义 3 和圆有两个公共点的直线叫做圆的割线,这两点叫做交点.和圆只有一个公共点的直线叫做圆的切线,这个公共点叫做切点.从圆外一点作圆的切线,那么从这点到切点的距离叫做切线的长.

定理 3(切线的判定定理) 如果一条直线和圆的半径垂直并且垂足在圆周上,那么这条直线是圆的切线.

定理 4(切线的性质定理)

(1) 切线垂直于过切点的半径(或直径).

(2) 过圆心而垂直于切线的直线必过切点.

(3) 过切点而垂直于切线的直线必过圆心.

定理 5 从圆外一点作圆的两条切线,那么:

(1) 两条切线的长相等.

(2) 连接圆心和这点的直线平分两切线所夹的角.

定理 6 设圆半径为 R,圆心到直线的距离为 d,则

(1) 若 $d > R$,那么圆和直线相离(不交).

(2) 若 $d = R$,那么圆和直线相切.

(3) 若 $d < R$,那么圆和直线相交.

这个定理的逆命题也成立.

定理 7　如果两条平行线和一个圆相交或相切,那么夹在两平行线之间的两条弧相等.

技能训练

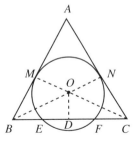

图 1.4.22

例 1　如图 1.4.22,已知⊙O 分别与△ABC 的边 AB、AC 切于 M、N 点,交 BC 于点 E、F,且 BE = EF = FC.求证:∠B = ∠C.

点拨　要证 AB = AC,因为有 AM = AN,所以只要证 BM = CN.

证明　取 EF 的中点 D,连接 OD,则 OD⊥EF.连接 OB、OC、OM、ON.

由 BE = CF,得 BD = CD,则 OB = OC.又因 OM = ON,所以 Rt△BOM≌Rt△CON,得 BM = CN.

由 AB、AC 切⊙O 于 M、N,得 AM = AN.所以 AB = AC,从而有∠B = ∠C.

说明　本题还有其他证法.

例 2　如图 1.4.23,在△ABC 中,以 AB 为直径的⊙O 交 AC 于点 D,切线 DE 交 BC 于点 E.求证:EO∥CA.

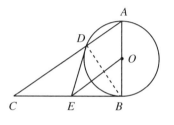

图 1.4.23

点拨　由于 O 是 AB 的中点,要证 EO∥CA,只要证点 E 是 BC 的中点.

证明　连接 BD.由 AB 是直径,得∠ABC = 90°,所以 CB 是⊙O 的切线.又 ED 是⊙O 的切线,则 ED = EB,∠EBD = ∠EDB.

由∠CDB = 90°,得∠C = 90° − ∠CBD = 90° − ∠EDB = ∠CDE,所以 ED = EC,则 EB = EC.又 OA = OB,所以 EO∥CA.

说明　本题如果从角度考虑,就会发生困难.

例 3　如图 1.4.24,已知⊙O 与三条相等的线段 AB、BC、CD 相切于点 E、F、G,连接 AC、BD 交于点 P.求证:PF⊥BC.

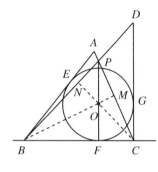

图 1.4.24

点拨　要证 PF 是△PBC 的高,猜想点 O 是△PBC 的垂心,这只要证 BO⊥AC,CO⊥BD.

证明　连 BO、CO 并延长分别交 AC 于点 M,交 BD 于点 N.

由 BA = BC,且⊙O 与 BA、BC 都相切,得 M 是 AC 的中点,且 BM⊥AC.同理,CN⊥BD.所以 O 是△PBC 的垂心,从而有 PO⊥BC.

又⊙O 切 BC 于点 F,得 OF⊥BC,则点 O 在 PF 上.所以 PF⊥BC.

说明　本题应用"若 PO⊥BC,OF⊥BC,则 PF⊥BC"的根据是"垂线的唯一性",即"过一点仅能作一条直线和已知直线垂直".

例 4 如图 1.4.25，在 △ABC 中，AB = AC，以 AB 为直径的 ⊙O 交 BC 于点 D，交 AC 于点 E，以 B 为切点的切线交 OD 的延长线于点 F．求证：EF 与 ⊙O 相切．

点拨 连接 OE，证明 OE⊥EF．

证明 连接 OE，由 AB 是 ⊙O 的直径，得 AD⊥BC．又 AB = AC，则∠3 = ∠4，从而有 $\overset{\frown}{BD} = \overset{\frown}{DE}$，则∠1 = ∠2．

又 OB = OE，OF = OF，所以 △BOF ≌ △EOF，则∠OBF = ∠OEF．

由 BF 与 ⊙O 相切，得 OB⊥BF，即∠OBF = 90°，从而有∠OEF = 90°，即 OE⊥EF，所以 EF 与 ⊙O 相切．

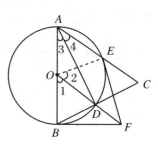

图 1.4.25

说明 经过半径的外端且垂直于这条半径的直线是圆的切线．

例 5 如图 1.4.26，PA、PB 是 ⊙O 的切线，A、B 为切点，连接 AO 并延长，交 PB 的延长线于点 C，连接 OP，交 ⊙O 于点 D．

(1) 求证：PO 平分∠APC．

(2) 连接 DB，若∠C = 30°．求证：DB∥AC．

点拨 连接 OB，则可证∠DBP = ∠C．

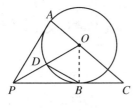

图 1.4.26

证明 (1) 连接 OB．由 PA、PB 是 ⊙O 的切线，得 OA⊥AP，OB⊥BP．又 OA = OB，得 PO 平分∠APC．

(2) 由 OA⊥AP，OB⊥BP，得∠CAP = ∠OBP = 90°．由∠C = 30°，得∠APC = 60°．又 PO 平分∠APC，则∠OPC = $\frac{1}{2}$∠APC = 30°，进而有∠POB = 60°．又因 OD = OB，所以 △ODB 是等边三角形，即∠OBD = 60°，则∠DBP = ∠OBP - ∠OBD = 30°，从而有∠DBP = ∠C，所以 DB∥AC．

说明 遇有切线就连接过切点的半径，这是解决与圆的切线有关问题的常用有效方法．

例 6 如图 1.4.27(a)，AB 是 ⊙O 的直径，点 P 是直径 AB 上的任意一点，过点 P 作弦 CD⊥AB，过点 B 的直线与线段 AD 的延长线交于点 F，使∠F = ∠ABC．

(1) 求证：直线 BF 是 ⊙O 的切线．

(2) 当点 P 与点 O 重合时，过点 A 作 ⊙O 的切线交线段 BC 的延长线于点 E，在其他条件不变的情况下，判断四边形 AEBF 是什么特殊的四边形，请在图(b)中补全图形并证明你的结论．

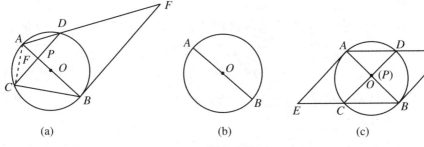

图 1.4.27

点拨 (1) $\angle ABF = 90°$；(2) 平行四边形．

证明 (1) 连接 AC，则 $\angle CAP = \angle PAD$，$\angle ABC + \angle CAP = 90°$．由 $CD \perp AB$，得 $\angle PCB + \angle ABC = 90°$，则 $\angle PCB = \angle CAP = \angle PAD$．又 $\angle F = \angle ABC$，则 $\angle PAD + \angle F = 90°$，即 $\angle ABF = 90°$．又因 AB 为直径，所以直线 BF 是 $\odot O$ 的切线．

(2) 四边形 $AEBF$ 是平行四边形，补全的图形如图(c)．证明如下：

由 AE 为切线，AB 为直径，得 $\angle EAB = \angle ABF = 90°$，所以 $AE \parallel BF$．由 $CD \perp AB$，$OC = OB$，得 $\angle OCB = \angle OBC = 45°$．又因 $\angle F = \angle ABC$，所以 $\angle F = 45°$．由 $\angle ABF = 90°$，得 $\angle BAF = \angle ABC = 45°$，所以 $AF \parallel BE$．又由 $AE \parallel BF$，得四边形 $AFBE$ 是平行四边形．

说明 严格意义上讲，还要说明四边形 $AFBE$ 不是菱形和矩形．

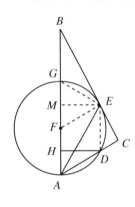

图 1.4.28

例 7 如图 1.4.28，D 是 $\mathrm{Rt}\triangle ABC$ 边 AC 上一点，$DH \perp AB$ 于点 H，AE 平分 $\angle BAC$ 交 BC 于点 E，经过点 A、D、E 的圆的圆心 F 恰好在 AB 上，$\odot F$ 与 AB 交于另一点 G．

(1) 求证：BC 是 $\odot F$ 的切线．

(2) 试探究线段 AG、AD、CD 三者之间满足的等量关系，并证明你的结论．

点拨 (1) $EF \perp BC$；(2) $AG = AD + 2CD$．

证明 (1) 连接 FE．由 AE 平分 $\angle BAC$，得 $\angle BAE = \angle CAE$．由 $EF = FA$，得 $\angle BAE = \angle FEA$，则 $\angle CAE = \angle FEA$，从而有 $EF \parallel AC$，则 $\angle FEB = \angle C = 90°$，即 $EF \perp BC$，所以 BC 是 $\odot F$ 的切线．

(2) $AG = AD + 2CD$．证明如下：

过点 E 作 $EM \perp AG$ 于点 M．由 $\angle C = 90°$，得 $EC \perp AC$．又 AE 平分 $\angle BAC$，$EM \perp AG$，则 $EM = EC$，从而有 $\mathrm{Rt}\triangle AEM \cong \mathrm{Rt}\triangle AEC$，故得 $AM = AC$，所以 $AG - MG = AD + CD$．

连接 GE、ED．由 $\angle BAE = \angle CAE$，得 $\overset{\frown}{EG} = \overset{\frown}{ED}$，则 $EG = ED$．同理，$\mathrm{Rt}\triangle GEM \cong \mathrm{Rt}\triangle DEC$，得 $MG = CD$．所以 $AG - CD = AD + CD$，即 $AG = AD + 2CD$．

说明 先确定 $AG = AD + 2CD$，再证明，就有明确的目标了．必要时可特殊化，先猜后证．

例 8 如图 1.4.29(a)，$\odot O$ 是 $\mathrm{Rt}\triangle ABC$ 的外接圆，$\angle ABC = 90°$，弦 $BD = BA$，$BE \perp DC$ 交 DC 的延长线于点 E．对于求证 BE 是 $\odot O$ 的切线这个问题，小明进行了如下探索，请补全他的证明思路．

如图(b)，连接 AD，由 $\angle ECB$ 是圆内接四边形 $ABCD$ 的一个外角，可证 $\angle ECB = \angle BAD$．因为 $OB = OC$，所以_____；因为 $BD = BA$，所以_____．利用同弧所对的圆周角相等和等量代换，得到_____，所以 $DE \parallel OB$，从而证明 BE 是 $\odot O$ 的切线．

(2) 如图(b)，连接 OB，要证明 BE 是 $\odot O$ 的切线，只要证明 OB _____ BE．由题意 $\angle E = 90°$，故只需证明 OB _____ DE．

(3) 如图(c)，连接 AD，作直径 BF 交 AD 于点 H，小丽发现 $BF \perp AD$，请说明理由．

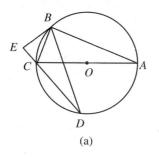
(a)

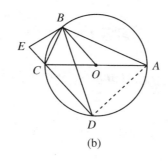
(b)

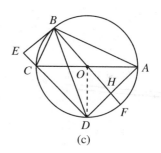
(c)

图 1.4.29

(4) 利用(3)中小丽的发现,请证明 BE 是⊙O 的切线.(要求给出两种不同的证明方法)

点拨 可以通过证∠OBD = ∠BDC,或∠BOC = ∠DCO,或四边形 BEDH 是矩形,或 OH 是△ACD 的中位线来证明.

解 (1) ∠CBO = ∠BCO;∠BAD = ∠BDA;∠ECB = ∠CBO.

(2) 垂直或"⊥",平行或"∥".

(3) 连接 OD.由 BD = BA,OD = OA,得 BF 垂直平分 AD,即 BF⊥AD.

(4) (证法1) 通过证明∠OBD = ∠BDC 来证明结论.

由 BF⊥AD,得 $\overset{\frown}{FD} = \overset{\frown}{FA}$,则∠FBD = ∠FBA.由 OB = OA,得∠FBA = ∠CAB,从而有 ∠FBD = ∠CAB.又由∠CAB = ∠CDB,得∠FBD = ∠CDB,所以 DE∥OB.再由∠E = 90°, 得∠EBO = 90°.所以 BE 是⊙O 的切线.

(证法2) 通过证明∠BOC = ∠DCO 来证明结论.

由 BF⊥AD,得 $\overset{\frown}{FD} = \overset{\frown}{FA}$,则∠FBD = ∠FBA,从而有∠ABD = 2∠FBA.

由∠ACD = ∠ABD,得∠ACD = 2∠FBA.由圆周角定理得∠BOC = 2∠CAB.又由 OB = OA,得∠FBA = ∠CAB,从而有∠BOC = 2∠FBA,即∠BOC = ∠ACD,所以 DE∥OB.再 由∠E = 90°,得∠EBO = 90°,所以 BE 是⊙O 的切线.

(证法3) 通过证明四边形 BEDH 是矩形来证明结论.

由 BF⊥AD,得∠BHD = 90°.由∠ABC = 90°,得 AC 是⊙O 的直径,则∠ADC = 90°.又 因∠E = 90°,所以四边形 BEDH 是矩形,从而有∠EBO = 90°,即 BE 是⊙O 的切线.

(证法4) 通过证明 OH 是△ACD 的中位线来证明结论.

由 BF⊥AD,根据垂径定理,得 AH = DH.又由∠ABC = 90°,得 AC 是⊙O 的直径,则 AO = CO,所以 OH 是△ACD 的中位线,有 OH∥DC,即 DE∥OB.又∠E = 90°,得∠EBO = 90°,所以 BE 是⊙O 的切线.

说明 要认真审题,明确题意尤为重要.

习题 1.4.2

1. 如图 1.4.30，AM 是 Rt$\triangle ABC$ 斜边 BC 上的中线，过点 A 作 $PQ \perp AM$．求证：PQ 切于以 BC 为直径的圆．

2. 如图 1.4.31，$\triangle ABC$ 的边 BC 上的高 $AD = \dfrac{1}{2}BC$，M、N 分别是边 AB、AC 的中点．求证：以 MN 为直径的圆与边 BC 相切．

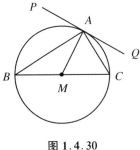

图 1.4.30

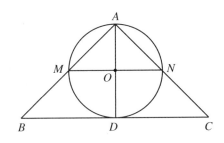

图 1.4.31

3. 如图 1.4.32，在等腰梯形 $ABCD$ 中，$AB \parallel DC$，对角线 $AC \perp BD$，过对角线交点 P 的直线 $MN \parallel AD$．求证：MN 与 BC 为直径的圆相切．

4. 如图 1.4.33，在等腰 Rt$\triangle ABC$ 中，$AO \perp BC$ 于点 O，在两腰上截取 $BD = BO$，$CE = CO$，DE 交 AO 于点 K．求证：以 O 为圆心、OK 为半径的圆必与两腰相切．

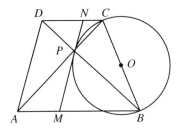

图 1.4.32

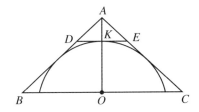

图 1.4.33

5. 如图 1.4.34，在直角梯形 $ABCD$ 中，$\angle A = \angle B = 90°$，$DC = AD + BC$．求证：以 AB 为直径的圆切于 DC，以 DC 为直径的圆切于 AB．

6. 如图 1.4.35，AB 是 $\odot O$ 的直径，MN 切 $\odot O$ 于点 C，作 $AD \perp MN$ 交 BC 延长线于点 E．求证：$AB = AE$．

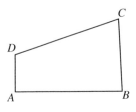

图 1.4.34

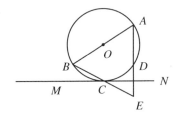

图 1.4.35

7. 如图 1.4.36，AB 是 ⊙O 的直径，BC 切 ⊙O 于点 B，弦 AD // OC．求证：DC 是 ⊙O 的切线．

8. 如图 1.4.37，以 Rt△ABC 的直角边 AB 为直径作半圆交斜边 AC 于点 D，过点 D 作圆的切线交 BC 于点 E．求证：OE // AC．

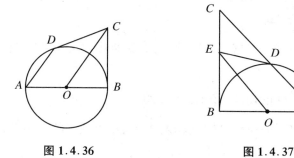

图 1.4.36　　　　　图 1.4.37

9. 如图 1.4.38，AB 是 ⊙O 的直径，AC、BF 是 AB 的垂线，与切 ⊙O 于点 D 的切线分别交于点 C、F，DE⊥AB 于点 E，交 CB 于点 G．求证：DG = GE．

10. 如图 1.4.39，在 △ABC 中，AB = AC，以 AC 为直径的 ⊙O 交 BC、AB 于点 D、E，过点 D 作 DF⊥AB 于点 F，连接 DE．求证：(1) DF 与 ⊙O 相切；(2) BF = EF．

11. 如图 1.4.40，⊙O 是 △ABC 的外接圆，AC 为直径，弦 BD = BA，BE⊥CD 交 CD 的延长线于点 E．求证：(1) ∠BCA = ∠CAD；(2) BE 是 ⊙O 的切线．

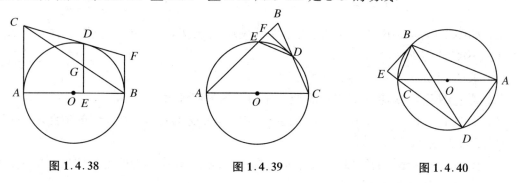

图 1.4.38　　　　　图 1.4.39　　　　　图 1.4.40

12. 如图 1.4.41，已知在 △ABC 中，AB = AC．

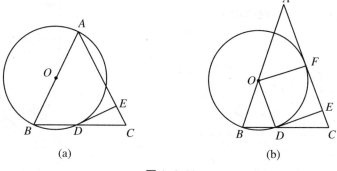

(a)　　　　　(b)

图 1.4.41

(1) 如图(a)，若 O 是 AB 的中点，以 O 为圆心，OB 为半径的圆交 BC 于点 D，过点 D 作 DE⊥AC 于点 E．求证：DE 是 ⊙O 的切线．

(2) 如图(b),若 O 是 AB 上的点,以 O 为圆心、OB 为半径的圆与 AC 相切于点 F,交 BC 于点 D,$DE \perp AC$ 于点 E.求证:四边形 $ODEF$ 是矩形.

13. 如图 1.4.42,在等腰梯形 $ABCD$ 中,$AD \parallel BC$,O 是 CD 边的中点,以 O 为圆心、OC 为半径作圆,交 BC 边于点 E,过点 E 作 $EH \perp AB$ 于点 H,$\odot O$ 切 AB 于点 F.求证:

(1) $OE \parallel AB$;(2) $EH = \dfrac{1}{2} AB$.

14. 如图 1.4.43,$\odot O$ 是 $\triangle ABC$ 的外接圆,AB 是直径,$OD \parallel AC$,且 $\angle CBD = \angle BAC$,OD 交 $\odot O$ 于点 E,交 BC 于点 F.

(1) 求证:① BD 是 $\odot O$ 的切线;② $OF = \dfrac{1}{2} AC$.

(2) 若点 E 为线段 OD 的中点,证明:以 O、A、C、E 为顶点的四边形是菱形.

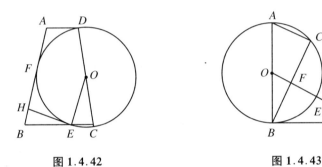

图 1.4.42　　　　　图 1.4.43

15. 如图 1.4.44,AB 是 $\odot O$ 的直径,CD 切 $\odot O$ 于点 E,$AC \perp CD$ 于点 C,$BD \perp CD$ 于点 D 且交 $\odot O$ 于点 F,连接 AE、EF.

(1) 求证:AE 是 $\angle BAC$ 的平分线.

(2) 若 $\angle ABD = 60°$,问:AB 与 EF 是否平行?请说明理由.

16. 如图 1.4.45,已知 AB 是 $\odot O$ 的直径,AC 是 $\odot O$ 的弦,D 是 $\overset{\frown}{ABC}$ 的中点,弦 $DE \perp AB$ 于点 F,DE 交 AC 于点 G.

(1) 图中有哪些相等的线段?(要求不再标注其他字母,找结论的过程中所作的辅助线不能出现在结论中,不写推理过程.)

(2) 若过点 E 作 $\odot O$ 的切线 ME,交 AC 的延长线于点 M,试问:$ME = MG$ 是否成立?若成立,请证明;若不成立,请说明理由.

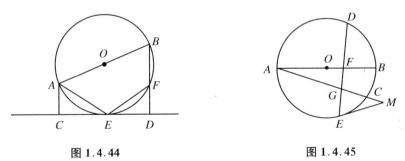

图 1.4.44　　　　　图 1.4.45

17.(1)如图 1.4.46(a),已知 OA、OB 是 $\odot O$ 的两条半径,且 $OA \perp OB$,点 C 是 OB 延长线上任意一点,过点 C 作 CD 切 $\odot O$ 于点 D,连接 AD 交 OC 于点 E.求证:$CD = CE$.

(2) 若将图(a)中的半径 OB 所在直线向上平行移动交 OA 于点 F, 交 $\odot O$ 于点 B', 其他条件不变(图(b)), 那么上述结论 $CD = CE$ 还成吗? 为什么?

(3) 若将图(a)中的半径 OB 所在直线向上平行移动到 $\odot O$ 处的 CF, 点 E 是 DA 的延长线与 CF 的交点, 其他条件不变(图(c)), 那么上述结论 $CD = CE$ 还成立吗? 为什么?

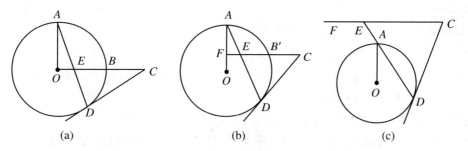

图 1.4.46

18. 如图 1.4.47, HQ 是 $\odot O$ 的直径, $MN \perp HQ$ 于点 P, 点 A 在 MN 上, 连 HA 并延长与 $\odot O$ 交于点 B, 过点 B 作 $\odot O$ 的切线与 MN 的延长线交于点 C.

(1) 如果点 P 与圆心 O 重合时, 求证: $AC = BC$.

(2) 若点 P 在线段 HQ 所在的直线上运动, 则就点 P 在圆内和圆外两种情况分别画出图形, 并讨论 AC 与 BC 的大小关系.

(3) 就(2)中的情况任选一种给予证明.

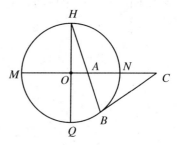

图 1.4.47

1.4.3 圆与圆的关系

> **基础知识**

定义 4 在两圆中, 如果任何一个圆上的任何一点都在另一个圆的外部, 我们就说两圆外离; 如果两圆有一个公共点并且互在外部, 我们就说两圆外切, 公共点叫做切点; 如果两圆有两个公共点, 我们应当说两圆相交, 公共点叫做交点; 如果一个圆上的点全在另一个圆的内部, 我们就说两圆内离(或内含); 如果两圆有一个公共点, 并且一个圆在另一个圆的内部, 我们就说两圆内切, 公共点叫做切点.

定理 8 设两圆半径分别为 R 和 $r(R > r)$, 两圆圆心的距离为 d, 则

(1) 如果 $d > R + r$, 那么两圆外离.

(2) 如果 $d = R + r$, 那么两圆外切.

(3) 如果 $R - r < d < R + r$, 那么两圆相交.

(4) 如果 $d = R - r$, 那么两圆内切.

(5) 如果 $d < R - r$, 那么两圆内离.

以上定理的逆命题也成立.

定义 5 如果一条直线同时和两个圆相切, 那么这条直线叫做两个圆的公切线; 如果两

个圆在公切线的同旁,那么这条公切线叫做外公切线;如果两个圆在公切线的两旁,那么这条公切线叫做内公切线;公切线上,在两切点之间的距离叫做公切线的长.

定理 9　如果两圆相交,那么连心线垂直平分两圆的公共弦.

定理 10　如果两圆相切,那么切点在连心线上.

技能训练

例 1　如图 1.4.48,在梯形 $ABCD$ 中,$AB // CD$,以两腰为直径作 $\odot O$ 与 $\odot O'$,相交于点 M 和点 N,直线 MN 交 AB、CD 于点 F、E.求证:(1) $MN \perp CD$;(2) $ME = NF$.

点拨　连 OO',则 $OO' \perp MN$.

证明　(1) 连接两圆的圆心 O、O',则 $OO' \perp MN$.

由 O、O' 分别是梯形两腰 AD、BC 的中点,得 $OO' // CD$,所以 $MN \perp CD$.

(2) 因为 $HE = HF$,$HM = HN$,所以 $ME = NF$.

说明　本题如果以两条对角线作圆,结论仍然成立.

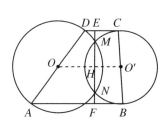

图 1.4.48

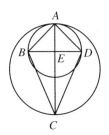

图 1.4.49

例 2　如图 1.4.49,在四边形 $ABCD$ 中,$AB = AD$,$BC = DC$,$\angle BAD = 90°$,那么以 BD 为直径的圆内切于以 AC 为直径的圆.

点拨　证明以 BD 为直径的圆过 A 点,且圆心在 AC 上.

证明　取 BD 的中点 E.由 $AB = AD$,得 $AE \perp BD$.又 $BC = DC$,则 $CE \perp BD$,所以 $AC \perp BD$ 且点 E 在 AC 上.

由 $\angle BAD = 90°$,可知以 BD 为直径的圆过 A 点.所以以 BD 为直径的圆内切于以 AC 为直径的圆.

说明　本题若直接用两圆内切,圆心距等于两圆半径之差,则没有这样方便.

例 3　如图 1.4.50,$\odot O_1$、$\odot O_2$ 外离,AB、CD 是两条外公切线,A、B、C、D 是切点,一条内公切线分别交 AB、CD 于点 E、F.求证:$DF = AE$.

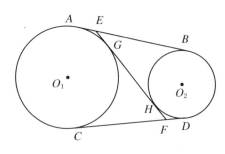

图 1.4.50

点拨　由切线长定理导出.

证明　设内公切线分别切 $\odot O_1$、$\odot O_2$ 于点 G、H.

由 $EB = EH$,得 $AE = AB - EB = AB - EH = AB - EG - GH$.又 $EG = AE$,则 $AE = \frac{1}{2}(AB - GH)$.

同理,$DF = \frac{1}{2}(CD - GH)$.由 $AB = CD$,得 $DF = AE$.

说明 两圆外离,两条内公切线相等,两条外公切线相等.

例4 如图1.4.51,⊙O 与⊙O'外切于点 F,AB 是两圆的外公切线,与⊙O' 相切于点 C,且平行于 AB 的直线交⊙O 于 D、E 两点.求证:A、F、C 三点共线.

点拨 $\angle AFB + \angle BFC = 180°$.

证明 连接 FA、FB、FC、BC.由两条平行线分别切 ⊙O'于点 B、C,得 BC 是⊙O'的直径,则$\angle BFC = 90°$.

过点 F 作两圆内公切线交 AB 于点 G,则 $GA = GF = GB$,$\angle GAF = \angle GFA$,$\angle GBF = \angle GFB$,所以$\angle AFB = \angle AFG + \angle GFB = \angle GAF + \angle GBF = 90°$,从而有$\angle AFB + \angle BFC = 90°$,即 A、F、C 三点共线.

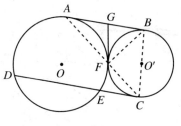

图1.4.51

说明 两圆相切,作公切线是常用的辅助线方法.

例5 如图1.4.52,⊙A、⊙B、⊙C 两两外切,且都与直线 l 相切,若⊙A、⊙B、⊙C 的半径分别为 a、b、c.求证:$\dfrac{1}{\sqrt{a}} + \dfrac{1}{\sqrt{b}} = \dfrac{1}{\sqrt{c}}$.

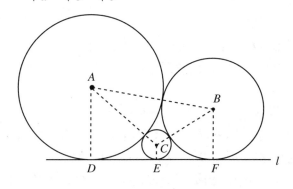

图1.4.52

点拨 设三圆与直线 l 的切点分别为 D、E、F,则由 $DF = DE + EF$ 可建立 a、b、c 的等量关系.

证明 设⊙A、⊙B、⊙C 分别切直线 l 于点 D、E、F,连接 AD、BF、CE、AB、AC、BC,则 $AD \perp l$,$BF \perp l$,$AD = a$,$BF = b$,$AB = a + b$,从而有 $DF = \sqrt{(a+b)^2 - (a-b)^2} = 2\sqrt{ab}$.同理,$DE = 2\sqrt{ac}$,$EF = 2\sqrt{bc}$.于是由 $DF = DE + EF$,得 $2\sqrt{ab} = 2\sqrt{ac} + 2\sqrt{bc}$,即 $\dfrac{1}{\sqrt{c}} = \dfrac{1}{\sqrt{a}} + \dfrac{1}{\sqrt{b}}$.

说明 两圆无论相交、相切、相离,连心线通常都起着重要作用.

例6 如图1.4.53,在线段 AB 上取点 C,分别以 AB、AC、CB 为直径作圆,圆心分别为 O、O_1、O_2,过点 A 作直线,分别交⊙O、⊙O_1、⊙O_2 于点 E、F、G、H.求证:$EG = FH$.

点拨 设 BE 交⊙O_2 于点 K,则四边形 $EFCK$ 为矩形,或作 $O_2T \perp HG$ 于点 T,则 $HT = TG$.

证明 (方法1)连接 BE,交⊙O_2 于点 K,连接 CF、CK.由 AB、AC、CB 分别是⊙O、⊙O_1、⊙O_2 的直径,得$\angle E = \angle AFC = \angle CKB = 90°$,所以四边形 $EFCK$ 为矩形,故得 $EG = FH$.

(方法 2)连接 CF、BE,过点 O_2 作 $O_2T \perp HG$ 于点 T.由 $CF \perp AE$,$BE \perp AE$,得 $CF \parallel O_2T \parallel BE$.由 $O_2C = O_2B$,得 $FT = ET$.又 $TH = TG$,则 $EG = FH$.

说明 在得四边形 $EFCK$ 为矩形后,可由对称性得 $FH = GE$.也可以证明点 T 既是 FE 的中点,又是 HG 的中点.

例 7 如图 1.4.54,已知⊙O_1 与⊙O_2 相交于点 M、N,且⊙O_1、⊙O_2 与⊙O 内切于点 S、T.若 S、N、T 三点共线,求证:$OM \perp MN$.

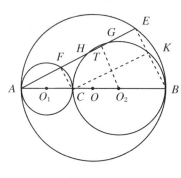

图 1.4.53

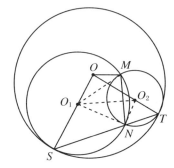

图 1.4.54

点拨 证明 $OM \parallel O_1O_2$,四边形 OO_1NO_2 是平行四边形.

证明 连接 O_1O_2、O_1N、O_2N.由两圆相切性质得 O、O_1、S 三点共线,O、O_2、T 三点共线.

由 S、N、T 三点共线,得 $\angle S = \angle T$.又 $O_1S = O_1N$,$O_2N = O_2T$,则 $\angle S = \angle O_1NS = \angle O_2NT = \angle T$,从而有 $O_2N \parallel OS$,$O_1N \parallel OT$,故得四边形 OO_1NO_2 是平行四边形,进一步有 $OO_1 = O_2N = O_2M$,$OO_2 = O_1N = O_1M$,得 $\triangle O_1OM \cong \triangle O_2MO$,则 $S_{\triangle O_1OM} = S_{\triangle O_2MO}$,所以 $O_1O_2 \parallel OM$.由⊙O_1 与⊙O_2 相交于点 M、N,得 $O_1O_2 \perp MN$,所以 $OM \perp MN$.

说明 两圆相交,连心线与公共弦互相垂直.

例 8 如图 1.4.55,两等圆⊙O_1、⊙O_2 外切于点 A,⊙O 和⊙O_1 相切于点 B,与⊙O_2 相交于点 P、Q,且⊙O 的半径等于两等圆的直径.求证:直线 AB 过点 P 或点 Q.

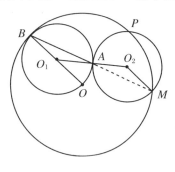

图 1.4.55

点拨 延长 BA 交⊙O 于点 M,则 M 是⊙O 与⊙O_2 的交点.

证明 由⊙O_1、⊙O 内切于点 B,得 B、O_1、O 三点共线,且 $OO_1 = OB - O_1B = 2O_1B - O_1B = O_1B$,则点 O 在⊙O_1 上,所以 $OA \perp AB$.

延长 BA 交⊙O 于点 M,则由 $OA \perp BM$,得 $BA = AM$.

又⊙O_1、⊙O_2 外切于点 A,则 O_1、A、O_2 三点共线,且由两圆相等,得 A 是 O_1O_2 的中点.由 $\angle BAO_1 = \angle MAO_2$,$O_1A = O_2A$,$BA = AM$,得 $\triangle BAO_1 \cong \triangle MAO_2$,则 $O_2M = O_1B$,所以点 M 在⊙O_2 上,即 M 是⊙O 与⊙O_2 的交点 P 或 Q.

说明 直接证明点 P 是直线 AB 上一点比较麻烦,所以只要证明直线 BA 与⊙O 的交点 M 在⊙O_2 上即可.

习题 1.4.3

1. 如图 1.4.56，$\odot O$ 与 $\odot O'$ 相交于点 M 和点 N，过点 M 作 MN 的垂线与两圆相交于点 A 和点 B。求证：$OO' = \dfrac{1}{2}AB$。

2. 如图 1.4.57，两 $\odot O$ 和 $\odot O'$ 外切，AB 是外公切线，CM 是内公切线，且交 AB 于点 M。求证：M 是线段 AB 的中点。

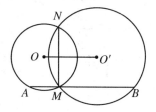

图 1.4.56

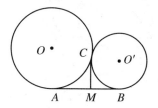

图 1.4.57

3. 如图 1.4.58，$\odot O$ 和 $\odot O'$ 外切，MN 是两圆的外公切线，P 是 OO' 的中点。求证：以 OO' 为直径的圆 P 与 MN 相切 Q。

4. 如图 1.4.59，$\odot O_1$ 与 $\odot O_2$ 外切于点 A，过点 A 的直线分别交 $\odot O_1$ 和 $\odot O_2$ 于点 P、Q。
(1) 求证：$O_1P \parallel O_2Q$。
(2) 若过点 P、Q 分别作 $\odot O_1$、$\odot O_2$ 的切线 l_1、l_2，则 l_1 与 l_2 是否平行？说明理由。

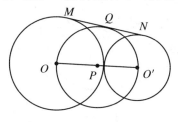

图 1.4.58

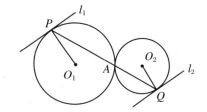

图 1.4.59

5. 如图 1.4.60，两圆相交于点 A 和点 B，过点 A 分别作两圆的直径 AC 和 AD。求证：C、B、D 三点在一条直线上。

6. 如图 1.4.61，四边形 $ABCD$ 是菱形。求证：以 AD 为直径的圆和以 BC 为直径的圆外切。

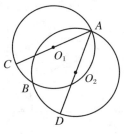

图 1.4.60

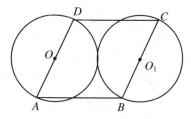

图 1.4.61

7. 如图 1.4.62，在梯形 $ABCD$ 中，$AB \parallel CD$，AC 和 BD 交于点 M。求证：$\triangle ABM$ 的外

接圆与△CDM 的外接圆外切.

8. 如图 1.4.63,⊙O 和⊙O′外离.求证:它们的内公切线 EF 与 GH 的交点 S 在连心线 OO′上.

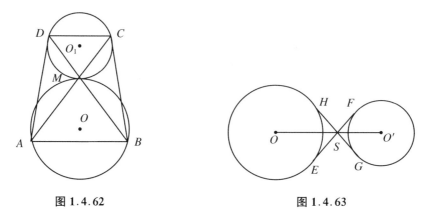

图 1.4.62　　　　　　图 1.4.63

9. 如图 1.4.64,⊙O 和⊙O′外离,AC、BD 是两圆的外公切线,MN、HL 是内公切线,内公切线与外公切线交于点 E、F、G、H.求证:EF = AC = GH = BD.

10. 如图 1.4.65,在 Rt△ABC 中,∠BAC = 90°,点 D、E 分别在 AB、AC 上,DE ∥ BC,△ADC 和△AEB 的外接圆交于点 A、F.求证:AF⊥BC.

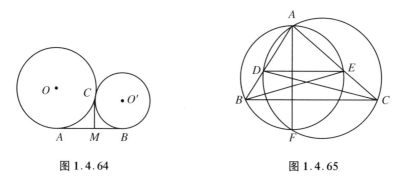

图 1.4.64　　　　　　图 1.4.65

11. 如图 1.4.66,圆 O 和圆 O′外离.求证:它们的外公切线和内公切线相交所得的四个交点都在以 OO′为直径的圆上.

12. 如图 1.4.67,从半圆上一点 C 向直径 AB 作垂线 CD,D 是垂足,以 AD、DB 为直径在半圆内分别作两个半圆,设这两个半圆的外公切线为 EF,E、F 为切点.求证:(1) CD = EF;(2) D、E、C、F 是矩形的四个顶点.

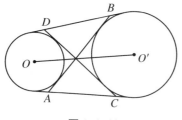 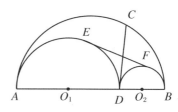

图 1.4.66　　　　　　图 1.4.67

1.4.4 圆与角的关系

基础知识

定义 6 顶点在圆心的角,叫做圆心角;顶点在圆周上并且两边都和圆相交的角,叫做圆周角;顶点在圆内的角,叫做圆内角;顶点在圆外并且两边和圆相交或相切的角,叫做圆外角;顶点在圆周上并且两边分别是圆的弦和切线的角,叫做弦切角.

定理 11 圆心角的度数等于它所对弧的度数.

定理 12 圆周角的度数等于它所对弧的度数的一半.

推论 1 同弧(或等弧)所对的圆周角相等.

推论 2 半圆上的圆周角是直角.

定理 13 圆内角的度数等于它和它的对顶角所夹两弧度数之和的一半.

定理 14 圆外角的度数等于它所夹两弧度数之差的一半.

定理 15 弦切角的度数等于它所夹弧度数的一半.

推论 3 弦切角的度数等于它所夹弧上的圆周角度数.

技能训练

例 1 如图 1.4.68,已知 ⊙O 和 ⊙Q 相交于点 A、B,⊙Q 经过点 O,C 是 ⊙O 优弧 AB 上一点,CB 的延长线交 ⊙Q 于点 D.求证:$DO \perp AC$.

点拨 $\angle CFD = 90°$.

证明 连接 AB,作 ⊙O 的直径 AE,连接 BE,则 $\angle ABE = 90°$.延长 DO 交 AC 于点 F.由 $\angle C = \angle E$,$\angle D = \angle EAB$,得 $\angle CFD = \angle ABE = 90°$,即 $DO \perp AC$.

说明 在圆中讨论垂直问题,应联想到半圆上的圆周角是直角.

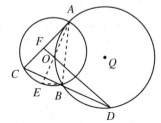

图 1.4.68

例 2 如图 1.4.69,D 是 △ABC 外接圆 O 上一点,$\angle ADC = \angle CDB = 60°$.

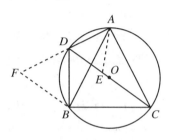

图 1.4.69

(1) 判断△ABC 的形状,并证明你的结论;

(2) 求证:$DA + DB = DC$.

点拨 (1) △ABC 是等边三角形;(2) 可用截短或延长法.

证明 (1) 在 △ABC 中,有 $\angle CAB = \angle CDB = 60°$,$\angle CBA = \angle CDA = 60°$,则△$ABC$ 是等边三角形.

(2) (方法 1) 在 DC 上截到 $DE = AD$,连接 AE,则△ADE 是等边三角形,得 $AE = AD$.

又 $AC = AB$,$\angle ACE = \angle ABD$,得 $\triangle ACE \cong \triangle ABD$,则 $CE = BD$,所以 $DC = DE + CE = DA + DB$.

(方法 2)延长 AD 至点 F,使 $DF = DB$,连接 FB,则由 $\angle DBF = 60°$,得 $\triangle BDF$ 是等边三角形,则 $BF = BD$.

又由 $AB = BC$,$\angle BAF = \angle BCD$,得 $\triangle ABF \cong \triangle CBD$,则 $DC = AF = AD + DF = AD + DB$.

说明 若延长 AD 至点 F,使 $AF = CD$,也可证 $BF = BD$.

例 3 如图 1.4.70,已知两圆相交于点 P、Q 两点,过点 P、Q 作直线 PCA 和 DQB,交一圆于点 A、B,交另一圆于点 C、D.求证:$\angle PCD = \angle PAB$.

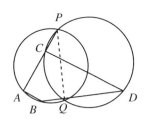

图 1.4.70

点拨 找第三个角,证明 $\angle PCD$ 和 $\angle PAB$ 与这个角都相等.

证明 连接 PQ,则 $\angle PCD = \angle PQD$.又 $ABQP$ 是圆内接四边形,则 $\angle PQD = \angle PAB$.所以 $\angle PCD = \angle PAB$.

说明 在题设条件下,还有 $CD \parallel AB$.两圆相交,连公共弦是常用的作辅助线的方法.

例 4 如图 1.4.71,$\odot O$ 是 $\triangle ABC$ 的外接圆,AD 是高,以 AD 为直径的圆 O' 交 AB 于点 M,交 AC 于点 N,MN 交 AO 于点 P.求证:$OA \perp MN$.

点拨 作直径 AE,证明 $\angle AEB = \angle ACD$.

证明 延长 AO 交 $\odot O$ 于点 E,连 BE,则 $BE \perp AB$,得 $\angle AEB + \angle BAE = 90°$.

连接 DN,由 AD 为 $\odot O'$ 的直径,得 $DN \perp AC$,从而有 $\angle ACD = \angle ADN = \angle AMP$.

又 $\angle AEB = \angle ACD$,得 $\angle AMP = \angle AEB$.所以 $\angle AMP + \angle BAE = 90°$,即 $OA \perp MN$.

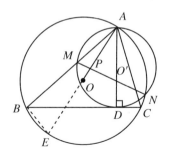

图 1.4.71

说明 要证的是垂直关系,与角有关,因此联想到由半径连直径,得到半圆上为直角的圆周角.

例 5 如图 1.4.72,$\triangle ABC$ 内接于 $\odot O$,高 AD、BE 相交于点 H.求证:

(1) 若延长 AD 交 $\triangle ABC$ 外接圆于点 G,则 $HD = DG$.

(2) 若 $\angle ACB = 60°$,则 CH 等于 $\odot O$ 的半径.

点拨 由于 $BD \perp AD$,要证 $HD = DG$,故只要证 $BG = BH$.又由 $\angle ACB = 60°$ 可联想到正三角形,即证明 $\triangle OCG$ 是正三角形.

证明 (1) 连接 BG.

由 $\angle CBG = \angle CAG$,$\angle AEH = \angle BDG$,得 $\angle BGH = \angle AHE = \angle BHG$,则 $BG = BH$.又 $BD \perp HG$,所以 $HD = DG$.

(2) 连接 OC、OG、CG,则 $CG = CH$.由 $\angle ACB = 60°$,得 $\angle CAG = 30°$,则 $\angle COG = 2\angle CAG = 60°$.

又 $OC = OG$,得 $\triangle OCG$ 是等边三角形,则 $CH = CG = OC$,即 CH 等于 $\odot O$ 的半径.

说明 要证明 CH 等于 $\odot O$ 半径,需首先作出半径,再证明相等.

例 6 如图 1.4.73,已知 $\odot O$ 与 $\odot O'$ 相交于 A、D,$\odot O$ 的弦 AB 切 $\odot O'$ 于点 A,过点 B 作 $\odot O$ 的切线交 $\odot O'$ 于点 C.求证:$\angle BDC = \angle A + \angle B$.

点拨 连接 AD 并延长交 BC 于点 E,则 $\angle BDC = \angle BDE + \angle CDE$,下面只要证明 $\angle BDE + \angle CDE = \angle A + \angle B$.

证明 连接 AD 并延长交 BC 于点 E,过点 A 作直线分别交 $\odot O$、$\odot O'$ 于点 F、G,连接 BF、CG,则 $\angle BDE = \angle F$,$\angle CDE = \angle G$.

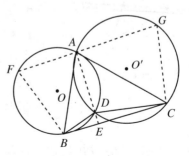

图 1.4.73

又由 AB 是 $\odot O'$ 的切线,BC 是 $\odot O$ 的切线,得 $\angle ABC = \angle F$,$\angle BAC = \angle G$.所以 $\angle BDC = \angle A + \angle B$.

说明 本题是将弦切角转移,并利用圆内接四边形的外角等于内对角,使问题简单多了.如果注意到 $\angle BDE = \angle BAD + \angle ABD$,$\angle CDE = \angle CAD + \angle ACD$,那么只要证 $\angle DBE = \angle ACD$ 就可以了,这由 $\angle DBE = \angle BAD = \angle ACD$ 可得.

例 7 如图 1.4.74,已知 A、B、C、D 是 $\odot O$ 上的四点,$\overset{\frown}{AD} = \overset{\frown}{BC}$,延长 AB 至点 E,使 $BE = BA$,F 是 CE 的中点.

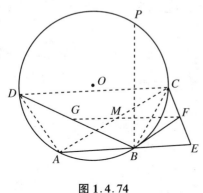

图 1.4.74

(1) 求证:$BF = \dfrac{1}{2} BD$.

(2) 若 G 是 BD 的中点,在 $\odot O$ 上是否存在点 P(异于 B),使得 $PG = PF$?请说明理由.

点拨 (1) $BD = AC$;(2) 存在.

解 (1) 连接 AD、BC、AC、DC.由 BF 是 $\triangle AEC$ 的中位线,得 $BF = \dfrac{1}{2} AC$.

在 $\triangle BDC$ 与 $\triangle ACD$ 中,由 $\overset{\frown}{AD} = \overset{\frown}{BC}$,得四边形 $ABCD$ 是等腰梯形,则 $BD = AC$,所以 $BF = \dfrac{1}{2} BD$.

(2) 过点 B 作 $BM \perp GF$ 于点 M,交 $\odot O$ 于点 P,则点 P 即为所求.理由如下:由 $BG = BF$,得 M 是 GF 的中点,又 $PM \perp GF$,得 $PG = PF$.

说明 因为 $GF // AE$,B 是 AE 的中点,所以除 B 外,另一点就是 GF 的中垂线与 $\odot O$ 的交点.

例 8 如图 1.4.75,已知 P 是等腰 $Rt\triangle ABC$ 斜边 BC 上一点(异于点 B、C),PE 是 $\triangle ABP$ 外接圆 O 的直径.

(1) 求证:$\triangle APE$ 是等腰直角三角形.

(2) 求证:$PC^2 + PB^2 = PE^2$.

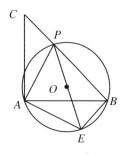

图 1.4.75

点拨 将 PC、PB、PE 归结到一个直角三角形中.

证明 (1) 由 $\triangle ABC$ 是等腰直角三角形,得 $\angle C = \angle ABC = 45°$,则 $\angle PEA = \angle ABC = 45°$.

由 PE 是 $\odot O$ 的直径,得 $\angle PAE = 90°$,$\angle PBE = 90°$,则 $\angle PEA = \angle APE = 45°$,即 $\triangle APE$ 是等腰直角三角形.

(2) 由 $\triangle ABC$ 是等腰直角三角形,得 $AC = AB$.

同理,$AP = AE$. 由 $\angle CAB = \angle PAE = 90°$,得 $\angle CAP = \angle BAE$,则 $\triangle CPA \cong \triangle BEA$,所以 $CP = BE$.

在 $\text{Rt}\triangle BPE$ 中,由 $\angle PBE = 90°$,得 $PB^2 + BE^2 = PE^2$,即 $CP^2 + PB^2 = PE^2$.

说明 因为 PE 是直径,所以 $\triangle PBE$ 是直角三角形,因此应证 $CP = BE$.

例 9 如图 1.4.76,两圆内切于点 P,任作大圆的弦 AD,交小圆于点 B、C.

(1) 求证:$\angle APB = \angle CPD$.

(2) 求证:若延长 PB、PC 交大圆于点 E、F. 求证:$EF \parallel BC$.

点拨 作公切线 PQ,由弦切角定理证明.

证明 (1) 作两圆的公切线 PQ,则 $\angle DPQ = \angle DAP$,$\angle CPQ = \angle CBP$. 由 $\angle CBP = \angle BAP + \angle APB$,$\angle CPQ = \angle CPD + \angle DPQ = \angle CPD + \angle BAP = \angle CBP = \angle BAP + \angle APB$,得 $\angle CPD = \angle APB$.

(2) 由 $\angle QPC = \angle PBD$,$\angle QPF = \angle PEF$,得 $\angle PBD = \angle PEF$,所以 $EF \parallel BC$.

说明 当 PD 与小圆相切于点 G 时,$\angle APG = \angle DPG$.

例 10 如图 1.4.77,已知 AB 是 $\odot O$ 的弦,C、D 为 AB 的三等分点,E、F 为 $\overset{\frown}{AB}$ 的三等分点,连接 EC、FD 交于点 S,连接 SA、SB. 求证:$\angle ASB = \dfrac{1}{3}\angle AOB$.

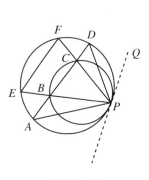

图 1.4.76

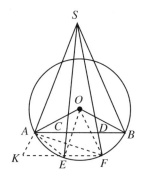

图 1.4.77

点拨 连接 OE、OF,则有 $\angle EOF = \angle ASB$.

证明 连接 OE、AE、AF、OF,延长 SA 交 FE 的延长线于点 K. 由 $\overset{\frown}{AE} = \overset{\frown}{BF}$,得 $AB \parallel EF$. 又由 $AC = CD$,得 $KE = EF = AE$,则 $\triangle AKF$ 是直角三角形,从而有 $SA \perp AF$. 又由 $\overset{\frown}{AE} = \overset{\frown}{EF}$,得 $OE \perp FA$,则 $OE \parallel SA$. 同理,$OF \parallel SB$. 所以 $\angle ASB = \angle EOF = \dfrac{1}{3}\angle AOB$.

说明 连接 OE、OF 后,可猜测 $OE \parallel AS$,$OF \parallel BS$.

例 11 如图 1.4.78,在 Rt△ABC 中,$\angle C=90°$,AD 是 $\angle A$ 的平分线,$CM \perp AD$ 于 M,交 AB 于 N,$NE \perp BC$ 于 E. 求证:$\angle B = \angle EMD$.

点拨 构作△ABC 的外接圆,利用同角的余角相等可得.

证明 作△ABC 的外接⊙O,延长 AD 交⊙O 于点 F,连接 FC,则 $\angle FCB = \angle FAB = \dfrac{1}{2}\angle A$,$\angle F = \angle B$. 又由 $\angle BAD = \angle CAD$,$CM \perp AD$,得 $MN = MC$,则 ME 是 Rt△NEC 斜边上的中线,从而有 $\angle MEC = \angle MCE$.

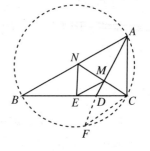

图 1.4.78

在 Rt△ACD 中,由 $CM \perp AD$,得 $\angle MCD = \angle CAM = \dfrac{1}{2}\angle A = \angle MAN = \angle FCB$,则 $\angle MEC = \angle FCB$,从而有 $ME \parallel CF$,所以 $\angle EMD = \angle F = \angle B$.

说明 本题可直接通过导角证得 $\angle EMD = \angle B$,这里作辅助圆的证法有独到之处.

例 12 如图 1.4.79,在⊙O 中,弦 $AB=2$,$CD=1$,$AD \perp BD$,直线 AD、BC 相交于点 E.

(1) 求证:$\angle E = 60°$.

(2) 如果点 C、D 在⊙O 上运动,且保持弦 CD 的长度不变,那么直线 AD、BC 相交所成的锐角的大小是否发生改变?试就以下两种情况进行探究,并说明理由.

① 如图(b),弦 AB 与弦 CD 交于点 F.

② 如图(c),弦 AB 与弦 CD 不相交.

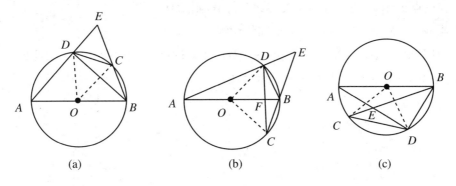

图 1.4.79

证明 (1) 由 $AD \perp BD$,得弦 AB 是直径. 如图(a),连接 OD、OC,则 $OD = OC = 1$. 又由 $CD = 1$,得△DOC 是等边三角形,则 $\angle DOC = 60°$,从而有 $\angle DBC = 30°$. 又因 $\angle EDB = 90°$,所以 $\angle E = 60°$.

(2) ① 不变. 理由如下:如图(b),连接 OD、OC. 由(1)知 $\angle DOC = 60°$. 由 $\angle CDB = \dfrac{1}{2}\angle BOC$,$\angle DCB = \dfrac{1}{2}\angle DOB$,$\angle DBE = \angle CDB + \angle DCB$,得 $\angle DBE = \dfrac{1}{2}\angle BOC +$

$\dfrac{1}{2}\angle DOB = \dfrac{1}{2}\angle DOC = 30°$. 又由 $AD \perp BD$，得 $\angle EDB = 90°$，所以 $\angle E = 60°$.

② 不变. 理由如下：如图(c)，连接 OD、OC. 由(1)知 $\angle DOC = 60°$，得 $\angle DBE = 30°$. 由 $AD \perp BD$，得 $\angle EDB = 90°$，所以 $\angle BED = 60°$.

说明 因为 $AD \perp BD$，所以关键是求 $\angle DBE$ 的度数.

习题 1.4.4

1. 如图 1.4.80，两圆相交于 A 和 B，过 A 分别作两圆的直径 AD 和 AC. 求证：B、C、D 三点在一直线上.

2. 如图 1.4.81，AB 和 CD 是圆 O 的两条直径，弦 $ED \parallel AB$. 求证：$\overset{\frown}{BC} = \overset{\frown}{BE}$.

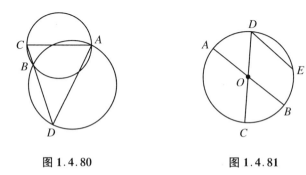

图 1.4.80　　　　　图 1.4.81

3. 如图 1.4.82，在 $\triangle ABC$ 中，$\angle C = 90°$，以 AC 为直径作圆交 AB 于点 D. 求证：

(1) 若过点 D 作圆的切线 DM 交 BC 于点 M，则 $BM = CM$.

(2) 若 M 是 BC 的中点，则 DM 是圆的切线.

4. 如图 1.4.83，AB 为半圆的直径，弦 $CD \parallel AB$，过点 B 的切线交 AD 的延长线于点 E，$EF \perp AC$ 交 AC 的延长线于点 F. 求证：$AC = CF$.

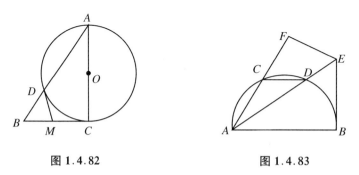

图 1.4.82　　　　　图 1.4.83

5. 如图 1.4.84，$\odot O_1$ 与 $\odot O_2$ 外切于点 P，CD 为两圆的公共弦，过点 P 任作一直线交两圆于点 E、F. 求证：$EC \perp DF$.

6. 如图 1.4.85，AB 是 $\odot O$ 的直径，BC 切 $\odot O$ 于点 B，弦 $AD \parallel OC$. 求证：DC 是 $\odot O$ 的切线.

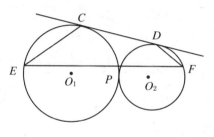
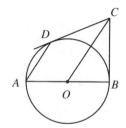

图 1.4.84 　　　　　图 1.4.85

7. 如图 1.4.86,在△ABC 中,BC 的中垂线交 AB 于点 D,过点 A、C 两点作 ⊙ABC 的切线交于点 E.求证:DE // BC.

8. 如图 1.4.87,已知两圆内切(或外切)于点 P,过点 P 作两圆的割线,交一圆于点 A 和点 C,交另一圆于点 B 和点 D.求证:AC // BD.

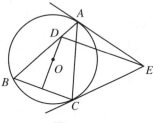

图 1.4.86

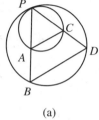

图 1.4.87

9. 如图 1.4.88,已知两圆相交于点 A、B,过点 A 的直线交两圆于点 C、D,过点 B 的直线交两圆于点 E、F.求证:EC // FD.

10. 如图 1.4.89,已知△ABC 内接于⊙O,延长 AO 交 BC 于点 E,DC⊥BC,ED // AB,连接 AD.求证:(1) ∠EAC = ∠EDC;(2) AD 是⊙O 的切线.

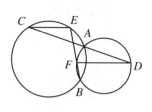
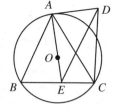

图 1.4.88 　　　　　图 1.4.89

11. 如图 1.4.90,以 AB 为直径作半圆 O,交△ABE 的边 EA、EB 分别于点 C、D,且 $\stackrel{\frown}{BD} = \stackrel{\frown}{DC}$.求证:AD 垂直平分 BE.

12. 如图 1.4.91,在梯形 ABCD 中,AB // DC,AD = BC,以 AD 为直径的⊙O 交 AB 于点 E,⊙O 的切线 EF 交 BC 于点 F.求证:(1) ∠DEF = ∠B;(2) EF⊥BC.

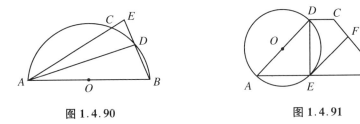

图 1.4.90　　　　　　　　图 1.4.91

13. 如图 1.4.92,已知⊙O 与⊙O' 相交于 A、B 两点,且点 O 在⊙O'上,OC 是⊙O'的直径,OC 交⊙O 于点 E,连接 AC、OB.求证:(1) AC 是⊙O 的切线;(2) $\angle EOB = 2\angle CAE$.

14. 如图 1.4.93,已知两圆内切于点 P,大圆的弦 AB 切小圆于点 C,则 PC 平分$\angle APB$.

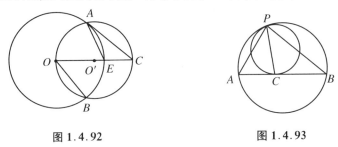

图 1.4.92　　　　　　　　图 1.4.93

15. 如图 1.4.94,已知两圆内切于点 P,大圆的弦 AB 交小圆于点 C、D.求证:$\angle APC = \angle BPD$.

16. 如图 1.4.95,已知两圆外切于点 P,一圆的割线 AB 切另一圆于点 C.求证:(1) PC 平分$\angle APB$ 的邻补角;(2) $\angle BPC + \angle APC = 180°$.

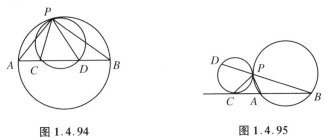

图 1.4.94　　　　　　　　图 1.4.95

17. 如图 1.4.96,已知⊙O 与⊙O' 相交于点 A、B,直线 CAD 与 EAF 各交两圆于点 C、D、E、F,且$\angle BAD = \angle BAE$.求证:$CD = EF$.

18. 如图 1.4.97,一个圆的弦 CD 垂直于直径 AB,过点 D 任作一弦 DE 交 AB 于点 F. 求证:BC 平分$\angle ECF$.

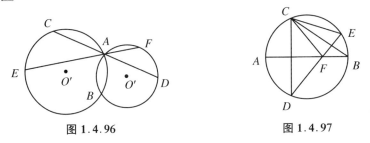

图 1.4.96　　　　　　　　图 1.4.97

19. 如图 1.4.98,已知 AB 和 CD 是 $\odot O$ 内互相垂直的两条直径,从圆周上任一点 P 作 $PE \perp AB$. 求证:(1) PC 平分 $\angle OPE$ 的邻补角;(2) PD 平分 $\angle OPE$.

20. 如图 1.4.99,延长 $\triangle ABC$ 的边 BA 至点 O,使 $AO = AB$. 过点 C 作以 O 为圆心、OA 为半径的圆的切线,切点为 D,且 $BC \perp CD$. 求证: $\angle ACB = \dfrac{1}{3} \angle CAD$.

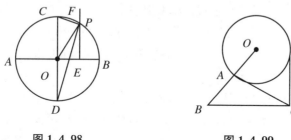

图 1.4.98　　　　　图 1.4.99

21. 如图 1.4.100,过 $\triangle ABC$ 的顶点 A 作它的外接圆的切线,交 BC 的延长线于点 P. 求证: $\angle BAC$ 的平分线与 $\angle APB$ 的平分线互相垂直.

22. 如图 1.4.101, $\odot O_1$ 与 $\odot O_2$ 相交于点 A、B,点 O_1 在 $\odot O_2$ 上,$\odot O_1$ 的弦 AC 延长线交 $\odot O_2$ 于点 D. 求证: $O_1D \perp BC$.

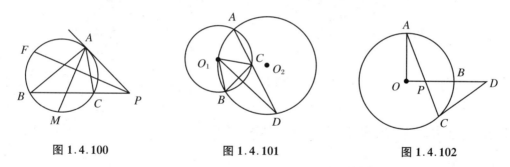

图 1.4.100　　　　图 1.4.101　　　　图 1.4.102

23. 如图 1.4.102, OA、OB 是圆 O 内相互垂直的半径,过点 A 任作一弦 AC 交 OB 于点 P,过点 C 作切线交 OB 延长线于点 D. 求证: $PD = CD$.

24. 如图 1.4.103(a),若 $\triangle ABC$ 是 $\odot O$ 的内接等边三角形,P 是 $\overset{\frown}{BC}$ 上一动点,则有 $PA = PB + PC$. 如图(b),若将等边 $\triangle ABC$ 改为正方形 $ABCD$,其他条件不变,则上述结论是否还成立? 若成立,请给出证明;若不成立,请写出你认为正确的一个结论,并加以证明.

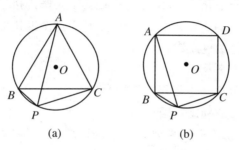

图 1.4.103

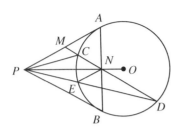

图 1.4.104

25. 如图 1.4.104，PA、PB 为 $\odot O$ 的切线，A、B 为切点，M、N 分别为线段 PA、AB 的中点，直线 MN 交 $\odot O$ 于 C、D 两点（点 C 在 M、N 两点之间），E 为线段 PD 与 $\odot O$ 的交点. 求证：(1) $\angle MPC = \angle MDP$；(2) $EN \parallel PA$.

26. 如图 1.4.105(a)，$\odot O_1$ 与 $\odot O_2$ 相交于 A、B 两点，连接 O_2O_1 并延长交 $\odot O_1$ 于点 P，连接 PA、PB 并分别延长交 $\odot O_2$ 于 C、D 两点，连接 CO_2 并延长交 $\odot O_2$ 于点 E. 已知 $\odot O_2$ 的半径为 R，设 $\angle CAD = \alpha$.

(1) 求证：若 $\alpha = 60°$，则 $CD = \sqrt{3}R$.

(2) 试判断 CD 与 PO_1 的位置关系，并说明理由.

(3) 如图(b)，设点 P' 为 $\odot O_1$ 上（$\odot O_2$ 外）的动点，连接 $P'A$、$P'B$ 并分别延长交 $\odot O_2$ 于点 C'、D'，请你探究 $\angle C'AD'$ 是否等于 α？$C'D'$ 与 $P'O_1$ 的位置关系如何？并说明理由.

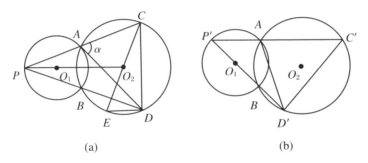

图 1.4.105

1.4.5 圆内接四边形与圆外切四边形

基础知识

定义 7 四个顶点在同一个圆周上的四边形叫做圆内接四边形；四条边切于同一个圆的四边形叫做圆外切四边形.

定理 16（圆内接四边形的判定定理）

(1) 如果四边形的一组对角互补，那么这个四边形是圆内接于四边形.

(2) 如果四边形的外角等于相邻内角的对角，那么这个四边形内接于圆.

定理 17（圆内接四边形的性质定理）

(1) 圆内接四边形的对角相补.

(2) 圆内接四边形的外角等于相邻内角的对角.

定理 18（圆外切四边形的判定定理）

如果四边形的两组对边之和相等，那么这个四边形外切于圆.

定理 19（圆外切四边形的性质定理）

圆外切四边的对边之和相等.

定理 20 n 边形的内角和为 $(n-2) \cdot 180°$.

定理 21　n 边形的外角和为 $360°$.

定义 8　各边都相等并且各角也都相等的多边形叫做正多边形.

定义 9　正多边形的外接圆的圆心（也就是内切圆的圆心）叫做正多边形的中心；连接中心和顶点的线段叫做正多边形的半径；从中心向一边所作的垂线叫做正多边形的边心距；正多边形每一边所对的圆心角叫做正多边形的中心角.

技能训练

例 1　如图 1.4.106，已知四边形 $ABCD$ 是圆内接四边形，$\angle ADC = 90°$，过点 B 作 $BE \perp AC$ 于点 E，$BF \perp AD$ 于点 F. 求证：EF 平分 BD.

点拨　$GD = FG = GB$.

证明　设 EF 与 BD 交于点 G，则 $\angle GDF = 90° - \angle CDB = 90° - \angle CAB = \angle GFD$，得 $GD = GF$.

又 $\angle GBF = 90° - \angle GDF = 90° - \angle GFD = \angle GFB$，得 $GB = GF$，所以 $GB = GD$，即 EF 平分 BD.

说明　本题还有其他证法.

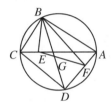

图 1.4.106

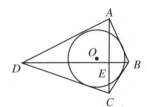

图 1.4.107

例 2　如图 1.4.107，四边形 $ABCD$ 外切于 $\odot O$，且对角线 $AC \perp BD$. 求证：$AB \cdot CD = BC \cdot AD$.

点拨　由 $AB + CD = BC + DA$ 及勾股定理推证.

证明　由四边形 $ABCD$ 是圆外切四边形，得 $AB + CD = BC + DA$，两边平方，展开得 $AB^2 + 2AB \cdot CD + CD^2 = BC^2 + 2BC \cdot DA + DA^2$.

设 AC 与 BD 交于点 E，则由 $AC \perp BD$，得 $AB^2 = AE^2 + BE^2$，$BC^2 = BE^2 + CE^2$，$CD^2 = CE^2 + DE^2$，$AD^2 = DE^2 + AE^2$，则 $AB^2 + CD^2 = BC^2 + AD^2$，从而有 $2AB \cdot CD = 2BC \cdot DA$，得 $AB \cdot CD = BC \cdot DA$.

说明　由 $AB \cdot CD = BC \cdot AD$，容易想到用比例证，但此题这个方法行不通.

例 3　如图 1.4.108，四边形 $ABCD$ 既有外接圆，又有内切圆，E、F、G、H 分别是 AB、BC、CD、DA 与内切圆的切点. 求证：$EG \perp FH$.

点拨　证明 $\angle GEF + \angle HFE = 90°$.

证明　连接 EF、FG、GH、HE. 由 $\angle A + \angle C = 180°$，$\angle CGF = \frac{1}{2}(180° - \angle C)$，$\angle AHE = \frac{1}{2}(180° - \angle A)$，得 $\angle CGF + \angle AHE = 90°$.

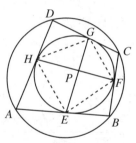

图 1.4.108

又 $\angle AHE = \angle HFE$,$\angle CGF = \angle GEF$,得 $\angle GEF + \angle HFE = 90°$,则 $\angle EPF = 90°$,所以 $HF \perp GE$.

说明 若设 EG 与 FH 交于点 P,则 $\angle EPF \stackrel{m}{=} \frac{1}{2}(\widehat{EF} + \widehat{GH}) \stackrel{m}{=} \angle BEF + \angle DGH = \frac{1}{2}(180° - \angle B + 180° - \angle D) = 180° - \frac{1}{2}(\angle B + \angle D) = 90°$,从而 $HF \perp GE$. 这里用到圆内角定理,证法比较简洁.

例 4 如图 1.4.109,⊙O_1 与 ⊙O_2 相交于 A、B 两点,⊙O_1 的弦 BC 交 ⊙O_2 于点 E,⊙O_2 的弦 BD 交 ⊙O_1 于点 F,求证:

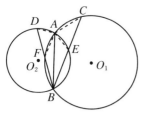

图 1.4.109

(1) 若 $\angle DBA = \angle CBA$,则 $DF = CE$;

(2) 若 $DF = CE$,则 $\angle DBA = \angle CBA$.

点拨 连接 AE、AF、AD、AC,则 $\triangle ADF \cong \triangle AEC$.

证明 (1) 连接 AE、AF、AD、AC. 则由圆内接四边形外角的性质,得 $\angle D = \angle AEC$,$\angle C = \angle AFD$. 又由 $\angle ABC = \angle ABD$,得 $\widehat{DA} = \widehat{AE}$,则 $DA = AE$,从而有 $\triangle ADF \cong \triangle AEC$,所以 $DF = CE$.

(2) 由 $\angle D = \angle AEC$,$\angle C = \angle AFD$,$DF = CE$,得 $\triangle ADF \cong \triangle AEC$,则 $AD = AE$,从而有 $\widehat{AD} = \widehat{AE}$,进而有 $\angle ABC = \angle ABD$,即 $\angle DBA = \angle CBA$.

说明 (1)、(2)两小题条件与结论互换,题为逆命题.

例 5 如图 1.4.110,已知两圆相交于 A、B 两点,过点 A 的两直线分别交两圆于点 C、E 和点 D、F,且 $\angle EAB = \angle DAB$,求证:$CD = EF$.

点拨 连接 BC、BE 等,利用圆内接四边形的性质,由三角形全等得证.

证明 连接 CE、BE、BC、BF、BD. 则由 $\angle EAB = \angle DAB$,$\angle BCE = \angle EAB$,得 $\angle DAB = \angle BCE$. 由 $ABEC$ 是圆内接四边形,得 $\angle DAB = \angle BEC$,则 $\angle BCE = \angle BEC$,所以 $BC = BE$.

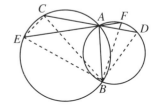

图 1.4.110

在 $\triangle BEF$ 和 $\triangle BCD$ 中,由 $\angle BEA = \angle BCA$,$\angle BDA = \angle BFA$,$BC = BE$,得 $\triangle BEF \cong \triangle BCD$,所以 $EF = CD$.

说明 本题还可以用折半法和垂径定理等方法给出证明.

例 6 如图 1.4.111,四边形 $ABCD$ 是圆内接四边形,BC 的延长线与 AD 的延长线交于点 E,且 $DC = DE$.

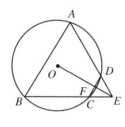

图 1.4.111

(1) 求证:$\angle A = \angle AEB$.

(2) 连接 OE,交 CD 于点 F,$OE \perp CD$,求证:$\triangle ABE$ 是等边三角形.

点拨 (1) $\angle DCE = \angle A$;(2) $\triangle DCE$ 是等边三角形.

证明 (1) 由四边形 $ABCD$ 是 ⊙O 的内接四边形,得 $\angle A + \angle BCD = 180°$.

由 $\angle DCE + \angle BCD = 180°$,得 $\angle A = \angle DCE$. 又由 $DC = DE$,得 $\angle DCE = \angle AEB$,从而有 $\angle A = \angle AEB$.

(2) 由 $\angle A = \angle AEB$,得 $\triangle ABE$ 是等腰三角形. 由 $OE \perp CD$,得 $CF = DF$,即 OE 是 CD 的垂直平分线,则 $ED = EC$.

又因 $DC = DE$,所以 $DC = DE = EC$,即 $\triangle DCE$ 是等边三角形,故得 $\angle AEB = 60°$,所以 $\triangle ABE$ 是等边三角形.

说明 由四边形 $ABCD$ 是圆内接四边形,可直接得 $\angle DCE = \angle A$,$\angle CDE = \angle B$.

例7 如图 1.4.112,$\odot O$ 是等边 $\triangle ABC$ 的外接圆,点 D 在 $\odot O$ 上,点 F 在 CD 的延长线上,且 $DF = DA$,$AE \parallel BC$ 交 CF 于点 E,求证:

(1) EA 是 $\odot O$ 的切线;

(2) $BD = CF$.

点拨 (1) $\angle OAE = 90°$;(2) $\angle ADF = \angle ABC = 60°$,$\triangle BAD \cong \triangle CAF$.

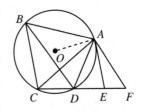

图 1.4.112

证明 (1) 连接 OA. 由 $\odot O$ 是等边 $\triangle ABC$ 的外接圆,得 $\angle OAC = 30°$,$\angle BCA = 60°$. 由 $AE \parallel BC$,得 $\angle EAC = \angle BCA = 60°$,则 $\angle OAE = \angle OAC + \angle EAC = 30° + 60° = 90°$,所以 AE 是 $\odot O$ 的切线.

(2) 由 $\triangle ABC$ 是等边三角形,得 $AB = AC$,$\angle BAC = \angle ABC = 60°$. 由 A、B、C、D 四点共圆,得 $\angle ADF = \angle ABC = 60°$. 又由 $AD = DF$,得 $\triangle ADF$ 是等边三角形,则 $AD = AF$,$\angle DAF = 60°$,所以 $\angle BAC + \angle CAD = \angle DAF + \angle CAD$,即 $\angle BAD = \angle CAF$. 又由 $AB = AC$,得 $\triangle BAD \cong \triangle CAF$,所以 $BD = CF$.

说明 四边形 $ABCD$ 是圆内接四边形,所以要联想到圆内四边形有关性质.

例8 如图 1.4.113,在 $\triangle ABC$ 中,$AB < AC < BC$,点 D 在 BC 上,点 E 在 BA 的延长线上,且 $BD = BE = AC$,$\triangle BDE$ 的外接圆与 $\triangle ABC$ 的外接圆交于点 F,求证:$BF = AF + CF$.

点拨 用补短法或截长法.

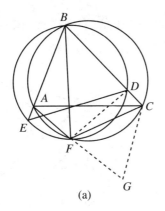
(a)

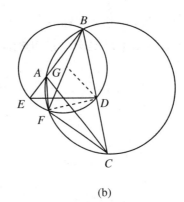
(b)

图 1.4.113

证明 （方法 1）如图(a)，延长 AF 至点 G，使 $FG = FC$，连接 GC、FD。由四边形 $AFCB$ 是圆内接四边形，得 $\angle CFG = \angle DBE$。又 $BE = BD$，$FG = FC$，得 $\angle BED = \angle AGC$。

又由四边形 $BEFD$ 是圆内接四边形，得 $\angle BED = \angle BFD$，从而有 $\angle AGC = \angle BFD$。又 $\angle FBD = \angle GAC$，$BD = AC$，得 $\triangle BFD \cong \triangle AGC$，则 $BF = AG = AF + FG = AF + FC$。

（方法 2）如图(b)，在 BF 上截取 $BG = AF$，连接 DG、DF，又 $AC = BD$，$\angle FAC = \angle GBD$，得 $\triangle BGD \cong \triangle AFC$，则 $FC = DG$，$\angle AFC = \angle BGD$。

由四边形 $AFCB$ 是圆内接四边形，得 $\angle EBD + \angle AFC = 180°$。又 $\angle FGD + \angle BGD = 180°$，得 $\angle EBD = \angle FGD$。进而由 $\angle BED = \angle BFD$，得 $\angle BDE = \angle GDF$。再由 $\angle BDE = \angle BED = \angle BFD$，得 $\angle GDF = \angle GFD$，所以 $GF = GD = FC$，故 $BF = BG + GF = AF + FC$。

说明 此题是圆中的有关线段的和差问题，所以还可以应用圆的有关性质给出证明。

习题 1.4.5

1. 如图 1.4.114，在 Rt$\triangle ABC$ 中，$\angle BAC = 90°$，$AD \perp BC$ 于点 D，作 $\angle ADB$ 和 $\angle ADC$ 的平分线分别交 AB 和 AC 于点 M 和点 N，求证：$AM = AN$。

2. 如图 1.4.115，在 $\triangle ABC$ 中，BC 的垂直平分线交 AB 于点 D，过 A、C 两点作 $\triangle ABC$ 外接圆的切线交于点 E，求证：$DE \parallel BC$。

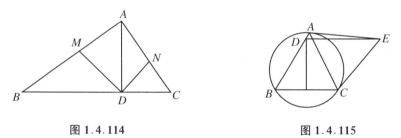

图 1.4.114   图 1.4.115

3. 如图 1.4.116，$\odot O$ 是梯形 $ABCD$ 的内切圆，求证：以两腰为直径的圆外切，切点就是内切圆的圆心。

4. 如图 1.4.117，四边形 $ABCD$ 的四个内角（或外角）的平分线围成一个四边形 $EFGH$，求证：四边形 $EFGH$ 是圆内接四边形。

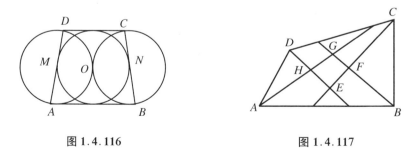

图 1.4.116   图 1.4.117

5. 如图 1.4.118，在 $\triangle ABC$ 中，$D(E)$ 是内角 A（或外角）的平分线和这个角对边 BC 的垂直平分线的交点，求证：点 $D(E)$ 在 $\triangle ABC$ 的外接圆上。

6. 如图 1.4.119,在圆内接四边形 $ABCD$ 中,AB 与 DC 的延长线交于点 P,AD 与 BC 的延长线交于点 Q,求证:$\angle APD$ 的平分线与 $\angle AQB$ 的平分线互相垂直.

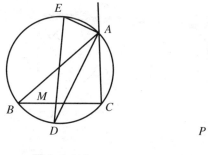

图 1.4.118

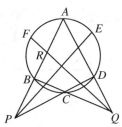

图 1.4.119

7. 如图 1.4.120,过等腰梯形 $ABCD$ 各顶点作直线分别和两腰 AD、BC 成相等的角,那么这四条直线围成的四边形 $EFGH$ 是圆外切四边形.

8. 如图 1.4.121,$\odot O_1$ 与 $\odot O_2$ 相交于 A、B 两点,过点 A 的直线 CD、EF 分别交两圆于点 C、D、E、F,EC、DF 的延长线交于点 P,求证:四边形 $PCBD$ 是圆内接四边形.

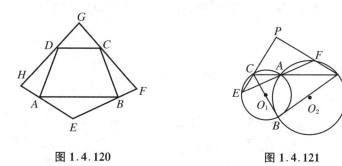

图 1.4.120   图 1.4.121

9. 如图 1.4.122,在等腰梯形 $ABCD$ 中,$DC \parallel AB$,$CM \perp AB$ 于点 M,且该梯形有切圆,求证:$CM^2 = AB \cdot CD$.

10. 如图 1.4.123,一条直线与圆内接四边形 $ABCD$ 的一组对边 AD、BC 成相等的角,求证:这条直线与另一组对边 AB、CD 成相等的角,并且与两条对角线 AC、BD 也成相等的角.

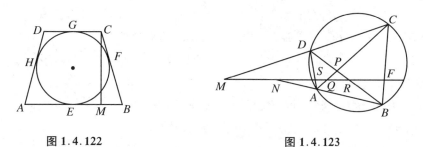

图 1.4.122   图 1.4.123

11. 如图 1.4.124,在圆外切四边形 $ABCD$ 中,$BC = DA$,O 是圆心,E、F 分别是 AB、CD 的中点,求证:$OE = OF$.

12. 如图 1.4.125,在圆的内接四边形 $ABCD$ 中,$AB < AC$,D 是 $\overparen{CAB}$ 的中点,$DE \perp AC$

于 E,求证:(1) $CE = AB + AE$;(2) $CD^2 - AD^2 = AB \cdot AC$.

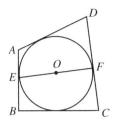

图 1.4.124

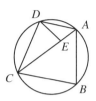

图 1.4.125

1.4.6 四点共圆

基础知识

定理 22 若四点连成的四边形对角互补或有一个外角等于它的内角,则这四点共圆.

定理 23 若点 C、D 在线段 AB 的同侧,且 $\angle ACB = \angle ADB$,则四点 A、B、C、D 共圆.

技能训练

例 1 如图 1.4.126,在 $\triangle ABC$ 中,$AD \perp BC$ 于点 D,$DE \perp AC$ 于点 E,$DF \perp AB$ 于点 F,求证:B、F、E、C 四点共圆.

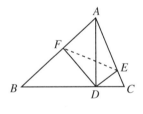

图 1.4.126

点拨 A、F、D、E 四点共圆.

证明 连接 EF.由 $DE \perp AC$,$DF \perp AB$,得 A、F、D、E 四点共圆,则 $\angle AEF = \angle ADF$.又由 $AD \perp BD$,得 $\angle ADF = \angle B$,则 $\angle AEF = \angle B$.所以 B、F、E、C 四点共圆.

说明 由 $\angle AEF = \angle B$,得 $\angle B + \angle CEF = 180°$.

例 2 如图 1.4.127,在 $\triangle ABC$ 中,M 是 AC 的中点,$BH \perp AC$ 于点 H,BE 是 $\angle ABC$ 的平分线,$AP \perp BE$ 于点 P,$CQ \perp BE$ 于点 Q,求证:H、M、P、Q 四点共圆.

点拨 $\angle QBC = \angle QPM$.

证明 延长 AP 交 BC 于点 D.由 BE 是 $\angle ABC$ 的平分线,$AP \perp BE$,得 $PA = PD$.又因 M 是 AC 的中点,所以 $PM /\!/ BC$,从而有 $\angle QPM = \angle QBC$.

由 $BH \perp HC$,$BQ \perp QC$,得 B、C、Q、H 四点共圆,则 $\angle QHC = \angle QBC = \angle QPM$,所以 H、P、M、Q 四点共圆.

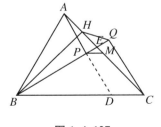

图 1.4.127

说明 由 BE 平分 $\angle ABC$,$AP \perp BE$,延长 AP 交 BC 于点 D 是最基本的作辅助的方法.

例 3 如图 1.4.128,P、Q、R 分别是圆内接四边形 $ABCD$ 的边 AB、BC、AD 的中点,连接 QP 交 DA 延长线于点 S,连接 RP 交 CB 的延长线于点 T,求证:S、T、Q、R 四点共圆.

点拨 $\angle S = \angle DAC = \angle CBD = \angle T$.

证明 连接 AC、BD. 由 PQ 是 $\triangle ABC$ 的中位线,得 $SQ \parallel AC$,则 $\angle DAC = \angle S$.同理 $\angle CBD = \angle T$.

又由四边形 $ABCD$ 是圆内接四边形,得 $\angle DAC = \angle CBD$,从而有 $\angle S = \angle T$,所以 S、T、Q、R 四点共圆.

说明 本题中点较多,联想中位线是自然而然的.

例 4 如图 1.4.129,AB、CD 是 $\odot O$ 中两条平行的弦,M 为 AB 的中点,DM 交 $\odot O$ 于点 E,求证:O、M、E、C 四点共圆.

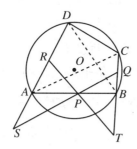

图 1.4.128

图 1.4.129

点拨 $\angle C + \angle OME = 180°$.

证明 由 M 是 AB 的中点,得 $OM \perp AB$.又由 $AB \parallel CD$,得 $\angle AME = \angle CDE$.

因为 $\angle COE$ 和 $\angle CDE$ 是同弧所对的圆心角和圆周角,所以 $\angle COE = 2\angle CDE$.由 $OC = OE$,得 $\angle OCE = \angle OEC$.在 $\triangle COE$ 中,由三角形的内角和,得 $\angle COE + 2\angle OCE = 180°$,即 $2\angle CDE + 2\angle OCE = 180°$,得 $\angle CDE + \angle OCE = 90°$.所以 $\angle OCE + \angle OME = \angle OCE + \angle AME + 90° = \angle OCE + \angle CDE + 90° = 180°$,即得 O、M、E、C 四点共圆.

说明 本题容易忽视 $\angle COE = 2\angle CDE$ 而找不到证题途径.

例 5 如图 1.4.130,$\odot O_1$ 与 $\odot O_2$ 相交于点 A、B,过点 B 的割线 CBD 和 $\odot O_1$、$\odot O_2$ 分别交于点 C、D,P 是 $\triangle ACD$ 的外接圆的圆心,求证:A、O_1、P、O_2 四点共圆.

点拨 $PO_1 \perp AC$,$PO_2 \perp AD$.

证明 延长 AO_1 交 $\odot O$ 于点 E,延长 AO_2 交 $\odot O_2$ 于点 F,连接 CE、DF,则 $CE \perp AC$,$DF \perp AD$.

下面证明 $PO_1 \perp AC$.取 AC 的中点 H,连接 $O_1 H$,则 $O_1 H \perp AC$.

又 $PH \perp AC$,则 $PO_1 \perp AC$,同理 $PO_2 \perp AD$.设 PO_2 交 AD 于点 G,则 P、H、A、G 四点共圆,有 $\angle HAG + \angle P = 180°$.

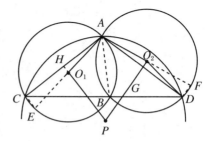

图 1.4.130

连接 AB,由 $\angle AFD = \angle ABC = \angle AEC$,得 $\angle DAF = \angle CAE$,则 $\angle O_1 AO_2 + \angle P = \angle HAG + \angle P = 180°$,所以 A、O_1、P、O_2 四点共圆.

说明 由 $PH \perp AC$,$O_1 H \perp AC$,可知 O_1 在 PH 上.

例 6 如图 1.4.131,圆内接四边形 $ABCD$ 的对角线交于点 O,并且 $AC \perp BD$.设各边的

中点分别为 E、F、G、H，又从点 O 向各边作垂线，垂足分别为 K、L、M、N，求证：

(1) E、F、G、H 四点共圆；

(2) K、L、M、N 都在四边形 $EFGH$ 的外接圆上.

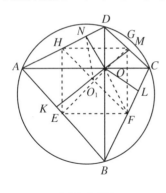

图 1.4.131

点拨 (1) 四边形 $EFGH$ 是矩形；(2) F 在 NO 的延长线上.

证明 (1) 连接 EF、FG、GH、HE. 由 EF 是 $\triangle ABC$ 的中位线，得 $EF \underline{\underline{/\!/}} \dfrac{1}{2} AC$. 同理 $GH \underline{\underline{/\!/}} \dfrac{1}{2} AC$. 所以 $EF \underline{\underline{/\!/}} HG$，得四边形 $EFGH$ 是平行四边形. 又由 $AC \perp BD$，得 $EF \perp GF$，则四边形 $EFGH$ 是矩形.

所以 E、F、G、H 四点共圆.

(2) 设 EG 与 HF 交于点 O_1，则 O_1 是 HF 的中点. 由 F 在 NO 的延长线上，得 $O_1 N$ 是 Rt$\triangle FNH$ 斜边上的中线，故有 $O_1 N = \dfrac{1}{2} HF$，所以 N 在四边形 $EFGH$ 的外接圆上. 同理，K、L、M 都在四边形 $EFGH$ 的外接圆上.

说明 本题 NO 过点 F 是关键，证明可用"同一法"，即设 NO 交 BC 于点 F'，证明 F' 是 BC 的中点.

例7 如图 1.4.132，已知 E、F 分别是 $\triangle ABC$ 边 AC、AB 上的点，$\angle EBC = \angle FCB = \dfrac{1}{2} \angle A$，求证：$BF = CE$.

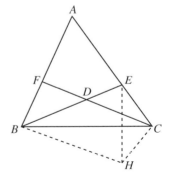

图 1.4.132

点拨 F、B、C、E 四点共圆.

证明 设 $\angle A = 2\alpha$，则 $\angle EBC = \angle FCB = \alpha$，得 $\angle EDF = \angle BDC = 180° - 2\alpha$，从而有 $\angle A + \angle EDF = 180°$，所以 A、F、D、E 四点共圆，故得 $\angle BFC = \angle CEB = \angle A$，因此 F、B、C、E 四点共圆.

又由 $\angle EBC = \angle FCB$，得 $\overparen{CE} = \overparen{BF}$，则 $CE = BF$.

说明 本题也可以作点 E 关于 BC 的对称点 H，连接 BH、CH，则由 $\angle BEC + \angle CFB = \angle BEC + \angle BHC = 180°$，得 B、E、C、H 四点共圆，且 $BH /\!/ FC$，从而 $BF = HC = CE$.

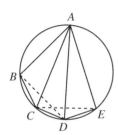

图 1.4.133

例8 如图 1.4.133，在凸五边形 $ABCDE$ 中，$\angle BAE = 3\alpha$，$BC = CD = DE$，且 $\angle BCD = \angle CDE = 180° - 2\alpha$，求证：$\angle BAC = \angle CAD = \angle DAE$.

点拨 凸五边形 $ABCDE$ 内接于圆.

证明 连接 BD、CE. 由 $BC = CD = DE$，$\angle BCD = \angle CDE = 180° - 2\alpha$，得 $\triangle BCD \cong \triangle CDE$，则 $\angle CBD = \angle CDB = \angle DCE = \angle DEC = \alpha$，所以 $\angle BCE = (180° - 2\alpha) - \alpha = 180° - 3\alpha$. 又由 $\angle BAE = 3\alpha$，得 $\angle BCE + \angle BAE = 180°$，所以 A、B、C、E 四点共圆.

同理，A、B、C、D 四点共圆，所以 $\angle BAC = \angle CAD = \angle DAE$.

说明 由结论可倒推出五点在一个圆上.

例9 如图 1.4.134，AB 是半圆 O 的直径，M、N 是半圆上不与 A、B 重合的两点，且点 N 在 $\overarc{BM}$ 上，过点 M 作 $MC \perp AB$ 于点 C，P 是 MN 的中点，连接 MB、NA、PC，试探究 $\angle MCD$、$\angle NAB$、$\angle MBA$ 之间的度数关系，并加以证明.

点拨 M、C、O、P 四点共圆.

解 $\angle MCD + \angle NAB + \angle MBA = 90°$. 证明如下：由 P 是 MN 的中点，得 $OP \perp MN$. 又由 $MC \perp AB$，得 M、C、O、P 四点共圆，连接 OM，则有 $\angle 1 = \angle 7$. 由圆周角定理，得 $\angle 5 = \angle 2$，$\angle 3 = \angle 4$. 又 $OM = OB$，所以 $\angle 6 = \angle 3$.

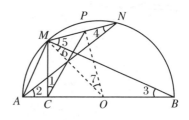

图 1.4.134

在 Rt$\triangle OPM$ 中，$\angle 5 + \angle 6 + \angle 7 = 90°$，所以 $\angle MCD + \angle NAB + \angle MBA = \angle 1 + \angle 2 + \angle 3 = \angle 5 + \angle 6 + \angle 7 = 90°$.

说明 本题的难点是将三个角转移到一个三角形中去.

例10 如图 1.4.135，在四边形 $ABCD$ 中，AB 与 DC 延长后相交于点 E，AD 与 BC 延长后相交于点 F，求证：$\triangle ABF$、$\triangle ADE$、$\triangle BCE$、$\triangle CDF$ 四个三角形的外接圆交于一点.

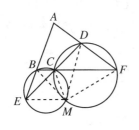

图 1.4.135

点拨 设 $\triangle BCE$ 与 $\triangle CDF$ 外接圆交于另一点 M，则 M 是四个三角形外接圆的公共点.

证明 设 M 是 $\triangle BCE$ 与 $\triangle CDF$ 外接圆相交的另一个交点，连接 ME、MB、MC、MD、MF.

先证 M 在 $\triangle ABF$ 的外接圆上，即证 $\angle ABM + \angle AFM = 180°$.

由 $\angle ABF = \angle CME = \angle CMB + \angle EMB$，$\angle EMB = \angle ECB = \angle DCF = \angle DMF$，得 $\angle ABF = \angle CMB + \angle DMF$.

又 $\angle DFC = \angle DMC$，$\angle MBF + \angle MFB + \angle BMF = 180°$，得 $\angle ABM + \angle AFM = \angle MBF + \angle MFB + \angle BMF = 180°$，所以 A、B、M、F 四点共圆，即点 M 在 $\triangle ABF$ 的外接圆上. 同理，M 在 $\triangle ADE$ 的外接圆上，所以四个三角形的外接圆交于一点 M.

说明 在题设条件下，A、B、M、F 四点共圆.

例11 如图 1.4.136，P 是 $\triangle ABC$ 的外接圆上任一点，过 P 作 $PL \perp BC$ 于点 L，$PM \perp CA$ 于点 M，$PN \perp AB$ 于点 N，求证：L、M、N 在一直线上.

点拨 连接 MN、ML，证明 $\angle AMN = \angle CML$.

证明 连接 MN、ML、PA、PC. 由 $PM \perp AC$，$PN \perp AB$，得四边形 $PMAN$ 是圆内接四边形，则 $\angle AMN = \angle APN$. 同理，$\angle CML = \angle CPL$. 又因 $\angle NAP = \angle LCP$，$\angle PNA = \angle PLC = 90°$，所以 $\angle AMN = \angle CML$.

由 A、M、C 在一条直线上，得 L、M、N 在一条直线上.

说明 若 P 在 $\triangle ABC$ 所在平面内，过点 P 作三边 BC、CA、AB 垂线，当垂足共线时，可以证明点 P 在 $\triangle ABC$ 的外接圆上.

例12 如图 1.4.137，$\odot O$ 经过 $\triangle ABC$ 的顶点 A、C，又和线段 AB、BC 分别交于不同

的点 K、N. △ABC 和△KBN 的外接圆恰好相交于 B 和另一点 M,求证:$OM \perp BM$.

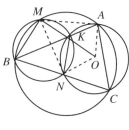

图 1.4.137

点拨 N、M、A、O 四点共圆.

证明 连接 MN、MA,则 B、M、K、N 四点共圆,N、K、A、C 四点共圆,得 $\angle BMN = \angle BKN = \angle C$.

由 B、M、A、C 四点共圆,得 $\angle BMA = 180° - \angle C$,则 $\angle NMA = \angle BMA - \angle BMN = 180° - 2\angle C$.

连接 OA、ON,则 $\angle NOA = 2\angle C$,所以 $\angle NOA + \angle NMA = 180°$,故得 N、M、A、O 四点共圆.由 $OA = ON$,得 $\overset{\frown}{OA} = \overset{\frown}{ON}$,从而有 $\angle OMA = \angle OMN$,则 $\angle OMN = \frac{1}{2} \angle NMA = 90° - \angle C$,所以 $\angle OMB = \angle OMN + \angle BMN = (90° - \angle C) + \angle C = 90°$,即 $OM \perp BM$.

说明 本题包含三个圆和七个点,条件复杂,多次通过四点共圆导出角度之间的关系,其中证得 N、M、A、O 四点共圆是关键.

习题 1.4.6

1. 如图 1.4.138,在四边形 $ABCD$ 中,$AB = AC = AD$,求证:$\angle ACB + \angle BDC = 90°$.

2. 如图 1.4.139,P 是正方形 $ABCD$ 对角线 BD 上任意一点,它在四边上的射影分别为 G、F、H、E,求证:G、F、H、E 四点共圆.

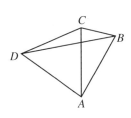

图 1.4.138

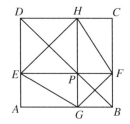

图 1.4.139

3. 如图 1.4.140,在△ABC 中,$AB = BC$,$BH \perp AC$ 于点 H,点 E 在 HC 上,过点 E 作 $ED \perp AB$ 于点 D,交 BH 于点 G,求证:B、G、E、C 四点共圆.

4. 如图 1.4.141,在梯形 $ABCD$ 中,$AB \parallel CD$,过点 A 和点 B 任作一圆,交 AD 于点 E,交 BC 于点 F,求证:C、D、E、F 四点共圆.

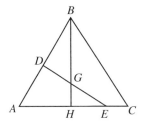

图 1.4.140

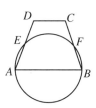

图 1.4.141

5. 如图 1.4.142,两圆相交于 M、N,AB 和 CD 是两条割线,交一圆于点 A 和点 C,交另一圆于点 B 和点 D,求证:$AC /\!/ BD$.

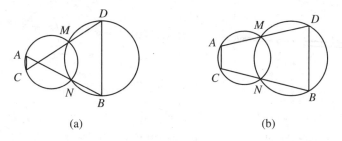

图 1.4.142

6. 如图 1.4.143,四边形 $ABCD$ 是圆内接四边形,AC 和 BD 交于点 E(或 AD 与 BC 延长后交于点 E),过 E 作 $\triangle CDE$ 的外接圆的切线 MN,求证:$MN /\!/ AB$.

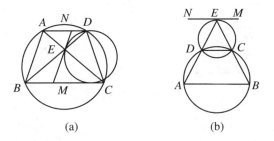

图 1.4.143

7. 如图 1.4.144,在等腰 $\text{Rt}\triangle ABC$ 中,$AB = AC$,$\angle BAC = 90°$,$AD \perp BC$ 于点 D,过 C、D 两点的圆交 AC 于点 E,连接 BE 交这个圆于点 F,求证:$AF \perp BE$.

8. 如图 1.4.145,P 是 $\text{Rt}\triangle ABC$ 外接圆 $\odot O$ 中 $\overset{\frown}{AB}$ 的中点,延长 PC、AB 交于点 Q,过点 Q 作 QR 交 AC 的延长线于点 R,求证:$BQ = QR$.

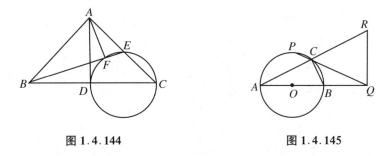

图 1.4.144   图 1.4.145

9. 如图 1.4.146,在圆内接四边形 $ABCD$ 中,$AE \perp BD$ 于点 E,$DF \perp AC$ 于点 F,求证:$EF /\!/ BC$.

10. 如图 1.4.147,在 $\triangle ABC$ 中,以直角边 AB 为直径作圆,交 BC 于点 H,交 $\angle BAC$ 的平分线于点 D,过点 C 作 $CK \perp AD$ 于点 K,M 是 BC 的中点,求证:D、M、K、H 四点共圆.

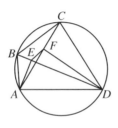
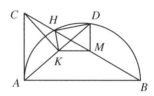

图 1.4.146　　　　　　　图 1.4.147

11. 如图 1.4.148,已知 AB 是 $\odot O$ 的直径,$BF \perp AB$ 于点 B,E 为 BF 上一点,AE、AF 分别交 $\odot O$ 于 C、D 两点,求证:C、D、F、E 四点共圆.

12. 如图 1.4.149,$\odot O_1$ 与 $\odot O_2$ 交于 P、Q 两点,过 P 作两圆的割线分别交 $\odot O_1$、$\odot O_2$ 于 A、B,过 A、B 分别作两圆的切线交于 T,求证:T、A、Q、B 四点共圆.

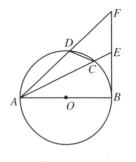
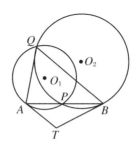

图 1.4.148　　　　　　　图 1.4.149

13. 如图 1.4.150,在 $\triangle ABC$ 的边 BC、CA、AB 上任意各取一点 D、E、F,过 A、F、E 三点作圆,又过 B、D、F 三点和 C、D、E 三点分别作圆,求证:这三个圆交于一点.

14. 如图 1.4.151,在 $\triangle ABC$ 中,$\angle ABC = 90°$,$AB = BC$,点 P 是 AC 上一个动点(异于点 A、C),连接 BP,分别过 B、C 作 AC、BP 的垂线 BQ、CQ,两垂线交于点 Q,连接 QP 交 BC 于点 E,求证:(1) $CQ = BP$;(2) $\triangle CPB \backsim \triangle CEQ$.

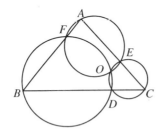
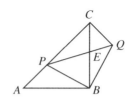

图 1.4.150　　　　　　　图 1.4.151

15. 如图 1.4.152(a),在等腰 $Rt\triangle ABC$ 中,$\angle BAC = 90°$,直线 MN 过点 A 且 $MN \parallel BC$,以点 B 为一锐角顶点作 $Rt\triangle BDE$,$\angle BDE = 90°$,且点 D 在直线 MN 上(异于点 A),DE 交 AC 于点 P,则易证 $BD = DP$.

(1) 如图(b),DE 与 CA 延长线交于点 P,$BD = DP$ 是否成立? 如果成立,请给予证明;如果不成立,请说明理由.

(2) 如图(c),DE 与 AC 延长线交于点 P,BD 与 DP 是否相等? 请写出你的结论,并给予证明.

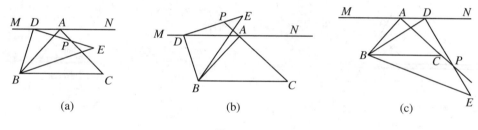

图 1.4.152

16. 如图 1.4.153,两圆相交于 A、B 两点,过点 A 作两条直线 CAD、PAQ,分别交两圆于点 C、D 和点 P、Q.设 CP 与 DQ 交于点 R,求证:B、C、R、D 四点共圆.

17. 如图 1.4.154,△ABC 的内切圆分别与边 BC、CA、AB 相切于点 D、E、F,连接 AD 交内切圆于点 Q.过点 A 的直线 $l\parallel BC$,直线 DF、DE 分别与直线 l 相交于点 P、R,求证:$\angle PQR = \angle EQF$.

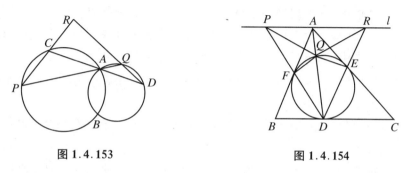

图 1.4.153   图 1.4.154

18. 如图 1.4.155,在△ABC 的各边上,向外各作正△BCD、正△CAE 和正△ABF,求证:

(1) 这三个正三角形的外接圆交于一点 O;

(2) A、O、D 在一条直线上,B、O、E 在一条直线上,C、O、F 也在一条直线上;

(3) $AD = BE = CF$;

(4) 设这三个正三角形的中心分别为 P、Q、R,则△PQR 也是正三角形.

19. 如图 1.4.156,在等腰△ABC 中,P 为底边 BC 上任意一点,过点 P 作两腰的平行线分别与 AB、AC 相交于 Q、R 两点,又 P' 为 P 关于 QR 的对称点,求证:P' 在△ABC 的外接圆上.

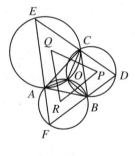   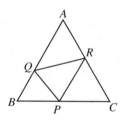

图 1.4.155   图 1.4.156

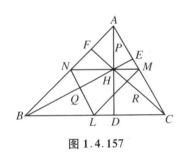

图 1.4.157

20. 如图 1.4.157，$\triangle ABC$ 的三条高 AD、BE、CF 相交于点 H，L、M、N 分别为 BC、CA、AB 的中点，P、Q、R 分别为 AH、BH、CH 的中点，求证：

（1）D、E、F 三点都在 $\triangle LMN$ 的外接圆上；

（2）P、Q、R 三点也都在 $\triangle LMN$ 的外接圆上.

1.4.7 三角形的五心

基础知识

定理 24 三角形中，三条边的垂直平分线交于一点，这点到各顶点等距离.

定义 10 三角形中，三条边的垂直平分线的交点叫做三角形的外心（外接圆圆心）.

定理 25 三角形中，三个内角的平分线交于一点，这点到各边等距离.

定义 11 三角形中，三个内角的平分线的交点叫做三角形的内心（内切圆圆心）.

定理 26 三角形中，三条高交于一点.

定义 12 三角形中，三条高的交点叫做三角形的垂心，连接三条高的垂足所得的三角形叫做原三角形的垂足三角形.

定理 27 三角形中，三条中线交于一点，这点到一边中点的距离等于这边上的中线的三分之一.

定义 13 三角形中，三条中线的交点叫做三角形的重心. 连接三边中点所得的三角形叫做原三角形的中点三角形.

定理 28 等边三角形中，外心、内心、垂心、重心四心合一.

定理 29 三角形中，一个内角的平分线和不相邻的两个外角的平分线交于一点，这点到各边（包括延长线）等距离.

定义 14 三角形中，一个内角的平分线和两个外角的平分线的交点叫做三角形的旁心（旁切圆圆心）.

每个三角形一定有一个外心、一个内心、一个垂心、一个重心和三个旁心.

三角形的内心和重心一定在三角形内，旁心一定在三角形外. 锐角三角形的外心和垂心都在三角形内；钝角三角形的外心和垂心都在三角形外；直角三角形外心就是斜边的中点，垂心就是直角的顶点.

技能训练

例 1 如图 1.4.158，已知 $\odot M$ 与 $\odot O$ 相交于 A、B 两点，点 M 在 $\odot O$ 上，$\odot O$ 的弦 MC 交 $\odot M$ 于点 E，求证：E 是 $\triangle ABC$ 的内心.

点拨 只要证 BE 平分 $\angle ABC$.

证明 连接 BE. 在 $\odot M$ 中，$\angle ABE = \dfrac{1}{2}\angle AME$. 在 $\odot O$ 中，$\angle ABC = \angle AMC$，所以

$\angle ABE = \frac{1}{2}\angle ABC$,即 BE 是 $\angle ABC$ 的平分线.

又由 $\overset{\frown}{AM} = \overset{\frown}{BM}$,得 CM 是 $\angle ACB$ 的平分线.所以 E 是 $\triangle ABC$ 的内心.

说明 要证 AE 平分 $\angle BAC$,即可证 $\angle EAB = \angle EAC$,亦可证 $\angle EAB = \frac{1}{2}\angle BAC$.

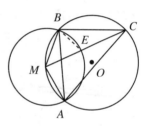

图 1.4.158

例 2 如图 1.4.159,在 $\triangle ABC$ 中,$AB = AC$,$AD \perp BC$ 于点 D,P 是 AC 上一点,PC 的垂直平分线交 AD 于点 R,求证:$\angle RPB = \angle DAC$.

点拨 A、B、R、P 四点共圆.

证明 连接 BR、CR.由 $AB = AC$,$AD \perp BC$,得 $\angle RAB = \angle DAC$,$RB = RC$.由 RQ 垂直平分 PC,得 $RP = RC$,则 $PR = CR = BR$,即 R 是 $\triangle BCP$ 的外接的圆心,则 $\angle BRP = 2\angle ACB = 180° - \angle BAC$,所以 A、B、R、P 四点共圆,得 $\angle RPB = \angle RAB = \angle DAC$.

说明 由 $\angle RPB = \angle DAC$,即 $\angle RPB = \angle BAD$,可推测 A、B、R、P 四点共圆.

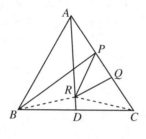

图 1.4.159

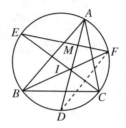

图 1.4.160

例 3 如图 1.4.160,已知 I 是 $\triangle ABC$ 的内心,AI、BI、CI 的延长线分别交 $\triangle ABC$ 的外接圆于点 D、E、F,求证:$EF \perp AD$.

点拨 设 EF 与 IA 交于点 M,则 $\angle D + \angle DFM = 90°$.

证明 连接 DF,设 AD 与 EF 交于点 M,则由已知可得 $\angle DFB = \angle BAD = \frac{1}{2}\angle BAC$,$\angle EFB = \angle ECB = \frac{1}{2}\angle BCA$,$\angle ADF = \angle ABF = \frac{1}{2}\angle ABC$,所以 $\angle D + \angle DFM = \angle D + \angle BFD + \angle BFE = \frac{1}{2}(\angle ABC + \angle BCA + \angle CAB) = 90°$,从而有 $\angle DMF = 90°$,即 $AD \perp EF$.

说明 对于本题的证明,导角以及寻求 $\angle D + \angle DFM$ 与 $\triangle ABC$ 内角和的关系是关键.

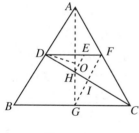

图 1.4.161

例 4 如图 1.4.161,在 $\triangle ABC$ 中,$AB = AC$,O 为 $\triangle ABC$ 的外心,D 为 AB 的中点,E 为 $\triangle ACD$ 的重心,求证:$OE \perp CD$.

点拨 即证 O 是 $\triangle DEH$ 的垂心.

证明 设 F 为 AC 的中点,则 E 在 DF 上,且 $\frac{DE}{DF} = \frac{2}{3}$.设 G 为 BC 的中点,AG 与 CD 交于点 H,则 H 是 $\triangle ABC$ 的重心.连接 FG 交 CD 于点 I,则 I 是 CD 的中点,从而有 $\frac{DH}{DI} = \frac{2}{3} = \frac{DE}{DF}$,所

以 $EH /\!/ FI /\!/ AB$,则 $DO \perp EH$. 又由 $HO \perp DF$,得 O 是 $\triangle DEH$ 的垂心,所以 $OE \perp CD$.

说明 重心性质在本题证明过程中是重点.

例 5 如图 1.4.162,$\odot O$ 是 $\triangle ABC$ 的外接圆,PH 是 $\odot O$ 的切线,F 是切点,AF 平分 $\angle BAC$,连接 AF 交 BC 于点 E,连接 BF.

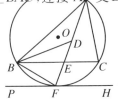

(1) 求证:$FH /\!/ BC$.

(2) 若 D 是 AF 上一点,且 $BF = DF$,求证:D 是 $\triangle ABC$ 的内心.

点拨 (1) $\angle PFB = \angle CBF$;(2) $\angle ABD = \angle CBD$.

证明 (1) 由 PH 是 $\odot O$ 的切线,得 $\angle PFB = \angle BAF$.

又 $\angle CBF = \angle CAF = \angle BAF$,则 $\angle PFB = \angle CBF$,所以 $FH /\!/ BC$.

图 1.4.162

(2) 由 D 在 $\angle BAC$ 的平分线上,得 $\angle BAD = \angle CAD$. 由 $BF = DF$,得 $\angle FBD = \angle FDB$. 又 $\angle ABD = \angle FDB - \angle BAD = \angle FDB - \angle CAF = \angle FDB - \angle CBF$,$\angle CBD = \angle FBD - \angle CBF = \angle FDB - \angle CBF$,得 $\angle ABD = \angle CBD$. 则 D 是 $\triangle ABC$ 的内心.

说明 本题通过导角给出证明.也设 $\angle FAB = \angle FAC = \alpha$,则能清晰地表述角度关系.

例 6 如图 1.4.163,过点 H 作三个相等的 $\odot O_1$、$\odot O_2$、$\odot O_3$,设这三个圆两两相交点 A、B、C,求证:H 是 $\triangle ABC$ 的垂心.

点拨 只要证 $AH \perp BC$ 即可.

证明 连接 HO_1、HO_2 分别交 $\odot O_1$ 于点 E、$\odot O_2$ 于点 F. 连接 EA、AF. 由 $HA \perp EA$,$HA \perp AF$,得 E、A、F 三点共线. 又 $\odot O_1$、$\odot O_2$ 是等圆,得 A 是 EF 的中点,所以 $EF \perp AH$.

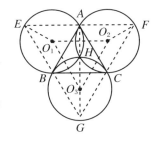

图 1.4.163

同理,可证 B、C 分别是 GE、GF 的中点,则 BC 是 $\triangle EFG$ 的中位线,即 $BC /\!/ EF$,得 $AH \perp BC$.同理,$BH \perp AC$,$CH \perp AB$.

所以 H 是 $\triangle ABC$ 的垂心.

说明 由三个圆是等圆,可知 $\triangle O_1O_2O_3$、$\triangle EFG$、$\triangle ABC$ 为等边三角形.

例 7 如图 1.4.164,在 $\triangle ABC$ 中,BD、CE 是高,F、G 分别是 ED、BC 的中点,O 是外心,求证:$OA /\!/ GF$.

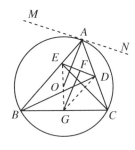

图 1.4.164

点拨 $AO \perp DE$,$GF \perp DE$.

证明 连接 GE、GD. 由 GE、GD 分别是 Rt$\triangle BEC$ 与 Rt$\triangle BDC$ 斜边上的中线,得 $GE = GD$. 又由 F 是 ED 的中点,得 $GF \perp ED$.

过点 A 作 $\triangle ABC$ 外接圆的切线,则 $\angle NAD = \angle ABC$.

由四边形 $BCDE$ 是 $\odot G$ 内接四边形,得 $\angle ADE = \angle ABC$,则 $\angle NAD = \angle ADE$,所以 $MN /\!/ ED$. 又由 $OA \perp MN$,得 $OA \perp ED$,所以 $OA /\!/ GF$.

说明 本题过点 A 作 $\triangle ABC$ 外接圆的切线是关键.

例 8 如图 1.4.165,H 是 $\triangle ABC$ 的垂心,O 是 $\triangle ABC$ 的外接圆的圆心,M 为 AB 的中

点,连接 MH 并延长交⊙O 于点 D,求证:HD⊥CD.

点拨 设 CO 交⊙O 于点 E,则四边形 AEBH 是平行四边形.

证明 作⊙O 的直径 CE,连接 AE、BE、BH、AH,则 EA⊥AC.由 H 是△ABC 的垂心,得 BH⊥AC,所以 EA∥BH.

同理,EB∥AH,则四边形 BHAE 是平行四边形,即得 AB 与 EH 互相平分.又因 M 是 AB 的中点,且 D 在 MH 的延长线上,所以 E、M、H、D 在同一条直线上.

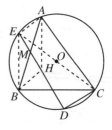

图 1.4.165

由 CE 是⊙O 的直径,得 ED⊥CD,即 HD⊥CD.

说明 要证 HD⊥DC,需要构作 Rt△ECD,但不能直接说延长 DH、CO 交⊙O 上一点 E.

例 9 如图 1.4.166,已知 O 是△ABC 的外心,H 是△ABC 的垂心,OF⊥BC 于点 F,求证:$OF = \frac{1}{2}AH$.

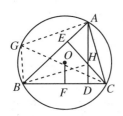

图 1.4.166

点拨 延长 CO 交⊙O 于点 G,则四边形 AHBG 是平行四边形.

证明 作直径 CG,连接 AG、BG,则 BG⊥BC.

由 H 是△ABC 的垂心,得 AD⊥BC,则 BG∥AH.

同理,AG∥BH,所以四边形 AHBG 是平行四边形,故得 BG = AH.

由 OF⊥BC,O 是 GC 的中点,得 F 是 BC 中点,从而有 $OF = \frac{1}{2}BG$.

所以 $OF = \frac{1}{2}AH$.

说明 本题还有其他证法,但构作平行四边形是关键.

例 10 如图 1.4.167,已知 O 是△ABC 的外心,G 是△ABC 的重心,H 是△ABC 的垂心,求证:O、G、H 三点共线,且 $OG = \frac{1}{2}GH$.

点拨 若 OM⊥BC 于点 M,则 $OM = \frac{1}{2}AH$.

证明 过 O 作 OM⊥BC 于点 M,由例 9 可得 $OM = \frac{1}{2}AH$,OM∥AH.

设 OH 与 AM 交于点 G′,P、Q 分别是 AG′、G′H 的中点,则 PQ∥AH,$PQ = \frac{1}{2}AH$,从而有 OM∥PQ,OM = PQ.

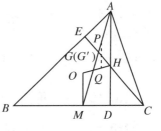

图 1.4.167

又由 ∠OG′M = ∠QG′P,∠OMG′ = ∠QPG′,得 △OMG′≌△QPG′,则 $G′M = G′P = \frac{1}{2}G′A$.又 AM 是△ABC 的中线,则 G′ 是△ABC 的重心,即点 G′ 就是点 G.

所以 O、G、H 三点共线,且 $OG = GQ = \frac{1}{2}GH$.

说明 直接证 O、G、H 三点共线不容易.这里的证法叫做"同一法",对某些问题的证明会很方便.

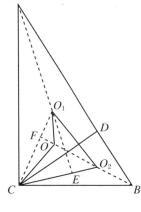

图 1.4.168

例 11 如图 1.4.168,已知在 Rt△ABC 中,CD 是斜边上的高,O、O_1、O_2 分别是△ABC、△ACD、△BCD 的内心,求证:

(1) $O_1O \perp CO_2$;(2) $OC = O_1O_2$.

点拨 延长 AO 交 CO_2 于点 E,则 $\angle AEC = 90°$,△$CEO \cong$ △O_2EO.

证明 (1) 由题意,O_1、O 都在 $\angle A$ 的平分线上,设它与 CO_2 交于点 E.

由 $\angle A = \angle DCB$,$\angle EAC = \angle O_2CB$,得 $\angle EAC + \angle ACE = \angle O_2CB + \angle ACE = 90°$,则 $\angle AEC = 90°$,即 $O_1O \perp CO_2$.

(2) 由 $\angle O_1CO_2 = 45°$,$\angle OEC = 90°$,得 $CE = EO_1$.

设 O_2O 交 CO_1 于点 F,同理,$O_2E = OE$.又 $\angle CEO = \angle O_2EO_1$,得△$CEO \cong$ △O_1EO_2,则 $CO = O_1O_2$.

说明 由 A、O_1、O 三点共线可以展开思路.

例 12 如图 1.4.169,在凸四边形 $ABCD$ 中,$AC = BD = AB$,且 $AC \perp BD$ 于点 E,设 I 为△AEB 的内心,M 为 AB 的中点,求证:$MI \perp CD$,且 $MI = \frac{1}{2}CD$.

点拨 延长 AI 交 BC 于点 N,证△$MNI \sim$ △DBC.

证明 连接 IA 延长交 BC 于点 N,连接 MN. 由 $AC = AB$,I 为△AEB的内心,得 $AN \perp BC$,$BN = CN$,则 $MN // AC$,$MN = \frac{1}{2}AC = \frac{1}{2}BD$.又由 $AC \perp BD$,得 $MN \perp BD$,则 $\angle 1 = \angle 2 = \angle 3 = \frac{1}{2}\angle BAE$.

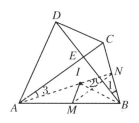

图 1.4.169

连接 BI,则 $\angle IBE = \frac{1}{2}\angle ABE$,所以 $\angle IBN = \angle IBE + \angle 1 = \frac{1}{2}(\angle ABE + \angle BAE) = 45°$,得 $IN = BN = \frac{1}{2}BC$,则 $\frac{MN}{DB} = \frac{NI}{BC} = \frac{1}{2}$.

又由 $\angle 2 = \angle 1$,得△$MNI \sim$ △DBC,所以 $MI \perp CD$,且 $MI = \frac{1}{2}CD$.

说明 由结论可知,要构作(找)含边 MI、CD 的三角形,使它们相似且对应边互相垂直.

习题 1.4.7

1. 如图 1.4.170,在△ABC 中,AD、BE 为中线,AD 与 BE 相交于点 F,$CG // BE$ 交 AD 的延长线于点 G,求证:$AF = 2DG$.

2. 如图 1.4.171，在△ABC 中，∠BAC 内部的旁心为 J，内心为 I，求证：B、J、C、I 四点共圆．

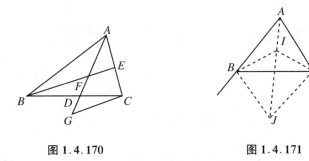

图 1.4.170　　　　　图 1.4.171

3. 如图 1.4.172，△ABC 的∠A 平分线与其外接圆交于点 D，I 是 AD 上一点，且 DI = DB，求证：I 是△ABC 的外心．

4. 如图 1.4.173，在△ABC 中，∠A 的平分线交外接圆于点 M，I 为内心，求证：M 为△BIC 的外心．

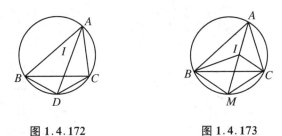

图 1.4.172　　　　　图 1.4.173

5. 如图 1.4.174，H 是△ABC 的垂心，分别延长 AH、BH、CH 交对边于点 D、E、F，求证：

（1）H 是△DEF 的内心；

（2）A、B、C 是△DEF 的旁心．

6. 如图 1.4.175，H 是△ABC 的垂心，AH 延长后交外接圆于点 K，求证：BC 平分 HK．

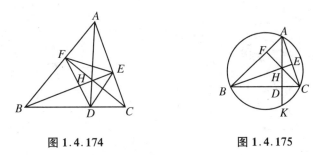

图 1.4.174　　　　　图 1.4.175

7. 如图 1.4.176，(1)△ABC 的三条高延长后，分别交外接圆于点 K、L、M，H 是△ABC 的垂心，求证：H 是△KLM 的内心．

(2)△KLM 的三个内角的平分线延长后，分别交外接圆于点 A、B、C，H 是△KLM 的内心，求证：H 是△ABC 的垂心．

8. 如图 1.4.177，L、M、N 分别是△ABC 三边 BC、CA、AB 的中点，G 是△ABC 的重

心,求证:G 也是△LMN 的重心.

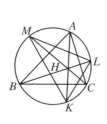

图 1.4.176

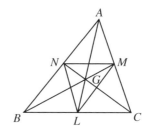

图 1.4.177

9. 如图 1.4.178,在△ABC 中,$\angle ACB = 90°$,$BC = 2AC$,AD 是 BC 边上的中线,在 AD 上取 E、F 两点,使 $AE = EF = FD$,求证:$CE \perp AB$.

10. 如图 1.4.179,在△ABC 中,$\angle BAC$ 的平分线交外接圆于点 M,交 BC 于点 E,MN 切圆于点 M.

(1) 求证:$BC /\!/ MN$.

(2) 若 I 是 AM 上一点,且 $MI = MB$,求证:I 是△ABC 的内心,M 是△BIC 的外心.

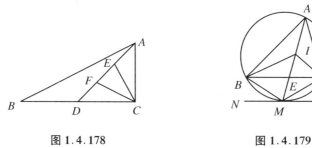

图 1.4.178　　　　　图 1.4.179

11. 如图 1.4.180,已知 P 是正△ABC 边上一点,$PE /\!/ AC$,$PD /\!/ AB$,过 A、D、E 的圆交$\angle A$ 平分线于点 O,求证:O 是△ABC 的外心.

12. 如图 1.4.181,在锐角△ABC 中,$\angle C > \angle B$,O 是外心,H 为垂心,求证:$\angle OAH = \angle C - \angle B$.

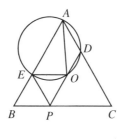

图 1.4.180

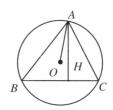

图 1.4.181

13. 如图 1.4.182,点 M 在△ABC 内,$\angle BMC = 90° + \dfrac{1}{2}\angle BAC$. AM 经过△BMC 的外接圆的圆心,求证:M 是△ABC 的内心.

14. 如图 1.4.183,在△ABC 中,$AB = AC$,有一圆内切于△ABC 的外接圆,且与 AB、

AC 分别相切于点 P、Q，E 是 PQ 的中点，求证：E 是 $\triangle ABC$ 的内心.

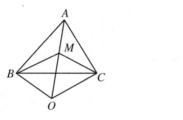
图 1.4.182

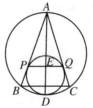
图 1.4.183

15. 如图 1.4.184，在 $\triangle ABC$ 中，$AB=AC$，$\angle A=100°$，点 I 为 $\triangle ABC$ 的内心，D 在 BI 的延长线上，且 $BD=BA$，E 是 AB 与 CD 的交点，求证：$BE=BI$.

16. 如图 1.4.185，在 $\triangle ABC$ 中，$AB>AC$，D、E 是 AB、AC 上的点，且 $AD=AE$，I 是 DE 的中点，$\angle BID=\angle BCI$，求证：I 是 $\triangle ABC$ 的内心.

17. 如图 1.4.186，在锐角 $\triangle ABC$ 中，$\angle A=60°$，$AC>AB$，I 为其内心，H 为其垂心，点 E 在 IC 上，且 $IE=IB$，点 F 在 HC 上，且 $HF=HB$，求证：$EF=EC$.

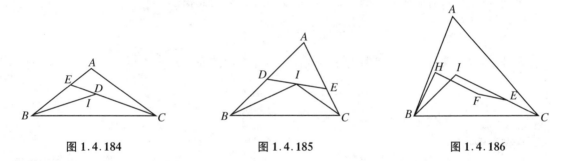

图 1.4.184   图 1.4.185   图 1.4.186

18. 如图 1.4.187，已知 P 是 $\square ABCD$ 内一点，O 为 AC 与 BD 的交点，M、N 分别为 PB、PC 的中点，Q 为 AN 与 DM 的交点，求证：(1) P、Q、O 三点共线；(2) $PQ=2OQ$.

19. 如图 1.4.188，在直角梯形 $ABCD$ 中，E 是 AB 的中点，$\angle CED=90°$，$\triangle DAE$、$\triangle CBE$、$\triangle CED$ 的内心分别为 O_1、O_2、O_3，求证：四边形 $EO_1O_2O_3$ 是平行四边形.

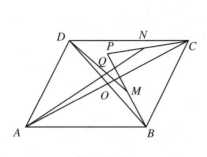
图 1.4.187

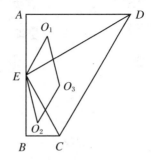
图 1.4.188

1.4.8 圆中的度量

基础知识

定理 30 圆周长等于直径与 π 的积.
$$C = 2\pi r.$$

定理 31 圆的面积等于半径的平方与 π 的积.
$$S = \pi r^2.$$

定理 32 半径为 r,度数为 n 的圆弧的长是
$$l = \frac{n\pi r}{180}.$$

定义 15 一条弧和这弧的端点的两条半径所组成的图形叫做扇形.一条弧和它所对的弦所组成的图形叫做弓形.在弓形中,弧的中点与弦的距离叫做弓形的高.

定理 33 如果扇形弧的度数为 n,半径为 r,那么它的面积是
$$S = \frac{n\pi r^2}{360}.$$

定理 34 如果弓形弧的度数为 n,半径为 r,那么它的面积是
$$S = \left(\frac{n\pi}{360} - \frac{1}{2}\sin n\right)r^2.$$

技能训练

例 1 如图 1.4.189,B 是半圆 O 的直径 AC 上任一点,$BD \perp AC$ 交 $\odot O$ 于点 D,分别以 AB、BC 在半圆 O 内作半圆 O_1 和 O_2,求证:

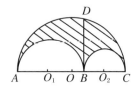

图 1.4.189

(1) 两个小半圆的周长 C_1、C_2 之和等于大半圆的周长 C;

(2) 图中阴影部分面积 S_1 等于以 BD 为直径的圆的面积 S_2.

点拨 阴影部分面积是大半圆的面积减去两个小半圆的面积.

证明 (1) $C_1 + C_2 = \frac{1}{2}\pi \cdot AB + \frac{1}{2}\pi \cdot BC$

$$= \frac{1}{2}\pi \cdot (AB + BC)$$

$$= \frac{1}{2}\pi \cdot AC = C.$$

(2) $S_1 = \frac{1}{2}\pi \cdot \left(\frac{AC}{2}\right)^2 - \left[\frac{1}{2}\pi \cdot \left(\frac{AB}{2}\right)^2 + \frac{1}{2}\pi \cdot \left(\frac{BC}{2}\right)^2\right]$

$$= \frac{1}{8}\pi \cdot (AC^2 - AB^2 - BC^2)$$

$$= \frac{1}{8}\pi \cdot [(AB + BC)^2 - (AB^2 + BC^2)]$$

$$= \frac{1}{4}\pi \cdot AB \cdot BC = \frac{1}{4}\pi \cdot BD^2$$
$$= \pi \cdot \left(\frac{BD}{2}\right)^2 = S_2.$$

说明 在直径 AC 上任取 n 个点将半径分成 $n+1$ 段,以这些线段为直径的圆的周长和恒等于以 AC 为直径的圆的周长.

例 2 如图 1.4.190,三个半径为 R 的圆两两外切,求证:与这三个圆都外切的小圆半径为 $r = \frac{1}{3}(2\sqrt{3}-3)R$.

点拨 设 $\odot O_1$、$\odot O_2$ 外切于点 A,则小圆圆心在 $\odot O_3$ 的圆心 O_3 与点 A 的连线上.

证明 在 $\triangle O_1 OA$ 中,由 $OA \perp O_1 O_2$,得 $OA = \sqrt{(R+r)^2 - R^2}$ $= \sqrt{r^2 + 2Rr}$.

在等边 $\triangle O_1 O_2 O_3$ 中,$O_3 A = \sqrt{(2R)^2 - R^2} = \sqrt{3}R$. 又 $O_3 O = O_3 A - OA$,即 $R + r = \sqrt{3}R - \sqrt{r^2 + 2Rr}$,解得 $r = \frac{1}{3}(2\sqrt{3} - 3)R$.

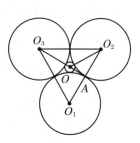

图 1.4.190

说明 圆与圆相切,连心线必过切点.

习题 1.4.8

1. 如图 1.4.191,在扇形 OAB 中,半径 OA 和 OB 互相垂直,以 OA 与 OB 为直径在扇形内作两个半圆,相交于点 C,求证:

(1) $\overset{\frown}{AC}$ 与 $\overset{\frown}{BC}$ 长度的和等于 $\overset{\frown}{AB}$ 的长度;

(2) 两个半圆公共部分的面积等于 $\overset{\frown}{AC}$, $\overset{\frown}{BC}$ 与 $\overset{\frown}{AB}$ 所围部分的面积.

2. 如图 1.4.192,两圆内切于点 P,并且小圆通过大圆的圆心 O,大圆的半径 OA 交小圆于点 B,求证:$\overset{\frown}{PA}$ 的长等于 $\overset{\frown}{PB}$ 的长.

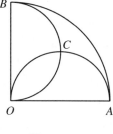

图 1.4.191

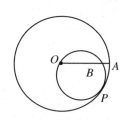

图 1.4.192

3. 如图 1.4.193,在 $\triangle ABC$ 中,$\angle BAC = 90°$,以各边为直径作半圆,求证:半圆 BC 的面积等于另两个半圆的面积之和.

4. 如图 1.4.194,在 $\triangle ABC$ 中,$\angle BAC = 90°$,以 AB、AC 为直径向外作两个半圆,又过 A、B、C 三点作半圆,求证:所得的两个新月形 M 和 N 的面积和等于 $\triangle ABC$ 的面积.

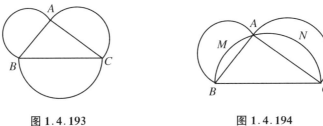

图1.4.193　　　　　图1.4.194

5. 如图1.4.195，AB是圆的直径，M是$\overset{\frown}{AB}$的中点，以M为圆心、MA为半径作弧，求证：所得新月形I的面积等于$\triangle ABM$的面积.

6. 如图1.4.196，在$\odot O$中，$\overset{\frown}{ABC}$的度数为$120°$，过A、C作$\odot O$的切线交于点P，$\odot O_1$和PA、PB、$\overset{\frown}{ABC}$都相切且与$\overset{\frown}{ABC}$相切于点B，求证：$\odot O_1$的周长等于$\overset{\frown}{ABC}$的长.

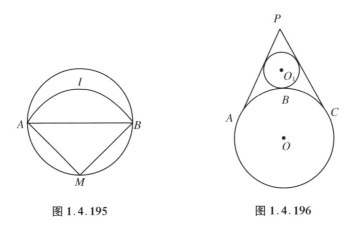

图1.4.195　　　　　图1.4.196

1.5　相　似　形

1.5.1　比和比例

🔖 **基础知识**

定理1　若$a:b=c:d$，则$ad=bc$.

定理2　若$ad=bc$，则$a:b=c:d$.

定理3(更比定理)　若$a:b=c:d$，则$a:c=b:d$，$d:b=c:a$.

定理4(反比定理)　若$a:b=c:d$，则$b:a=d:c$.

定理5(合比定理)　若$a:b=c:d$，则$(a+b):b=(c+d):d$.

定理6(分比定理)　若$a:b=c:d$，则$(a-b):b=(c-d):d$.

定理7(合分比定理)　若$a:b=c:d$，则$(a+b):(a-b)=(c+d):(c-d)$.

定理 8(等比定理)　若 $\dfrac{a}{b}=\dfrac{c}{d}=\dfrac{e}{f}=\cdots$，则 $\dfrac{a+c+e+\cdots}{b+d+f+\cdots}=\dfrac{a}{b}=\dfrac{c}{d}=\dfrac{e}{f}=\cdots$，且 $\dfrac{a-c}{b-d}=\dfrac{a}{b}=\dfrac{c}{d}=\cdots$.

定义 1　若 $a:b=b:c$，则 b 叫做 a 和 c 的比例中项.

1.5.2　相似三角形

定义 2　如果两个三角形的角对应相等，并且对应边成比例，那么这两个三角形叫做相似三角形.

推论 1　相似三角形对应角相等，对应边成比例.

推论 2　全等的两个三角形相似.

推论 3　与同一个三角形相似的两个三角形相似.

定理 9(相似三角形的判定定理)

(1) 如果两个三角形中有两组对角对应相等，那么这两个三角形相似.

(2) 如果两个三角形中有两组对应边成比例，并且夹角相等，那么这两个三角形相似.

(3) 如果两个三角形中的三组边对应边成比例，那么这两个三角形相似.

定理 10(直角三角形相似的判定定理)

(1) 如果两个直角三角形中有一组锐角相等，那么这两个直角三角形相似.

(2) 如果一个直角三角形的两条直角边和另一个直角三角形的两条直角边对应成比例，那么这两个直角三角形相似.

(3) 如果一个直角三角形的斜边和一条直角边与另一个直角三角形的斜边和一条直角边对应成比例，那么这两个直角三角形相似.

1.5.3　相似多边形

定义 3　如果两个多边形的角对应相等，并且对应边成比例，那么这两个多边形叫做相似多边形.

推论　如果两个多边形相似，那么它们的对应角相等，对应边成比例.

定理 11　边数相同的两个正多边形相似.

定义 4　如果两个多边形的对应边平行，对应顶点的连线交于一点，那么这两个多边形叫做位似多边形.

定理 12(位似多边形的判定定理)

如果两个多边形中，分别延长(或都不延长)对应顶点的连线 AA'、BB'、CC'、$\cdots$ 后相交于一点 S，并且 $\dfrac{SA}{SA'}=\dfrac{SB}{SB'}=\dfrac{SC}{SC'}=\cdots$，那么这两个多边形是位似多边形.

定理 13(位似多边形的性质定理)

如果两个多边形位似，那么它们也相似.

定义 5 在两个位似的多边形中,对应顶点的连线的交点叫做位似中心;如果对应顶点的连线分别延长后相交于一点,那么这一点叫做相似外心;如果对应顶点的连线(不延长)相交于一点,那么这点叫做相似内心.

定义 6 在两个多边形中,对应边的比叫做相似比.

定理 14 相似多边形中对应线段的比和周长的比都等于相似比.

技能训练

例 1 如图 1.5.1,CD、$C'D'$ 分别是 $Rt\triangle ABC$、$Rt\triangle A'B'C'$ 斜边上的高,且 $\dfrac{AC}{A'C'} = \dfrac{CD}{C'D'}$,求证:$\triangle ABC \backsim \triangle A'B'C'$.

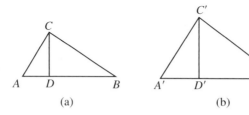

图 1.5.1

点拨 显然 $\triangle ADC \backsim \triangle A'D'C'$,所以 $\angle A = \angle A'$.

证明 在 $Rt\triangle ADC$ 和 $Rt\triangle A'D'C'$ 中,由 $\dfrac{AC}{A'C'} = \dfrac{CD}{C'D'}$,得 $\triangle ADC \backsim \triangle A'D'C'$,则 $\angle A = \angle A'$,所以 $Rt\triangle ABC \backsim Rt\triangle A'B'C'$.

说明 在两个直角三角形中,有两组对应边成比例或一组锐角相等,即知相似.

例 2 如图 1.5.2,O 是 $\triangle ABC$ 内一点,A'、B'、C' 分别是 OA、OB、OC 上的点,且 $AB \parallel A'B'$,$BC \parallel B'C'$,求证:$\triangle OAC \backsim \triangle OA'C'$.

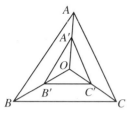

图 1.5.2

点拨 证 $AC \parallel A'C'$,即证 $\dfrac{OA'}{OA} = \dfrac{OC'}{OC}$.

证明 由 $AB \parallel A'B'$,得 $\dfrac{OA'}{OA} = \dfrac{OB'}{OB}$.由 $BC \parallel B'C'$,得 $\dfrac{OB'}{OB} = \dfrac{OC'}{OC}$,则 $\dfrac{OA'}{OA} = \dfrac{OC'}{OC}$,即得 $AC \parallel A'C'$,所以 $\triangle OAC \backsim \triangle OA'C'$.

说明 由于 $\angle AOC$ 公用,所以证得 $\dfrac{OA'}{OA} = \dfrac{OC'}{OC}$ 后,即可得 $\triangle OAC \backsim \triangle OA'C'$.另外,这两个相似三角形也符合位似的条件.

例 3 如图 1.5.3,AB 是 $\odot O$ 的直径,P 是半圆外一点,PA 交关圆于点 C,$PD \perp AB$,E 是 $\overparen{BC}$ 上一点,CE、AE 分别交 PD 于点 M、N,求证:$\triangle EMN \backsim \triangle PMC$.

点拨 证 $\angle MEN = \angle MPC$.

证明 连接 BC,则 $AC \perp BC$,得 $\angle ABC = 90° - \angle BAC$.又 $\angle APD = 90° - \angle BAC$,所以 $\angle ABC = \angle APD$.

由 $\angle ABC = \angle AEC$,得 $\angle MEN = \angle MPC$. 又 $\angle NME = \angle PMC$,所以 $\triangle EMN \sim \triangle PMC$.

说明 要证 $\angle MPC = \angle MEN$,由于 $\angle MEN$ 与 $\angle ABC$ 对应的弧相同,所以连接 BC 是自然的.

例 4 如图 1.5.4,AB 是 $\odot O$ 的直径,弦 $CD \perp AB$,F 是 CD 延长线上的点,AF 交 $\odot O$ 于点 G,求证:$\triangle ACG \sim \triangle DGF$.

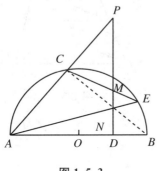

图 1.5.3

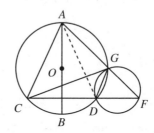

图 1.5.4

点拨 $\angle FDG = \angle CAG$ 是显然的. 又由 $\angle FGD = \angle ACD$,知只要证 $\angle ACD = \angle CAG$.

证明 连接 AD. 则由 AB 为直径且 $AB \perp CD$,得 $AC = AD$,故 $\angle ACD = \angle ADC$.

由四边形 $ACDG$ 是圆内接四边形,得 $\angle FDG = \angle CAG$,$\angle DGF = \angle ACD = \angle ADC = \angle AGC$.

所以 $\triangle ACG \sim \triangle DGF$.

说明 证明两个三角形相似,首先想到证明两个对应角相等. 如果做不到证明两个对应角相等,就要考虑证对应边成等比例了.

例 5 如图 1.5.5,P、Q 分别是正方形 $ABCD$ 边 AB、BC 上的点,且 $BP = BQ$,过点 B 作 $BH \perp PC$ 于点 H,求证:$\triangle BQH \sim \triangle CHD$.

点拨 只需证 $\angle HBQ = \angle HCD$,$\dfrac{BH}{CH} = \dfrac{BQ}{CD}$.

证明 由 BH 是 $Rt\triangle PBC$ 斜边上的高,得 $\angle HBQ = \angle BPH$.
又由 $AB \parallel CD$,得 $\angle BPH = \angle DCH$,则 $\angle HBQ = \angle HCD$.
再由 $\triangle HBP \sim \triangle HCB$,得 $\dfrac{BH}{CH} = \dfrac{BP}{BC} = \dfrac{BQ}{CD}$.

所以 $\triangle BHQ \sim \triangle CHD$.

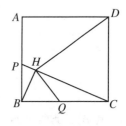

图 1.5.5

说明 若 BH 是 $Rt\triangle PBC$ 斜边上的高,则 $Rt\triangle PBH \sim Rt\triangle BCH \sim Rt\triangle PCB$.

例 6 如图 1.5.6,PT、PBA 分别是 $\odot O$ 的切线和割线,$\angle APT$ 的平分线交 AT 于点 C、BT 于点 D,若 $\angle AOB = 120°$. 求证:$\triangle ACD \sim \triangle CDB$.

点拨 $\triangle CDT$ 是等边三角形.

证明 由 $\angle DCT = \angle TAP + \angle CPA = \angle BTP + \angle CPT = \angle CDT$,且 $\angle ATB = \dfrac{1}{2}\angle AOB = 60°$,得 $\triangle TCD$ 为等边三角形,则 $\angle ACD = \angle BDC$.

由 PT 为 $\odot O$ 的切线,得 $\dfrac{PA}{PT}=\dfrac{PT}{PB}$,则 $\dfrac{AC}{CD}=\dfrac{AC}{CT}=\dfrac{AP}{PT}=\dfrac{PT}{PB}=\dfrac{DT}{DB}=\dfrac{CD}{PB}$.

所以 $\triangle ACD \backsim \triangle CDB$.

说明 本题如果由 PT 为切线,证两组对应角相等,就行不通了.

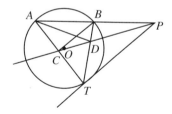

图 1.5.6

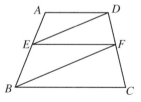

图 1.5.7

例 7 如图 1.5.7,在梯形 $ABCD$ 中,$AD /\!/ BC$,E、F 分别在 AB、CD 上,且 $EF /\!/ AD$,$ED /\!/ BF$,求证:梯形 $AEFD \backsim$ 梯形 $EBCF$.

点拨 利用三角形相似证明边成比例.

证明 由 $\triangle AED \backsim \triangle EBF$,$\triangle DEF \backsim \triangle FBC$,得 $\dfrac{AD}{EF}=\dfrac{AE}{EB}=\dfrac{ED}{BF}=\dfrac{EF}{BC}=\dfrac{FD}{CF}$. 又 $\angle A = \angle FEB$,$\angle AEF = \angle EBC$,$\angle EFD = \angle C$,$\angle ADF = \angle EFC$,所以梯形 $AEFD \backsim$ 梯形 $EBCF$.

说明 证多边形相似,即证对应边成比例,对应角相等.

例 8 如图 1.5.8,从圆外一点向这个圆作切线 AB 和 AC,在圆上任取一点 P,作 $PD \perp BC$ 于点 D,$PE \perp AC$ 于点 E,$PF \perp AB$ 于点 F,求证:四边形 $PECD \backsim$ 四边形 $PDBF$.

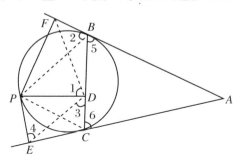

图 1.5.8

点拨 证两个四边形对应边成比例,对应角相等,这要通过构造相似三角形,即连接 PB、PC、DF、DE.

证明 连接 PB、PC、DF、DE,由 $\angle PFB = \angle PDB = 90°$,得四边形 $PFBD$ 是圆内接四边形,则 $\angle 1 = \angle 2$. 同理可证 $\angle 3 = \angle 4$. 又 $\angle 2 = \angle 3$,则 $\angle 1 = \angle 4$.

由 $\angle 5 = \angle FPD$,$\angle 6 = \angle EPD$,且 $\angle 5 = \angle 6$,得 $\angle FPD = \angle EPD$,所以 $\triangle PDF \backsim \triangle PED$. 同理,$\angle FBD = \angle ECD$,$\angle FDB = \angle DEC$. 所以 $\triangle FDB \backsim \triangle DEC$.

综上,四边形 $PECD$ 与四边形 $PDBF$ 对应边成比例,对应角相等. 所以四边形 $PECD \backsim$ 四边形 $PDBF$.

说明 本题的难点是证对应边成比例.

习题 1.5

1. 如果 b 是 a 和 c 的比例中项，m 是 a 和 b 的比例中项，n 是 b 和 c 的比例中项，那么 b 也是 m 和 n 的比例中项.

2. 若 $a:b=c:d=e:f$，求证：$a:c:e=b:d:f$.

3. 如图 1.5.9，在 $\triangle ABC$ 中，$AD \perp BC$ 于点 D，$DE \perp AB$ 于点 E，$DF \perp AC$ 于点 F，求证：$\triangle AEF \backsim \triangle ABC$.

4. 如图 1.5.10，CD 交 $\triangle ABE$ 的边 AB、BE 和 AE 的延长线分别于点 D、F、C，若 $AD \cdot AB = AE \cdot AC$，求证：$\triangle FDB \backsim \triangle FEC$.

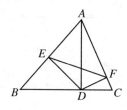

图 1.5.9

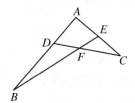

图 1.5.10

5. 如图 1.5.11，四边形 $ABEG$、$GEFH$、$HFCD$ 都是边长相等的正方形，求证：$\triangle AEF \backsim \triangle CEA$.

6. 如图 1.5.12，$AB \perp BC$，$DC \perp BC$，E 是 BC 上一点，$AE \perp DE$，求证：(1) $\triangle ABE \backsim \triangle ECD$.

(2) 若 $\triangle AED \backsim \triangle ECD$，请写出线段 AD、AB、CD 之间的数量关系，并加以证明.

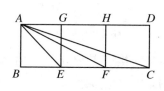

图 1.5.11

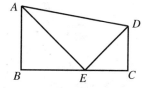

图 1.5.12

7. 如图 1.5.13，两圆相交于点 M 和点 N，过点 M 和点 N 作两条割线，交一圆于点 A、C，交另一圆于点 B、D，两条割线交于点 P，求证：$\triangle PAC \backsim \triangle PBD$.

8. 如图 1.5.14，两圆相交于点 P 和点 Q，过点 P 和点 Q 作两条割线，交一圆于点 A、C，交另一圆于点 B、D，求证：$\triangle QAB \backsim \triangle PCD$.

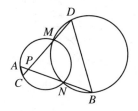

图 1.5.13

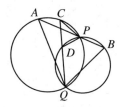

图 1.5.14

9. 如图 1.5.15，两圆相交于点 H 和点 K，过点 H 作两条割线，交一圆于点 A、C，交另一圆于点 B、D，求证：$\triangle KAB \backsim \triangle CDK$.

10. 如图 1.5.16，线段 AB 和 $A'B'$ 相等，AA' 和 BB' 的垂直平分线交于点 O，求证：$\triangle AOA' \backsim \triangle BOB'$.

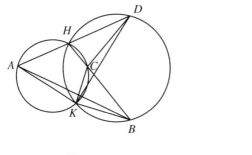
图 1.5.15

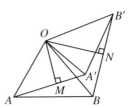
图 1.5.16

11. 如图 1.5.17，圆内两弦 AC、BD 互相垂直相交于点 E，过点 A 作切线 AF，过点 B 作 $BF \perp AF$，求证：$\triangle BFA \backsim \triangle AED$.

12. 如图 1.5.18，已知两直径 $AB \perp CD$，EF 是弦，CE、CF 分别交 AB 于点 O、H，求证：$\triangle CHO \backsim \triangle CEF$.

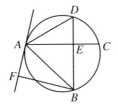
图 1.5.17

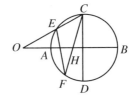
图 1.5.18

13. 如图 1.5.19，从 $\odot O$ 外一点作切线 AB、AC，连接切点 B、C 与 OA 交于点 D，过点 C 作弦 CE，从点 A 作 $AH \perp CE$ 于点 H，求证：$\triangle ADH \backsim \triangle CBE$.

14. 如图 1.5.20，从 $\triangle ABC$ 外接圆上一点 P 向 BC、CA、AB 或延长线引垂线，分别交圆于点 D、E、F，求证：$\triangle DEF \backsim \triangle ABC$.

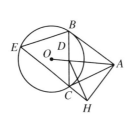
图 1.5.19

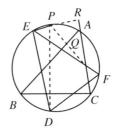
图 1.5.20

15. 如图 1.5.21，已知两圆相交于点 P 和点 Q，过点 P 作三条割线，分别交一圆于点 A、C、E，交另一圆于点 B、D、F，求证：$\triangle ACE \backsim \triangle BDF$.

16. 如图 1.5.22,在 △ABC 中,AD 为平分角线,分别以 B 和 C 为圆心,以 BD 和 CD 为半径作圆,过点 A 作 AE 和 AF 切两圆于点 E 和点 F,求证:△ADE∽△AFD.

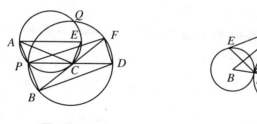

图 1.5.21　　　　　　图 1.5.22

17. 如图 1.5.23,△ABC 内接于⊙O,AB 是直径,点 D 在⊙O 上,OD∥BC,过点 D 作 DE⊥AB 于点 E,连接 CD 交 OE 于点 F,求证:(1) △DOE∽△ABC;(2) ∠ODF = ∠BDE.

18. 如图 1.5.24,⊙O 的直径 AC 与弦 BD 相交于点 F,点 E 是 DB 延长线上一点,∠EAB = ∠ADB.

(1) 求证:EA 是⊙O 的切线.

(2) 已知点 B 是 EF 的中点,求证:以 A、B、C 为顶点的三角形与△AEF 相似.

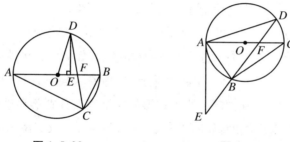

图 1.5.23　　　　　　图 1.5.24

19. 如图 1.5.25,在锐角△ABC 中,D、E 分别是 AB、BC 的中点,F 是 AC 上一点,且∠AFE = ∠A,DM∥EF 交 AC 于点 M.

(1) 求证:DM = DA.

(2) 点 G 在 BE 上,且∠BDG = ∠C,求证:△DEG∽△ECF.

20. 如图 1.5.26,AB 和 AC 切圆于点 B 和点 C,P 是圆周上任一点,PD⊥BC,PE⊥AC,PF⊥AB,求证:四边形 PECD∽四边形 PDBF.

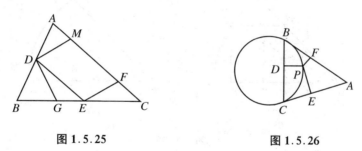

图 1.5.25　　　　　　图 1.5.26

21. 如图 1.5.27,在梯形 ABCD 中,AB∥CD,过点 D 作 DE∥BC 交 AC 于点 E,过点

C 作 $CF/\!/AD$ 交 BD 于点 F,连 EF,求证:四边形 $CDEF \backsim$ 梯形 $ABCD$.

22. 如图 1.5.28,已知在 $\odot O$ 的内接 $\triangle ABC$ 中,外角 $\angle ACF$ 的角平分线与 $\odot O$ 相交于点 D,$DP \perp AC$ 于点 P,$DH \perp BF$ 于点 H,问:

(1) $\angle PDC$ 与 $\angle HDC$ 是否相等,为什么?

(2) 图中有哪几组相等的线段?

(3) 当 $\triangle ABC$ 满足什么条件时,$\triangle CPD \backsim \triangle CBA$,为什么?

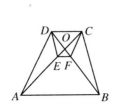

图 1.5.27

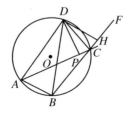

图 1.5.28

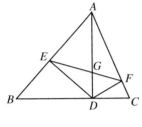

图 1.5.29

23. 如图 1.5.29,在 $\triangle ABC$ 中,$AD \perp BC$ 于点 D,$DE \perp AB$ 于点 E,$DF \perp AC$ 于点 F,EF 交 AD 于点 G.

(1) 求证:$\triangle AFE \backsim \triangle ABC$.

(2) 如果延长 AD 至点 H,要使 $AD^2 = AG \cdot AH$,则点 H 与 $\triangle ABC$ 的外接圆的位置应该如何?请证明你的结论.

24. 在数学课上,老师要求同学在扇形纸片 OAB 上画出一个正方形,使正方形的四个顶点分别落在扇形半径 OA、OB 和弧 AB 上.有一部分同学是这样画的:如图 1.5.30(a),先在扇形 OAB 内画出正方形 $CDEF$,使得 C、D 在 OA 上,F 在 OB 上,连接 OE 并延长交弧 AB 于点 G,过点 G 作 $GJ \perp OA$ 于点 J,作 $GH \perp GJ$ 交 OB 于点 H,再作 $HI \perp OA$ 于点 I.

(1) 请问他们画出的四边形 $GHIJ$ 是正方形吗?如果是,请给出你的证明;如果不是,请说明理由.

(2) 还有一部分同学是用另外一种不同于图(a)的方法画出的,请你参照图(a)的画法,在图(b)上画出这个正方形(保留画图痕迹,不要求证明).

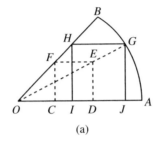

(a)

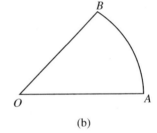

(b)

图 1.5.30

1.6 比例线段

1.6.1 直线型中的比例线段

基础知识

1. 平行线截割线段成比例

定理 1　两条直线被一组平行线所截,则截得的对应线段成比例.

推论 1　平行于三角形一边的直线截其他两边成比例.

推论 2　如果一条直线截三角形的两边成比例,那么这条直线平行于第三边.

定义 1　三条或三条以上的直线交于一点的图形叫做线束,这点叫做线束的中心.

定理 2　两条平行线被线束所截,则截得的对应线段成比例.

2. 相似三角形对应边成比例

定理 3　相似三角形(或多边形)对应边成比例.

定理 4(直角三角形中的射影定理)

(1) 在直角三角形中,斜边上的高是两条直角边在斜边上的射影的比例中项.

(2) 在直角三角形中,任何一条直角边是斜边和这条直角边在斜边上的射影的比例中项.

定理 5(三角形角平分线的性质定理)

三角形的内(外)角平分线将对边分成两段,这两条线段和两条邻边成比例.

注　此定理的逆命题也成立.

3. 梅涅劳斯定理和塞瓦定理

定理 6(梅涅劳斯定理)　一直线截 $\triangle ABC$ 的边 BC、CA、AB 或其延长线于点 D、E、F,则 $\dfrac{BD}{DC} \cdot \dfrac{CE}{EA} \cdot \dfrac{AF}{FB} = 1$.

定理 7(梅涅劳斯定理的逆定理)　如果点 D、E、F 是 $\triangle ABC$ 的边 BC、CA、AB 或其延长线上的点,并且 $\dfrac{BD}{DC} \cdot \dfrac{CE}{EA} \cdot \dfrac{AF}{FB} = 1$,那么 D、E、F 三点共线.

定理 8(塞瓦定理)　在 $\triangle ABC$ 内任取一点 P,直线 AP、BP、CP 分别与 BC、CA、AB 相交于点 D、E、F,则 $\dfrac{BD}{DC} \cdot \dfrac{CE}{EA} \cdot \dfrac{AF}{FB} = 1$.

定理 9(塞瓦定理的逆定理)　设点 F、D、E 分别在 $\triangle ABC$ 的边 AB、BC、CA 上,且 $\dfrac{BD}{DC} \cdot \dfrac{CE}{EA} \cdot \dfrac{AF}{FB} = 1$,则 AD、BE、CF 相交于一点.

技能训练

例 1　如图 1.6.1,在梯形 $ABCD$ 中,$AD \parallel BC$,点 E、F 分别在 AB、CD 上,求证:若 DE

// FB,则 AF // CE.

点拨 延长 BA、CD 交于点 G,即证 $\dfrac{GA}{GE} = \dfrac{GF}{GC}$.

证明 延长 BA、CD 交于点 G,则由 AD // BC,得 $\dfrac{GA}{GB} = \dfrac{GD}{GC}$. 由 DE // FB,得 $\dfrac{GE}{GB} = \dfrac{GD}{GF}$,则 $\dfrac{GA}{GE} = \dfrac{GF}{GC}$,所以 AF // CE.

说明 通常我们有平行于三角形一边和另两边相交("A"模型)或另两边延长线相交("B"模型)的两种情形,这里的图形是前者.

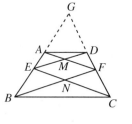
图 1.6.1

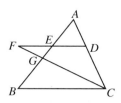
图 1.6.2

例 2 如图 1.6.2,在 $\triangle ABC$ 中,DE // BC,延长 DE 至点 F,使 $EF = ED$,连接 FC 交 AB 于点 G,求证:$\dfrac{BG}{GE} = \dfrac{AB}{AE}$.

点拨 $\dfrac{BG}{GE} = \dfrac{BC}{FE} = \dfrac{BC}{ED} = \dfrac{AB}{AE}$.

证明 由 FE // BC,得 $\dfrac{BG}{GE} = \dfrac{BC}{FE}$. 由 ED // BC,得 $\dfrac{AB}{AE} = \dfrac{BC}{ED}$. 又因 $EF = ED$,所以 $\dfrac{BG}{GE} = \dfrac{AB}{AE}$.

说明 此题图形是"A"模型与"B"模型的综合.

例 3 如图 1.6.3,点 M 是 AB 的中点,EF // AB,连接 EM、FM 分别交 AF、BE 于点 C、D,求证:CD // AB.

点拨 因为 EF // AB,所以可证 EF // CD.

证明 由 EF // AB,得 $\dfrac{EF}{AM} = \dfrac{EC}{CM}$,$\dfrac{EF}{BM} = \dfrac{FD}{DM}$. 又因 M 为 AB 的中点,即 $AM = BM$,则 $\dfrac{EC}{CM} = \dfrac{FD}{DM}$,所以 EF // CD,从而有 CD // AB.

说明 此题用到平行线的传递性.

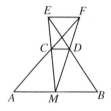
图 1.6.3

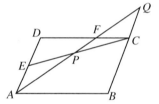
图 1.6.4

例 4 如图 1.6.4,E、F 是 $\square ABCD$ 边 AD、CD 上的点,且 $AE = CF$,AF、CE 交于点 P,

AF、BC 延长线交于点 Q,求证:$\dfrac{AP}{PQ} = \dfrac{AB}{BQ}$.

点拨 因为 $\dfrac{AP}{PQ} = \dfrac{AE}{CQ}$,所以只要证 $\dfrac{AB}{BQ} = \dfrac{AE}{CQ}$,即 $\dfrac{AP}{PQ} = \dfrac{CF}{CQ}$.

证明 由 $AD /\!/ BC$,得 $\angle PAE = \angle PQC$. 又由 $\angle APE = \angle QPC$,得 $\triangle APE \backsim \triangle QPC$,则 $\dfrac{AP}{PQ} = \dfrac{AE}{CQ}$. 又 $AE = CF$,则 $\dfrac{AP}{PQ} = \dfrac{CF}{CQ}$.

由 $CF /\!/ AB$,得 $\triangle QCF \backsim \triangle QBA$,则 $\dfrac{AB}{BQ} = \dfrac{CF}{CQ}$.

所以 $\dfrac{AP}{PQ} = \dfrac{AB}{BQ}$.

说明 $\dfrac{AB}{PQ}$ 是不同线段上的两部分比,所以应将其转移到相似三角形中.

例 5 如图 1.6.5,在 $\triangle ABC$ 中,$\angle C = 90°$,E 是 AB 的中点,$EG \perp AB$ 交 BC 于点 F,交 AC 延长线于点 G,求证:$CE^2 = EF \cdot EG$.

点拨 即证 $\dfrac{CE}{EF} = \dfrac{EG}{CE}$,这只证 $\triangle CEG \backsim \triangle FEC$.

证明 由 $GE \perp AB$,$AC \perp BC$,得 $\angle B = \angle G$.

由 $CE = \dfrac{1}{2} AB = BE$,得 $\angle ECB = \angle EBC = \angle G$. 又 $\angle CEF = \angle GEC$,则 $\triangle CEF \backsim \triangle GEC$.

所以 $\dfrac{CE}{EG} = \dfrac{EF}{CE}$,即 $CE^2 = EF \cdot EG$.

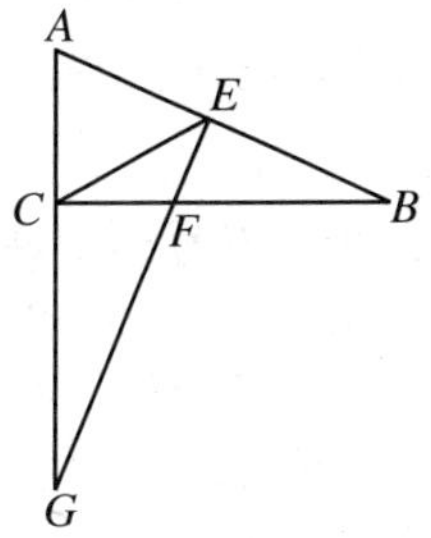

说明 由 $\dfrac{CE}{EF} = \dfrac{EG}{CE}$ 找相似三角形,既可"横"看,又可"竖"看.

图 1.6.5

例 6 如图 1.6.6,在 $\triangle ABC$ 中,$\angle C = 90°$,在 AB 上截取 $AD = AC$,$DE /\!/ BC$,作 $\angle CDF = \angle CDE$ 交 BC 于点 F,求证:$\dfrac{BF}{DF} = \dfrac{AD}{AE}$.

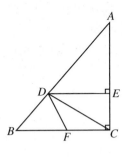

图 1.6.6

点拨 只需证 $\triangle FBD \backsim \triangle ADE$. 显然 $\angle B = \angle ADE$,下面只要证 $\angle EDF = \angle A = \angle DFB$.

证明 由 $DE /\!/ BC$,得 $\angle B = \angle ADE$,$DE \perp AC$,$\angle EDC = 90° - \angle ECD = 90° - \left(\dfrac{180° - \angle A}{2} \right) = \dfrac{1}{2} \angle A$. 又由 CD 平分 $\angle EDF$,得 $\angle EDF = 2 \angle EDC = \angle A$,则 $\angle DFB = \angle EDF = \angle A$.

所以 $\triangle FBD \backsim \triangle ADE$,从而有 $\dfrac{BF}{DF} = \dfrac{AD}{AE}$.

说明 本题的关键是证 $\angle DFB = \angle A$,即证 $\angle EDC = \dfrac{1}{2} \angle A$. 这就是说"等腰三角形一腰上的高和底边的夹角等于顶角的一半".

例 7 如图 1.6.7,已知 D、E 分别是 $\triangle ABC$ 边 AB、AC 上的点,$DE /\!/ BC$,直线 AP 分别交 DE、BC 于点 Q、P,延长 AP 到点 F,连接 DF、EF 分别交 BC 于点 G、H,求证:$\dfrac{PG}{PB} = \dfrac{PH}{PC}$.

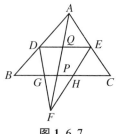

图 1.6.7

点拨 直接证 $\dfrac{PG}{PB} = \dfrac{PH}{PC}$ 较困难,找"中间比",即证 $\dfrac{PG}{PH} = \dfrac{QD}{QE} = \dfrac{PB}{PC}$.

证明 由 $DE \,\text{//}\, BC$,得 $\triangle FPG \backsim \triangle FQD$,$\triangle FPH \backsim \triangle FQE$,则 $\dfrac{PG}{PH} = \dfrac{QD}{QE}$.

同理,$\dfrac{QD}{QE} = \dfrac{PB}{PC}$. 所以 $\dfrac{PG}{PH} = \dfrac{PB}{PC}$,即 $\dfrac{PG}{PB} = \dfrac{PH}{PC}$.

说明 找"中间比"是证比例线段的一个很重要的方法.

例 8 如图 1.6.8,在等腰 $\text{Rt}\triangle ABC$ 中,$AB = AC$,点 D、E 在 BC 上,且 $\angle DAE = 45°$,求证:$BC^2 = 2BE \cdot CD$.

点拨 $BC = \sqrt{2}AB = \sqrt{2}AC$,所以只要证 $\triangle ABE \backsim \triangle DCA$,另外本题是"半角模型",还可以用旋转法.

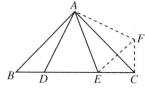

图 1.6.8

证明 (方法 1)由 $\triangle ABC$ 是等腰直角三角形,得 $BC = \sqrt{2}AB = \sqrt{2}AC$,所以要证 $BC^2 = 2BE \cdot CD$,亦即证 $AB \cdot AC = BE \cdot CD$.

设 $\angle BAD = \alpha$,则 $\angle BAE = \angle CDA = 45° + \alpha$,所以 $\triangle ABE \backsim \triangle DCA$,得 $\dfrac{AB}{CD} = \dfrac{BE}{AC}$,即 $AB \cdot AC = BE \cdot CD$,亦即 $BC^2 = 2BE \cdot CD$.

(方法 2)将 $\triangle ABD$ 绕点 A 逆时针旋转 $90°$ 到 $\triangle ACF$,设 $CF = BD = a$,$DE = b$,$CE = c$,则只要证 $(a + b + c)^2 = 2(a + b)(b + c)$,即证 $a^2 + c^2 = b^2$.

连接 EF,则在 $\triangle ADE$ 与 $\triangle AFE$ 中,由 $AD = AF$,$AE = AE$,$\angle DAE = \angle FAE = 45°$,得 $\triangle ADE \cong \triangle AFE$,则 $DE = EF = b$.

在 $\triangle ECF$ 中,由 $\angle ECF = 90°$,得 $EF^2 = EC^2 + CF^2$,即 $a^2 + c^2 = b^2$,则 $(a + b + c)^2 = 2(a + b)(b + c)$,即 $BC^2 = 2BE \cdot CD$.

说明 方法 2 并未用到相似三角形的性质,而是根据"半角模型",利用旋转给出证明,没有方法 1 简洁,但得出一个重要的结论,即在题设条件下,$DE^2 = BD^2 + CE^2$.

例 9 如图 1.6.9,在正方形 $ABCD$ 中,E 是 AB 的中点,F 是 AD 上一点,且 $AF = \dfrac{1}{4}AD$,$EG \perp CF$ 于 G,求证:

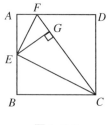

图 1.6.9

(1) CE 平分 $\angle BCF$;

(2) $\dfrac{1}{4}AB^2 = CG \cdot FG$.

点拨 要证 CE 平分 $\angle BCF$,只要证 $\triangle BCE \cong \triangle GCE$. 这时 $\dfrac{1}{4}AB^2 = EG^2$,由 $EG^2 = CG \cdot FG$ 可知,只要证 $\triangle CEF$ 是直角三角形.

证明 (1) 设正方形的边长为 a,则 $AF = \dfrac{1}{4}a$,$AE = BE = \dfrac{1}{2}a$.

由 $EF^2 = AE^2 + AF^2 = \dfrac{5}{16}a^2$,$EC^2 = BC^2 + BE^2 = \dfrac{5}{4}a^2$,$FC^2 = DC^2 + DF^2 = \dfrac{25}{16}a^2$,得

$FC^2 = EF^2 + EC^2$,则 $\triangle CEF$ 是直角三角形,从而有 $EG \cdot CF = EF \cdot CE$,即 $EG = \frac{1}{2}a = BE$,所以可得 $Rt\triangle BCE \cong Rt\triangle GCE$,则 $\angle BCE = \angle GCE$,即 CE 平分 $\angle BCF$.

(2) 由 $EG \perp CF, EF \perp EC$,得 $EG^2 = CG \cdot FG$. 又因 $EG = EB = \frac{1}{2}AB$,所以 $\frac{1}{4}AB^2 = CG \cdot FG$.

说明 本题也可延长 DA、CE 交于点 H,证 $FC = FH$,得 $\angle ECF = \angle H = \angle ECB$. 同理可证 EF 平分 $\angle AFG$. 所以 $\angle EFG + \angle ECG = 90°$,从而 $\triangle EFC$ 是直角三角形.

例 10 如图 1.6.10,已知 CD 是 $Rt\triangle ABC$ 斜边 AB 上的高,点 E 是 BC 上任意一点,$EF \perp AB$ 于点 F,求证:$AC^2 = AD \cdot AF + CD \cdot EF$.

点拨 $AC^2 = AD \cdot AB$,问题转化为证 $AD \cdot BF = CD \cdot EF$,即证 $\triangle ADC \backsim \triangle EFB$.

证明 由 CD 是 $Rt\triangle ABC$ 斜边 AB 上的高,得 $AC^2 = AD \cdot AB$. 要证 $AC^2 = AD \cdot AF + CD \cdot EF$,即证 $AD \cdot AB = AD \cdot AF + CD \cdot EF$,即 $AD(AB - AF) = AD \cdot BF = CD \cdot EF$.

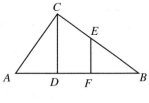

图 1.6.10

由 $\angle ACD = \angle EBF$,得 $Rt\triangle ADC \backsim Rt\triangle EFB$,则 $\frac{AD}{CD} = \frac{EF}{BF}$,即 $AD \cdot BF = CD \cdot EF$,所以 $AC^2 = AD \cdot AF + CD \cdot EF$.

说明 本题证明是分析法与综合法的有机结合. 一般是用分析法寻求思路,用综合法写出证明过程.

例 11 如图 1.6.11,在 $Rt\triangle ABC$ 中,AD 是斜边 BC 上的高,$DE \perp AC$ 于点 E,$DF \perp AB$ 于点 F,求证:$\frac{AB^4}{AC^4} = \frac{BF \cdot FD}{CE \cdot ED}$.

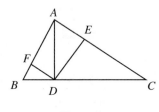

图 1.6.11

点拨 $\frac{AB^4}{AC^4} = \frac{BD^2 \cdot BC^2}{DC^2 \cdot BC^2} = \frac{BF \cdot AB}{CE \cdot AC}$,所以只要证 $\frac{AB}{AC} = \frac{FD}{ED}$.

证明 由 $DE // BA$,得 $\frac{DE}{CE} = \frac{AB}{AC}$. 由 DE 是 $Rt\triangle ADC$ 斜边 AC 上的高,得 $DE^2 = AE \cdot CE$.

又由四边形 $DEAF$ 是矩形,得 $DF = AE$,则 $\frac{DE}{CE} = \frac{AE}{DE} = \frac{DF}{ED}$. 所以 $\frac{AB}{AC} = \frac{FD}{ED}$.

由 AD 是 $Rt\triangle ABC$ 斜边 BC 上的高,得 $\frac{AB^4}{AC^4} = \left(\frac{AB^2}{AC^2}\right)^2 = \left(\frac{BD \cdot BC}{DC \cdot CB}\right)^2 = \frac{BD^2}{DC^2} = \frac{BF \cdot AB}{CE \cdot AC} = \frac{BF \cdot FD}{CE \cdot ED}$.

说明 本题要反复利用射影定理,理清思路是关键.

例 12 如图 1.6.12，在 $\triangle ABC$ 中，$\angle ACB$ 的内、外角平分线分别交 AB 及其延长线于点 D、E，求证：$\dfrac{AB}{AD} + \dfrac{AB}{AE} = \dfrac{2BC}{AC}$.

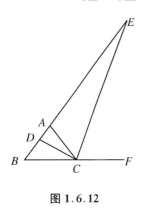

图 1.6.12

点拨 $\dfrac{AB}{AD} = \dfrac{BC+AC}{AC}$，$\dfrac{AB}{AE} = \dfrac{BC-AC}{AC}$.

证明 由 CD 平分 $\angle ACB$，得 $\dfrac{BD}{DA} = \dfrac{BC}{AC}$，则 $\dfrac{BD+DA}{DA} = \dfrac{BC+AC}{AC}$，即 $\dfrac{AB}{DA} = \dfrac{BC+AC}{AC}$.

由 CE 平分 $\angle ACF$，得 $\dfrac{BE}{AE} = \dfrac{BC}{AC}$，则 $\dfrac{BE-AE}{AE} = \dfrac{BC-AC}{AC}$，即 $\dfrac{AB}{AE} = \dfrac{BC-AC}{AC}$. 所以 $\dfrac{AB}{AD} + \dfrac{AB}{AE} = \dfrac{BC+AC}{AC} + \dfrac{BC-AC}{AC} = \dfrac{2BC}{AC}$.

说明 由 CD 平分 $\angle ACB$，得 $\dfrac{BD}{DA} = \dfrac{BC}{AC}$，如何与 $\dfrac{AB}{AD}$ 联系，可由 $BD + DA = AB$ 得到启示.

例 13 如图 1.6.13，在 $\triangle ABC$ 中，$\angle C = 90°$，$\angle A$ 的平分线 AD 交 BC 于点 D，求证：$\dfrac{AC^2}{AD^2} = \dfrac{BC}{2BD}$.

点拨 由 AD 平分 $\angle A$，可设 $CD = a$，$BD = b$，则 $AC = at$，$AB = bt$.

证明 设 $CD = a$，$BD = b$. 由 AD 平分 $\angle A$，得 $\dfrac{AC}{AB} = \dfrac{a}{b}$，则设 $AC = at$，$AB = bt$.

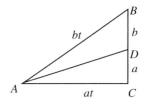

图 1.6.13

在 $\mathrm{Rt}\triangle ADC$ 与 $\mathrm{Rt}\triangle ABC$ 中，由 $AD^2 = (1+t^2)a^2$，$b^2t^2 = a^2t^2 + (a+b)^2$，得 $t^2 = \dfrac{(a+b)^2}{b^2 - a^2} = \dfrac{b+a}{b-a}$.

所以 $\dfrac{AC^2}{AD^2} = \dfrac{a^2t^2}{(1+t^2)a^2} = \dfrac{t^2}{1+t^2} = \dfrac{\dfrac{b+a}{b-a}}{1+\dfrac{b+a}{b-a}} = \dfrac{b+a}{2b} = \dfrac{BC}{2BD}$.

说明 设未知数，通过计算给出证明，思路清晰.

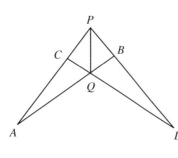

图 1.6.14

例 14 如图 1.6.14，PA、PB、PC、PD 的长分别为 a、b、c、d，且 $\dfrac{1}{a} + \dfrac{1}{b} = \dfrac{1}{c} + \dfrac{1}{d}$，$Q$ 是 AB、CD 的交点，求证：PQ 平分 $\angle CPD$.

点拨 证 $\dfrac{CQ}{QD} = \dfrac{PC}{PD}$.

证明 直线 AQB 截 $\triangle PCD$，由梅涅劳斯定理，得 $\dfrac{PA}{AC} \cdot \dfrac{CQ}{QD} \cdot \dfrac{DB}{BP} = 1$，即 $\dfrac{a}{a-c} \cdot \dfrac{CQ}{QD} \cdot \dfrac{d-b}{b} = 1$，则 $\dfrac{CQ}{QD} =$

$\dfrac{b(a-c)}{a(d-b)}$. 又由 $\dfrac{1}{a}+\dfrac{1}{b}=\dfrac{1}{c}+\dfrac{1}{d}$,得 $bcd+acd=abd+abc$,即 $bd(a-c)=ac(d-b)$,即 $\dfrac{b(a-c)}{a(d-b)}=\dfrac{c}{d}$,所以 $\dfrac{CQ}{QD}=\dfrac{PC}{PD}$.

所以 PQ 平分 $\angle CPD$.

说明 三角形角平分线定理的逆定理,可以用来证明直线平分角.另外,本题也可以证明 $\dfrac{AQ}{QB}=\dfrac{AP}{PB}$.

例 15 如图 1.6.15,BQ、CR 分别是 $\triangle ABC$ 的内角 $\angle B$、$\angle C$ 的平分线,AP 是 $\triangle ABC$ 的 $\angle A$ 的外角平分线,求证:P、Q、R 三点共线.

点拨 用梅涅劳斯定理的逆定理证明.

证明 由 AP 是 $\angle BAC$ 的外角平分线,得 $\dfrac{BP}{PC}=\dfrac{AB}{CA}$.

由 BQ 是 $\angle ABC$ 的平分线,得 $\dfrac{CQ}{QA}=\dfrac{BC}{AB}$.

由 CR 是 $\angle ACB$ 的平分线,得 $\dfrac{AR}{RB}=\dfrac{CA}{BC}$.

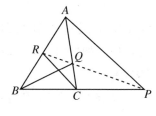

图 1.6.15

所以 $\dfrac{BP}{PC}\cdot\dfrac{CQ}{QA}\cdot\dfrac{AR}{RB}=\dfrac{AB}{CA}\cdot\dfrac{BC}{AB}\cdot\dfrac{CA}{BC}=1$.

又 R 在 AB 上,Q 在 CA 上,P 在 BC 的延长线上,则由梅涅劳斯定理的逆定理,得 P、Q、R 三点共线.

说明 梅涅劳斯定理的逆定理是证三点共线的常用方法之一.

例 16 如图 1.6.16,在 $\triangle ABC$ 中,AD、BE、CF 交于一点 P,M 是 AP 与 EF 的交点,求证:

(1) 若 $FE \parallel BC$,则 $ME=MF$,$DC=DB$.

(2) 若 $BD=DC$,则 $FM=ME$.

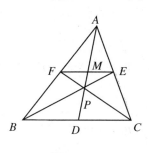

图 1.6.16

点拨 (1)由塞瓦定理证明;(2)先证 $EF \parallel BC$.

证明 (1) 由 $FE \parallel BC$,得 $\dfrac{AF}{FB}=\dfrac{AE}{EC}$.又 AD、BE、CF 交于一点 P,由塞瓦定理,得 $\dfrac{AF}{FB}\cdot\dfrac{BD}{DC}\cdot\dfrac{CE}{EA}=1$,则 $\dfrac{BD}{DC}=1$,即 $BD=DC$.又由 $FE \parallel BC$,得 $\dfrac{FM}{ME}=\dfrac{BD}{DC}=1$,则 $ME=MF$.

(2) AD、BE、CF 交于一点 P,则由塞瓦定理,得 $\dfrac{AF}{FB}\cdot\dfrac{BD}{DC}\cdot\dfrac{CE}{EA}=1$.又 $BD=DC$,则 $\dfrac{AF}{FB}=\dfrac{AE}{EC}$,所以 $FE \parallel BC$,得 $\dfrac{FM}{ME}=\dfrac{BD}{DC}=1$,即 $FM=ME$.

说明 对于(1),由 $\dfrac{FM}{DC}=\dfrac{ME}{BD}=\dfrac{MP}{PD}$ 也可得证;对于(2),由 $FM=ME$ 也可得 $BD=DC$,这时有 $\dfrac{AB}{BF}\cdot\dfrac{FM}{ME}\cdot\dfrac{EC}{CA}=1$,从而 $\dfrac{AB}{BF}=\dfrac{AC}{CE}$,所以 $FE \parallel BC$.

例17 如图 1.6.17，在梯形 $ABCD$ 中，$AB \parallel CD$，E 是 AC、BD 的交点，H 是 AD、BC 延长线的交点，过点 E 作 $FG \parallel AB$，分别交 AD、BC 于 F、G，求证：AG、BF、EH 三线共点.

点拨 取 AB 的中点 Q.

证明 由 $FG \parallel AB$，得 $\dfrac{BG}{GH} = \dfrac{FA}{HF}$.

由 $DC \parallel FG \parallel AB$，得 $\dfrac{FE}{AB} = \dfrac{DE}{DB} = \dfrac{CE}{CA} = \dfrac{EG}{AB}$，则 $FE = EG$.

从而有 $AQ = QB$. 所以 $\dfrac{AQ}{QB} \cdot \dfrac{BG}{GH} \cdot \dfrac{HF}{FA} = 1$.

由塞瓦定理的逆定理，得 AG、BF、EH 三线共点.

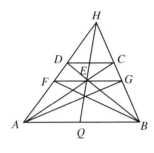

图 1.6.17

说明 由塞瓦定理的逆定理证三线共点是一个好方法. 本题也可以用"同一法"证明 AG、BF 的交点在 EQ 上.

例18 如图 1.6.18，在 Rt$\triangle ABC$ 中，$\angle ABC = 90°$，$\angle A = 30°$，点 P 在 AC 上，且 $\angle MPN = 90°$.

(1) 如图(a)，当点 P 为线段 AC 的中点，点 M、N 分别在线段 AB、BC 上时，过点 P 作 $PE \perp AB$ 于点 E，$PF \perp BC$ 于点 F，证明：$\triangle PME \sim \triangle PNF$，$PN = \sqrt{3} PM$.

(2) 如图(b)、(c)，当 $PC = \sqrt{2} PA$，点 M、N 分别在线段 AB、BC 或其延长线上这两种情况时，请分别写出线段 PN、PM 之间的数量关系.

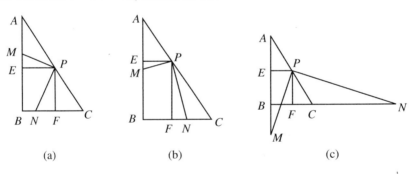

图 1.6.18

点拨 (1) 四边形 $BFPE$ 是矩形，$\triangle PFN \sim \triangle PEM$；(2) 同(1)证得 $\triangle PFN \sim \triangle PEM$，得 $\dfrac{PF}{PE} = \dfrac{PN}{PM}$，又由 $PF = \dfrac{\sqrt{3}}{2} PC$，$PE = \dfrac{1}{2} PA$，可得 $PN = \sqrt{6} PM$.

解 (1) 如图(a)，由 $\angle ABC = 90°$，得四边形 $PFBE$ 是矩形，则 $\angle EPF = 90°$.

由 P 是 AC 的中点，得 $PE = \dfrac{1}{2} BC$，$PF = \dfrac{1}{2} AB$.

由 $\angle MPN = 90°$，$\angle EPF = 90°$，得 $\angle MPE = \angle NPF$，则 $\triangle MPE \sim \triangle NPF$，从而有 $\dfrac{PF}{PE} = \dfrac{PN}{PM} = \dfrac{AB}{BC}$.

又由 $\angle A = 30°$，得 $AB = \sqrt{3} BC$，则 $\dfrac{PN}{PM} = \sqrt{3}$，即 $PN = \sqrt{3} PM$.

(2) $PN = \sqrt{6}PM$. 证明如下: 如图(b), 在 Rt△ABC 中, 四边形 BFPE 是矩形, 则 △PFN∽△PEM, 得 $\dfrac{PF}{PE} = \dfrac{PN}{PM}$. 又在 Rt△AEP 和 Rt△PFC 中, $\angle A = 30°$, $\angle ACB = 60°$, 得 $PF = \dfrac{\sqrt{3}}{2}PC$, $PE = \dfrac{1}{2}PA$, 所以 $\dfrac{PN}{PM} = \dfrac{PF}{PE} = \dfrac{\sqrt{3}PC}{PA}$. 由 $PC = \sqrt{2}PA$, 得 $\dfrac{PN}{PM} = \sqrt{6}$, 即 $PN = \sqrt{6}PM$.

如图(c), 在 Rt△ABC 中, 四边形 BFPE 是矩形, 则△PFN∽△PEM, 得 $\dfrac{PF}{PE} = \dfrac{PN}{PM}$.

又在 Rt△AEP 和 Rt△PFC 中, $\angle A = 30°$, $\angle ACB = 60°$, 得 $PF = \dfrac{\sqrt{3}}{2}PC$, $PE = \dfrac{1}{2}PA$, 则

$\dfrac{PN}{PM} = \dfrac{PF}{PE} = \dfrac{\sqrt{3}PC}{PA}$.

由 $PC = \sqrt{3}PA$, 得 $\dfrac{PN}{PM} = \sqrt{6}$, 即 $PN = \sqrt{6}PM$.

说明 (2)中两种情况的证明完全一样, 和对(1)的证明本质没有区别.

习题 1.6.1

1. 如图 1.6.19 在△ABC 中, $DG \parallel EC$, $EG \parallel BC$, 求证: $AE^2 = AB \cdot AD$.

2. 如图 1.6.20, 在梯形 ABCD 中, O 是对角线 AC、BD 的交点, 过点 O 作直线与 BC 平行, 且分别交 AB、DC 于点 E、F, 求证: $OE = OF$.

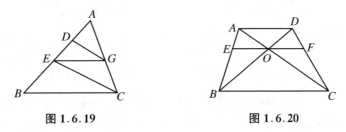

图 1.6.19　　　　　图 1.6.20

3. 如图 1.6.21, O 是矩形 ABCD 对角线的交点, $OF \perp BD$, 分别交 CD 于点 E, 交 BC 的延长线于点 F, 求证: $OA^2 = OE \cdot OF$.

4. 如图 1.6.22, 在△ABC 中, AD 平分∠BAC, BE 平分∠ABC 交 AD 于点 E, 求证: $\dfrac{DC}{AC} = \dfrac{DE}{AE}$.

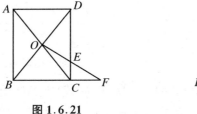 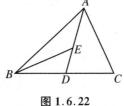

图 1.6.21　　　　　图 1.6.22

5. 如图 1.6.23, 在△ABC 中, $\angle C = 90°$, AE 平分∠A 交 AB 上的高 CH 于点 D, 过点 D 作 $DF \parallel AB$ 交 BC 于点 F, 求证: $BF = EC$.

6. 如图 1.6.24,在 Rt△ABC 中,AD 是斜边 BC 上的高,DE⊥AC 于点 E,DF⊥AB 于点 F,求证:$\dfrac{AB^3}{AC^3} = \dfrac{FB}{EC}$.

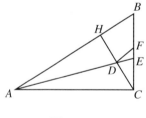

图 1.6.23

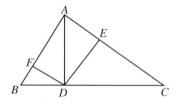

图 1.6.24

7. 如图 1.6.25,D 是△ABC 边 AB 上一点(异于 AB 的中点),求证:

(1) 若∠ACB = 90°,$AC^2 = AD \cdot AB$,则 $CD^2 = AD \cdot BD$.

(2) 若∠ACB = 90°,$CD^2 = AD \cdot BD$,则 $AC^2 = AD \cdot AB$.

(3) 若 $AC^2 = AD \cdot AB$,$CD^2 = AD \cdot BD$,则∠ACB = 90°.

8. 如图 1.6.26,P 是△ABC 边 AB 上一点,且∠ACP = ∠B,求证:$AB \cdot PC = AC \cdot BC$.

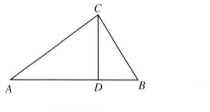

图 1.6.25

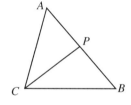

图 1.6.26

9. 如图 1.6.27,P 是▱ABCD 边 DC 延长线上的任一点,AP 与 BD、BC 分别交于点 M、N,求证:$AM^2 = MN \cdot MP$.

10. 如图 1.6.28,在△ABC 中,∠BAC = 90°,M 是 BC 的中点,DM⊥BC 交 BA 延长线于点 D,交 AC 于点 E,求证:$MA^2 = MD \cdot ME$.

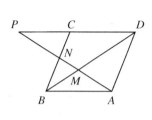

图 1.6.27

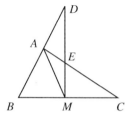

图 1.6.28

11. 如图 1.6.29,在△ABC 中,∠BAC = 90°,AD⊥BC,M 是 AD 的中点,BM 的延长线交 AC 于点 P,PE⊥BC,延长 EP 与 BA 延长线交于点 F,求证:$PE^2 = PA \cdot PC$.

12. 如图 1.6.30,△ABC 是等边三角形,D、E 在直线 BC 上,且∠DAE = 120°,求证:$BC^2 = BD \cdot EC$.

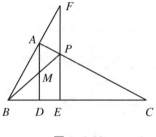
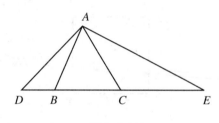

图 1.6.29　　　　　　　　　　图 1.6.30

13. 如图 1.6.31，在 $\triangle ABC$ 中，D、E 是边 BC 上的点，且 $AE = AD$，$\angle BAE + \angle CAD = 45°$，$\angle EAD = 90°$，求证：$AD^2 = BE \cdot CD$.

14. 如图 1.6.32，在 $\triangle ABC$ 中，过 BC 的中点 M 作直线交 AC 于点 N，交 BA 的延长线于点 P，又过点 A 作 $AD \parallel BC$ 交 PM 于点 D，求证：$PD : PM = ND : NM$.

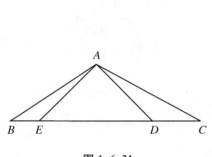
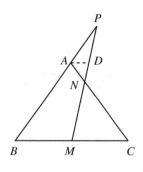

图 1.6.31　　　　　　　　　　图 1.6.32

15. 如图 1.6.33，在 $\triangle ABC$ 中，过 BC 的中点 M 作直线交 AC 于点 N，交 BA 的延长线于点 P，求证：$PA : PB = NA : NC$.

16. 如图 1.6.34，在 $\triangle ABC$ 中，$\angle A = 90°$，$AD \perp BC$，$AE = EC$，延长 ED 交 AB 的延长线于点 F，求证：$AB : AC = DF : AF$.

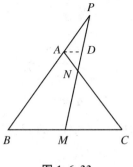
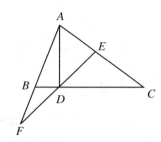

图 1.6.33　　　　　　　　　　图 1.6.34

17. 如图 1.6.35，在正方形 $ABCD$ 的边 AD 上取一点 E，使 $AE = \dfrac{1}{4}AD$，过 AB 中点 M 作 $MF \perp CE$ 于点 F，求证：$MF^2 = EF \cdot FC$.

18. 如图 1.6.36，在梯形 $ABCD$ 中，$AD \parallel BC$，$\angle ABC = 90°$，对角线 $BD \perp DC$，求证：

$BD^2 = AD \cdot BC$.

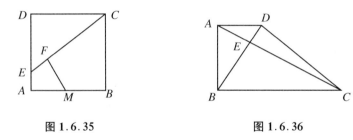

图 1.6.35　　　　　图 1.6.36

19. 如图 1.6.37,已知 CD 是 Rt$\triangle ABC$ 斜边 AB 上的高,求证:$BD \cdot AC^2 = AB \cdot CD^2$.

20. 如图 1.6.38,在 $\triangle ABC$ 中,$AB = AC$,AD 是 BC 边上的高,H 为垂心,求证:$4AD \cdot HD = BC^2$.

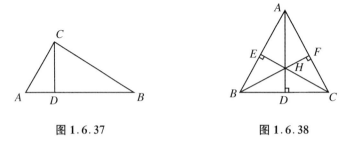

图 1.6.37　　　　　图 1.6.38

21. 如图 1.6.39,在 $\triangle ABC$ 中,$\angle B = 60°$,$CD \perp AB$ 于点 D,$AE \perp BC$ 于点 E,求证:$DE = \dfrac{1}{2}AC$.

22. 如图 1.6.40,已知 M 是 $\triangle ABC$ 边 AC 的中点,E 是 AB 上一点,且 $AE = \dfrac{1}{4}AB$,连接 EM 并延长交 BC 的延长线于点 D,求证:$BC = 2CD$.

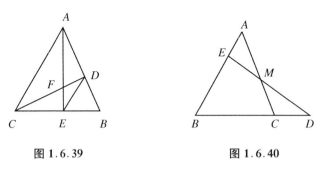

图 1.6.39　　　　　图 1.6.40

23. 如图 1.6.41,在 $\triangle ABC$ 中,$\angle ACB = 90°$,D 是 BC 的中点,E 是 AD 的中点,CE 的延长线交 AB 于点 F,$FG /\!/ AC$ 交 AD 于点 G,求证:$FB = 2CG$.

24. 如图 1.6.42,AM 是 $\triangle ABC$ 的中线,P 为 AM 上任意一点,BP 和 CP 分别交对边于点 D 和点 E,求证:$ED /\!/ BC$.

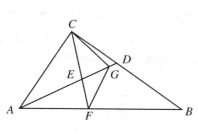

图 1.6.41

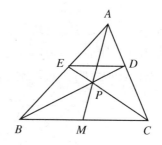

图 1.6.42

25. 如图 1.6.43，过△ABC 的顶点 A 任作直线 AE，连接 EB、EC，又作 BC 的平行线分别交 EB、EC、AB、AC、AE 于点 F、G、H、K、M，求证：$MH:MK = MF:MG$.

26. 如图 1.6.44，已知 $l_1 /\!/ l_2$，过任意一点 P 作三条直线分别交 l_1 于点 A、C、E，交 l_2 于点 B、D、F. AD 与 BC 交于点 M，CF 与 DE 交于点 N，求证：$MN /\!/ l_1 /\!/ l_2$.

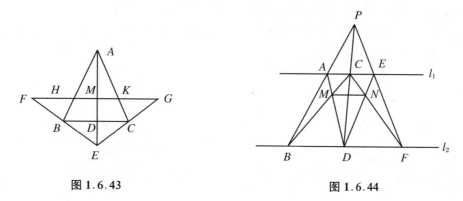

图 1.6.43　　　　　　　图 1.6.44

27. 如图 1.6.45，四边形 ABCD 为平行四边形，$PQ /\!/ AD$，PD 与 QA 交于点 M，PC 与 QB 交于点 N，求证：$MN /\!/ AB$.

28. 如图 1.6.46，在△ABC 中，AB = AC，P 在 AB 上，Q 在 AB 的延长线上，若 AB 为 AP 和 AQ 的比例中项，求证：$\angle BCP = \angle BCQ$.

29. 如图 1.6.47，在菱形 ABCD 中，$\angle ABC = 60°$，直线 l 过点 D 且与 BA、BC 的延长线分别交于点 E、F，点 M 是 CE 与 AF 的交点，求证：$CA^2 = CM \cdot CE$.

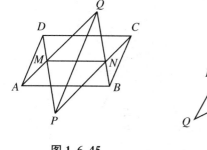

图 1.6.45

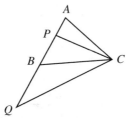

图 1.6.46

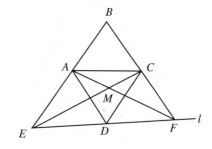

图 1.6.47

30. 如图 1.6.48,在梯形 $ABCD$ 中,$AD \parallel BC$,$AB = DC$.

(1) 如图(a),如果 P、E、F 分别是 BC、AC、BD 的中点,求证:$AB = PE + PF$.

(2) 如图(b),如果 P 是 BC 上任意一点(中点除外),$PE \parallel AB$,$PF \parallel DC$,那么 $AB = PE + PF$ 这个结论还成立吗? 如果成立,请给出证明;如果不成立,请说明理由.

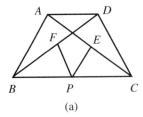
(a)

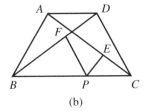
(b)

图 1.6.48

31. 如图 1.6.49,在 $\triangle ABC$ 中,$\angle ACB = 90°$,$AC = BC$,M 是 BC 的中点,$CD \perp AM$ 于点 D,CD 的延长线交 AB 于点 E,求证:$AE = 2EB$.

32. 如图 1.6.50,AM 是锐角 $\triangle ABC$ 的角平分线,$ME \perp AB$ 于点 E,$MF \perp AC$ 于点 F,P 是 CE 与 BF 的交点,求证:$AP \perp BC$.

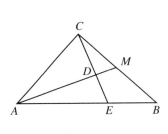

图 1.6.49

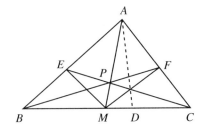

图 1.6.50

33. 如图 1.6.51,在 $\triangle ABC$ 中,AD 为中线,过点 C 任意作一直线交 AB 于点 F,交 AD 于点 E,求证:$\dfrac{AE}{ED} = \dfrac{2AF}{FB}$.

34. 如图 1.6.52,过 $\triangle ABC$ 的重心 G 的直线分别交 AB、AC 于点 E、F,交 CB 的延长线于点 D,求证:$\dfrac{BE}{EA} + \dfrac{CF}{FA} = 1$.

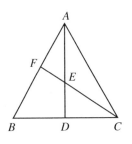

图 1.6.51

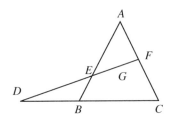

图 1.6.52

35. 如图1.6.53,过△ABC 的三个顶点且平分△ABC 周长的三条直线AD、BE、CF 交于一点.

36. 如图1.6.54,在△ABC 的边BC 上取一点D,设∠ADB、∠ADC 的平分线与AB、AC 分别相交于点F、E,求证:AD、BE、CF 交于一点.

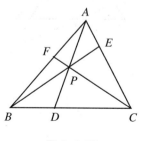

图 1.6.53

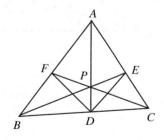

图 1.6.54

37. 如图1.6.55,P 是□ABCD 内一点,过点P 作AD 的平行线交AB 于点E,交CD 于点F.过点P 作AB 的平行线交AD 于点G,交BC 于点H,设CE 与AH 交于点Q,求证:D、P、Q 三点共线.

38. 如图1.6.56,四边形 ABCD 的对边 AB 和CD、AD 和BC 分别相交于点L、K,对角线 AC 与BD 交于点M,直线 KL 与BD、AC 分别交于点F、G,求证:$\dfrac{KF}{LF}=\dfrac{KG}{LG}$.

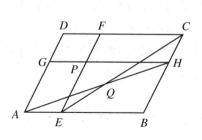

图 1.6.55

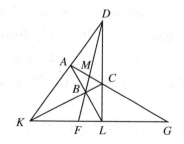

图 1.6.56

39. 如图1.6.57,设 D 是锐角△ABC 内一点,∠ADB = ∠ACB + 90°,过点 B 作BE⊥BD,BE = BD,连接 EC.

(1) 求证:∠CAD + ∠CBD = 90°.

(2) 若 AC · BD = AD · BC,求证:

① △ACD∽△BCE;② $AB \cdot CD = \sqrt{2} AC \cdot BD$.

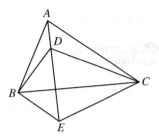

图 1.6.57

40. 如图1.6.58,在△ABC 中,AB = AC,点 D 在 BA 的延长线上,点 E 在 BC 上,DE = DC,点 F 是 DE 与 AC 的交点.

(1) 求证:∠BDE = ∠ACD.

(2) 若 DE = 2DF,过点 E 作 EG∥AC 交 AB 于点G,求证:AB = 2AG.

(3) 将"点 D 在 BA 的延长线上,点 E 在 BC 上"改为"点 D 在 AB 上,点 E 在 CB 的延长线上","点 F 是 DE 与 AC 的交点"改为"F 是 ED 的延长线与 AC 的交点",其他条件不变.

① 求证：$AB \cdot BE = AD \cdot BC$. ② 若 $DE = 4DF$，请直接写出 $S_{\triangle ABC} : S_{\triangle DEC}$ 的值.

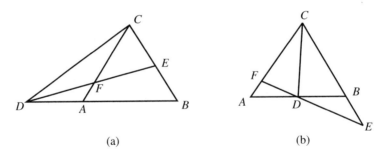

图 1.6.58

1.6.2 圆中的比例线段

基础知识

定理 10（圆幂定理）

（1）两弦相交于圆内，则一条弦被分成的两线段之积等于另一条弦被分成的两线段之积.

（2）两条割线相交于圆外，则一条割线的圆外部分与割线全长之积等于另一条割线的圆外部分与割线全长之积，并且等于两条割线交点向这圆所作切线的平方.

说明 （1）称为相交弦定理，(2)称为割线定理和切割线定理，统称为圆幂定理.

定理 11 若两条线段 AB、CD 相交于点 E，且 $AE \cdot BE = CE \cdot DE$，则 A、B、C、D 四点共圆.

定理 12 相交线段 PA、PB 上分别有异于 P、A、B 的点 C、D，且 $PA \cdot PC = PB \cdot PD$，则 A、B、C、D 四点共圆.

注 研究圆中的比例线段，主要有两种方式：一是通过圆与角的关系，利用相似三角形；二是直接应用圆幂定理研究比例线段.

技能训练

例 1 如图 1.6.59，$\triangle ABC$ 内接于 $\odot O$，过点 A 的切线交 BC 的延长线于点 P，点 D 在 BC 上，且 $\angle ADC = \angle ACD = 60°$，求证：$CD^2 = PC \cdot BD$.

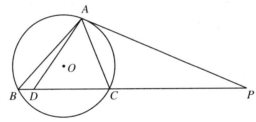

图 1.6.59

点拨 由于 $AD=AC=CD$，所以只要证 $\dfrac{AD}{BD}=\dfrac{PC}{AC}$，即证 $\triangle ADB \backsim \triangle PCA$.

证明 由 PA 是 $\odot O$ 的切线，得 $\angle B=\angle PAC$. 由 $\angle ADC=\angle ACD$，得 $\angle ADB=\angle ACP$，则 $\triangle ADB \backsim \triangle PCA$，从而有 $\dfrac{AD}{BD}=\dfrac{PC}{AC}$.

又 $\angle ADC=\angle ACD=60°$，得 $AD=AC=CD$，所以 $CD^2=AD \cdot AC=PC \cdot PD$.

说明 由 PA 是 $\odot O$ 的切线，可得 $PA^2=PC \cdot PB$，但与结论没有关系，所以联想到利用相似三角形给出证明.

例 2 如图 1.6.60，已知 $\odot O_1$ 和 $\odot O_2$ 相交于 A、B 两点，过 A 的直线交两圆于 C、D，P 是 CD 的中点，直线 BP 交两圆于点 E、F，求证：$PE=PF$.

点拨 利用相交弦定理与切割线定理进行转化.

证明 由 PAD、PFB 是 $\odot O_2$ 的割线，得 $PA \cdot PD = PF \cdot PB$.

由 P 是 CD 的中点，得 $PA \cdot PD = PA \cdot PC = PE \cdot PB$.

所以 $PE \cdot PB = PF \cdot PB$，即 $PE=PF$.

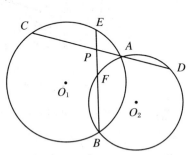

图 1.6.60

说明 利用比例线段证线段相等，方法有：

(1) 若 $a \cdot b = c \cdot b$，则 $a=c$.

(2) 若 $\dfrac{a}{b}=\dfrac{c}{b}$，则 $a=c$.

(3) 若 $a^2=b \cdot c$，$d^2=b \cdot c$，则 $a=d$.

例 3 如图 1.6.61，在 $\triangle ABC$ 中，$\angle A=90°$，$AD \perp BC$ 于 D，M 为 AD 的中点，BM 的延长线交 AC 于点 E，$EF \perp BC$，$GE \perp AC$ 交以 AC 为直径的半圆于点 G，求证：$EF=EG$.

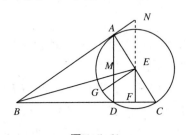

图 1.6.61

点拨 $EF^2=AE \cdot EC=GE^2$.

证明 延长 BA、FE 交于点 N.

由 $AD \parallel EF$，得 $\dfrac{AM}{NE}=\dfrac{BM}{BE}=\dfrac{DM}{EF}$. 又 $MA=MD$，则 $NE=EF$.

由 $\triangle AEN \backsim \triangle FEC$，得 $\dfrac{AE}{EF}=\dfrac{EN}{EC}$，则 $EF^2=AE \cdot EC$.

由 $GE \perp AC$，且 AC 为直径，得 $GE^2=AE \cdot EC$.

所以 $EF^2=AE \cdot EC=GE^2$，即 $EF=EG$.

说明 由 AC 是直径，得 $AG \perp CG$. 又 $GE \perp AE$，所以由射影定理可得 $GE^2=AE \cdot EC$，下面启示我们设法证明 $EF^2=AE \cdot EC$.

例 4 如图 1.6.62，已知两圆内切于点 P，大圆的弦 AD 交小圆于点 B、C，PA 交小圆于点 E，PC 的延长线交大圆于点 F，求证：$AE \cdot FP=AC \cdot FD$.

点拨 只需证 $\triangle FPD \backsim \triangle ACE$，显然 $\angle A=\angle F$，所以只要证 $\angle DPF=\angle APB$.

证明 过点 P 作外公切线 PT，则 $\angle TPF=\angle PBC$，$\angle TPD=\angle PAD$. 从而有 $\angle PBC=$

$\angle PAD + \angle BPA$，$\angle DPF = \angle TPF - \angle TPD = \angle CBP - \angle PAD = \angle APB$.

又 $\angle F = \angle A$，则 $\triangle ACE \backsim \triangle FPD$. 所以 $\dfrac{AE}{AC} = \dfrac{FD}{FP}$，即 $AE \cdot FP = AC \cdot FD$.

说明 此题过点 P 作圆的切线是关键.

例 5 如图 1.6.63，在 $\triangle ABC$ 中，$AE \perp BC$ 于点 E，$BD \perp AC$ 于点 F，F 是 AE 与 BD 的交点，求证：$AB^2 = AF \cdot AE + BF \cdot BD$.

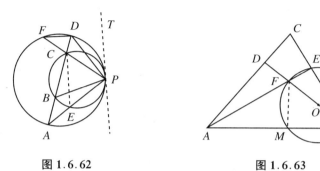

图 1.6.62　　　　　　图 1.6.63

点拨 设 $\triangle BEF$ 的外接圆交 AB 于点 M，则有 $AB \cdot BM = BF \cdot BD$，$AB \cdot AM = AE \cdot AF$.

证明 设 $\triangle BEF$ 的外接圆 O 交 AB 于点 M，连接 FM，由切割线定理，得 $AF \cdot AE = AM \cdot AB$. 由 $\angle BEF = 90°$，知 BF 为 $\odot O$ 的直径，则 $\angle BMF = \angle BDA$. 又 $\angle FBM = \angle ABD$，得 $\triangle BMF \backsim \triangle BDA$，则 $\dfrac{BF}{AB} = \dfrac{BM}{BD}$，即 $BF \cdot BD = AB \cdot BM$.

所以 $AF \cdot AE + BF \cdot BD = AM \cdot AB + AB \cdot BM = AB(AM + BM) = AB^2$.

说明 要证 $AF \cdot AE + BF \cdot BD = AB^2$，一般方法是设 $AB = x + y$，则 $AF \cdot AE + BF \cdot BD = AB \cdot (x + y) = AB \cdot x + AB \cdot y$，下面只要证 $AF \cdot AE = AB \cdot x$，$BF \cdot BD = AB \cdot y$，或证 $AF \cdot AE = AB \cdot y$，$BF \cdot BD = AB \cdot x$.

例 6 如图 1.6.64，四边形 $ABCD$ 是圆内接四边形，延长 BC、AD 交于点 F，延长 AB、DC 交于点 E，EP 切 $\odot O$ 于点 P，FQ 切 $\odot O$ 于点 Q，求证：$EP^2 + FQ^2 = EF^2$.

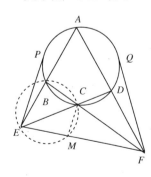

图 1.6.64

点拨 改证 $EP^2 = EF \cdot x$，$FQ^2 = EF \cdot y$，其中 $x + y = EF$. 由于 $FQ^2 = FC \cdot FB$，设 M 是 EF 上一点，则应有 $FM \cdot FE = FC \cdot FB$，从而四边形 $BEMC$ 是圆内接四边形，这就启发我们过 B、E、C 三点作圆，交 EF 于点 M，则 $x = EM$，$y = MF$.

证明 过 B、E、C 三点作圆，设交 EF 于点 M，连接 CM，则 $FQ^2 = FC \cdot FP = FM \cdot FE$.

由 $\angle CME = \angle CBA = \angle CDF$，得四边形 $CMFD$ 是圆内接四边形，则 $EP^2 = EC \cdot ED = EM \cdot EF$.

所以 $EP^2 + FQ^2 = EM \cdot EF + FM \cdot FE = EF \cdot (EM + MF) = EF^2$.

说明 要证 $ab + cd = ef$，由上面的讨论可知，可设 $f = x + y$ 或 $e = x + y$，改证 $ab = ex$，$cd = ey$ 等.

例7 如图1.6.65(a)，在正方形 $ABCD$ 中，以 D 为圆心、DA 为半径的圆交以 BC 为直径的半圆于点 E，AE 交 BC 于点 F，求证：$CF = 2FB$.

点拨 连接 CE 交 AB 于点 M，则 $AM^2 = ME \cdot MC = MB^2$，再证 $\angle CEF = \angle BEF = 45°$.

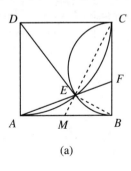
(a)

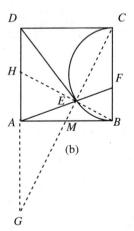
(b)

图 1.6.65

证明 连接 CE 延长交 AB 于点 M，连接 EB. 由 M 是 $\odot D$ 与半圆 BEC 公共弦上一点，且 MA、MB 是这两圆的切线，得 $MA^2 = ME \cdot MC = MB^2$，即 $AM = MB$，又由 $\angle CEF = \frac{1}{2}\angle ADC = 45°$，$\angle CEB = 90°$，得 $\angle CEF = \angle BEF = 45°$；由角平分线性质，得 $\frac{CF}{FB} = \frac{CE}{EB}$；由 Rt$\triangle BEC \backsim$ Rt$\triangle MBC$，得 $\frac{CE}{EB} = \frac{BC}{MB} = 2$，所以 $CF = 2FB$.

说明 本题难点在于发现隐含条件 $\angle CEF = 45°$，证明不难. 可延长 ED 交 $\odot D$ 于点 G，则 $\angle CEF$ 是圆内接四边形 $AECG$ 的外角，所以 $\angle CEF = \angle CGA = \frac{1}{2}\angle CDA = 45°$.

本题还有其他证法，如图1.6.65(b)，设 $AB = a$，BE 延长交 AD 于点 H，则由 Rt$\triangle BEM \backsim$ Rt$\triangle CBM$，得 $BE = \frac{\sqrt{5}}{5}a$，由 $\triangle AEH \backsim \triangle FEB$，得 $BF = \frac{1}{3}a$，所以 $FC = 2BF$.

还可以延长 DA、CM 交于点 G，则由 Rt$\triangle HAB \backsim$ Rt$\triangle MBC$，得 $AH = MB = \frac{1}{2}a$，且 $AG = a$. 由 $\triangle GEH \backsim \triangle CEF$，$\triangle GEA \backsim \triangle CEF$，得 $FC = AG \cdot \frac{BC}{HG} = \frac{2}{3}a$，所以 $FC = 2BF$.

例8 如图1.6.66(a)，已知 AB 是 $\odot O$ 的直径，直线 l 切 $\odot O$ 于点 B，C、D 是 l 上两点，AC、AD 交 $\odot O$ 于点 E、F.

(1) 试问：$AE \cdot AC$ 与 $AF \cdot AD$ 有怎样的关系？请证明你的结论.

(2) 如图(b)，若将直线 l 向下平移，使 $AB \perp l$ 于点 G，C、D 仍是 l 上两点，则(1)中你探索的结论是否仍然成立？请证明你的结论.

点拨 $AE \cdot AC = AF \cdot AD$ 在图(a)、(b)中都成立.

解 (1) $AE \cdot AC = AF \cdot AD$. 证明如下：

连接 EF、BE. 由直线 l 切 $\odot O$ 于 B，得 $AB \perp CD$. 由 AB 是 $\odot O$ 的直径，得 $BE \perp AC$，则

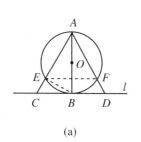
(a)

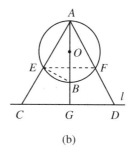
(b)

图 1.6.66

$\angle ABE = \angle C$. 又在 $\odot O$ 中，$\angle AFE = \angle ABE$，得 $\angle AFE = \angle C$，则 E、F、D、C 四点共圆，故由圆幂定理，得 $AE \cdot AC = AF \cdot AD$.

(2) $AE \cdot AC = AF \cdot AD$ 仍然成立. 证明如下：

连接 EF、BE. 由 $AG \perp CD$，得 $\angle C + \angle CAG = 90°$. 由 AB 是 $\odot O$ 的直径，得 $AE \perp BE$，则 $\angle ABE + \angle CAB = 90°$，所以 $\angle ABE = \angle ACD$. 在 $\odot O$ 中，$\angle AFE = \angle ABE$，则 $\angle AFE = \angle C$，得 E、F、D、C 四点共圆，故由圆幂定理，得 $AE \cdot AC = AF \cdot AD$.

说明 问题 (1)、(2) 的证明，本质上没有区别.

例 9 如图 1.6.67，已知 $\triangle ABC$ 内接于 $\odot O$，过点 A 作 $\odot O$ 的切线交 BC 的延长线于点 P，D 是 AC 的中点，PD 的延长线交 AB 于点 E，求证：$\dfrac{PC^2}{PA^2} = \dfrac{AE}{BE}$.

点拨 因为 $\dfrac{PC^2}{PA^2} = \dfrac{PC^2}{PC \cdot PB} = \dfrac{PC}{PB}$，所以只要证 $\dfrac{PC}{PB} = \dfrac{AE}{BE}$.

证明 过点 C 作 $CF /\!/ DE$ 交 AB 于点 F.

由 $AD = DC$，得 $AE = EF$，所以 $\dfrac{AE}{BE} = \dfrac{FE}{BE} = \dfrac{PC}{PB}$.

又 PA 是 $\odot O$ 的切线，则 $PA^2 = PC \cdot PB$.

所以 $\dfrac{PC^2}{PA^2} = \dfrac{PC^2}{PC \cdot PB} = \dfrac{PC}{PB} = \dfrac{AE}{BE}$.

说明 本题也可过点 C 作 $CN /\!/ AB$ 交 PD 于点 N，则 $NC = AE$.

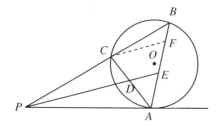

图 1.6.67

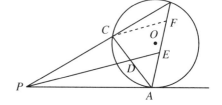

图 1.6.68

例 10 如图 1.6.68，AB 是 $\odot O$ 的弦，P 是 $\overparen{AB}$ 上一点，点 E、F 在线段 AB 上，且 $AE \cdot FB = EF^2$，PE、PF 分别与 $\odot O$ 交于 C、D，求证：$EF \cdot CD = AC \cdot BD$.

点拨 P、F、C、G 四点共圆.

证明 延长 EA 至点 G，使 $AG = EF$. 连接 CG、BC.

由 $EG \cdot EF = (AE+EF) \cdot EF = AE \cdot EF + EF^2 = AE \cdot EF + AE \cdot FB = AE \cdot EB = PE \cdot EC$,得 P、F、C、D 四点共圆,则 $\angle G = \angle P = \angle CBD$.

又 $\angle GAC = \angle BDC$,得 $\triangle AGC \backsim \triangle DBC$.

所以 $\dfrac{AC}{CD} = \dfrac{AG}{BD} = \dfrac{EF}{BD}$,则 $EF \cdot CD = AC \cdot BD$.

说明 本题也可以作 $EG // FD$ 交 BD 延长线于点 G,由 C、E、B、G 四点共圆得证.

例 11 如图 1.6.69,已知 $\odot O_1$ 与 $\odot O_2$ 相交于点 A、B,$\odot O_1$ 与 $\odot O_2$ 的半径分别为 R、$r(R>r)$,$\odot O_1$ 的弦 $EF=2r$,且与 AB 交于点 C,D 是 EF 的中点,求证:$O_2C = CD$.

点拨 设法证 $CG = CE$.

证明 设直线 O_2C 交 $\odot O_2$ 于点 G、H,则 $EF = 2r = GH$.

由相交弦定理,得 $CG \cdot CH = CA \cdot CB = CE \cdot CF$,则 $CG \cdot (2r - CG) = CE \cdot (2r - CE)$,得 $CG = CE$. 由 O_2、D 分别是 GH、EF 的中点,得 $O_2G = DE$,则 $O_2C = CD$.

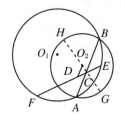

图 1.6.69

说明 因为 $CG = CE$,所以要证 $O_2C = CD$,只要证 $O_2G = DE$. 因此证明 $CG = CE$ 是关键.

例 12 如图 1.6.70,已知 $\odot O_1$ 与 $\odot O_2$ 外切于点 F,AB 是外公切线,$CE // AB$ 且切 $\odot O_2$ 于点 C,交 $\odot O_1$ 于点 D、E,求证:(1) A、F、C 三点共线;(2) $\triangle ABC$ 的外接圆与 $\triangle BDE$ 的外接圆的公共弦通过点 F.

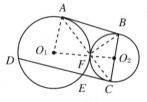

图 1.6.70

点拨 (1) B、O_2、C 三点共线;(2) 证 $\odot BDE$ 的圆心在 AC 上即可.

证明 (1) 由 $O_2B \perp AB$,$O_2C \perp CD$,得 $AB // CD$,则 B、O_2、C 三点共线,所以 $\angle BFC = 90°$. 又可证 $BF \perp AF$,所以 A、F、C 三点共线.

(2) 由 $O_1A \perp AB$,$DE // AB$,得 $O_1A \perp DE$,即 O_1A 是弦 DE 的垂直平分线,所以 $\odot BDE$ 的圆心在 O_1A 上.

又由 $CB^2 = CF \cdot CA = CE \cdot CD$,得 CB 是 $\odot BDE$ 的切线,所以 BA 过 $\odot BDE$ 的圆心,则 A 是 $\odot BDE$ 的圆心. 所以 $\odot ABC$ 与 $\odot BDE$ 的公共弦过点 F.

说明 因为 $\odot ABC$ 与 $\odot BDE$ 的连心线垂直公共弦,B 是两圆公共点,要证公共弦通过 F,只要证 BF 与连心线垂直,所以只要证 AC 是连心线,即证 $\odot BDE$ 的圆心在 AC 上.

例 13 如图 1.6.71,点 P 为 $\odot O$ 外一点,过点 P 作 $\odot O$ 的两条切线,切点分别为 A、B,过点 A 作 PB 的平行线,交 $\odot O$ 于点 C,连接 PC,交 $\odot O$ 于点 E,连接 AE,并延长交 PB 于点 K,求证:$PE \cdot AC = CE \cdot KB$.

点拨 $KP^2 = KE \cdot KA = KB^2$.

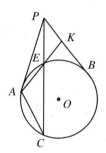

图 1.6.71

证明 由 $AC // PB$,得 $\angle KPE = \angle ACE$. 又 PA 是 $\odot O$ 的切线,得 $\angle KAP = \angle ACE$,则 $\angle KPE = \angle KAP$,所以 $\triangle KPE \backsim \triangle KAP$,从而有 $\dfrac{KP}{KA} = \dfrac{KE}{KP}$,即 $KP^2 = KE \cdot KA$.

由切割线定理,得 $KB^2 = KE \cdot KA$,所以 $KB = KP$.

由 $AC \parallel PB$,得 $\triangle KPE \backsim \triangle ACE$,从而有 $\dfrac{PE}{CE} = \dfrac{KP}{AC}$,则 $\dfrac{PE}{CE} = \dfrac{KB}{AC}$,即 $PE \cdot AC = CE \cdot KB$.

说明 由 $PE \cdot AC = CE \cdot KB$,得 $\dfrac{PE}{CE} = \dfrac{KB}{AC}$,直接从相似三角形性质出发,找不到证题思路.

例 14 如图 1.6.72(a),在 $\text{Rt}\triangle ABC$ 中,$\angle C = 90°$,点 D 在 AC 上,$\angle CBD = \angle A$,过 A、D 两点的圆的圆心 O 在 AB 上.

(1) 利用直尺和圆规在图(a)中画出 $\odot O$(不写作法,保留作图痕迹,并用黑色水笔把线条描清楚);

(2) 判断 BD 所在直线与(1)中所作的 $\odot O$ 的位置关系,并证明你的结论;

(3) 如图(b),设 $\odot O$ 交 AB 于点 E,连接 DE,过点 E 作 $EF \perp BC$ 于点 F,若点 D 是线段 AC 的黄金分割点$\left(\text{即} \dfrac{DC}{AD} = \dfrac{AD}{AC}\right)$,试说明四边形 $DEFC$ 是正方形.

点拨 (1) 由对称性,圆心 O 在 AD 的中垂线上;(2) $OD \perp DB$;(3) 四边形 $DEFC$ 是矩形,再证 $DE = DC$.

解 (1) 如图(c),作线段 AD 的垂直平分线,交 AB 于点 O,以点 O 为圆心、OD 为半径画圆.

(2) 直线 BD 是 $\odot O$ 的切线.证明如下:

由 $OA = OD$,得 $\angle A = \angle ODA$.又 $\angle CBD = \angle A$,则 $\angle ODA = \angle CBD$.由 $\angle C = 90°$,得 $\angle CBD + \angle BDC = 90°$,即 $\angle CDB + \angle ODA = 90°$,则 $\angle ODB = 180° - (\angle CDB + \angle ODA) = 90°$,即 $OD \perp DB$,所以 DB 是 $\odot O$ 的切线.

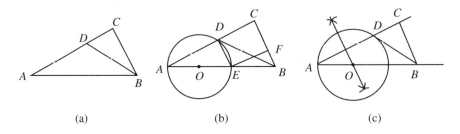

图 1.6.72

(3) 在 $\triangle CBD$ 与 $\triangle CAB$ 中,由 $\angle BCD = \angle ACB = 90°$,$\angle CBD = \angle A$,得 $\triangle CBD \backsim \triangle CAB$,则 $\dfrac{DC}{BC} = \dfrac{BC}{AC}$,即 $BC^2 = DC \cdot AC$.又点 D 是线段 AC 的黄金分割点,有 $\dfrac{DC}{AD} = \dfrac{AD}{AC}$,即 $AD^2 = DC \cdot AC$,则 $BC = AD$.又 $\angle A = \angle CBD$,$\angle ADE = \angle C$,得 $\triangle ADE \cong \triangle BCD$,则 $DE = DC$.由 $EF \perp BC$,得 $\angle EFC = 90°$.又 $\angle ADE = 90°$,$\angle C = 90°$,所以四边形 $DEFC$ 是矩形.又因 $DE = DC$,所以四边形 $DEFC$ 是正方形.

说明 要证四边形 $DEFC$ 是正方形,只要证明矩形有一组邻边相等即可.

习题 1.6.2

1. 如图 1.6.73,在三角形中,任意两边之积等于第三边上的高与外接圆直径之积.

2. 如图 1.6.74,⊙O 的半径为 R,在它的圆周上取一点 A 为圆心,以 r 为半径作一个圆.若⊙O 的弦 BC 切⊙A,求证:$AB \cdot AC = 2Rr$.

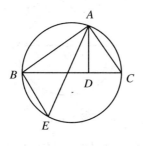

图 1.6.73

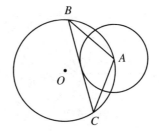

图 1.6.74

3. 如图 1.6.75,在 △ABC 中,∠BAC 的平分线交 BC 于 D,交外接圆于点 E,求证:$AB \cdot AC = AD \cdot AE$.

4. 如图 1.6.76,两圆外切,求证:外公切线是两圆直径的比例中项.

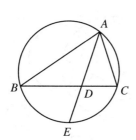

图 1.6.75

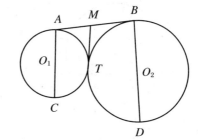

图 1.6.76

5. 如图 1.6.77,求证:若等腰梯形有内切圆,则此梯形的高是两底的比例中项.

6. 如图 1.6.78,两圆相交于点 P、Q,大圆的切线 PA 交小圆于点 A,小圆的切线 QB 交大圆于点 B,求证:$PQ^2 = QA \cdot PB$.

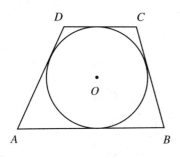

图 1.6.77

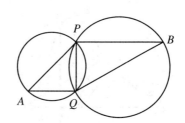

图 1.6.78

7. 如图 1.6.79,过圆内接四边形 $ABCD$ 的顶点 D 作 $DP /\!/ AC$,交 BA 的延长线于点 P,求证:$PA \cdot BC = CD \cdot AD$.

8. 如图 1.6.80，AB 是 ⊙O 的直径，AC 为弦，$GD \perp AB$ 于点 D，交 AC 于点 E，交 ⊙O 于点 F，GB 交 ⊙O 于点 C，求证：$DF^2 = DE \cdot DG$.

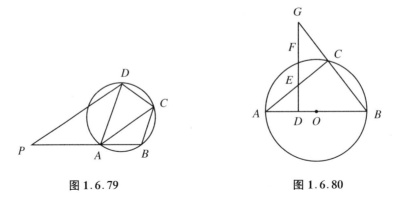

图 1.6.79　　　　　　　　图 1.6.80

9. 如图 1.6.81，AD 是 ⊙O 的直径，$AB \perp MN$ 于点 B，$DC \perp MN$ 于点 C，求证：$BM \cdot MC = AB \cdot CD$.

10. 如图 1.6.82，在 ⊙O 上任取一点 A 作圆，交 ⊙O 于点 B 和点 C，过点 A 作直线分别交 BC、⊙O、⊙A 于点 E、F、G，求证：$AG^2 = AE \cdot AF$.

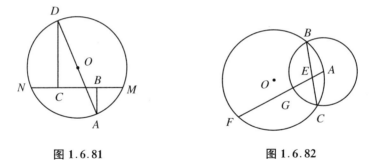

图 1.6.81　　　　　　　　图 1.6.82

11. 如图 1.6.83，⊙O 是 △ABC 的外接圆，AD 是 △ABC 的高，AD 的延长线交 ⊙O 于点 H，以 AD 为直径的 ⊙O' 分别交 AB、AC 于点 E、F，EF 交 AD 于点 G，求证：$AD^2 = AG \cdot AH$.

12. 如图 1.6.84，AB、AC 分别切 ⊙O 于点 B、C，P 是 $\overparen{BC}$ 上一点，$PD \perp AB$ 于点 D，$PF \perp AC$ 于点 F，$PE \perp BC$ 于点 E，求证：$PE^2 = PD \cdot PF$.

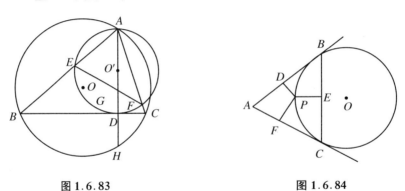

图 1.6.83　　　　　　　　图 1.6.84

13. 如图 1.6.85，AB 是 ⊙O 的直径，CD 切 ⊙O 于点 C，$BD \perp CD$ 于点 D，$CE \perp AB$ 于点 E，求证：$CD^2 = AE \cdot BE$.

14. 如图 1.6.86，MN 是圆的直径，$AB \perp MN$ 于点 E，D 是 BE 上任意一点，求证：$AM^2 = MD \cdot MC$.

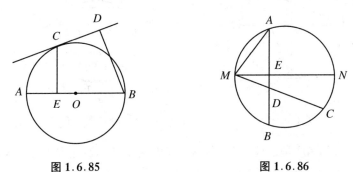

图 1.6.85　　　　　图 1.6.86

15. 如图 1.6.87，△ABC 和 △ABD 分别是 ⊙O_1 和 ⊙O_2 的内接三角形，且 AC 切 ⊙O_2 于点 A，AD 交 ⊙O_1 于点 E，求证：$AC \cdot BD = AB \cdot DE$.

16. 如图 1.6.88，已知 ⊙O 是 △ABC 的外接圆，PD 切 ⊙O 于点 D，与 AC 的延长线交于点 P，且 $BC \parallel DP$，求证：$DE \cdot DP = BD \cdot CP$.

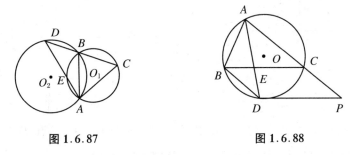

图 1.6.87　　　　　图 1.6.88

17. 如图 1.6.89，D 是 ⊙O 直径 AB 上的一点，$CO \perp AB$ 于点 O，CD 的延长线与 ⊙O 相交于点 E，过点 E 作 ⊙O 的切线交 BA 的延长线于点 F，求证：$FD^2 = FA \cdot FB$.

18. 如图 1.6.90，四边形 $ABCD$ 内接于圆，$DE \parallel AC$，并交 BC 的延长线于点 E，求证：$AB \cdot CE = AD \cdot CD$.

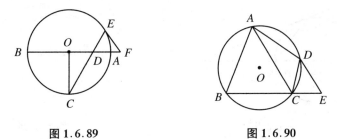

图 1.6.89　　　　　图 1.6.90

19. 如图 1.6.91，AB 和 CD 是 ⊙O 的直径，且 $AB \perp CD$，弦 AE 交 CD 于点 F，DE 交 AB 于点 P，求证：(1) △AOF ∽ △AEB；(2) $AP \cdot FO = BP \cdot AO$.

20. 如图 1.6.92，AB、CD 为 ⊙O 的两条弦，且 $AB \parallel CD$，过点 B 的切线交 CD 的延长

线于点 G，P 是 $\overparen{CD}$ 上任意一点，PA、PB 分别交 CD 于点 E、F，求证：$\dfrac{EF}{CF}=\dfrac{FD}{FG}$.

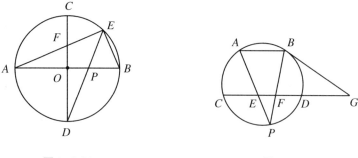

图 1.6.91　　　　　图 1.6.92

21. 如图 1.6.93，AB 是 $\odot O$ 的直径，N 为 OB 上一点，$PN \perp BO$ 于点 N，交 $\odot O$ 于点 P，T 为 OB 延长线上一点，且 $AO^2 = OT \cdot ON$，求证：TP 是 $\odot O$ 的切线.

22. 如图 1.6.94，PA 切 $\odot O$ 于点 A，割线 PBC 交 $\odot O$ 于点 B、C，M 是 $\overparen{BC}$ 的中点，AM 交 BC 于点 D，求证：(1) $PA = PD$；(2) $PD^2 = PB \cdot PC$.

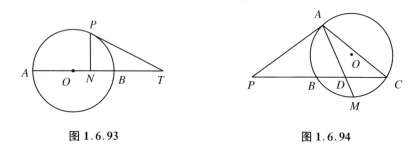

图 1.6.93　　　　　图 1.6.94

23. 如图 1.6.95，$\odot O_1$ 与 $\odot O_2$ 外切于点 A，BC 切 $\odot O_1$ 于点 B，切 $\odot O_2$ 于点 C，O_1O_2 的延长线交 BC 的延长线于点 P，求证：$PA^2 = PC \cdot PB$.

24. 如图 1.6.96，已知 AB 是 $\odot O$ 的直径，CD 切 $\odot O$ 于点 C，$BD \perp CD$ 于点 D，$CE \perp AB$ 于点 E，求证：$CD^2 = AE \cdot EB$.

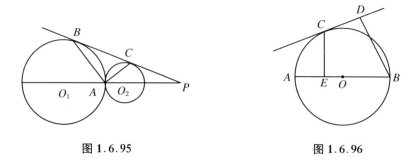

图 1.6.95　　　　　图 1.6.96

25. 如图 1.6.97，已知圆内接 $\triangle ABC$，PA 切 $\odot O$ 于点 A，$PG \parallel BC$，与 $\odot O$ 交 D、G 两点，分别与 AB、AC 交于点 E、F，求证：$PD \cdot PG = PE \cdot PF$.

26. 如图 1.6.98，$\odot O$ 的弦 $AB \parallel CD$，连接 AC、BC，过点 A 作 $\odot O$ 的切线交 CD 的延

长线于点 P,求证:$\dfrac{PA}{PD}=\dfrac{CA}{CB}$.

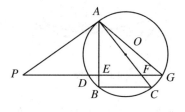

图 1.6.97

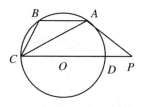

图 1.6.98

27. 如图 1.6.99,C 是以 AB 为直径的半圆上一点,$CD\perp AB$ 于点 D,E 是 DB 上一点,$DF\perp CE$ 交 BC 于点 F,求证:$\dfrac{AD}{DE}=\dfrac{CF}{CB}$.

28. 如图 1.6.100,⊙O 中弦 $AC=AB$,D 是⊙O 上一点,AD 与 BC 相交于点 E,求证:$\dfrac{AD}{AC}=\dfrac{CD}{EC}$.

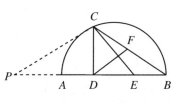

图 1.6.99

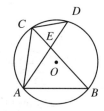

图 1.6.100

29. 如图 1.6.101,四边形 $ABCD$ 内接于⊙O,AC 是直径,$DE\perp AC$ 于点 E,DE 的延长线与 CB 的延长线相交于 F,求证:$CD^2=CB\cdot CF$.

30. 如图 1.6.102,已知⊙A 和⊙B 相交于 C、D 两点,且圆心 B 在⊙A 上,E 为⊙A 上一点,EB 交 CD 于点 M,交⊙B 于点 N,求证:$BN^2=BM\cdot BE$.

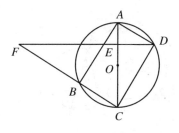

图 1.6.101

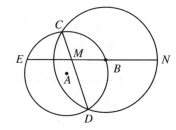

图 1.6.102

31. 如图 1.6.103,已知 AB 是⊙O 的直径,AC 与⊙O 相切点 A,CE∥AB 交⊙O 于 D、E 两点,求证:$EB^2=CD\cdot AB$.

32. 如图 1.6.104,已知⊙O_1 和⊙O_2 相交于 A、B 两点,AC 是⊙O_2 的切线,交⊙O_1 于点 C,AD 是⊙O_1 的切线,交⊙O_2 于点 D,求证:$AB^2=BC\cdot BD$.

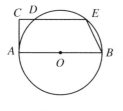
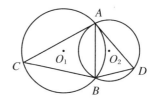

图 1.6.103   图 1.6.104

33. 如图 1.6.105,已知 $\odot O$ 是 $\triangle ABC$ 的外接圆,AM 是 $\odot O$ 的切线,A 为切点,AC 的延长线与 AM 的平行线 BD 交于点 D,求证:$AB^2 = AC \cdot AD$.

34. 如图 1.6.106,$\triangle ABC$ 为锐角三角形,以 BC 边为直径作圆,AD 为切线,且 $AE = AD$,过点 E 作 $EF \perp AB$ 交 AC 的延长线于点 F,求证:$\dfrac{AB}{AF} = \dfrac{AE}{AC}$.

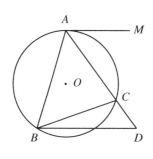
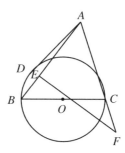

图 1.6.105   图 1.6.106

35. 如图 1.6.107,AB 是 $\odot O$ 的直径,P 是 $\odot O$ 外一点,$PD \perp AB$ 于点 D,交 $\odot O$ 于点 E,PA 交 $\odot O$ 于点 C,BC 交 PD 于点 F,求证:$DE^2 = DF \cdot DP$.

36. 如图 1.6.108,已知 $\odot O$ 和 $\odot O'$ 相交于 A、B 两点,过点 A 作 $\odot O$ 的切线交 $\odot O'$ 于点 D,BC 是 $\odot O$ 的弦,且 $\angle ABC = \angle ABD$,求证:$AB^2 = BC \cdot BD$.

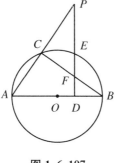
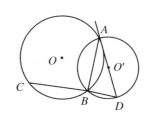

图 1.6.107   图 1.6.108

37. 如图 1.6.109,$\triangle ABC$ 内接于 $\odot O$,D 在 BC 上,且 $\angle ACD = \angle ADC = 60°$,$AP$ 为 $\odot O$ 的切线,A 为切点,AP 交 BC 延长线于点 P,求证:$CD^2 = PC \cdot BD$.

38. 如图 1.6.110,$\triangle ABC$ 内接于 $\odot O$,$\angle ACB$ 的平分线交 AB 于点 D,交 $\overparen{AB}$ 于点 E,EF 切 $\odot O$ 于点 E,EF 交 CB 延长线于点 F,求证:$AE^2 = AD \cdot EF$.

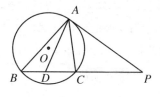

图 1.6.109

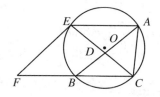

图 1.6.110

39. 如图 1.6.111，△ABC 内接于 ⊙O，AD 是 ⊙O 的直径，CE⊥AD 于点 E，CE 的延长线交 AB 于点 F，求证：$AC^2 = AF \cdot AB$.

40. 如图 1.6.112，△ABC 内接于 ⊙O，PA 切 ⊙O 于点 A，PD∥BC 交 AB、AC 于 D、E 两点，求证：$AD \cdot PE = PA \cdot AE$.

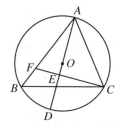

图 1.6.111

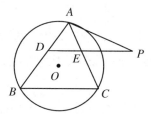

图 1.6.112

41. 如图 1.6.113，AB 是 ⊙O 的直径，C 是圆周上一点，CD⊥AB 于点 D，过 B、C 作 ⊙O 的切线交于点 E，连接 AE 交 CD 于点 P，求证：PD∶CE = AD∶AB.

42. 如图 1.6.114，D 是 ⊙O 直径 AB 上一点，CO⊥AB 于点 O，CD 的延长线与 ⊙O 交于点 E，过点 E 作 ⊙O 的切线与 BA 的延长线交于点 F，求证：$FD^2 = FA \cdot FB$.

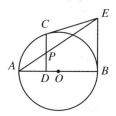

图 1.6.113

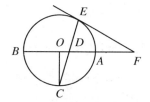

图 1.6.114

43. 如图 1.6.115，已知 AD 是 △ABC 的角平分线，过点 A、B、D 作 ⊙O，EF 切 ⊙O 于点 D，交 AC 于点 E，求证：$CD^2 = CE \cdot AC$.

44. 如图 1.6.116，已知 PA 切 △ABC 外接圆 O 于点 A，PD 交弦 AB 于点 D，PE⊥CA 的延长线于点 E，求证：$AB \cdot ED = BC \cdot PD$.

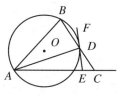

图 1.6.115

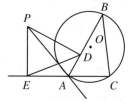

图 1.6.116

45. 如图 1.6.117,以锐角 △ABC 边 BC 为直径作 ⊙O 交 AB 于点 G,AD 切 ⊙O 于点 D,AE = AD,过点 E 作 AB 的垂线交 AC 的延长线于点 F,求证:$AB \cdot AC = AE \cdot AF$.

46. 如图 1.6.118,已知 E 是等腰 △ABC 外接圆上的点,$AB = AC$,$\overset{\frown}{AE} = \overset{\frown}{CE}$,延长 BC 交 AE 的延长线于点 D,求证:(1) $ED = EB$;(2) $CD^2 = AE \cdot AD$.

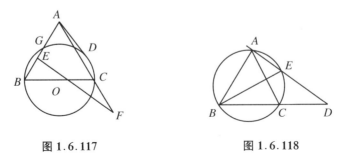

图 1.6.117   图 1.6.118

47. 如图 1.6.119,以等腰 △ABC 的腰 AB 为直径的 ⊙O 交底边 BC 于点 D,过点 D 作 $DF \perp AC$ 于点 F,连 BF 交 ⊙O 于点 E,求证:(1) DF 是 ⊙O 的切线;(2) $AF \cdot FC = AF \cdot EF$.

48. 如图 1.6.120,△ABC 内接于 ⊙O,弦 AB 的垂直平分线 OD 与 AB、AC 分别交于 M、N 两点,与 BC 的延长线交于点 P,与 $\overset{\frown}{AB}$ 相交于点 D,求证:(1) $ON \cdot NP = AN \cdot NC$;(2) $OA^2 = ON \cdot OP$.

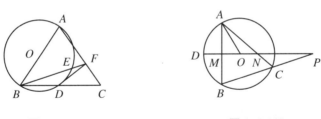

图 1.6.119   图 1.6.120

49. 如图 1.6.121,已知 AB 是 ⊙O 的直径,ED 切 ⊙O 于点 C,$AD \perp ED$ 于点 D,交 ⊙O 于点 F,$CG \perp AE$ 于点 G,求证:(1) △ACG≌△ACD;(2) $BG \cdot GA = DF \cdot DA$.

50. 如图 1.6.122,已知两圆内切于点 B,大圆的弦 AE 切小圆于点 C,延长 AE 交公切线于点 D,连接 BE、BA、BC,求证:(1) $\angle ABC = \angle EBC$;(2) $\dfrac{DE}{DA} = \dfrac{BE^2}{AB^2}$.

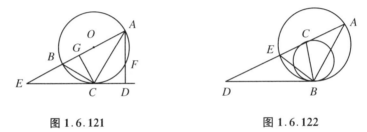

图 1.6.121   图 1.6.122

51. 如图 1.6.123,已知两半圆 O_1 与 O_2 外切于点 C,外公切线 AB 切两半圆于 A、B,BA 的延长线与 O_2O_1 的延长线交于点 P,求证:(1) $\angle ACB = 90°$;(2) $PC^2 = PA \cdot PB$.

52. 如图 1.6.124，已知 $\odot O_1$ 与 $\odot O_2$ 外切于点 A，过点 A 的直线交 $\odot O_1$ 于点 B，交 $\odot O_2$ 于点 C，过点 B 作直线 BD 与 $\odot O_1$、$\odot O_2$ 分别交于 E、D 两点，连接 AE、AD、DC，若 $AE : AD = ED : DC$，求证：(1) $\angle EAD = \angle DAC$；(2) $BD^2 = BA \cdot BC$.

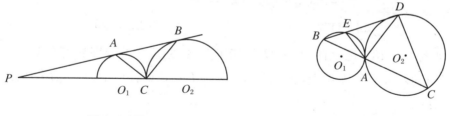

图 1.6.123　　　　　　图 1.6.124

53. 如图 1.6.125，过 □$ABCD$ 的顶点 D 作直线交 AC、BC 于 E、F 两点，交 AB 延长线于点 G，$\odot O$ 过 B、G、F 三点，ET 切 $\odot O$ 于点 T，求证：$ET = ED$.

54. 如图 1.6.126，四边形 $ABCD$ 是圆内接四边形，DP 交 BC 延长线于点 P，且 $AB : CD = AD : CP$，求证：$AC \parallel DP$.

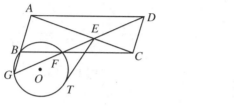 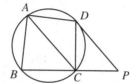

图 1.6.125　　　　　　图 1.6.126

55. 如图 1.6.127，FG 切 $\odot O$ 于点 G，FBC 交 $\odot O$ 于点 B、C，E 是 $\odot O$ 外一点，$EF = FG$，BE 交 $\odot O$ 于点 A，CE 交 $\odot O$ 于点 D，连接 AD，求证：$AD \parallel EF$.

56. 如图 1.6.128，已知 $\odot O_1$ 和 $\odot O_2$ 相交于 M、N 两点，D 是 MN 延长线上一点，O_2O_1 延长线交 $\odot O_1$ 于点 A，AD 交 $\odot O_1$ 于点 C，ND 分别交 AB、BC 于 E、G 两点，求证：$EM^2 = ED \cdot EG$.

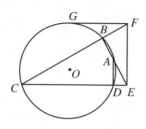 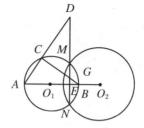

图 1.6.127　　　　　　图 1.6.128

57. 如图 1.6.129，C 为线段 AB 的中点，四边形 $BCDE$ 是以 BC 为边的正方形，以 B 为圆心，以 BD 为半径作圆与直线 AB 交于 H、K，求证：$AH \cdot AK = 2AC^2$.

58. 如图 1.6.130，在 Rt$\triangle ABC$ 中，CD 是斜边上的高，$AC = BC$，以点 B 为圆心、BC 长为半径作圆交 AB 于点 E，交 AB 的延长线于点 F，求证：$2DE \cdot DF = AE \cdot AF$.

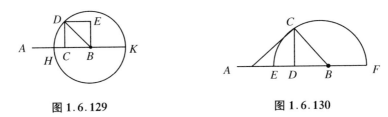

图 1.6.129　　　　　　　　　图 1.6.130

59. 如图 1.6.131,已知两圆 O、O' 外切于点 A,割线 PA 分别交两圆于点 B 和点 C,PE、PF 分别切两圆于 E、F 两点,且 $\angle OPA = \angle O'PA$,求证:(1) $PA^2 = PB \cdot PC$;(2) $PE : PF = PB : PC$.

60. 如图 1.6.132,D 是 $\triangle ABC$ 边 BC 的中点,点 E 在 CA 上,且 $\angle ADE = \angle ABC$,$EG \parallel BC$ 交 AD 于点 F,求证:$EF^2 = AF \cdot DF$.

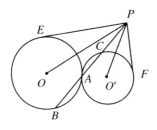 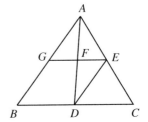

图 1.6.131　　　　　　　　　图 1.6.132

第 2 章　从图形到方法

2.1　平　行　线

★ 基本图形

如图 2.1.1，已知 a，b 是直线，且 $a \parallel b$．

常用方法

方法 1　如图 2.1.2，已知 $AB \parallel CD$，作直线截 AB、CD 于点 E、F，则同位角相等、内错角相等、同旁内角互补．

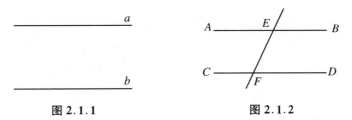

图 2.1.1　　　　　　图 2.1.2

例 1　已知 $AB \parallel CD$，就图 2.1.3(a)、(b)、(c)，探究 $\angle 1$、$\angle 2$ 与 $\angle 3$ 的数量关系，并证明你的结论．

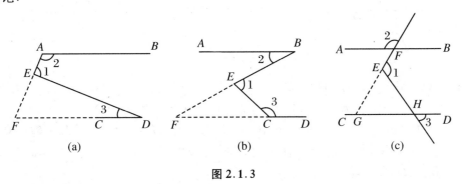

图 2.1.3

点拨　应用方法 1，可分别延长 AE、BE、EF 交 CD 于点 F、F、G．

解　如图 2.1.3(a)，$\angle 1 + \angle 2 - \angle 3 = 180°$．证明如下：

延长 AE 交直线 CD 于点 F，则 $\angle 1 = \angle F + \angle 3$．

由 $AB \parallel CD$，得 $\angle 2 + \angle F = 180°$，则 $\angle 1 + \angle 2 - \angle 3 = 180°$．

如图 2.1.3(b),∠1-∠2+∠3=180°.证明如下:

延长 BE 交直线 CD 于点 F,则∠1=∠F+∠ECF,又∠ECF+∠3=180°,则∠1=∠F+180°-∠3.

由 AB∥CD,得∠2=∠F,则∠1=∠2+180°-∠3,即∠1-∠2+∠3=180°.

如图 2.1.3(c),∠1+∠2-∠3=180°.证明如下:

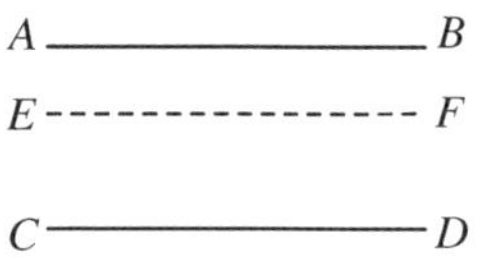

延长 FE 交直线 CD 于点 G,则∠BFE=∠2,∠EHG=∠3,∠1=∠EGH+∠EHG,所以∠EGH=∠1-∠EHG=∠1-∠3.

由 AB∥CD,得∠BFE+∠EGH=180°,则∠2+∠1-∠3=180°,即∠1+∠2-∠3=180°.

说明 本题还可以用下面的方法 2 给出证明.

图 2.1.4

方法 2 如图 2.1.4,已知 AB∥CD,作直线 EF∥AB,则 EF∥CD.

例 2 (1)如图 2.1.5(a),若 AB∥CD,则∠B+∠D=∠E;

(2)反之,若∠B+∠D=∠E,则直线 AB 与 CD 有什么位置关系?请给出证明.

(3)在(1)的条件下,若将点 E 移至图(b)、(c)、(d)所示的位置,此时∠B、∠D、∠E 之间有什么关系?请给出证明.

(4)在图(e)中,AB∥CD,∠E+∠G 与∠B+∠F+∠D 又有何关系?

(5)在图(f)中,若 AB∥CD,又能得到什么结论?

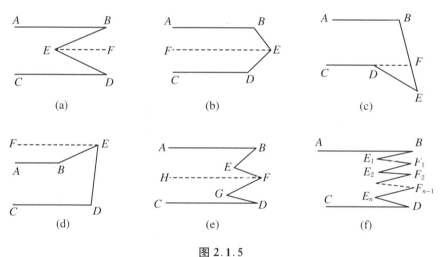

图 2.1.5

点拨 (2) $AB\parallel CD$;(3) $\angle D=\angle B+\angle E$;(4) $\angle E+\angle G=\angle B+\angle F+\angle D$;(5) $\angle E_1+\angle E_2+\cdots+\angle E_n=\angle B+\angle F_1+\angle F_2+\cdots+\angle F_{n-1}+D$.

解 (1)如图 2.1.5(a),过点 E 作 EF∥AB,由 AB∥CD,得 EF∥CD,则∠B=∠BEF,∠D=∠DEF,所以∠B+∠D=∠BEF+∠DEF=∠E.

(2) AB∥CD.证明如下:

过点 E 作 EF∥AB,则∠B=∠BEF.由∠B+∠D=∠E,得∠BEF+∠D=∠E=∠BEF+∠DEF,则∠D=∠DEF,所以 EF∥CD,从而有 AB∥CD.

(3) 如图(b),∠B+∠D+∠E=360°,证明如下:

过点 E 作 EF∥AB,则∠B+∠BEF=180°.同理,∠FED+∠D=180°,所以∠B+

$\angle BEF + \angle FED + \angle D = 360°$,即$\angle B + \angle E + \angle D = 360°$.

如图(c),$\angle D = \angle E + \angle B$,证明如下:

设CD交BE于F,则$\angle CDE = \angle E + \angle DFE$.由$AB /\!/ CD$,得$\angle B = \angle DFE$,则$\angle D = \angle E + \angle B$.

如图(d),$\angle B = \angle E + \angle D$.证法同上,还可以作$EF /\!/ AB$,由$AB /\!/ CD$,得$EF /\!/ DC$,则$\angle B + \angle FEB = 180°$,$\angle FEB + \angle BED + \angle D = 180°$,所以$\angle B = \angle BED + \angle D = \angle E + \angle D$.

(4) 如图(e),$\angle E + \angle G = \angle B + \angle F + \angle D$,证明如下:

过点F作$FH /\!/ DC$,则由$AB /\!/ CD$,得$FH /\!/ AB$.由(1)得$\angle B + \angle EFH = \angle E$,$\angle GFH + \angle D = \angle G$,所以$\angle E + \angle G = \angle B + \angle D + (\angle EFH + \angle GFH) = \angle B + \angle D + \angle F$.

(5) $\angle E_1 + \angle E_2 + \cdots + \angle E_n = \angle B + \angle F_1 + \angle F_2 + \cdots + \angle F_{n-1} + \angle D$.

说明 对于(1)、(2)还可以用方法1证明.

方法3 如图2.1.6,已知$AB /\!/ CD$,E为AB、CD之间一点,则$\angle BED = \angle B + \angle D$.

例3 已知$AB /\!/ CD$,E为AB、CD之间一点.

图 2.1.6

(1) 如图2.1.7(a),F是$\angle ABE$与$\angle CDE$平分线的交点,求证:$\angle BED = 2\angle BFD$.

(2) 如图2.1.7(b),若$\angle FBE = \frac{1}{3}\angle ABE$,$\angle FDE = \frac{1}{3}\angle CDE$,则$\angle BED$与$\angle BFD$之间有何数量关系?证明你的结论.

(3) 若$\angle FBE = \frac{1}{n}\angle ABE$,$\angle FDE = \frac{1}{n}\angle CDE$,则$\angle BED$与$\angle BFD$之间又有何数量关系?

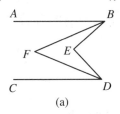 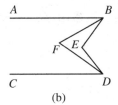

(a)　　　　　　　(b)

图 2.1.7

点拨 由方法3可直接得$\angle BED = \angle ABE + \angle CDE$,$\angle BFD = \angle ABF + \angle CDF$.

证明 (1) 由$AB /\!/ CD$,得$\angle BED = \angle ABE + \angle CDE$,$\angle BFD = \angle ABF + \angle CDF$. 又$\angle ABE = 2\angle ABF$,$\angle CDE = 2\angle CDF$,则$\angle BED = 2(\angle ABF + \angle CDF) = 2\angle BFD$.

(2) $\angle BED = \frac{3}{2}\angle BFD$,证明如下:

由$AB /\!/ CD$,得$\angle BED = \angle ABE + \angle CDE$,$\angle BFD = \angle ABF + \angle CDF$.

又$\angle FBE = \frac{1}{3}\angle ABE$,$\angle FDE = \frac{1}{3}\angle CDE$,则$\angle ABF = \frac{2}{3}\angle ABE$,$\angle CDF = \frac{2}{3}\angle CDE$,

所以$\angle BED = \frac{3}{2}(\angle ABF + \angle CDF) = \frac{3}{2}\angle BFD$.

(3) $\angle BED = \frac{n}{n-1}\angle BFD$.

说明 对于(3)的证明,同(1)的证法.若不直接用方法3的结论,可用方法1或方法2,

证明结论∠BED=∠ABE+∠CDE,∠BFD=∠ABF+∠CDF.

方法 4 如图 2.1.8,已知 $AB/\!/CD$,则 $\angle B+\angle E+\angle D=360°$.

例 4 如图 2.1.9,已知 $AB/\!/CD$,E 在 CD 上,F 在 $\triangle BDE$ 内,且 $\angle EBF=2\angle DBF$,$\angle BEF=2\angle DEF$,求证:$\angle F=\dfrac{2}{3}\angle D+60°$.

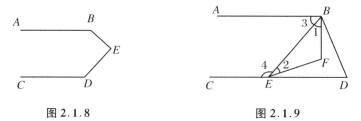

图 2.1.8　　　　图 2.1.9

点拨 由方法 4,$\angle ABF+\angle F+\angle CEF=360°$.

证明 由 $AB/\!/CE$,可得 $\angle ABF+\angle F+\angle CEF=360°$,即 $\angle 3+\angle 1+\angle F+\angle 2+\angle 4=360°$.

又 $\angle 3+\angle 4=180°$,则 $\angle 1+\angle 2+\angle F=180°$.

由 $\angle 1=2\angle DBF$,$\angle 2=2\angle DEF$,$\angle 1+\angle DBF+\angle 2+\angle DEF+\angle D=180°$,得 $\dfrac{3}{2}(\angle 1+\angle 2)+\angle D=180°$.

又 $\angle 1+\angle 2+\angle F=180°$,则 $\dfrac{3}{2}(180°-\angle F)+\angle D=180°$,即 $3\angle F-2\angle D=180°$,所以 $\angle F=\dfrac{2}{3}\angle D+60°$.

说明 (1) 本题若不直接用方法 4 的结论,还可以由 $AB/\!/CD$,得 $\angle 3+\angle 1+\angle DBF+\angle D=180°$.又由 $\angle 4+\angle 2+\angle DEF=180°$ 和 $\angle 1+\angle 2+\angle F=180°$,以及 $\angle DBF=\dfrac{1}{2}\angle 1$,$\angle DEF=\dfrac{1}{2}\angle 2$,得 $\angle F=\dfrac{2}{3}\angle D+60°$.

(2) 以上各种图形中点 E 在两条平行直线中的位置不同,主要有图 2.1.10 所示的几种:

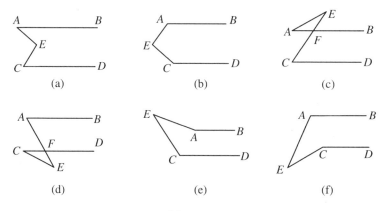

图 2.1.10

对于图(a),已知 $AB/\!/CD$,则 $\angle BAE+\angle DCE=\angle AEC$;

对于图(b),已知 $AB/\!/CD$,则 $\angle BAE+\angle DCE+\angle AEC=360°$;

对于图(c),已知 $AB\ /\!/\ CD$,则 $\angle DCE-\angle BAE=\angle AEC$;

对于图(d),已知 $AB\ /\!/\ CD$,则 $\angle BAE-\angle DCE=\angle AEC$;

对于图(e),已知 $AB\ /\!/\ CD$,则 $\angle BAE-\angle DCE=\angle AEC$;

对于图(f),已知 $AB\ /\!/\ CD$,则 $\angle DCE-\angle BAE=\angle AEC$.

对于图(c),由 $AB\ /\!/\ CD$,得 $\angle BFC+\angle DCE=180°$,又 $\angle BAE+\angle AEC+\angle AFE=180°$,$\angle BFC=\angle AFE$,所以 $\angle DCE-\angle BAE=\angle AEC$.对于图(d),同法可得.

例 5 如图 2.1.11,已知直线 $AB\ /\!/\ CD$,E、F 分别为直线 AB、CD 上的点,P 为平面内任意一点,连 PE、PF.

(1)当点 P 的位置如图(a)所示时,求证:$\angle EPF=\angle BEP+\angle DFP$.

(2)当点 P 的位置如图(b)所示时,过点 P 作 $\angle EPF$ 的平分线交直线 AB、CD 于点 M、N,过点 F 作 $FH\perp PN$ 于点 H,探究 $\angle CNP$、$\angle PFH$ 与 $\angle BEP$ 的关系,并给出证明.

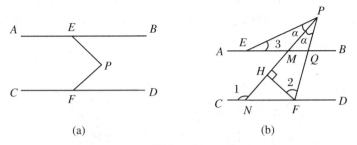

图 2.1.11

点拨 对于(1)的证明,总结上面的方法,可以连接 EF 或延长 EP 交 CD 于点 Q,或过点 P 作 $PQ\ /\!/\ AB$ 等;对于(2)可利用 $\angle PEM+\angle EPM=\angle PND$ 等.

解 (1)连接 EF,则由 $AB\ /\!/\ CD$,得 $\angle BEF+\angle DFE=180°$,又 $\angle EPF+\angle PEF+\angle PFE=180°$,所以 $\angle EPF=\angle BEP+\angle DFP$.

(2)由 $AB\ /\!/\ CD$,得 $\angle 3+\alpha=\angle PND=180°-\angle 1$,又 $\angle 2+\alpha=90°$,则 $\angle 1-\angle 2+\angle 3=90°$,即 $\angle CNP-\angle PFH+\angle BEP=90°$.

说明 由 $AB\ /\!/\ CD$,得 $\angle BMN+\angle PND=180°$,又 $\angle PEB+\angle EPM+\angle PME=180°$,$\angle PME=\angle BMN$,所以 $\angle PEB+\angle EPN=\angle PND$,即 $\angle 3+\alpha=\angle PNF$.

例 6 如图 2.1.12(a),已知 $AB\ /\!/\ DC$,$\angle CDE+\angle AED=180°+\angle ABC$.

(1)求证:$AE\ /\!/\ BC$.

(2)如图(b),点 F 为射线 BA 上一点(点 F 异于点 A),连接 CA、CF,若 $\angle CAE>\angle CAB$ 时,$\angle FAE$ 的角平分线与 $\angle DCF$ 的角平分线交于 AC 左侧一点 G,请补全图形后探究 $\angle AGC$、$\angle BFC$、$\angle ABC$ 的数量关系,并证明你的结论.

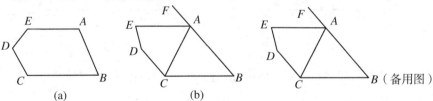

图 2.1.12

点拨 (1) 只要证 $\angle AED + \angle EDC + \angle BCD = 360°$;(2) 可由 $AB \parallel DC, AE \parallel BC$ 而得.

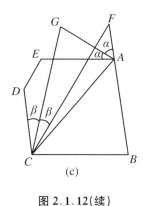

图 2.1.12(续)

解 (1)由 $AB \parallel DC$,得 $\angle BCD + \angle ABC = 180°$,又 $\angle CDE + \angle AED = 180° + \angle ABC$,则 $\angle AED + \angle CDE + \angle BCD = 180° + \angle ABC + \angle BCD = 360°$,所以 $AE \parallel BC$.

(2) 如图(c),设 $\angle GAF = \angle GAE = \alpha$, $\angle GCF = \angle GCD = \beta$,则由 $AB \parallel DC$,得 $\angle BFC = 2\beta$.

又 $\angle AGC + \beta = \angle BFC + \alpha$,则 $2\angle AGC + \beta = 2\angle BFC + 2\alpha$.

由 $AE \parallel BC$,得 $\angle ABC = \angle FAE = 2\alpha$,所以 $2\angle AGC = \angle BFC + \angle ABC$.

说明 若已知图形未确定点 F 的位置,还要讨论点 F 在线段 AB 上的情况并进行求解.

习题 2.1

1. 如图 2.1.13,已知 $\angle BED = \angle B + \angle D$,求证: $AB \parallel CD$.

2. 如图 2.1.14,已知 $\angle A = \angle B$, $\angle ACD = \angle ECD$,求证: $AB \parallel CD$.

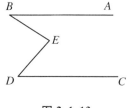

图 2.1.13

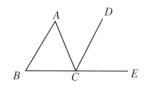

图 2.1.14

3. 如图 2.1.15,已知 $AD \perp BC$ 于点 D, $EG \perp BC$ 于点 G, $\angle E = \angle AFE$,求证: AD 平分 $\angle BAC$.

4. 如图 2.1.16,已知 $EF \perp AB$ 于点 F, $CD \perp AB$ 于点 D, $\angle BEF = \angle CDG$,求证: $\angle AGD = \angle ACB$.

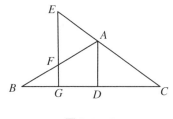

图 2.1.15

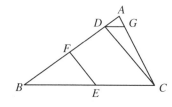

图 2.1.16

5. 如图 2.1.17,已知 $AB \parallel CD$, F 在 AB 上, H 在 CD 上, E、G 在 BD 上,求证: $\angle FEG + \angle HGE = 180° + \angle 1 + \angle 2$.

6. 如图 2.1.18,已知 $AB \parallel CD$, G、H 分别在 AB、CD 外侧, E、F 分别在 CD、AB 上,若

∠CEH = ∠GEH，∠AFH = ∠GFH，求证：∠G = 2∠H．

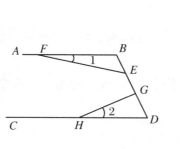

图 2.1.17

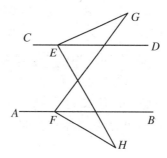

图 2.1.18

7. 如图 2.1.19，已知直线 EF 与直线 AB、CD 分别交于点 P、Q，M 是∠BPQ 与∠PQD 的角平分线的交点．若∠M = 90°，QN∥PM，求证：∠BPM = ∠CQN．

8. 如图 2.1.20，AB∥CD，点 P、M 为直线 AB、CD 所确定的平面内一点，

（1）如图(a)，直接写出∠P 与∠A、∠C 之间的数量关系；

（2）如图(b)，当 AM、CM 分别平分∠BAP、∠DCP 时，写出∠P 与∠M 之间的数量关系，并给出证明；

（3）如图(c)，当点 P、M 在直线 AB 上方，其他条件不变，(2)中的结论是否还成立？并证明你的结论．

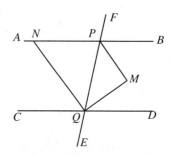

图 2.1.19

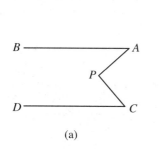
(a)

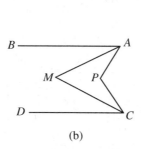
(b)

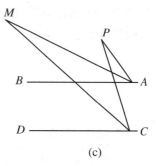
(c)

图 2.1.20

9. 如图 2.1.21，已知 AB∥CD，点 E 为平面内一点，连接 EA、EC．

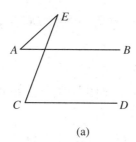
(a)

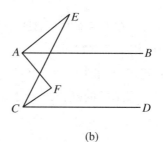
(b)

图 2.1.21

(1) 如图(a),求证:∠ECD = ∠AEC + ∠EAB.

(2) 如图(b),$AF \perp AE$ 于点 A,CF 平分∠ECD,探究∠AEC、∠EAB 与∠AFC 的关系,并给予证明.

10. 如图 2.1.22(a),$AB \parallel EF$,∠2 = 2∠1.

(1) 求证:∠FEC = ∠FCE.

(2) 如图(b),M 是 AC 上一点,N 是 FE 延长线上一点,且∠FNM = ∠FMN,则∠NMC 与∠CFM 有何数量关系,并加以证明.

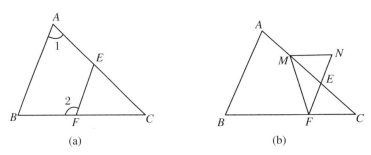

图 2.1.22

11. 如图 2.1.23,已知∠A = ∠C = 90°.

(1) 如图(a),∠ABC 的平分线与∠ADC 的平分线交于点 E,试问:BE 与 DE 有何位置关系?请说明理由.

(2) 如图(b),试问:∠ABC 的平分线 BE 与∠ADC 的外角平分线 DF 有何位置关系?并给出证明.

(3) 如图(c),若∠ABC 的外角平分线与∠ADC 的外角平分线交于点 E,试问:BE 与 DE 有何位置关系?并给出证明.

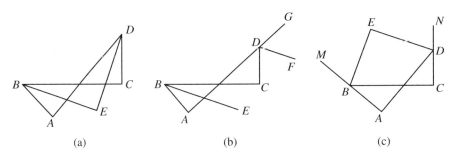

图 2.1.23

12. 如图 2.1.24,在△ABC 中,AD 平分∠BAC,点 E 在射线 DC 上,$EF \parallel AB$,$CF \parallel AD$,EF 与射线 AC 相交于点 G.

(1) 如图(a),当点 E 在线段 DC 上时,求证:∠EGC = 2∠GFC.

(2) 当点 E 在线段 DC 的延长线上时,在图(b)中补全图形,写出∠EGC 与∠GFC 的数量关系,并说明理由.

(3) 在(1)的条件下,连接 GD,过点 D 作 $DQ \perp DG$,交 AB 于点 Q(图(c)),当∠BAC =

90°,并满足∠GFC = 2∠DGE 时,探究∠BQD 与∠DGE 的数量关系,并加以证明.

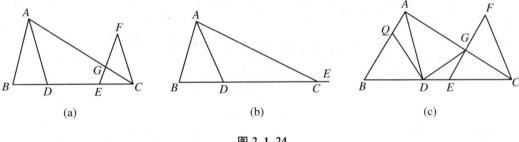

图 2.1.24

2.2 角平分线

★ 基本图形

如图 2.2.1(a)、(b),已知 AD 是∠A 的平分线,AD 是△ABC 的∠A 平分线.

📖 常用方法

方法 1　如图 2.2.2(a)、(b),已知 AD 是∠A 的平分线,且 AB>AC,在 AB 上截取 AE = AC,或延长 AC 至点 F,使 AF = AB,则△ACD≌△AED 或△ABD≌△AFD.

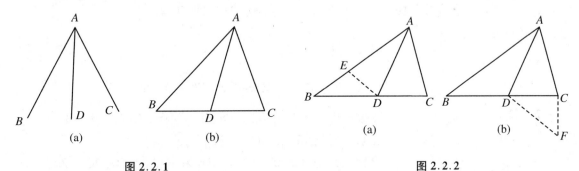

图 2.2.1　　　　　　　　　　　　图 2.2.2

例1　如图 2.2.3,在△ABC 中,∠BAC 的平分线 AD 交 BC 于点 D,求证:

(1) 若 AB + BD = AC,则∠B = 2∠C;

(2) 若∠B = 2∠C,则 AB + BD = AC.

点拨　延长 AB 至点 E,使 BE = BD.

证明　延长 AB 至点 E,使 BE = BD,连接 DE,则∠E = ∠BDE.

(1) 由 AB + BD = AC,得 AE = AB + BE = AB

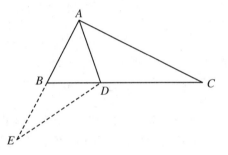

图 2.2.3

$+ BD = AC$,则$\angle E = \angle C$,所以$\angle B = \angle E + \angle BDE = 2\angle E = 2\angle C$.

(2) 由$\angle B = 2\angle C$,$\angle B = \angle E + \angle BDE = 2\angle E$,得$\angle C = \angle E$,则$AE = AC$. 所以 $AC = AB + BE = AB + BD$.

说明 本题也可以延长 AB 至点 E,使 $AE = AC$,或在 AC 上截取 $AF = AB$.

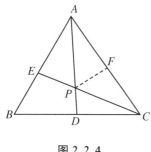

图 2.2.4

例 2 如图 2.2.4,在$\triangle ABC$ 中,$\angle ABC = 60°$,$\angle BAC$ 和 $\angle ACB$ 的平分线交于点 P.

(1) 求证:$PE = PD$.

(2) 试判断 AE、CD、AC 的数量关系,并加以证明.

点拨 在 AC 上截取 $AF = AE$.

证明 (1) 在 AC 上截取 $AF = AE$,连接 PF. 由 PA 平分 $\angle BAC$,得$\triangle AFP \cong \triangle AEP$,则$\angle APE = \angle APF$,$PE = PF$.

又 PC 平分 $\angle ACB$,$\angle B = 60°$,则$\angle CPD = \angle APE = \frac{1}{2}\angle PAC + \frac{1}{2}\angle PCA = \frac{1}{2}(\angle BAC + \angle ACB) = \frac{1}{2}(180° - \angle B) = 60°$,得$\angle APF = 60°$,所以$\angle CPF = \angle CPD = 60°$. 又由 $PC = PC$,得$\triangle CPF \cong \triangle CPD$,则 $PF = PD$,所以 $PE = PD$.

(2) $AE + CD = AC$. 证明如下:由(1)得 $CF = CD$,所以 $AE + CD = AF + CF = AC$.

说明 本题若延长 AB 至点 F,使 $AF = AC$,则没有这里用截取法方便.

方法 2 如图 2.2.5,已知 AD 是$\angle A$ 的平分线,过点 D 作直线与 AD 垂直,且分别交 AB、AC 于 B、C 两点,则 Rt$\triangle ABD \cong$ Rt$\triangle ACD$.

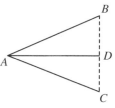

图 2.2.5

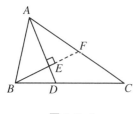

图 2.2.6

例 3 如图 2.2.6,在$\triangle ABC$ 中,$\angle B = 3\angle C$,AD 是$\angle BAC$ 的平分线,$BF \perp AD$ 于点 E,求证:$BE = \frac{1}{2}(AC - AB)$.

点拨 由方法 2,可延长 BE 交 AC 于点 F,则 $AB = AF$.

证明 延长 BE 交 AC 于点 F.

由 AD 平分$\angle BAC$,$BE \perp AD$,得 Rt$\triangle AEB \cong$ Rt$\triangle AEF$,则 $AF = AB$,$BE = EF$. 所以 $FC = AC - AF = AC - AB$,$BE = \frac{1}{2}BF$.

又$\angle ABC = 3\angle C$,$\angle ABC = \angle ABF + \angle EBC = \angle AFB + \angle FBC = 2\angle FBC + \angle C$,得$\angle FBC = \angle C$,则 $BF = FC$.

所以 $BE = \frac{1}{2}(AC - AB)$.

说明 本题延长 BE 是由方法 2 提供的思路. 而证明 $BF = FC$,还有一个探索过程.

例 4 如图 2.2.7(a),BD、CE 分别是$\triangle ABC$ 的外角平分线,过点 A 作 $AF \perp BD$ 于点 F,$AG \perp CE$ 于点 G,连接 FG,延长 AF、AG 与直线 BC 相交,则有结论 $FG = \frac{1}{2}(AB + BC$

$+ CA$).

(1) 如图(b),若 BD、CE 分别是△ABC 的内角平分线,则(1)中的结论有何变化?并说明理由.

(2) 如图(c),若 BD 为△ABC 的内角平分线,CE 为△ABC 的外角平分线,则(1)中的结论又有何变化?请证明你的结论.

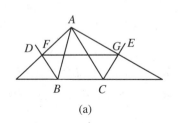
(a)
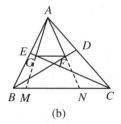
(b)
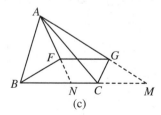
(c)

图 2.2.7

点拨 (1) $FG = \frac{1}{2}(AB + AC - BC)$;(2) $FG = \frac{1}{2}(AC + BC - AB)$.

解 (1) $FG = \frac{1}{2}(AB + AC - BC)$.理由如下:

延长 AG、AF 交 BC 于 M、N 两点.由 BD 是∠ABC 的平分线,$AF \perp BD$,得 F 是 AN 的中点,且 $BN = AB$.同理,G 是 AM 的中点,且 $CM = AC$.则 GF 是△AMN 的中位线,所以 $FG = \frac{1}{2}MN = \frac{1}{2}(AB + AC - BC)$.

(2) $FG = \frac{1}{2}(AC + BC - AB)$,证明如下:

延长 AF、AG 分别交 BC 于 N、M 两点,则 F、G 分别是 AN、AM 的中点,且 $BN = AB$,$CM = AC$,所以 FG 是△ANM 的中位线,从而有 $FG = \frac{1}{2}NM = \frac{1}{2}(AC + BC - AB)$.

说明 如何用△ABC 三边的代数和表示 MN,关键是要注意到 $BN = AB$,$CM = AC$.

方法 3 如图 2.2.8,已知 AD 是∠A 的平分线,过点 D 作 $DB \perp AB$ 于点 B,$DC \perp AC$ 于点 C,则 $Rt\triangle ABD \cong Rt\triangle ACD$.

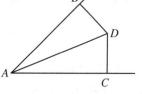

图 2.2.8

例 5 如图 2.2.9,CD 是 $Rt\triangle ABC$ 斜边 AB 上的高,∠A 的平分线交 CD 于点 E,交 CB 于点 F,过点 E 作 $EG \parallel AB$ 交 BC 于点 G,求证:$CF = BG$.

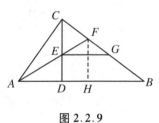

图 2.2.9

点拨 由 $FC \perp AC$,FA 平分∠A,根据方法 3,可作 $FH \perp AB$ 于点 H,则 $Rt\triangle ACF \cong Rt\triangle AHF$.

证明 由∠$CAF = \angle BAF$,∠$ACF = \angle ADE$,得∠$CFE = \angle AED$.又∠$CEF = \angle AED$,则∠$CFE = \angle CEF$,所以 $CE = CF$.

过点 F 作 $FH \perp AB$ 于点 H,则 Rt$\triangle ACF \cong$ Rt$\triangle AHF$,得 $FH = CF = CE$. 又 $EG \parallel AB$,得 $\angle CGE = \angle B$,则 Rt$\triangle CEG \cong$ Rt$\triangle FHB$,得 $CG = FB$.

所以 $CF = GB$.

说明 本题证法较多,比如连接 EH,则可得 $\square EHBG$,从而 $CF = CE = EH = GB$.

例 6 如图 2.2.10,在四边形 $ABCD$ 中,$\angle ADB = 80°$,$\angle DAB = 60°$,$\angle DBC = 70°$,$\angle CDB = 50°$,$\angle DCB = 60°$,求证:$\angle CAB = 30°$.

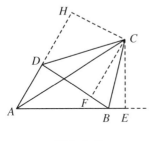

图 2.2.10

点拨 由 AC 平分 $\angle BAD$,猜想 CB、CD 是 $\angle ABD$ 与 $\angle ADB$ 的外角平分线.

证明 由已知可得 $\angle ABD = 40°$,$\angle CBE = \angle CBD = 70°$,$\angle CDH = \angle CDB = 50°$. 过点 C 作 $CE \perp AB$ 于点 E,$CH \perp AD$ 于点 H,$CF \perp BD$ 于点 F.

由 Rt$\triangle BCE \cong$ Rt$\triangle BCF$,得 $CF = CE$. 由 Rt$\triangle DCF \cong$ Rt$\triangle DCH$,得 $CF = CH$,则 $CE = CH$,所以 C 在 $\angle BAD$ 的角平分线上,即 $\angle CAB = \dfrac{1}{2} \angle DAB = 30°$.

说明 一般情况下,如图 2.2.11,若 $\triangle ABC$ 的两条外角平分线交于点 P,则 PB 平分 $\angle ABC$.

方法 4 如图 2.2.12,设 P 是 $\angle BAC$ 平分线上任意一点,E、F 分别是 AB、AC 上的点,若 $AE = AF$,则 $\triangle APE \cong \triangle APF$.

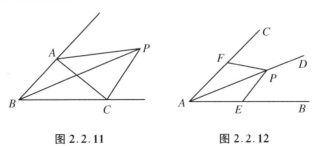

图 2.2.11　　　　图 2.2.12

例 7 如图 2.2.13,已知 D 是等边 $\triangle ABC$ 内一点,P 是其外一点,且 $DB = DA$,$BP = BA$,$\angle DBP = \angle DBC$,求证:$\angle BPD = 30°$.

点拨 由 BD 平分 $\angle PBC$,可连接 DC,则 $\triangle BDC \cong \triangle BDP$.

证明 连接 DC. 在 $\triangle BDC$ 与 $\triangle BDP$ 中,由 $\angle DBC = \angle DBP$,$BD = BD$,$BC = BA = BP$,得 $\triangle BDC \cong \triangle BDP$,则 $\angle BCD = \angle BPD$. 在 $\triangle CDB$ 与 $\triangle CDA$ 中,由 $DB = DA$,$CB = CA$,$CD = CD$,得 $\triangle CDB \cong \triangle CDA$,则 $\angle BCD = \angle ACD$.

又 $\angle ACB = 60°$,则 $\angle BCD = 30°$,所以 $\angle BPD = 30°$.

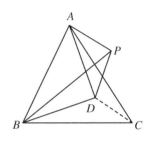

图 2.2.13

说明 例 6、例 7 本质上是计算问题,所以计算与证明,很多情况下意义是相同的.

例 8 如图 2.2.14,点 P 是 $\angle AOB$ 平分线上一点,$PC \perp OA$ 于点 C,$\angle OAP + \angle OBP$

= 180°,求证：$OA + OB = 2OC$.

点拨 在 OC 上截取 $OD = OB$，再证 $CD = CA$.

证明 在 OC 上截取 $OD = OB$，连接 DP. 由 OP 平分 $\angle AOB$，$OP = OP$，得 $\triangle OPD \cong \triangle OPB$，则 $OD = OB$，$\angle ODP = \angle OBP$.

由 $\angle ODP + \angle CDP = 180°$，$\angle OAP + \angle OBP = 180°$，得 $\angle CAP = \angle ADP$. 又 $PC \perp AD$，得 $CD = CA$.

所以 $OA + OB = (OC + CA) + OD = OC + (DC + OD) = 2OC$.

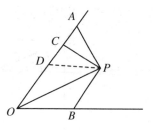

图 2.2.14

说明 本题也可以在 AO 上截取 $CD = CA$，再证 $OD = OB$.

习题 2.2

1. 如图 2.2.15，在等腰 $\mathrm{Rt}\triangle ABC$ 中，$\angle A = 90°$，CD 平分 $\angle ACB$，求证：$BC = AC + AD$.

2. 如图 2.2.16，在直角梯形 $ABCD$ 中，$\angle A = \angle B = 90°$，$ED$、$EC$ 分别平分 $\angle D$、$\angle C$，求证：E 是 AB 的中点.

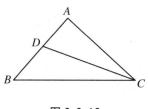
图 2.2.15

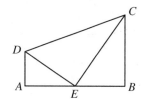
图 2.2.16

3. 如图 2.2.17，在 $\triangle ABC$ 中，$AB = 2AC$，D 在 $\angle BAC$ 的平分线上，且 $DA = DB$，求证：$\angle ACD = 90°$.

4. 如图 2.2.18，已知 E、F 分别是 $\triangle ABC$ 边 AC、BC 的中点，EF 交 $\angle A$ 的平分线于点 D，求证：$AD \perp DC$.

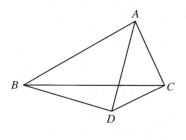
图 2.2.17

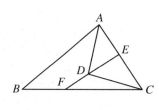
图 2.2.18

5. 如图 2.2.19，M 是正方形 $ABCD$ 边 CD 的中点，E 在 CD 上，且满足 $AE = EC + BC$，求证：$\angle BAE = 2\angle DAM$.

6. 如图 2.2.20.

(1) 在△ABC 中,AB = AC,∠BAC = 108°,BE 平分∠ABC,求证:CE + BA = BC.

(2) 将∠BAC = 108°换成∠BAC = 100°,其他条件不变,证明同样的结论.

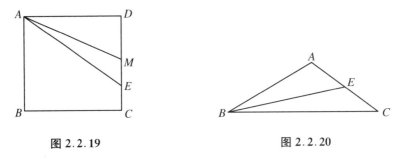

图 2.2.19　　　　　　　图 2.2.20

7. 如图 2.2.21,在△ABC 中,D 为 BC 的中点,DE⊥BC 交∠BAC 的平分线 AE 于点 E,EF⊥AB 于点 F,EG⊥AC 交 AC 的延长线于点 G,BG 与 CF 的大小关系如何? 并证明你的结论.

8. 如图 2.2.22,BD 是∠ABC 的平分线,AB = BC,点 P 在 BD 上,PM⊥AD 于点 M, PN⊥CD 于点 N,求证:PM = PN.

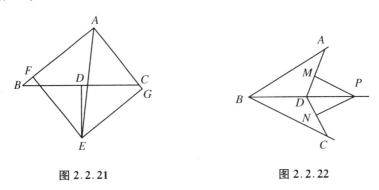

图 2.2.21　　　　　　　图 2.2.22

9. 如图 2.2.23,D 是△ABC 外角∠ACP 平分线上一点,且 DA = DB,DM⊥BP 于点 M,求证:AC = BM + CM.

10. 如图 2.2.24,BD、CE 分别是∠ABC、∠ACB 的平分线,M 是 DE 的中点,MN⊥BC 于点 N,DH⊥AB 于点 H,EL⊥AC 于点 L,求证:$MN = \frac{1}{2}(EL + DH)$.

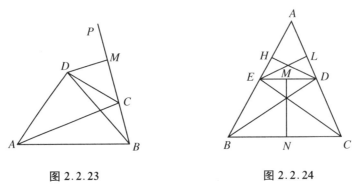

图 2.2.23　　　　　　　图 2.2.24

11. 如图 2.2.25,M 是△ABC 边 BC 的中点,AN 平分∠BAC,AN⊥BN 于点 N,求证:

$MN = \frac{1}{2}(AC - AB)$.

12. 如图 2.2.26,在 △ABC 中,已知 AD 是 ∠BAC 的平分线,AD⊥AE 交 BC 的延长线于点 E,且 AB + AC = BE,求证:$\angle B + \frac{2}{3}\angle A = 60°$.

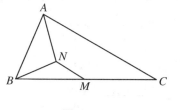
图 2.2.25

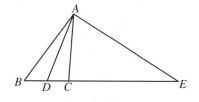
图 2.2.26

13. 如图 2.2.27,在 △ABC 中,∠BAC = 60°,∠ACB = 40°,P、Q 分别在边 BC、CA 上,且 AP、BQ 分别平分∠BAC、∠ABC,求证:BQ + AQ = AB + BP.

14. 如图 2.2.28,在 △ABC 内作角平分线 AA_1 和 CC_1,点 M 和点 N 分别是从点 B 向直线 AA_1 和直线 CC_1 所作垂线的垂足,求证:MN ∥ AC.

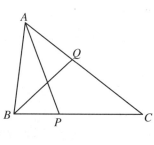
图 2.2.27

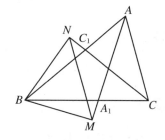
图 2.2.28

15. 如图 2.2.29,已知 AC ∥ BD,EA、EB 分别平分∠CAB、∠DBA,点 E 在 CD 上,求证:AB = AC + BD.

16. 如图 2.2.30,在 △ABC 中,AD 平分∠BAC,AD = AB,CM⊥AD 于点 M,求证:$AM = \frac{1}{2}(AB + AC)$.

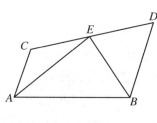
图 2.2.29

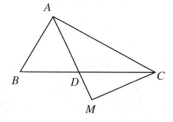
图 2.2.30

17. 如图 2.2.31,在凸四边形 ABCD 中,① AC 平分∠BAD;② ∠B + ∠D = 180°;③点 BC = CD,以其中两个为条件,剩下一个为结论,构成命题.试问:所构成的命题是否正确?并证明你的结论.

18. 如图 2.2.32,M 是正方形 $ABCD$ 边 BC 上一点,E 是 CD 的中点,且 AE 平分 $\angle DAM$ 交 DC 于点 E.

(1) 求证:$AM = AD + MC$.

(2) $AM = DE + BM$ 是否成立?若成立,请给出证明;若不成立,请说明理由.

(3) 若四边形 $ABCD$ 是长与宽不相等的矩形时,则(1)、(2)中的结论还成立吗?

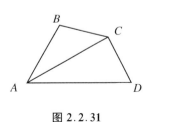

图 2.2.31   图 2.2.32

2.3 三角形中线

★ 基本图形

如图 2.3.1,在 $\triangle ABC$ 中,AD 是 BC 边上的中线.

📖 常用方法

方法 1 如图 2.3.2,已知 AD 是 $\triangle ABC$ 的中线,延长 AD 至点 E,使 $DE = DA$,连接 BE,则 $BE \underline{\underline{\parallel}} AC$.

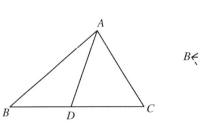 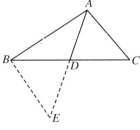

图 2.3.1   图 2.3.2

例 1 如图 2.3.3,$AB \parallel CD$,BE 平分 $\angle ABC$,E 是 AD 的中点,求证:$AB + CD = CB$.

点拨 延长 BE 至点 F,使 $EF = BE$.

证明 延长 BE 至点 F,使 $EF = BE$,连接 DF,则由 $AE = DE$,$\angle AEB = \angle DEF$,得 $\triangle ABE \cong \triangle DFE$,所以 $AB = DF$,$\angle A = \angle EDF$,$\angle ABE = \angle F$. 又 $AB \parallel CD$,有 $\angle A + \angle ADC = 180°$,所以 F、D、C 三点共线.

由 BE 平分 $\angle ABC$,得 $\angle ABE = \angle CBE$,则 $\angle F =$

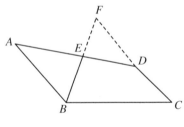

图 2.3.3

∠CBE，所以 CB = CF．又 CF = FD + CD = AB + CD，所以 CB = AB + CD．

说明　延长 BE、CD 交于点 F，也可以证明 E 是 BF 的中点，所以倍长中线只是一种添辅助线的方法．

例 2　如图 2.3.4，AB⊥AC 且 AB = AC，AD⊥AE 且 AD = AE，F 为 BE 的中点，求证：AF⊥CD．

点拨　倍长中线 AF，先证△ABF≌△KEF，再证△AEK≌△DAC．

证明　延长 AF 至点 K，使 FK = AF，连接 EK，则△ABF≌△KEF，得 AB = KE，∠BAF = ∠K．又 AB = AC，则 KE = AC．

在△AEK 与△DAC 中，∠AEK = 180° − (∠K + ∠EAK) = 180° − (∠BAF + ∠EAF) = 180° − ∠BAE = 90° − ∠CAE = ∠DAC．又 AE = AD，KE = AC，则△AEK≌△DAC，所以∠K = ∠ACD，从而有∠ACD + ∠CAK = ∠BAF + ∠CAK = ∠BAC = 90°，所以 AF⊥CD．

说明　本题从图形中可以发现△AEK≌△DAC，但要证明∠AEK = ∠DAC，不容易理清思路，这里∠DAC = 90° − ∠CAE = 180° − ∠BAE 是关键．

方法 2　如图 2.3.5，已知 AD 是△ABC 的中线，过点 B、C 作 BE⊥AD 于点 E，CF⊥AD 于点 F，则 Rt△BDE≌Rt△CDF．

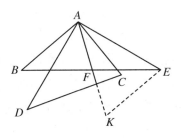

图 2.3.4

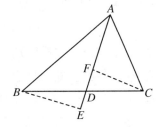

图 2.3.5

例 3　如图 2.3.6，分别以△ABC 的边 AB，AC 向外作正方形 ABDE 和正方形 ACFG，过点 A 作 AH⊥BC 于点 H，HA 延长交 GE 于点 M，求证：EM = MG．

点拨　过点 E、G 分别作 ER⊥MA，GS⊥MA，则△ARE≌△BHA．

证明　过点 E、G 分别作 ER⊥MA 于点 R，GS⊥AM 于点 S．

由∠RAE + ∠BAH = 90°，∠ABH + ∠BAH = 90°，得∠RAE = ∠HBA．又 EA = AB，得 Rt△ARE≌Rt△BHA，则 ER = AH．

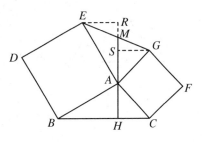

图 2.3.6

同理，GS = AH，所以 ER = GS．

又∠EMR = ∠GMS，则 Rt△ERM≌Rt△GSM，所以 EM = MG．

说明　本题证法较多，比如还可用方法 1，即延长 AM 至点 K，使 MK = MA，连接 EK，

设法证 $\triangle EKM \cong \triangle GAM$.

例 4 如图 2.3.7,过 $\triangle ABC$ 的顶点 A 作 $AF \perp AB$, $AE \perp AC$, 截取 $AF = AB$, $AE = AC$, 连接 EF, 过点 A 作 $AM \perp EF$ 交 BC 于点 H, 求证: $BH = HC$.

点拨 即证 AH 是 $\triangle ABC$ 的中线,可延长 AH 至两倍,这里选用方法 2, 即过点 C、B 作直线 AH 的垂线.

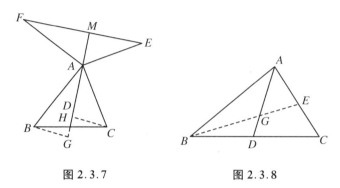

图 2.3.7   图 2.3.8

证明 过点 B 作 $BG \perp AH$ 延长线于点 G, 过点 C 作 $CD \perp AH$ 于点 D.

由 $\angle BAG + \angle FAM = 90°$, $\angle BAG + \angle ABG = 90°$, 得 $\angle ABG = \angle FAM$.

又 $AB = FA$, 得 $Rt\triangle ABG \cong Rt\triangle FAM$, 则 $BG = AM$.

同理, $CD = AM$, 所以 $BG = CD$.

又 $\angle BHG = \angle CHD$, 得 $Rt\triangle BHG \cong Rt\triangle CHD$, 所以 $BH = HC$.

说明 本题与上例没有本质区别,只是相关元素进行换位,无关元素进行了删除.

方法 3 如图 2.3.8, 已知 AD 是 $\triangle ABC$ 的中线, 取 AC 的中点 E, 连 BE 设交 AD 于点 G, 则 G 是 AD 的三等分点, 即 $AG = 2DG$; 反之, 若 $AG = 2DG$, 连接 BG 设交 AC 于点 E, 则 E 是 AC 的中点.

例 5 如图 2.3.9, 在 $\triangle ABC$ 中, $\angle ACB = 90°$, $BC = 2AC$, AD 是 BC 边上的中线, E、F 是 AD 上的两点, 且 $AE = EF = FD$, 求证: $CE \perp AB$.

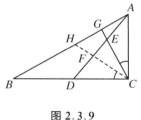

图 2.3.9

点拨 连接 CF 交 AB 于点 H, 则 H 是 AB 的中点.

证明 连接 CF 设交 AB 于点 H.

由 F 是中线 AD 的三等分点, 且 $AF = 2FD$, 得 H 是 AB 的中点, 即 CH 是 $Rt\triangle ABC$ 斜边上的中线, 则 $HB = HC$, 所以 $\angle B = \angle HCB$.

由 $AC = \dfrac{1}{2}BC = DC$, $AE = FD$, $\angle CAE = \angle CDF = 45°$, 得 $\triangle CAE \cong \triangle CDF$, 则 $\angle ACG = \angle HCB = \angle B$.

又 $\angle B + \angle BAC = 90°$, 则 $\angle ACG + \angle CAG = 90°$. 所以 $CE \perp AB$.

说明 本题连接 CF 交 AB 于点 H, 是解题关键的一步.

例 6 如图 2.3.10, $\triangle ABC$ 两中线 AD、BE 交于点 G, 求证: $S_{四边形GDCE} = S_{\triangle AGB}$.

点拨 直接计算四边形 $GDCE$ 的面积是困难的,连接 CG 是自然的分割方法.

证明 由 G 是 $\triangle ABC$ 的重心,可连接 CG 交 AB 于点 F,则 F 是 AB 的中点.

由 $S_{\triangle ABD} = S_{\triangle ACD}$,$S_{\triangle GBD} = S_{\triangle GCD}$,得 $S_{\triangle ABG} = S_{\triangle ACG}$.

同理,$S_{\triangle ABG} = S_{\triangle ACG} = S_{\triangle BCG} = \dfrac{1}{3} S_{\triangle ABC}$.

所以 $S_{\triangle CDG} = S_{\triangle CEG} = \dfrac{1}{6} S_{\triangle ABC}$.从而有 $S_{\text{四边形}GDCE} = S_{\triangle CDG} + S_{\triangle CEG} = \dfrac{1}{3} S_{\triangle ABC}$.

故 $S_{\text{四边形}GDCE} = S_{\triangle ABG}$.

说明 本题也可以连接 DE,运用相似三角形的性质证明.

方法 4 如图 2.3.11,已知 AD 是 $\mathrm{Rt}\triangle ABC$ 斜边 AB 上的中线,则 $CD = \dfrac{1}{2} AB$.

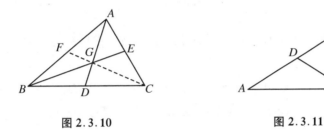

图 2.3.10　　　　图 2.3.11

例 7 如图 2.3.12,圆内接四边形 $ABCD$ 对角线 $AC \perp BD$,O 是圆心,G 是 AB 的中点,求证:$OG = \dfrac{1}{2} CD$.

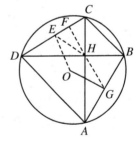

点拨 设 AC 与 BD 交于点 H,作 $\mathrm{Rt}\triangle DCH$ 斜边上的中线,则 $EH = \dfrac{1}{2} CD$.下面只要证 $EH = OG$,即证四边形 $OGHE$ 是平行四边形.

证明 取 CD 的中点 E,连接 OE,EH,HG.则由 O 是圆心,得 $OG \perp AB$,$OE \perp CD$.

延长 GH 交 CD 于点 F.则由 $\angle DCA = \angle DBA$,$\angle CHF = \angle AHG = \angle BAC$,得 $\angle DCA + \angle CHF = \angle DBA + \angle BAC = 90°$,所以 $GH \perp CD$.

图 2.3.12

同理,$EH \perp AB$.从而有 $OE \mathbin{/\mkern-5mu/} GH$,$OG \mathbin{/\mkern-5mu/} EH$,所以可得四边形 $OGHE$ 是平行四边形.

故 $OG = EH = \dfrac{1}{2} CD$.

说明 本题证法很多,比如可延长 BO 交圆于点 M,则 $OG = \dfrac{1}{2} AM = \dfrac{1}{2} CD$.

例 8 如图 2.3.13,已知 AB 是 $\odot O$ 的直径,CA、BD 是 $\odot O$ 的切线,CD 切 $\odot O$ 于点 E,过点 E 作 $EF \perp AB$ 于点 F,交 BC 于点 G,求证:$EG = GF$.

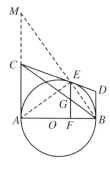

图 2.3.13

点拨 为利用方法 4,可延长 BE、AC 交于点 M,能证明 $AC = CM$,则有 $EG = GF$.

证明 延长 BE 交 AC 延长线于点 M,连接 AE.则由 AB 是直径,得 $AE \perp BM$.

由 CE、CA 是 $\odot O$ 的切线,得 $CE = CA$.又 $\angle MEC = \angle BED = \angle EAB = \angle M$,得 $CE = CM$.所以 $AC = CM$.

由 $EF \perp AB$, $MA \perp AB$,得 $MA \parallel EF$.所以 $EG = GF$.

说明 本题的证法也较多,比如设 $CA = CE = a$,$DB = DE = b$,由平行线截割线段成比例,得 $EG = \dfrac{ab}{a+b} = GF$.

习题 2.3

1. 如图 2.3.14,在 $\square ABCD$ 中,过点 A 作 $AF \perp BC$ 于点 F,交 BD 于点 E,且 $DE = 2AB$,求证:$\angle ABD = 2\angle CBD$.

2. 如图 2.3.15,在 $\triangle ABC$ 中,$AB = AC$,AD 是中线,E 是 DC 上任意一点,过点 E 作 $EF \perp BC$ 交 AC 于点 F,交 BA 的延长线于点 G,求证:$EF + EG = 2AD$.

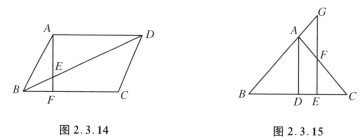

图 2.3.14   图 2.3.15

3. 如图 2.3.16,在梯形 $ABCD$ 中,$AB \parallel CD$,$\angle A = 90°$,$BC = AB + CD$,M 是 AD 的中点,求证:$CM \perp MB$.

4. 如图 2.3.17,在 $\triangle ABC$ 中,$\angle C = 2\angle B$,$AD \perp BC$ 于点 D,E 是 BC 的中点,求证:$DE = \dfrac{1}{2} AC$.

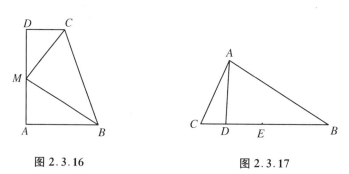

图 2.3.16   图 2.3.17

5. 如图 2.3.18,在 $\triangle ABC$ 中,$AB = AC$,过 AB 的中点 D 作 $DE \perp BC$ 于点 E,延长 ED 交 CA 的延长线于点 F,求证:$DF = 2DE$.

6. 如图 2.3.19，M 是△ABC 边 BC 的中点，延长 AM 至点 D，使 MD = BC，若∠AMC = 60°，求证：BD⊥BC．

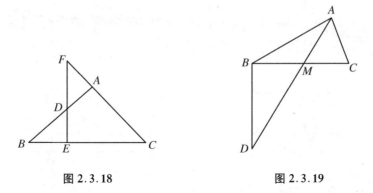

图 2.3.18　　　　　图 2.3.19

7. 如图 2.3.20，以△ABC 边 AB、AC 为斜边向外作 Rt△ABE 和 Rt△ACF，使∠ABE = ∠ACF，M 是 BC 的中点，求证：ME = MF．

8. 如图 2.3.21，D 是 CB 延长线上一点，BD = BC，E 是 AB 上一点，DE = AC，求证：∠BAC = ∠BED．

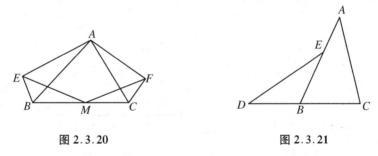

图 2.3.20　　　　　图 2.3.21

9. 如图 2.3.22，在△ABC 中，∠ACB = 90°，∠ABD = ∠CBE = 90°，BA = BD，BC = BE，延长 CB 交 DE 于 F，求证：EF = DF．

10. 如图 2.3.23，在△ABC 中，D 是 BC 的中点，AD⊥AC，∠BAD = 30°，求证：AC = $\frac{1}{2}$AB．

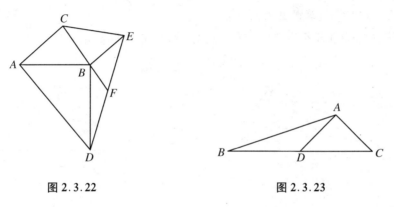

图 2.3.22　　　　　图 2.3.23

11. 如图 2.3.24，在△ABC 中，AB＞AC，AD 平分∠BAC，E 为 BC 的中点，过点 E 作

$FG \perp AD$ 交 AD 的延长线于点 H,交 AB 于点 F,交 AC 的延长线于点 G,求证:$CG = \dfrac{1}{2}(AB - AC)$.

12. 如图 2.3.25,在 $\triangle ABC$ 中,AD 平分 $\angle BAC$,E 为 BC 的中点,过点 E 作 $EF \parallel AD$ 交 AB 于点 G,交 CA 的延长线于点 F,求证:$BG = CF$.

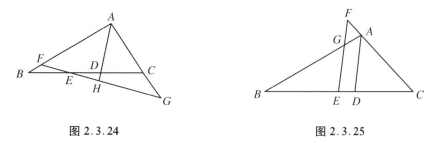

图 2.3.24   图 2.3.25

13. 如图 2.3.26,在直角梯形 $ABCD$ 中,$\angle BAD = \angle D = 90°$,$BM = CM = CD$,求证:$\angle AMC = 3\angle BAM$.

14. 如图 2.3.27,在 $\triangle ABC$ 中,$\angle B = 22.5°$,AB 边上的垂直平分线 DH 交 BC 于点 D,交 AB 于点 H,$DF \perp AC$ 于点 F,交 BC 边上的高 AE 于点 G,求证:$EG = EC$.

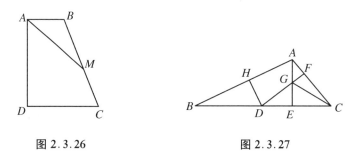

图 2.3.26   图 2.3.27

15. 如图 2.3.28,在 $\triangle ABC$ 中,$\angle C = 90°$,$AC = BC$,M 为边 AC 的中点,延长 BM 至点 D,使 $MB = DM$,N 为 BC 边中点,延长 NA 至点 E,使 $AE = NA$,连接 ED,求证:$ED \perp BD$.

16. 如图 2.3.29,$\triangle ABC$ 是等腰直角三角形,$\angle BAC = 90°$,D 是边 BC 的中点,P、Q 分别是 AB、AC 上的动点,满足 $BP = AQ$.

(1) 求证:$\triangle PDQ$ 是等腰直角三角形.

(2) 当点 P 运动到什么位置时,四边形 $APDQ$ 是正方形?并说明理由.

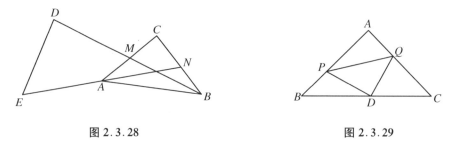

图 2.3.28   图 2.3.29

17. 如图 2.3.30,在 Rt$\triangle ABC$ 中,$AB = BC$,在 Rt$\triangle ADE$ 中,$AD = DE$,连接 EC,M 是

EC 的中点,连接 DM 和 BM.

(1) 如图(a),若点 D 在边 AC 上,点 E 在边 AB 上且不与点 B 重合,探索 BM、DM 的关系,并给予证明;

(2) 如果将图(a)中的 $\triangle ADE$ 绕点 A 逆时针旋转小于 $45°$ 的角,如图(b),那么(1)中的结论是否仍然成立? 如果不成立,请举出反例;如果成立,请给予证明.

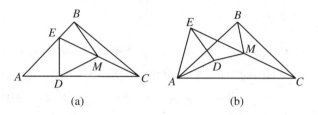

图 2.3.30

18. 如图 2.3.31,在四边形 $ABCD$ 中,$AB = AD$,$AB \perp AD$,过点 A 作 $AE \perp AC$,且使 $AE = AC$,连接 BE,过点 A 作 $AH \perp CD$ 于点 H 交 BE 于点 F.

(1) 如图(a),当 E 在 CD 的延长线上时,求证:① $\triangle ABC \cong \triangle ADE$;② $BF = EF$.

(2) 如图(b),当 E 不在 CD 的延长线上时,$BF = EF$ 还成立吗? 请证明你的结论.

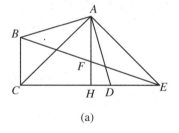
(a)

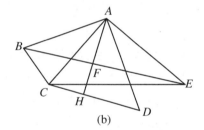
(b)

图 2.3.31

2.4 三角形中位线

★ 基本图形

如图 2.4.1,D 或 E 是 $\triangle ABC$ 边 AB、AC 的中点.

📖 常用方法

方法 1 如图 2.4.2,已知 D、E 是 $\triangle ABC$ 边 AB、AC 的中点,连接 DE,则 $DE \underline{\underline{\parallel}} \dfrac{1}{2} BC$.

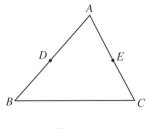

图 2.4.1

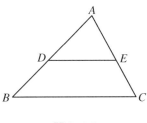

图 2.4.2

例 1 如图 2.4.3，P 是 $\triangle ABC$ 内的一点，$\angle PAC = \angle PBC$，过点 P 作 $PM \perp AC$ 于点 M，$PN \perp BC$ 于点 N，D 为 AB 的中点，求证：$DM = DN$.

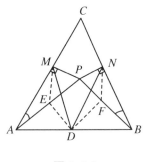

图 2.4.3

点拨 取 AP、BP 的中点 E、F，则 $\triangle MDE \cong \triangle NDF$.

证明 取 AP、BP 的中点 E、F，连接 EM、ED、FN、FD，则由 ME、NF 分别是 $\mathrm{Rt}\triangle APM$、$\mathrm{Rt}\triangle BPN$ 斜边上的中线，得 $ME = \frac{1}{2}AP = PE$，$NF = \frac{1}{2}PB = PF$.

由 D 是 AB 的中点，得 $DE \underline{\underline{\parallel}} PF$，$DF \underline{\underline{\parallel}} PE$，则 $\angle DEP = \angle DFP$. 由 $\angle PAC = \angle PBC$，得 $\angle MEP = 2\angle PAC = 2\angle PBC = \angle NFP$，则 $\angle MED = \angle NFD$，从而有 $\triangle MDE \cong \triangle NDF$，所以 $DM = DN$.

说明 四边形 $DFNE$ 是平行四边形，所以 $\angle DEP = \angle PFD$.

例 2 如图 2.4.4，M、N 是 $\triangle ABC$ 边 AB、AC 上的点，且 $BM = CN$，D、E 分别是 MN、BC 的中点，过点 A 作 $AP \parallel DE$ 交 BC 于点 P，求证：AP 平分 $\angle BAC$.

点拨 已知的是线段相等，要证角度相等，这很容易联想到等腰三角形的两底角相等.又由中点联想到中位线，因此连接 BN（或 CM）并取其中点也就水到渠成了.

证明 连接 BN，设 F 是其中点，再连接 DF、EF. 由 D 是 MN 的中点，得 $DF = \frac{1}{2}BM$，$DF \parallel BM$. 则 $\angle FDE = \angle BAP$.

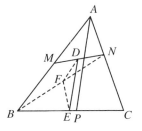

图 2.4.4

同理，$EF = \frac{1}{2}CN$，$EF \parallel CN$. 又由 $ED \parallel AP$，得 $\angle FED = \angle CAP$.

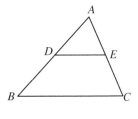

图 2.4.5

由 $BM = CN$，得 $DF = EF$，则 $\angle FDE = \angle FED$.

所以 $\angle BAP = \angle CAP$，即 AP 平分 $\angle BAC$.

说明 本题是将证 $\angle BAP = \angle CAP$ 转移为证 $\angle FDE = \angle FED$，找平行线是常用的方法.

方法 2 如图 2.4.5，已知 D 是 $\triangle ABC$ 边 AB 的中点，$DE \parallel BC$ 交 AC 于点 E，则 E 是 AC 边的中点.

例 3 如图 2.4.6,以 Rt△ABC 的直角边 AB 和斜边 AC 为边向外作正方形 ABDE 和正方形 ACFG,延长 BA 交 EG 于点 H,求证:BC = 2AH.

点拨 由 BC = 2AH,可联想到三角形的中位线,但 AH 与 BC 不在一个三角形中,因此可过点 G 作 GK∥HA,设交 EA 延长线于点 K.由方法 2,只要证明 A 是 EK 的中点.

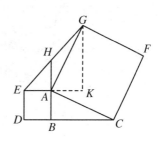

图 2.4.6

证明 过点 G 作 GK∥HA,设交 EA 延长线于点 K.

由 $AC = AG$,$\angle K = \angle B$,$\angle BAC = 90° - \angle CAK = \angle KAG$.得△ABC≌△AKG,则 $AB = AK$,$BC = KG$.

由 $AB = EA$,得 A 是 EK 的中点.又 $AH\parallel GK$,得 H 是 EG 的中点.

所以 $BC = KG = 2AH$.

说明 本题若采取"延长法"或"截半法",都没有此方法方便.

例 4 如图 2.4.7,在梯形 ABCD 中,$AD\parallel BC$,E 是 BD 的中点,$EF\parallel BC$ 交 AC 于点 F,求证:$EF = \frac{1}{2}(BC - AD)$.

点拨 由结论可联想到 EF 是某个三角形的中位线,观察图形,连 AE 并延长交 BC 于点 G,若能证出 E 是 AG 的中点,问题就解决了.

证明 连接 AE 交 BC 于点 G.

由 $AD\parallel BC$,得 $\angle ADE = \angle GBE$.

又由 $\angle AED = \angle GEB$,$ED = EB$,得△AED≌△GEB,则 $AE = GE$,$AD = BG$.

由 $EF\parallel BC$,得 $AF = FC$,则 EF 是△AGC 的中位线.

所以 $EF = \frac{1}{2}GC = \frac{1}{2}(BC - AD)$.

说明 若在 BC 上截取 $BG = AD$,则△BEG≌△DEA.从而有 $EG = EA$.如果认为由 $EF\parallel BC$ 就能得 F 是 AC 的中点,那么是不严密的.问题出在哪里呢?请读者自己思考.

方法 3 如图 2.4.8,已知 E、F、G、H 分别是凸四边形 ABCD 边 AB、BC、CD、DA 的中点,则四边形 EFGH 是平行四边形.

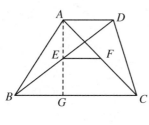

图 2.4.7

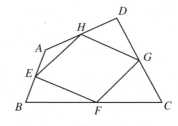

图 2.4.8

例 5 如图 2.4.9,在四边形 ABCD 中,K、L、M、N 分别是边 AB、BC、CD、DA 的中点,AL 与 CK 相交于点 P,AM 与 CN 相交于点 Q.若四边形 APCQ 是平行四边形,求证:四

边形 $ABCD$ 是平行四边形.

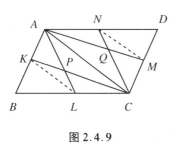

图 2.4.9

点拨 由四边形 $KLMN$ 是平行四边形,得 $KL \underline{\underline{\parallel}} MN$,设法证 $\triangle PKL \cong \triangle QMN$.

证明 连接 KL、MN、AC,则由 KL 是 $\triangle ABC$ 的中位线,得 $KL \underline{\underline{\parallel}} \frac{1}{2} AC$.同理,$MN \underline{\underline{\parallel}} \frac{1}{2} AC$,则 $KL \underline{\underline{\parallel}} MN$.又由四边形 $APCQ$ 是平行四边形,得 $\angle PAC = \angle QCA$,$AP = CQ$,则 $\angle PLK = \angle PAC = \angle QCA = \angle QNM$.同理,$\angle PKL = \angle QMN$,所以 $\triangle PKL \cong \triangle QMN$,得 $PL = QN$,从而有 $AL = CN$.又由 $AL \parallel CN$,得四边形 $ALCN$ 是平行四边形,则 $AN \underline{\underline{\parallel}} CL$,又 N、L 分别是 AD、BC 的中点,从而有 $AD \underline{\underline{\parallel}} CB$,即四边形 $ABCD$ 是平行四边形.

说明 若 E、F、G、H 是四边形 $ABCD$ 四边的中点,应联想到四边形 $EFGH$ 也是平行四边形,可能用到平行四边形的有关性质.

例 6 如图 2.4.10,在五边形 $ABCDE$ 中,F、G、H、I 分别是 AB、BC、CD、DE 的中点,连接 FH、GI,M、N 分别为 FH、GI 的中点,求证:$AE = 4MN$.

点拨 G、M、N 三点在一条直线上.

证明 连接 AD,取 AD 的中点 K,连接 GK、IK,由 G、H、K、F 是四边形 $ABCD$ 边 BC、CD、DA、AB 的中点,得四边形 $GHKF$ 是平行四边形,所以 GK 过 FH 的中点 M.

由 N 是 GI 的中点,K、I 分别是 AD、DE 的中点,得 $MN = \frac{1}{2} KI = \frac{1}{4} AE$,所以 $AE = 4MN$.

说明 本题图中未连接有关线段,而直接应用四边形 $GHKF$ 是平行四边形这一条件,是为了简洁,突出重点.

方法 4 以 $\triangle ABC$ 的边 AC、AB 为一边分别向 $\triangle ABC$ 的外侧作正方形 $ACFG$ 和正方形 $ABDE$,M 是 BC 的中点,则通常可作辅助线的方法,如图 2.4.11 所示.

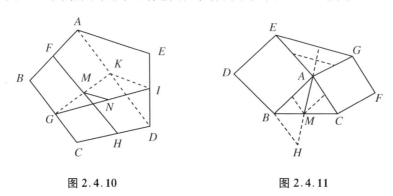

图 2.4.10　　　　　图 2.4.11

例 7 如图 2.4.12,已知 D、E、F 分别是 $\triangle ABC$ 三边 BC、CA、AB 的中点,$HF \perp AB$,$GE \perp AC$,且 $HF = \frac{1}{2} AB$,$GE = \frac{1}{2} AC$,求证:$\triangle HDG$ 是等腰直角三角形.

点拨 因 D、E、F 是所在边的中点，自然想到连接 DE、DF，下面通过证明 $\triangle DHF \cong \triangle GDE$，得 $DH = DG$，$DH \perp DG$.

证明 连接 DE、DF，则 DE、DF 是 $\triangle ABC$ 的中位线，即 $DE = \frac{1}{2}AB$，$DF = \frac{1}{2}AC$.

由 $HF = \frac{1}{2}AB$，$EG = \frac{1}{2}AC$，得 $DE = HF$，$DF = EG$. 又 $DE // AB$，得 $\angle DEC = \angle A$.

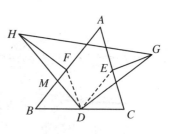

图 2.4.12

同理，$\angle BFD = \angle A$，则 $\angle DEC = \angle DFB$. 所以 $\angle HFD = 90° + \angle DFB = 90° + \angle DEC = \angle GED$. 从而有 $\triangle DHF \cong \triangle GDE$，得 $DH = DG$，$\angle EDG = \angle FHD$.

又 $\angle FHD + \angle HMF = 90°$，$\angle HMF = \angle BMD = \angle MFD + \angle MDF$，$\angle MFD = \angle A = \angle EDF$，得 $\angle MDF + \angle EDF + \angle EDG = 90°$.

所以 $\triangle HDG$ 是等腰直角三角形.

说明 本题中的点 H、G 分别是图 2.4.11 中正方形 $ABDE$ 和正方形 $ACFG$ 的中心，它是将图 2.4.11 简化而得到的.

例 8 如图 2.4.13，以 $\triangle ABC$ 的三边 AB、BC、CA 向 $\triangle ABC$ 外侧作三个正方形 $ABDE$、$ACFG$ 和 $BHKC$，设 O_1、O_2、O_3 分别是这三个正方形的中心，求证：$BO_2 = O_1O_3$，且 $BO_2 \perp O_1O_3$.

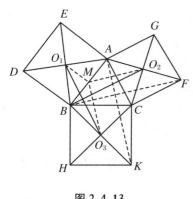

图 2.4.13

点拨 取 AB 的中点 M，则 $MO_2 = MO_3$，$MO_2 \perp MO_3$.

证明 取 AB 的中点 M，连接 MO_1、MO_2、MO_3、AK、BF.

因为 $\triangle ACK$ 是 $\triangle BCF$ 绕点 C 逆时针方向旋转 $90°$ 而得到的，所以 $AK = BF$，$AK \perp BF$.

由 MO_2 是 $\triangle ABF$ 的中位线，MO_3 是 $\triangle ABK$ 的中位线，得 $MO_2 \underline{\underline{/\!/}} \frac{1}{2}BF$，$MO_3 \underline{\underline{/\!/}} \frac{1}{2}AK$，则 $MO_2 = MO_3$，$MO_2 \perp MO_3$.

又因 $\triangle O_1MO_3$ 是 $\triangle BMO_2$ 绕点 M 顺时针方向旋转 $90°$ 而得到的，所以 $BO_2 = O_1O_3$ 且 $BO_2 \perp O_1O_3$.

说明 本题取 AB 的中点是关键，另外图中还有 $BG = CE$ 且 $BG \perp CE$ 等，记住这些结论对证明这一类问题有启示作用.

习题 2.4

1. 如图 2.4.14,在四边形 ABCD 中,BD = AC,M、N 分别是 AD、BC 的中点,求证:EF = EG.

2. 如图 2.4.15,在四边形 ABCD 中,AD = BC,M、N 分别是 AB、CD 的中点,求证:MN 与 AD、BC 成等角.

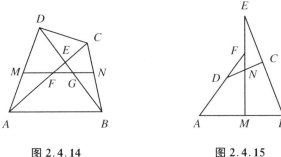

图 2.4.14　　　图 2.4.15

3. 如图 2.4.16,已知 AD 是等腰 Rt△ABC 斜边上的高,角平分线 CE 交 AD 于点 G,交 AB 于点 E,求证:BE = 2DG.

4. 如图 2.4.17,E、F 是▱ABCD 边 AB、CD 的中点,连接 AF、CE 分别交 BD 于点 M、N,求证:DM = MN = NB.

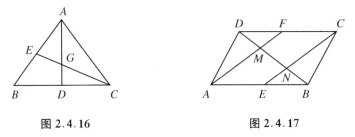

图 2.4.16　　　图 2.4.17

5. 如图 2.4.18,以△ABC 的边 AB、AC 为边作等边△ABP 和等边△ACQ,D、E、F 分别是 PB、BC、CQ 的中点,求证:△DEF 是等腰三角形.

6. 如图 2.4.19,在△ABC 中,D 为 BC 的中点,直线 CF 分别交 AD、AB 于点 E、F,求证:$AE \cdot BF = 2DE \cdot AF$.

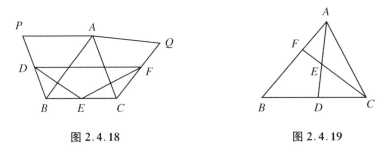

图 2.4.18　　　图 2.4.19

7. 如图 2.4.20,在△ABC 中,AB = AC,∠BAC 为锐角,以 AB 为直径的⊙O 交 BC 于点 D,交 AC 于点 E,DF⊥AC 于点 F,求证:$DF^2 = FE \cdot FA$.

8. 如图 2.4.21，在△ABC 中，AC = BC，以 BC 为直径的⊙O 交 AB、AC 于点 P、Q，过点 P 的切线交 AC 于点 M，求证：M 是 AQ 的中点．

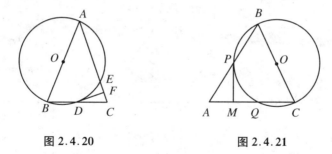

图 2.4.20　　　　　图 2.4.21

9. 如图 2.4.22，在△ABC 中，∠B = 90°，以 AB 为直径的⊙O 交 AC 于点 D，切线 DE 交 BC 于点 E，求证：EO ∥ CA．

10. 如图 2.4.23，△ABC 内接于⊙O，H 是三条高的交点，OM⊥BC 于点 M，求证：OM = $\frac{1}{2}$AH．

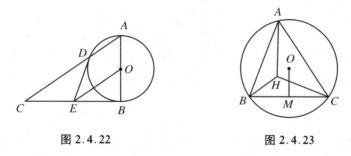

图 2.4.22　　　　　图 2.4.23

11. 如图 2.4.24，四边形 ABCD 的对角线 AC = BD，E、F 分别是 AB、CD 的中点，连接 EF 分别交 AC、BD 于点 P、Q，求证：∠APE = ∠DQF．

12. 如图 2.4.25，△ABC、△CED 均为正三角形，M、N、L 分别为 BD、AC 和 CE 的中点，求证：△MNL 为正三角形．

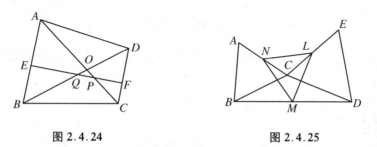

图 2.4.24　　　　　图 2.4.25

13. 如图 2.4.26，在 Rt△ABC 中，D、E 分别是直角边 BC、AC 上的任意点，M、N、P、Q 分别是 DE、AE、AB、BD 的中点，求证：MP = NQ．

14. 如图 2.4.27，在△ABC 的两边 AB、AC 向外各作正方形 ABDE 和正方形 ACFG，设点 D、F 在直线 BC 上的投影分别为点 H、K，求证：(1) BH = CK；(2) 若 O 是 DF 的中点，则△OBC 是等腰直角三角形．

15. 如图 2.4.28,连接凸四边形对边中点的线段和等于周长的一半,问:这个凸四边形是什么四边形？并证明你的结论.

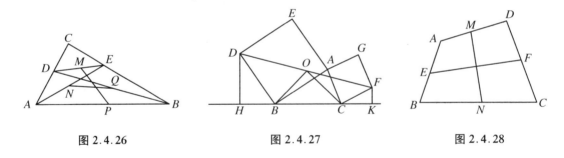

图 2.4.26　　　　图 2.4.27　　　　图 2.4.28

2.5　两角互余

★ 基本图形

如图 2.5.1,D 是 Rt$\triangle ABC$ 斜边 BC 上的任意一点,则 $\angle B + \angle C = 90°$,$\angle BAD + \angle CAD = 90°$.

▦ 常用方法

方法 1　如图 2.5.2,过 Rt$\triangle ABC$ 的直角顶点引射线 AD,则 $\angle 1 + \angle 2 = 90°$.

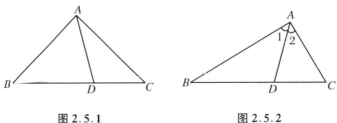

图 2.5.1　　　　图 2.5.2

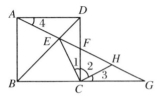

图 2.5.3

例 1　如图 2.5.3,过正方形 $ABCD$ 的顶点 A 作直线交 BD 于点 E,交 CD 于点 F,交 BC 的延长线于点 G,设 H 是 FG 的中点,求证:$CE \perp CH$.

点拨　因为 $\angle 2 + \angle 3 = 90°$,所以只要证 $\angle 1 = \angle 3$,而 $\angle 1 = \angle 4$,$\angle 3 = \angle G$,故只要证 $\angle 4 = \angle G$.

证明　由 $AD \parallel CG$,得 $\angle 4 = \angle G$.由 H 是 Rt$\triangle CGF$ 斜边 FG 的中点,得 $\angle 3 = \angle G$.又由 $ED = ED$,$AD = CD$,$\angle ADE = \angle CDE$,得 $\triangle ADE \cong \triangle CDE$,则 $\angle 4 = \angle 1$,所以 $\angle 1 = \angle 3$.由 $\angle 2 + \angle 3 = 90°$,得 $\angle 1 + \angle 2 = 90°$,即 $CE \perp CH$.

说明　要证 $CE \perp CH$,即证 $\angle ECH = 90°$ 或证 $\angle CEH + \angle CHE = 90°$.

例2 如图 2.5.4(a),在等腰 Rt△ABC 中,AB = AC,直线 MN 经过点 A,BD⊥MN 于点 D,CE⊥MN 于点 E.

(1) DE、BD、CE 有何数量关系;

(2) 如图(b),将 MN 绕点 A 旋转,使 MN 与 BC 相交于点 P,其他条件不变,则(1)中的结论还成立吗？若不成立,请写出它们的数量关系,并加以证明.

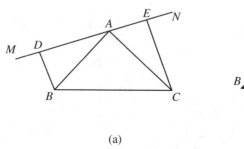

图 2.5.4

点拨 (1) DE = BD + CE;(2) DE + CE = BD.

解 (1) DE = BD + CE. 由 Rt△ABD≌Rt△CAE,得 AD = CE,AE = BD,所以 DE = BD + CE.

(2) DE + CE = BD. 证明如下：

由∠1 + ∠2 = 90°,∠1 + ∠3 = 90°,得∠2 = ∠3. 又 AB = AC,则 Rt△ABD≌Rt△CAE,从而有 AD = CE,BD = AE,所以 DE + CE = AD + ED = AE = BD.

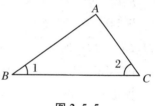

图 2.5.5

说明 注意到证明 BD = AE 是本题的关键.

方法2 如图 2.5.5,在△ABC 中,若∠A = 90°,则∠1 + ∠2 = 90°;若∠1 + ∠2 = 90°,则∠A = 90°.

例3 如图 2.5.6,已知⊙O_1 与⊙O_2 相交于 D、E 两点,A 为⊙O_1 上一点,AD 与 AE 分别交⊙O_2 于点 B、C,连接 BC,求证:AO_1⊥BC.

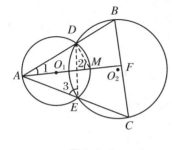

图 2.5.6

点拨 设 AO_1 交⊙O_1 于点 M,交 BC 于点 F,于是只要证∠1 + ∠B = 90°.

证明 连接 DE、DM. 由 AM 是⊙O_1 的直径,得∠1 + ∠2 = 90°.

由∠3 是圆内接四边形 DECB 的外角,得∠3 = ∠B.

又∠2 = ∠3,则∠B = ∠2. 从而有∠1 + ∠B = 90°,所以 AO_1⊥BC.

说明 两圆相交,连公共弦是最常用的作辅助线方法之一.

例4 如图 2.5.7,已知△ABC 是等腰直角三角形,AC = BC,点 O 是斜边 AB 的中点,

现将一个三角板 EGF 的直角顶点 G 放在点 O 处,把三角板 EGF 绕点 O 旋转.

(1) 如图(a),EG 交 CA 于点 K,FG 交 CB 于点 H,求证:

① $OK = OH$;② $AK + BH = AC$.

(2) 若 EG 交 CA 的延长线于点 K,FG 交 BC 的延长线于点 H,则(1)的结论是否成立?请画出图形,若成立,请给予证明;若不成立,请说明理由.

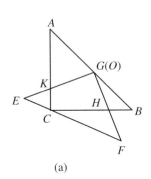

(a)

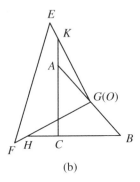

(b)

图 2.5.7

点拨 (1) $\triangle AGK \cong \triangle CGH$,$\triangle CGK \cong \triangle BGH$;(2) 结论①成立,②不成立.

证明 (1) 连接 CG,则 $\triangle AGK \cong \triangle CGH$,$\triangle CGK \cong \triangle BGH$,从而有 $OK = OH$,$AK = CH$,$CK = BH$,所以 $AK + BH = AK + CK = AC$.

(2) 如图(b),(1)中的结论①成立,②不成立.

连接 CG、BH. 由 $AC = BC$,$\angle ACB = 90°$,O 为 AB 中点,得 $OC = OB = OA$,$\angle BOC = \angle AOC = 90°$,$\angle ACO = \angle CAO = \angle B = 45°$,则 $\angle HCG = \angle KAG = 135°$. 又 $\angle BOC + \angle COH = \angle KOH + \angle COH$,$\angle AOC - \angle AOH = \angle KOH - \angle AOH$,即 $\angle BOH = \angle COK$,$\angle COH = \angle AOK$,则 $\triangle BOH \cong \triangle COK$,$\triangle AOK \cong \triangle COH$,从而有 $OK = OH$,$AK = CH$,$BH = CK$. 又 $BH - CH = BC$,即 $BH - AK = AC$,所以 $BH + AK = AC$ 不成立.

故结论①成立,结论②不成立.

说明 本题还可以探求在其他位置关系下,(1)中结论是否成立.

方法 3 如图 2.5.8,MN 是正方形 $ABCD$ 顶点 A 的任一条直线,则 $\angle 1 + \angle 2 = 90°$.

例 5 如图 2.5.9,以 $\triangle ABC$ 的边 AB 为边,在 $\triangle ABC$ 外侧作正方形 $ABDE$,过点 A 作 $AF \perp BC$ 于点 F,延长 FA 至点 G,使 $AG = BC$,求证:$BG = CD$.

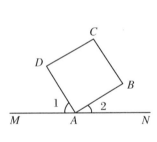

图 2.5.8

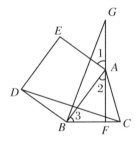

图 2.5.9

点拨 即证 $\triangle ABG \cong \triangle BDC$，下面只要证 $\angle 1 = \angle 3$.

证明 由 $\angle 1 + \angle 2 = 90°$，$\angle 3 + \angle 2 = 90°$，得 $\angle 1 = \angle 3$，则 $\angle BAG = \angle DBC$.

又 $AB = DB$，$AG = BC$，得 $\triangle ABG \cong \triangle BDC$，所以 $BG = CD$.

反思：观察角的互余关系，是解这类问题的关键.

例 6 如图 2.5.10，以 $\triangle ABC$ 的边 AB、AC 为一边向外分别作正方形 $ABDE$ 和正方形 $ACFG$，设 AD 与 BE 交于点 O，作 $\angle EOM$，使 $\angle EOM + \angle BOC = 90°$，且 $OM = OC$，连接 MG、ME，求证：四边形 $AGME$ 是平行四边形.

点拨 即证 $EM \underline{\parallel} AG$，这只要证 $\triangle EOM \cong \triangle AOC$.

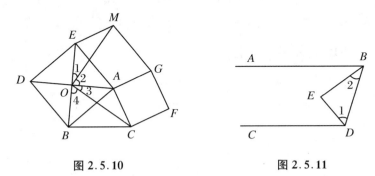

图 2.5.10 图 2.5.11

证明 由 $\angle 1 + \angle 4 = 90°$，得 $\angle 2 + \angle 3 = 90°$. 由 $\angle 1 + \angle 2 = 90°$，得 $\angle 1 = \angle 3$.

又 $OE = OA$，$OM = OC$，得 $\triangle EOM \cong \triangle AOC$. 则 $EM = AC$，$\angle OEM = \angle OAC$. 由 $AC = AG$，得 $EM = AG$. 由 $\angle OEA = \angle OAB$，得 $\angle AEM = \angle BAC$.

又 $\angle EAG + \angle BAC = 180°$，则 $\angle EAG + \angle AEM = 180°$，所以 $EM \parallel AG$.

故四边形 $AGME$ 是平行四边形.

说明 在本题中，若已知四边形 $AGME$ 是平行四边形，则有 $OM = OC$，$OM \perp OC$.

方法 4 如图 2.5.11，已知 $AB \parallel CD$，BE、DE 分别平分 $\angle B$ 与 $\angle D$，则 $\angle 1 + \angle 2 = 90°$.

例 7 如图 2.5.12，在 $\square ABCD$ 中，$AB = 2BC$，延长 BC 至点 F，使 $CF = BC$，延长 CB 至点 E，使 $BE = BC$，求证：$AF \perp DE$.

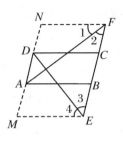

图 2.5.12

点拨 将已知图形补成一个 $\square EMNF$. 由方法 4，只要证 AF、DE 分别平分 $\angle F$、$\angle E$ 即可.

证明 延长 AD 至点 N，使 $DN = DA$，延长 DA 至点 M，使 $AM = AD$，连接 NF、ME，则四边形 $EMNF$ 是平行四边形，故有 $NF \parallel ME$.

由 $AB = 2BC = BF$，得四边形 $ABFN$ 是菱形，则 $\angle 1 = \angle 2$. 同理，$\angle 3 = \angle 4$.

所以 $AF \perp DE$.

说明 本题方法较多，利用方法 4 得到的这个证法有独到之处.

例 8 如图 2.5.13，$\odot O$ 是 $\triangle ABC$ 的内切圆，切点分别为 D、N、M，HD 是 $\odot O$ 的直径，AH 的延长线交 BC 于点 E，求证：$BE = DC$.

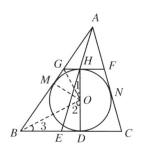

图 2.5.13

点拨 想通过三角形全等证明 $BE = DC$ 是行不通的,尝试用比例式,即证 $\dfrac{BC}{BE} = \dfrac{BC}{DC}$.

证明 过点 H 作 $GF \parallel BC$ 交 AB 于点 G,交 AC 于点 F.连接 OB、OM、OG,则 $\dfrac{GH}{BE} = \dfrac{AH}{AE} = \dfrac{HF}{EC}$,即

$$GH \cdot EC = HF \cdot BE. \qquad ①$$

由 BD、BM 是 $\odot O$ 的切线,则 OB 平分 $\angle DBM$.

同理,OG 平分 $\angle MGH$.

又 $\angle B + \angle MGH = 180°$,得 $\angle OBM + \angle OGM = 90°$,则 $\angle 1 + \angle 2 = 90°$,从而 $\angle 1 = \angle 3$,所以 $\triangle GOH \backsim \triangle OBD$,得 $\dfrac{GH}{OH} = \dfrac{OD}{BD}$,即

$$GH = \dfrac{OD^2}{BD} \qquad ②$$

同理,可得

$$HF = \dfrac{OD^2}{CD}. \qquad ③$$

将②、③式代入①式,得 $\dfrac{EC}{BE} = \dfrac{BD}{CD}$,即 $\dfrac{BC}{BE} = \dfrac{BC}{CD}$.

所以 $BE = CD$.

说明 用比例证明线段相等,主要方法有 $\dfrac{a}{c} = \dfrac{b}{c}$ 或 $a = f(c) = b$ 等,其中 $f(c)$ 表示 c 的一个代数式.

习题 2.5

1. 如图 2.5.14,在 $\triangle ABC$ 中,AF 是 $\angle A$ 的平分线,$BD \perp AF$ 交 AF 延长线于点 D,$DE \parallel AC$ 交 AB 于点 E,求证:$AE = EB$.

2. 如图 2.5.15,在 $\triangle ABC$ 中,$AB = AC$,E 是边 AB 上一点,F 是 CA 延长线上一点,连接 FE 并延长交 BC 于点 D.若 $AE = AF$,求证:$FD \perp BC$.

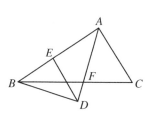

图 2.5.14

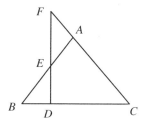

图 2.5.15

3. 如图 2.5.16,AD、BE 是 $\triangle ABC$ 的两条高,$BF \perp ED$ 延长线于点 F,求证:$\angle ABE = \angle DBF$.

4. 如图 2.5.17，四边形 ABCD 是圆内接四边形，对角线 AC 与 BD 垂直相交于点 E，过点 E 作直线 $EF \perp CD$ 于点 F，交 AB 于点 M，求证：$AM = MB$.

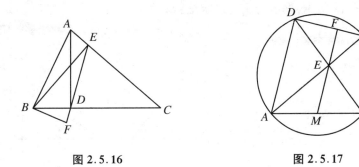

图 2.5.16　　　　　图 2.5.17

5. 如图 2.5.18，BD、CE 是锐角△ABC 的两条高，M、N 分别是 BD、CE 或其延长线上的点，且 $BM = AC$，$CN = AB$，过点 M、N 作 $MF \perp BC$ 于点 F，$NG \perp BC$ 于点 G，求证：$MF + NG = BC$.

6. 如图 2.5.19，AP 是△ABC 的高，$PM \perp AB$ 于点 M，$PN \perp AC$ 于点 N，设 O 是△ABC 外接圆的圆心，求证：$AO \perp MN$.

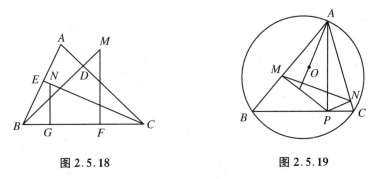

图 2.5.18　　　　　图 2.5.19

7. 如图 2.5.20，四边形 ABCD 是圆内接四边形，延长 AB、DC 交于点 E，延长 BC、AD 交点 F，QE 平分∠E，KF 平分∠F，求证：$QE \perp KF$.

8. 如图 2.5.21，在△ABC 中，$\angle ACB = 90°$，$CD \perp AB$ 于点 D，∠A 的平分线交 CD 于点 E，交 BC 于点 F，交⊙CFD 于点 G，求证：$GE = GD$.

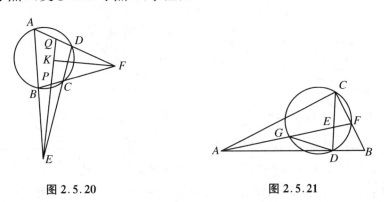

图 2.5.20　　　　　图 2.5.21

9. 如图 2.5.22，$AB = BC$，$AD = AE$，$\angle ABC = \angle DAE = 90°$，AB、CD 交于点 F，求证：

$CE = 2BF$.

10. 如图 2.5.23,以 △ABC 的边 AB、AC 为边向外作正方形 ABDM 和正方形 ACEN,DF 与 EG 为直线 BC 的垂线,垂足为 F、G,求证:$BC = DF + EG$.

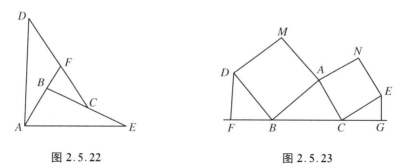

图 2.5.22　　　　图 2.5.23

11. 如图 2.5.24,在等腰 Rt△ABC 中,$AC = BC$,O 为斜边 AB 的中点,E、F 分别是 AC、BC 上的点,且 $CE + CF = AC$,P 为 △CEF 的内心,求证:$OE = OP = OF$.

12. 如图 2.5.25,在 △ABC 中,$AB = AC$,$\angle BAC = 90°$,D 为 BC 的中点,G 在 AC 上,$AE \perp BG$ 于点 E,求证:$BE - AE = \sqrt{2}DE$.

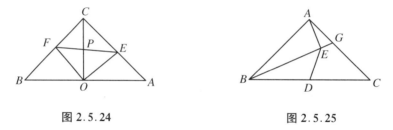

图 2.5.24　　　　图 2.5.25

13. 如图 2.5.26,PA、PB 分别切⊙O 于点 A、B,直线 PO 交⊙O 于 C、D 两点,交 AB 于点 E,连接 BC,求证:(1) BC 平分∠ABP;(2) $PC \cdot PD = PE \cdot PO$.

14. 如图 2.5.27,设 △ABC 是直角三角形,点 D 在斜边 BC 上,$BD = 4DC$.已知圆过点 C 且与 AC 相交于点 F,与 AB 相切于 AB 的中点 G,求证:$AD \perp BF$.

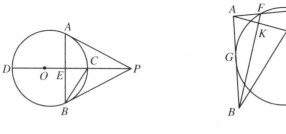

图 2.5.26　　　　图 2.5.27

15. 如图 2.5.28,在菱形 ABCD 中,$\angle ABC = 60°$,点 P 是射线 BD 上一动点,以 AP 为边向右侧作等边 △APE,点 E 的位置随着点 P 的位置变化而变化.

(1) 如图(a),当点 E 在菱形 ABCD 内部或边上时,连接 CE,写出 BP 与 CE 的数量关系和 CE 与 AD 的位置关系.(2) 如图(b),当点 E 在菱形 ABCD 外部时,(1)中的结论是否还成立？若成立，请予以证明；若不成立，请说明理由.

(3) 如图(c)，当点 P 在 BD 延长段上，点 E 在菱形 $ABCD$ 外部时，(1)中结论是_____.

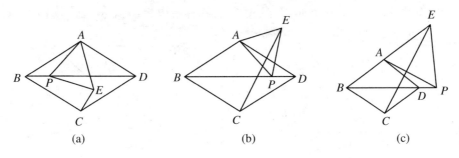

图 2.5.28

16. 如图 2.5.29，在等腰 Rt$\triangle ABC$ 中，$AC=BC$，O 是斜边 AB 的中点，$\angle MON=45°$.

(1) 如图(a)，点 M 在 BC 边上，ON 与 AC 的延长线交于点 N，探索 BM、MN、CN 的数量关系，并证明你的结论；

(2) 如图(b)，点 M 在 BC 边上，ON 与 AC 交于点 N，探索 BM、MN、CN 的数量关系，并证明你的结论.

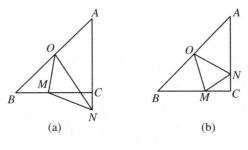

图 2.5.29

2.6 直角三角形

> 基本图形

如图 2.6.1，在 $\triangle ABC$ 中，若 $\angle BAC=90°$，则 $\triangle ABC$ 是直角三角形.

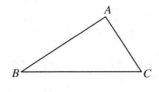

图 2.6.1

常用方法

方法 1 如图 2.6.2,设 b、c 是 $Rt\triangle ABC$ 的两直角边长,a 是斜边长,则 $b^2 + c^2 = a^2$.

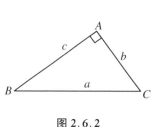

图 2.6.2

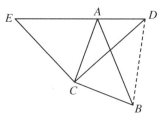

图 2.6.3

例 1 如图 2.6.3,在 $\triangle ABC$ 与 $\triangle CDE$ 中,$AC = BC$,$AC \perp BC$,$CD = CE$,$CD \perp CE$,顶点 A 在 DE 上,求证:$AE^2 + AD^2 = 2AC^2$.

点拨 连接 BD,则 $\triangle ADB$ 是直角三角形.

证明 连接 BD.则由 $\triangle ABC$ 和 $\triangle CDE$ 都是等腰直角三角形,得 $\angle ECA = \angle DCB$.又由 $EC = CD$,$AC = BC$,得 $\triangle ECA \cong \triangle DCB$,则 $AE = BD$,$\angle CDB = \angle CEA = 45°$.

又 $\angle EDC = 45°$,则 $\angle ADB = 90°$.在 $Rt\triangle ADB$ 中,由勾股定理,得 $AD^2 + DB^2 = AB^2$,所以 $AD^2 + AE^2 = AC^2 + CB^2$,即 $AE^2 + AD^2 = 2AC^2$.

说明 $\triangle BCD$ 是 $\triangle ACE$ 绕点 C 顺时针方向旋转 $90°$ 而得到的.

例 2 如图 2.6.4,$\odot O$ 与 $\odot O'$ 内切于点 G,$\odot O'$ 与 $\odot O$ 的直径 AB 相切于点 E,$CD \perp AB$ 于点 D,切 $\odot O'$ 于点 F,交 $\odot O$ 于点 C,求证:$AC = AE$.

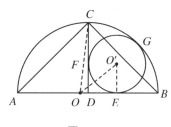

图 2.6.4

点拨 连 CO、OO'、$O'E$,则 $\triangle CDO$ 与 $\triangle EOO'$ 都是直角三角形.为证 $AC = AE$,可证 $AC^2 = AE^2$.

证明 连接 CO、OO'、$O'E$.设 $\odot O$ 与 $\odot O'$ 的半径分别为 R 和 r,$OD = x$,$CD = y$.则在 $Rt\triangle ACD$ 与 $Rt\triangle OCD$ 中,有

$$AC^2 = AD^2 + CD^2 = (R+x)^2 + y^2$$
$$= x^2 + y^2 + R^2 + 2Rx,$$

$CO^2 = OD^2 + CD^2 = x^2 + y^2 = R^2$,

则 $AC^2 = 2R^2 + 2Rx$.

由 $\odot O$ 与 $\odot O'$ 内切,得 $OO' = R - r$.在 $Rt\triangle OEO'$ 中,$(R-r)^2 = (x+r)^2 + r^2$,即 $R^2 = x^2 + r^2 + 2Rr + 2xr$.从而有 $AC^2 = 2R^2 + 2Rx = R^2 + 2Rx + R^2 = R^2 + x^2 + r^2 + 2Rx + 2Rr + 2xr = (R + x + r)^2 = AE^2$.

所以 $AC = AE$.

说明 本题也可以证明 $AC^2 = AD \cdot AB = AE^2$.

方法 2 如图 2.6.5,在 $\triangle ABC$ 中,若 $BC^2 = AB^2 + AC^2$,则 $\triangle ABC$ 是直角三角形,且 $\angle A = 90°$.

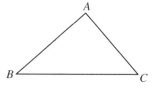

图 2.6.5

例 3 如图 2.6.6，E、F 分别是正方形 $ABCD$ 边 AB、AD 上的点，$AE = \frac{1}{2}AB$，$AF = \frac{1}{4}AD$，$EG \perp CF$ 于点 G，求证：$EG^2 = FG \cdot GC$．

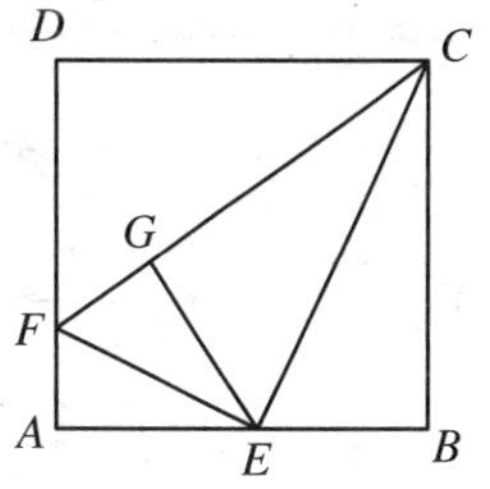

点拨 由 $\frac{EG}{FG} = \frac{GC}{EG}$ 可知，只要证 $\triangle EGF \backsim \triangle CGE$，从而只要证 $\angle FEC = 90°$．

证明 设 $AB = AD = 4a$，则 $AE = BE = 2a$，$AF = a$，$DF = 3a$．从而有

$CF^2 = DF^2 + CD^2 = 9a^2 + 16a^2 = 25a^2$，
$EF^2 = EA^2 + AF^2 = 4a^2 + a^2 = 5a^2$，
$CE^2 = BE^2 + BC^2 = 4a^2 + 16a^2 = 20a^2$．

则 $CF^2 = EF^2 + CE^2$，得 $\angle FEC = 90°$．

由 $EG \perp CF$，得 $\angle FEG = \angle ECG$，从而有 $\text{Rt}\triangle EGF \backsim \triangle CGE$．

所以 $\frac{EG}{GF} = \frac{CG}{GE}$，即 $EG^2 = FG \cdot GC$．

图 2.6.6

说明 本题用到了勾股定理及其逆定理．

例 4 如图 2.6.7，在 $\triangle ABC$ 中，内切圆 O 切 AB 于点 D，且 $S_{\triangle ABC} = AD \cdot DB$，求证：$\triangle ABC$ 是直角三角形．

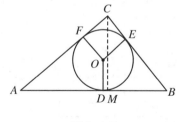

图 2.6.7

点拨 应用勾股定理的逆定理，可证 $AB^2 = BC^2 + CA^2$．

证明 设 $\triangle ABC$ 的内切圆切 BC 于点 E，切 AC 于点 F．设 $AD = AF = x$，$BD = BE = y$，$CE = CF = z$．过点 C 作 $CM \perp AB$ 于点 M，则

$CM^2 = BC^2 - BM^2 = AC^2 - AM^2$，即 $(y+z)^2 - (y-DM)^2 = (x+z)^2 - (x+DM)^2$，解得 $DM = \frac{z(x-y)}{x+y}$，则

$CM^2 = (y+z)^2 - \left[y - \frac{z(x-y)}{x+y}\right]^2$．

由 $S_{\triangle ABC} = \frac{1}{2}CM \cdot AB = AD \cdot DB$，得 $\frac{1}{4}CM^2 \cdot AB^2 = AD^2 \cdot DB^2$，即 $\frac{1}{4}(x+y)^2 \cdot \left\{(y+z)^2 - \left[y - \frac{z(x-y)}{x+y}\right]^2\right\} = x^2 \cdot y^2$，化简，得 $(x+z)^2 + (y+z)^2 = (x+y)^2$，即 $AC^2 + BC^2 = AB^2$．由勾股定理的逆定理，得 $\angle C = 90°$．

故 $\triangle ABC$ 是直角三角形．

说明 本题是通过计算给出的证明．

方法 3 如图 2.6.8，在 $\triangle ABC$ 中，若 $\angle C = 90°$，则有 $\sin A = $

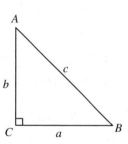

图 2.6.8

$\dfrac{a}{c}$,$\cos A = \dfrac{b}{c}$,$\tan A = \dfrac{a}{b}$.

例 5 如图 2.6.9,在 $\odot O$ 的直径 BC 所在的直线截取 $BA = BC = CD$,连接 PA、PB、PC、PD,求证:$\tan\angle APB \cdot \tan\angle DPC = \dfrac{1}{4}$.

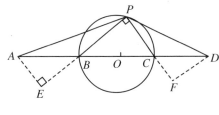

图 2.6.9

点拨 因 $\angle APB$、$\angle DPC$ 不是直角三角形中的锐角,为应用锐角三角函数定义,必须构作直角三角形,使 $\angle APB$、$\angle DPC$ 为它们的锐角.

证明 过点 A、D 分别作 $AE \perp PB$ 交 PB 的延长线于点 E,$DF \perp PC$ 交 PC 的延长线于点 F,则

$$\tan\angle APB = \dfrac{AE}{PE}, \quad \tan\angle DPC = \dfrac{DF}{PF}.$$

由 $\text{Rt}\triangle ABE \cong \text{Rt}\triangle CBP \cong \text{Rt}\triangle CDF$,得 $BE = BP = DF$,$AE = CP = CF$,则 $PE = 2DF$,$PF = 2AE$.

所以 $\tan\angle APB \cdot \tan\angle DPC = \dfrac{AE}{PE} \cdot \dfrac{DF}{PF} = \dfrac{AE}{2DF} \cdot \dfrac{DF}{2AE} = \dfrac{1}{4}$.

说明 本题若过点 B、C 作 $BM \perp AP$,$CN \perp PD$,则方法更简便.

例 6 如图 2.6.10,在 $\triangle ABC$ 中,$BC = a$,$AC = b$,$AB = c$,且 $2b = a + c$.

(1) 延长 CA 至点 D,使得 $AD = AB$,连接 BD,求证:$\angle D = \dfrac{1}{2}\angle BAC$.

(2) 求证:$\tan\dfrac{A}{2} \cdot \tan\dfrac{C}{2} = \dfrac{1}{3}$.

点拨 延长 AC 至点 E,使 $CE = BC$,则 $\angle E = \dfrac{1}{2}\angle BCA$,要证 $\tan\dfrac{A}{2} \cdot \tan\dfrac{C}{2} = \dfrac{1}{3}$,即证 $\tan\angle D \cdot \tan\angle E = \dfrac{1}{3}$.

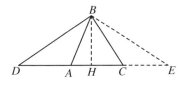

图 2.6.10

为利用锐角三角函数定义,作 $BH \perp AC$ 也就水到渠成了.

证明 (1) 由 $AD = AB$,得 $\angle D = \angle ABD$,则 $\angle BAC = \angle D + \angle ABD = 2\angle D$,即 $\angle D = \dfrac{1}{2}\angle BAC$.

(2) 延长 AC 至点 E,使 $CE = BC$.同理,有 $\angle E = \dfrac{1}{2}\angle BCA$.

过点 B 作 $BH \perp AC$ 于点 H,设 $AH = x$,则 $CH = b - x$.

在 $\text{Rt}\triangle ABH$ 与 $\text{Rt}\triangle CBH$ 中,由勾股定理,得 $c^2 - x^2 = BH^2 = a^2 - (b-x)^2$,则 $2bx = c^2 - a^2 + b^2$. 又 $2b = a + c$,则 $(a+c)x = (c+a)(c-a) + \dfrac{1}{4}(a+c)^2$. 解得 $x = \dfrac{5}{4}c - \dfrac{3}{4}a$.

所以 $\tan\angle\dfrac{A}{2} \cdot \tan\angle\dfrac{C}{2} = \tan\angle D \cdot \tan\angle E = \dfrac{BH}{DH} \cdot \dfrac{BH}{HE} = \dfrac{(c+x)(c-x)}{(c+x)(a+b-x)} =$

$$\frac{c-x}{a+b-x} = \frac{1}{3}.$$

说明 本题(1)是为(2)作铺垫的,如果不利用(1)的结论,那么是很难证明(2)的.

方法 4 如图 2.6.11,设 CD 是 Rt$\triangle ABC$ 斜边上的高,则 $\triangle CDB \backsim \triangle ADC \backsim \triangle ACB$,从而有

$$AC^2 = AD \cdot AB, \quad BC^2 = BD \cdot BA, \quad CD^2 = AD \cdot DB.$$

例 7 如图 2.6.12,在 Rt$\triangle ABC$ 中,CD 是斜边 AB 上的高,N 是 AB 的中点,M 在 CD 上,且 $\angle BMN = 90°$,求证:$BC^2 = 2BM^2$.

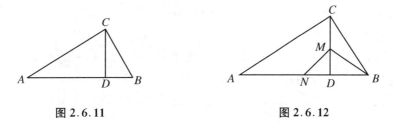

图 2.6.11   图 2.6.12

点拨 先证 $BC^2 = BD \cdot BA$,再证 $BM^2 = BD \cdot BN$.

证明 由 $AC \perp BC, CD \perp AB$,得 $\angle A = \angle BCD$,则 Rt$\triangle ABC \backsim$ Rt$\triangle CBD$,从而有 $\frac{AB}{BC} = \frac{BC}{BD}$,即 $BC^2 = AB \cdot BD$.

同理,$BM^2 = BD \cdot BN$. 又 $AB = 2BN$,所以 $BC^2 = 2BN \cdot BD = 2BM^2$.

说明 本题也可以通过勾股定理给出证明.

例 8 如图 2.6.13,已知 CD 是 Rt$\triangle ABC$ 斜边 AB 上的高,G 是 DC 延长线上一点,$\angle BAF = \angle BGD$,求证:$DC^2 = DE \cdot DG$.

点拨 因为 $CD^2 = AD \cdot DB$,所以只要证 $AD \cdot DB = DE \cdot DG$,这只要证 $\triangle ADE \backsim \triangle GDB$ 即可.

证明 由 $\angle BAF = \angle BGD$,得 Rt$\triangle ADE \backsim$ Rt$\triangle GDB$,则 $\frac{AD}{DE} = \frac{DG}{DB}$,即 $AD \cdot DB = DE \cdot DG$.

由 $AC \perp BC, CD \perp AB$,得 $\angle CAD = \angle BCD$,则 Rt$\triangle CAD \backsim$ Rt$\triangle BCD$,从而有 $\frac{CD}{AD} = \frac{BD}{CD}$,即 $CD^2 = AD \cdot BD$.

所以 $CD^2 = DE \cdot DG$.

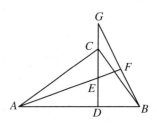

图 2.6.13

说明 要证 $\frac{a}{b} = \frac{c}{d}$,改证 $\frac{a}{b} = \frac{m}{n}, \frac{c}{d} = \frac{m}{n}$. 这种应用中间比"$\frac{m}{n}$"进行过渡是证明比例式的一种常用的方法.

习题 2.6

1. 如图 2.6.14,已知 E、F、G、H 分别是四边形 $ABCD$ 各边 AB、BC、CD、DA 的中点,求证:$AC^2 + BD^2 = 2(EG^2 + FH^2)$.

2. 如图 2.6.15,在 Rt△ABC 中,D、E 分别是直角边 BC、AC 的中点,求证:$5AB^2 = 4(AD^2 + BE^2)$.

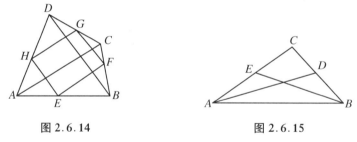

图 2.6.14　　　　　　　　图 2.6.15

3. 如图 2.6.16,在 Rt△ABC 中,$\angle C = 90°$,BE 平分$\angle ABC$,求证:$(AB - BC) \cdot AR = AC(AC - EC)$.

4. 如图 2.6.17,在△ABC 中,$AB = AC$,D 是 BC 延长线上一点,求证:(1) $AD^2 - AB^2 = BD \cdot CD$;(2) 若 $BD \cdot CD = AB^2$,则 $AD = \sqrt{2}AB$.

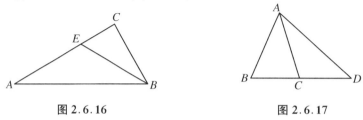

图 2.6.16　　　　　　　　图 2.6.17

5. 如图 2.6.18,在△ABC 中,$AB = AC$,$CD \perp AB$ 于点 D,$DE \perp BC$ 于点 E,求证:$AB^2 = EA^2 + ED^2$.

6. 如图 2.6.19,在△ABC 中,$AB = AC$,$\angle B = 2\angle A$,求证:$AB^2 = BC^2 + AB \cdot BC$.

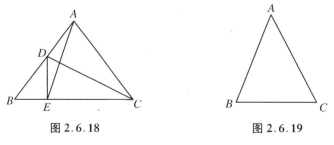

图 2.6.18　　　　　　　　图 2.6.19

7. 如图 2.6.20,P 是等边△ABC 内一点,且 $PB^2 + PC^2 = PA^2$,求证:$\angle BPC = 150°$.

8. 如图 2.6.21,在四边形 ABCD 中,$\angle BCD = \angle BAD = 90°$,$CB = CD$,求证:$AB + AD = \sqrt{2}AC$.

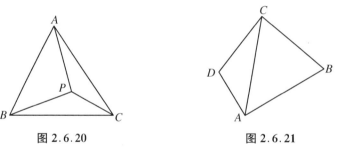

图 2.6.20　　　　　　　　图 2.6.21

9. 如图 2.6.22,在△ABC 中,$AB = AC$,$\angle BAC = 90°$,D 为 BC 的中点,E、F 分别是

BA、AC 延长线上的点，$AE = CF$，求证：$EF = \sqrt{2}DE$.

10. 如图 2.6.23，点 E 是正方形 $ABCD$ 外一点，$\angle BEC = 45°$，求证：$AE + CE = \sqrt{2}BE$.

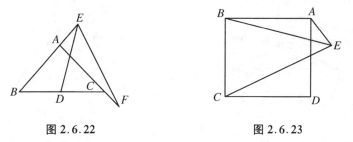

图 2.6.22   图 2.6.23

11. 如图 2.6.24，在 $\triangle ABC$ 中，$CA = CB$，$\angle ACB = 90°$，D 为 AB 的中点，若 M、N 分别在 AC、CB 的延长线上，$DM \perp DN$，求证：$CN - CM = \sqrt{2}BD$.

12. 如图 2.6.25，在 $\triangle ABC$ 中，$AB = AC$，$\angle A = 90°$，D 为 BC 的中点，E、F 分别在 AB、AC 上，求证：(1) 若 $AE = CF$，则 $EF = \sqrt{2}DE$；(2) 若 $DE \perp DF$，则 ① $AE + AF = \sqrt{2}BD$；② $EF^2 = DB^2 + FC^2$.

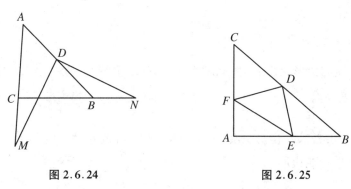

图 2.6.24   图 2.6.25

13. 如图 2.6.26，AB 是 $\odot O$ 的直径，弦 AC 与 BD 相交于点 P，求证：$AB^2 = AC \cdot AP + BD \cdot BP$.

14. 如图 2.6.27，锐角 $\triangle ABC$ 的外接圆直径 AE 交 BC 于点 D，求证：$\tan B \cdot \tan C = \dfrac{AD}{DE}$.

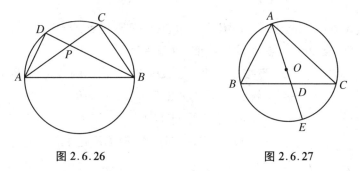

图 2.6.26   图 2.6.27

15. 如图 2.6.28，O 是两个同心圆的圆心，且 $OA = 2OB$，P 是小圆上一点，求证：$\tan\angle APB \cdot \tan\angle DPC = \dfrac{1}{9}$.

16. 如图 2.6.29，AB 是半圆 O 的直径，P 是 AB 上一点，C、D 是半圆上的两点，求证：$\tan\angle ACP \cdot \tan\angle BDP = \dfrac{BC \cdot AD}{AC \cdot BD}$．

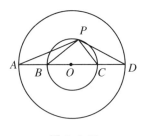

图 2.6.28

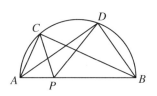

图 2.6.29

2.7 梯 形

基本图形

如图 2.7.1，在四边形 $ABCD$ 中，$AB \parallel CD$，AD 不平行 BC，则四边形 $ABCD$ 是梯形．

常用方法

方法 1 如图 2.7.2，在梯形 $ABCD$ 中，$AB \parallel CD$，过点 C 作 $CE \parallel AD$，交 AB 于点 E，则四边形 $AECD$ 是平行四边形．

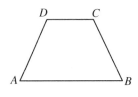

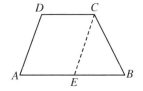

图 2.7.1　　　　图 2.7.2

例 1 如图 2.7.3，在 $\triangle ABC$ 边 AB 上截取 $AD = BF$，过点 D 作 $DE \parallel BC$ 交 AC 于点 E，过点 F 作 $FG \parallel BC$ 交 AC 于点 G，求证：$DE + FG = BC$．

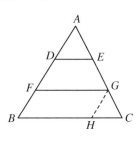

图 2.7.3

点拨 在 BC 上截取 $BH = FG$，则四边形 $BHGF$ 是平行四边形，这就启发我们过点 G 作 $GH \parallel AB$．

证明 过点 G 作 $GH \parallel FB$，交 BC 于点 H．

由 $FG \parallel BC$，得四边形 $BHGF$ 是平行四边形，则 $HG = BF = AD$，$FG = BH$．

由 $DE \parallel BC$，得 $\angle GHC = \angle B = \angle ADE$，$\angle CGH = \angle EAD$，则 $\triangle GHC \cong \triangle ADE$，从而有 $HC = DE$．

故 $DE + FG = CH + BH = BC$.

说明 也可以在 CB 上截取 $CH = ED$,得 $\square BHGF$.

例 2 如图 2.7.4,在梯形 $ABCD$ 中,$AD \parallel BC$,$\angle D = \angle B + \angle C$,求证:$AB + AD = BC$.

点拨 关键是条件 $\angle D = \angle B + \angle C$ 如何应用.用分割的方法,将 $\angle D$ 分为两个角,使它们分别与 $\angle B$ 和 $\angle C$ 相等.于是可采用平移腰的方法.

证明 过点 D 作 $DE \parallel AB$.

由 $AD \parallel BE$,得四边形 $ABED$ 是平行四边形,则 $\angle ADE = \angle B$.

又由 $\angle ADC = \angle B + \angle C$,得 $\angle EDC = \angle C$,则 $DE = EC$.

由 $AB = DE$,得 $EC = AB$. 又 $BE = AD$,所以 $AB + AD = BE + EC = BC$.

说明 在 BC 上截取 $BE = AD$,自然就会想到作 $\square BEDA$.

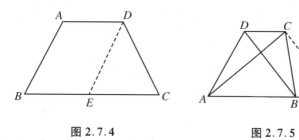

图 2.7.4   图 2.7.5

方法 2 如图 2.7.5,在梯形 $ABCD$ 中,$AB \parallel CD$,过点 C 作 $CE \parallel BD$,交 AB 延长线于点 E,则四边形 $BECD$ 是平行四边形.

例 3 如图 2.7.6,在等腰梯形 $ABCD$ 中,腰 $AB = CD = a$,底角 $\angle B = \angle C = 60°$,对角线 $AC \perp BD$,求证:梯形 $ABCD$ 的面积 $S = \dfrac{3}{4}a^2$.

点拨 平移对角线 AC 至 DF,则 $S_{梯形ABCD} = S_{\triangle BDF}$.

证明 过点 D 作 $DF \parallel AC$ 交 BC 延长线于点 F,过点 D 作 $DE \perp BC$ 于点 E. 设 $AD = 2x$,$BC = 2y$,则 $S_{梯形ABCD} = S_{\triangle BDF} = (x + y) \cdot DE$.

由 $BD = AC = DF$,$BF \perp DE$,得 $DE = x + y$.

在 $Rt\triangle DEC$ 中,$\angle C = 60°$,$CD = a$,则 $DE = \dfrac{\sqrt{3}}{2}a$.

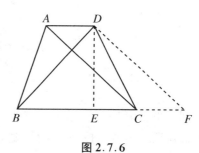

图 2.7.6

故梯形 $ABCD$ 的面积 $S_{梯形ABCD} = (x + y)^2 = \left(\dfrac{\sqrt{3}}{2}a\right)^2 = \dfrac{3}{4}a^2$.

说明 在 $\triangle DEC$ 中,由 $y + x = \dfrac{\sqrt{3}}{2}a$,$y - x = \dfrac{1}{2}a$,也可以求出 x,y 的值.

例 4 如图 2.7.7,在梯形 $ABCD$ 中,$AB \parallel CD$,$\triangle ABE$、$\triangle CDE$ 的面积分别为 S_1、S_2,梯形 $ABCD$ 的面积为 S,求证:$\sqrt{S} = \sqrt{S_1} + \sqrt{S_2}$.

点拨 过点 C 作 $CM/\!/DB$，交 AB 延长线于点 M，则 $\triangle AMC$ 与梯形 $ABCD$ 的面积相等，且 $\triangle CDE \backsim \triangle ABE \backsim \triangle AMC$.

证明 过点 C 作 $CM/\!/DB$，交 AB 延长线于点 M，则四边形 $BMCD$ 是平行四边形，故得 $CD=BM$，所以 $\triangle AMC$ 与梯形 $ABCD$ 面积相等.

设 $AB=x$，$CD=y$，由 $\triangle CDE \backsim \triangle ABE \backsim \triangle AMC$，得

$$\frac{\sqrt{S_1}}{\sqrt{S}}=\frac{x}{x+y},\quad \frac{\sqrt{S_2}}{\sqrt{S}}=\frac{y}{x+y}.$$

相加，得 $\dfrac{\sqrt{S_1}}{\sqrt{S}}+\dfrac{\sqrt{S_2}}{\sqrt{S}}=1$. 所以 $\sqrt{S}=\sqrt{S_1}+\sqrt{S_2}$.

说明 本题证法很多，这里给出的是比较简便的一种证法.

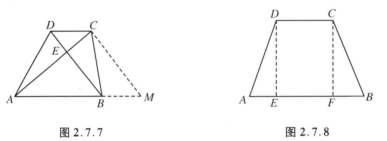

图 2.7.7　　　　　　　　图 2.7.8

方法 3 如图 2.7.8，在等腰梯形 $ABCD$ 中，$AB/\!/CD$，过点 C、D 作 $CF \perp AB$ 于点 F，$DE \perp AB$ 于点 E，则 $\text{Rt}\triangle AED \cong \text{Rt}\triangle BFC$.

例 5 如图 2.7.9，在梯形 $ABCD$ 中，$AD/\!/BC$，$AB=DC$，求证：$AC^2=AB^2+AD \cdot BC$.

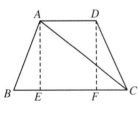

图 2.7.9

点拨 利用方法 3，过点 A、D 作底边 BC 垂线，由勾股定理不难给出证明.

证明 过点 A、D 作 $AE \perp BC$ 于点 E，$DF \perp BC$ 于点 F.

由四边形 $ABCD$ 是等腰梯形，得 $\text{Rt}\triangle ABE \cong \text{Rt}\triangle DCF$，则 $BE=CF$. 又由 $AD=EF$，得

$$AC^2-AB^2=CE^2-BE^2=(CE+BE)\cdot(CE-BE)$$
$$=BC(CE-CF)=BC \cdot EF=BC \cdot AD.$$

即 $AC^2=AB^2+AD \cdot BC$.

说明 本题若按一般思路，通过构造相似三角形来证明，则不是一个好方法.

例 6 如图 2.7.10，在梯形 $ABCD$ 中，$AB/\!/CD$，$AB=BD$，$AC=CB$，$AC \perp CB$，AC 与 BD 交于点 E，求证：$AD=AE$.

点拨 本题虽不是等腰梯形，但仍可以作出其高，从而可得 $BD=2DG$，于是 $\angle ABD=30°$.

证明 过点 C、D 作 $CF \perp AB$ 于点 F，$DG \perp AB$ 于点 G.

由 $CA=CB$，$CA \perp CB$，得 $CF=\dfrac{1}{2}AB$.

由 $AB/\!/CD$，得 $DG=CF=\dfrac{1}{2}AB$.

又 $AB=BD$,则 $BD=2DG$,从而有 $\angle ABD=30°$.

所以 $\angle BDA=\dfrac{1}{2}\times(180°-30°)=75°$.

又 $\angle DEA=\angle EAB+\angle EBA=45°+30°=75°$,得 $\angle BAD=\angle DEA$.

所以 $AD=AE$.

说明 本题是通过计算给出证明的一个典型范例.

方法 4 如图 2.7.11,在梯形 $ABCD$ 中,$DC/\!/AB$,E 是 BC 的中点,延长 DE 交 AB 于点 F,则 $\triangle DEC\cong\triangle FEB$.

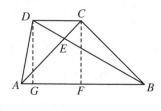

图 2.7.10

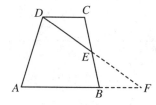

图 2.7.11

例 7 如图 2.7.12,在梯形 $ABCD$ 中,$AB/\!/CD$,BE 平分 $\angle ABC$,CE 平分 $\angle BCD$,且点 E 恰在 AB 上,求证:$BC=AB+CD$.

点拨 由方法 4,可得 E 是 BF 的中点.

证明 延长 BE、CD 交于点 F.由 BE 平分 $\angle ABC$,$AB/\!/CD$,得 $\angle F=\angle ABE=\angle CBE$,则 $CF=CB$.

又 CE 平分 $\angle BCD$,则 E 是 BF 的中点,从而有 $\triangle ABE\cong\triangle DFE$,故得 $AB=DF$,所以 $BC=FC=CD+DF=CD+AB$.

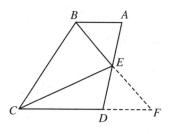

图 2.7.12

说明 本题中 E 是 AD 的中点是隐含的条件,在题设条件下还有结论 $BE\perp CE$.

例 8 如图 2.7.13,在梯形 $ABCD$ 中,$AB/\!/CD$,E 是 AD 的中点.求证:(1)若 $AB+CD=BC$,则 $\angle BEC=90°$,CE 平分 $\angle DCB$;(2)若 $\angle BEC=90°$,则 $AB+CD=BC$,BE 平分 $\angle ABC$.

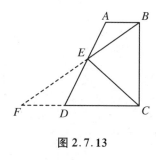

图 2.7.13

点拨 延长 BE、CD 交于点 F,则 $\triangle ABE\cong\triangle DFE$.

证明 延长 BE、CD 交于点 F,则 $\angle AEB=\angle DEF$.

由 $AB/\!/CD$,得 $\angle BAE=\angle FDE$.又 $AE=DE$,从而有 $\triangle ABE\cong\triangle DFE$,则 $AB=FD$,$BE=FE$.

(1) 由 $AB+CD=BC$,得 $CF=CD+DF=CD+AB=BC$.

又 $BE=FE$,得 $CE\perp BF$,即 $\angle BEC=90°$,故 CE 平分 $\angle DCB$.

(2) 由 $\angle BEC=90°$,得 $CE\perp BF$.又 $BE=FE$,则 $CB=CF=CD+DF=CD+AB$,$\angle ABE=\angle F=\angle CBE$,则 BE 平分 $\angle ABC$.

说明 在本题和上题中,E 是 AD 的中点是关键,否则方法 4 不适用.

习题 2.7

1. 如图 2.7.14,在梯形 $ABCD$ 中,$AD \mathbin{/\mkern-3mu/} BC$,$AB = DC$,对角线 $AC \perp BD$,求证:梯形 $ABCD$ 的高与中位线相等.

2. 如图 2.7.15,在梯形 $ABCD$ 中,$AB \mathbin{/\mkern-3mu/} CD$,$AC = BD$,求证:$AD = BC$.

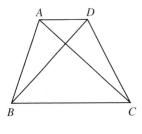

图 2.7.14

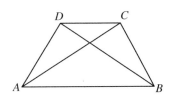

图 2.7.15

3. 如图 2.7.16,在梯形 $ABCD$ 中,$AD \mathbin{/\mkern-3mu/} BC$,$AC \perp BD$ 于点 O,求证:$AB + CD > AD + BC$.

4. 如图 2.7.17,在梯形 $ABCD$ 中,$AB \mathbin{/\mkern-3mu/} CD$,$\angle ACB = 90°$,$\angle ADB = 75°$,$AC = BC$,$AB = BD$,$E$ 是 AC 与 BD 的交点,求证:$AE = AD$.

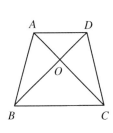

图 2.7.16

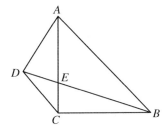

图 2.7.17

5. 如图 2.7.18,在直角梯形 $ABCD$ 中,$AD \mathbin{/\mkern-3mu/} BC$,$AB \perp BC$,$M$、$N$ 分别是 AB、BC 上的点,AN 与 CM 交于点 P.若 $AM = BC$,$AD = CN = BM$,求证:$\angle APM = 45°$.

6. 如图 2.7.19,在梯形 $ABCD$ 中,$AB \mathbin{/\mkern-3mu/} CD$,$\angle A = 90°$,$BC = AB + CD$,$E$ 是 AD 的中点,求证:$CE \perp BE$.

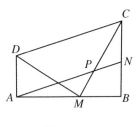

图 2.7.18

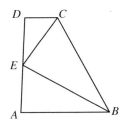

图 2.7.19

7. 如图 2.7.20,在梯形 $ABCD$ 中,$AD \mathbin{/\mkern-3mu/} BC$,$BC = 2AD$,$BP \perp CD$ 于点 P,求证:$AP = AB$.

8. 如图 2.7.21，将矩形 ABCD 沿 AC 翻折，使点 B 落在点 E 处，连接 DE、CE，过点 E 作 EH⊥AC 于点 H.

(1) 四边形 ACED 是什么特殊四边形？

(2) 比较 AE + EC 与 AC + EH 的大小，并给出证明.

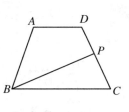
图 2.7.20

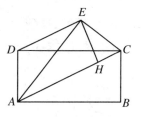
图 2.7.21

9. 如图 2.7.22，在梯形 ABCD 中，AB∥CD，AB = 2CD，M、N 分别是 AC、BD 的中点，设梯形 ABCD 的周长为 l_1，四边形 CDMN 的周长为 l_2，求证：$l_1 = 2l_2$.

10. 如图 2.7.23，在梯形 ABCD 的底边 AD 上有一点 E，使△ABE、△BCE 和△CDE 的周长均相等，求证：AD = 2BC.

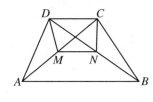
图 2.7.22

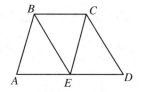
图 2.7.23

2.8 平行线截割线段成比例

⭐ 基本图形

如图 2.8.1，$l_1 \parallel l_2 \parallel l_3$，$m$、$n$ 分别交 l_1、l_2、l_3 于点 A、B、C 和点 D、E、F，则 $\dfrac{AB}{BC} = \dfrac{DE}{EF}$.

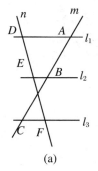
(a)

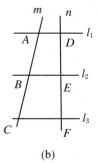
(b)

图 2.8.1

常用方法

方法 1 如图 2.8.2，在 △ABC 中，DE // BC，则 $\dfrac{AD}{DB} = \dfrac{AE}{EC}$. 反之，若 $\dfrac{AD}{DB} = \dfrac{AE}{EC}$，则 DE // BC.

例 1 如图 2.8.3，在梯形 ABCD 中，AB // CD，延长 CA、DA、CB、DB 分别交与 AB 平行的直线 EF 于点 E、G、H、F，求证：EG = HF.

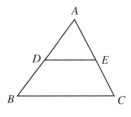

图 2.8.2

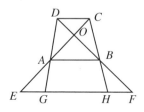

图 2.8.3

点拨 要证 EH = GF，设法证 $\dfrac{AB}{EH} = \dfrac{AB}{GF}$.

证明 在 △CEH 中，由 AB // EH，得 $\dfrac{AB}{EH} = \dfrac{CB}{CH}$.

同理，$\dfrac{AB}{GF} = \dfrac{DA}{DG}$. 又 $\dfrac{DA}{DG} = \dfrac{CB}{CH}$，则 $\dfrac{AB}{EH} = \dfrac{AB}{GF}$.

所以 EH = GF，即 EG = HF.

说明 本题如果平移 EF 与梯形 ABCD 的边和对角线相交，相应的结论仍然成立．特别地，当 EF 过对角线交点 O 时，有 EO = OF，且 $\dfrac{1}{AD} + \dfrac{1}{BC} = \dfrac{2}{EF}$.

例 2 如图 2.8.4，E、F 是 △ABC 边 AB、AC 上的点，且 AE = AF，延长 EF 交 BC 延长线于点 D，求证：$\dfrac{CD}{BD} = \dfrac{CF}{BE}$.

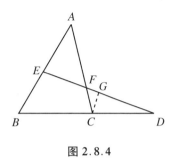

图 2.8.4

点拨 本题中没有平行线，可构作适当的平行线将线段比 $\dfrac{CF}{BE}$ 进行转化，可过点 C 作平行线.

证明 过点 C 作 CG // AB，交 ED 于点 G.

由 CG // AE，得 $\dfrac{AE}{CG} = \dfrac{AF}{CF}$. 又 AE = AF，则 CG = CF.

由 CG // BE，得 $\dfrac{CD}{BD} = \dfrac{CG}{BE}$.

所以 $\dfrac{CD}{BD} = \dfrac{CF}{BE}$.

说明 本题还可以过点 C 作 CG // DE，或过点 B 作 BG // ED，或过点 B 作 BG // AC，都可以给出证明.

例3 如图 2.8.5,过四边形 $ABCD$ 对角线的交点 P 作 AD 的平行线,交 BC 的延长线于点 M,交 AB 于点 E,交 CD 于点 F,求证:$MP^2 = ME \cdot MF$.

点拨 由于 MP、ME、MF 在一条线段上,可以通过作平行线进行转移.因为 $ME // AD$,所以延长 AD、BM 是最自然的思路.

证明 延长 AD、BM 相交于点 N.

由 $ME // NA$,得 $\dfrac{MF}{ND} = \dfrac{CM}{CN} = \dfrac{MP}{NA}$,$\dfrac{ND}{MP} = \dfrac{BN}{BM} = \dfrac{NA}{ME}$,则 $\dfrac{MF}{MP} = \dfrac{MF}{ND} \cdot \dfrac{ND}{MP} = \dfrac{MP}{NA} \cdot \dfrac{NA}{ME} = \dfrac{MP}{ME}$.

所以 $MP^2 = ME \cdot MF$.

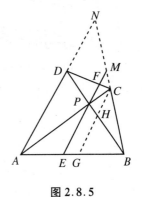

图 2.8.5

说明 若过点 C 作 $CG // AD$ 交 BD、AB 于点 H、G,则有 $\dfrac{MP}{CH} = \dfrac{BP}{BH} = \dfrac{BE}{BG} = \dfrac{ME}{CG}$,$\dfrac{PF}{CH} = \dfrac{DF}{DC} = \dfrac{AP}{AC} = \dfrac{PE}{CG}$.

两式相乘,得 $\dfrac{MP}{PF} = \dfrac{ME}{PE}$,由此亦可得 $\dfrac{MP}{MF} = \dfrac{ME}{MP}$.

例4 如图 2.8.6,M、N 是 $\triangle ABC$ 边 BC 的三等分点,D 在 AB 上,且 $DF // AC$,交 AM、AN 于点 E、F,求证:$EF = 3DE$.

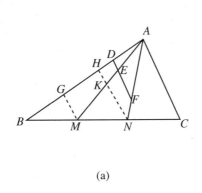

(a)   (b)

图 2.8.6

点拨 作 $MG // NH // DF // AC$.

证明 (证法1)如图(a),过点 N 作 $NH // AC$ 交 AB 于点 H,交 AM 于点 K,过点 M 作 $MG // AC$,交 AB 于点 G.

由 $BM = MN = NC$,得 $BG = GH = HA$.

由 $HK = \dfrac{1}{2} GM$,$GM = \dfrac{1}{2} HN$,得 $HK = \dfrac{1}{4} HN$,即 $\dfrac{HK}{KN} = \dfrac{1}{3}$.

又由 $DF // HN$,得 $\dfrac{DE}{EF} = \dfrac{HK}{KN} = \dfrac{1}{3}$,所以 $EF = 3DE$.

(证法2)如图(b),过点 B 作 $BG // AC$ 与 AF 的延长线交于点 G,AM 的延长线交 BG 于点 K,则 $\dfrac{BK}{AC} = \dfrac{BM}{MC} = \dfrac{1}{2}$,$\dfrac{BG}{AC} = \dfrac{BN}{NC} = 2$,所以 $BG = 4BK$,即 $KG = 3KB$,从而 $EF = 3DE$.

说明 因为 EF、DE 在一条线段上,所以必须转移,作平行线或构作相似三角形是常用的方法.

方法 2 如图 2.8.7, $DE \mathbin{/\mkern-5mu/} BC$, 交 △ABC 边 CA、BA 的延长线于点 E、D, 则 $\dfrac{AD}{AB} = \dfrac{AE}{AC} = \dfrac{DE}{BC}$. 反之, 若 $\dfrac{AD}{AB} = \dfrac{AE}{AC}$, 则 $DE \mathbin{/\mkern-5mu/} BC$.

例 5 如图 2.8.8, E 是 □$ABCD$ 边 BA 的延长线上一点, CE 交 BD 于点 G, 交 AD 于点 F, 求证: (1) $CG^2 = FG \cdot EG$; (2) 若 $GB \cdot EA = GD \cdot EB$, 则 $DF = FA$.

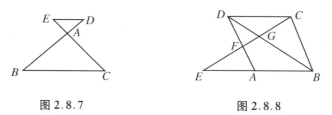

图 2.8.7　　　图 2.8.8

点拨 (1) 证 $CG^2 = FG \cdot EG$, 即证 $\dfrac{FG}{CG} = \dfrac{CG}{EG}$, 由 $DF \mathbin{/\mkern-5mu/} BC$, $DC \mathbin{/\mkern-5mu/} EB$, 可改证 $\dfrac{FG}{CG} = \dfrac{DG}{GB}$, $\dfrac{DG}{GB} = \dfrac{CG}{EG}$; (2) 由 $\dfrac{GB}{GD} = \dfrac{EB}{EA}$, $\dfrac{GB}{GD} = \dfrac{EB}{CD}$, 得 $EA = CD$.

证明 (1) 由 $DC \mathbin{/\mkern-5mu/} EB$, 得 $\dfrac{DG}{GB} = \dfrac{CG}{EG}$.

由 $DF \mathbin{/\mkern-5mu/} BC$, 得 $\dfrac{FG}{CG} = \dfrac{DG}{GB}$.

所以 $\dfrac{FG}{CG} = \dfrac{CG}{EG}$, 即 $CG^2 = FG \cdot EG$.

(2) 由 $CD \mathbin{/\mkern-5mu/} EA$, 得 $\dfrac{GB}{GD} = \dfrac{EB}{CD}$.

又 $GB \cdot EA = GD \cdot EB$, 即 $\dfrac{GB}{GD} = \dfrac{EB}{EA}$.

所以 $\dfrac{EB}{CD} = \dfrac{EB}{EA}$, 即 $CD = EA$.

又 $\angle E = \angle DCF$, $\angle EAF = \angle CDF$, 则 △AEF ≌ △DCF, 从而有 $DF = FA$.

说明 本题主要是根据平行四边形对边平行, 得到相关线段的比, 通过"中间比"实现转化的.

例 6 如图 2.8.9, 在梯形 $ABCD$ 中, 对角线 AC、BD 相交于点 E, BA、CD 的延长线相交于点 F, 直线 EF 与 AD、BC 交于点 N、M, 求证: (1) $BM = MC$; (2) $EN \cdot FM = FN \cdot EM$.

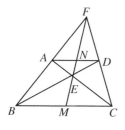

图 2.8.9

点拨 (1) 改证 $\dfrac{BM}{CM} = \dfrac{ND}{AN} = \dfrac{CM}{BM}$; (2) $\dfrac{EN}{EM} = \dfrac{ND}{MB} = \dfrac{ND}{MC} = \dfrac{FN}{FM}$.

证明 (1) 由 $AD \mathbin{/\mkern-5mu/} BC$, 得 $\dfrac{AN}{BM} = \dfrac{FN}{FM} = \dfrac{ND}{MC}$, 即 $\dfrac{MC}{BM} = \dfrac{ND}{AN}$.

由 $AN \mathbin{/\mkern-5mu/} MC$, 得 $\dfrac{AN}{MC} = \dfrac{EN}{EM} = \dfrac{ND}{BM}$, 则 $\dfrac{ND}{AN} = \dfrac{BM}{MC}$.

所以 $\dfrac{MC}{BM} = \dfrac{BM}{MC}$，即 $MC^2 = BM^2$，从而有 $BM = MC$．

(2) 由 $AD \parallel BC$，得 $\dfrac{EN}{EM} = \dfrac{ND}{MB}$．

由 $MB = MC$，得 $\dfrac{ND}{MB} = \dfrac{ND}{MC} = \dfrac{FN}{FM}$．

所以 $\dfrac{EN}{EM} = \dfrac{FN}{FM}$，即 $EN \cdot FM = FN \cdot EM$．

说明 在题设条件下，还可证 $AN = ND$．

例 7 如图 2.8.10，在梯形 $ABCD$ 中，$AD \parallel BC$，AC 与 BD 交于点 O，点 E、F 在 BC 上，$BE = CF$，EO 与 CD 交于点 G，FO 与 BA 交于点 H，求证：$HG \parallel AD$．

点拨 因为 $AD \parallel BC$，所以只要证 $HG \parallel BC$．

证明 设 AD 分别交 HF、GE 于点 M、N，则由 $AD \parallel BC$，得 $\dfrac{AM}{CF} = \dfrac{OA}{OC} = \dfrac{OD}{OB} = \dfrac{DN}{BE}$．

又 $BE = CF$，则 $AM = DN$，$BF = CE$．所以 $\dfrac{HA}{HB} = \dfrac{AM}{BF} = \dfrac{DN}{CE}$ $= \dfrac{GD}{GC}$．

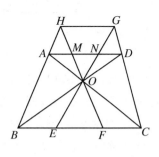

图 2.8.10

又因 $AD \parallel BC$，所以 $HG \parallel AD$．

说明 $AD \parallel BC$ 与 $MN \parallel EF$ 都是方法 2 中的"8 字型"．

例 8 如图 2.8.11，在 ▱$ABCD$ 中，E、G、F 分别是直线 BC、CD、AD 上一点，$BE = DF$，H 是 AG 与 CF 的交点，求证：$BH \parallel EG$．

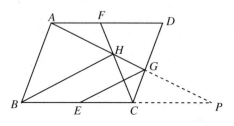

图 2.8.11

点拨 延长 AG、BC 交于点 P，则由方法 2 可得．

证明 延长 AG、BC 交于点 P，则在 ▱$ABCD$ 中，由 $BE = DF$，得 $CE = AF$．

因为 $AF \parallel CP$，所以 $\dfrac{PH}{HA} = \dfrac{PC}{AF} = \dfrac{PC}{CE}$，故 $\dfrac{PH}{PA} = \dfrac{PC}{PE}$．

又因 $CG \parallel AB$，所以 $\dfrac{PG}{PA} = \dfrac{PC}{PB}$．因此 $\dfrac{PH}{PG} = \dfrac{PB}{PE}$，故 $BH \parallel EG$．

说明 此题证明是方法 1 与方法 2 中两种图形的综合．

习题 2.8

1. 如图 2.8.12,已知 C 是线段 AB 上一点,△ACD 和△CBE 都是等边三角形,AE 交 DC 于点 P,BD 交 CE 于点 Q,求证:$PQ /\!/ AB$.

2. 如图 2.8.13,在△ABC 中,$\angle A = 90°$,以 AB、AC 为一边向外作正方形 $ABGF$ 和正方形 $ACDE$,连接 CG、BD 分别交 AB、AC 于点 P、Q,求证:$AP = AQ$.

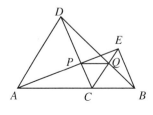

图 2.8.12

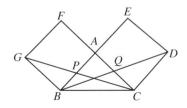

图 2.8.13

3. 如图 2.8.14,已知四边形 $ABCD$ 的对角线 AC、BD 交于点 P,E、F 分别是 AB、AD 上的点,且 $PE /\!/ BC$,$PF /\!/ CD$,求证:$EF /\!/ BD$.

4. 如图 2.8.15,▱$ABCD$ 的对角线 AC、BD 相交于点 P,E 为 PC 上一点,BE、DE 分别交 DC、BC 于点 F、G,求证:$FG /\!/ BD$.

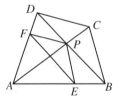

图 2.8.14

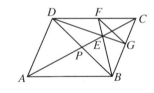

图 2.8.15

5. 如图 2.8.16,D 是△ABC 边 AC 上一点,E 为 CB 延长线上一点,DE 交 AB 于点 F,求证:

(1) 若 $BE = AD$,则 $\dfrac{EF}{FD} = \dfrac{AC}{BC}$;

(2) 若 $\angle AFD = \angle A$,则 $\dfrac{BC}{BE} = \dfrac{AC}{EF}$.

6. 如图 2.8.17,在△ABC 中,O 是△ABC 内一点,且 $\angle BAO = \angle CAO = \angle CBO = \angle ACO$,求证:$BC^2 = AB \cdot AC$.

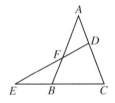

图 2.8.16

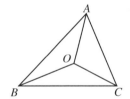

图 2.8.17

7. 如图 2.8.18, AM 是 $\triangle ABC$ 的中线, P、Q 分别在 AB、AC 边上, 且 $AP = AQ$, PQ 交 AM 于点 N, 求证: $\dfrac{AC}{AB} = \dfrac{PN}{NQ}$.

8. 如图 2.8.19, 点 B、D 在 AM、AS 上, 点 N、R 在 MS 上, C 是 BR 与 DN 的交点, 连接 AC 交 BD 于点 O, 交 MS 于点 P, 求证: $PM \cdot PN = PR \cdot PS$.

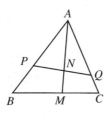
图 2.8.18

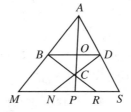
图 2.8.19

9. 如图 2.8.20, 在 Rt$\triangle ABC$ 中, $\angle B = 90°$, $\angle A$ 的平分线与边 BC 交于点 D, 求证: $\dfrac{AB^2}{AD^2} = \dfrac{BC}{2CD}$.

10. 如图 2.8.21, D、E 是 $\triangle ABC$ 边 BC 上两点, $EF \mathbin{/\mkern-5mu/} AD$, 交 AC 于点 F, 作 $EG \mathbin{/\mkern-5mu/} AB$, 交 AC 于点 G, 求证: $BF \mathbin{/\mkern-5mu/} DG$.

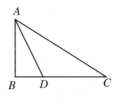
图 2.8.20

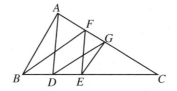
图 2.8.21

11. 如图 2.8.22, 在梯形 $ABCD$ 中, $AD \mathbin{/\mkern-5mu/} BC$, P 是 BC 上一点, $PE \mathbin{/\mkern-5mu/} AC$, 交 AB 于点 E; $PF \mathbin{/\mkern-5mu/} BD$, 交 DC 于点 F; $FG \mathbin{/\mkern-5mu/} BC$, 交 AB 于点 G. 求证: $AG = BE$.

12. 如图 2.8.23, 在 $\triangle ABC$ 中, D 是 BC 的中点, E 是 AD 上一点, $EF \mathbin{/\mkern-5mu/} BC$, 交 AB 于点 F, P 在 BC 上, G 是 PF 与 CE 的交点, H 是 PE 与 AC 的交点, 求证: $GH \mathbin{/\mkern-5mu/} BC$.

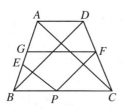
图 2.8.22

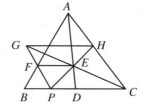
图 2.8.23

2.9 相似三角形

基本图形

如图 2.9.1,在△ABC 与△A'B'C'中,若两角对应相等,或一角对应相等且夹角对应边成比例,或三边对应成比例,则△ABC∽△A'B'C'.反之,若△ABC∽△A'B'C',则对应角相等,对应线段成比例,且面积比等于它们相似比的平方.

常用方法

方法 1 如图 2.9.2,若 D、E 在△ABC 的边 AB、AC 上,且∠ADE = ∠ABC,或 AD·AC = AB·AE,则△ADE∽△ABC.

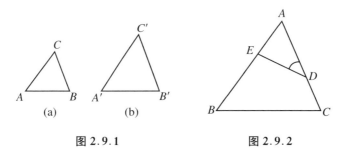

图 2.9.1　　　　图 2.9.2

例 1 如图 2.9.3,割线 PAB 交圆于点 A、B,切线 PC 切圆于点 C,AM⊥PC 于点 M,BN⊥PN 于点 N,CD⊥PB 于点 D,求证:$CD^2 = AM \cdot BN$.

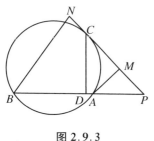

图 2.9.3

点拨 △PAM∽△PCD∽△PBN.

证明 由∠APM = ∠CPD,得 Rt△PAM∽Rt△PCD,则 $\dfrac{AM}{CD} = \dfrac{PA}{PC}$. 同理,$\dfrac{CD}{BN} = \dfrac{PC}{PB}$.

又由 PC 是圆的切线,得 $PC^2 = PA \cdot PB$,即 $\dfrac{PA}{PC} = \dfrac{PC}{PB}$.

所以 $\dfrac{AM}{CD} = \dfrac{CD}{BN}$,即 $CD^2 = AM \cdot BN$.

说明 本题由中间比 $\dfrac{PA}{PC} = \dfrac{PC}{PB}$ 进行过渡是关键.

例 2 如图 2.9.4,在△ABC 中,∠A = 60°,CD⊥AB 于 D,BE⊥AC 于 E,求证:BC = 2DE.

点拨 因为 $\dfrac{AE}{AB} = \dfrac{1}{2}$,所以只要证 $\dfrac{DE}{BC} = \dfrac{AE}{AB}$,从而只要证△ADE∽△ACB.

证明 由 Rt△AEB∽Rt△ADC,得 $\dfrac{AD}{AE} = \dfrac{AC}{AB}$,从而有△ADE∽△ACB,则 $\dfrac{AE}{AB} = \dfrac{DE}{BC}$.

由 $\angle A = 60°$, $AE \perp BE$, 得 $\angle ABE = 30°$, 则 $\dfrac{AE}{AB} = \dfrac{1}{2}$.

所以 $\dfrac{DE}{BC} = \dfrac{1}{2}$, 即 $BC = 2DE$.

说明 在"直角三角形中,30°所对的直角边等于斜边的一半"是一个很重要的结论.

方法 2 如图 2.9.5, E 是 $\triangle ABC$ 边 AB 上的点, 且 $\angle ACE = \angle ABC$, 则 $\triangle ACE \backsim \triangle ABC$.

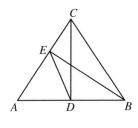

图 2.9.4

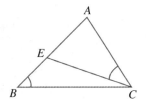

图 2.9.5

例 3 如图 2.9.6, 已知 D、E 是 $\triangle ABC$ 边 BC 上的两点, 且 $AD = AE$, $\angle B = \angle CAE$, 求证: $\dfrac{AB^2}{AC^2} = \dfrac{BD}{CE}$.

点拨 显然 $\triangle ABC \backsim \triangle EAC$, 则 $\dfrac{AB}{AC} = \dfrac{AE}{EC}$.

要证 $\dfrac{AB^2}{AC^2} = \dfrac{BD}{CE}$, 只要证 $\dfrac{AB}{AC} = \dfrac{BD}{AE}$, 这由 $\triangle ABD \backsim \triangle CAE$ 可得.

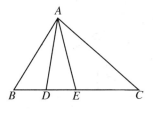

图 2.9.6

证明 由 $AD = AE$, 得 $\angle ADE = \angle AEB$, 则 $\angle ADB = \angle CEA$.

又 $\angle B = \angle CAE$, 得 $\triangle ABD \backsim \triangle CAE$, 则 $\dfrac{AB}{AC} = \dfrac{BD}{AE}$.

由 $\angle CAE = \angle ABC$, 得 $\triangle ABC \backsim \triangle EAC$, 则 $\dfrac{AB}{AC} = \dfrac{AE}{EC}$.

所以 $\dfrac{AB^2}{AC^2} = \dfrac{BD}{AE} \cdot \dfrac{AE}{EC} = \dfrac{BD}{EC}$.

说明 本题也可以利用面积法证明, 即证 $\dfrac{AB^2}{AC^2} = \dfrac{S_{\triangle ABD}}{S_{\triangle CAE}} = \dfrac{BD}{CE}$.

例 4 如图 2.9.7, 在 $\triangle ABC$ 中, $\angle C = 2\angle B$, 求证: $AB^2 = AC^2 + AC \cdot BC$.

点拨 由于 $AC^2 + AC \cdot BC = AC(AC + BC) = AB^2$, 即 $\dfrac{AC}{AB} = \dfrac{AB}{AC + BC}$. 于是可延长 AC, 使 $CD = CB$, 构造与 $\triangle ABC$ 相似的 $\triangle ADB$.

证明 延长 AC 至点 D, 使 $CD = CB$, 连接 BD, 则 $\angle CBD = \angle CDB$.

由 $\angle C = 2\angle B$, $\angle C = \angle CBD + \angle CDB = 2\angle CDB$, 得 $\angle ABC = \angle ADB$, 则 $\triangle ABC \backsim \triangle ADB$.

所以 $\dfrac{AC}{AB} = \dfrac{AB}{AD} = \dfrac{AB}{AC + BC}$, 即 $AB^2 = AC^2 + AC \cdot BC$.

说明 本题证法较多,比如还可作∠C 的平分线 CE,由△ACE∽△ABC,以及等比定理可得证.

方法 3 如图 2.9.8,D、E 分别是△ABC 边 CA、BA 延长线上的点,若∠B = ∠D,则△ABC∽△ADE.

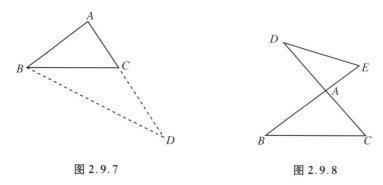

图 2.9.7　　　　　　图 2.9.8

例 5 如图 2.9.9,在△ABC 中,∠A = 90°,AD⊥BC 于点 D,M 是 AD 的中点,BM 的延长线交 AC 于点 P,PE⊥BC 于点 E,求证:$PE^2 = PA \cdot PC$.

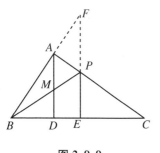

图 2.9.9

点拨 因为 $\dfrac{PE}{PC} = \dfrac{PA}{PE}$,所以只要构造与△PCE 相似的三角形. 延长 BA、EP 交于点 F,显然△PCE∽△PFA,从而只要证明 PF = PE.

证明 延长 BA、EP 交于点 F,则 Rt△PCE∽Rt△PFA,得 $\dfrac{PE}{PC} = \dfrac{PA}{PF}$,即 $PE \cdot PF = PA \cdot PC$.

由 AD⊥BC,PE⊥BC,得 AD∥FE,则 $\dfrac{AM}{PF} = \dfrac{BM}{BP} = \dfrac{MD}{PE}$.

又 AM = MD,得 PF = PE.

所以 $PE^2 = PA \cdot PC$.

说明 不延长 EP 与 BA,本题一时很难给出一个正确的证法.

例 6 如图 2.9.10,已知 BD、CE 是△ABC 的两条高,过点 D 作 DG⊥BC 于点 G,交 CE 于点 F,交 BA 延长线于点 H,求证:$GD^2 = GF \cdot GH$.

点拨 由△BGH∽△FGC,得 $BG \cdot GC = GF \cdot GH$.故要证 $GD^2 = GF \cdot GH$,只要证 $GD^2 = BG \cdot GC$.

证明 由△BGH∽△FEH,△FEH∽△FGC,得△BGH∽△FGC,则 $\dfrac{BG}{GF} = \dfrac{GH}{GC}$,即 $BG \cdot GC = GF \cdot GH$.

由△BGD∽△DGC,得 $\dfrac{BG}{DG} = \dfrac{GD}{GC}$,即 $DG^2 = BG \cdot GC$.

所以 $GD^2 = GF \cdot GH$.

说明 $DG^2 = BG \cdot GC$ 是直角三角形中的射影定理.应用这个定理进行转化,是一种常用的思路和方法.

方法 4 如图 2.9.11,在 △ABE 与 △ACD 中,若∠B = ∠C(或 AB·AD = AC·AE),则△ABE∽△ACD.

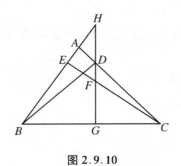

图 2.9.10　　　　　图 2.9.11

例 7 如图 2.9.12,在△ABC 中,∠ACB = 90°,DP⊥AB 于点 P,E 是 PC 与 BD 的交点,求证:(1) △APD∽△ACB;(2) ∠ACP = ∠ABD.

点拨 要证∠ACP = ∠ABD,只要证△APC∽△ADB.

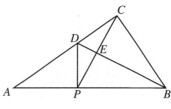

图 2.9.12

证明 (1) 由 PD⊥AB,得∠APD = ∠ACB = 90°,又∠A = ∠A,则△APD∽△ACB.

(2) 由(1)知 $\dfrac{PA}{AC} = \dfrac{AD}{AB}$,又∠A = ∠A,则△APC∽△ADB,所以∠ACP = ∠ABD.

说明 图 2.9.12 是方法 3 与方法 4 中两图形的组合.

例 8 如图 2.9.13,点 D、E 分别在等边△ABC 边 BC、AC 上,且 CD = AE.

(1) 如图(a),连接 DE、CF,求证:∠ADE = ∠ACF.

(2) 如图(b),过点 E 作 EG∥CF 交 AD 于点 G,求证:BF = DG.

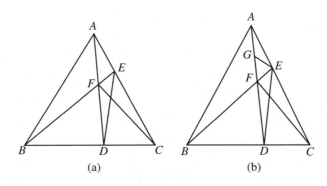

图 2.9.13

点拨 (1) △ADE∽△ACF;(2) $AE^2 = AG·AD = EF·EB$.

证明 (1) 由 AE = CD,AB = AC,∠BAE = ∠ACD = 60°,得△AEB≌△CDA,则∠ABE = ∠DAC,所以∠AFE = ∠ABF + ∠BAF = ∠EAF + ∠BAF = 60°,从而有△AEF∽△ADC,则 $\dfrac{AE}{AD} = \dfrac{AF}{AC}$,进而有△ADE∽△ACF,所以∠ADE = ∠ACF.

(2) 由(1)得∠AEG = ∠ADE,则△AEG∽△ADE,从而得 $AE^2 = AG \cdot AD$.又由(1)得△AEF∽△ABE,则 $AE^2 = EF \cdot EB$,所以 $EF \cdot EB = AG \cdot AD$.又由 BE = AD,得 AG = EF,所以 BF = DG.

说明 本题是一个综合性问题,题图是多种基本图形的组合,要学会分析,找出对应的方法.

方法5 如图 2.9.14,以 O、C、D 为顶点的三角形与△OAB 相似,将图(a)中的△OCD 绕点 O 旋转得到图(b),则两个三角形相似的结论不变.

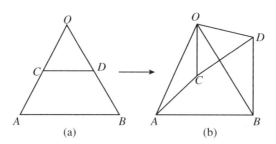

图 2.9.14

例9 如图 2.9.15,△ABC 和△$A_1B_1C_1$ 均为等边三角形,BC 和 B_1C_1 的中点均为 D,求证:$AA_1 \perp CC_1$.

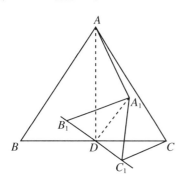

图 2.9.15

点拨 连接 AD、A_1D,则 $AD \perp DC$,$A_1D \perp DC_1$.

证明 连接 AD、A_1D.由△ABC 与△$A_1B_1C_1$ 均为等边三角形,且 D 为 BC 与 B_1C_1 的中点,得 $AD \perp DC$,$A_1D \perp DC_1$.

在△ADA_1 与△CDC_1 中,由∠ADA_1 = 90° − ∠A_1DC = ∠CDC_1,$\dfrac{AD}{A_1D} = \dfrac{\frac{\sqrt{3}}{2}BC}{\frac{\sqrt{3}}{2}B_1C_1} = \dfrac{CD}{C_1D}$,得△$ADA_1 \sim$ △CDC_1,

所以 $AA_1 \perp CC_1$.

说明 △ADA_1 与△CDC_1 旋转相似.

例10 如图 2.9.16,在△ABC 中,∠BAC = 90°,AB = AC,∠EAF = 90°,AE = AF,若将△AEF 绕点 A 旋转,使边 AF 在∠BAC 内,延长 CF 交 AB 于点 G,交 BE 于点 K.

(1) 求证:△AGC∽△KGB.

(2) 当△BEF 为等腰直角三角形时,求 AB : BF 的值.

点拨 (1) ∠ACG = ∠KBG;(2) 分类讨论.

解 (1) 由∠BAC = ∠EAF = 90°,得∠EAB + ∠BAF = ∠BAF + ∠FAC = 90°,则∠EAB = ∠FAC.

又 AE = AF,AB = AC,得△AEB≌△AFC,则∠EBA = ∠FCA.

又∠KGB = ∠AGC,所以△GKB∽△GAC.

(2) 由(1)得△GKB∽△GAC,则∠GKB = ∠GAC = 90°,所以∠EBF<90°. 当△BEF

为等腰直角三角形时,若∠EFB = 90°,则 $AB:BF = \sqrt{5}:\sqrt{2} = \sqrt{10}:2$;当∠FEB = 90°时,则 $AB:BF = \sqrt{5}:2$.

说明 △AEF 绕 A 点旋转时,始终有∠EAB = ∠FAC.

方法 6 如图 2.9.17,已知 CD 是 Rt△ABC 斜边上的高,则有 Rt△ABC∽Rt△ACD∽Rt△CBD,从而得 $AC^2 = AD \cdot AB$,$CD^2 = AD \cdot BD$,$BC^2 = BD \cdot AB$.

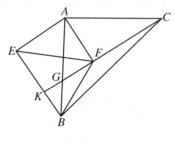

图 2.9.16

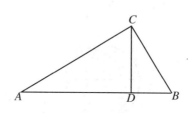

图 2.9.17

例 11 如图 2.9.18,在四边形 ABCD 中,∠A = ∠BCD = 90°,CE⊥BD 交 AD 于点 F,求证:△DCF∽△DAC.

点拨 △DEF∽△DAB.

证明 由 CE 是 Rt△BCD 斜边 BD 上的高,得 $CD^2 = DE \cdot DB$.

由∠EDF = ∠ADB,得 Rt△DEF∽Rt△DAB,则 $\dfrac{DE}{DA} = \dfrac{DF}{DB}$,即 $DE \cdot DB = DA \cdot DF$.

所以 $CD^2 = DA \cdot DF$,即 $\dfrac{DC}{DA} = \dfrac{DF}{DC}$. 又∠ADC = ∠CDF,故△DCF∽△DAC.

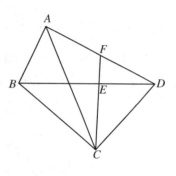

图 2.9.18

说明 要证△DCF∽△DAC,即证 $CD^2 = DF \cdot DA$,结合方法 6 中的射影定理 $CD^2 = DE \cdot DB$,可进行转化.

例 12 如图 2.9.19,在△ABC 中,BD⊥AC 于点 D,CE⊥AB 于点 E,EH⊥BC 于点 H,交 BD 于点 G,交 CA 的延长线于点 M,求证:$HE^2 = HG \cdot MH$.

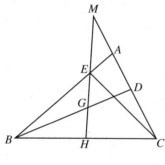

图 2.9.19

点拨 △BHE∽△EHC,△BHG∽△MHC.

证明 由 EH 是 Rt△EBC 斜边上的高,得△BHE∽△EHC,则 $\dfrac{HE}{CH} = \dfrac{BH}{HE}$,即 $HE^2 = HB \cdot CH$.

由∠BGH = ∠MGD = ∠MCH,得 Rt△BHG∽△MHC,则 $\dfrac{HG}{BH} = \dfrac{CH}{MH}$,即 $BH \cdot CH = HG \cdot MH$.

所以 $HE^2 = HG \cdot MH$.

说明 由射影定理,得 $HE^2 = HB \cdot CH$,从而启发我们证明 $BH \cdot CH = HG \cdot MH$,这就是记住方法 6 的好处.

习题 2.9

1. 如图 2.9.20，AB 是圆的直径，AC 与 AD 为弦，延长后分别交过点 B 的切线于点 E、F，求证：$\dfrac{EF}{CD} = \dfrac{AF}{AC}$.

2. 如图 2.9.21，MN 是圆的直径，弦 $AB \perp MN$ 于点 E，弦 MC 交 AB 于点 D，求证：$AM^2 = MD \cdot MC$.

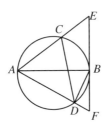
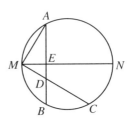

图 2.9.20　　　　　　图 2.9.21

3. 如图 2.9.22，设过圆 C 上一点 P 作切线与直径 AB 的延长线交于点 D，E 是 AD 上一点，且 $\dfrac{CD}{AC} = \dfrac{AC}{CE}$，求证：$PE \perp AD$.

4. 如图 2.9.23，M 是 $\mathrm{Rt}\triangle ABC$ 斜边 BC 的中点，$MD \perp BC$ 交 AB 于点 D，交 CA 延长线于点 E，求证：$AM^2 = DM \cdot EM$.

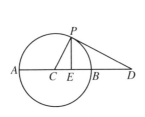
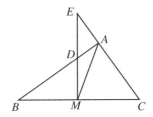

图 2.9.22　　　　　　图 2.9.23

5. 如图 2.9.24，AD 是 $\triangle ABC$ 的角平分线，AD 的垂直平分线 EF 和 BC 的延长线交于点 E，F 为 AD 的中点，求证：$DE^2 = BE \cdot CE$.

6. 如图 2.9.25，在梯形 $ABCD$ 中，$AD // BC$，$BE // CD$，BE 与 CA 的延长线交于点 E，F 是 AC 与 BD 的交点，求证：$FC^2 = FA \cdot FE$.

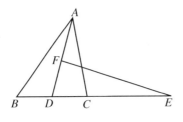
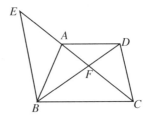

图 2.9.24　　　　　　图 2.9.25

7. 如图 2.9.26,过 □ABCD 对角线 AC 上任一点 G 作直线交 AB、CD 的延长线于点 P、S,交 BC、AD 于点 Q、R,求证:$GP \cdot GQ = GR \cdot GS$.

8. 如图 2.9.27,在 △ABC 中,∠ACB = 90°,D 是 BC 上一点,$CF \perp AD$ 于点 F,$CE \perp AB$ 于点 E,求证:$AF \cdot AD = AE \cdot AB$.

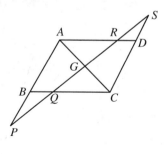

图 2.9.26

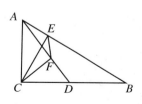

图 2.9.27

9. 如图 2.9.28,CD 是 Rt△ABC 斜边 AB 上的高,∠CAB 的平分线交 CD 于点 F,交 CB 于点 E,$EG \perp AB$ 于点 G,求证:$EG^2 = FD \cdot EB$.

10. 如图 2.9.29,E、F 是正方形 ABCD 边 BC、CD 上的点,∠EAF = 45°,AE、AF 交 BD 于点 M、N,求证:$AE = \sqrt{2} AN$.

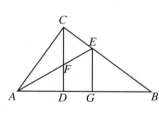

图 2.9.28

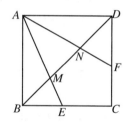

图 2.9.29

11. 如图 2.9.30,在 △ABC 中,$CD \perp AB$ 于点 D,$CD^2 = AD \cdot BD$,求证:(1) △ACD∽△CBD;(2) $AC \perp BC$.

12. 如图 2.9.31,在 Rt△ABC 中,∠BAC = 90°,D 为 AC 的中点,$AE \perp BD$ 于点 E,求证:∠CBD = ∠ECD.

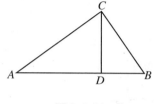

图 2.9.30

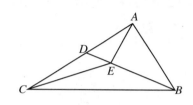

图 2.9.31

13. 如图 2.9.32,P 是 Rt△ABC 斜边 AB 上的任意一点,以 PC 为边向外作正方形 PCME,F 是 PE 与 AC 的交点,$AE \perp AB$,求证:(1) △AEF∽△BPC;(2) 若 AC = 2BC,则 FC = 2AF.

14. 如图 2.9.33，D 是 Rt$\triangle ABC$ 斜边 AB 上的一点，E 在 AC 上，连接 DE、CD，$\angle ADE = \angle BCD$，$CF \perp CD$ 交 DE 延长线于点 F，连接 AF.

(1) 如图(a)，若 $AC = BC$，求证：$AF \perp AB$.

(2) 如图(b)，若 $AC \neq BC$，点 D 在 AB 上运动，求证：$AF \perp AB$.

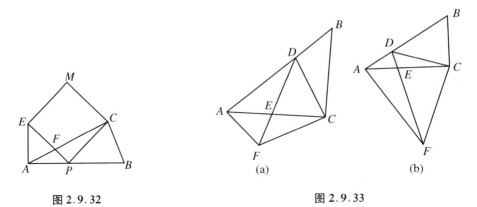

图 2.9.32　　　　　　　　　　图 2.9.33

15. 如图 2.9.34，在▱$ABCD$ 中，$\angle DBC = 45°$，$DE \perp BC$ 于点 E，$BF \perp CD$ 于点 F，H 是 DE 与 BF 的交点，G 是 BF 与 AD 延长线的交点，求证：(1) $AB = BH$；(2) $AB^2 = AG \cdot HE$.

16. 如图 2.9.35，已知 AB、CD 是 $\odot O$ 互相垂直的直径，EF 是弦，CE 延长与 BA 的延长线交于点 P，CF 交 AB 于点 H，求证：$CH \cdot CE = CP \cdot CF$.

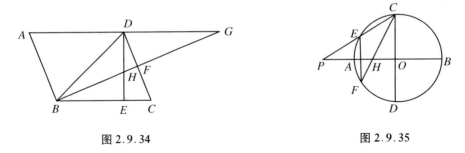

图 2.9.34　　　　　　　　　　图 2.9.35

17. 如图 2.9.36，P 是以 AB 为直径的圆上一点，$PQ \perp AB$ 于点 Q，D 在 QP 上，C 在 QP 的延长线上．若 $PQ^2 = QD \cdot QC$，求证：$AD \perp BC$.

18. 如图 2.9.37，PA 是圆的切线，PBC 是圆的割线，$\angle APB$ 的平分线交 AB、AC 于点 D、E，求证：$\dfrac{DB}{AB} + \dfrac{EC}{AC} = 1$.

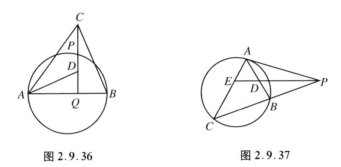

图 2.9.36　　　　　　　　　　图 2.9.37

19. 如图 2.9.38，△ABC 是 ⊙O 的内接三角形，BT 为 ⊙O 的切线，B 为切点，P 为线段 AB 上一点，过点 P 作 BC 的平行线，交 BT 于点 E，交 AC 于点 F，求证：$PA \cdot PB = PE \cdot PF$.

20. 如图 2.9.39，在 ▱ABCD 中，$AC \perp CD$，点 E 在 CB 上，点 F 在 DC 上，且 $\angle EAF = \angle B$.

    (1) 当 $\angle BAD = 135°$ 时，求证：$BE + \dfrac{\sqrt{2}}{2}DF = AD$.

    (2) 当 $\angle BAD = 120°$ 时，请判断 AD、BE、DF 之间有怎样的数量关系？并证明你的结论.

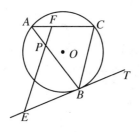

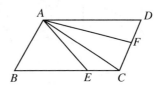

图 2.9.38　　　　　　图 2.9.39

21. 如图 2.9.40，在正方形 ABCD 中，AC 与 BD 交于点 O，点 M 在线段 BD 上，直线 AM 与直线 DC 交于点 E，$DH \perp AE$ 于点 H，直线 DH 交 AC 于点 N.

    (1) 如图(a)，当 M 在线段 BO 上时，求证：$OM = ON$.

    (2) 如图(b)，当 M 在线段 OD 上，且 $EN \parallel BD$ 时，求证：$BM = AB$.

    (3) 如图(c)，当 M 在线段 OD 上，且 $NE \perp EC$ 时，求证：$AN^2 = NC \cdot AC$.

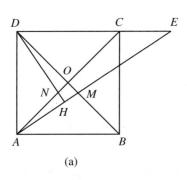
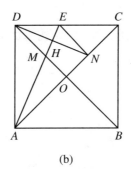
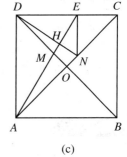

(a)　　　　　(b)　　　　　(c)

图 2.9.40

22. 如图 2.9.41，四边形 ABCD 是正方形，G 是 CD 边上一个动点(异于点 C、D)，以 CG 为一边在正方形 ABCD 外作正方形 CEFG，连接 BG、DE.

    (1) ① 判断 BG、DE 的数量关系和位置关系；② 将图①中的正方形 CEFG 绕点 C 旋转角 α(顺时针或逆时针)得到图(b)、(c)两种情况，问：①中的结论成立吗？并选取图(b)证明你的判断.

    (2) 如图(d)、(e)，将原题中的正方形 ABCD 改为矩形，且 $AB = a$，$BC = b$，$CE = ka$，

$CG = kb(a \neq b, k > 0)$,则(1)中的结论哪些成立,哪些不成立?若成立,请以图(e)为例简要说明理由.

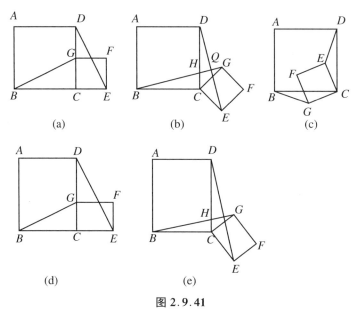

图 2.9.41

2.10 直线与圆的位置关系

★ 基本图形

如图 2.10.1,设 ⊙O 的圆心到直线 l 的距离为 d,圆的半径为 R,则

$d < R \Leftrightarrow$ 直线与圆相交;

$d = R \Leftrightarrow$ 直线与圆相切;

$d > R \Leftrightarrow$ 直线与圆相离.

📖 常用方法

方法 1 如图 2.10.2,AB 是 ⊙O 的直径,CD 是 ⊙O 的弦,若 $AB \perp CD$,则 AB 平分弦 CD 和这条弦所对的弧.反之,若 AB 平分弦 CD 或 CD 所对的弧,则 $AB \perp CD$.

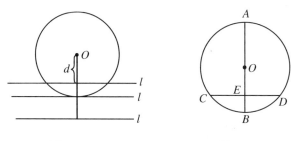

图 2.10.1　　　　图 2.10.2

例1 如图2.10.3，AB 是 $\odot O$ 的直径，AC 是弦，M 是 $\overparen{AC}$ 的中点，$MD \perp AB$ 于点 D，交 AC 于点 F，连接 MB，交 AC 于点 E，求证：$AF = FE$.

点拨 连接 AM，则 $\angle AME = 90°$，要证 $AF = FE$，只要证 $AF = FM = FE$，关键是证 $\angle MAF = \angle AMF$. 为利用垂径分弦（弧），应延长 MD.

证明 延长 MD 交圆于点 N.

由 AB 是直径，$MN \perp AB$，得 $\overparen{AM} = \overparen{AN}$.

由 $\overparen{AM} = \overparen{MC}$，得 $\overparen{AN} = \overparen{MC}$，则 $\angle AMN = \angle MAC$.

则 $\angle AME = 90°$，且 $\angle AMF = \angle MAF$，故得 $\angle FME = \angle FEM$.

所以 $AF = FM = FE$.

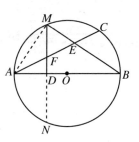

图 2.10.3

说明 证 $AF = FE$，注意到 $\angle AME = 90°$，自然就会想到利用"直角三角形斜边上的中线长等于斜边的一半"这一定理.

例2 如图2.10.4，已知 $\odot O_1$ 与 $\odot O_2$ 相交 C、D 两点，过点 C 作直线交 $\odot O_1$ 于点 A，交 $\odot O_2$ 于点 B，N 是 AB 的中点，M 是 O_1O_2 的中点，求证：$MN = MC$.

点拨 为利用垂径分弦，取 AC 与 CB 的中点 E、F，则 $O_1E \perp AB$，$O_2F \perp AB$，故得直角梯形，且 M 是 O_1O_2 的中点，过点 M 作 $MH \perp AB$ 于点 H，则 H 是 EF 的中点. 为证 $MN = MC$，下面只要证 $NH = HC$. 为方便计算，可设 $AC = 2a$，$BC = 2b$，通过计算证 $NH = HC$.

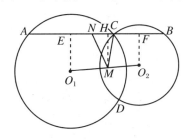

图 2.10.4

证明 取 AC 的中点 E，CB 的中点 F，连接 O_1E、O_2F，则 $O_1E \perp AB$，$O_2F \perp AB$，故得 $O_1E \parallel O_2F$. 所以四边形 EO_1O_2F 是直角梯形.

过点 M 作 $MH \perp AB$ 于点 H. 由 M 是 O_1O_2 的中点，得 H 是 EF 的中点. 设 $AE = EC = a$，$CF = FB = b$，则有

$HC = HB - CB = HF + FB - CB = \dfrac{1}{2}EF + FB - CB = \dfrac{a+b}{2} + b - 2b = \dfrac{a-b}{2}$.

$HN = BN - HB = BN - (HF + FB) = a + b - \left(\dfrac{a+b}{2} + b\right) = \dfrac{a-b}{2}$.

所以 $HC = HN$. 又 $MH \perp NC$，得 $MN = MC$.

说明 本题是应用垂径分弦的一个典型范例. 由于数量关系比较混乱，设 $AC = 2a$，$CB = 2b$ 是一个好方法.

方法2 如图2.10.5，PA、PB 是 $\odot O$ 的切线，A、B 为切点，则 $OA \perp PA$，$OB \perp PB$，且 OP 平分 $\angle APB$. 反之，若 PA 切 $\odot O$ 于点 A，$\angle APO = \angle BPO$，则 PB 是 $\odot O$ 的切线.

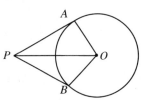

图 2.10.5

例3 如图2.10.6，$\odot D$ 与 $\odot O$ 内切于点 C，与 $\odot O$ 的弦相切于点 P，求证：PC 平

分∠ACB.

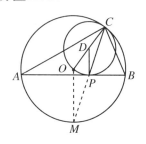

图 2.10.6

点拨 延长 CP 交⊙O 于点 M，证 M 是 $\overset{\frown}{AB}$ 的中点，于是只要证 $OM \perp AB$.

证明 设 CP 的延长线交⊙O 于点 M，连接 DP、OM.

由 $DC = DP$，$OC = OM$，得 $\angle DPC = \angle DCP = \angle OMC$，则 $DP \parallel OM$.

又由 $DP \perp AB$，得 $OM \perp AB$. 从而知 M 是 $\overset{\frown}{AB}$ 的中点，所以 CM 即 CP 平分∠ACB.

说明 因为⊙O 是△ABC 的外接圆，所以要证 PC 平分∠ACB，延长 CP 交⊙O 于点 M，证明 M 是 $\overset{\frown}{AB}$ 的中点，是一个较好的证法.

例 4 如图 2.10.7，PA、PB 是⊙O 的切线，A、B 为切点，$AC \perp PB$ 于点 C，$BD \perp PA$ 于点 D，AC 与 BD 交于点 M，求证：$OM \perp AB$.

点拨 根据本题特点，可证四边形 OAMB 是菱形.

证明 连接 OA、OB. 由 PA、PB 是⊙O 的切线，得 $OA \perp PA$，$OB \perp PB$.

又由 $AC \perp PB$，$BD \perp PA$，得 $OB \parallel AC$，$OA \parallel BD$.

所以四边形 OAMB 是平行四边形.

又 $OA = OB$，则四边形 OAMB 是菱形.

所以 $OM \perp AB$.

说明 因为 $OB \perp BP$，$AC \perp BP$，所以 $OB \parallel AM$. 同理 $OA \parallel BM$，故四边形 OAMB 是平行四边形. 由此不难启发我们要证 $OM \perp AB$，只要证四边形 OAMB 是菱形.

方法 3 如图 2.10.8，PA、PB 切⊙O 于点 A、B，PO 交 $\overset{\frown}{AB}$ 于点 D，交 AB 于点 C，则 $PA = PB$，$AC = CB$，$\overset{\frown}{AD} = \overset{\frown}{DB}$，$\angle OAB = \angle OBA$.

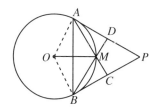

图 2.10.7

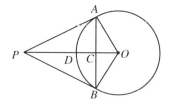

图 2.10.8

例 5 如图 2.10.9，PA、PB 切⊙O 于点 A、B，C 是 PA 上一点，直线 CD 交⊙O 于点 G、H，交 PB 的延长线于点 D，AB 与 GH 交于点 E，且 $GE = EH$，求证：$AC = BD$.

点拨 因 AC、BD 是△ACO 与△BDO 的对应边，故可证△ACO≌△BDO，关键是证 $OC = OD$.

证明 连接 OA、OC、OE、OB、OD.

由 E 是弦 GH 的中点，得 $OE \perp GH$.

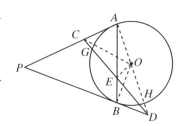

图 2.10.9

由 PA、PB 是 $\odot O$ 的切线,得 $OA \perp AC$,$OB \perp BD$,所以四边形 $ACEO$ 是圆内接四边形,则$\angle OCE = \angle OAE$.

同理,$\angle OBE = \angle ODE$. 又 $\angle OAE = \angle OBE$,故得 $\angle OAE = \angle ODE = \angle OCE$,则 $OD = OC$.

又 $OB = OA$,所以 $\text{Rt}\triangle ACO \cong \text{Rt}\triangle BDO$,从而有 $AC = BD$.

说明 在四边形 $ABCD$ 中,若对角 $\angle A = \angle C = 90°$,则四边形 $ABCD$ 是圆内接四边形,且 BD 是这个圆的直径.

例 6 如图 2.10.10,AC、AD 切 $\odot O$ 于点 C、D,B 为 CD 的中点,AB 与 $\odot O$ 交于点 P、Q,求证:$PA \cdot BQ = PB \cdot AQ$.

点拨 找中间比,改证 $\dfrac{PA}{PB} = \dfrac{CA}{CB} = \dfrac{AQ}{BQ}$.

证明 连接 PC、OC、OD、CQ,过点 B 作 $BE \parallel PC$ 交 AC 延长线于点 E.

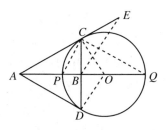

图 2.10.10

由 AC、AD 是 $\odot O$ 的切线,B 是 CD 的中点,可知 AB 经过圆心 O,则 $PC \perp CQ$,$CB \perp PB$,故得 $\angle PCB = \angle PQC$.

又 $\angle ACP = \angle AQC$,则 $\angle ACP = \angle BCP$.

由 $\angle E = \angle ACP$,$\angle CBE = \angle BCP$,得 $\angle E = \angle CBE$,则 $CE = CB$. 所以 $\dfrac{CA}{CB} = \dfrac{CA}{CE} = \dfrac{PA}{PB}$.

同理可证 $\angle QCB = \angle QCE$,从而 $\dfrac{CA}{CB} = \dfrac{AQ}{BQ}$.

所以 $\dfrac{PA}{PB} = \dfrac{AQ}{BQ}$,即 $PA \cdot BQ = PB \cdot AQ$.

说明 本题用到了角平分线的性质进行过渡.

习题 2.10

1. 如图 2.10.11,AB 是 $\odot O$ 的直径,E 是 $\odot O$ 上一点,C 为 $\overset{\frown}{AE}$ 的中点,$CD \perp AB$ 于点 D,求证:$AE = 2CD$.

2. 如图 2.10.12,PAB、PCD 是 $\odot O$ 的割线,M 是 $\overset{\frown}{AB}$ 的中点,N 是 $\overset{\frown}{CD}$ 的中点,连接 MN 分别交 PB、PD 于点 E、F,求证:$PE = PF$.

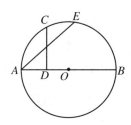

图 2.10.11

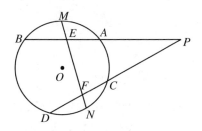

图 2.10.12

3. 如图 2.10.13，⊙O 的弦 CD 垂直于直径 AB，E 是 DC 延长线上一点，AE 交⊙O 于点 F，求证：$\angle AFC = \angle DFE$.

4. 如图 2.10.14，从⊙O 的直径 AB 两端点 A、B 作弦 CD 的垂线，垂足为 E、G，求证：$CE = GD$.

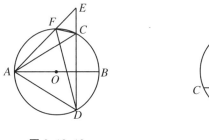

图 2.10.13　　　　图 2.10.14

5. 如图 2.10.15，AB、CD 是⊙O 互相垂直的直径，E 在 $\overparen{AC}$ 上，$EH \parallel AB$，弦 EG 交 CD 于点 F，若 $EF = EO$，求证：$\angle GOH = 2\angle HOB$.

6. 如图 2.10.16，弦 AB、CD 延长后交于点 P，M、N 分别是弦 AB、CD 所对弧的中点，PQ 是 $\angle P$ 的平分线，求证：$MN \perp PQ$.

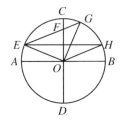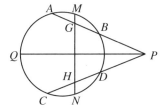

图 2.10.15　　　　图 2.10.16

7. 如图 2.10.17，PAB 与 PCD 是⊙O 的割线，且 OP 平分 $\angle BPC$，求证：四边形 $ABDC$ 是等腰梯形.

8. 如图 2.10.18，AB 是⊙O 的直径，割线 CED 垂直于 AB，M 是垂足，并交⊙O 于点 E、D，CA 交⊙O 于点 F，求证：$CF \cdot AF = DF \cdot EF$.

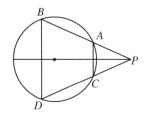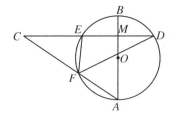

图 2.10.17　　　　图 2.10.18

9. 如图 2.10.19，P 是⊙O 的直径 AB 延长线上一点，PC 切⊙O 于点 C，PE 平分 $\angle APC$，交 AC 于点 E，求证：$\angle PEC = 45°$.

10. 如图 2.10.20，PA、PB 切⊙O 于点 A、B，割线 PCD 交⊙O 于点 C、D，过点 B 和

CD 的中点 F 作直线交⊙O 于点 E,连接 AE,求证:$AE \parallel CD$.

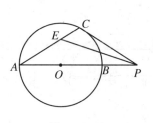

图 2.10.19

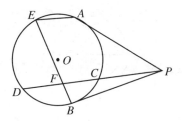

图 2.10.20

11. 如图 2.10.21,PA、PB 分别切⊙O 于点 A、B,$PQ \perp OQ$ 于点 Q,OQ 交 AB 于点 M,求证:$OA^2 = OM \cdot OQ$.

12. 如图 2.10.22,PA、PB 分别切⊙O 于点 A、B,AC 是⊙O 的直径,求证:(1) $OP \parallel CB$;(2) $AB \cdot AC = 2PB \cdot BC$.

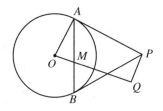

图 2.10.21

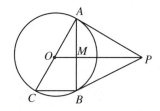

图 2.10.22

13. 如图 2.10.23,在△ABC 中,$AB = AC$,以 AB 为直径作⊙O,分别交 BC 于点 D,交 CA 的延长线于点 E,过点 D 作 $DH \perp AC$ 于点 H,连接 DE 交 OA 于点 F.

(1) 求证:DH 是⊙O 的切线.

(2) 若 A 为 EH 的中点,求证:$EF = FD$.

14. 如图 2.10.24,AD 是⊙O 的直径,$\overset{\frown}{BA} = \overset{\frown}{BC}$,$BD$ 与 AC 交于点 E,F 是 DB 延长线上一点,且 $\angle BAF = \angle C$,求证:(1) AF 是⊙O 的切线;(2) △$ABE \sim$ △DBA.

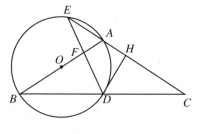

图 2.10.23

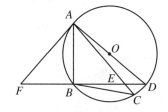

图 2.10.24

15. 如图 2.10.25,△ABC 内接于⊙O,BC 是直径,点 E 是△ABC 的内心,连接 AE 并延长交⊙O 于点 D,连接 BD 并延长至点 F,使 $BD = DF$,连接 CF、BE,求证:(1) $BD = DE$;(2) 直线 CF 为⊙O 的切线.

16. 如图 2.10.26,在四边形 $ABCD$ 中,$AD = BC$,$\angle B = \angle D$,AD 不平行于 BC,过点 C 作 $CE \parallel AD$ 交△ABC 的外接⊙O 于点 E,连接 AE,求证:(1) 四边形 $ADCE$ 为平行四边

形;(2) CO 平分 $\angle BCE$.

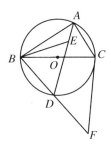

图 2.10.25

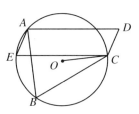

图 2.10.26

2.11 和圆有关的角

★ 基本图形

如图 2.11.1，AD 是 $\odot O$ 的切线，则 $\angle DAC$ 是弦切角，$\angle BAC$ 是圆周角，$\angle BOC$ 是圆心角.

常用方法

方法 1　如图 2.11.2，$\angle C$、$\angle D$ 是圆周角，且对同弧 AB，则 $\angle C = \angle D$.

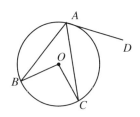

图 2.11.1

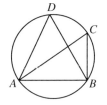

图 2.11.2

例 1　如图 2.11.3，从 $\odot O$ 外一点 P 作 $\odot O$ 的两条割线 PAB 和 PDC，AC 与 BD 交于点 E，$PF \parallel CA$，PF 交过 P、B、E 三点的圆于点 P、F，延长 FP 至点 K，使得 $PK = PF$，求证：$\angle PBF = \angle PCK$.

点拨　$\angle PBF = \angle PEF = \angle EPC = \angle PCK$.

证明　连接 PE、EF. 由 $\angle DCA = \angle DBA = \angle EFP = \angle FEA$，得 $EF \parallel CP$，则四边形 $CEFP$ 为平行四边形，所以 $CE \underline{\underline{\parallel}} PF$，即 $CE \underline{\underline{\parallel}} PK$，则四边形 $CEPK$ 也是平行四边形，所以 $\angle PBF = \angle PEF = \angle EPC = \angle PCK$.

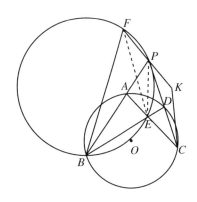

图 2.11.3

说明 关键是证 $\angle EPC = \angle PCK$,从而只要证 $PE \parallel KC$.

例 2 如图 2.11.4,$\odot M$ 与 $\odot O$ 相交于 A、B 两点,M 在 $\odot O$ 上,$\odot O$ 的弦 MC 交弦 AB、$\odot M$ 于 D、E 两点,求证:(1) $MA^2 = MD \cdot MC$;(2) E 是 $\triangle ABC$ 的内心.

点拨 (1) $\triangle MAD \backsim \triangle MCA$;(2) EC、EB 为 $\triangle ABC$ 的角平分线.

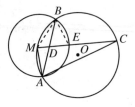

图 2.11.4

证明 (1) 连接 MB,由 $MA = MB$,得 $\angle MAB = \angle MBA$. 从而有 $\angle MAB = \angle MCA$,所以 $\triangle MAD \backsim \triangle MCA$,得 $\dfrac{MA}{MD} = \dfrac{MC}{MA}$,即 $MA^2 = MD \cdot MC$.

(2) 连接 BE.

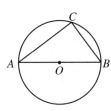

图 2.11.5

在 $\odot M$ 中,$\angle ABE = \dfrac{1}{2}\angle AME$.

在 $\odot O$ 中,$\angle ABC = \angle AMC$.

所以 $\angle ABE = \dfrac{1}{2}\angle ABC$,即 BE 是 $\angle ABC$ 的平分线.

又因 CD 是 $\angle ACB$ 的平分线,所以 E 是 $\triangle ABC$ 的内心.

说明 要证 E 是 $\triangle ABC$ 的内心,即证 E 是 $\triangle ABC$ 两条内角平分线的交点.

方法 2 如图 2.11.5,若 AB 是 $\odot O$ 的直径,C 是 $\odot O$ 上异于 A、B 的任一点,则 $\angle ACB = 90°$.

例 3 如图 2.11.6,$\triangle ABC$ 内接于 $\odot O$,AD 是 $\odot O$ 的直径,$CE \perp AD$ 于点 E,交 AB 于点 F,求证:$AC^2 = AB \cdot AF$.

点拨 由于 $AC^2 = AE \cdot AD$,故只要证 $AE \cdot AD = AF \cdot AB$,从而只要证 $\triangle ABD \backsim \triangle AEF$.

证明 连接 BD、CD.

由 AD 是直径,得 $AC \perp CD$.

又由 $CE \perp AD$,得 $\text{Rt}\triangle CAE \backsim \text{Rt}\triangle DAC$,则 $\dfrac{AC}{AE} = \dfrac{AD}{AC}$,即 $AC^2 = AE \cdot AD$.

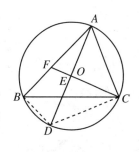

图 2.11.6

由 $\angle BAD = \angle EAF$,$\angle ABD = \angle AEF$,得 $\triangle ABD \backsim \triangle AEF$. 则 $\dfrac{AB}{AD} = \dfrac{AE}{AF}$,即 $AE \cdot AD = AF \cdot AB$.

所以 $AC^2 = AF \cdot AB$.

说明 由射影定理,得 $AC^2 = AE \cdot AD$. 半圆上的圆周角问题最容易联想到射影定理.

例 4 如图 2.11.7,在 $\triangle ABC$ 中,$\angle BAC = 90°$,E 为 BC 上一点,以 AE 为直径的 $\odot O$ 交 BC 于点 D,$BE = CD$,BF 切 $\odot O$ 于点 F,求证:(1) $BF^2 = CD \cdot BD$;(2) $BA \cdot BF = CA \cdot CE$.

点拨 (1) 显然,要证(2),连接 AD,则 $AD^2 = CD \cdot BD$. 又 $\triangle ADC \backsim \triangle BDA$,则 $BA \cdot AD = CA \cdot BD$.

下面只要证明 $AD = BF, BD = CE$ 即可.

证明 (1) 由 BF 是 $\odot O$ 的切线,得 $BF^2 = BE \cdot BD$.

又 $BE = CD$,则 $BF^2 = CD \cdot BD$.

(2) 连接 AD. 由 AE 是直径,得 $AD \perp BC$. 又 $BA \perp AC$,则 $Rt\triangle ABD \backsim Rt\triangle CAD$,从而有 $\dfrac{AD}{BD} = \dfrac{CD}{AD}$,即 $AD^2 = CD \cdot BD$.

所以 $AD = BF$.

由 $BE = CD$,得 $BD = CE$. 又由 $\triangle ADC \backsim \triangle BDA$,得 $\dfrac{AC}{BA} = \dfrac{AD}{BD}$,即 $BA \cdot AD = CA \cdot BD$.

所以 $BA \cdot BF = CA \cdot CE$.

说明 $\triangle ADC \backsim \triangle BDA$ 是显而易见的,由此得 $BA \cdot AD = CA \cdot BD$,和结论对比,启发我们证 $AD = BF, BD = CE$.

方法 3 如图 2.11.8,四边形 $ABCD$ 是圆内接四边形,$\angle BAE$ 是其一个外角,则 $\angle BAE = \angle C$.

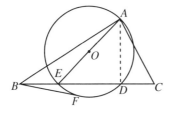

图 2.11.7

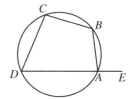

图 2.11.8

例 5 如图 2.11.9,ADB、AEC 是圆的割线,$AP \parallel ED$ 交 CB 延长线于点 P,PF 切圆于点 F,求证:$AP = FP$.

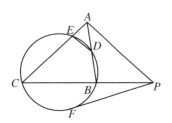

图 2.11.9

点拨 因为 $PF^2 = PB \cdot PC$,所以只要证 $PA^2 = PB \cdot PC$,即证 $\triangle PAB \backsim \triangle PCA$.

证明 由 $DE \parallel PA$,得 $\angle EDA = \angle PAB$.

由 $\angle EDA = \angle C$,得 $\angle PAB = \angle C$.

又 $\angle BPA = \angle CPA$,则 $\triangle PAB \backsim \triangle PCA$,从而有 $\dfrac{PA}{PC} = \dfrac{PB}{PA}$,即 $PA^2 = PB \cdot PC$.

由 PF 是切线,得 $PF^2 = PB \cdot PC$.

所以 $PA^2 = PF^2$,即 $AP = FP$.

说明 本题主要是通过中间角 $\angle EDA$,使 $\angle BAP$ 与 $\angle C$ 建立等量关系.

例6 如图 2.11.10,已知 ⊙O 是 △ABC 的外接圆,D 是 $\overset{\frown}{BC}$ 的中点,$DE \perp AB$ 于点 E,$DF \perp AC$ 的延长线于点 F,求证:$BE = CF$.

点拨 由于 BE、CF 在两个直角三角形中,且 $DE = DF$,故只要证 △$BDE \cong$ △CDF.

证明 连接 DB、DC.

由四边形 $ABDC$ 是圆内接四边形,得 $\angle DCF = \angle ABD$.

由 DA 是 $\angle BAC$ 的平分线,得 $DE = DF$.

从而有 $Rt\triangle BDE \cong Rt\triangle CDF$,所以 $BE = CF$.

说明 本题由角平分线上任意一点到角的两边距离相等得 $DE = DF$,下面的思路就很明确了.

方法 4 如图 2.11.11,若 AD 切圆于点 A,则 $\angle BAD = \angle C$.

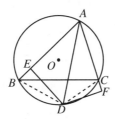
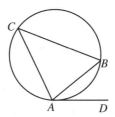

图 2.11.10　　　　图 2.11.11

例7 如图 2.11.12,过 △ABC 的内心 I,作一圆和边 AB 切于点 A,和边 BC 交于点 D、E,AC 与 IE 相交于点 F.求证:IC 平分 $\angle DIE$.

点拨 即证 $\angle DIC = \angle FIC$,而 $\angle ICD = \angle ICF$,故只要证 $\angle IDC = \angle IFC$ 或 $\angle IDB = \angle IFA$ 即可.

证明 由四边形 $AIDE$ 是圆内接四边形,得 $\angle IDB = \angle IAE$.

由 AB 是切线,得 $\angle BAI = \angle AEI$.

又由 $\angle BAI = \angle CAI$,得 $\angle AEI = \angle CAI$,则 $\angle IFA = \angle AEF + \angle EAF = \angle IAF + \angle EAF = \angle IAE$,从而 $\angle IDB = \angle IFA$.

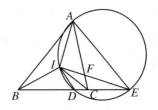

图 2.11.12

又由 I 是 △ABC 的内心,得 $\angle ICD = \angle ICF$.

所以 $\angle DIC = \angle FIC$,即 IC 平分 $\angle DIE$.

说明 本题直接证明 CI 平分 $\angle DIE$ 有一定的困难,注意到 $\angle ICD = \angle ICF$,改证 $\angle IDB = \angle IFA$,有独到之处.

例8 如图 2.11.13,⊙O_1 与 ⊙O_2 外切于点 P,外公切线 AB 分别切两圆于点 A、B,AP 的延长线交 ⊙O_2 于点 C,CD 切 ⊙O_1 于点 D,求证:(1) BC 是 ⊙O_2 的直径;(2) $CD = BC$.

点拨 (1) 连接 PB,即证 $BC \perp AB$ 或 $BP \perp AC$;(2) 改证 $CD^2 = BC^2$.

证明 (1) 连接 PB,过点 P 作公切线 PE 交 AB 于点 E,则 $EA = EP = EB$,进而有 PA

$\perp PB$,所以 BC 是 $\odot O_2$ 的直径.

(2) 由 $PB \perp AC$,$AB \perp BC$,得 $\text{Rt}\triangle ABC \backsim \text{Rt}\triangle BPC$,则 $\dfrac{BC}{CP} = \dfrac{AC}{BC}$,即 $BC^2 = AC \cdot CP$.

由 CD 是 $\odot O_1$ 的切线,得 $CD^2 = CP \cdot AC$.

所以 $BC^2 = CD^2$,即 $BC = CD$.

说明 $\angle APB = 90°$作为一种结论,应该牢记.

方法 5 如图 2.11.14,若在 $\triangle ABC$ 中,BD 平分 $\angle ABC$ 且交 $\triangle ABC$ 外接圆 O 于点 D, $DE \perp AB$ 于点 E,则 $BE = AE + BC$.

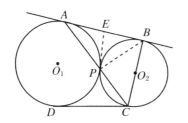
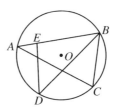

图 2.11.13　　　　图 2.11.14

例 9 如图 2.11.15,等腰 $\text{Rt}\triangle ABC$ 内接于 $\odot O$,D 是 $\overset{\frown}{AB}$ 上一动点(D、C 在 AB 异侧),求证:$DA + DB = \sqrt{2}CD$.

点拨 由 $\overset{\frown}{AC} = \overset{\frown}{BC}$,得 $\angle CDA = \angle CDB$.

证明 由 $AC = BC$,得 $\overset{\frown}{AC} = \overset{\frown}{BC}$,则 $\angle CDA = \angle CDB$.过点 C 作 $CE \perp AD$ 于点 E,则由方法 5,得 $DE = AE + DB$.又 $\angle CDE = 45°$,得 $\triangle CDE$ 是等腰直角三角形,所以 $CD = \sqrt{2}DE$,则 $\sqrt{2}CD = 2DE = 2AE + 2DB = AE + (AE + DB) + DB = AE + ED + DB = AD + DB$,即 $DA + DB = \sqrt{2}CD$.

说明 要证 $DE = AE + DB$,也可过点 C 作 $CF \perp DB$ 于点 F,则由 $\text{Rt}\triangle ACE \cong \text{Rt}\triangle BCF$ 与 $\text{Rt}\triangle CDE \cong \text{Rt}\triangle CDF$,得 $DE = DF = DB + BF = DB + AE$.

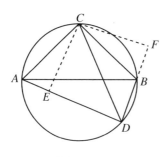
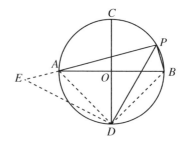

图 2.11.15　　　　图 2.11.16

例 10 如图 2.11.16,AB、CD 是 $\odot O$ 互相垂直的直径,P 为 $\overset{\frown}{BC}$ 上任意一点,求证: $\dfrac{CP + DP}{AP} = \dfrac{BP + AP}{DP}$.

点拨 由上例结果可知 $CP + DP = \sqrt{2}AP$,$BP + AP = \sqrt{2}DP$.

证明 连接 AD、DB，延长 PA 至点 E，使 $AE = BP$，连接 ED. 由 AB、CD 是互相垂直的直径，得 $\overset{\frown}{AC} = \overset{\frown}{AD} = \overset{\frown}{DB}$，$\angle APB = 90°$. 则 $AD = DB$，$\angle APD = \angle DPB = 45°$.

又由 $\angle EAD = \angle PBD$，得 $\triangle EAD \cong \triangle PBD$，则 $ED = PD$，$\angle E = \angle DPB = 45°$. 在 $\text{Rt}\triangle EDP$ 中，$PE = \sqrt{2}PD$，即 $\dfrac{BP + AP}{DP} = \sqrt{2}$.

同理，$\dfrac{CP + DP}{AP} = \sqrt{2}$，则 $\dfrac{CP + DP}{AP} = \dfrac{BP + AP}{DP}$.

说明 由本题结论中的结构特点，应找中间等量.

方法 6 如图 2.11.17，若在 $\triangle ABC$ 中，BD 平分 $\angle ABC$ 的外角且交 $\triangle ABC$ 外接圆 O 于点 D，$DE \perp AB$ 于点 E，则 $AE = BE + BC$.

例 11 如图 2.11.18，PA、PB 是 $\odot O$ 的弦，C 是劣弧 AB 的中点，$CD \perp AP$ 于点 E，交 $\odot O$ 于点 D，求证：$AE = PE + PB$.

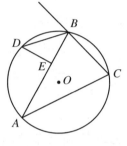

图 2.11.17

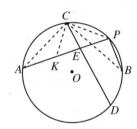

图 2.11.18

点拨 在 AE 上截取 $AK = BP$，再证 $KE = PE$.

证明 连接 CA、CP、CB，在 AE 上取一点 K，使 $AK = BP$. 由 C 是劣弧 AB 的中点，得 $AC = BC$，又 $\angle CAK = \angle CBP$，得 $\triangle ACK \cong \triangle BCP$，则 $KC = PC$. 又 $CD \perp AP$ 于点 E，得 $KE = PE$，所以 $AE = PE + PB$.

说明 CP 是 $\triangle APB$ 外角的平分线.

例 12 如图 2.11.19，等腰 $\text{Rt}\triangle ABC$ 内接于 $\odot O$，D 为劣弧 AC 上任意一点，求证：$DB - DA = \sqrt{2}CD$.

点拨 DC 是 $\triangle ADB$ 外角平分线.

证明 由 AB 是 $\odot O$ 的直径，$AC = BC$，得 $\overset{\frown}{AC} = \overset{\frown}{BC}$，则 DC 为 $\triangle ADB$ 外角平分线. 过点 C 作 $CE \perp DB$ 于点 E，$CF \perp AD$ 于点 F，则 $CE = CF$，$DE = DF$. 又 $CB = CA$，得 $\text{Rt}\triangle BCE \cong \triangle ACF$，则 $BE = AF$.

所以 $BE = AD + DF = AD + DE$，$DB - DA = BE + DE - DA = 2DE$. 又由 $\triangle CDE$ 是等腰直角三角形，得 $CD = \sqrt{2}DE$.

所以 $DB - DA = 2DE = \sqrt{2}CD$.

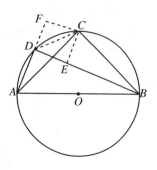

图 2.11.19

说明 本题与例 9 本质上是一样的.

习题 2.11

1. 如图 2.11.20，⊙O 的弦 AB、CD 延长线相交于点 P，求证：(1) 若 $DA = DP$，则 $BC = BP$；(2) 若 $\angle P = \angle CBD$，则 $PB \cdot AD = PD \cdot BC$。

2. 如图 2.11.21，圆的弦 CD 与直径 AB 垂直于点 P，过点 D 任作一弦与 AB 交于点 F，求证：BC 平分 $\angle ECF$。

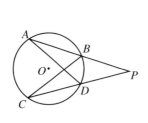

图 2.11.20

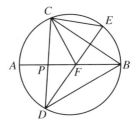

图 2.11.21

3. 如图 2.11.22，AB 是圆的直径，C 是圆上一点，$CD \perp AB$ 于点 D，G 在 CD 上，AG 的延长线交圆于点 H，求证：$AG \cdot AH = AD \cdot AB$。

4. 如图 2.11.23，PA、PB 分别切⊙O 于点 A、B，BC 为直径，$AD \perp BC$ 于点 D，求证：$AD \cdot PB = BD \cdot BO$。

5. 如图 2.11.24，△ABC 内接于⊙O，AE 是⊙O 的直径，CD 是△ABC 边 AB 上的高，求证：$AC \cdot BC = AE \cdot CD$。

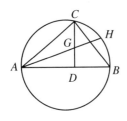

图 2.11.22

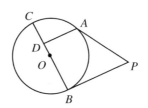

图 2.11.23

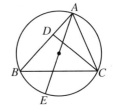

图 2.11.24

6. 如图 2.11.25，⊙O 是△ABC 的外接圆，F 是 AC 上一点，D 是 $\overparen{AC}$ 上一点，且 $\angle DCA = \angle CBF$，过点 D 作直线 DE 交 AC 于点 E，使 $\angle CDE = \angle ACB$，求证：$AE = CF$。

7. 如图 2.11.26，⊙O 是△ABC 的外接圆，H 是△ABC 的垂心，在 AB 上截取 $AD = OA$，在 AC 上截取 $AE = AH$，求证：$DE = DA$。

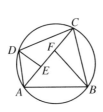

图 2.11.25

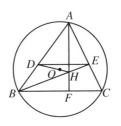

图 2.11.26

8. 如图 2.11.27,AB 是 $\odot O$ 的直径,C 是 OA 上一点,以 C 为圆心、CO 为半径的圆交 $\odot O$ 于点 D,DC 的延长线交 $\odot O$ 于点 E,求证:$\overset{\frown}{BE} = 3\overset{\frown}{AD}$.

9. 如图 2.11.28,D 是 $\triangle ABC$ 边 BC 的中点,过点 B、C 作 $\triangle ABC$ 外接圆的切线交于点 E,DE 交 $\odot O$ 于点 F,求证:$\angle FAE = \angle DAF$.

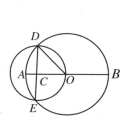
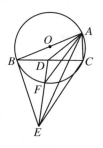

图 2.11.27   图 2.11.28

10. 如图 2.11.29,四边形 $ABCD$ 是圆内接四边形,延长 CD 与切圆于点 A 的直线 TA 相交于点 E,且 $AD = AE$,$AB \parallel CD$,求证:$AB = AC$.

11. 如图 2.11.30,在 $\triangle ABC$ 中,$\angle A = 90°$,$AD \perp BC$ 于点 D,$\angle B$ 的平分线 BE 交 AD、AC 于点 F、E,过 A、E、D 三点作圆与 BE 相交于点 M,求证:$BM = MF$.

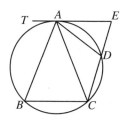
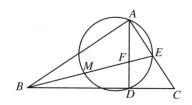

图 2.11.29   图 2.11.30

12. 如图 2.11.31,已知 $\odot O_1$ 与 $\odot O_2$ 外切于点 P,AB 过点 P 分别交 $\odot O_1$ 与 $\odot O_2$ 于 A、B 两点,BD 切 $\odot O_2$ 于点 B,交 $\odot O_1$ 于 C、D 两点,$\odot O_1$ 的直径 AE 交 CD 于点 F,求证:(1) $AE \perp BD$;(2) $\angle APD = \angle BPC$.

13. 如图 2.11.32,在 $\triangle ABC$ 中,$\angle C = 90°$,$\angle ABC$ 的平分线交 AC 于点 E,过点 E 作 BE 的垂线交 AB 于点 F,$\odot O$ 是 $\triangle BEF$ 的外接圆.

(1) 求证:AC 是 $\odot O$ 的切线.

(2) 过点 E 作 $EH \perp AB$ 于点 H,求证:$CD = HF$.

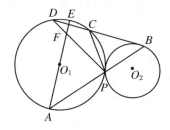
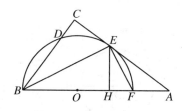

图 2.11.31   图 2.11.32

14. 如图 2.11.33(a)，OA、OB 是 $\odot O$ 的两条半径，且 $AO \perp BO$，点 C 在 OB 的延长线上，过点 C 作 CD 切 $\odot O$ 于点 D，连接 AD 交 OC 于点 E.

(1) 判断 CD 和 CE 的数量关系并证明.

(2) 若将图(a)中的半径 OB 所在直线向上平移交 OA 于点 F，交 $\odot O$ 于点 H，其他条件不变，则(1)中结论还成立吗？为什么？

(3) 将(1)中的半径 OB 所在直线向上平移到 $\odot O$ 外的 CF，点 E 是 DA 延长线与 CF 的交点，其他条件不变，则(1)中的结论还成立吗？为什么？

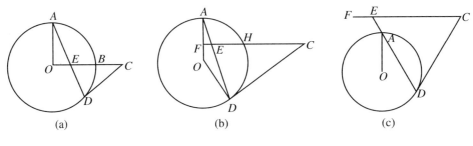

图 2.11.33

2.12 两圆的位置关系

⭐ 基本图形

如图 2.12.1，设两圆的圆心距为 d，两圆半径为 R、r. 则

$d > R + r \Leftrightarrow$ 两圆相离；

$d = R + r \Leftrightarrow$ 两圆外切；

$R - r < d < R + r \Leftrightarrow$ 两圆相交；

$d = R - r \Leftrightarrow$ 两圆内切；

$0 < d < R - r \Leftrightarrow$ 两圆内含.

📖 常用方法

方法 1 如图 2.12.2，两圆相交于 A、B 两点，连公共弦 AB，特别地，连心线 $O_1 O_2$ 垂直平分 AB.

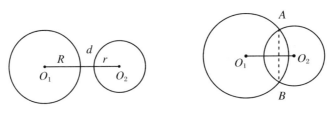

图 2.12.1　　　　图 2.12.2

例 1 如图 2.12.3,已知 ⊙O_1 与⊙O_2 相交于 A、B 两点,过点 A 作⊙O_2 的切线交 ⊙O_1 于点 C,直线 CB 交⊙O_2 于点 D,直线 DA 交⊙O_1 于点 E,连接 CE,求证:

(1) $\triangle CAE$ 是等腰三角形;

(2) $DA \cdot DE = CD^2 - DE^2$.

点拨 (1) 连接 AB,则只需证 AB 平分$\angle CAE$ 的外角; (2) 利用 $CE^2 = CA^2 = CB \cdot CD$.

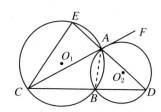

图 2.12.3

证明 (1) 连接 AB. 由 CA 是⊙O_2 的切线,得$\angle CAE = \angle FAD = \angle ABD$.

由四边形 $ABCE$ 是圆内接四边形,得$\angle ABD = \angle E$.

所以$\angle E = \angle CAE$,即$\triangle CAE$ 是等腰三角形.

(2) 由 $CE^2 = CA^2 = CB \cdot CD$,得 $CD^2 - CE^2 = CD^2 - CB \cdot CD = (CD - CB) \cdot CD = CD \cdot BD$.

由$\angle ABD = \angle CED$,得$\triangle ABD \backsim \triangle CED$,则 $\dfrac{DA}{BD} = \dfrac{CD}{DE}$,即 $DA \cdot DE = CD \cdot BD$,故 $DA \cdot DE = CD^2 - CE^2$.

说明 由于(2)不能直接达到目标,故找到中间量 $CD \cdot BD$ 进行搭桥是关键.

例 2 如图 2.12.4,D 是$\triangle ABC$ 的 BC 边上一点,O_1 是$\triangle ABD$ 的外心,O_2 是$\triangle ACD$ 的外心,求证:

(1) 若 $AD \perp BC$,则 O_1、O_2 分别在 AB、AC 上;

(2) 若 D 是 BC 上任意一点,则 $\dfrac{AO_1}{AO_2}$ 是定值.

点拨 (1) 显然;(2) 连接 O_1O_2,设法证 $\dfrac{AO_1}{AO_2} = \dfrac{AB}{AC}$,而 $\dfrac{AB}{AC}$ 为定值.

证明 (1) 由⊙O_1 是$\triangle ABD$ 的外接圆,且 $AD \perp BC$,得$\angle ADB = 90°$,所以 AB 是⊙O_1 的直径,则圆心 O_1 在直径上,即 O_1 在 AB 上.

同理,O_2 在 AC 上.

(2) 连接 O_1O_2,则 O_1O_2 垂直平分 AD 及$\overset{\frown}{AmD}$.

因为$\angle O_1 \overset{m}{=} \dfrac{1}{2}\overset{\frown}{AmD}$,$\angle B \overset{m}{=} \dfrac{1}{2}\overset{\frown}{AmD}$,所以$\angle O_1 = \angle B$.

同理,$\angle O_2 = \angle C$. 所以$\triangle AO_1O_2 \backsim \triangle ABC$.

所以$\dfrac{AO_1}{AO_2} = \dfrac{AB}{AC}$为定值.

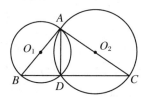

图 2.12.4

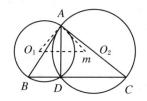

图 2.12.5

说明 定值问题的证明,可从特殊情况入手,先确定出这个定值,再给出证明.

方法 2 如图 2.12.6,两圆相切,作内公切线.

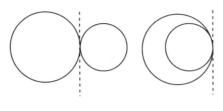

图 2.12.6

例 3 如图 2.12.7,$\odot O_1$ 与 $\odot O_2$ 外切于点 C,外公切线 AB 分别切 $\odot O_1$、$\odot O_2$ 于点 A、B,CD 是 $\odot O_1$ 的直径,求证:(1) $AD \parallel BC$;(2) $AC^2 = AD \cdot BC$.

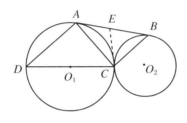

图 2.12.7

点拨 (1) 由于 $DA \perp AC$,故只要证 $BC \perp AC$;(2) $\triangle ABC \backsim \triangle DCA$.

证明 (1) 过点 C 作两圆内公切线 CE,则 $EA = EC = EB$,得 $BC \perp AC$.

由 DC 是直径,得 $DA \perp AC$.

所以 $AD \parallel BC$.

(2) 由 AB 是 $\odot O_1$ 的切线,得 $\angle BAC = \angle ADC$,则 $\dfrac{AC}{AD} = \dfrac{BC}{AC}$,即 $AC^2 = AD \cdot BC$.

说明 若 $a \perp c, b \perp c$,则 $a \parallel b$.记住这个结论,会给证题带来方便.

例 4 如图 2.12.8,$\odot O_1$ 和 $\odot O_2$ 内切于点 P,AB 过点 P 分别交 $\odot O_1$ 和 $\odot O_2$ 于点 A、B,BD 切 $\odot O_2$ 于点 B,交 $\odot O_1$ 于点 C、D,AE 是 $\odot O_1$ 的直径,求证:(1) $AE \perp BD$;(2) $\angle APD = \angle BPC$.

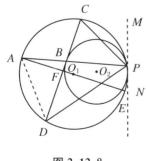

图 2.12.8

点拨 (1) 设 AE 交 CD 于点 F,则 $\angle ABF + \angle BAF = 90°$;(2) A 是 $\overset{\frown}{CD}$ 的中点.

证明 (1) 过点 P 作内公切线 MN,连接 AD.

由 CD 切 $\odot O_2$ 于点 B,得 $\angle ABF = \angle CBP = \angle BPM = \angle APM$.

因为 $\angle APM$ 夹 $\overset{\frown}{ACP}$,$\angle BAF$ 即 $\angle PAE$ 所对的弧为 $\overset{\frown}{PE}$,且 $\overset{\frown}{ACP} + \overset{\frown}{PE} = 180°$,所以 $\angle ABF + \angle BAF = 90°$,故 $AE \perp BD$.

(2) 因为 $AE \perp CD$,所以 $\overset{\frown}{AD} = \overset{\frown}{AC}$.

故 $\angle APD = \angle BPC$.

说明 若两圆内切改为外切,其余条件不变,结论仍然成立,证明基本不变.

方法 3 如图 2.12.9(a)、(b),两圆相离,设 AB 是公切线,过点 O_2 作 $O_2C \perp O_1A$ 或延长线于点 C,则 ABO_2C 是矩形.

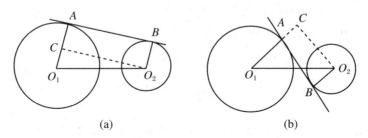

图 2.12.9

例 5 如图 2.12.10,直线 AB、CD 和半径相等的 $\odot O_1$、$\odot O_2$ 相切,且 AB、CD 交于点 P,O_1O_2 与 AB(或 CD)交于点 Q,求证:$2PQ = O_1O_2$.

点拨 因为 $O_1Q = O_2Q$,所以只要证 $O_1Q = PQ$.

证明 设 CD 与 $\odot O_1$、$\odot O_2$ 切于点 M、N,连接 O_1P、O_1M、O_2N.

由 $\triangle O_1MQ \cong \triangle O_2NQ$,得 $O_1Q = O_2Q$.

由 $\odot O_1$ 与 $\odot O_2$ 半径相等,得 $O_1O_2 \parallel AB$,则 $\angle O_1PA = \angle QO_1P$.

由 $\angle O_1PA = \angle O_1PM$,得 $\angle QO_1P = \angle O_1PM$,则 $O_1Q = PQ$.

所以 $O_1O_2 = 2PQ$.

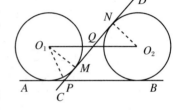

图 2.12.10

说明 注意方法的变通.

例 6 如图 2.12.11,AB、CD 是相离两圆 O_1 和 O_2 的外公切线,GH、EF 是这两圆内公切线,分别交 AB、CD 于点 P、M、Q、N,求证:$MN = PQ = AB$.

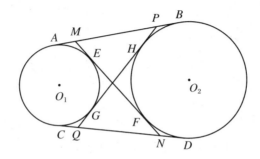

图 2.12.11

点拨 利用切线长定理.

证明 由 $PA = PG$,得 $PM + MA = PH + HG$.

又 $MA = ME$,则 $PH - ME = PM - HG$.

由 $MF = MB$,得 $MP + PB = ME + EF$.

又 $PB = PH, EF = HG$,则 $PH - ME = HG - PM$.

所以 $HG = PM, PH = ME$. 从而有 $MN = ME + EF + FN = AM + MP + PB = AB$.

同理,$PQ = AB$. 故 $MN = PQ = AB$.

说明 在题设条件下,还可以证明:$PH = QG, ME = NF$.

习题 2.12

1. 如图 2.12.12,$\odot O_1$ 与 $\odot O_2$ 相交于 A、B 两点,过点 A 作直线交 $\odot O_1$、$\odot O_2$ 于点 C、D,直线 CE、DE 分别切 $\odot O_1$、$\odot O_2$ 于点 C、D,相交于点 E,若 $CE \perp DE$,求证:$CB \perp DB$.

2. 如图 2.12.13,$\odot O_1$ 与 $\odot O_2$ 相交于 A、B 两点,且 O_2 在 $\odot O_1$ 上,$\odot O_2$ 的弦 AC 交 $\odot O_1$ 于点 P,求证:$PB = PC$.

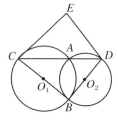

图 2.12.12

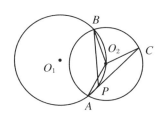

图 2.11.13

3. 如图 2.12.14,$\odot O_1$ 与 $\odot O_2$ 相交于 A、B 两点,过点 A 作两条直线 CD 和 EF,分别交 $\odot O_1$、$\odot O_2$ 于点 C、E、D、F,EC 与 DF 交于点 M,求证:$\angle CBD + \angle CMD = 180°$.

4. 如图 2.12.15,$\odot O_1$ 与 $\odot O_2$ 外切于点 P,过点 P 作直线交 $\odot O_1$ 于点 A,交 $\odot O_2$ 于点 B,过点 B 作直线交 AO_1 的延长线于点 C,且 $BC \perp AC$,求证:CB 是 $\odot O_2$ 的切线.

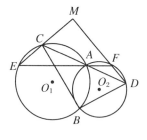

图 2.12.14

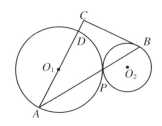

图 2.11.15

5. 如图 2.12.16,$\odot O_1$ 与 $\odot O_2$ 相交于 A、B 两点,点 P 在 $\odot O_1$ 上,割线 PAC、PBD 分别交 $\odot O_2$ 于点 C、D,连接 PO_1 延长交 CD 于点 E,交 $\odot O_1$ 于点 K,求证:CD 是以 PE 为直径的圆的切线.

6. 如图 2.12.17,$\odot O_1$ 和 $\odot O_2$ 外切于点 C,两圆的外公切线 AB 切 $\odot O_1$ 于点 A,切

⊙O_2 于点 B，AB 与 O_1O_2 的延长线相交于点 P，求证：$PC^2 = PA \cdot PB$.

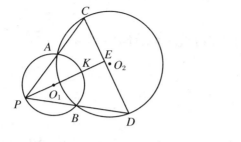

图 2.12.16

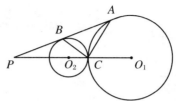

图 2.11.17

7. 如图 2.12.18，⊙O_1 与 ⊙O_2 外切于点 A，过点 A 的直线交 ⊙O_1 于点 B，交 ⊙O_2 于点 C，BD 切 ⊙O_2 于点 D 交 ⊙O_1 于点 E，求证：(1) AD 平分 $\angle EAC$；(2) $AD^2 = AE \cdot AC$.

8. 如图 2.12.19，⊙O 与 ⊙O_1 相交于 A、B 两点，且点 O 在 ⊙O_1 上，OC 是 ⊙O_1 的直径，OC 交 ⊙O 于点 E，连接 AC，AE，OB，求证：(1) AC 是 ⊙O 的切线；(2) $\angle EOB = 2\angle CAE$.

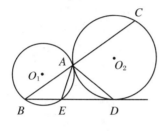

图 2.12.18

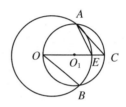

图 2.11.19

9. 如图 2.12.20，⊙O_1 与 ⊙O_2 外切于点 P，AB 为外公切线，切点为 A、B，过点 P 的内公切线交 AB 于点 M，直线 MO_1 交 ⊙O_1 于点 C、D，直线 MO_2 交 ⊙O_2 于点 E、F，求证：(1) $MD \perp MF$；(2) $\triangle EMC \sim \triangle DMF$.

10. 如图 2.12.21，两圆内切于点 P，大圆的弦 AD 交小圆于点 B、C，PA 交小圆于点 E，PC 的延长线交大圆于点 F，求证：(1) $\angle DPF = \angle APB$；(2) $AE \cdot FP = AC \cdot FD$.

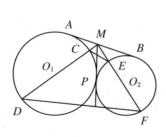

图 2.12.20

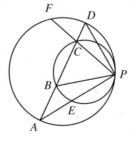

图 2.11.21

2.13 圆中的比例线段

★ 基本图形

如图 2.13.1(a)、(b)、(c),若弦 AB 与 CD 相交于点 P,则 $PA \cdot PB = PC \cdot PD$.特别地,当点 P 在圆外,且 $PD = PC$(C、D 点重合)时,有 $PC^2 = PA \cdot PB$.

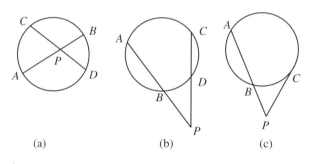

图 2.13.1

📖 常用方法

方法 1 如图 2.13.2,若弦 AB 与 CD 相交于圆内一点 P,则 $PA \cdot PB = PC \cdot PD$.

例 1 如图 2.13.3,AB 为 $\odot O$ 的弦,PC、PD 切 $\odot O$ 于点 C、D,连接 CD 交 AB 于点 M,若 M 是 CD 的中点,求证:$MA \cdot MB = MP \cdot MO$.

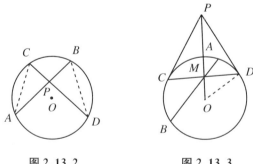

图 2.13.2　　　图 2.13.3

点拨 由相交弦定理,得 $MA \cdot MB = MD \cdot MD = MD^2$,故只要证 $MD^2 = MP \cdot MO$.

证明 由 PD 是 $\odot O$ 的切线,得 $OD \perp PD$.

又 M 是 CD 的中点,则 $DM \perp PO$.

从而有 $\mathrm{Rt}\triangle PMD \backsim \mathrm{Rt}\triangle DMO$,得 $\dfrac{PM}{DM} = \dfrac{DM}{MO}$,即 $DM^2 = MP \cdot MO$.

又 $MA \cdot MB = MC \cdot MD = MD^2$,所以 $MA \cdot MB = MP \cdot MO$.

说明 若弦 AB 经过弦 CD 的中点,则有 $MD^2 = MC^2 = MA \cdot MB$.

例 2 如图 2.13.4, PA 切 $\odot O$ 于点 A,割线 PBC 交 $\odot O$ 于点 B、C 两点, D 为 PC 的中点,且 AD 的延长线交 $\odot O$ 于点 E,且 $BE^2 = DE \cdot EA$,求证:(1) $PA = PD$;(2) $2BD^2 = AD \cdot DE$.

点拨 由 $BE^2 = DE \cdot EA$,得 $\triangle BDE \backsim \triangle ABE$,从而 $\angle DBE = \angle BAE$.

证明 (1) 由 $BE^2 = DE \cdot EA$,得 $\dfrac{BE}{DE} = \dfrac{EA}{EB}$.

又 $\angle E$ 公共,所以 $\triangle BDE \backsim \triangle ABE$,得 $\angle DBE = \angle BAE$.

又 $\angle CAE = \angle DBE$,则 $\angle BAE = \angle CAE$.

由 PA 是切线,得 $\angle PAB = \angle C$.

从而有 $\angle PAD = \angle PAB + \angle BAE = \angle C + \angle CAD = \angle PDA$.

所以 $PA = PD$.

(2) 由 $AD \cdot DE = BD \cdot CD$,知只要证 $2BD^2 = BD \cdot CD$,即证 $2BD = CD$.

设 $PB = x, BD = y$,则 $PA = x + y, PC = 2(x + y)$.

由 $PA^2 = PB \cdot PC$,得 $(x+y)^2 = 2x(x+y)$,则 $x = y$,即 $PB = BD$.

所以 $CD = PD = 2BD$.从而有 $2BD^2 = BD \cdot CD = AD \cdot DE$.

说明 证 $PD = DB$ 时,用计算的方法,简洁明了.

方法 2 如图 2.13.5,从圆外一点 P 引圆的割线 PAB、PCD,则 $PA \cdot PB = PC \cdot PD$.

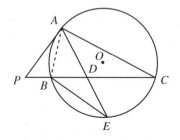

图 2.13.4

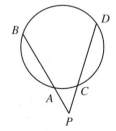

图 2.13.5

例 3 如图 2.13.6,已知 $\odot O_1$ 与 $\odot O_2$ 相交于 A、B 两点,CD 过点 A,与 $\odot O_1$、$\odot O_2$ 交于点 C、D, M 是 CD 的中点,连接 BM 并延长,交 $\odot O_1$ 于点 E,交 $\odot O_2$ 于点 F,求证: $ME = MF$.

点拨 运用相交弦定理和割线定理,可得 $MC \cdot MA = ME \cdot MB, MF \cdot MB = MA \cdot MD$,结合 $MC = MD$,可得 $ME = MF$.

证明 在 $\odot O_1$ 中,有 $ME \cdot MB = MC \cdot MA$,即 $ME = \dfrac{MA \cdot MC}{MB}$.

在 $\odot O_2$ 中,有 $MA \cdot MD = MF \cdot MB$,即 $MF = \dfrac{MA \cdot MD}{MB}$.

又 $MC = MD$,所以 $ME = MF$.

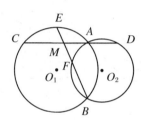

图 2.13.6

说明 这里用比例式证明线段相等,和前面介绍的方法不太一样,应注意此法特点,学会灵活应用.

例 4 如图 2.13.7,已知 $\odot O_1$ 与 $\odot O_2$ 相交于 E、F 两点,P 在 FE 的延长线上,PAB 交 $\odot O_1$ 于 A、B 两点,PDC 交 $\odot O_2$ 于 D、C 两点,求证:$\dfrac{PA}{PB} = \dfrac{AC \cdot AD}{BC \cdot BD}$.

点拨 设法证 $\dfrac{PA}{PC} = \dfrac{AD}{BC}$,$\dfrac{PC}{PB} = \dfrac{AC}{BD}$.

证明 由 $PA \cdot PB = PE \cdot PF = PD \cdot PC$,得 $\dfrac{PA}{PD} = \dfrac{PC}{PB}$.

又由 $\angle APD = \angle CPB$,得 $\triangle PAD \backsim \triangle PCB$,则 $\dfrac{PA}{PC} = \dfrac{AD}{BC}$.

同理可证 $\triangle PAC \backsim \triangle PDB$,则 $\dfrac{PC}{PB} = \dfrac{AC}{BD}$.

所以 $\dfrac{PA}{PB} = \dfrac{PA}{PC} \cdot \dfrac{PC}{PB} = \dfrac{AC \cdot AD}{BC \cdot BD}$.

说明 证形如"$\dfrac{a}{b} = \dfrac{c \cdot e}{d \cdot f}$"的问题,可改证"$\dfrac{a}{m} \cdot \dfrac{m}{b} = \dfrac{c \cdot e}{d \cdot f}$",然后证明 $\dfrac{a}{m} = \dfrac{c}{d}$,$\dfrac{m}{b} = \dfrac{e}{f}$.

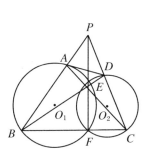

图 2.13.7

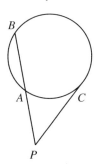

图 2.13.8

方法 3 如图 2.13.8,若 PAB 是圆的割线,PC 是圆的切线,则 $PC^2 = PA \cdot PB$.

例 5 如图 2.13.9,已知 PAB、PCD 是 $\odot O$ 的割线,PQ 是 $\odot O$ 的切线,Q 为切点,E 是 CD 上一点,$EA \perp PB$,且 $AC \cdot DE = CE \cdot AD$,求证:(1) $\angle CAE = \angle DAE$;(2) $PQ^2 - PA^2 = AC \cdot DA$.

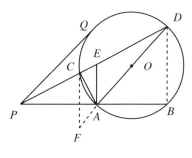

图 2.13.9

点拨 (1)角平分性质定理的逆定理,可作平行线进行转移;(2)利用切割线定理,将 PQ^2 用 $PA \cdot PB$ 代换,则 $AC \cdot DA = PA(PB - PA) = PA \cdot AB$,下面证 $\triangle PAC \backsim \triangle DAB$ 即可.

证明 (1) 过点 C 作 $CF // EA$,交 DA 的延长线于点 F,则 $\angle EAD = \angle F$,$\angle EAC = \angle ACF$.

由 $\dfrac{DE}{CE} = \dfrac{AD}{AC}$,$\dfrac{DE}{CE} = \dfrac{AD}{AF}$. 得 $AC = AF$,则 $\angle F$

$= \angle ACF$.

所以$\angle CAE = \angle DAE$.

(2) 连接 BD,则$\angle PCA = \angle B$.

由 $EA \perp PB$,得$\angle PAE = \angle BAE$.

又$\angle CAE = \angle DAE$,则$\angle PAC = \angle BAD$,得$\triangle PAC \sim \triangle DAB$,从而有$\dfrac{AC}{AB} = \dfrac{PA}{DA}$,即 $AC \cdot DA = PA \cdot AB = PA(PB - PA) = PA \cdot PB - PA^2$.

由切割线定理,得 $PA \cdot PB = PQ^2$.

所以 $AC \cdot DA = PQ^2 - PA^2$.

说明 证 $ab = cd + ef$,若 $c = e$,则可证 $ab = c(d+f) = ch$,其中 $h = d+f$.

例 6 如图 2.13.10,AD 是$\triangle ABC$ 的内角平分线,$\angle ADC = 60°$,E 在 AD 上,且 $DE = DB$,射线 CE 交 AB 于点 F,求证:$AF \cdot AB + CD \cdot CB = AC^2$.

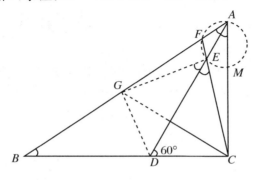

图 2.13.10

点拨 先证 B、D、E、F 四点共圆,即证$\angle EFB = 60°$.

证明 在 AB 上截取 $AG = AC$,连接 DG、EG,则由 AD 平分$\angle BAC$,得$\triangle AGD \cong \triangle ACD$,从而有$\angle GDE = \angle CDE = 60°$,$DG = DC$,所以 AD 是 CG 的垂直平分线,得$\angle AEF = \angle CED = \angle GED$.

在$\triangle BDG$ 与$\triangle EDG$ 中,由 $BD = DE$,$DG = DG$,$\angle BDG = \angle EDG = 60°$,得$\triangle BDG \cong \triangle EDG$,则$\angle ABD = \angle GED = \angle AEF$.

由$\angle ABD + \angle BAD = 60°$,得$\angle EFG = \angle BAD + \angle AEF = 60°$.又$\angle ADC = 60°$,即$\angle ADC = \angle EFB$,所以 B、D、E、F 四点共圆.

设过 A、E、F 三点的圆交 AC 于点 M,则易证 D、C、M、E 四点共圆,则 $AF \cdot AB = AE \cdot AD = AM \cdot AC$,$CD \cdot CB = CE \cdot CF = CM \cdot CA$,所以 $AF \cdot AB + CD \cdot CB = (AM + CM) \cdot AC = AC^2$.

说明 本题的难点在于证 B、D、E、F 四点共圆,而关键是由 AD 平分$\angle BAC$,从而在 AB 上截取 $AG = AC$,得$\angle CED = \angle B$.

习题 2.13

1. 如图 2.13.11，E 是 $\triangle ABC$ 外接圆弧 BC 的中点，连 AE 交 BC 于点 D，求证：$AB \cdot AC = AD \cdot AE$.

2. 如图 2.13.12，AB 是 $\odot O$ 的直径，BF 是 $\odot O$ 的切线，弦 AC、AE 的延长线交 BF 于点 D、F，求证：$AC \cdot AD = AE \cdot AF$.

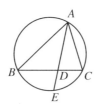

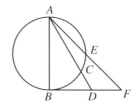

图 2.13.11　　　　　图 2.13.12

3. 如图 2.13.13，PBA 是圆的割线，PC 是圆的切线，$AD \parallel PC$，交圆于点 D，连接 CD，BD，CA，求证：(1) $CD = CA$；(2) $CD^2 = PA \cdot BD$.

4. 如图 2.13.14，四边形 $ABCD$ 是圆内接四边形，延长 BA、CD 交于点 E，$EF \parallel DA$，交 CB 延长线于点 F，FG 切圆于点 G. 求证：(1) $\triangle FBE \backsim \triangle FEC$；(2) $FE = FG$.

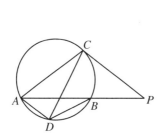

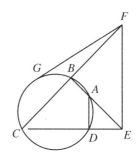

图 2.13.13　　　　　图 2.13.14

5. 如图 2.13.15，$\triangle ABC$ 为 $\odot O$ 的内接等边三角形，D 为 $\overset{\frown}{BC}$ 上一点，CD 的延长线交 AB 的延长线于点 E，求证：(1) $\triangle CBD \backsim \triangle CEB$；(2) $CB^2 = CD \cdot CE$.

6. 如图 2.13.16，两圆内切于点 A，大圆的弦 BC 切小圆于点 D，连接 AB、AC 分别交小圆于点 F，求证：(1) $EF \parallel BC$；(2) $\dfrac{BD}{CD} = \dfrac{AE}{AF}$.

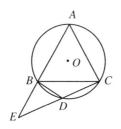

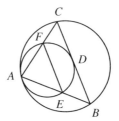

图 2.13.15　　　　　图 2.13.16

7. 如图 2.13.17,在 $\triangle ABC$ 中,$AB = AC$,过 A、B 两点作 $\odot O$ 交 AC、BC 于点 D、E,过点 E 作 $\odot O$ 的切线交 AC 于点 F,求证:(1) $DE = CE$;(2) $CE^2 = DF \cdot AC$.

8. 如图 2.13.18,$\odot O_1$ 与 $\odot O_2$ 相交于点 B、C,点 A 在 BC 的延长线上,AE、AF 分别切 $\odot O$ 于点 E、F,连 EF 恰好过点 C,求证:(1) $\angle AEF = \angle AFE$;(2) $EC \cdot CF = AC \cdot BC$.

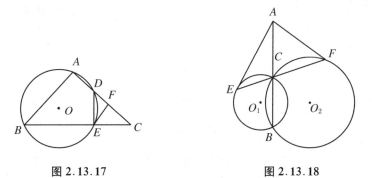

图 2.13.17   图 2.13.18

9. 如图 2.13.19,圆内接四边形 $ABCD$ 对角线 AC 平分 $\angle C$,BD 交 AC 于点 F,过点 A 作圆的切线交 CB 延长线于点 E,求证:(1) $AE \parallel BD$;(2) $AD^2 = DF \cdot AE$.

10. 如图 2.13.20,AB 是 $\odot O$ 的直径,C 是 $\odot O$ 上一点,过点 C 的切线与 AB 的延长线交于点 E,$AD \perp EC$ 于点 D,交 $\odot O$ 于点 F,$CG \perp AB$ 于点 G,求证:(1) $\triangle ACG \cong \triangle ACD$;(2) $BG \cdot GA = DF \cdot DA$.

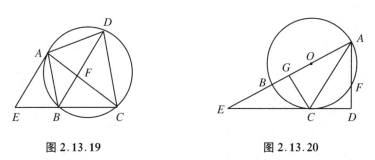

图 2.13.19   图 2.13.20

2.14 图形的拆分

基本图形虽然只有几种,但它们的组合可以千变万化.解题能否成功,一个很重要的方面就是对基本图组装的综合图形进行拆分是否能顺利进行.

下面以几个综合题为范例,介绍拆分复杂图形为基本图形的一些方法.

例 1 如图 2.14.1(a),$\odot O_1$ 和 $\odot O_2$ 相交于 A、B 两点,且点 O_1 在 $\odot O_2$ 上,AD 是 $\odot O_1$ 的一条弦,连接 DB 并延长交 $\odot O_2$ 于点 C,求证:(1) $AC = DC$;(2) $CO_1 \perp AD$.

点拨 (1) 先去掉线段 CO_1,就图(b)研究.两圆相交,连接公共弦是显然的,下面只要证明 $\angle CAD = \angle CDA$.由于公共弦 AB 将 $\angle CAD$ 分成两部分,能否也将 $\angle CDA$ 分成两部分呢？设 AC 交 $\odot O_1$ 于点 E，连接 DE，则 $\angle EAB = \angle BDE$，故只要证 $\angle DAB = \angle EDA$. 按此思路一时走不通，需另起炉灶.

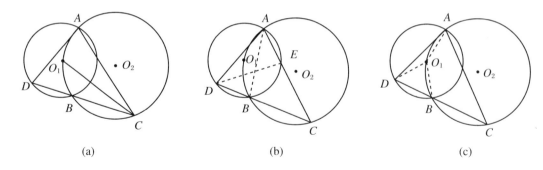

图 2.14.1

因 O_1 在 $\odot O_2$ 上这点未用，因此可以从这个条件入手进行分析. 如图(c)，连接 O_1A、O_1B、O_1D，则 $O_1A = O_1B = O_1D$，从而 $\angle O_1AD = \angle O_1DA$，要证 $\angle CAD = \angle CDA$，只要证 $\angle O_1AC = \angle O_1DB$. 而 $\angle O_1DB = \angle O_1BD$，于是只要证 $\angle O_1BD = \angle O_1AC$. 这由"圆内接四边形外角等于内对角"可得. 思路接通，证明就不困难了.

(2) 要用(1)的结论，下面再证 O_1C 平分 $\angle ACD$ 就行了，这由 $O_2A = O_2B$，得 $\overset{\frown}{O_1A} = \overset{\frown}{O_1B}$，从而 $\angle ACO_1 = \angle BCO_1$.

证明请读者自己完成.

例 2 如图 2.14.2，$\odot O$ 的直径 AB 垂直于弦 HG，垂足为 P，CD 为过点 P 的弦，AD 和 GH 的延长线交于点 N，AC 交 HG 于点 M，求证：(1) $AD \cdot AN = AM \cdot AC$；(2) $PG^2 = MP \cdot NP$.

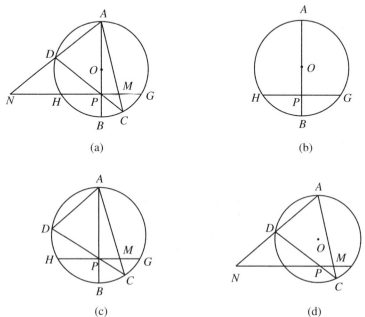

图 2.14.2

点拨 对于(1),只要证 $\dfrac{AD}{AM}=\dfrac{AC}{AN}$,即证 $\triangle ADC \backsim \triangle AMN$,也即证 $\angle ADC = \angle AMN$.

先来看直径 AB 垂直于弦 HG 能得到什么结论:

由垂径定理得 $\overparen{AH}=\overparen{AG}$, $\overparen{BH}=\overparen{BG}$.

增加过点 P 的一条弦 CD,一时得不到什么.连接 AD、AC,这时可得 $\angle ADC \stackrel{m}{=} \dfrac{1}{2}\overparen{AGC}$ $= \dfrac{1}{2}(\overparen{AG}+\overparen{CG})$,也有 $\angle ADC \stackrel{m}{=} \dfrac{1}{2}(\overparen{AH}+\overparen{CG})$.

设 AC 交 HG 于点 M,这时又有 $\angle AMH \stackrel{m}{=} \dfrac{1}{2}(\overparen{AH}+\overparen{CG})$,于是可得 $\angle ADC = \angle AMH$.

再加到原图(a),就不难得到 $\triangle ADC \backsim \triangle AMN$.

对于(2),因为 $PG^2 = PC \cdot PD$,所以只要证 $PC \cdot PD = MP \cdot NP$.观察图(d),只要证 $\triangle PCM \backsim \triangle PND$.

注意到 $\angle PDA = \angle PND + \angle NPD$,$\angle AMP = \angle PCM + \angle CPM$,以及 $\angle PDA = \angle AMP$,$\angle NPD = \angle CPM$,得 $\angle PND = \angle PCM$,从而 $\triangle PCM \backsim \triangle PND$.

证明请读者补上.

例3 如图 2.14.3(a),$\triangle ABC$ 内接于 $\odot O$,过点 A 作 $\odot O$ 的切线交 BC 的延长线于点 P,D 是 AC 的中点,PD 的延长线交 AB 于点 E,弦 $AF \perp BC$ 于点 H,G 是 BF 的中点,求证:
(1) $OG = \dfrac{1}{2}AC$;(2) $\dfrac{PC^2}{PA^2}=\dfrac{AE}{BE}$.

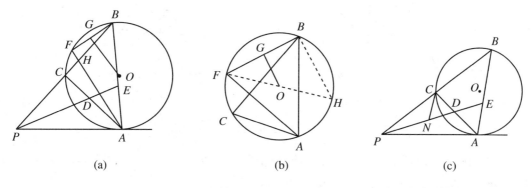

图 2.14.3

点拨 此题图形复杂,给我们探寻思路制造了障碍,所证的两小题实际上是两个基本题堆砌在一起,看看我们是怎样应用上面介绍的"手术刀"将其分割开的.

由于结论(1)只与四边形 $ABFC$ 有关,删除一些"杂枝",留下"主干",得到图(b),它实际是问题"$\odot O$ 的内接四边形 $ABFC$ 对角线 $AF \perp BC$,$OG \perp BF$ 于点 G,求证:$OG = \dfrac{1}{2}AC$".

该小题是我们熟知的,证法也很多,比如可连接 FO 延长交圆于点 H,则 $OG = \dfrac{1}{2}BH$.下面只要证 $BH = AC$,这只要证 $\angle BFH = \angle AFC$ 就行了.这由 $AF \perp BC$ 是不难证明的.

对于(2),结论只与 PA、PC、AE、BE 等线段有关,去掉无关线段,问题可简化为

"$\triangle ABC$ 内接于 $\odot O$,延长 BC 交过点 A 的圆的切线于点 P,D 是 AC 的中点,连接 PD 交 AB 于点 E,求证:$\dfrac{PC^2}{PA^2} = \dfrac{AE}{BE}$".

该小题也是常见题,可过点 C 作 $CN /\!/ BA$ 交 PE 于点 N,则有 $CN = AE$,且 $\dfrac{PC}{PB} = \dfrac{AE}{BE}$. 再由 $PA^2 = PC \cdot PB$,可得

$$\dfrac{PC^2}{PA^2} = \dfrac{PC}{PB} = \dfrac{AE}{BE}.$$

请读者将证明过程写出来.

说明 以上三例代表了综合题的两种主要类型,例 1 与例 2 中的第(2)小题要用到第(1)小题的结论,例 3 中的第(1)、第(2)小题互不关联.

再看一道竞赛题.

看看我们是如何将原本很难的问题,经过图形的拆分、删减,转化为一个较为简单的问题.

例 4 如图 2.14.4(a),设凸四边形 $ABCD$ 的对角线 AC、BD 的交点为 M,过点 M 作 AD 的平行线分别交 AB、CD 于点 E、F,交 BC 的延长线于点 O,P 是以 O 为圆心、OM 为半径的圆上一点,求证:$\angle OPF = \angle OEP$.

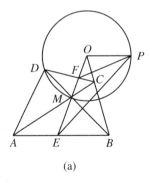
(a)

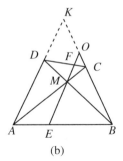
(b)

图 2.14.4

点拨 由于 $\angle POF = \angle EOP$,故要证 $\angle OPF = \angle OEP$,只要证 $\triangle OPF \backsim \triangle OEP$,即证 $\dfrac{OP}{OE} = \dfrac{OF}{OP}$. 又 $OP = OM$,故只要证 $\dfrac{OM}{OE} = \dfrac{OF}{OM}$.

于是我们可将此题的"手脚架"拆除,转化为"如图(b)设凸四边形 $ABCD$ 的对角线相交于点 M,过点 M 作 AD 的平行线交 BC 于点 O,交 AB 于点 E,交 CD 于点 F,求证:$OM^2 = OE \cdot OF$".

对于变换后的命题,可延长 BO、AD 相交于点 K,由平行线截割线段成比例定理,得

$$\dfrac{OF}{OM} = \dfrac{OF}{DK} \cdot \dfrac{DK}{OM} = \dfrac{CO}{CK} \cdot \dfrac{BK}{BO} = \dfrac{OM}{KA} \cdot \dfrac{KA}{OE} = \dfrac{OM}{OE}.$$

故 $OM^2 = OE \cdot OF$.

请读者尝试一下,是否还有其他证法.

说明 本题证明过程用到变式 $\dfrac{OF}{OM} = \dfrac{OF}{DK} \cdot \dfrac{DK}{OM}$，值得玩味，要学会应用.

将复杂图形拆分是解复杂题的基本功，而编拟题正好相反，可以在基本图形的基础上添加线段，一是增加难度，二是扩展结论．

例 5 如图 2.14.5(a)，在正方形 $ABCD$ 中，E、F 分别是边 BD、CD 上的点，且 $\angle EAF = 45°$，求证：$DF + BE = EF$.

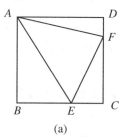 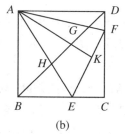

图 2.14.5

点拨 这是半角模型的典型问题，通过旋转法易证 $DF + BE = EF$. 现在添加线段，比如作 $AK \perp EF$ 于点 K，如图(b)，则有

(1) $AK = AB$. 由 $Rt\triangle AKE \cong Rt\triangle ABE$ 可得．

连接 BD，设分别交 AE、AF 于点 H、G，则有

(2) $DG^2 + BH^2 = HG^2$. 将 $\triangle AHB$ 绕 A 逆时针旋转 $90°$ 得 $\triangle AH'D$，由 $\triangle AGH \cong \triangle AGH'$ 可得．

(3) $CE = \sqrt{2}DG$；(4) $CF = \sqrt{2}BH$；(5) $EF = \sqrt{2}GH$.

连接 AC，由 $\triangle AEC \backsim \triangle AGD$，可得 $\dfrac{CE}{DG} = \dfrac{AC}{AD} = \sqrt{2}$，即 $CE = \sqrt{2}DG$.

同理，由 $\triangle CFA \backsim \triangle BHA$，可得 $CF = \sqrt{2}BH$.

由 $\triangle AFE \backsim \triangle AHG$，可得 $EF = \sqrt{2}GH$.

(6) $AB^2 = BG \cdot DH$；(7) $AG^2 = BG \cdot HG$.

由 $\triangle ABG \backsim \triangle HDA$，可得 $AB^2 = BG \cdot DH$；由 $\triangle AGH \backsim \triangle BGA$，可得 $AG^2 = BG \cdot HG$.

如图 2.14.6，连接 HF、GE，则有(8) $AG \perp EG$；(9) $AH \perp FH$.

由 $\triangle AHG \backsim \triangle BHE$，$\triangle AHB \backsim \triangle GHE$，可得 $\angle GEA = \angle ABH = 45°$，从而 $AG \perp EG$.

同理，由 $\triangle ADG \backsim \triangle HFG$，可得 $AH \perp FH$.

(10) $BG - DG = \sqrt{2}BE$；(11) $AD + DF = \sqrt{2}DH$；(2) $|BE - DF| = \sqrt{2}|BH - DG|$.

其中 $BG - DG = BD - 2DG = \sqrt{2}BC - 2DG = \sqrt{2}BE$；$AD + DF = 2AD - CF = 2AD - \sqrt{2}BH = \sqrt{2}(BD - BH) = \sqrt{2}DH$；$\sqrt{2}|BH - DG| = \sqrt{2}\left|\dfrac{\sqrt{2}}{2}CF - \dfrac{\sqrt{2}}{2}CE\right| = |CF - CE| = |BE - DF|$.

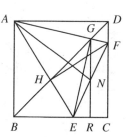

图 2.14.6

有人在此基础上，添加线段，提出一题 49 问，有兴趣的读者可

以查阅有关资料.这里选用几问,请读者自己研究.

如图 2.14.14,过点 G 作 $GR \perp EC$ 于点 R,交 EF 于点 N,则(1) $AG = GE$;(2) FA 平分 $\angle DFE$;(3) $\angle BAE = \angle BGE$;(4) $\angle AGB = \angle AEF$;(5) $\angle DFE = 2\angle AHD$;(6) $EF + CF = 2GR$;(7) $GE^2 - GF^2 = EF \cdot CF$;(8) $\triangle ERN$ 的周长为定值等.

习题 2.14

1. 如图 2.14.7,AB 是 $\odot O$ 的直径,弦 $CD \perp AB$ 于点 H,过 CD 延长线上一点 E 作 $\odot O$ 的切线交 AB 延长线于点 F,切点为 G,连接 AG 交 CD 于点 K.

(1) 求证:$KE = GE$.

(2) 若 $KG^2 = KD \cdot GE$,试判断 AC 与 EF 的位置关系,并说明理由.

2. 如图 2.14.8,AB 是 $\odot O$ 的直径,点 C 是 $\odot O$ 上一点,AD 与过点 C 的切线垂直,垂足为 D,直线 DC 与 AB 的延长线相交于点 P,弦 CE 平分 $\angle ACB$,交 AB 于点 F,连接 BE.求证:(1) AC 平分 $\angle DAB$;(2) $\triangle PCF$ 是等腰三角形.

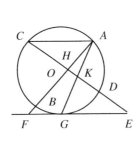

图 2.14.7

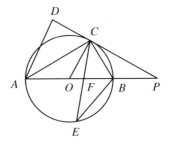

图 2.14.8

3. 如图 2.14.9,PB 为 $\odot O$ 的切线,B 为切点,直线 PO 交 $\odot O$ 于点 E、F,过点 B 作 PO 的垂线 BA,垂足为 D,交 $\odot O$ 于点 A,延长 AO 交 $\odot O$ 于点 C,连接 BC、AF.

(1) 求证:直线 PA 为 $\odot O$ 的切线.

(2) 试探究线段 FF、OD、OP 之间的数量关系,并加以证明.

4. 如图 2.14.10,Rt$\triangle ABC$ 内接于 $\odot O$,$AC = BC$,$\angle BAC$ 的平分线 AD 与 $\odot O$ 交于点 D,与 BC 交于点 E,延长 BD 与 AC 的延长线交于点 F,连接 CD,G 是 CD 的中点.

(1) 判断 OG 与 CD 的位置关系,并加以证明.

(2) 求证:$AE = BF$.

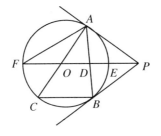

图 2.14.9

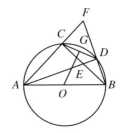

图 2.14.10

5. 如图 2.14.11,点 C 在以 AB 为直径的 $\odot O$ 上,$CH \perp AB$ 于点 H,过点 B 作 $\odot O$ 的切线交 AC 于点 D,E 为 CH 的中点,连接 AE 并延长交 BD 于点 F,CF 交 AB 延长线于点 G. 求证:(1) $AE \cdot FD = AF \cdot EC$;(2) $FC = FB$.

6. 如图 2.14.12,在 Rt$\triangle ABC$ 中,$\angle B = 90°$,它的内切圆分别与三边切于点 D、E、F,连接 AD 与内切圆相交于点 P,连接 PE、PF、FD、ED,且 $PC \perp PF$. 求证:(1) $\triangle PFD \backsim \triangle PDC$;(2) $\dfrac{EP}{DE} = \dfrac{PD}{DC}$.

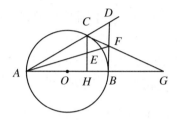

图 2.14.11

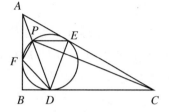

图 2.14.12

7. 如图 2.14.13(a),$\odot O$ 是 $\triangle ABC$ 的外接圆,AB 是直径,$OD \parallel AC$,且 $\angle CBD = \angle BAC$,OD 交 $\odot O$ 于 E.

(1) 求证:BD 是 $\odot O$ 的切线.

(2) 若 E 为线段 OD 的中点,证明以 O、A、C、E 为顶点的四边形是菱形.

(3) 如图(b),作 $CF \perp AB$ 于点 F,连接 AD 交 CF 于点 G,求证:$FG = GC$.

8. 如图 2.14.14,在等腰梯形 $ABCD$ 中,$AD \parallel BC$,O 是 CD 边的中点,以 O 为圆心、OC 长为半径作圆,交 BC 于点 E,过点 E 作 $EH \perp AB$ 于点 H. 已知 $\odot O$ 与 AB 边相切于点 F,求证:(1) $OE \parallel AB$;(2) $EH = \dfrac{1}{2} AB$;(3) 若 $BE = 4BH$,则 $EH = 2CE$.

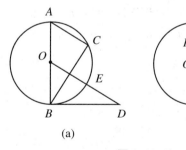

图 2.14.13

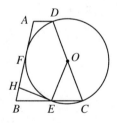

图 2.14.14

9. 如图 2.14.15,两等圆 $\odot O_1$ 和 $\odot O_2$ 相交于 A、B 两点,$\odot O_1$ 经过 $\odot O_2$ 的圆心,顺次连接 A、O_1、B、O_2.

(1) 求证:四边形 AO_1BO_2 是菱形.

(2) 过直径 AC 的端点 C 作 $\odot O_1$ 的切线 CE 交 AB 的延长线于点 E,连接 CO_2 交 AE 于点 D,求证:$CE = 2O_2D$.

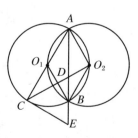

图 2.14.15

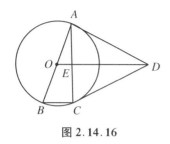

图 2.14.16

10. 如图 2.14.16,在四边形 $ABCD$ 中,$AB = AD = CD$,以 AB 为直径的 $\odot O$ 经过点 C,连接 AC、OD 交于点 E.求证:(1) $OD \parallel BC$;(2) 若 $\tan \angle ABC = 2$,则 DA 与 $\odot O$ 相切.

11. 如图 2.14.17,AB 是 $\odot O$ 的直径,E 为 OB 上一点(异于点 O、B),$EC \perp OB$ 交 $\odot O$ 于点 C,作直径 CD,过点 C 的切线交 DB 的延长线于点 P,$AF \perp PC$ 于点 F,连接 CB.求证:(1) AC 平分 $\angle FAB$;(2) $BC^2 = CE \cdot CP$.

12. 如图 2.14.18,AB 是半圆 O 的直径,射线 AM、BN 为半圆 O 的切线,在 AM 上取一点 D,连接 BD 交半圆 O 于点 C,连接 AC,过点 O 作 BC 的垂线 OE,垂足为 E,与 BN 相交于点 F,过 D 作半圆 O 的切线 DP,切点为 P,与 BN 相交于点 Q.求证:(1) $\triangle ABC \sim \triangle OFB$;(2) 当 D 在 AM 上移动时(点 A 除外),点 Q 始终是线段 BF 的中点.

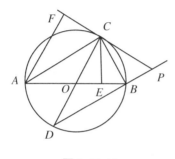

图 2.14.17

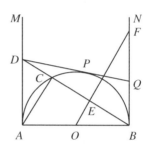

图 2.14.18

13. 如图 2.14.19,$\odot M$ 与 $\odot O$ 相交于 A、B 两点,点 M 在 $\odot O$ 上,$\odot O$ 的弦 MC 分别与弦 AB、$\odot M$ 交于 D、E 两点.求证:(1) $\triangle AMC \sim \triangle DBC$;(2) $MA^2 = MD \cdot MC$;(3) E 是 $\triangle ABC$ 的内心.

14. 如图 2.14.20,$\triangle ABC$ 内接于 $\odot O$,$\angle BAC$ 的平分线交 BC 于点 D,交 $\odot O$ 于点 E,$\odot O$ 的切线 BF 交 AE 的延长线点于 F,过点 E 作 $EH \perp BF$ 于点 H.求证:(1) BE 平分 $\angle CBF$;(2) $BC = 2BH$;(3) $BD \cdot CD = AD \cdot ED$.

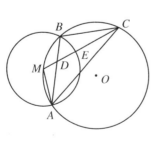

图 2.14.19

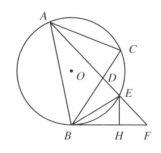

图 2.14.20

15. 如图 2.14.21,AB 是 $\odot O$ 的弦,以 OB 为直径作 $\odot O_1$,交 AB 于点 D,$\odot O$ 的弦 AE 切 $\odot O_1$ 于点 C.求证:(1) $BC^2 = BE \cdot BD$;(2) $AC \cdot CE = BE \cdot BD$.

16. 如图 2.14.22,AD 是 $\triangle ABC$ 的高,延长 AD 交 $\triangle ABC$ 外接圆于点 H,以 AD 为直径的圆分别交 AB、AC 于点 E、F,EF 交 AD 于点 G.求证:(1) $\angle AFE = \angle B$;(2) $AD^2 = AG \cdot AH$.

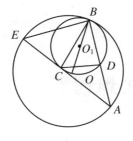
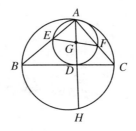

图 2.14.21　　　　　图 2.14.22

17. 如图 2.14.23，△ABC 的外角 ∠BCE 的平分线交外接圆 O 于点 D，DE 切 ⊙O 交 AC 的延长线于点 E. 求证：(1) △ADE∽△BCD；(2) $\dfrac{AD^2}{DE^2}=\dfrac{BC}{CE}$.

18. 如图 2.14.24，以 △ABC 一边 AB 为直径的 ⊙O_1 过 AC 的中点 D，交 BC 于点 E，⊙O_2 为 △CDE 的外接圆，DF 为 ⊙O_2 的直径. 求证：(1) DF 平分 ∠CDE；(2) DF 是 ⊙O_1 的切线.

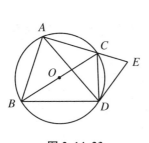
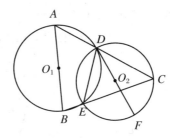

图 2.14.23　　　　　图 2.14.24

19. 如图 2.14.25，E 是 Rt△ABC 斜边 AB 上一点，以 CE 为直径的 ⊙O 交 AB 于点 D，交 AC 于点 G，且 AE=BD，AF 切 ⊙O 于点 F. 求证：(1) $\dfrac{AE}{AG}=\dfrac{AD}{CG}$；(2) AC·AF = BC·BE.

20. 如图 2.14.26，⊙O_2 经过 ⊙O_1 的圆心 O_1，且与 ⊙O_1 相交于点 A 和 B，AC 为 ⊙O_1 的直径，直线 CB 交 ⊙O_2 于点 D，AD 交 ⊙O_1 于点 E，直线 BE 交 ⊙O_2 于点 F，连接 AF、FD. 求证：(1) AD=CD；(2) ⊙O_1 与 ⊙O_2 的周长之比等于 AE：AF.

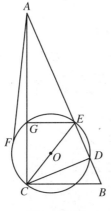
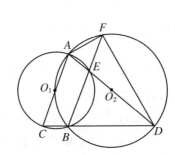

图 2.14.25　　　　　图 2.14.26

第 3 章　从模式到创新

3.1　线　段　相　等

> 模式识别

模式 1　全等三角形对应边相等.

例 1　如图 3.1.1(a),在四边形 $ABCD$ 中,$AD \parallel BC$,$\angle ABC = \angle DCB$,$AB = DC$,$AE = DF$.

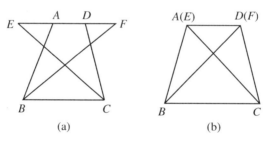

图 3.1.1

(1) 求证:$BF = CE$.

(2) 当 E、F 相向运动形成图形(b)时,其他条件不变,BF 和 CE 还相等吗?证明你的结论.

点拨　(1) $\triangle ABF \cong \triangle DCE$;(2) $BF = CE$ 还成立.

证明　(1) 在 $\triangle ABF$ 与 $\triangle DCE$ 中,由 $AD \parallel BC$,$\angle ABC = \angle DCB$,得 $\angle BAF = \angle CDE$. 又 $AB = DC$,$AF = AD + DF = AD + AE = DE$,则 $\triangle ABF \cong \triangle DCE$,所以 $BF = CE$.

(2) $BF = CE$ 还成立. 证明如下:在 $\triangle ABD$ 与 $\triangle DCA$ 中,由 $AD \parallel BC$,$\angle ABC = \angle DCB$,得 $\angle BAD = \angle CDA$.

又 $AB = DC$,$AD = DA$,得 $\triangle ABD \cong \triangle DCA$.

所以 $BD = CA$,即 $BF = CE$.

说明　四边形 $ABCD$ 是等腰梯形,所以对角线 $BD = AC$. 由此可知,对于(a),也可以由 $\triangle ABD \cong \triangle DCA$,得 $\triangle DBF \cong \triangle ACE$,从而 $BF = CE$.

例 2　如图 3.1.2,四边形 $ABCD$ 是正方形,M 是 AB 延长线上一点,直角三角尺的一条

直角边经过点 D,且直角顶点 E 在 AB 上滑动(点 E 不与点 A、B 重合),另一条直角边与 $\angle CBM$ 的平分线 BF 相交于点 F.

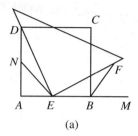
(a)

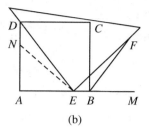
(b)

图 3.1.2

(1) 如图(a),点 E 在 AB 边的中点.
① 猜想 DE 与 EF 满足什么关系?
② 连接 E 与 AD 边的中点 N,猜想 NE 与 BF 满足什么关系?
请证明上述两个猜想.

(2) 如图(b),当点 E 在 AB 边上的任意位置时,请你在 AD 边上找一点 N,使得 $NE = BF$,进而猜想此时 DE 与 EF 有何数量关系,并给出证明.

点拨 (1) $\triangle DNE \cong \triangle EBF$;(2) $DN = BE$ 或 $AN = AE$.

解 (1) ① $DE = EF$;② $NE = BF$. 证明如下:

在 $\triangle DNE$ 与 $\triangle EBF$ 中,由 N、E 分别是 AD、AB 的中点,得 $DN = BE$. 又 $\angle EDN = \angle FEB$,$\angle DNE = \angle EBF = 135°$,则 $\triangle DNE \cong \triangle EBF$,所以 $DE = EF$,$NE = BF$.

(2) 在 DA 上截取 $DN = BE$,连接 NE,则 $DE = EF$. 证明如下:

在 $\triangle DNE$ 与 $\triangle EBF$ 中,由 $DN = EB$,得 $AN = AE$,所以 $\angle DNE = 135° = \angle EBF$. 又 $\angle NDE = \angle BEF$,得 $\triangle DNE \cong \triangle EBF$,所以 $DE = EF$.

说明 本题容易想到过点 F 作 $FH \perp AB$,这时虽然有 $Rt\triangle EFH \cong Rt\triangle DEA$,但无法给出证明.

模式 2 等腰三角形两腰相等.

例 3 如图 3.1.3,点 D、E 分别是 $\triangle ABC$ 两边 AB、BC 上的点,$\angle BDE + \angle ACB = 180°$,$DE = AC$. 求证:$BE = BA$.

点拨 延长 BC 至点 F,使 $CF = BD$,则 $\triangle ACF \cong \triangle EDB$.

证明 延长 BC 至点 F,使 $CF = BD$,连接 AF.

在 $\triangle ACF$ 与 $\triangle EDB$ 中,由 $\angle BDE + \angle ACB = 180°$,$\angle ACF + \angle ACB = 180°$,得 $\angle ACF = \angle EDB$,又 $AC = DE$,$CF = BD$,则 $\triangle ACF \cong \triangle EDB$,从而有 $AF = BE$,$\angle F = \angle B$,所以 $AB = AF = BE$.

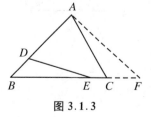

图 3.1.3

说明 因为 $\angle BDE + \angle ACB = 180°$,所以 $\angle ADE = \angle ACB$,从而可得 $\angle ACB$ 的外角与 $\angle BDE$ 相等.

例 4 如图 3.1.4,在 $\triangle ABC$ 中,$\angle B = 2\angle C$,AD 是 $\angle BAC$ 的平分线,E 是 AD 的中

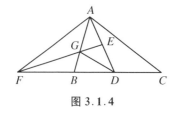

图 3.1.4

点,G 是 AB 上一点,且 $GA = GD$,延长 EG、CB 交于点 F.求证:$AF = AC$.

点拨 即证 $\angle F = \angle C$.设 $\angle C = \alpha$,则可证 $\angle F = \alpha$.注意到 $GA = GD$,E 是 AD 的中点,则 $GE \perp AD$,从而 $FA = FD$,再证 $DG /\!/ AC$.

证明 由 $GA = GD$,E 是 AD 的中点,得 $GE \perp AD$,则 $FA = FD$,从而有 $\angle FAD = \angle FDA$.

由 $\angle GDA = \angle GAD = \angle DAC$,得 $DG /\!/ AC$,则 $\angle BDG = \angle C$.

设 $\angle C = \alpha$,则 $\angle FAG = \angle FDG = \alpha$.

由 $\angle FAB + \angle AFB = 2\angle ABC = 2\alpha$,得 $\angle AFB = \alpha$,

所以 $\angle AFC = \angle ACF$,即 $AF = AC$.

说明 设 $\angle C = \alpha$,目的是在导角过程中,更容易发现角度关系,找到思路.

模式 3 若 $a = b$,$b = c$,则 $a = c$.

例 5 如图 3.1.5,AB 是 $\odot O$ 的直径,C 是圆上任一点,M 是 $\overset{\frown}{AC}$ 的中点,$MD \perp AB$ 于点 D,AC 分别与 MD、MB 交于点 F、E.求证:$AF = FE$.

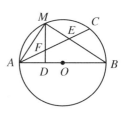

图 3.1.5

点拨 因为 $\angle AME = 90°$,所以要证 $AF = FE$,可证 $AF = MF = FE$.

证明 由 AB 是 $\odot O$ 的直径,得 $\angle AMB = 90°$,则 $\angle B + \angle MAB = 90°$.由 $MD \perp AB$,得 $\angle AMD + \angle MAB = 90°$,所以 $\angle AMF = \angle B$.

由 M 是 $\overset{\frown}{AC}$ 的中点,得 $\angle MAC = \angle B$,则 $\angle AMF = \angle MAF$,即 $AF = MF$.

同理 $MF = FE$.

所以 $AF = FE$.

说明 在圆中,利用圆中有关的角,证明线段相等,由角、弧相等得对应弦相等也是最基本的思路之一.

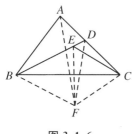

图 3.1.6

例 6 如图 3.1.6,在 $\triangle ABC$ 中,$AB = AC$,D 为边 AC 上一点,且 $\angle ADB = 60°$,$\angle BCE = 30°$.求证:$AB = BE$.

点拨 作 E 关于 BC 的对称点 F,证明 $\triangle ABF$ 是等边三角形.

证明 作点 E 关于 BC 的对称点 F,则 $\triangle ECF$ 是等边三角形.又 $\angle ADB = 60°$,则 E、D、C、F 四点共圆,从而有 $\angle ECD = \angle EFD$,$\angle FDB = 60°$,$\angle BAC = 180° - 2\angle ACB = 180° - 2(\angle ECD + 30°) = 180° - (\angle EFD + \angle ECD + 60°) = 180° - \angle EFD - \angle DCF = 180° - \angle EFD - \angle BEF = 180° - \angle BFD$,所以 A、D、F、B 四点共圆,得 $\angle AFB = \angle ADB = 60°$,$\angle FAB = \angle FDB = 60°$,则 $\triangle ABF$ 是等边三角形,所以 $BA = BF = BE$.

说明 本题还有其他证法.

模式 4 平行四边形对边相等.

例7 如图3.1.7,四边形 $ABCD$ 为 $\odot O$ 的内接四边形,对角线 $AC \perp BD$ 于 H, E 是 AD 的中点, G 是 BC 的中点. 求证: $HE = OG$.

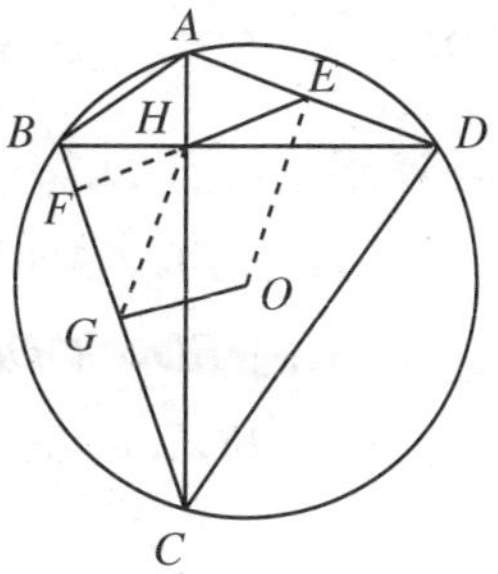

点拨 由于 HE、OG 不在某一个或两个三角形中,故可考虑用平行四边形性质来证. 根据垂径分弦定理, 得 $OG \perp BC$, $OE \perp AD$, 关键是证明 $HE \perp BC$, 延长 EH 交 BC 于点 F, 则只要证 $EF \perp BC$.

证明 延长 EH 交 BC 于点 F, 连接 OE、GH, 则 $\angle ADB = \angle ACB$.

由 $AC \perp BD$, $AE = ED$, 得 $\angle EHD = \angle EDH$.

由 $\angle BHF = \angle EHD$, 得 $\angle BHF = \angle BCH$.

所以 $EF \perp BC$.

由 G 是 BC 的中点, 得 $OG \perp BC$.

所以 $EH /\!/ OG$.

同理, $GH /\!/ OE$, 故得四边形 $OEHG$ 是平行四边形.

所以 $OG = EH$.

图 3.1.7

说明 本题证法很多, 而利用平行四边形的性质来证明, 是一个较好的方法.

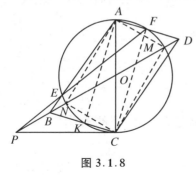

图 3.1.8

例8 如图3.1.8, 已知 PC 是 $\odot O$ 的切线, PEF 是 $\odot O$ 的割线, AC 是 $\odot O$ 的直径, AE、AF 分别交直线 OP 于点 B、D. 求证: $AB = DC$, $BC = AD$.

点拨 即证四边形 $ABCD$ 是平行四边形.

证明 设 BD 交 $\odot O$ 于点 N、M, 连接 AM、MC、CN、NA, 则由 AC、MN 是 $\odot O$ 的直径, 得四边形 $AMCN$ 是矩形, 从而 $AM = CN$, $\angle AMN = \angle CNM$.

连接 CF, 则 $\angle DAM = \angle FCM$. 设 BC 交 $\odot O$ 于点 K, 连接 AK, 则四边形 $AKCF$ 是矩形, 得 $AK /\!/ FC$, 从而 $\overset{\frown}{AF} = \overset{\frown}{KC}$. 又 $\overset{\frown}{AFM} = \overset{\frown}{CKN}$, 得 $\overset{\frown}{FM} = \overset{\frown}{KN}$, 则 $\angle DAM = \angle BCN$, 所以 $\triangle ADM \cong \triangle CBN$, 故得 $AD = BC$, $DM = NB$, 从而 $OD = OB$, 所以四边形 $ABCD$ 是平行四边形, 得 $AB = CD$, $BC = AD$.

说明 同理可证 $\triangle ABN \cong \triangle CDM$, 从而 $AB = CD$.

模式5 若 $a = f(c)$, $b = f(c)$, 则 $a = b$.

例9 如图3.1.9, 在梯形 $ABCD$ 中, $AD /\!/ BC$, $AB = CD$, $AC \perp BD$, MN 与 DH 分别是梯形的中位线和高. 求证: $MN = DH$.

点拨 由于 $MN = \frac{1}{2}(AD + BC)$, 下面只要证 $DH = \frac{1}{2}(AD + BC)$. 为方便利用 $AB = CD$, $AC \perp BD$, 平行 AC

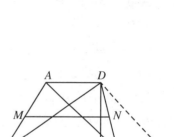

图 3.1.9

至 DE,则 $\triangle BDE$ 是等腰直角三角形,从而 $DH = \dfrac{1}{2}BE$.

证明 过点 D 作 $DE \parallel AC$ 交 BC 延长线于点 E.

由 $AD \parallel BC$,得四边形 $ACED$ 是平行四边形,则 $DE = AC$,$CE = AD$.

由 $AC \perp BD$,得 $DE \perp BD$.

所以 $\triangle BDE$ 是等腰直角三角形.

由 $DH \perp BC$,得 $DH = \dfrac{1}{2}BE = \dfrac{1}{2}(BC + AD)$.

由 MN 是梯形 $ABCD$ 的中位线,得 $MN = \dfrac{1}{2}(BC + AD)$.

所以 $MN = DH$.

说明 本题作辅助线的方法是梯形中最常用的引辅助线的方法之一.

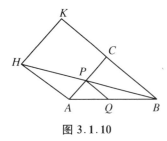

图 3.1.10

例 10 如图 3.1.10,在 $\triangle ABC$ 中,$\angle C = 90°$,以直角边 AC 为一边向外作正方形 $ACKH$,连接 BH 交 AC 于点 P,过点 P 作 $PQ \parallel BC$ 交 AB 于点 Q.求证:$PC = PQ$.

点拨 设 $BC = a$,$AC = b$,证 $PC = \dfrac{ab}{a+b} = PQ$.

证明 由 $\triangle PAH \sim \triangle PCB$,得 $\dfrac{AP}{PC} = \dfrac{AH}{BC} = \dfrac{b}{a}$,则 $\dfrac{AC}{PC} = \dfrac{a+b}{a}$,从而有 $PC = \dfrac{ab}{a+b}$.

由 $PQ \parallel BC$,得 $\dfrac{PQ}{BC} = \dfrac{AP}{AC} = \dfrac{b}{a+b}$,则 $PQ = \dfrac{ab}{a+b}$.

所以 $PC = PQ$.

说明 设 $BC = a$,$AC = b$,目的是便于用代数关系来确定 PC 与 PQ 的关系.

模式 6 平行线截等线段.

例 11 如图 3.1.11,在凸五边形 $ABCDE$ 中,已知 $\angle ABC = \angle CDE = \angle DEA = 90°$,$F$ 是边 CD 的中点,线段 AD、FE 相交于点 G,线段 AC、BG 相交于点 M.若 $AC = AD$,$AB = DE$.求证:$BM = MG$.

点拨 $AF \perp CD$.

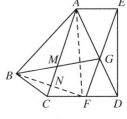

图 3.1.11

证明 由 $AC = AD$,F 是边 CD 的中点,得 $AF \perp CD$.又 $\angle CDE = \angle DEA = 90°$,得四边形 $AEDF$ 是矩形.从而有 $\triangle ACF \cong \triangle ADF \cong \triangle EFD$,得 $\angle EFD = \angle ACF$,则 $EF \parallel AC$.又由 $AB = DE$,得 $\triangle ACB \cong \triangle EFD$,则 $\triangle ACB \cong \triangle ACF$,从而有 $AB = AF$,$CB = CF$.连接 BF 交 AC 于点 N,则 AC 垂直平分线段 BF,得 $BN = NF$.又线段 AC、BG 相交于点 M,且 $EF \parallel AC$,所以 $BM = MG$.

说明 在 $\triangle ABC$ 中,若 D 是 AB 的中点,$DE \parallel AC$ 交于 AC 于点 E,则 E 是 AC 的中点.

例 12 如图 3.1.12,$\triangle ABC$ 内切圆切 BC、CA、AB 于点 D、E、F,$FG \parallel BC$ 交 AD、DE

于点 G、H. 求证：$FG = GH$.

点拨 FG 与 GH 地位特殊，必须作辅助线进行转换.

证明 过点 A 作 $LK \parallel BC$，分别交 DE、DF 的延长线于点 K、L.

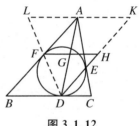

图 3.1.12

由 $AK \parallel BC$，得 $\angle K = \angle CDE = \angle DEC = \angle AEK$，则 $AK = AE$.

同理，$AL = AF$.

又 $AE = AF$，得 $AK = AL$.

由 $KL \parallel FH$，得 $FG = GH$.

说明 因为 $FG \parallel BC$，要证 $FG = GH$，首先想到的自然是 BD 与 CD 是否相等，其次才是过点 A 作 FH 或 BC 平行线进行转换.

模式 7 平行四边形的对角线互相平分.

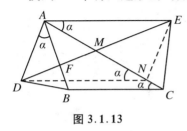

图 3.1.13

例 13 如图 3.1.13，在 $\triangle ABC$ 中，$AB \neq AC$，以边 AB、AC 为边作等腰 $\triangle ABD$ 与等腰 $\triangle ACE$，使 $AD = AB$，$AE = AC$，且 $\angle ACB = \angle BAD = \angle CAE$，$M$ 是 DE 与 AC 的交点. 求证：$DM = ME$.

点拨 由于 $AE \parallel BC$，故可构作以 DE 为对角线的平行四边形.

证明 过点 D 作 $DN \parallel AE$ 交 AC 于点 N，连接 NE.

由 $\angle ACB = \angle CAE$，得 $AE \parallel BC$，所以 $DN \parallel BC$.

设 AB 与 DN 交于点 F，则 $\dfrac{AN}{AC} = \dfrac{AF}{AB}$. 又 $AB = AD$，$AC = AE$，则 $\dfrac{AN}{AE} = \dfrac{AF}{AD}$，再由 $\angle EAN = \angle DAF$，得 $\triangle ANE \sim \triangle AFD$，所以 $\angle ANE = \angle AFD = \angle EAF = \angle DAN$，则 $NE \parallel DA$，故得四边形 $ADNE$ 是平行四边形，所以 $DM = ME$.

说明 此题证明 $NE \parallel DA$ 不容易想到用相似三角形证明 $\angle ANE = \angle AFD$.

例 14 如图 3.1.14，O 为 $\triangle ABC$ 外接圆的圆心，H 为垂心，OA 交 $\odot O$ 于点 N，NH 交 BC 于点 M. 求证：$BM = MC$.

点拨 只要证明四边形 $BNCH$ 为平行四边形，则 M 是这个平行四边形对角线的交点.

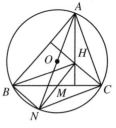

图 3.1.14

证明 由 AN 是直径，得 $NB \perp AB$. 又 $CH \perp AB$，则 $NB \parallel CH$. 同理，$NC \parallel BH$. 所以四边形 $BNCH$ 为平行四边形.

由平行四边形的对角线互相平分，得 $BM = MC$.

说明 证明平行四边形的方法很多，这里因垂直关系得平行关系，自然想到对边互相平行的四边形是平行四边形的方法.

模式 8 等腰三角形"三线合一".

例 15 如图 3.1.15，已知 l 是 $\odot O$ 外一条直线，$OA \perp l$ 于点 A，过点 A 作一条割线交 $\odot O$ 于点 B、C，过点 B 和点 C 作 $\odot O$ 的切线分别交 l 于点 E、F. 求证：$AE = AF$.

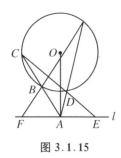

图 3.1.15

点拨 连接 OF、OE，设法证明 $OF=OE$，这只要 $\triangle OFC \cong \triangle OEB$.

证明 连接 OF、OE、OC、OB.

由 FC 是 $\odot O$ 的切线，得 $OC \perp FC$. 又 $OA \perp FA$，则四边形 $OCFA$ 是圆内接四边形，所以 $\angle OFC = \angle OAC = \angle OAB$.

同理，$\angle OAB = \angle OEB$. 所以 $\angle OFC = \angle OEB$.

由 $OC=OB$，$OB \perp BE$，得 $\text{Rt}\triangle OFC \cong \text{Rt}\triangle OEB$，则 $OF=OE$.

又 $OA \perp EF$，所以 $FA=AE$.

说明 四边形 $OCFA$ 与 $OBAE$ 都是圆内接四边形. 另外，当直线 l 与圆相交时，结论也成立.

例 16 如图 3.1.16，已知 $\odot O_1$ 与 $\odot O_2$ 外切于点 A，BC 是 $\odot O_1$ 和 $\odot O_2$ 的公切线，B、C 为切点，BC 与 $O_1 O_2$ 的延长线相交于点 D，过点 D 作 BC 的垂线，交 BA 及 AC 的延长线于点 M、N. 求证：$MD=DN$.

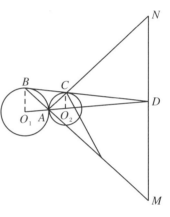

图 3.1.16

点拨 由于 $CD \perp MN$，故只要证 $CM=CN$.

证明 连接 CM.

由 $CA \perp BM$，$CD \perp MN$，得四边形 $ACDM$ 是圆内接四边形，则 $\angle CMD = \angle CAD$.

由 $O_2 C \parallel MN$，得 $\angle MNA = \angle O_2 CA$.

由 $\angle O_2 AC = \angle O_2 CA$，得 $\angle CMN = \angle CNM$.

又 $CD \perp MN$，所以 $MD=DN$.

说明 本题也可证 $MD=AD=DN$.

模式 9 用比例证线段 $a=b$，可证 $\dfrac{a}{c}=\dfrac{b}{c}$ 或 $\dfrac{c}{a}=\dfrac{c}{b}$ 或 $a^2=b^2$ 等.

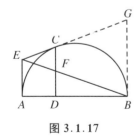

图 3.1.17

例 17 如图 3.1.17，AB 为半圆的直径，C 为半圆上任一点，$CD \perp AB$ 于点 D，由 A 和 C 作半圆的切线相交于点 E，连接 EB 交 CD 于点 F. 求证：$CF=FD$.

点拨 为用比例证 $CF=FD$，可延长 EC，交与过点 B 的切线于点 G，设法证 $\dfrac{AE}{DF}=\dfrac{AE}{CF}$.

证明 延长 EC 交过 B 的切线于点 G.

在 $\triangle ABE$ 中，由 $FD \parallel AE$，得 $\dfrac{AE}{DF}=\dfrac{BE}{FB}$.

同理，$\dfrac{BG}{FC}=\dfrac{EG}{EC}$.

又 $CE=AE$，$CG=GB$，则 $\dfrac{CG}{FC}=\dfrac{EG}{AE}$，即 $\dfrac{EG}{CG}=\dfrac{AE}{FC}$.

由 $\dfrac{EB}{FB}=\dfrac{EG}{CG}$，得 $\dfrac{EB}{FB}=\dfrac{AE}{FC}$，则 $\dfrac{AE}{DF}=\dfrac{AE}{FC}$.

所以 $DF = FC$.

说明 本题如果连接 BC 交 AE 的延长线于点 G，则有 $AC \perp GC$，从而 $EA = EC = EG$，再由 $CD \parallel GA$ 可得 $FC = FD$.

例 18 如图 3.1.18，从半圆上一点 C 向直径 AB 作垂线 CD，交 AB 于点 D；作 $\odot O$ 与 $\overparen{BC}$、CD、DB 分别切于点 E、F、G. 求证：$AC = AG$.

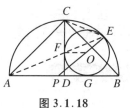

图 3.1.18

点拨 先证 A、F、E 共线，又因 $AG^2 = AF \cdot AE$，所以只要证 $AC^2 = AF \cdot AE$.

证明 设半圆圆心为 P，则 P、O、E 三点共线.

由 $OF \perp CD$，$AB \perp CD$，得 $OF \parallel AB$.

连接 EF、FA.

由 $\angle FEO = \dfrac{1}{2} \angle FOP = \dfrac{1}{2} \angle EPB = \angle PEA$，得 E、F、A 三点共线.

由 AG 是 $\odot O$ 的切线，得 $AG^2 = AF \cdot AE$.

连接 CE，由 $CD \perp AB$，$AC \perp BC$，得 $\angle ACF = \angle ABC = \angle AEC$，则 $\triangle ACF \sim \triangle AEC$，从而有 $\dfrac{AC}{AF} = \dfrac{AE}{AC}$，即 $AC^2 = AF \cdot AE$.

所以 $AG^2 = AC^2$，即 $AG = AC$.

说明 本题的证明是分三步完成的，即① 证 A、F、E 三点共线；② $\triangle ACF \sim \triangle AEC$；③ $AG^2 = AE \cdot AF = AC^2$.

模式 10 在同圆或等圆中，等弧、等角（圆心角、圆周角）所对的弦相等，垂径等分弦.

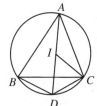

图 3.1.19

例 19 如图 3.1.19，I 是 $\triangle ABC$ 的内心，延长 AI 交 $\triangle ABC$ 外接圆于点 D. 求证：$DI = DB = DC$.

点拨 显然 $BD = DC$，关键是证 $DI = DC$，即证 $\angle DIC = \angle DCI$.

证明 由 I 是 $\triangle ABC$ 的内心，得 $\angle BAD = \angle CAD$，$\angle ACI = \angle BCI$. 又 $\angle BAD = \angle BCD$，得 $\angle DAC + \angle ACI = \angle BCD + \angle BCI$，即 $\angle DIC = \angle DCI$，所以 $ID = DC$.

又 $\angle BAD = \angle CAD$，得 $BD = DC$.

所以 $DB = DC = DI$.

说明 三角形的内心是三角形三个内角平分线的交点.

例 20 如图 3.1.20，$\triangle ABC$ 的内心为 I，$\angle C$ 的外角平分线交 AI、BI 的延长线于点 E、F，交 $\triangle ABC$ 外接圆于点 M. 求证：$ME = MF$.

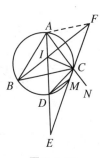

图 3.1.20

点拨 设 AD 交 $\triangle ABC$ 外接圆于点 D，先证 $DE = DI$，再证 $DM \parallel IF$.

证明 由 $\angle ICB = \dfrac{1}{2} \angle ACB$，$\angle ECB = \dfrac{1}{2} \angle BCN$，且 $\angle ACB + \angle BCN = 180°$，得 $\angle ICB + \angle ECB = 90°$，即 $IC \perp CE$.

又 $DC = DI$，得 $DE = DI$.

由 $IC \perp CE$,得 $IC \perp CF$.

连接 AF,同理,$IA = IC$. 则四边形 $AICF$ 是圆内接四边形,得 $\angle EAC = \angle EFI$.

又 $\angle DME = \angle EAC$,则 $\angle DME = \angle IFE$,得 $DM \parallel IF$.

所以 $ME = MF$.

说明 通过四点共圆,应用圆的有关性质有着广泛的应用.

创新思维

模式是死的,方法是活的,记住模式,寻求模式,不是为了模仿,而是要善于变通,善于创新,提高创造性思维能力. 下面选用一些典型题,属于可用多种方法的求解题、探究题和数学竞赛中的基本题,进行创新思维训练.

例1 如图 3.1.21(a),正方形 $ABCD$ 中,E 是 CD 的中点,F 是 DA 的中点,连接 BE 与 CF 相交于点 P. 求证: $AP = AB$.

点拨 要证的是线段相等,可供选择的方法主要有"全等三角形对应线段相等""等腰三角形两腰相等""平行四边形对边相等及对角线互相平分"等. 结合本题特点,经过探索,可得下面几种证法.

证明 (证法1:利用全等三角形)如图(b),取 BP 的中点 G,连接 AG.

由 E、F 分别是 CD、DA 的中点,得 $\text{Rt}\triangle BCE \cong \text{Rt}\triangle CDF$,则 $\angle 1 = \angle 2$.

由 $\angle 1 + \angle 3 = 90°$,得 $\angle 2 + \angle 3 = 90°$,则 $CP \perp BP$,从而有 $\text{Rt}\triangle BCE \backsim \text{Rt}\triangle BPC$.

由 $BC = 2CE$,得 $PB = 2CP$.

由 $AB = BC$,$BG = CP$,$\angle 3 = \angle 4$,得 $\triangle ABG \cong \triangle BCP$,则 $\angle AGB = \angle BPC = 90°$.

进而有 $\text{Rt}\triangle ABG \cong \text{Rt}\triangle APG$,所以 $AP = AB$.

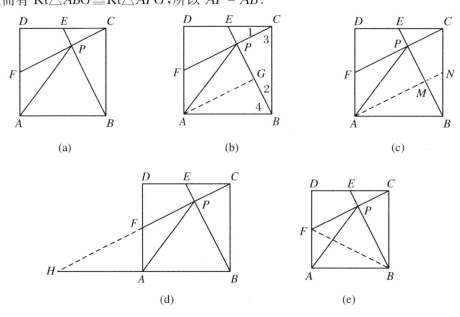

图 3.1.21

(证法2:利用等腰三角形三线合一)如图(c),过点 A 作 $AM \perp PB$ 于点 M,设交 BC

于点 N.

由 $CF \perp PB$, 得 $AN \parallel CF$. 又 $AF \parallel CN$, 则四边形 $ANCF$ 是平行四边形.

从而有 $CN = AF = \dfrac{1}{2}AD = \dfrac{1}{2}BC = BN$, 得 $BM = MP$.

所以 $AP = AB$.

(证法 3: 利用直角三角形斜边上的中线的性质) 如图(d), 延长 CF、BA 交于点 H.

由 F 是 AD 的中点, 得 $\mathrm{Rt}\triangle AHF \cong \mathrm{Rt}\triangle DCF$, 则 $AH = DC = AB$.

由 $BP \perp PH$, 得 $AP = \dfrac{1}{2}HB = AB$.

(证法 4: 利用等腰三角形的定义) 如图(e), 连接 BF, 则 $BC = CD = BA$, $\angle BCE = \angle CDF = \angle BAF = 90°$, $CE = FD = FA = \dfrac{1}{2}AD$. 从而有 $\triangle BCE \cong \triangle CDF \cong \triangle BAF$, 故得 $\angle BEC = \angle CFD = \angle BFA$.

又 $\angle CEB = \angle ABE$, 则 $\angle CFD = \angle ABE$, 故得四边形 $FABP$ 是圆内接四边形, 从而有 $\angle APB = \angle BFA$.

又 $\angle BFA = \angle CFD$, 则 $\angle APB = \angle ABE = \angle ABP$.

所以 $AP = AB$.

例 2 如图 3.1.22(a), 已知 $\triangle ABD$ 和 $\triangle ACE$ 都是直角三角形, 且 $\angle ABD = \angle ACE = 90°$, 连接 DE, 设 M 是 DE 的中点.

(1) 求证: $MB = MC$.

(2) 设 $\angle BAD = \angle CAE$, 固定 $\mathrm{Rt}\triangle ABD$, 让 $\mathrm{Rt}\triangle ACE$ 绕顶点 A 在平面内旋转到图(b) 的位置. 试问: $MB = MC$ 是否还能成立? 证明你的结论.

点拨 本题(1)不难, 可延长 BM 交 CE 于点 N, 则 CM 是 $\mathrm{Rt}\triangle BCN$ 的斜边 BN 的中线.

对于(2), 由中点很容易联想到中线和中位线, 证明方法也是最基本的, 可用全等三角形、垂直平分线、三角形中位线、直角三角形斜边上的中线等. 下面提供几种比较好的证法.

证明 (证法 1) 如图(c), 取 AD、AE 的中点 F、G, 连接 BF, FM, MG, GC.

由 M 是 DE 的中点, 得 $MF = \dfrac{1}{2}AE$, $MG = \dfrac{1}{2}AD$.

又由 $BF = \dfrac{1}{2}AD$, $CG = \dfrac{1}{2}AE$, 得 $MF = CG$, $MG = BF$.

由 $\angle CGE = 2\angle CAE = 2\angle BAD = \angle BFD$, $\angle MFD = \angle DAE = \angle MGE$, 得 $\angle BFM = \angle CGM$. 从而有 $\triangle BFM \cong \triangle MGC$.

所以 $MB = MC$.

(证法 2) 如图(d), 作 $DG \perp AC$ 于点 G, 连接 MG.

由(1), 得 $GM = CM$.

取 AD 的中点 F, 连接 FB, FG, MF.

因为 $\angle AGD = \angle ABD = 90°$, 所以 $AGBD$ 是圆内接四边形, 且 F 为圆心.

所以 $FB = FG$.

因为 M 是 DE 的中点,所以 $FM /\!/ AF$,从而有 $\angle 1 + \angle 2 = \angle 4 + \angle 5 + \angle 6$.

又因 $\angle 1 = 2\angle 5, \angle 5 = \angle 6$,所以 $\angle 1 = \angle 5 + \angle 6$,从而有 $\angle 2 = \angle 4$.

因为 $\angle 2 + \angle 3 \stackrel{m}{=} \overset{\frown}{BG} \stackrel{m}{=} 2\angle 4$,所以 $\angle 3 = \angle 2$.

故 $\triangle MFB \cong \triangle MFG$,从而 $BM = GM$,即 $BM = CM$.

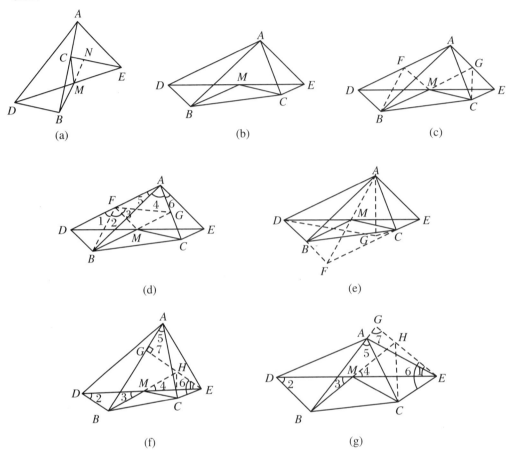

图 3.1.22

（证法 3）如图(e),以 AB、AC 为对称轴,作 $\triangle ABD$、$\triangle ACE$ 的对称图形 $\triangle ABF$、$\triangle ACG$,则 $AD = AF, AE = AG, \angle BAF = \angle BAD, \angle CAG = \angle CAE$.

由 $\angle BAD = \angle CAE$,得 $\angle BAF = \angle CAG$. 则 $\angle BAG = \angle CAF, \angle DAG = \angle EAF$. 从而 $\triangle ADG \cong \triangle AFE$,所以 $DG = FE$.

又 B、M、C 分别是 DF、DE、EG 的中点,则 $BM = \dfrac{1}{2}EF = \dfrac{1}{2}DG = CM$.

（证法 4）如图(f)、(g),作 $EG \perp BA$（或延长线）于点 G,BM 的延长线交 EG 于点 H,连接 CH.

由 $AB \perp BD, EG \perp BA$,得 $EH /\!/ DB$,则 $\angle 1 = \angle 2$.

又由 $\angle 3 = \angle 4, EM = DM$,得 $\triangle EHM \cong \triangle DBM$. 从而 $EH = BD, HM = BM$.

由 $EG \perp AG, AC \perp CE$,可知四边形 $AGCE$ 是圆内接四边形,则 $\angle 5 = \angle 6$.

由 Rt△ABD∽Rt△ACE,得 $\frac{BD}{CE} = \frac{AB}{AC}$,即 $\frac{EH}{EC} = \frac{AB}{AC}$,故得△EHC∽△ABC,从而 ∠EHC = ∠ABC,则四边形 CHGB 是圆内接四边形,从而∠BCH = ∠7 = 90°.

由 MB = MH,得 CM 是 Rt△BCH 斜边上的中线.

所以 $CM = \frac{1}{2}BH = BM$.

例 3 如图 3.1.23,点 M 是等边△ABC 边 BC 上一个动点(点 M 异于 B、C 和 BC 的中点),连接 AM,过点 C 作 CD⊥AM 于点 D,将 CD 绕点 C 逆时针旋转 60°得到线段 CE,连接 DE、BE.

(1) 直接写出∠EDM = _____ 度.

(2) 求证:AD = BE.

(3) 延长 ED 交 AB 于点 F. 求证:AF = BF.

点拨 设 N 为 BC 的中点,下面分 M 在 BN 上与 M 在 CN 上讨论求解.

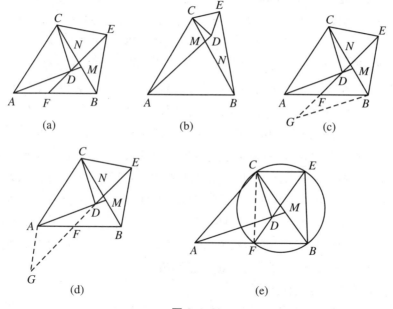

图 3.1.23

解 (1) 点 M 在 BN 上,由△CDE 是等边三角形,可得∠CDE = 60°,则∠EDM = 90° - 60° = 30°.

点 M 在 CN 上,由∠CDE = 60°,得∠EDM = 90° + 60° = 150°.

(2) △ACD≌△BCE("手拉手"模型).

因为 CE 是 CD 绕点 C 逆时针旋转 60°得到的,所以有 CD = CE,∠DCE = 60°,即△CDE 是等边三角形. 又由△ABC 是等边三角形,得 AB = BC,∠ACB = ∠DCE = 60°,则∠ACB + ∠DCB = ∠DCE + ∠DCB,即∠ACD = ∠BCE. 又因 AC = BC,CD = CE,所以△ACD≌△BCE,得 AD = BE.

(3) (证法 1)如图(c),过点 B 作 BG∥AM,交 EF 的延长线于点 G,则由等腰三角形与全等三角形性质,可得 $BG=AD$,$\angle ADG=\angle G=30°$,$\angle AFD=\angle BFG$,所以 $\triangle AFD \cong \triangle BFG$,所以 $AF=BF$.

过点 B 作 $BG/\!/AM$,交 EF 的延长线于点 G.

由 $CD\perp AM$,得 $\angle ADC=90°$.

由 $\triangle ACD \cong \triangle BCE$,得 $AD=BE$,则 $\angle ADC=\angle BEC=90°$.

由 $CD=CE$,$\angle DCE=60°$,得 $\triangle CDE$ 是等边三角形,即 $\angle CED=\angle CDE=60°$,从而有 $\angle ADG=30°$,$\angle GEB=90°-60°=30°$.

由 $BG/\!/AM$,得 $\angle G=\angle ADG=30°$,则 $\angle G=\angle GEB=30°$,从而有 $BG=BE=AD$.

由 $\angle ADG=\angle G$,$\angle AFD=\angle BFG$,得 $\triangle AFD \cong \triangle BFG$,则 $AF=BF$.

(证法 2)如图(d),过点 A 作 $AG/\!/BE$,交 EF 延长线于点 G,由等腰三角形和全等三角形性质,得 $AG=BE$,$\angle G=\angle BEF=30°$,$\angle AFG=\angle BFE$,从而 $\triangle AFG \cong \triangle BFE$,所以 $AF=BF$.

过点 A 作 $AG/\!/BE$,交 EF 的延长线于点 G.由 $CD\perp AM$,得 $\angle ADC=90°$.由 $\triangle ACD \cong \triangle BCE$,得 $AD=BE$,$\angle ADC=\angle BEC=90°$.由 $CD=CE$,$\angle DCE=60°$,得 $\triangle CDE$ 是等边三角形,即 $\angle CED=\angle CDE=60°$,则 $\angle ADG=30°$,$\angle GEB=90°-60°=30°$.

由 $AG/\!/BE$,得 $\angle G=\angle GEB=30°$,则 $\angle G=\angle ADG=30°$,从而有 $AG=AD=BE$.又由 $\angle G=\angle GEB$,$\angle AFG=\angle BFE$,得 $\triangle AFG \cong \triangle BFE$,所以 $AF=BF$.

(证法 3)如图(e),连接 CF,由 $\angle ABC=\angle CEF=60°$,可得 C、F、B、E 四点共圆,由 $\angle BEC=90°$,得 BC 是圆的直径,由等腰三角形"三线合一",可得 $AF=BF$.

连接 CF,$CD=CE$,$\angle DCE=60°$,得 $\triangle CDE$ 是等边三角形,则 $\angle CEF=60°$.又 $\triangle ABC$ 是等边三角形,即 $\angle ABC=60°$,$AC=BC$,则 $\angle ABC=\angle CEF=60°$,故得 C、F、B、E 四点共圆.由 $CD\perp AM$,得 $\angle ADC=90°$,又 $\triangle ACD \cong \triangle BCE$,得 $\angle BEC=90°$,所以 BC 是圆的直径,从而有 $\angle BFC=90°$,即 $CF\perp AB$.又因 $AC=BC$,所以 $AF=BF$.

例 4 如图 3.1.24(a),在正方形 $ABCD$ 中,M 是 BC 边上一点,P 在射线 AM 上,将线段 AP 绕点 A 顺时针旋转 $90°$ 得到线段 AQ,连接 BP、PQ、DQ.

(1)依题意补全图 3.1.24(a).

(2)连接 DP,若 P、Q、D 恰好在同一条直线上.求证:$DP^2+DQ^2=2AB^2$.

(3)若点 P、Q、C 恰好在同一条直线上,猜想 BP 与 AB 的数量关系,并给出证明.

点拨 (2)构作直角三角形;(3) $AB=BP$.

解 (1)如图 3.1.24(a)所示.

(2)(证法 1)如图(b),当 P、Q、D 三点共线时,连接 BD,由 $AP=AQ$,$\angle PAQ=90°$,得 $\angle Q=\angle APQ=45°$.由 $\angle Q=\angle APB=45°$,得 $\angle DPB=\angle APQ+\angle APB=90°$.在 $Rt\triangle BPD$ 中,有 $DP^2+BP^2=BD^2$,又 $BD=\sqrt{2}AB$,$DQ=BP$,得 $DP^2+DQ^2=2AB^2$.

(证法 2)如图(c),过点 A 作 $AN\perp PQ$ 于点 N.由 $AP=AQ$,$\angle PAQ=90°$,得 $\triangle AQP$ 是等腰直角三角形.又 $AN\perp PQ$,得 $AN=\frac{1}{2}(DP+DQ)$,$DN=\frac{1}{2}(DP-DQ)$,在 $Rt\triangle ADN$ 中,由 $AN^2+DN^2=AD^2$,得 $\frac{1}{4}(DP+DQ)^2+\frac{1}{4}(DP-DQ)^2=AD^2$,即 $DP^2+DQ^2=$

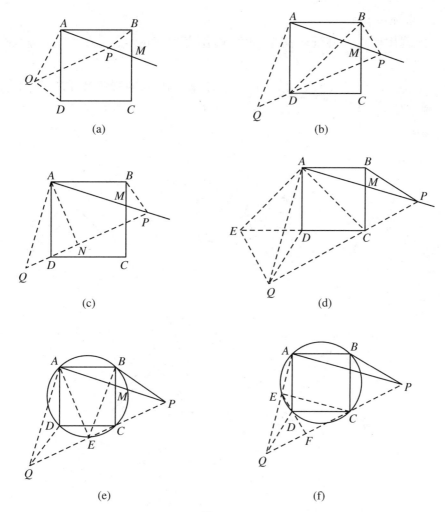

图 3.1.24

$2AD^2$. 又 $AB=AD$, 所以 $DP^2+DQ^2=2AB^2$.

(3) 当 P、Q、C 三点共线时, $AB=BP$. 证明如下:

(证法1)如图(d), 延长 CD 至点 E, 使 $DE=DC$, 连接 AE、QE、AC, 由 $\triangle AEC$ 是等腰直角三角形, 得 $\triangle APB \cong \triangle AQD$, 则 $BP=DQ$. 由 $\triangle AEQ \cong \triangle ACP$, 得 $\angle AQE=\angle APC=45°$, 又 $\angle AQP=45°$, 得 $\angle EQC=90°$, 则 $DQ=DC=AB$.

所以 $AB=BP$.

(证法2)如图(e), 过点 A 作 $AE \perp PQ$ 于点 E. 由 $\angle ABC+\angle AEC=180°$, 得 A、E、C、B 四点共圆. 由 $AB=BC$, 得 $\angle AEB=\angle CEB=45°$, 从而有 $\triangle AEB \cong \triangle PEB$, 则 $BP=AB$.

(证法3)如图(f), 设 AQ 交正方形 $ABCD$ 外接圆于点 E, 连接 ED 交 QC 于点 F, 连接 CE, 则由 A、E、D、C 四点共圆, 得 $\angle CEF=\angle CAD=45°$, 则 $\angle QEF=45°$, 进而有 $EF \perp CQ$, 得 $QD=CD$, 所以 $BP=DQ=CD=AB$.

说明 本题(3)还有其他证法.

例5 如图 3.1.25(a), 在 $\triangle ABC$ 中, $AB=AC$, $\angle BAC=90°$, D 在 $\triangle ABC$ 外, 且

$\angle BDC = 45°$. 求证: $AD = AB$.

点拨 此题用四点共圆证较简单,也可构作直角三角形、一线三垂直等辅助线给出证明.

证明 (证法 1)如图(b),延长 CA 至点 E,使 $AE = AC$,连接 BE,则 Rt$\triangle BAE \cong$ Rt$\triangle BAC$,则 $\angle E = \angle ACB = \angle BDC = 45°$,所以 B、C、D、E 四点共圆,且 A 为该圆的圆心,故得 $AD = AB$.

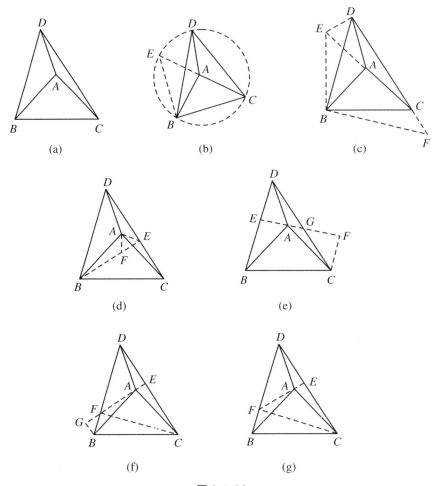

图 3.1.25

(证法 2)如图(c),延长 CA 至点 E,使 $AE = AC$,连接 DE,则 $\triangle BCE$ 是等腰直角三角形.将 $\triangle BDE$ 绕点 B 顺时针旋转 $90°$,得 $\triangle BFC$,则 $\angle EDB = \angle F = 45°$,$\angle EDF = 90°$,所以 $AD = AE = AC$,从而有 $AD = AB$.

(证法 3)如图(d),作 $\angle ABE = \angle ACD$,交 DC 于点 E,在 BE 上截取 $BF = CE$,连接 AF,则 $\triangle ABF \cong \triangle ACE$,得 $AF = AE$,进而有 $BE \perp CD$,故得 $\triangle BED$ 是等腰直角三角形,则 $BE = DE$,从而有 $\triangle ABE \cong \triangle ADE$,所以 $AD = AB$.

(证法 4)如图(e),过点 A 作 $AE \perp BD$ 于点 E,交 DC 于点 G,过点 C 作 $CF \perp EA$ 于点 F,则 Rt$\triangle ABE \cong$ Rt$\triangle CAF$,得 $AE = CF$,$BE = AF$.由 $DE = EG$,$GF = CF$,得 $DE = EG = $

$AF = BE$,所以 $AD = AB$.

(证法 5)如图(f),过点 A 作 $AE \perp DC$ 于点 E,交 DB 于点 F,过点 B 作 $BG \perp AF$ 于点 G,连接 FC,则 Rt$\triangle ABG \cong$ Rt$\triangle CAE$,从而可得 $\triangle EFC$ 是等腰直角三角形,有 $EF = CE = DE$,得 $AD = AC$,所以 $AD = AB$.

(证法 6)如图(g),过点 A 作 $AE \perp DC$ 于点 E,交 DB 于点 F,连接 CF,则 $\angle BCF = \angle ACE = \angle BAF$,从而可得 $CF \perp BF$,进而有 $\triangle BCF \backsim \triangle ACE$,则 $\dfrac{BC}{AC} = \dfrac{CF}{EF} = \dfrac{BF}{AE} = \sqrt{2}$.又 $DE = EF$,得 $\dfrac{CF}{DE} = \dfrac{CF}{EF} = \sqrt{2}$,所以 $\triangle BCF \backsim \triangle ADE$,得 $BC = \sqrt{2}AD$.所以 $AD = AB$.

说明 本例的证明告诉我们,知识掌握的多对解题是有帮助的.

例 6 如图 3.1.26,在 $\triangle ABC$ 与 $\triangle BDE$ 中,$\angle ABC = \angle BDE = 90°$,$BC = DE$,$AB = BD$,$M$、$M'$ 分别为 AB、BD 的中点.

(1)探索 CM 与 EM' 的数量关系,并证明你的结论;

(2)如图(b),连接 MM',并延长交 CE 于点 K,试判断 CK 与 EK 之间的数量关系,并说明理由.

点拨 (1) $CM = EM'$;(2) $CK = EK$.

证明 (1)由题意,Rt$\triangle ACB \cong$ Rt$\triangle BED$,则 $AB = BD$,所以 $BM = DM'$.又 Rt$\triangle EM'D \cong$ Rt$\triangle CMB$,所以 $CM = EM'$.

(2) $CK = KE$.理由如下:

如图(b),延长 MK 至点 L,使 $KL = MM'$,连接 LE,则 $KL + KM' = MM' + KM'$,即 $KM = LM'$.由(1)可知 $CM = EM'$.由 $BD = AB$,M 是 AB 的中点,M' 是 BD 的中点,得 $BM = BM'$,则 $\angle BMM' = \angle BM'M$,由(1)知 Rt$\triangle BCM \cong$ Rt$\triangle DEM'$,则 $\angle BMC = \angle EM'D$,进而有 $\angle CMK = \angle KM'E$.在 $\triangle CMK$ 和 $\triangle EM'L$ 中,由 $MC = M'E$,$\angle CMK = \angle LM'E$,$MK = M'L$,得 $\triangle CMK \cong \triangle EM'L$,则 $CK = EL$.又由 $\angle CKM = \angle LKE = \angle KLE$,得 $KE = LE$,则 $CK = KE$.

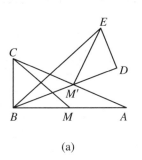

(a)

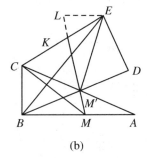

(b)

图 3.1.26

例 7 如图 3.1.27(a),在 $\triangle ABC$ 中,$\angle BAC = 90°$,$AB = AC$,直线 l 经过点 A,$BD \perp l$ 于点 D,$CE \perp l$ 于点 E.

(1)求证:$DE = BD + CE$.

(2)如图(b),将(1)中的条件改为:在 $\triangle ABC$ 中,$AB = AC$,D、A、E 三点在直线 l 上,并

且有 $\angle BDA = \angle AEC = \angle BAC = 120°$. 请问(1)中结论是否还成立？若成立，请给出证明；若不成立，请说明理由.

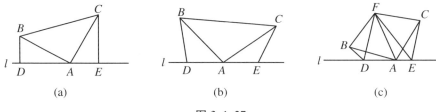

图 3.1.27

(3) 拓展与应用：如图(c)，D、E 是 D、A、E、三点所在直线 l 上的两个动点（D、A、E 三点互不重合），F 是 $\angle BAC$ 平分线上一点，且 $\triangle ABF$ 和 $\triangle ACF$ 均为等边三角形，连接 BD、CE，若 $\angle BDA = \angle AEC = \angle BAC$，试证明：$FD = FE$.

点拨 在(1)与(2)中，$\triangle ABD \cong \triangle CAE$；(3) $\triangle ADF \cong \triangle CEF$.

解 (1) 在 Rt$\triangle ABD$ 与 Rt$\triangle CAE$ 中，由 $AB = AC$，$\angle BAD = 90° - \angle CAE = \angle ACE$，得 Rt$\triangle ABD \cong$ Rt$\triangle CAE$，则 $BD = AE$，$DA = CE$，所以 $DE = DA + AE = BD + CE$.

(2) (1)中结论还成立.证明如下：

在 $\triangle ABD$ 与 $\triangle CAE$ 中，由 $\angle BDA = \angle AEC = \angle BAC = 120°$，得 $\angle BAD + \angle CAE = 60°$. 由 $\angle BAD + \angle ABD = 60°$，得 $\angle BAD = \angle ACE$，又 $AB = AC$，从而有 $\triangle ABD \cong \triangle CAE$，则 $BD = AE$，$DA = CE$，所以 $DE = DA + AE = BD + CE$.

(3) 在 $\triangle ADF$ 与 $\triangle CEF$ 中，由(1)得 $DA = CE$，$\angle BAD = \angle ACE$. 又由 $\triangle ABF$ 和 $\triangle ACF$ 均为等边三角形，得 $AF = CF$，$\angle FAB = \angle FCA = 60°$，则 $\angle FAD = 60° + \angle BAD = 60° + \angle ACE = \angle FCA$，进而有 $\triangle ADF \cong \triangle CEF$，所以 $FD = FE$.

说明 在本题的 3 个小题中，均有 $\triangle ABD \cong \triangle CAE$.

例 8 (1) 操作发现：如图 3.1.28(a)，D 是等边 $\triangle ABC$ 边 BA 上一动点（异于点 B），连接 DC，以 DC 为边在 BC 上方作等边 $\triangle DCF$，连接 AF. 线段 AF 与 BD 之间的数量关系是_____；

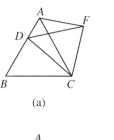 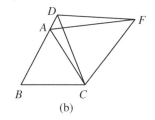

(a) (b)

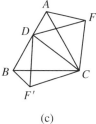 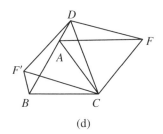

(c) (d)

图 3.1.28

(2) 类比猜想:如图(b),当动点 D 运动至等边 $\triangle ABC$ 边 BA 的延长线上时,其他作法与(1)相同,猜想线段 AF 与 BD 之间的数量关系是_____.

(3) 深入探究:① 如图(c),当动点 D 在等边 $\triangle ABC$ 边 BA 上运动时(异于点 B),连接 DC,以 DC 为边在 BC 上方、下方分别作等边 $\triangle DCF$ 和等边 $\triangle DCF'$,连接 AF、BF',猜想 AF、BF' 与 AB 有何数量关系_____;② 如图(d),当动点 D 在等边 $\triangle ABC$ 边 BA 的延长线上运动时,其他作法与图(c)相同,①中结论是否成立?若不成立,是否有新的结论?证明你得出的结论.

点拨 (1) $AF = BD$;(2) $AF = BD$;(3) ① $AB = AF + BF'$,② $AB = AF - BF'$.

解 (1) $AF = BD$.将 $\triangle BCD$ 绕点 C 顺时针方向旋转 $60°$ 可得 $\triangle ACF$,则 $AF = BD$.

(2) $AF = BD$.证明如下:在 $\triangle BCD$ 与 $\triangle ACF$ 中,由 $BC = AC$,$DC = FC$,$\angle BCD = 60° + \angle ACD = \angle ACF$,得 $\triangle BCD \cong \triangle ACF$,所以 $AF = BD$.

(3) ① 由(1)得 $AF = BD$.同理 $BF' = AD$.所以 $AB = AD + DB = BF' + AF$.

② $AB = AF - BF'$.证明如下:由(2)得 $BD = AF$.将 $\triangle BCF'$ 绕点 C 顺时针旋转 $60°$,可得 $\triangle ACD$,所以 $BF' = AD$,进而有 $AB = DB - AD = AF - BF'$.

说明 本题利用全等三角形或旋转变换都可以给出证明.

例9 (1) 如图 3.1.29(a),在 $\triangle ABC$ 中,点 D 是 AB 的中点,$AE \perp BC$ 于点 E,$BF \perp AC$ 于点 F,M 是 AE 与 BF 的交点,连接 DE、DF,若 $DE = kDF$,则 $k = $ _____;

(2) 如图(b),在 $\triangle ABC$ 中,$CB = CA$,D 是 AB 的中点,点 M 在 $\triangle ABC$ 内部,且 $\angle MAC = \angle MBC$,过点 M 分别作 $ME \perp BC$ 于点 E,$MF \perp AC$ 于点 F,连接 DE、DF.求证:$DE = DF$.

(3) 若将上面(2)中的条件"$CB = CA$"变为"$CB \neq CA$",其他条件不变,试探究 DE 与 DF 之间的数量关系,并证明你的结论.

点拨 (1) $k = 1$;(2) $\triangle BDE \cong \triangle ADF$;(3) $DE = DF$.

证明 (1) $k = 1$.

(2) 由 $CB = CA$,得 $\angle CAB = \angle CBA$.又由 $\angle MAC = \angle MBC$,得 $\angle CAB - \angle MAC = \angle CBA - \angle MBC$,即 $\angle MAB = \angle MBA$,则 $MA = MB$.由 $ME \perp BC$,$MF \perp AC$,得 $\angle AFM = \angle BEM$,从而有 $\triangle AFM \cong \triangle BEM$,得 $AF = BE$.由 D 是 AB 的中点,得 $BD = AD$,所以 $\triangle BDE \cong \triangle ADF$,得 $DE = DF$.

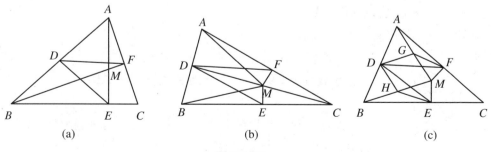

图 3.1.29

(3) $DE = DF$. 证明如下:

如图(c),分别取 AM、BM 的中点 G、H,连接 DG、FG、DH、EH. 由 D、G、H 分别是 AB、AM、BM 的中点,得 $DG // BM$,$DH // AM$,且 $DG = \frac{1}{2}BM$,$DH = \frac{1}{2}AM$,所以四边形 $DHMG$ 是平行四边形,则 $\angle DHM = \angle DGM$. 由 $ME \perp BC$ 于点 E,$MF \perp AC$ 于点 F,得 $\angle AFM = \angle BEM = 90°$,则 $FG = \frac{1}{2}AM = AG$,$EH = \frac{1}{2}BM = BH$,所以 $FG = DH$,$DG = EH$,$\angle GAF = \angle GFA$,$\angle HBE = \angle HEB$,从而 $\angle FGM = 2\angle FAM$,$\angle EHM = 2\angle EBM$. 又 $\angle FAM = \angle EBM$,得 $\angle FGM = \angle EHM$,则 $\angle DGM + \angle FGM = \angle DHM + \angle EHM$,即 $\angle DGF = \angle DHE$. 由 $EH = DG$,$\angle EHD = \angle DGF$,$HD = GF$,得 $\triangle EHD \cong \triangle DGF$,所以 $DE = DF$.

例 10 如图 3.1.30,已知 $\triangle ABC$ 内接于 $\odot O$,AD、BD 是 $\odot O$ 的切线,$DE // BC$ 交 AC 于点 E,连接 EO 并延长交 BC 于点 F. 求证:$BF = FC$.

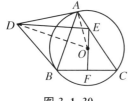

图 3.1.30

点拨 由 D、A、E、O 四点共圆,推证 $EF \perp BC$.

证明 连接 AO、DO,由 $DE // BC$,得 $\angle AED = \angle C$.

由 DA、DB 是 $\odot O$ 的切线,得 $\angle OAD = 90°$,又 $\angle AOB = 2\angle C$,则 $\angle AOD = \frac{1}{2}\angle AOB = \angle C = \angle AED$,所以 D、A、E、O 四点共圆,从而 $\angle DEO = \angle DAO = 90°$,所以 $DE \perp EF$,得 $EF \perp BC$,所以 $BF = CF$.

说明 要证 OF 平分弦 BC,可由垂径定理得,只要证 $OF \perp BC$.

*例 11** 如图 3.1.31,D、E 分别是 $\triangle ABC$ 边 AC、AB 上的点,BD 与 CE 交于点 O,$AD = AE$,$OC = OB$. 求证:$AB = AC$.

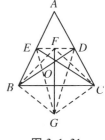

图 3.1.31

点拨 作 BC 的中垂线交 DE、$\triangle BEF$ 外接圆于点 F、G,则可利用四点共圆证.

证明 作 BC 的中垂线交 DE 于 F,交 $\triangle BEF$ 外接圆于点 G,连 EG、DG,由 $\angle ADE = \angle AED = \angle BGF = \angle CGF$,得 C、D、F、G 与 B、E、F、G 四点共圆,又 $\triangle BFG \cong \triangle CFG$,则两圆为等圆,得 $\angle FEG = \angle FDG$,所以 $GE = GD$,从而 $\angle EBG = \angle DCG$,又 $\angle CBG = \angle BCG$,得 $\angle EBC = \angle DCB$,所以 $AB = AC$.

说明 本题看似简单,但难度较大.

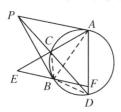

图 3.1.32

*例 12** 如图 3.1.32,PA、PB 是圆的切线,PCD 是圆的割线,过切点 B 作 PA 的平行线分别交直线 AC、AD 于点 E、F. 求证:$BE = BF$.

点拨 利用弦切角和平行关系以及导角,由相似三角形导出比例关系.

证明 连接 AB、BC、BD,$\angle ABC = \angle PAC = \angle E$,从而 $\triangle ABC \sim$

$\triangle AEB$,则 $BE = \dfrac{AB \cdot BC}{AC}$.

又 $\angle ABF = \angle PAB = \angle ADB$,得 $\triangle ABF \backsim \triangle ADB$,则 $BF = \dfrac{AB \cdot BD}{AD}$.

又 $\triangle PBC \backsim \triangle PDB$,$\triangle PCA \backsim \triangle PAD$,得 $\dfrac{BC}{BD} = \dfrac{PC}{PB}$,$\dfrac{AC}{AD} = \dfrac{PC}{PA}$.

由 $PA = PB$,得 $\dfrac{BC}{BD} = \dfrac{AC}{AD}$,即 $\dfrac{BC}{AC} = \dfrac{BD}{AD}$.

所以 $BE = BF$.

说明 由 $\dfrac{AB \cdot BC}{AC} = \dfrac{AB \cdot BD}{AD}$,可知要证 $\dfrac{BC}{AC} = \dfrac{BD}{AD}$.

*__例 13__ 如图 3.1.33,$\odot O$ 是 $\triangle ABC$ 的内切圆,D 是切点,DE 是 $\odot O$ 的直径,连接 AE 并延长交 DC 于点 F.求证:$BD = FC$.

点拨 过点 E 作 $GN /\!/ BC$,由 $OD^2 = NE \cdot CD = GE \cdot BD$ 推证.

证明 如图 3.1.33,过点 E 作 $NG /\!/ BC$ 交 AB 于点 G,连接 ON、OM、OC,则 $\dfrac{EN}{FC} = \dfrac{AE}{AF} = \dfrac{EG}{BF}$.

又 $\angle CON = 90°$,从而 $OD^2 = OM^2 = NM \cdot CM = NE \cdot CD$.

同理,$OD^2 = GE \cdot BD$,则 $NE \cdot CD = GE \cdot BD$,即 $\dfrac{EN}{EG} = \dfrac{BD}{DC}$.

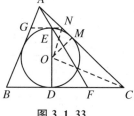

图 3.1.33

所以 $\dfrac{BD}{DC} = \dfrac{CF}{BF}$,即 $\dfrac{BD}{DF + CF} = \dfrac{CF}{BD + DF}$,得 $BD = CF$.

说明 此题难度较大,其中作 $GN /\!/ BC$ 是关键.

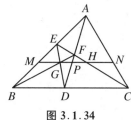

图 3.1.34

*__例 14__ 如图 3.1.34,已知 D、E 分别是 $\triangle ABC$ 边 BC、AB 上的点,AD、CE 交于点 F,BF、DE 交于点 G,过点 G 作 BC 的平行线分别交 AB、CE、AC 于点 M、H、N.求证:$GH = NH$.

点拨 用平行线截割线段成比例证明,难点是确定线束的顶点.

证明 (证法 1)设 MN 与 AD 交于点 P.考虑以 E、F、A 为顶点的线束,则由 $MN /\!/ BC$,得

$$\begin{cases} \dfrac{MG}{GH} = \dfrac{BD}{DC}, \\ \dfrac{GP}{PH} = \dfrac{BD}{DC}, \\ \dfrac{MP}{PN} = \dfrac{BD}{DC}, \end{cases}$$

则 $\dfrac{MG}{GH} = \dfrac{MP}{PN} = \dfrac{GP}{PH} = \dfrac{MP - GP}{PN - PH} = \dfrac{MG}{NH}$.

所以 $GH = NH$.

(证法 2)设 $MG = a$,$GP = b$,$PH = c$,$HN = d$,则由 $MN /\!/ BC$,得

$$\begin{cases} \dfrac{a}{BD} = \dfrac{b+c}{DC}, \\ \dfrac{b}{BD} = \dfrac{c}{DC}, \\ \dfrac{a+b}{BD} = \dfrac{c+d}{DC}, \end{cases}$$

则 $\begin{cases} \dfrac{a}{b} = \dfrac{b+c}{c}, \\ \dfrac{a+b}{b} = \dfrac{c+d}{c}, \end{cases}$ 即 $\begin{cases} ac = b(b+c), \\ ac = bd. \end{cases}$

所以 $d = b + c$，即 $GH = NH$。

说明 证明此题，要灵活掌握比例式性质。方法 2 通过设线段，进而化简求得 $d = b + c$，思路比较清晰。

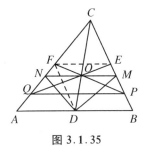

图 3.1.35

*例 15 如图 3.1.35，已知 D、E、F 分别是 $\triangle ABC$ 边 AB、BC、AC 的中点，DM、DN 分别平分 $\angle CDB$ 和 $\angle CDA$，O 是 MN 与 CD 的交点，EO、FO 延长分别交 AC、BC 于点 Q、P。求证：$PQ = CD$。

点拨 由平行线与角平分线可联想到比例线段。

证明 连接 DF、EF。由 DM、DN 分别平分 $\angle CDB$、$\angle CDA$，得 $\dfrac{AN}{NC} = \dfrac{AD}{CD}$，$\dfrac{BM}{MC} = \dfrac{BD}{CD}$，则 $\dfrac{AN}{NC} = \dfrac{BM}{MC}$，从而有 $MN \parallel AB$，得 $\dfrac{NO}{MO} = \dfrac{AD}{BD}$，所以 $NO = OM$。又由 $\angle NDM = 90°$，得 $ON = OM = OD$。由 $EF \parallel MN \parallel AB$，得 $\dfrac{FN}{FQ} = \dfrac{ON}{EF} = \dfrac{OM}{EF} = \dfrac{EM}{EP}$，所以 $EF \parallel QP$，故有 $\dfrac{CD}{EF} = \dfrac{CD}{BD} = \dfrac{CO}{OM} = \dfrac{CO}{OD}$。又 $\dfrac{PQ}{EF} = \dfrac{PO}{OF}$，且由 FD 是 $\triangle ABC$ 的中位线，得 $FD \parallel BC$，从而 $\dfrac{CO}{OD} = \dfrac{PO}{OF}$。

所以 $\dfrac{CD}{EF} = \dfrac{PQ}{EF}$，故得 $CD = PQ$。

说明 本题的比例关系比较复杂，理清思路是关键。

*例 16 如图 3.1.36，在 $\triangle ABC$ 中，AM 是 BC 边上的中线，BD 为 $\angle B$ 的平分线，AM 和 BD 交于点 E，CE 的延长线交 AB 于点 F，$FN \parallel AC$ 交 BC 于点 N。求证：$BF = NC$。

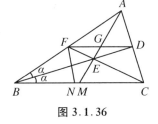

图 3.1.36

点拨 观察图形，猜想 $FD \parallel BC$，从而得 $\square NFDC$。

证明 AM、BD、CF 交于一点 E，则由塞瓦定理，得 $\dfrac{AF}{FB} \cdot \dfrac{BM}{MC} \cdot \dfrac{CD}{DA} = 1$。

又 $BM = MC$，则 $\dfrac{AF}{FB} = \dfrac{AD}{CD}$，得 $FD \parallel BC$。再由 $FN \parallel CD$，得四边形 $FNCD$ 是平行四边形，则 $FD = NC$。

由 BD 平分$\angle ABC$,得$\angle FDB = \angle DBC = \angle FBD$,则 $BF = FD$.

所以 $BF = NC$.

说明　此题无法用全等与相似三角形性质,尝试用角平分线性质也行不通.用塞瓦定理及梅涅劳斯定理,有时是一个不错的选择.

*例17　如图3.1.37,在四边形 $ABCD$ 中, E、F 分别是边 AB、CD 的中点, P 为对角线 AC 延长线上任意一点, PF 交 AD 于点 M, PE 交 BC 于点 N, EF 交 MN 于点 K. 求证: K 是线段 MN 的中点.

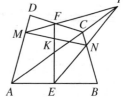

图 3.1.37

点拨　用梅涅劳斯定理证明.

证明　由 EF 截 $\triangle PMN$,得

$$\frac{NK}{KM} \cdot \frac{MF}{FP} \cdot \frac{PE}{EN} = 1. \qquad ①$$

由 BC 截 $\triangle PAE$,得 $\dfrac{EB}{BA} \cdot \dfrac{AC}{CP} \cdot \dfrac{PN}{NE} = 1$,即 $\dfrac{PN}{NE} = \dfrac{2CP}{AC}$.则

$$\frac{PE}{EN} = \frac{2CP + AC}{AC}. \qquad ②$$

由 AD 截 $\triangle PCF$,得 $\dfrac{FD}{DC} \cdot \dfrac{CA}{AP} \cdot \dfrac{PM}{MF} = 1$,即 $\dfrac{PM}{MF} = \dfrac{2AP}{AC}$,则

$$\frac{FP}{MF} = \frac{2AP - AC}{AC}. \qquad ③$$

由 $AP = AC + CP$,得 $2CP + AC = 2AP - AC$.

再由②、③两式,得 $\dfrac{PE}{EN} = \dfrac{FP}{MF}$,即 $\dfrac{MF}{FP} \cdot \dfrac{PE}{EN} = 1$.

又由①式得 $NK = KM$,即 K 是线段 MN 的中点.

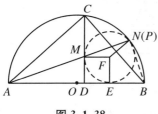

图 3.1.38

*例18　如图3.1.38,点 C 在以 AB 为直径的 $\odot O$ 上, $CD \perp AB$ 于点 D,点 E 在 BD 上, $AE = AC$,四边形 $DEFM$ 是正方形, AM 的延长线与 $\odot O$ 交于点 N. 求证: $FN = DE$.

点拨　猜测 N 是 $\odot F$ 与 $\odot O$ 的切点,可设直线 AM 与 $\odot F$ 交于一点 P,证 P 即为 N(同一法).

证明　连接 BC、BN. 由 AB 是 $\odot O$ 的直径,得 $CD \perp AB$,则 $\angle ACB = \angle ANB = \angle ADC = 90°$.

由 $\angle CAB = \angle DAC$, $\angle ACB = \angle ADC$,得 $\triangle ACB \backsim \triangle ADC$,则 $\dfrac{AC}{AD} = \dfrac{AB}{AC}$,即 $AC^2 = AD \cdot AB$.

又由四边形 $DEFM$ 为正方形及 $CD \perp AB$ 可知,点 M 在 CD 上,且 $DE = DM = EF = MF$.

由 $\angle NAB = \angle DAM$, $\angle ANB = \angle ADM$,得 $\triangle ANB \backsim \triangle ADM$,则 $\dfrac{AN}{AD} = \dfrac{AB}{AM}$,即 $AD \cdot AB = AM \cdot AN$,所以 $AC^2 = AM \cdot AN$.

又 $AE = AC$,所以 $AE^2 = AM \cdot AN$.

以 F 为圆心、FE 为半径作⊙F，设与直线 AM 交于另一点 P，则⊙F 与 AB 切于点 E，由切割线定理，得 $AE^2 = AM \cdot AP$，则 $AN = AP$. 所以点 N 即为点 P，得点 N 在⊙F 上，所以 $FN = FE = DE$.

说明 打"＊"号的题可能对思维能力要求更高一些，可以多分析、多尝试.

习题 3.1

1. 如图 3.1.39，在▱$ABCD$ 中，E 是 AD 的中点，$BF \perp CE$ 于点 F. 求证：$AF = AB$.

2. 如图 3.1.40，在等腰 Rt△ABC 中，$\angle BAC = 90°$，$AB = AC$，D 是 AC 上一点，$AE \perp BD$，AE 的延长交 BC 于点 F，若 $\angle ADB = \angle FDC$. 求证：D 是 AC 的中点.

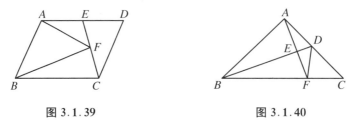

图 3.1.39　　　　图 3.1.40

3. 如图 3.1.41，一直线与△ABC 的边 AB、AC 及 BC 的延长线分别交于点 D、E、F，且 $\dfrac{AE}{EC} = \dfrac{BF}{CF}$. 求证：$AD = BD$.

4. 如图 3.1.42，D、G 是△ABC 边 AB、AC 上的点，且 $BD = CG$，点 M、N 分别是 BG、CD 的中点，直线 MN 分别交 AB、AC 于 P、Q 两点. 求证：$AP = AQ$.

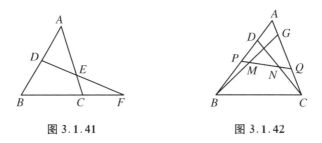

图 3.1.41　　　　图 3.1.42

5. 如图 3.1.43，在△ABC 中，$\angle ACB = 90°$，$CA = CB$，D、E 分别在 CA、CB 上，且 $CE = CD$，过 C、D 分别作 AE 的垂线，垂足为 G、H. 求证：$CG = GH$.

6. 如图 3.1.44，在凸四边形 $ABCD$ 中，$\angle ADB = \angle ABC = 45°$，$\angle DAB = \angle DCB = 45°$. 求证：$CD = AB$.

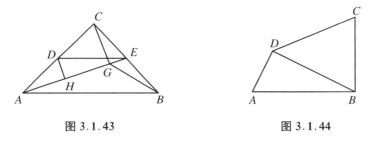

图 3.1.43　　　　图 3.1.44

7. 如图 3.1.45，在△ABC 中，$\angle BAC = 90°$，D 是△ABC 内一点，$BD = AB = AC$，

$\angle ABD = 30°$. 求证: $AD = DC$.

8. 如图 3.1.46,在 $\triangle BCD$ 和 $\triangle BCE$ 中,$\angle BDC = \angle BEC = 90°$,$O$ 为 BC 的中点,BD、CE 交于点 A,$\angle BAC = 120°$. 求证: $DE = OE$.

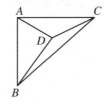

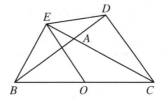

图 3.1.45 图 3.1.46

9. 如图 3.1.47,四边形 $ABCD$ 是正方形,$\triangle CEF$ 是等腰直角三角形,$\angle CEF = 90°$,G 是 AF 的中点,连接 GD、GE. 求证: $GD \perp GE$ 且 $GD = GE$.

10. 如图 3.1.48,在四边形 $ABCD$ 中,$AB = AD$,$AB \perp AD$,连接 AC,过点 A 作 $AE \perp AC$,使 $AE = AC$,连接 BE,过点 A 作 $AH \perp CD$ 于点 H,交 BE 于点 F. 求证: $BF = FE$.

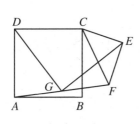

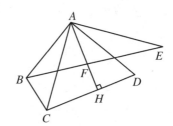

图 3.1.47 图 3.1.48

11. 如图 3.1.49,在 $\triangle ABC$ 中,$\angle ACB = 90°$,D、E 分别是边 AB、BC 上的点,且 $AD = AC$,$CE = 2BD$,$CD \perp DE$. 求证: $AC = BC$.

12. 如图 3.1.50,在四边形 $ABCD$ 中,$AB = BC$,$\angle ABC = 90°$,点 E 在 BD 上,点 F 在射线 CD 上,且 $AE = EF$,$\angle AEF = 90°$,若 $AG \perp BE$ 于点 G,且 $BG = GE = \frac{1}{2}AG$. 求证: $CD = DF$.

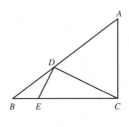

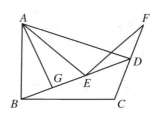

图 3.1.49 图 3.1.50

13. 如图 3.1.51,以 $\triangle ABC$ 的三边为边向 AB 同侧作正方形 $ABMN$、正方形 $BCDE$ 和正方形 $ACFG$,连接 AE、GM. 求证: $AE = GM$.

14. 如图 3.1.52,在正方形 $ABCD$ 中,BD 是对角线,E、F 分别是 BC、CD 边上的点,且 $\triangle AEF$ 是等边三角形.

(1) 求证:△ABE≌△ADF.

(2) 过点 D 作 DG⊥BD,交 BC 的延长线于点 G,在 DB 上截取 DH = DA,连接 HG.求证:GH = GE.

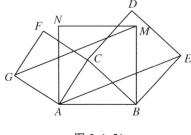

图 3.1.51

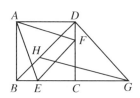

图 3.1.52

15. 如图 3.1.53,在 Rt△ABC 中,AD 是斜边 BC 上的高,过△ABD 与△ACD 的内心 M、N 的直线分别交边 AB 和 AC 于点 K、L.求证:AK = AD = AL.

16. 如图 3.1.54,已知 BE、CD 分别是△ABC 的高,连接 DE,若∠BAC = 120°,点 M 是 BC 的中点.求证:DE = DM.

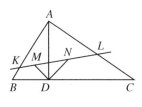

图 3.1.53

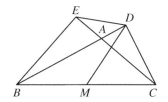

图 3.1.54

17. 如图 3.1.55,D 是△ABC 边 BC 上一点,DC = AB,∠BAD = 21°,∠B = 46°.求证: AB = AC.

18. 如图 3.1.56,在△ABC 中,AB = AC,∠BAC = 30°,P、Q 分别在 AC、AB 上, ∠QPC = 45°,且 PQ = BC.求证:CQ = BC.

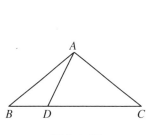

图 3.1.55

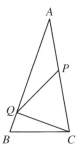

图 3.1.56

19. 如图 3.1.57,在△ABC 中,AB = AC,∠BAC = 20°,∠BDC = 30°.求证:AD = BC.

20. 如图 3.1.58,在△ABC 中,AB = AC,∠A = 80°,∠OBC = 10°,∠OCA = 20°.求证: AB = OB.

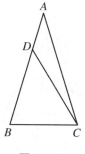
图 3.1.57

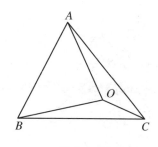
图 3.1.58

21. 如图 3.1.59，⊙O 的直径与弦 CD 交于点 F，EF∥BD，EG 切⊙O 于点 G．求证：$EG = EF$．

22. 如图 3.1.60，四边形 $ABCD$ 是正方形，P 是以 D 为圆心的 $\overset{\frown}{AC}$ 上一点，连接 PD 交以 AD 为直径的半圆于点 K，$PM \perp AB$ 于点 M．求证：$PK = PM$．

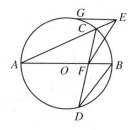
图 3.1.59

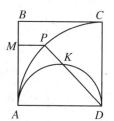
图 3.1.60

23. 如图 3.1.61，两等圆 O_1 和 O_2 交于 P、Q 两点，O_2A 是⊙O_1 的切线，A 为切点，$AB \perp O_1O_2$ 于点 B，连接 O_2Q 并延长交⊙O 于点 C．求证：$BO_2 = BC$．

24. 如图 3.1.62，以⊙O 上半圆 $\overset{\frown}{ACB}$ 上任意一点 C 为圆心作圆，与半圆的直径相切于点 D，交半圆 $\overset{\frown}{ACB}$ 于点 E、F，设 EF 交 CD 于点 M．求证：$CM = DM$．

25. 如图 3.1.63，⊙O 的弦 AB 的延长线和切线 EP 相交于点 P，E 为切点，$\angle APE$ 的平分线交 AE、BE 于点 C、D．求证：$EC = ED$．

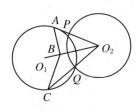
图 3.1.61

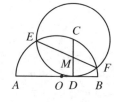
图 3.1.62

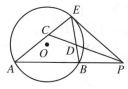
图 3.1.63

26. 如图 3.1.64，在两个同心圆 O 中，Rt△ABC 的直角顶点 C 在小圆上，边 AB 是大圆的弦且与小圆相交于 D、E 两点，CD 是斜边上的高，AF 切小圆于点 F．求证：(1) $AE = BD$；(2) $AF = CD$．

图 3.1.64

27. 如图 3.1.65，在等边△ABC 中，$EC = 2AD$，AE 与 CD 相交于点 G，$CF \perp AE$ 于点 F，若 $AG = GF$．求证：$AD = BE$．

28. 如图 3.1.66，在等边△ABC 中，AD、AE 三等分 $\angle BAC$，F 为 AE 的中点，G 是 AD、BF 的交点．求证：$DG = DE$．

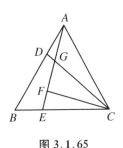
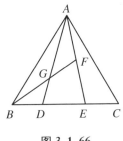

图 3.1.65　　　　　　　图 3.1.66

29. 如图 3.1.67，在 △ABC 中，H 是垂心，O 是外心，OM⊥BC 于点 M. 求证：(1) AH = 2DM；(2) 若 ∠BAC = 60°，则 AH = AO.

*30. 如图 3.1.68，△ABC 外接于 ⊙O，∠BAC = 60°，H 是 △ABC 的垂心，D 为 $\overparen{BC}$ 的中点，连接 HD，AD. 求证：AH = HD.

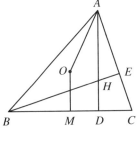
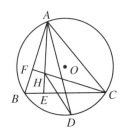

图 3.1.67　　　　　　　图 3.1.68

*31. 如图 3.1.69，在直角梯形 ABCD 中，以垂直的一腰 AB 为直径的半圆切另一腰于点 E，过点 E 作 EF⊥AB 于点 F，连接 AC 交 EF 于点 M. 求证：AC 平分 EF.

*32. 如图 3.1.70(a)、(b)，从圆心 O 向任意直线 l 作垂线，过垂足 M 作这个圆的两条割线分别交圆于点 A、B 和点 C、D，AC 和 BD 分别交 l 于点 E 和点 F. 求证：ME = MF.

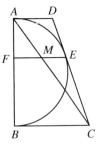
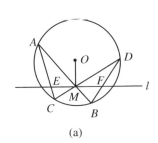

(a)　　　　　(b)

图 3.1.69　　　　　　　图 3.1.70

*33. 如图 3.1.71，在 ⊙O 中，弦 CD 垂直于直径 AB，M 是 OC 的中点，AM 的延长线交 ⊙O 于点 E，DE 交 BC 于点 N. 求证：BN = CN.

*34. 如图 3.1.72，设 D 是 △ABC 边 BC 上一点，P 在线段 AD 上，过点 D 作直线分别与线段 AB、PB 交于点 M、E，与线段 AC、PC 的延长线交于点 F、N，若 DE = DF. 求证：DM = DN.

*35. 如图 3.1.73，B、D 是直角梯形 $ACFE$ 直角边 CF 上的两点，满足 $EB \perp AB$，$\angle CAD = \angle BAE$. 求证：$CD = BF$.

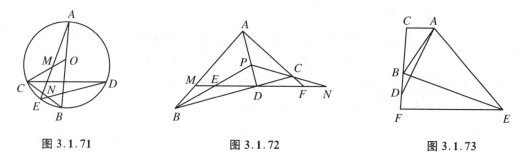

图 3.1.71　　　　　图 3.1.72　　　　　图 3.1.73

36. 如图 3.1.74，在等腰梯形 $ABCD$ 中，$AD \parallel BC$，E 是 AB 的中点，过点 E 作 $EF \parallel AB$ 交 CD 于点 F，P 是 EF 上一个动点，过点 P 作 $PM \perp EF$ 交 BC 于点 M，过点 M 作 $MN \parallel AB$ 交折线 ADC 于点 N，连接 PN.

(1) 如图(a)，当点 N 在线段 AD 上时，$\triangle PMN$ 的形状改变吗？若不变，请给出证明；若改变，请说明理由.

(2) 如图(b)，当点 N 在边 DC 上时，是否存在点 P，使 $PN = PM$？

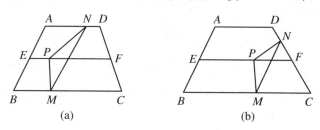

图 3.1.74

37. 如图 3.1.75，在菱形 $ABCD$ 中，$\angle ABC = 60°$，E 是对角线 AC 上任意一点，F 是线段 BC 延长线上一点，$CF = AE$，连接 BE、EF.

(1) 如图(a)，当 E 是线段 AC 的中点时，有 $BE = EF$.

(2) 如图(b)，当 E 不是线段 AC 的中点时，其他条件不变，请判断(1)中结论_____（填"成立"或"不成立"）.

(3) 如图(c)，当 E 是线段 AC 的延长线上任意一点时，其他条件不变，请判断(1)中结论是否成立？若成立，请给出证明；若不成立，请说明理由.

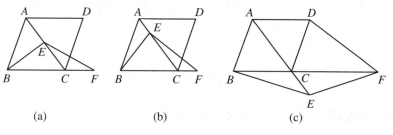

图 3.1.75

38. 如图 3.1.76,两个大小相同且含 30°角的三角板 ABC 和 DEC 如图(a)摆放,使角顶点重合,将图(a)中△DEC 绕点 C 逆时针旋转 30°得到图(b),点 F、G 分别是 CD、DE 与 AB 的交点,点 H 是 DE 与 AC 的交点.

(1) 不添加辅助线,写出图(b)中所有与△BCF 全等的三角形;

(2) 将图(b)中的△DEC 绕点 C 逆时针旋转 45°得△D_1E_1C,点 F、G、H 对应点 F_1、G_1、H_1,如图(c),探究图(c)中 D_1F_1 与 AH_1 之间的数量关系,并写出推理过程;

(3) 在(2)的条件下,若 D_1E_1 与 CE 交于点 I. 求证:$G_1I = CI$.

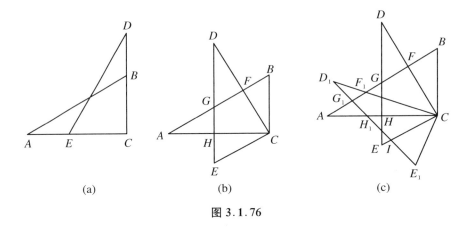

图 3.1.76

39. 动手操作:如图 3.1.77(a),将矩形 ABCD 折叠,点 B 落在 AD 边上的点 B' 处,折痕为 GH,再将矩形 ABCD 折叠,点 D 落在 $B'H$ 的延长线上的点 D' 处,折痕为 $B'E$,延长 GH 交 $D'E$ 于点 F,O 为 GE 的中点.

数学思考:(1) 猜想:线段 OB' 与 OD' 的数量关系是_____.(不要求证明)

(2) 求证:四边形 $GFEB'$ 为平行四边形.

拓展探究:如图(b),将矩形 ABCD 折叠,点 B 对应点 B',点 D 对应点 D',折痕分别为 GH、EF,∠BHG = ∠DEF,延长 FD' 交 $B'H$ 于点 P,O 为 GF 的中点,试猜想 $B'O$ 与 OP 的数量关系,并说明理由.

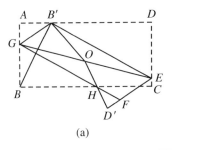 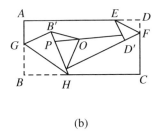

(a)　　　　　　　(b)

图 3.1.77

40. 在学习正方形后,数学小组的同学对正方形进行了研究发现:

(1) 如图 3.1.78(a),在正方形 ABCD 中,点 E 为 BC 边上任意一点(异于点 B、C).点

F 在线段 AE 上,过点 F 的直线 $MN \perp AE$,分别交 AB、CD 于点 M、N,此时,有结论 $AE = MN$,请进行证明;

(2) 如图(b),当点 F 为 AE 中点时,其他条件不变,连接正方形的对角线 BD 与 MN 交于点 G,连接 BF.此时有结论 $BF = FG$,请给予证明;

(3) 如图(c),当点 E 为直线 BC 上的动点时,如果(2)中的其他条件不变,直线 MN 分别交直线 AB、CD 于点 M、N.请你直接写出线段 AE 与 MN 之间的数量关系、线段 BF 与 FG 之间的数量关系.

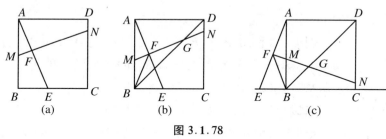

图 3.1.78

*41. 如图 3.1.79,在△ABC 中,点 D 在 AC 上且 $\angle CBD - \angle BAD = 60°$,$AB \cdot BC = BD^2$.求证:$DB = DC$.

*42. 如图 3.1.80,D 是△ABC 内一点,且 $\angle DAC = \angle DCB = \angle DBA = 30°$.求证:△$ABC$ 是等边三角形.

*43. 如图 3.1.81,D、E 分别在△ABC 边 AB、AC 上,且 $BE \perp CD$,P 是 BD、CE 的交点,M 是 BC 的中点,PM 与 $\angle BAC$ 的平分线交于点 Q.求证:$MP = MQ$.

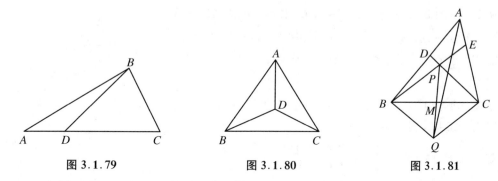

图 3.1.79　　图 3.1.80　　图 3.1.81

*44. 如图 3.1.82,在△ABC 中,$\angle ACB = 90°$,$CD \perp AB$ 于点 D,X 在 CD 上,K 在 AX 上,且 $BK = BC$,L 在 BX 上,且 $AL = AC$,M 是 AL 与 BK 的交点.求证:$MK = ML$.

*45. 如图 3.1.83,在▱$ABCD$ 中,$BE \perp AD$ 于点 E,$DG \perp BC$ 于点 G,$BF \perp CD$ 于点 F,H 是△BEF 的垂心.求证:$BH = GF$.

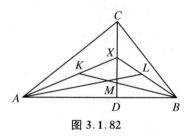

图 3.1.82

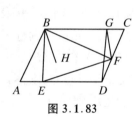

图 3.1.83

3.2 角 相 等

🛡 模式识别

模式1 全等三角形对应角相等.

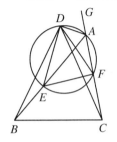

图 3.2.1

例1 如图 3.2.1,E、F 是 $\triangle ABC$ 边 AB、AC 上的点,且 $BE = CF$,作 $\triangle AEF$ 的外接圆交 $\angle A$ 的外角 $\angle BAG$ 的平分线于 D. 求证:$\angle BDE = \angle CDF$.

点拨 只要证 $\triangle BDE \cong \triangle CDF$ 即可.

证明 由 $\angle DAG = \angle DEF$,$\angle DAE = \angle DFE$,且 $\angle DAG = \angle DAE$,得 $\angle DEF = \angle DFE$,则 $DE = DF$.

由 $\angle CFE = \angle ADE$,得 $\angle CFD = \angle CFE + \angle DFE = \angle DAE + \angle ADE$.

由 $\angle BED = \angle DAE + \angle ADE$,得 $\angle BED = \angle CFD$.

又 $BE = CF$,得 $\triangle BDE \cong \triangle CDF$,所以 $\angle BDE = \angle CDF$.

说明 在题设条件下,还可以由 $\triangle BDE \cong \triangle CDF$,得 $\angle DBC = \angle DCB$.

例2 如图 3.2.2,在梯形 $ABCD$ 中,对角线 AC 和腰 BC 相等,M 是底边 AB 的中点,P 是腰 AD 延长线上一点,PM 交 BD 于点 N,延长 PC、AB 交于点 E. 求证:$\angle NCA = \angle ECB$.

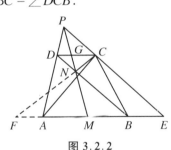

图 3.2.2

点拨 延长 CN、BA 交于点 F,则 $\triangle ACF \cong \triangle BCE$.

证明 延长 CN、BA 交于点 F.

对于点 P,由 $DC \parallel AB$,得 $\dfrac{DG}{GC} = \dfrac{AM}{ME}$.

对于点 N,由 $DC \parallel AB$,得 $\dfrac{DG}{GC} = \dfrac{BM}{MF}$,则 $\dfrac{AM}{ME} = \dfrac{BM}{MF}$.

又 M 为 BC 的中点,所以 $ME = MF$,即 $FA = BE$.

又 $AC = BC$,$\angle CAF = 180° - \angle CAB = 180° - \angle CBA = \angle CBE$,得 $\triangle ACF \cong \triangle BCE$,所以 $\angle NCA = \angle ECB$.

说明 在题设条件下,有 $\angle ACD + \angle CBE = 180°$.

模式2 等于第三角或分别等于相等角的两角相等.

例3 如图 3.2.3,在 $\triangle ABC$ 中,AD 交 BC 于点 D,E 是 BC 的中点,$EF \parallel AD$ 交 CA 的延长线于点 F,交 AB 于点 G. 求证:

(1) 若 $BG = CF$,则 AD 为 $\triangle ABC$ 的角平分线.

(2) 若 AD 为 $\triangle ABC$ 的角平分线,则 $BG = CF$.

点拨 由 E 是 BC 的中点,可用中线为"加倍法".

证明 延长 FE 至点 H,使 $EH = EF$,连接 BH、CH,则可得四边形 $BHCF$ 是平行四边形,所以 $\angle AFH = \angle BHF$.

由 $EF \parallel AD$,得 $\angle AFH = \angle CAD = \angle BHG$,$\angle BGH = \angle BAD$.

(1) 若 $BG = CF$,则 $\angle BGH = \angle BHF$,得 $\angle BAD = \angle CAD$,即 AD 平分 $\angle BAC$,所以 AD 为 $\triangle ABC$ 的角平分线.

(2) 若 AD 为 $\triangle ABC$ 的角平分线,即 AD 平分 $\angle BAC$,得 $\angle BAD = \angle CAD$,则 $\angle BGH = \angle BAD = \angle CAD = \angle CFH = \angle BHG$,所以 $BG = CF$.

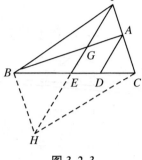

图 3.2.3

说明 本例体现了模式 2 的应用技巧,将中线加倍是关键.

例 4 如图 3.2.4,在 $\triangle ABC$ 中,D 为 AB 的中点,分别延长 CA、CB 至点 E、F,使 $DE = DF$,过点 E、F 分别作 CA、CB 的垂线,相交于点 P. 求证:$\angle PAE = \angle PBF$.

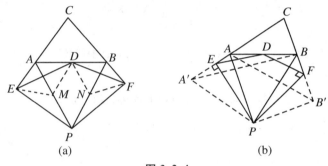

图 3.2.4

点拨 取 AP、BP 的中点 M、N,证 $\angle EMD = \angle FND$.

证明 (证法 1)如图(a),分别取 AP、BP 的中点 M、N,连接 DM、EM、DN、FN,则由 D 是 AB 的中点,得 $DM \underline{\underline{\parallel}} BN$,$DN \underline{\underline{\parallel}} AM$,则 $\angle AMD = \angle BND$. 又 M、N 是 $Rt\triangle AEP$、$Rt\triangle BFP$ 斜边的中点,得 $EM = AM = DN$,$FN = BN = DM$. 又 $DE = DF$,得 $\triangle DEM \cong \triangle FDN$,则 $\angle EMD = \angle FND$,所以 $\angle AME = \angle BNF$. 又 $\triangle AME$、$\triangle BNF$ 均为等腰三角形,所以 $\angle PAE = \angle PBF$.

(证法 2)如图(b),分别延长 CA、CB 至点 A'、B',使 $A'E = AE$,$B'F = BF$. 连接 PA'、PB'、AB'、BA',则易证 $\triangle PA'B \cong \triangle PAB'$,则 $\angle A'PB = \angle APB'$,进而有 $\angle A'PA = \angle B'PB$,得 $\triangle PAA' \cong \triangle PBB'$,所以 $\angle PAA' = \angle PBB'$,即 $\angle PAE = \angle PBF$.

说明 对于方法 1,因为 $\triangle AME$ 与 $\triangle BNF$ 均为等腰三角形,所以要证 $\angle PAE = \angle PBF$,则只要证 $\angle AME = \angle BNF$.

对于证法 2,构作两个相似三角形,直接证 $\angle PAE = \angle PBF$.

模式 3 平行线中内错角相等,同位角相等.

例 5 如图 3.2.5,DE 是 $\triangle ABC$ 中 $\angle A$ 外角的平分线,$BD \perp DE$ 于点 D,$CE \perp DE$ 于点 E,BE、CD 相交于点 F. 求证:$\angle BAF = \angle CAF$.

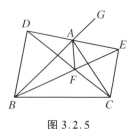

图 3.2.5

点拨 若 $\angle BAF = \angle CAF$,则应有 $FA \perp DE$,故只要证 $AF \mathbin{/\mkern-5mu/} CE \mathbin{/\mkern-5mu/} BD$.

证明 由 $BD \perp DE$, $CE \perp DE$, 得 $BD \mathbin{/\mkern-5mu/} CE$,则 $\triangle FBD \backsim \triangle FCE$,有 $\dfrac{BD}{CE} = \dfrac{BF}{FE}$.

由 $\angle DAB = \angle GAE = \angle CAE$,得 $\mathrm{Rt}\triangle ABD \backsim \mathrm{Rt}\triangle ACE$,则 $\dfrac{BD}{CE} = \dfrac{DA}{AE}$.

所以 $\dfrac{BF}{FE} = \dfrac{DA}{AE}$,得 $AF \mathbin{/\mkern-5mu/} BD \mathbin{/\mkern-5mu/} CE$,则 $AF \perp DE$,即 $\angle FAE = 90° = \angle FAD$.

又因 $\angle DAB = \angle EAC$,所以 $\angle BAF = \angle CAF$.

说明 本题用到了"等角的余角相等".

例 6 如图 3.2.6,四边形 $ABCD$ 是梯形,点 E 是底边 AD 上一点,CE、BA 的延长线交于点 F,过点 E 作与 BA 平行的直线交 CD 的延长线于点 M,BM 与 AD 交于点 N. 求证:$\angle AFN = \angle DME$.

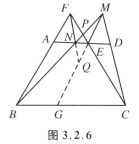

图 3.2.6

点拨 设 ME 交 BC 于点 G,FN 交 MG 于点 Q,则由 $MG \mathbin{/\mkern-5mu/} AB$ 可导出 $FQ \mathbin{/\mkern-5mu/} MC$.

证明 (证法 1)延长 ME 交 BC 于点 G,由 $ND \mathbin{/\mkern-5mu/} BC$,$EG \mathbin{/\mkern-5mu/} FB$,得 $\dfrac{ED}{NE} = \dfrac{GC}{BG} = \dfrac{EC}{FE}$,则 $\triangle EFN \backsim \triangle ECD$,所以 $\angle NFE = \angle DCE$,得 $FN \mathbin{/\mkern-5mu/} CD$.

又因 $FB \mathbin{/\mkern-5mu/} EG$,所以 $\angle AFN = \angle DME$.

(证法 2)设 MN、EF 交于点 P,则由 $ME \mathbin{/\mkern-5mu/} BF$,得 $\dfrac{PM}{PB} = \dfrac{PE}{PF}$. 由 $NE \mathbin{/\mkern-5mu/} BC$,得 $\dfrac{PN}{PB} = \dfrac{PE}{PC}$. 两式相除,得 $\dfrac{PM}{PN} = \dfrac{PC}{PF}$,所以 $MC \mathbin{/\mkern-5mu/} FN$.

延长 FN、ME 交于点 Q,则 $FQ \mathbin{/\mkern-5mu/} MC$,$FB \mathbin{/\mkern-5mu/} MQ$,所以 $\angle AFN = \angle AFQ = \angle FQM = \angle DME$.

说明 此题的两种证法,平行线起到关键的转化作用. 另外,本题还可以延长 BF、CM 交于点 P,证 $\angle AFN = \angle P = \angle DME$.

模式 4 等腰三角形两底角相等,底边上的中线(高)平分顶角.

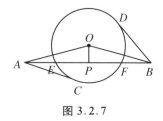

图 3.2.7

例 7 如图 3.2.7,已知线段 AB 交 $\odot O$ 于点 E、F,P 是 AB 的中点,AC、BD 切 $\odot O$ 于点 C、D,若 $AC = BD$. 求证:OP 平分 $\angle AOB$.

点拨 由 $AC = BD$,证 $AE = BF$,于是可得 $OP \perp AB$.

证明 由 AC、BD 是切线,得 $AC^2 = AE \cdot AF$,$BD^2 = BF \cdot BE$.

又 $AC = BD$,则 $AE \cdot AF = BF \cdot BE$,即 $AE(AE + EF) = BF(BF + EF)$,亦即 $(AE - BF)(AE + EF + BF) = 0$.

所以 $AE = BF$.

又 $AP = PB$,得 $EP = PF$,则 $OP \perp AB$.

所以 OP 平分 $\angle AOB$.

说明 本题也可以先证 $OA = OB$,连 OC、OD,由 $\text{Rt}\triangle AOC \cong \text{Rt}\triangle BOD$ 推证.

例 8 如图 3.2.8,G 是等腰 $\triangle ABC$ 腰 AB 上一点,$DE \parallel BC$ 交 AC 于 E,以 E 为圆心 EA 为半径的圆交 CD 于 F,$DG \parallel EF$,交 BC 于 G,$GH \parallel AB$,交 AC 于 H,连接 DH.求证:$\angle GDH = \angle GHD$.

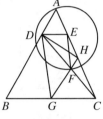

图 3.2.8

点拨 这两个角的联系可以应用边的关系,即证 $GH = GD$.由于平行关系较多,可考虑用比例线段来证明.

证明 由 $GH \parallel AB$,得 $\dfrac{GH}{GC} = \dfrac{AB}{BC}$.

由 $DE \parallel GC$,$DG \parallel EF$,得 $\triangle DCG \backsim \triangle DEF$,则 $\dfrac{DG}{GC} = \dfrac{EF}{DE}$.

又 $EF = AE$,则 $\dfrac{DG}{GC} = \dfrac{AE}{DE}$.

由 $\dfrac{AB}{BC} = \dfrac{AE}{DE}$,得 $\dfrac{GH}{GC} = \dfrac{AB}{BC} = \dfrac{DG}{GC}$.所以 $GH = DG$.即 $\angle GDH = \angle GHD$.

说明 本题的比例关系复杂,但所用知识是基本的,关键是思路要清晰,否则容易出现混乱.

模式 5 平行四边形的对角相等.

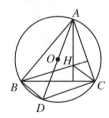

图 3.2.9

例 9 如图 3.2.9,$\triangle ABC$ 内接于 $\odot O$,AD 是 $\odot O$ 的直径,H 是垂心.求证:$\angle BHC = \angle BDC$.

点拨 四边形 $BDCH$ 是平行四边形.

证明 由 AD 是 $\odot O$ 的直径,得 $BD \perp AB$.

由 H 是 $\triangle ABC$ 的垂心,得 $CH \perp AB$.

所以 $BD \parallel CH$.

同理,$BH \parallel CD$,则四边形 $CHBD$ 是平行四边形.

所以 $\angle BHC = \angle BDC$.

说明 若 $OM \perp AB$ 于点 M,则有 $OM = \dfrac{1}{2}CH$.

例 10 如图 3.2.10,AD、BE、CF 是 $\triangle ABC$ 的三条中线,$FG \parallel BE$,且 $FG = BE$.求证:$\angle ADC = \angle AGC$.

点拨 四边形 $ADCG$ 是平行四边形.

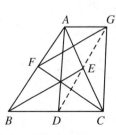

图 3.2.10

证明 连接 DE、EG.

由 $FG \parallel BE$,$FG = BE$,得四边形 $BEGF$ 是平行四边形.

所以 $EG \parallel BF$,$EG = BF$.

由 DE 是 $\triangle ABC$ 的中位线,得 $DE \parallel AB$,$DE = \dfrac{1}{2}AB = BF$.

所以 D、E、G 三点共线.

由 AC、DG 互相平分,得四边形 $ADCG$ 是平行四边形.

所以 $\angle ADC = \angle AGC$.

说明 过一点有且只有一条直线和已知直线平行.

模式 6 相似三角形对应角相等.

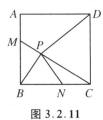

图 3.2.11

例 11 如图 3.2.11,已知 M 是正方形 $ABCD$ 边 AB 上的一点,N 是 BC 边上一点,且 $BM = BN$,$BP \perp MC$ 于点 P. 求证:$\angle BPN = \angle CPD$.

点拨 证 $\triangle BPN \backsim \triangle CPD$,即证 $\dfrac{BN}{CD} = \dfrac{BP}{PC}$,且 $\angle PBN = \angle PCD$.

证明 由 $BP \perp MC$,$MB \perp BC$,得 $Rt\triangle BPM \backsim Rt\triangle CPB$,则 $\dfrac{BM}{BC} = \dfrac{BP}{PC}$.

又由 $BM = BN$,$BC = CD$,得 $\dfrac{BN}{CD} = \dfrac{BP}{PC}$.

由 $\angle PBN = \angle BMP = \angle PCD$,则 $\triangle BPN \backsim \triangle CPD$,所以 $\angle BPN = \angle CPD$.

说明 在题设条件下,有 $PN \perp PD$.

例 12 如图 3.2.12,在 $\triangle ABC$ 中,AD 平分 $\angle BAC$,P 是 AD 上一点,BP 交 AC 于点 E,CP 交 AB 于点 F,$FM \parallel AD$ 交 BC 于点 M,$EN \parallel AD$ 交 BC 于点 N. 求证:AD 平分 $\angle MAN$.

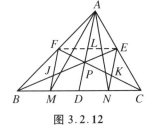

图 3.2.12

点拨 即证 $\angle FAM = \angle EAN$,只要证 $\triangle FAM \backsim \triangle EAN$.

证明 连接 FE 交 AD 于点 L,设 FM 与 BE 交于点 J,EN 与 CF 交于点 K.

由 $FM \parallel AD \parallel EN$,得 $\dfrac{FJ}{FM} = \dfrac{AP}{AD} = \dfrac{EK}{EN}$. 即 $\dfrac{FJ}{EK} = \dfrac{FM}{EN}$,又 AD 平分 $\angle BAC$,则 $\dfrac{AF}{AE} = \dfrac{FL}{LE} = \dfrac{FP}{PK} = \dfrac{FJ}{EK} = \dfrac{FM}{EN}$,且 $\angle BFM = \angle BAD = \angle CAD = \angle CEN$,即 $\angle AFM = \angle AEN$,所以 $\triangle AFM \backsim \triangle AEN$,故得 $\angle FAM = \angle EAN$,又 $\angle DAB = \angle DAC$,所以 $\angle DAN = \angle DAN$,即 AD 平分 $\angle MAN$.

说明 在本题证明过程中,利用比例式性质进行转化是关键.

模式 7 同弧所对的圆周(心)角相等.

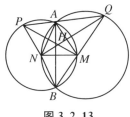

图 3.2.13

例 13 如图 3.2.13,两圆相交于 A、B 两点,过点 A 作 $PQ \perp AB$ 分别交两圆于点 P、Q,连接 PB、QB 与两圆相交于点 N、M. 求证:$\angle MAB = \angle NAB$.

点拨 AB、PM、QN 是 $\triangle PQB$ 三条高.

证明 由 $\angle BNQ = \angle BAQ$,$\angle PMB = \angle PAB$,且 $AB \perp PQ$,得

$QN \perp PB$,$PM \perp BQ$,即 AB、PM、QN 是 $\triangle PQB$ 的三条高,设交于点 H.由四边形 $PAHN$ 是圆内接四边形,得 $\angle NAH = \angle NPM$.

又因 $\angle MAH = \angle MPN$,所以 $\angle MAH = \angle NAH$,即 $\angle MAB = \angle NAB$.

说明 $\triangle AMN$ 叫做 $\triangle BQP$ 的垂足三角形.

例 14 如图 3.2.14,PA、PB 切 $\odot O$ 于点 A、B,M 是 AB 的中点,CD 是过点 M 的任意一条弦.求证:$\angle MPC = \angle MPD$.

点拨 设法证明 $CODP$ 是圆内接四边形.

证明 连 OA、OB、OC、OD,由 M 是 AB 的中点,得 O、M、P 在一条直线上.由 PA、PB 为切线,得 $OA \perp PA$,$OB \perp PB$,所以四边形 $OAPB$ 是圆内接四边形,故有 $OM \cdot MP = MA \cdot MB$.

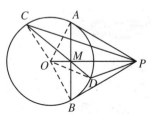

图 3.2.14

在 $\odot O$ 中,有 $MA \cdot MB = MC \cdot MD$,则 $MC \cdot MD = OM \cdot MP$,所以四边形 $CODP$ 是圆内接四边形.

由 $OC = DO$,得 $\overset{\frown}{CO} = \overset{\frown}{DO}$,则 $\angle CPO = \angle DPO$,即 $\angle MPC = \angle MPD$.

说明 由 $MC \cdot MD = OM \cdot MP$,得四边形 $CODP$ 是圆内接四边形,这是相交弦定理的逆定理.

模式 8 弦切角等于它所夹弧的圆周角;圆内接四边形的外角等于它的内对角.

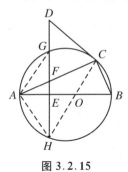

图 3.2.15

例 15 如图 3.2.15,AB 为 $\odot O$ 的直径,DC 为 $\odot O$ 的切线,$DE \perp AB$ 于点 E,交 AC 于点 F,交 $\odot O$ 于点 G、H.求证:$\angle DFC = \angle FCD$.

点拨 先证 $\angle DFC = \angle CHA$,再证 $\angle CHA = \angle ACD$.

证明 连接 AH、HC、AG.由 AB 是 $\odot O$ 的直径,得 $BC \perp AC$.又 $DE \perp AB$,则四边形 $BCFE$ 是圆内接四边形,从而有 $\angle DFC = \angle B = \angle CHA$.

又由 CD 是 $\odot O$ 的切线,得 $\angle CHA = \angle ACD$.

所以 $\angle DFC = \angle FCD$.

说明 本题的图形较为典型,在题设条件下还可以得一系列结果.

例 16 如图 3.2.16,直线 AB 过 $\odot O$ 的圆心,交 $\odot O$ 于 E、F,且 $AE = EF = FB$,直线 AP 切 $\odot O$ 于点 D,延长 DO 交 $\odot O$ 于点 M.求证:$\angle DME = \angle PDB$.

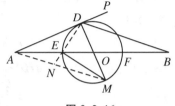

图 3.2.16

点拨 连接 AM,则 $\triangle ADM$ 是直角三角形,要证 $\angle DME = \angle PDB$,即证 $\angle ADE = \angle PDB$.由于 $OA = OB$,$OD = OM$,从而可推得 $\angle PDB = \angle DAM$.于是只要证 DE 交 AM 于中点 N 即可.

证明 连接 AM,延长 DE 交 AM 于点 N.

由 $OA = OB$,$OD = OM$,得 $\triangle AOM \backsim \triangle BOD$,则 $\angle AMO = \angle DBO$,所以 $AM \parallel BD$,从而有 $\angle PDB = \angle DAM$.

由 $AE = 2EO$，O 是 DM 的中点，得 E 是 $\triangle AMD$ 的重心.

所以 N 是 AM 的中点，即 DN 是 Rt$\triangle ADM$ 斜边上的中线，得 $\angle DAM = \angle ADN$.

又 AD 是 $\odot O$ 的切线，有 $\angle ADN = \angle DME$.

所以 $\angle DME = \angle PDB$.

说明 本题的关键是发现隐含条件：E 是 $\triangle ADM$ 的重心. 另外，本题也可以作 $GB \parallel OD$ 交 AP 于点 G，连 OG、BG、FG，由 $OD \parallel GB$ 证 $GB \perp AP$ 或证 $\triangle AOD \backsim \triangle GOD$.

🚩 创新思维

例 1 如图 3.2.17，在 $\triangle ABC$ 中，$AB = AC$，P、Q 分别是 CA、AB 延长线上的点，且 $AP = BQ$，O 是 $\triangle ABC$ 的外心. 求证：$\angle CPO = \angle AQO$.

点拨 考察 $\angle CPO$ 与 $\angle AQO$ 所在的三角形，可连 OA、OC 或连 OA、OB，下面再证 $\triangle OCP \cong \triangle OAQ$ 或 $\triangle OAP \cong \triangle OBQ$.

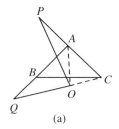 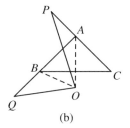

图 3.2.17

证明 （证法 1）如图(a)，连接 OA、OC，则 $OC = OA$.

由 $CA = AB$，$AP = BQ$，得 $CP = AQ$.

由 O 是 $\triangle ABC$ 的外心，且 $AB = AC$，得 $\angle OAC = \angle OCA = \angle OAQ$.

所以 $\triangle OAQ \cong \triangle OCP$，得 $\angle AQO = \angle CPO$.

（证法 2）如图(b)，连接 OA、OB，则 $OA = OB$.

O 是 $\triangle ABC$ 的外心，且 $AB = AC$，得 $\angle OAC = \angle OAB = \angle OBA$，则 $\angle PAO = \angle QBO$.

又因 $PA = QB$，所以 $\triangle OAP \cong \triangle OBQ$，得 $\angle APO = \angle BQO$，即 $\angle AQO = \angle CPO$.

说明 若过 A、P、Q 三点的圆过点 O，则也有 $\angle AQO = \angle CPO$. 这种方法叫做同一法，读者不妨试一试.

例 2 如图 3.2.18，设 P 是 $\triangle ABC$ 高 AH 上的任意一点，延长 BP、CP 交 AC、AB 于点 D、E. 求证：$\angle DHA = \angle EHA$.

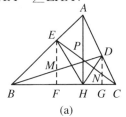 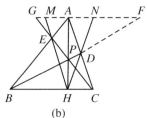

图 3.2.18

点拨 改证 $\angle EHF = \angle DHG$，可证 $\triangle EHF \backsim \triangle DHG$（其中点 F、G 是点 E、D 在 BC 边上的射影）.也可以通过等腰三角形"三线合一"性质证明，即延长 HE、HD 交于过点 A 且与 BC 平行的直线于 M、N，证 $AM = AN$.

证明 方法1 如图(a)，过点 E、D 分别作 $EF \perp BC$ 于点 F，$DG \perp BC$ 于点 G，则 $EF \parallel AH \parallel DG$.

设 EF、DG 分别交 PB、PC 于点 M、N，则 $\dfrac{FH}{HG} = \dfrac{MP}{PD} = \dfrac{EM}{DN}$.

又 $\dfrac{ME}{EF} = \dfrac{AP}{AH} = \dfrac{DN}{DG}$，即 $\dfrac{EM}{DN} = \dfrac{EF}{DG}$，则 $\dfrac{FH}{HG} = \dfrac{EF}{DG}$，所以 $\triangle EFH \backsim \triangle DGH$，得 $\angle EHF = \angle DHG$，所以 $\angle EHA = \angle DHA$.

方法2 如图(b)，过点 A 作与 BC 平行的直线，与 HE、HD、CE、BD 的延长线分别交于点 M、N、G、F.

由 $\dfrac{AM}{AG} = \dfrac{BH}{BC}$，$\dfrac{AN}{AF} = \dfrac{CH}{BC}$，得 $\dfrac{AM}{AG} \cdot \dfrac{AF}{AN} = \dfrac{BH}{BC} \cdot \dfrac{BC}{CH} = \dfrac{BH}{CH}$.

又 $\dfrac{AF}{AG} = \dfrac{BH}{CH}$，得 $\dfrac{AM}{AN} = 1$.

所以 $AM = AN$，

又 $AH \perp MN$，得 $\angle EHP = \angle DHP$.

说明 如果 P 是垂心，那么就简单多了.

例3 如图 3.2.19，在 $\triangle ABC$ 中，$AB = AC$，$AD \perp BC$ 于点 D，E、G 分别是 AD、AC 的中点，$DF \perp BE$ 于点 F.求证：$\angle GFD = \angle GDF$.

点拨 即证 $FG = DG$.

证明 （证法1）如图(a)，连接 AF、CF.由 $AD \perp BC$，$DF \perp BE$，得 $\angle FDB = \angle FED$，$\dfrac{DF}{EF} = \dfrac{BD}{ED}$，则 $\angle FDC = \angle FEA$，$\dfrac{DF}{EF} = \dfrac{DC}{EA}$，进而有 $\triangle DFC \backsim \triangle EFA$，从而 $\angle DFC = \angle EFA$.又由 $\angle DFE = 90°$，得 $\angle AFC = 90°$，所以 $FG = \dfrac{1}{2} AC$.

又 $DG = \dfrac{1}{2} AC$，则 $FG = DG$，即 $\angle GFD = \angle GDF$.

（证法2）如图(b)，过点 G 作 $GH \parallel EB$，交 BD 于点 H，交 DF 于点 K，则由 $EG = \dfrac{1}{2} DC = BH$，得 $BH = HD$，则 $FK = KD$.又因 $GK \perp DF$，所以 $GD = GF$，即 $\angle GFD = \angle GDF$.

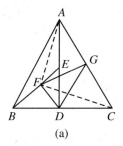
(a)

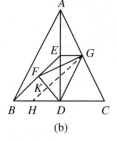
(b)

图 3.2.19

说明 证法1利用等量代换,证法2利用等腰三角形"三线合一".

例4 如图3.2.20,在 Rt△ABC 中,∠B = 90°,M、N 分别是 AB、BC 上的点,且 AM = BC,CN = BM,P 是 AN 与 CM 的交点.求证:∠APM = 45°.

点拨 由结论可构作等腰直角三角形.

证明 (证法1)如图(a),过点 M 作 MD⊥AB,使 MD = CN,连接 DA、DN.由 MD∥CN 且 MD = CN,得四边形 MDNC 是平行四边形,从而有∠MDN = ∠MCN.又由 CN = BM,得 DM = BM,又 MA = BC,所以△DMA≌△MBC,则 DA = MC,又 MC = DN,所以 DN = DA.

又由∠ADN = ∠ADM + ∠MDN = ∠ADM + ∠DAM = 90°,得△ADN 是等腰直角三角形,所以∠AND = 45°,由 MC∥DN,得∠APM = ∠AND = 45°.

(证法2)如图(b),过点 C 作 DC⊥BC,使 DC = AM = BC,连接 DA、DM、DN,则同方法1可得△CDM≌△AMD,△CDN≌△BCM,所以△ADN 是等腰直角三角形,有∠APM = ∠DAN = 45°.

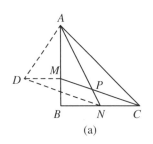 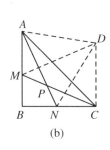 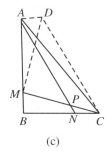

图 3.2.20

(证法3)如图(c),过点 A 作 DA∥BC,使 AD = CN = MB,则同证法2可得△DAM≌△MBC,则△DMC 为等腰直角三角形.又△ADC≌△CNA,得 DC∥AN,所以∠APM = ∠DCM = 45°.

说明 证法2与证法3的关键是辅助线的做法,详细证明类似证法1.

例5 如图3.2.21(a),在等腰 Rt△ABC 中,AC = BC,∠ACB = 90°,M 为 BC 的中点,CD⊥AM.求证:∠AMC = ∠DMB.

点拨 此题难度不大,这里我们从不同角度进行探索,给出多种证法.

证明 (证法1)如图(b),过点 B 作 EB⊥BC,交 CD 的延长线于点 E.由∠3 + ∠2 = 90°,∠4 + ∠2 = 90°,得∠3 = ∠4.又由 AC = BC,得 Rt△CBE≌Rt△AMC,则 BE = CM,∠5 = ∠2.又由 BM = CM,得 BE = BM.由∠MBD + ∠EBD = 90°,∠MBD = 45°,得∠EBD = ∠MBD.又 BD 公用,则△BED≌△BMD,又∠5 = ∠2,则∠1 = ∠2,即∠AMC = ∠DMB.

(证法2)如图(c),过点 C 作 CE⊥AB 于点 E,则 AE = CE = BE.由∠3 + ∠CDE = ∠4 + ∠CDE = 90°,得∠3 = ∠4,则 Rt△DCE∽Rt△FAE,从而有 $\frac{CE}{AE} = \frac{DE}{EF} = 1$,得∠EDF = 45° = ∠B,所以 DF∥BC.

由 E、M 分别为 AB、BC 的中点,连接 EM,则 EM∥AC.由 AC⊥BC,得 EM⊥BC,则

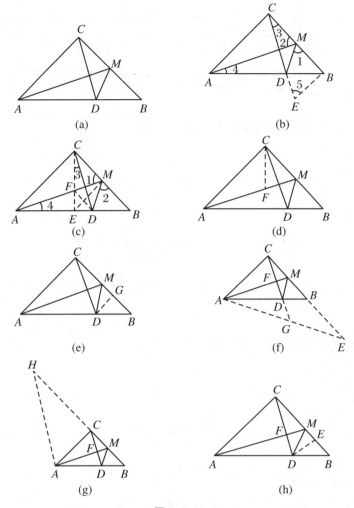

图 3.2.21

$EM \perp DF$,所以 EM 是 DF 的垂直平分线,从而有 $\angle FME = \angle DME$. 又 $\angle FME + \angle 1 = \angle DME + \angle 2 = 90°$,得 $\angle 1 = \angle 2$,即 $\angle AMC = \angle DMB$.

(证法 3)如图(d),作 $\angle ACB$ 的平分线 CF 交 AM 于点 F,则 $\angle ACF = \angle CBD = 45°$. 由 $AC \perp BC$, $CD \perp AM$,得 $\angle CAF + \angle CMF = \angle BCD + \angle CMF = 90°$,$\dfrac{BM}{AC} = \dfrac{1}{2}$.

又由 $\angle B = \angle CAD$,得 $\triangle ACF \cong \triangle CBD$,则 $CF = BD$. 由 $CM = BM$,$\angle MCF = \angle MBD$,得 $\triangle CFM \cong \triangle BDM$,所以 $\angle FMC = \angle DMB$.

(证法 4)如图(e),过点 D 作 $DG \perp CB$ 于点 G. 由 $\angle B = 45°$,得 $DG = BG$. 由 $\angle DCG + \angle AMC = \angle MAC + \angle AMC = 90°$,得 $\angle DCG = \angle MAC$,从而有 $\triangle DCG \sim \triangle MAC$,则 $\dfrac{DG}{CG} = \dfrac{CM}{AC} = \dfrac{1}{2}$,所以 $\dfrac{BG}{CG} = \dfrac{1}{2}$. 由 $DG \parallel AC$,得 $\dfrac{BD}{AD} = \dfrac{1}{2}$. 又由 $\dfrac{BM}{AC} = \dfrac{1}{2}$,$\angle B = \angle CAD$,得 $\triangle BMD \sim \triangle ACD$,则 $\angle BMD = \angle ACD$. 又 $\angle ACD = \angle AMC$,所以 $\angle AMC = \angle BMD$.

(证法 5)如图(f),延长 CB 至点 E,使 $BE = BC$,连接 AE,延长 CD 交 AE 于点 G,则

$AC = BC = BE$,从而有 $\dfrac{AC}{CM} = \dfrac{CE}{AC} = \dfrac{2}{1}$,得 $\mathrm{Rt}\triangle ACM \backsim \mathrm{Rt}\triangle ECA$,则 $\angle CAM = \angle E$.

由 $\angle CAM + \angle ACF = 90°$,$\angle GCE + \angle ACF = 90°$,得 $\angle CAM = \angle GCE$,则 $\angle GCE = \angle E$,所以 $CE = GE$.又 $\angle CAE + \angle E = 90°$,$\angle ACG + \angle GCE = 90°$,得 $\angle CAE = \angle ACG$,则 $CG = AG$,所以 $AG = GE$.

又因 $BC = BE$,所以 D 为 $\triangle AEC$ 的重心,从而有 $\dfrac{BD}{AD} = \dfrac{1}{2}$,又 $\dfrac{BM}{AC} = \dfrac{1}{2}$,$\angle B = \angle CAD$,得 $\triangle BMD \backsim \triangle ACD$,则 $\angle BMD = \angle ACD$.又 $\angle AMC = \angle ACF$,所以 $\angle BMD = \angle AMC$.

(证法 6)如图(g),过点 A 作 $AH \perp AM$,与 BC 的延长线交于点 H.由 $\angle CAM + \angle CAH = 90°$,$\angle CAM + \angle AMC = 90°$,得 $\angle HAC = \angle AMC$,则 $\mathrm{Rt}\triangle AHC \backsim \mathrm{Rt}\triangle MAC$,得 $\dfrac{HC}{AC} = \dfrac{AC}{MC} = 2$.又由 $AC = BC$,得 $\dfrac{HC}{BC} = 2$.由 $HA \parallel CD$,得 $\dfrac{AD}{BD} = \dfrac{HC}{BC} = 2$.

又由 $\dfrac{AC}{BM} = 2$,$\angle CAD = \angle B$,则 $\triangle ADC \backsim \triangle BDM$,得 $\angle ACD = \angle BMD$.又 $\angle AMC = \angle ACD$,所以 $\angle AMC = \angle BMD$.

(证法 7)如图(h),过点 D 作 $DE \perp BM$ 于点 E.

由 $\angle CAM + \angle CMA = 90°$,$\angle ECD + \angle CMA = 90°$,得 $\angle CAM = \angle ECD$,则 $\mathrm{Rt}\triangle CAM \backsim \mathrm{Rt}\triangle ECD$,得 $\dfrac{DE}{CE} = \dfrac{MC}{AC} = \dfrac{1}{2}$.由 $\angle B = 45°$,$\angle DEB = 90°$,得 $DE = BE$,从而有 $\dfrac{BE}{CE} = \dfrac{1}{2}$.设 $ME = x$,$CM = BE = a$,则由 $\dfrac{a-x}{a+x} = \dfrac{1}{2}$,得 $x = \dfrac{a}{3}$.所以 $DE = BE = a - \dfrac{a}{3} = \dfrac{2a}{3}$,从而有 $\dfrac{ME}{DE} = \dfrac{1}{2} = \dfrac{MC}{AC}$,得 $\mathrm{Rt}\triangle CAM \backsim \mathrm{Rt}\triangle EDM$,所以 $\angle AMC = \angle BMD$.

(证法 8)设 $CD \perp AM$ 于点 F,在 $\mathrm{Rt}\triangle AMC$ 中,$CD \perp AM$,$AC = 2CM$,由射影定理得 $\dfrac{AF}{FM} = \dfrac{AC^2}{CM^2} = 4$.对于 $\triangle ABM$ 和割线 DFC,由梅涅劳斯定理得 $\dfrac{AD}{DB} \cdot \dfrac{BC}{CM} \cdot \dfrac{MF}{FA} = 1$,即 $\dfrac{AD}{DB} \cdot \dfrac{2}{1} \cdot \dfrac{1}{4} = 1$,所以 $\dfrac{AD}{DB} = 2$.因此在 $\triangle ACD$、$\triangle BMD$ 中,$\dfrac{AC}{BM} = \dfrac{AD}{BD} = 2$,又 $\angle CAD = \angle MBD = 45°$,得 $\triangle ACD \backsim \triangle BMD$,则 $\angle ACD = \angle BMD$.又 $\angle ACD = \angle AMC$,所以 $\angle AMC = \angle DMB$.

例 6 如图 3.2.22,在矩形 $ABCD$ 中,M、N 分别是边 AD、BC 的中点,在 DC 的反向延长线上取点 P,Q 是直线 PM 与 AC 的交点.求证:$\angle QNM = \angle MNP$.

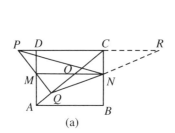
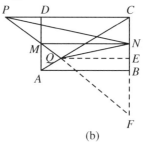

图 3.2.22

点拨 设 R 是 QN 与 CD 交点,则由 $MN \parallel PR$,得 $\angle MNP = \angle CPN$, $\angle QNM = \angle CRN$.

证明 (证法1)如图(a),设 R 是直线 QN 与 DC 的交点,O 是矩形的中心,连接 MN. 由 $OM = ON$,得 $PC = CR$,则 $PN = RN$,$\angle CPN = \angle CRN$. 由 $MN \parallel PR$,得 $\angle MNP = \angle CPN$,$\angle QNM = \angle CRN$,所以 $\angle QNM = \angle MNP$.

(证法2)如图(b),延长 PQ、CB 交于点 F,过点 Q 作 $QE \parallel AB$ 交 NB 于点 E. 设 $AM = NC = a$,$NE = b$,$BF = c$,则 $EB = a - b$. 要证 $\angle QNM = \angle MNP$,即证 $\angle NPC = \angle EQN$,即证 $\triangle PCN \sim \triangle QEN$,即证 $\dfrac{QE}{PC} = \dfrac{NE}{CN}$,即证 $\triangle AQM \sim \triangle CQF$,也即证 $\dfrac{AQ}{QC} = \dfrac{a}{2a+c}$. 由 $\dfrac{AQ}{QC} = \dfrac{a-b}{a+b}$,知,要证 $\dfrac{a}{2a+c} = \dfrac{a-b}{a+b}$,即证 $\dfrac{b}{a} = \dfrac{a+c}{3a+c} = \dfrac{a+c-b}{2a+c}$,即 $\dfrac{NE}{CN} = \dfrac{EF}{CF} = \dfrac{QE}{PC}$. 故 $\angle QNM = \angle MNP$.

说明 证法2的证明是一种分析法,一般用分析法寻求思路,用综合法写出证明过程.

例7 如图3.2.23(a),D 为线段 AB 上一点(异于点 A、B),$CD \perp AB$,且 $CD = AB$,$AE \perp AB$,$BF \perp AB$,且 $AE = BD$,$BF = AD$.

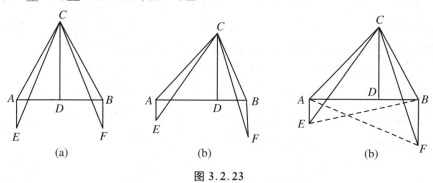

图 3.2.23

(1) 如图(a),当点 D 恰是 AB 的中点时,请你猜想并证明 $\angle ACE$ 与 $\angle BCF$ 的数量关系;

(2) 如图(b),当点 D 不是 AB 的中点时,你在(1)中所得的结论是否发生变化,写出你的猜想并证明;

(3) 求证:$\angle ECF + \angle ABC = 90°$.

点拨 连接 BE,则 $\triangle ADB \cong \triangle BAE$.

解 (1) $\angle ACE = \angle BCF$.

(2) $\angle ACE = \angle BCF$ 仍然成立. 证明如下:连接 BE、AF.

如图(c),由 $CD \perp AB$,$AE \perp AB$,得 $\angle CDB = \angle BAE = 90°$,又 $BD = AE$,$CD = AB$,得 $\triangle CDB \cong \triangle BAE$,则 $CB = BE$,$\angle BCD = \angle EBA$.

在 Rt$\triangle CDB$ 中,由 $\angle CDB = 90°$,故得 $\angle BCD + \angle CBD = 90°$,则 $\angle EBA + \angle CBD = 90°$,即 $\angle CBE = 90°$,所以 $\triangle BCE$ 是等腰直角三角形,得 $\angle BCE = 45°$.

同理可证 $\triangle ACF$ 是等腰直角三角形,得 $\angle ACF = 45°$,则 $\angle ACF = \angle BCE$,所以 $\angle ACF - \angle ECF = \angle BCE - \angle ECF$,即 $\angle ACE = \angle BCF$.

(3) 由(2)设 $\angle ACE = \angle BCF = \alpha$,则 $\angle ACB = 45° + \alpha$,所以 $\angle ECF = 45° - \alpha = 45° -$

$(\angle ACB - 45°) = 90° - \angle ACB$.

说明 证明$\angle ACF = \angle BCE$,从三角形全等和等腰三角形都找不到思路,改证$\angle ACF = \angle BCE = 45°$是观察图形而得到的启示.

例 8 如图 3.2.24,在等腰$\triangle ABC$中,$AB = AC$,D为BC边的中点,E为AC边上一点,且$\angle EDC = 60°$,M为DE的中点.求证:$\angle AME = \angle BMD$.

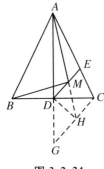

图 3.2.24

点拨 作$CG \parallel ED$交AD延长线于点G,AM延长交CG于点H,则$\angle AME = \angle DMH = \angle DMB$.

证明 过点C作$CG \parallel ED$,交AD延长线于点G,延长AM交GC于点H,连接DH,则$\dfrac{DM}{GH} = \dfrac{ME}{HC}$,又$DM = ME$,得$GH = HC = DH$.

由$\angle DCH = \angle EDC = 60°$,得$\triangle DCH$是等边三角形,从而有$GH = HC = DC = BD$,所以$\triangle BDM \cong \triangle HDM$,得$\angle BMD = \angle HMD = \angle AME$.

说明 若从$\triangle AME$与$\triangle BMD$全等或相似入手,就会走入歧路.

例 9 如图 3.2.25,在四边形$ABCD$中,$AB = AD$,$CB = CD$,点E、F分别在AB、AD上,CE与BD交于点G,且$\angle CGD = \angle CFE$.求证:$\angle BEC = \angle FEC$.

点拨 过点E作$EH \parallel BD$,则C、H、F、E四点共圆.

证明 过点E作$EH \parallel BD$,交AD于点H,连接CH.由对称性,得$\angle CHE = \angle CEH = \angle CGD = \angle CFE$,则$C$、$H$、$F$、$E$四点共圆,所以$\angle BEC = \angle DHC = \angle FEC$.

说明 证角相等,四点共圆是常用方法之一.

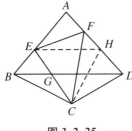

图 3.2.25

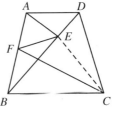

图 3.2.26

例 10 如图 3.2.26,在梯形$ABCD$中,$AD \parallel BC$,$AB = BC$,E是BD上一点,$\angle BAE = \angle BDA$,F是AB上一点,$AF = AD$.求证:$\angle AEF = \angle BFC$.

点拨 F、B、C、E四点共圆.

证明 连接CE,则由$\angle BAE = \angle BDA$,得$\triangle BAE \sim \triangle BDA$,所以$\dfrac{AF}{AE} = \dfrac{AD}{AE} = \dfrac{AB}{BE} = \dfrac{BC}{BE}$.

又由$\angle FAE = \angle BDA = \angle CBE$,得$\triangle AEF \sim \triangle BEC$,则$\angle AFE = \angle BCE$,所以$F$、$B$、$C$、$E$四点共圆,得$\angle AEF = \angle BEC = \angle BFC$.

说明 观察图形,猜测F、B、C、E四点共圆,从而设法证明$\angle AFE = \angle BCE$.

例 11 如图 3.2.27,在$\triangle ABC$中,$AB = AC$,D为边BC的中点,$CF \perp BC$,E是AB上

一点，ED 延长后交 CF 于点 F，M、N 分别是 ED、DF 的中点．求证：AD 平分 $\angle MAN$．

点拨　连接 CN，则 $\triangle AEM \backsim \triangle ACN$．

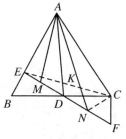

图 3.2.27

证明　连接 CN、EC，设 EC 与 AD 交于点 K，则由角平分线性质和 $KD \parallel CF$，得 $\dfrac{AE}{AC} = \dfrac{EK}{KC} = \dfrac{ED}{DF} = \dfrac{EM}{CN}$．由 $EM = \dfrac{1}{2}ED$，$CN = \dfrac{1}{2}DF$，且 $\angle AEF = \angle B + \angle EDB = \angle ACD + \angle DCN = \angle ACN$，得 $\triangle AEM \backsim \triangle ACN$，则 $\angle EAM = \angle CAN$．又 $\angle BAD = \angle CAD$，所以 $\angle MAD = \angle NAD$，即 AD 平分 $\angle MAN$．

说明　因为 $AD \perp BC$，$FC \perp BC$，所以 $AD \parallel CF$，从而 $\dfrac{EK}{KC} = \dfrac{ED}{DF}$．

例 12　如图 3.2.28，在梯形 $ABCD$ 中，$AB \parallel CD$，$AB > CD$，K、M 分别是腰 AD、CB 上的点，满足 $\angle DAM = \angle CBK$．求证：$\angle DMA = \angle CKB$．

点拨　延长 AD、BC 交于点 P，则 $\triangle PAM \backsim \triangle PBK$，$\triangle PCK \backsim \triangle PDM$．

证明　延长 AD、BC 交于点 P，则由 $AB \parallel CD$，得 $\dfrac{PC}{PD} = \dfrac{PA}{PB}$．由 $\angle DAM = \angle CBK$，得 $\triangle PAM \backsim \triangle PBK$，则 $\dfrac{PA}{PB} = \dfrac{PM}{PK}$，进而有 $\dfrac{PC}{PD} = \dfrac{PM}{PK}$，所以 $\triangle PCK \backsim \triangle PDM$，则 $\angle CKB = \angle DKB - \angle DKC = \angle CMA - \angle CMD = \angle DMA$．

说明　在题设条件下，$KM \parallel AB$．

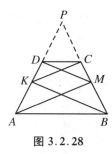

图 3.2.28

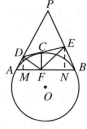

图 3.2.29

例 13　如图 3.2.29，过点 P 作 $\odot O$ 的切线，A、B 为切点，C 是劣弧 AB 上任意一点，$CF \perp AB$ 于点 F，过点 C 的 $\odot O$ 的切线分别交 PA、PB 于点 D、E．求证：$\angle CFD = \angle CFE$．

点拨　过点 D、E 作 $DM \perp AB$ 于点 M，$EN \perp AB$ 于点 N，则 $\triangle DMF \backsim \triangle ENF$．

证明　过点 D、E 作 $DM \perp AB$ 于点 M，$EN \perp AB$ 于点 N，则 $\triangle ADM \backsim \triangle BEN$，得 $\dfrac{DM}{EN} = \dfrac{AD}{BE}$，又 $AD = DC$，$BE = EC$，则 $\dfrac{DM}{EN} = \dfrac{DC}{CE}$．

由 $DM \parallel CF \parallel EN$，得 $\dfrac{DC}{CE} = \dfrac{MF}{FN}$，则 $\dfrac{DM}{EN} = \dfrac{MF}{FN}$，进而有 $\triangle DMF \backsim \triangle ENF$，得 $\angle DFM = \angle EFN$，所以 $\angle CFD = \angle CFE$．

说明　因为无法直接证明 $\angle CFD = \angle CFE$，所以改证 $\angle DFM = \angle EFN$，从而可通过构作相似三角形获证．

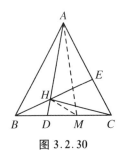

图 3.2.30

例 14 如图 3.2.30,在 △ABC 中,AB = AC,D 是边 BC 上一点,且 DC = 2BD,CH ⊥ AD 于点 H,延长 BH 交 AC 于点 E.求证：∠DAB = ∠EBC.

点拨 证明 △DBH∽△DAB.

证明 取 DC 的中点 M,连接 AM、HM,则由 AB = AC,BD = CM 可得 △ABD ≌ △ACM,则 AD = AM.由 HM 是 Rt△HDC 斜边上的中线,得 $HM = \frac{1}{2}DC = DM$,则 △ADM∽△MDH,进而有 $\frac{DA}{DM} = \frac{DM}{DH}$,即 $DM^2 = DH \cdot DA$,所以 $DB^2 = DH \cdot DA$,即 $\frac{DB}{DH} = \frac{DA}{DB}$.又 ∠BDH = ∠ADB,得 △DBH∽△DAB,则 ∠DBH = ∠DAB,即 ∠DAB = ∠EBC.

说明 证明 △DBH∽△DAB 是显然的,难点是证明 $DB^2 = DH \cdot DA$.这里的辅助线的做法,既有其技巧性,又是自然的想法.

＊例 15 如图 3.2.31,在 ▱ABCD 中,E 为对角线 BD 上一点,且满足 ∠ECD = ∠ACB,AC 的延长线与 △ABD 的外接圆交于点 F.求证：∠DFE = ∠AFB.

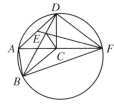

图 3.2.31

点拨 证明 △EDF∽△BAF.

证明 由四边形 ABCD 是平行四边形及已知,得 ∠ECD = ∠ACB = ∠DAF.又由四边形 ABFD 是圆内接四边形,得 ∠BDC = ∠ABD = ∠AFD,则 △ECD∽△DAF,从而有 $\frac{ED}{DF} = \frac{CD}{AF} = \frac{AB}{AF}$.又由 ∠EDF = ∠BDF = ∠BAF,得 △EDF∽△BAF,所以 ∠DFE = ∠AFB.

说明 与圆有关的问题应用圆中有关角及圆幂定理是首选的方法,研究有关角要善于应用四点共圆.

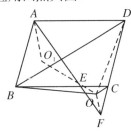

图 3.2.32

＊例 16 如图 3.2.32,在 ▱ABCD 中,∠A 的平分线与 BC 和 DC 的延长线交于点 E、F,点 O、O_1 分别是 △CEF、△ABE 的外心,连接 OC.求证：(1) O、E、O_1 三点共线；(2) ∠OBD = ∠OCF.

点拨 (1) 即证 ∠OEF = ∠AEO_1；(2) O、B、D、C 四点共圆.

证明 (1) 连接 OE、OF、O_1A、O_1E,由四边形 ABCD 是平行四边形,得 ∠ABE = ∠ECF.由 OE = OF,$O_1A = O_1E$,∠EOF = ∠AO_1E,得 △OEF∽△O_1EA,从而有 ∠OEF = ∠AEO_1,所以 O、E、O_1 三点共线.

(2) 连接 OD,由 CE = CF,OE = OF = OC,得 △OCE ≌ △OCF,则 ∠OEB = ∠OCD.又 ∠BAE = ∠AEB,则 EB = AB = DC,从而有 △OCD ≌ △OEB,得 ∠ODC = ∠OBE,所以 O、B、D、C 四点共圆,得 ∠OBD = ∠OCF.

说明 在题设条件下,有 $\angle OBD = \angle OCF = \frac{1}{2}\angle FCB = \frac{1}{2}\angle ABC$.

＊例 17 如图 3.2.33(a),△ABC 内接于 ⊙O,L、M、N 分别是 $\overset{\frown}{BC}$、$\overset{\frown}{CA}$、$\overset{\frown}{AB}$ 的中点,连接 NM、LM 分别交 AB、BC 于点 D、E,I 是 △ABC 的内心.求证：D、I、E 三点共线.

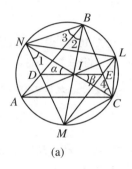 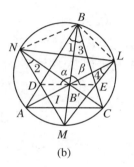

图 3.2.33

点拨 设 $\angle DIN = \alpha$，$\angle CIE = \beta$，则只要证 $\alpha = \beta$ 即可．

证明 设 $\angle DIN = \alpha$，$\angle CIE = \beta$，连接 NB、LC、MC．由 M 是 $\overset{\frown}{AC}$ 的中点，得 $\angle 1 = \angle 2$，则 B、I、D、N 四点共圆，从而有 $\alpha = \angle 3 = \dfrac{1}{2} \angle C$．

由 LM 平分 $\angle ALC$ 和 $\angle BMC$，得 $LM \perp IC$，则 $\beta = \angle 4 = \dfrac{1}{2} \angle C$，所以 $\alpha = \beta$，故得 D、I、E 三点共线．

说明 三点共线除可转化为证角相等外，还可以利用"邻角互补"以及"平行线的唯一性"等．

如图(b)，若设 $\angle BID = \alpha$，$\angle BIE = \beta$，则只要证 $\alpha + \beta = 180°$ 即可，或证 $DI \mathbin{/\mkern-5mu/} AC$，$IE \mathbin{/\mkern-5mu/} AC$ 也行．

由 B、I、D、N 四点共圆，得 $\alpha + \angle BND = 180°$，同理 $\beta + \angle BLE = 180°$，又 $\angle BND + \angle BLE = 180°$，可得 $\alpha + \beta = 180°$．

如图(b)，只要证 $DI \mathbin{/\mkern-5mu/} AC$，$IE \mathbin{/\mkern-5mu/} AC$ 即可．或设 BM 交 AC 于点 B'，则由 MN 平分 $\angle AMB$、CI 平分 $\angle ACB$，得 $\dfrac{BD}{DA} = \dfrac{MB}{MA}$，$\dfrac{BI}{IB'} = \dfrac{CB}{CB'}$．

又由 $\triangle AMB \sim \triangle B'CB$，得 $\dfrac{MB}{MA} = \dfrac{CB}{CB'}$，则 $\dfrac{BD}{DA} = \dfrac{BI}{IB'}$，所以 $DI \mathbin{/\mkern-5mu/} AC$．同理，$IE \mathbin{/\mkern-5mu/} AC$，得 D、I、E 三点共线．

*****例 18** 如图 3.2.34，在四边形 $ABCD$ 中，对角线 AC 平分 $\angle BAD$，在 CD 上取一点 E，BE 与 AC 相交于点 F，延长 DF 交 BC 于点 G．求证：$\angle GAC = \angle EAC$．

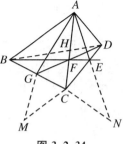

图 3.2.34

点拨 连接 BD 交 AC 于点 H，证明 $\dfrac{BH}{HD} = \dfrac{AB}{AD}$．

证明 连接 BD 交 AC 于点 H．

作 $CM \mathbin{/\mkern-5mu/} AB$，$CN \mathbin{/\mkern-5mu/} AD$，设 $\angle BAC = \angle DAC = \alpha$．

在 $\triangle BCD$ 中，由塞瓦定理，得 $\dfrac{BG}{GC} \cdot \dfrac{CE}{ED} \cdot \dfrac{DH}{HB} = 1$，又由 $CM \mathbin{/\mkern-5mu/} AB$，$CN \mathbin{/\mkern-5mu/} AD$，得 $\dfrac{BG}{GC} = \dfrac{AB}{CM}$，$\dfrac{CE}{ED} = \dfrac{CN}{AD}$，由 AH 平分 $\angle BAD$，得 $\dfrac{DH}{HB} = \dfrac{AD}{AB}$，所以 $\dfrac{AB}{CM} \cdot \dfrac{CN}{AD} \cdot \dfrac{AD}{AB} = 1$，得 $CM = CN$．

由 $AB /\!/ CM$，得 $\angle MCA = 180° - \alpha$.

同理 $\angle NCA = 180° - \alpha = \angle MCA$，所以 $\triangle ACM \cong \triangle ACN$，得 $\angle GAC = \angle EAC$.

说明　此题用塞瓦定理，思路清晰，难点是想不到用此定理．同样，上例也可以用梅涅劳斯定理的逆定理证明．感兴趣的读者可以将证明补上．

习题 3.2

1. 如图 3.2.35，D 是等边 $\triangle ABC$ 内一点，$DA = DB$，$BP = BA$，$\angle BPD = 30°$．求证：BD 平分 $\angle PBC$．

2. 如图 3.2.36，以 $Rt\triangle ABC$ 的斜边 AB 为边向外作正方形 $ABDE$，对角线 AD、BE 交于点 M．求证：$\angle MCA = \angle MCB$．

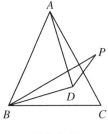

图 3.2.35

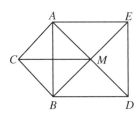

图 3.2.36

3. 如图 3.2.37，P 是正方形 $ABCD$ 边 BC 上的点，且 $BP = 3PC$，Q 是 CD 的中点．求证：AQ 平分 $\angle DAP$．

4. 如图 3.2.38，点 D 在等边 $\triangle ABC$ 边 BC 上，且 $DC = 2BD$，$CH \perp AD$ 于点 H，连接 BH．求证：$\angle DBH = \angle DAB$．

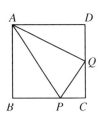

图 3.2.37

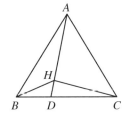

图 3.2.38

5. 如图 3.2.39，D 在 $\triangle ABC$ 边 CA 上，且 $CD = AB$，E、F 分别是 AD、BC 的中点，连接 FE，并延长与 BA 的延长线交于点 G．求证：$\angle AGE = \angle AEG$．

6. 如图 3.2.40，H 是 $\triangle ABC$ 的高 AD、BE 的交点，M 是 AB 的中点．求证：$\angle MDE = \angle ACB$．

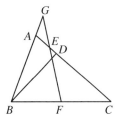

图 3.2.39

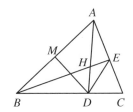

图 3.2.40

7. 如图 3.2.41，在 □ABCD 中，AC 和 BD 交于点 O，过点 O 作 EF⊥GH，交 AB、DC、AD、BC 于点 E、F、G、H。求证：∠EGH = ∠FGH。

8. 如图 3.2.42，D、E 是 △ABC 边 AB 上一点，且 $AE^2 = AC^2 = AB \cdot AD$。求证：EC 平分 ∠DCB。

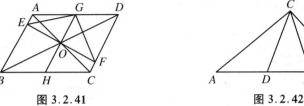

图 3.2.41　　　　图 3.2.42

9. 如图 3.2.43，AB 是 ⊙O 的直径，点 D 在 AB 的延长线上，DC 切 ⊙O 于点 C，CE⊥AB 于点 E。求证：CB 平分 ∠DCE。

10. 如图 3.2.44，等腰 △ABC 内接于圆，AB = AC，D 是圆上一点，延长 BD 和 AD，得 BE，AF，连接 CD。求证：DF 平分 ∠EDC。

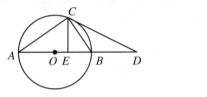 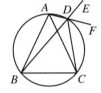

图 3.2.43　　　　图 3.2.44

11. 如图 3.2.45，⊙O_1 和 ⊙O_2 相交于点 A、B，过点 B 作 CD⊥AB，交 ⊙O_1、⊙O_2 于点 C、D，连接 DA、CA 延长交 ⊙O_1、⊙O_2 于点 F、E。求证：∠ABE = ∠ABF。

12. 如图 3.2.46，在 ⊙O 中，$\overset{\frown}{AB} = \overset{\frown}{BC} = \overset{\frown}{CD}$，半径 OB、OC 分别交 AC、BD 于点 M、N。求证：∠OMN = ∠ONM。

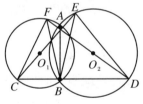 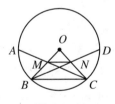

图 3.2.45　　　　图 3.2.46

13. 如图 3.2.47，AB 是 ⊙O 的直径，EF 为任意一条弦，AC、BD 同垂直于 EF。求证：∠OCD = ∠ODC。

14. 如图 3.2.48，AB 是 ⊙O 的直径，AC、DE 是 ⊙O 的两条弦，且 DE⊥AB，延长 AC、ED 相交于点 F。求证：∠FCD = ∠ACE。

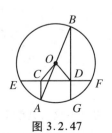 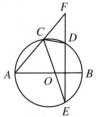

图 3.2.47　　　　图 3.2.48

15. 如图 3.2.49，PA 切 $\odot O$ 于点 A，从 PA 的中点 B 作割线 BCD，交圆于点 C、D，连接 PC、PD，分别交圆于点 E、F. 求证：$\angle APD = \angle EFD$.

16. 如图 3.2.50，AB 是 $\odot O$ 的直径，直线 l 切 $\odot O$ 于点 C，$AD \perp l$ 于点 D. 求证：
(1) AC 平分 $\angle BAD$；(2) $AC^2 = AD \cdot AB$.

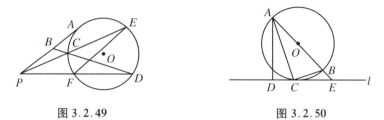

图 3.2.49　　　　图 3.2.50

17. (1) 如图 3.2.51，在 $\triangle ABC$ 中，AD 平分 $\angle BAC$，将 $\triangle ABD$ 沿 AC 方向平移，使 $A'B'$ 经过点 D，得到 $\triangle A'B'D'$（图(a)）. 求证：$A'D'$ 平分 $\angle B'A'C$.

(2) 将 $\triangle ABD$ 平移，使点 D 移至点 C 的位置（图(b)），E 为 $A'B'$ 与 AC 的交点，猜想 $\angle B'EC$ 与 $\angle A'$ 之间的关系，并给出证明.

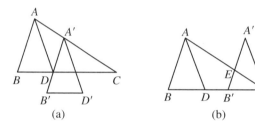

图 3.2.51

18. 如图 3.2.52，在五边形 $ABCDE$ 中，$AB = AE$，$BC + DE = CD$，$\angle ABC = \angle AED = 180°$. 求证：$AD$ 平分 $\angle CDE$.

19. 如图 3.2.53，$AE \perp AB$，$AF \perp AC$，$AE = AB$，$AF = AC$.
(1) 图中 EC、BF 有怎样的数量关系和位置关系？并证明你的结论.
(2) 连接 AM. 求证：MA 平分 $\angle EMF$.

20. 如图 3.2.54，已知 O 是 $\triangle ABC$ 的内心，$DO \perp BO$ 交 AB 于点 D. 求证：$\angle ADO = \angle AOC$.

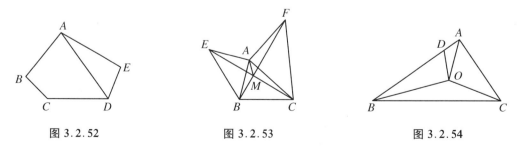

图 3.2.52　　　　图 3.2.53　　　　图 3.2.54

21. 如图 3.2.55，在 $Rt\triangle ABC$ 中，CD 是斜边 AB 上的高，AE 平分 $\angle CAB$ 交 CD 于点 E，在 DB 上取一点 F，使 $DF = DE$. 求证：CF 平分 $\angle DCB$.

22. 如图3.2.56,在矩形 $ABCD$ 中,$DE\parallel AC$,交 BC 延长线于点 E,AE 交 CD 于点 F,BF 交 AC 于点 G.

(1) 求证:G 是 $\triangle ABE$ 的重心.

(2) 已知 $\cos\angle DAF = \dfrac{2}{3}$.求证:$\angle BCG = \angle BGC$.

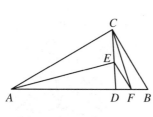
图 3.2.55

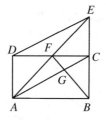
图 3.2.56

23. 如图3.2.57,已知 $Rt\triangle ABC \cong Rt\triangle DEC$,并按照图(a)的位置摆放.

(1) 猜想(a)中 $\angle BCD$ 和 $\angle ACE$ 的数量关系,并证明你的猜想;

(2) 连接 AE、BD.如图(b),比较 $\triangle ACE$ 和 $\triangle BCD$ 面积的大小,并加以证明;

(3) 如图(c),取 BD 的中点 M,连接 CM,探索 $\angle BCM$ 和 $\angle AEC$ 之间的数量关系,并加以证明.

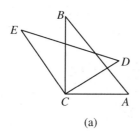
(a)

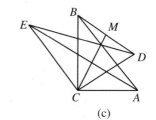
(b)   (c)

图 3.2.57

24. 如图3.2.58,在矩形 $ABCD$ 中,$AB=2$,$AD=\sqrt{3}$,P 是 BC 边上一点,且 $BC=2CP$.

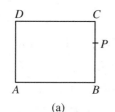
(a)

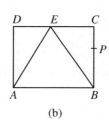
(b)

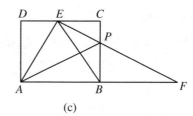
(c)

图 3.2.58

(1) 用尺规在图(a)中作出 CD 边上的中点 E,连接 AE、BE(保留作图痕迹,不写作法);

(2) 如图(b),在(1)的条件下,判断 EB 是否平分 $\angle AEC$,并说明理由;

(3) 如图(c),在(2)的条件下,连接 EP 并延长交 AB 延长线于点 F,连接 AP,不添加辅助线,$\triangle PFB$ 能否都由经过点 P 的两次变换与 $\triangle PAE$ 组成一个等腰三角形?如果能,请说明理由,并写出两种方法(指出对称轴、旋转中心、旋转方向和旋转角或平移方向和平移距离);如果不能,请说明理由.

25. 如图 3.2.59,在 △ABC 中,AB = BC,CE⊥BC 于点 C,D 为 BC 上一点,BD = CE,连接 AD、DE.求证:∠BAD = ∠CDE.

26. 如图 3.2.60,已知 F 是 △ABC 内一点,∠AFB = ∠AFC,G 是 AF 上一点,BG、CG 分别交 AC、AB 于点 D、E.求证:∠EFA = ∠DFA.

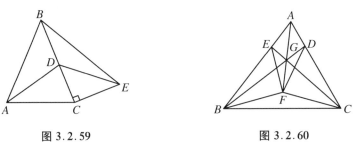

图 3.2.59　　　　图 3.2.60

27. 如图 3.2.61,在 △ABC 中,BD、CE 分别是其角平分线,交对边于点 D、E,若 BE = CD.求证:∠ABC = ∠ACB.

28. 如图 3.2.62,在四边形 ABCD 中,∠ABC = ∠ADC = 90°,P 是对角线 AC、BD 的交点,M、N 分别是 AB、CD 上的点,且 DM⊥AC,BN⊥AC.求证:M、N、P 三点共线.

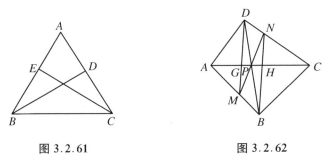

图 3.2.61　　　　图 3.2.62

29. 如图 3.2.63,在 △ABC 中,AB > AC,AM 是中线,点 N 在边 BC 上,且 $\dfrac{BN}{CN} = \dfrac{AB^2}{AC^2}$.求证:∠BAM = ∠CAN.

30. 如图 3.2.64,分别以 △ABC 边 AC、BC 为一边向外作等边 △ACE 和等边 △BCF,D 是 AB 的中点,O_1、O_2 分别是 △ACE 和 △BCF 的中心.求证:∠EDO_1 = ∠FDO_2.

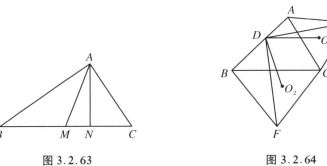

图 3.2.63　　　　图 3.2.64

3.3 线段与角的和差倍分

模式识别

模式 1 作出两线段(角)和或差,证明它与第三线段(角)相等.

例 1 如图 3.3.1,在 $\triangle ABC$ 中,$AB = AC$,$\angle A = 20°$,$\angle ABC$ 的平分线 BD 交 AC 于点 D.求证:$AD = BD + BC$.

点拨 用"截割法"与"延长法".

证明 (证法1)在 BA 上截取 $BE = BC$,在 DA 上截取 $DF = BD$,连接 DE、EF,则 $\triangle BDE \cong \triangle BDC$,得 $\angle BDE = \angle BDC$.又由已知得 $\angle BDC = 60°$,则 $\angle FDE = \angle BDE = 60°$,从而有 $\triangle DFE \cong \triangle DBE$,故得 $\angle DFE = \angle DBE = \frac{1}{2}\angle ABC = 40°$,则 $\angle FEA = 20° = \angle A$,所以 $AF = FE = BE = BC$,得 $AD = DF + AF = BD + BC$.

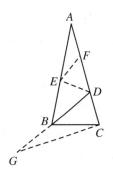

图 3.3.1

(证法2)延长 DB 至点 G,使 $BG = BC$.在 BA 上截取 $BE = BC$,连接 CE、DF,则 $\triangle BED \cong \triangle BCD$,得 $\angle BDE = \angle BDC = 60° = \angle ADE$,$DE = DC$.又 $\angle A = 20° = \angle E$,得 $\triangle ADE \cong \triangle GDC$,所以 $AD = DG = BD + BC$.

说明 对于证法1,当然也可以直接在 AD 上截取 $AF = BC$,再证 $FD = BD$.这里所用方法,更便于证明.

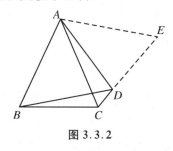

图 3.3.2

例 2 如图 3.3.2,在 $\triangle ABC$ 中,$AB = AC$,D 是 $\triangle ABC$ 外一点,$\angle ABD = 60°$,$\angle ADB = 90° - \frac{1}{2}\angle BDC$.求证:$AB = BD + DC$.

点拨 条件复杂,无法用上.考察结论,可用延长法,是延长 BD 还是 CD 呢?不妨试一试.

证明 延长 CD 至点 E,使 $DE = BD$.

由 $\angle ADB = 90° - \frac{1}{2}\angle BDC$,得 $\angle ADC = 90° + \frac{1}{2}\angle BDC$,则 $\angle ADE = 180° - \angle ADC = \angle ADB$.

又 $AD = AD$,得 $\triangle ADE \cong \triangle ABD$,则 $AE = AB$,$\angle E = \angle ABD = 60°$.

由 $AC = AB$,得 $AC = AE$,则 $\triangle ACE$ 是等边三角形.

所以 $AC = CE = CD + DE = CD + BD$,即 $AB = BD + DC$.

说明 本题比较容易想到延长 BD 至点 F,使 $DF = DC$,连接 AD,证明 $\triangle ADF \cong \triangle ADC$.想法虽好,证明却很困难,虽然两边和一角相等,但不是夹角.

例 3 如图 3.3.3,在 $\triangle ABC$ 中,以 AB 为弦作 $\odot O_2$ 切于 BC,以 AC 为弦作 $\odot O_1$ 切于

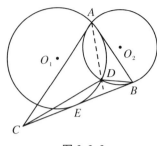

图 3.3.3

BC，两圆相交另一点 D，连接 BD、CD．求证：$\angle BDC = \angle A + \angle B$．

点拨 将 $\angle BDC$ 分割成两个角，使它们分别与 $\angle A$、$\angle B$ 相等．由于两圆相交，一般方法是连公共弦，而不必重新作角．

证明 连接 AD 并延长交 BC 于点 E．由 BC 是 $\odot O_2$ 的切线，得 $\angle EBD = \angle BAD$．由 $\angle EDB = \angle BAD + \angle ABD$，得 $\angle EDB = \angle EBD + \angle ABD = \angle B$．

同理，$\angle EDC = \angle A$，则 $\angle BDC = \angle EDC + \angle EDB = \angle A + \angle B$．

说明 本题若作 $\angle BDE = \angle B$，再证 $\angle EDC = \angle A$ 就麻烦了．

例 4 如图 3.3.4，在四边形 $ABCD$ 中，$\angle ABC + \angle ADC = 180°$，$AB = BC$．

(1) 如图(a)，点 P、Q 分别在 AD、DC 上，且 $PQ = AP + CQ$．求证：$\angle PBQ = \angle ABP + \angle QBC$．

(2) 如图(b)，若点 P、Q 分别在 DA、DC 的延长线上，且 PB、QB 分别平分 $\angle APQ$、$\angle CQP$．求证：$PQ = AP + CQ$．

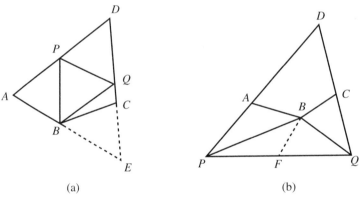

图 3.3.4

点拨 (1) 延长 QC 至点 E，使 $CE = AP$；(2) 在 PQ 上截取 $PF = PA$，则 $\triangle PAB \cong \triangle PFB$，$\triangle QCB \cong \triangle QFB$．

证明 (1) 延长 QC 至点 E，连接 BE，则由 $\angle ABC + \angle ADC = 180°$，得 $\angle A + \angle BCD = 180°$，则 $\angle BCE = \angle A$．又 $AB = BC$，得 $\triangle ABP \cong \triangle CBE$，则 $PB = BE$，$\angle ABP = \angle CBE$．

在 $\triangle PBQ$ 和 $\triangle EBQ$ 中，由 $QE = QC + CE = QC + PA = PQ$，$BQ = BQ$，得 $\triangle PBQ \cong \triangle EBQ$，则 $\angle PBQ = \angle EBQ = \angle EBC + \angle QBC = \angle ABP + \angle QBC$．

(2) 在 PQ 上截取 $PF = PA$，连接 BF，则由 PB 平分 $\angle APF$，得 $\triangle APB \cong \triangle FPB$，则 $AB = BF$，$\angle PAB = \angle PFB$．

在 $\triangle QBC$ 与 $\triangle QBF$ 中，由 $\angle DAB + \angle DCB = 180°$，得 $\angle QCB = \angle QFB$，又 $BF = AB = BC$，$BQ = BQ$，得 $\triangle QBC \cong \triangle QBF$，则 $QC = QF$，所以 $PQ = PF + QF = PA + CQ$．

说明 (1) $\triangle ABP$ 可绕点 B 顺时针旋转 $\angle ABC$ 可得 $\triangle CBE$；(2) 条件"PB、QB 分别平

分∠APQ、∠CQP"分解为"PB 平分∠APQ"或"QB 平分∠CQP".

模式 2　将短线段(小角)加倍,或将长线段(大角)截半,证明和另一线段(角)相等.

例 5　如图 3.3.5,在△ABC 中,AB = AC,AD⊥BC 于点 D,CE 平分∠ACB,过点 E 作 EF⊥BD 于点 F,EG⊥ CE 交 BC 于点 G.求证:$DF = \frac{1}{4}CG$.

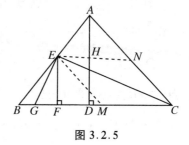

图 3.2.5

点拨　由 CG 是 Rt△CEG 的斜边,所以取 GC 的中点 M,下面只要证 $DF = \frac{1}{2}CM$,直接将 DF 加倍有一定的困难,先平移 FD 至 EH,即过点 E 作 EH⊥AD 于点 H,交 AC 于点 N,则 EN = 2EH = 2DF,故只要证 CM = EH,即四边形 CMEN 是平行四边形.

证明　过点 E 作 EH⊥AD 于点 H,交 AC 于点 N,取 GC 的中点 M,连接 EM.

由 GE⊥EC,得 $EM = \frac{1}{2}CG$.

由 EF⊥BC,AD⊥BC,得 FD = EH.由 AD⊥BC,AB = AC,得 BD = DC,则 EH = HN,所以 EN = 2EH = 2FD.

由∠NCE = ∠MCE = ∠MEC,得 EM∥NC.又 EN∥MC,则四边形 CMEN 是平行四边形,得 CM = EN.

所以 CG = 2CM = 2EN = 4FD,即 $FD = \frac{1}{4}CG$.

说明　本题是将 FD 加倍,CG 截半,然后再证所得两条线段相等.

例 6　已知△ABC、△BEF 均为等腰直角三角形,∠ABC = ∠BEF = 90°,BA = BC,EB = EF,M 为 AF 的中点,连接 ME、CF.

(1) 如图 3.3.6(a),当 A、F、B 共线时,求证:$ME = \frac{1}{2}CF$.

(2) 如图 3.3.6(b),当 A、F、B 不共线时,(1)中的结论还成立吗?若成立,请给出证明;若不成立,请说明理由.

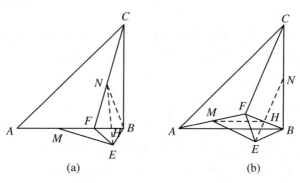

图 3.3.6

点拨　(1) 取 FC 的中点 N,连接 NE 交 FB 于点 H,则△MEH≌△NBH.

(2) 作 EH⊥FB 交 CB 于点 N,则△MEH≌△NBH.

证明 （1）取 FC 的中点 N，连接 NB、NE，设 NE 交 BF 于点 H，则 $BN = \frac{1}{2}CF = NF$. 又 $EF = EB$，得 $NE \perp FB$ 于点 H，则 $HE = HB$. 又由 M 为 AF 的中点，得 $MH = MF + FH = \frac{1}{2}(AF + BF) = \frac{1}{2}AB = \frac{1}{2}BC = NH$，则 $\triangle MEH \cong \triangle NBH$，所以 $ME = NB = \frac{1}{2}CF$.

（2）过点 E 作 $EH \perp BF$ 于点 H，取 BC 的中点 N，则由 $\triangle BEF$ 是等腰直角三角形，得 $FH = HB = HE$. 连接 MH，则由 M 为 AF 的中点，得 $MH \underline{\underline{\parallel}} \frac{1}{2}AB$，则 $\angle MHE = \angle FBA$，$MH = NB$，得 $\angle MHE = 90° - \angle FHM = 90° - \angle FBA = \angle NBH$，所以 $\triangle MEH \cong \triangle NHB$，得 $ME = HN = \frac{1}{2}CF$.

说明 对于(2)，若作 $EH \perp FB$ 于点 H，交 BC 于点 N，则 N 未必是 BC 的中点.

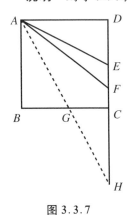

图 3.3.7

例 7 如图 3.3.7，E 是正方形 $ABCD$ 边 DC 的中点，F 是 EC 的中点. 求证：$\angle DAE = \frac{1}{2}\angle BAF$.

点拨 分割 $\angle BAF$，即作 $\angle BAF$ 的平分线 AG，证 $\angle FAG = \angle EAD$.

证明 作 $\angle BAF$ 的平分线 AG 交 BC 于点 G，交 DC 的延长线于点 H.

由 $DH \parallel AB$，得 $\angle H = \angle BAG = \angle FAH$，则 $FA = FH$.

设 $AD = 4a$，则 $DF = 3a$，$AF = \sqrt{16a^2 + 9a^2} = 5a$，$CH = FH - FC = AF - FC = 4a$，得 $CH = AB$，进而有 Rt$\triangle ABG \cong$ Rt$\triangle HCG$，则 $BG = GC$.

又由 $DE = EC$，得 Rt$\triangle ABG \cong$ Rt$\triangle ADE$，则 $\angle BAG = \angle DAE$.

所以 $\angle DAE = \frac{1}{2}\angle BAF$.

说明 若采取间接分割的方法，可取 BC 的中点 G，延长 AG、DC 交于点 H，证 $\angle FHA = \angle FAH$，即证 $FH = FA$.

例 8 如图 3.3.8，在 Rt$\triangle ABC$ 中，$\angle ABC = 90°$，D 为 AC 边上一点，E 为 BD 的中点，$\angle DEA = \angle DEC$. 求证：$\angle ADB = 2\angle ABD$.

点拨 将 $\angle ABD$ 加倍，即作 $\angle FBA = \angle ABD$.

证明 过点 A 作 $AG \parallel DB$ 交 CE、CB 延长线于点 F、G，则 $FA = FG = FB$，由 $\triangle ADE \cong \triangle FBE$，得 $\angle ADE = \angle FBE$. 由 $\angle CBE = \angle BGF = \angle GBF$，得 $\angle FBA = \angle ABD$，所以 $\angle ADB = 2\angle ABD$.

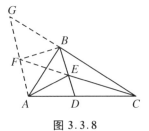

图 3.3.8

说明 若直接作 $\angle FBA = \angle ABD$，这时点 F 的位置无法确定，本题证明的难点是辅助线的做法.

模式 3 应用有关定理，比如三角形与梯形的中位线性质定理；在直角三角形中，斜边上的中线等于斜边的一半,含 30°的锐角所对的直角边是斜边的一半,以及平行线与相似形中的比例线段等.

例 9 如图 3.3.9,在 $\triangle ABC$ 中,$AB = AC$,D 是 BC 边上一点,$BE \perp AD$ 于点 E,$\angle CED = \angle ACB$.求证:$BD = 2DC$.

点拨 延长 AD 交 $\triangle ABC$ 外接圆于点 F,则 $\angle BFD = \angle CFD$,证 $\dfrac{BD}{DC} = \dfrac{BF}{CF} = 2$.

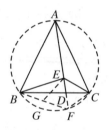

图 3.3.9

证明 延长 AD 交 $\triangle ABC$ 外接圆于点 F,连接 BF、CF,取 BF 的中点 G,连接 EG,则由 $\angle BEF = 90°$,得 $GE = GF = \dfrac{1}{2}BF$.由 $AB = AC$,得 $\angle GEF = \angle GFE = \angle ACB = \angle ABC = \angle CFE$,则 $EG \parallel FC$.由 $\angle CED = \angle ACB = \angle BFE$,得 $FG \parallel CE$,所以四边形 $EGFC$ 为平行四边形,故得 $CF = GE = \dfrac{1}{2}BF$.又 $\angle BFD = \angle CFD$,由平分线性质,得 $\dfrac{BD}{DC} = \dfrac{BF}{CF} = 2$,所以 $BD = 2DC$.

说明 因为 $AB = AC$,所以 $\angle BFD = \angle CFD$,从而 $\dfrac{BF}{CF} = \dfrac{BD}{DC}$,问题转化为证明 $BF = 2CF$.这里用到了角平分线性质进行转化.

例 10 如图 3.3.10,在等腰 $\text{Rt}\triangle ABC$ 中,$\angle ACB = 90°$,$CA = CB$,CD 为斜边上的中线.

(1) 如图(a),AE 平分 $\angle CAB$ 交 BC 于点 E,交 CD 于点 F,探究 AC 与 DF 的数量关系;

(2) 如图(b),将 $\triangle ADC$ 绕点 D 顺时针旋转一定角度得到 $\triangle ADN$,P、Q 分别为 AN、BC 的中点,连接 AC、BN、PQ.求证:$BN = \sqrt{2}PQ$.

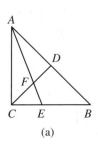
(a)

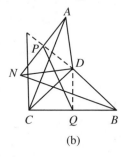
(b)

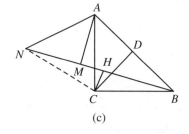
(c)

图 3.3.10

(3) 如图(c),将 $\triangle ADC$ 绕点 A 顺时针旋转一定角度得到 $\triangle AMN$,其中 D 的对应点是 M,C 的对应点是 N.若 B、M、N 三点在同一直线上,H 为 BN 的中点,连接 CH.猜想 BM、MN、CH 之间的数量关系,并给出证明.

点拨 (1)用角平分线性质;(2)构作相似三角形;(3) $\angle ABM = 30°$,从而 $\angle CBH = 15°$.

解 (1)设 $AD = a$,$DF = x$,则 $AC = \sqrt{2}a$,$CF = a - x$.由 AE 平分 $\angle CAB$,得 $\dfrac{a}{x} = $

$\frac{\sqrt{2}a}{a-x}$,解得 $x=(\sqrt{2}-1)a$,所以 $AC=(2+\sqrt{2})DF$.

(2) 连接 PD、QD,则 $DP \perp AN$,$DQ \perp CB$,得 $\angle PDQ = 90° + \angle NDC = \angle NDB$. 又 $DN = DB = \sqrt{2}PD = \sqrt{2}QD$,得 $\frac{DN}{DP} = \frac{DB}{DQ} = \sqrt{2}$,则 $\triangle DNB \backsim \triangle DPQ$,所以 $\frac{BN}{PQ} = \sqrt{2}$,即 $BN = \sqrt{2}PQ$.

(3) $BM = MN + 2CH$. 证明如下:

设 $AM = a$,则 $AB = 2a$. 又由 $AM \perp BM$,得 $\angle ABM = 30°$,$BM = \sqrt{3}a$,$MN = a$,$\angle CBH = 15°$,$BH = \frac{\sqrt{3}+1}{2}a$,$BC = \sqrt{2}a$. 连接 CN,则由 $AN = AC = \sqrt{2}a$,$\angle NAC = 60°$,得 $\triangle ANC$ 是等边三角形,则 $CN = CB = \sqrt{2}a$,又由 $CH \perp NB$,得 $CH = \sqrt{2a^2 - \left(\frac{\sqrt{3}+1}{2}\right)^2 a^2} = \frac{\sqrt{4-2\sqrt{3}}}{2}a = \frac{\sqrt{3}-1}{2}a$,所以 $MN + 2CH = a + (\sqrt{3}-1)a = \sqrt{3}a = BM$.

说明 本题中线段关系的证明用到角平分线性质、相似三角形性质和勾股定理等知识点.

🚩 创新思维

例1 如图 3.3.11,在 $\triangle ABC$ 中,$AB = AC$,D 是 BC 边上一点,E 是 AD 上一点,且 $\angle BED = 2\angle CED = \angle BAC$. 求证: $BD = 2CD$.

点拨 由于 $\angle BED = 2\angle CED$,所以可平分 $\angle BED$;要证 $BD = 2DC$,可对 BD 截半;由上例启示,还可以作 $\triangle ABC$ 的外接圆,通过角平分线性质给出证明.

证明 (证法1)如图(a),作 EF 平分 $\angle BED$,$AH // EF$ 交 BE 于点 F,则 $GE = AE$,得 $\triangle ABG \cong \triangle CAE$,则 $BG = GE$,从而有 $GH = \frac{1}{2}EF$,得 $\frac{CD}{FD} = \frac{AH}{EF} = \frac{HD}{FD} = \frac{1}{2}$,所以 $BD = 2CD$.

(证法2)如图(b),过点 D 作 $DF // CA$,交 AB 于点 F,取 $BG = DC$,连接 FG,则 $\triangle ABG \cong \triangle ACD$,从而有 $\triangle ABE \cong \triangle ADF$,$\triangle FAG \cong \triangle EAC$,$\triangle FGD \cong \triangle EDC$,所以 $CD = DG = BG$,所以 $BD = 2CD$.

(证法3)如图(c),在 BE 上截取 $BF = AE$,连接 AF,则 $\triangle ABF \cong \triangle CAE$,$BF = AE = EF$,所以 $S_{\triangle ABE} = 2S_{\triangle ABF} = 2S_{\triangle CAE}$,故 $\frac{BD}{CD} = \frac{S_{\triangle ABE}}{S_{\triangle CAE}} = 2$,即 $BD = 2CD$.

(证法4)如图(d),过点 C 作 $CF // BE$,交 ED 的延长线于点 F,在 AF 截取 $AG = BE$,连接 CG. 因为 $\triangle ABE \cong \triangle ACG$,所以 $AE = CG$. 又由 $\angle GEC = \angle GCE$,得 $CG = EG$;由 $\angle CGF = \angle F$,得 $CF = CG$,所以 $BE = AG = AE + EG = 2CF$. 又因 $\frac{BD}{CD} = \frac{BE}{CF}$,所以 $BD = 2CD$.

(证法5)如图(e),延长 AD 交 $\triangle ABC$ 的外接圆于点 F,连接 FB、FC,则 $\angle EBF = 90° -$

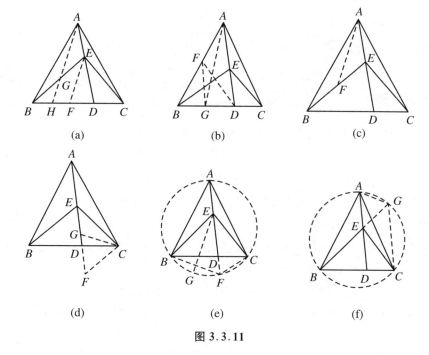

图 3.3.11

$\frac{1}{2}\angle A = \angle EFB$. 作 EG 平分 $\angle BED$ 交 BF 于点 G, 则 $BG = GF$, $\triangle EGF \cong \triangle ECF$, 所以 $BF = 2FG = 2CF$. 又因 $\angle BFD = \angle CFD$, 所以 $\frac{BD}{CD} = \frac{BF}{CF} = 2$, 故 $BD = 2CD$.

(证法 6) 如图 (f), 延长 BE 至点 G, 使 $BG = AE$, 则 $\triangle EAG \backsim \triangle ABC$, 所以 $\angle EGA = \angle C$, 从而得 G、A、B、C 四点共圆, 故 $\angle BGA = \angle A = \angle BED$, 所以 $AD \parallel GC$, 从而得 $\frac{BD}{DC} = \frac{BE}{EG} = 2$, 故 $BD = 2DC$.

说明 该题有几十种证法, 这里选用六种较典型的方法给出了简证.

例 2 如图 3.3.12, E、F 是 $\triangle ABC$ 的边 AC、AB 的中点, D 为 BC 上任意一点, $DP \parallel CF$, $DQ \parallel BE$, RQ 与 BE、CF 分别交于点 R、S. 求证: $RS = \frac{1}{3}PQ$.

点拨 要证 $RS = \frac{1}{3}PQ$, 只要证 $PR = \frac{1}{2}RQ$, $QS = \frac{1}{2}PS$. 由于平行较多, 可尝试用比例证.

证明 设 G 是 $\triangle ABC$ 的重心, BE 与 PD 交于点 H.

由 $PD \parallel FC$, 得 $\frac{PH}{HD} = \frac{FG}{GC} = \frac{1}{2}$.

由 $DQ \parallel BE$, 得 $\frac{PR}{RQ} = \frac{PH}{HD} = \frac{1}{2}$.

所以 $PR = \frac{1}{2}RQ$.

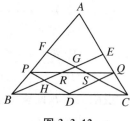

图 3.3.12

同理，$QS = \frac{1}{2}PS$.

所以 $PR = RS = SQ$.

说明 该证法很简洁，但想到这个证法却不容易．这里主要是变更结论，改证 $PR = \frac{1}{2}RQ$，即 $RQ = 2PR$，再结合中点的条件，联想到重心性质．若对这个性质不熟悉，还可延长 AB、QD 交于点 M，再用平行线截割线段成比例证明．

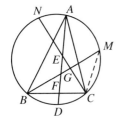

图 3.3.13

例 3 如图 3.3.13，$\triangle ABC$ 内接于 $\odot O$，AD 是 $\odot O$ 的弦，设 AB 和 AC 的垂直平分线分别交 AD 于点 F、E（中垂线未画出），连接 CE、BF 延长交 $\odot O$ 于点 N、M，BM 与 CN 交于点 G．求证：$AD = GB + CG$．

说明 采用延长法，最直接的想法是探索 BM 与 AD 能否相等？然后再证 $GM = GC$ 即可．

证明 连接 CM，则有 $FA = FB$，$EA = EC$．

由 $FB \cdot FM = FA \cdot FD$，$EC \cdot EN = EA \cdot ED$，得 $FM = FD$，$EN = ED$．所以 $BM = CN = AD$．

由 $\angle ABM = \angle BAD$，$\angle ACN = \angle CAD$．得 $\angle M = \angle BAC = \angle BAD + \angle CAD = \angle ABM + \angle ACN = \angle ACM + \angle ACN = \angle GCM$．所以 $GC = GM$．

所以 $GB + GC = GB + GM = BM$．

说明 本题关键是证明 BM 或 CN 与 AD 相等．要注意 $\angle A$ 必须是最小角，且 AB、AC 的中垂线未画出，有关性质可以在草稿纸上重新画图进行探讨，否则会因图形中线条太多而干扰思路．

例 4 如图 3.3.14，在 $\triangle ABC$ 中，$AB > AC$，$\angle A$ 的一个外角平分线交 $\triangle ABC$ 外接圆于点 E，过点 E 作 $EF \perp AB$ 于点 F．求证：$2AF = AB - AC$．

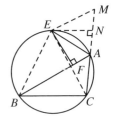

图 3.3.14

点拨 采用延长法，可延长 CA 至点 M，使 $AM = 2AF$，下面只需证 $\triangle ABE \cong \triangle MCE$．

证明 过点 E 作 $EN \perp CA$ 的延长线于点 N．

由 EA 平分 $\angle BAN$，$EF \perp BA$，得 $AN = AF$．

延长 AN 至点 M，使 $NM = NA$，连接 EM，则 $EM = EA$．连接 BE、CE，则 $\angle EBA = \angle ECM$，$\angle BAE = \angle EAN = \angle EMC$，从而有 $\triangle ABE \cong \triangle MCE$．得 $AB = MC$．

所以 $AB = AC + 2AF$，即 $2AF = AB - AC$．

说明 本题证法很多，这里应用延长和加倍的方法，非常简单．当然，若在 FB 上截取 $FG = FA$，由 $\triangle BEG \cong \triangle CEA$ 也不难．

例 5 如图 3.3.15，在正方形 $ABCD$ 的边 BA，CB（或延长线）上各取一点 M，N，使 $\angle MDN = 45°$，过点 M 作 $MP \perp DN$ 于点 P．求证：$\angle BPN = 2\angle ADM$．

点拨 要分两种情况讨论，关键是证明 P 是 $\triangle BDM$ 的外心．

证明 若 M 在 AB 上，N 在 BC 上（图(a)），连接 AP、BD，则由 $\angle MAP = \angle MDP = 45°$，

$DA = BA$,得 $\triangle BAP \cong \triangle DAP$,则 $PB = PD$,故得 $PB = PM = PD$,即点 P 是 $\triangle BDM$ 的外心.

由 $\angle MPN = 90° = 2\angle BDA$,得 $\angle BPN = \angle MPN - \angle BPM = 2(\angle BDA - \angle BDM) = 2\angle ADM$.

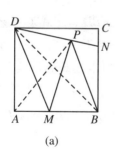 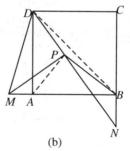

(a)　　　　　　(b)

图 3.3.15

若 M 在 BA 延长线上,N 在 CB 延长线上(图(b)),连接 AP、DB.

由 $\angle BAP = \angle MDP = 45° = \angle DMP = \angle DAP$,$AB = AD$,得 $\triangle BAP \cong \triangle DAP$,则 $PB = PD$. 所以 $PB = PD = PM$,即 P 为 $\triangle BDM$ 的外心,得 $\angle BPM = 2\angle BDM$.

所以 $\angle BPN = 2\angle ADM$.

说明　分类讨论是一种重要的思想方法,有广泛的应用,必须牢固掌握.

例 6　如图 3.3.16,在菱形 $ABCD$ 中,E 是 AD 的中点,点 F 在 AD 上,且 $BF = CD + DF$. 求证:$\angle ABE = \dfrac{1}{2}\angle FBC$.

点拨　取 CD 的中点 G,则可证 $\angle CBG = \angle FBG$.

证明　取 CD 的中点 G,连接 BG 并延长交 AD 延长线于点 H,则 $\triangle BCG \cong \triangle HDG$,得 $DH = BC = CD$,则 $BF = CD + DF = DH + DF = HF$. 进而有 $\angle CBG = \angle H = \angle FBG = \dfrac{1}{2}\angle FBC$,所以 $\angle ABE = \angle CBG = \dfrac{1}{2}\angle FBC$.

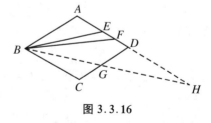

图 3.3.16

例 7　如图 3.3.17,在 $\triangle ABC$ 中,AD 是高,CE 是中线,G 是 CE 的中点,$DG \perp CE$ 于点 G. 求证:(1) $DC = BE$;(2) $\angle AEC = 3\angle BCE$.

点拨　(1) $DC = DE = BE$;(2) $\angle B = 2\angle EDB$.

证明　(1) 由 G 是 CE 的中点,$DG \perp CE$,得 DG 是 CE 的垂直平分线,则 $DE = DC$,由 AD 是高,CE 是中线,得 DE 是 $Rt\triangle ADB$ 斜边 AB 上的中线,则 $DE = BE = \dfrac{1}{2}AB$,所以 $DC = BE$.

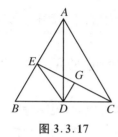

图 3.3.17

(2) 由 $DE = DC$,得 $\angle DEC = \angle BCE$,则 $\angle EDB = \angle DEC + \angle BCE = 2\angle BCE$. 由 $DE = BE$,得 $\angle B = \angle EDB$,则 $\angle B = 2\angle BCE$,所以 $\angle AEC = 3\angle BCE$.

例 8　如图 3.3.18,在 $\triangle ABC$ 中,$AB = AC$,$\angle BAC = 90°$,点 D 是 AB 的中点,连接 CD,过点 B 作 $BE \perp CD$ 交 CD 的延长线于点 E,连接 AE,过点 A 作 $AF \perp AE$ 交 CD 于点 F.

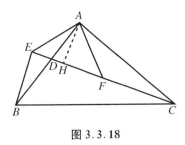

图 3.3.18

求证:(1) $EF=\sqrt{2}AE$;(2) $CD=2BE+DE$.

点拨 (1) $\triangle AEF$ 是等腰直角三角形;(2) 作 $AH\perp CE$,则 $\triangle EBD\cong\triangle HAD$.

证明 (1) 由 $\angle EBD+\angle ABC+\angle BCE=90°$,$\angle ABC=45°$,得 $\angle EBD+\angle BCE=45°$. 又 $\angle ACF+\angle BCE=45°$,得 $\angle EBD=\angle ACF$,所以 $\triangle EBA\cong\triangle FCA$,得 $AE=AF$,则 $EF=\sqrt{2}AE$.

(2) 过 A 作 $AH\perp CE$ 于点 H,则 $\triangle EBD\cong\triangle HAD$,得 $BE=AH$. 又 $BE=CF$,$AH=FH$,从而 $CD=2BE+DE$.

例 9 如图 3.3.19,在等腰 Rt$\triangle ABC$ 中,$\angle BAC=90°$,D、E 分别为 AB、AC 边上的点,$AD=AE$,$AF\perp BE$ 交 BC 于点 F,过点 F 作 $FG\perp CD$ 交 BE 的延长线于点 G,交 AC 于点 M.

(1) 求证:$\triangle EGM$ 为等腰三角形.

(2) 判断线段 BG、AF 与 FG 的数量关系,并证明你的结论.

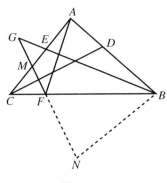

图 3.3.19

点拨 (1) $\triangle AEB\cong\triangle ADC$;(2) 作 $BN\perp AB$ 交 GF 延长线于点 N,则 $\triangle AFB\cong\triangle NFB$.

证明 (1) 由 $AE=AD$,$AB=AC$,得 Rt$\triangle AEB\cong\triangle ADC$,则 $\angle AEB=\angle ADC=\angle CMF$,所以 $\angle GEM=\angle GME$,即 $\triangle EGM$ 为等腰三角形.

(2) 作 $BN\perp AB$ 交 GF 延长线于点 N,则 $\angle GFC=\angle NFB$,由(1)得 $\angle ABE=\angle ACD$,$\angle DAF=\angle GBN$,$\angle DCB=\angle EBC$,又 $\angle GFC+\angle DCB=90°=\angle AFB+\angle EBC=\angle AFB+\angle DCB$,得 $\angle GFC=\angle AFB=\angle NFB$,又 $\angle ABF=\angle NBF=45°$,得 $\triangle AFB\cong\triangle NFB$,则 $\angle BNF=\angle BAF=\angle GBN$,所以 $GB=GN=GF+FN=GF+AF$.

例 10 如图 3.3.20,在等边 $\triangle ABC$ 中,$BD\perp AC$ 于点 D,$\angle FAC=\dfrac{1}{2}\angle ABC$,$\angle FAC$ 在 AC 下方,P、Q 分别是射线 BD、射线 AF 上的动点(P 异于点 B,Q 异于点 A),连接 CQ,过点 P 作 $PE\perp CQ$ 于点 E,连接 DE,$BP=AQ$.

(1) 如图(a),当点 P 在线段 BD 上运动时,直接写出线段 DE 和线段 AQ 的数量关系和位置关系;

(2) 如图(b),当点 P 在线段 BD 的延长线上运动时,(1)中的结论是否成立,说明理由.

点拨 (1) $DE=\dfrac{1}{2}AQ$,$DE\parallel AQ$;(2) 不变.

证明 (1) $DE=\dfrac{1}{2}AQ$,$DE\parallel AQ$. 理由如下:

如图(a),连接 PC、PQ,在等边 $\triangle ABC$ 中,由 $AB=BC$,$BD\perp AC$,得 $AD=CD$,$\angle ABD=\angle CBD=\dfrac{1}{2}\angle BAC$. 由 $\angle CAF=\dfrac{1}{2}\angle ABC$,得 $\angle CBP=\angle CAQ$,从而有 $\triangle BPC\cong\triangle AQC$,

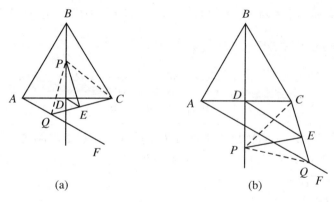

图 3.3.20

则 $PC = QC$, $\angle BCP = \angle ACQ$, 所以 $\angle PCQ = \angle PCA + \angle ACQ = \angle PCA + \angle BCP = \angle ACB = 60°$, 得 $\triangle PCQ$ 是等边三角形. 由 $PE \perp CQ$, 得 $CE = QE$. 又 $AD = CD$, 所以 $DE = \frac{1}{2}AQ$, $DE \parallel AQ$.

(2) $DE \parallel AQ$, $DE = \frac{1}{2}AQ$. 理由如下:

如图(b), 连接 PQ、PC. 同(1)得 $DE \parallel AQ$, $DE = \frac{1}{2}AQ$.

例 11 如图 3.3.21, 在 $Rt\triangle BCD$ 中, $\angle CBD = 90°$, $BC = BD$, 点 A 在 CB 的延长线上, 且 $BA = BC$, 点 E 在直线 BD 上移动, 过点 E 作射线 $EF \perp EA$, 交 CD 所在直线于点 F.

(1) 当点 E 在线段 BD 上移动时(图(a)). 求证: $BC - DE = \frac{\sqrt{2}}{2}DF$.

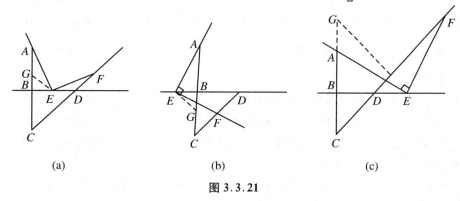

图 3.3.21

(2) 当点 E 在直线 BD 上移动时(图(b)、(c)), 问: 线段 BC、DC 与 DF 又有怎样的数量关系? 请直接写出你的猜想, 并选择其一给予证明.

(3) 同(2), 如图(c).

点拨 (1) 在 AB 上截取 $AG = ED$; (2) 在 BC 上截取 $BG = BE$; (3) 在 BA 延长线上截取 $AG = DE$.

证明 (1) 在 AB 上截取 $AG = ED$, 连接 GE, 则 $\angle AGE = \angle EDF = 135°$, $\angle AEG = \angle EFD$, 得 $\triangle AGE \cong \triangle EDF$, 所以 $BC - ED = \frac{\sqrt{2}}{2}DF$.

(2) 在 BC 上截取 $BG = BE$，连接 EG，则 $BE + BD = AB + BG$，即 $AG = DE$，$\angle EAG = \angle DEF$，所以 $DE - BC = \dfrac{\sqrt{2}}{2}DF$.

(3) 在 BA 延长线上截取 $AG = DE$，连接 GE，则 $\angle AGE = \angle FDE = 45°$，又 $\angle AEG = \angle DFE$，得 $\triangle AGE \cong \triangle EDF$，则 $EG = DF$，所以 $BC + DE = \dfrac{\sqrt{2}}{2}DF$.

例 12 如图 3.3.22(a)，CN 是等边 $\triangle ABC$ 的外角 $\angle ACM$ 内部的一条射线，点 A 关于 CN 的对称点为 D，连接 AD、BD、CD，其中 AD、BD 分别交射线 CN 于点 E、P.

(1) 依题意补全图形；

(2) 求证：$\angle BDC + \angle ACN = 60°$.

(3) 用等式表示线段 PB、PC 与 PE 之间的数量关系，并证明.

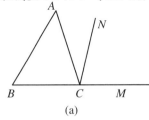
(a)

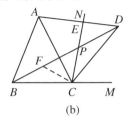
(b)

图 3.3.22

点拨 (3) $PB = PC + 2PE$.

解 (1) 如图(b).

(2) 由点 A 与点 D 关于 CN 对称，得 CN 是 AD 的垂直平分线，则 $CA = CD$，所以 $\angle ACD = 2\angle ACN$.

在等边 $\triangle ABC$ 中，$CA = CB = CD$，$\angle ACB = 60°$，得 $\angle BCD = \angle ACB + \angle ACD = 60° + \angle ACD$，即 $\angle BCD = \angle DBC = \dfrac{1}{2}(180° - \angle BCD) = 60° - \angle ACN$，从而有 $\angle BCD + \angle ACN = 60°$.

(3) $PB = PC + 2PE$. 证明如下：

在 PB 上截取 $PF = PC$，连接 CF. 由 $CA = CD$，$\angle ACD = 2\angle ACN$，得 $\angle CDA = \angle CAD = 90° - \angle ACN$. 由 $\angle BDC = 60° - \angle ACN$，得 $\angle PDE = \angle CDA - \angle BDC = 30°$，则 $PD = 2PE$. 由 $\angle CPF = \angle DPE = 90° - \angle PDE = 60°$，得 $\triangle CPF$ 是等边三角形，即 $\angle CPF = \angle CFP = 60°$，则 $\angle BFC = \angle DPC = 120°$.

在 $\triangle BFC$ 和 $\triangle DPC$ 中，由 $\angle CFB = \angle CPD$，$\angle CBF = \angle CDP$，$CB = CD$，得 $\triangle BFC \cong \triangle DPC$，则 $BF = PD = 2PE$，所以 $PB = PF + BF = PC + 2PE$.

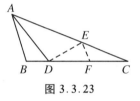
图 3.3.23

*例 13 如图 3.3.23，在 $\triangle ABC$ 中，$\angle BAC = 60°$，$\angle C = 20°$，点 D 在 BC 上，且 $\angle BAD = 20°$. 求证：$AB + AD = DC$.

点拨 作 $\angle CDE = 20°$，取 $DF = DE$，则可推出 $\triangle ABD \cong \triangle CFE$.

证明 作 $\angle CDE = \angle C = 20°$，设 DE 交 AC 于点 E，在 DC 上截取 $DF = DE$，连接 EF，则 $\angle DEA = \angle CDE + \angle C = 40° = \angle DAE$，得 $AD = DE = CE$. 在 $\triangle DEF$ 中，由 $\angle DFE = 80°$，得 $\angle CFE = 100° = \angle B$. 又由 $\angle BAD = 20° = \angle C$，得 $\triangle ABD \cong \triangle CFE$，则 $AB = CF$. 又因 $AD =$

$DE = DF$,所以 $AB + AD = CF + DF = DC$.

*例 14 如图 3.3.24,在 $\triangle ABC$ 中,$\angle A$、$\angle B$、$\angle C$ 的对边分别为 a、b、c. 求证:若 $b^2 = a(a+c)$,则 $\angle B = 2\angle A$.

点拨 构作相似三角形或构作角平分线.

证明 (证法 1)延长 CB 至点 D,使 $BD = AB = c$,连接 AD,则由 $\dfrac{a}{b} = \dfrac{b}{a+c}$,得 $\dfrac{BC}{AC} = \dfrac{AC}{DC}$,所以 $\triangle ABC \backsim \triangle DAC$,得 $\angle A = \angle D$,又 $\angle B = 2\angle D$,则 $\angle B = 2\angle A$.

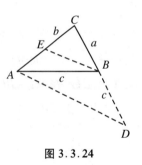

图 3.3.24

(证法 2)作 $\angle ABC$ 的平分线 BE 交 AC 于点 E,则 $\dfrac{CE}{AE} = \dfrac{a}{c}$,即 $\dfrac{CE}{a} = \dfrac{b}{a+c}$. 又 $\dfrac{a}{b} = \dfrac{b}{a+c}$,得 $\dfrac{CE}{a} = \dfrac{a}{b}$,所以 $\triangle BEC \backsim \triangle ABC$,得 $\angle B = 2\angle CBE = 2\angle A$.

说明 由 $b^2 = a(a+c)$,得 $\dfrac{a}{b} = \dfrac{b}{a+c}$,所以可通过构作相似三角形证明,此题还有多种证法.

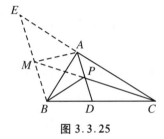

图 3.3.25

*例 15 如图 3.3.25,在 $\triangle ABC$ 中,$\angle BAC = 90°$,D 为 BC 上一点(不是中点),满足 $\dfrac{2}{AD} = \dfrac{1}{BD} + \dfrac{1}{CD}$,$P$ 为 AD 的中点. 求证:(1) $\angle BDA = 2\angle BAD$;(2) PD 平分 $\angle BPC$.

点拨 过点 B 作 $BE \parallel DA$,交 CA 延长线于点 E,延长 CP 交 BE 于点 M,证 $BD = BM$.

证明 过点 B 作 $BE \parallel DA$,交 CA 延长线于点 E,延长 CP 交 BE 于点 M,连接 AM.

由 $AD = 2PD$,得 $\dfrac{2}{AD} = \dfrac{1}{PD} = \dfrac{1}{BD} + \dfrac{1}{CD} = \dfrac{BC}{BD \cdot CD}$,即 $\dfrac{BD}{PD} = \dfrac{BC}{CD}$. 由 $\dfrac{BM}{PD} = \dfrac{BC}{CD} = \dfrac{BD}{PD}$,得 $BM = BD$. 由 $\dfrac{AP}{PD} = \dfrac{EM}{MB}$,得 $EM = MB$,则 $AM = BM$,进而有 $\triangle PMA \cong \triangle PBD$,得 $\angle BDA = \angle MAP$,$\angle MPA = \angle DPB$.

(1) 由 $\angle MAB = \angle MBA = \angle BAD$,得 $\angle BDA = 2\angle BAD$.

(2) 由 $\angle DPC = \angle APM = \angle DPB$,得 PD 平分 $\angle BPC$.

说明 由 $AD \parallel EB$,P 是 AD 的中点,得 M 是 EB 的中点. 又因 $\angle EAB = 90°$,所以 $AM = BM$.

*例 16 如图 3.3.26,在圆内接四边形 $ABCD$ 中,AB 是直径,E 在对角线 AC 上,F 是对角线 AC 与 BD 的交点,且 $\angle BEC = \angle DEC = \angle ABD$. 求证:$BF = 2FC$.

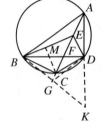

图 3.3.26

点拨 因为 CE 平分 $\angle BED$,所以 $\dfrac{BE}{CE} = \dfrac{BF}{FC}$,故只要证 $BE = 2CE$.

证明 (证法 1)取 BE 的中点 M,连接 CM,由 $\angle ECB = 90°$,得 $BM = ME$,则 $\angle MCE = \angle MEC = \angle CED = \angle ABD = \angle DCE$,从而得四边形

$EMCD$ 是菱形,有 $CD = EM = \frac{1}{2}BE$,所以 $\frac{BF}{FD} = \frac{BE}{ED} = 2$,即 $BF = 2FD$.

(证法2)延长 AD 至点 K,使 $DK = AD$,连接 BK,设 AC 交 BK 于点 G,则 BD 是 AK 的垂直平分线,有 $\angle KBD = \angle ABD = \angle DEC$,则 $B、E、D、G$ 四点共圆,又由 $\angle BEC = \angle DEC$,得 $BG = DG$. 在 $\mathrm{Rt}\triangle BDK$ 中,$BG = GK$,所以 F 是 $\triangle ABK$ 的重心,得 $BF = 2FD$.

说明 由 $BF = 2CF$ 联想到三角形重心的性质,才构作辅助线,得到证法2的证法.

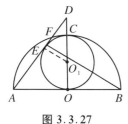

图 3.3.27

*例 17 如图 3.3.27,在 $\odot O$ 中的直径 AB 垂直半径 OC 于点 O,以 OC 为直径作 $\odot O_1$,AE 切 $\odot O_1$ 于点 E,交 $\odot O$ 于点 F,交 OC 的延长线于点 D. 求证:$3BF = 4AF$.

点拨 $\triangle DEO_1 \sim \triangle DOA$,$\triangle ABF \sim \triangle ADO$.

证明 连接 O_1E. 由 AE 切 $\odot O$ 于点 E,得 $O_1E \perp AD$. 由 $DO \perp AB$,得 $\angle DEO_1 = \angle DOA = 90°$,则 $\triangle DEO_1 \sim \triangle DOA$,从而有 $\frac{EO_1}{OA} = \frac{DE}{DO}$.

设 $OO_1 = r$,则 $AO = 2r$,设 $DO_1 = x$,则 $DE = \sqrt{DO_1^2 - O_1E^2} = \sqrt{x^2 - r^2}$,从而有 $\frac{r}{2r} = \frac{\sqrt{x^2 - r^2}}{r + x}$,即 $3x^2 - 2rx - 5r^2 = 0$,解得 $x = \frac{5}{3}r$(负值舍去). 又由 AB 为直径,得 $\angle AFB = 90°$,则 $\mathrm{Rt}\triangle ABF \sim \mathrm{Rt}\triangle ADO$,从而有 $\frac{AF}{BF} = \frac{AO}{DO} = \frac{2r}{r + \frac{5}{3}r} = \frac{3}{4}$,故 $3BF = 4AF$.

*例 18 如图 3.3.28,在锐角 $\triangle ABC$ 中,M 是 BC 边的中点,点 P 在 $\triangle ABC$ 内,使得 AP 平分 $\angle BAC$,直线 MP 与 $\triangle ABP$、$\triangle ACP$ 的外接圆分别相交于不同的两点 $D、E$. 求证:若 $DE = MP$,则 $BC = 2BP$.

点拨 连接 $BD、CE$,延长 PM 至点 F,使 $MF = ME$,则有 $DP = EM = FM$.

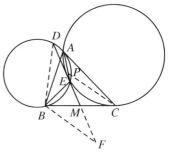

图 3.3.28

证明 延长 PM 至点 F,使 $MF = ME$,连接 $BF、BD、CE$,由条件知 $\angle BDP = \angle BAP = \angle CAP = \angle CEP = \angle CEM$. 由 $BM = CM$ 且 $EM = FM$,得 $BF = CE$ 且 $BF /\!/ CE$,则 $\angle F = \angle CEM = \angle BDP$,从而有 $BD = BF$.

又由 $DE = MP$,得 $DP = EM = FM$.

在等腰 $\triangle BDF$ 中,由对称性得 $BP = BM$. 所以 $BC = 2BM = 2BP$.

*例 19 如图 3.3.29,在凸四边形 $ABCD$ 中,$AC = BD = AB$,且 $AC \perp BD$ 于点 E. 设 I 为 $\triangle AEB$ 的内心,M 为 AB 的中点. 求证:$MI \perp CD$,且 $MI = \frac{1}{2}CD$.

点拨 连接 AI 延长交 BC 于点 N,连接 $MN、BI$,则 $\triangle MNI \sim \triangle DBC$.

证明 连接 AI 延长交 BC 于点 N,连接 MN,由 $AC = AB$, I 为 $\triangle AEB$ 的内心,得 $AN \perp BC$,$BN = CN$,从而有 $MN \parallel AC$, $MN = \frac{1}{2}AC = \frac{1}{2}BD$. 又 $AC \perp BD$,则 $MN \perp BD$,得 $\angle DBN = \angle MNI = \angle CAN = \frac{1}{2}\angle BAE$.

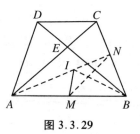

图 3.3.29

连接 BI,则 $\angle IBE = \frac{1}{2}\angle ABE$,所以 $\angle IBN = \angle IBE + \angle CBD$ $= \frac{1}{2}(\angle ABE + \angle BAE) = 45°$,故得 $IN = BN = \frac{1}{2}BC$,从而有 $\frac{MN}{DB} = \frac{NI}{BC} = \frac{1}{2}$. 又由 $\angle MNI = \angle DBC$,得 $\triangle MNI \sim \triangle DBC$,所以 $MI \perp CD$,且 $MI = \frac{1}{2}CD$.

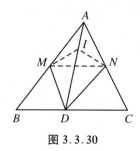

图 3.3.30

*例 20 如图 3.3.30,AD 是 $\triangle ABC$ 的角平分线,M、N 分别是 AB、AC 的中点. 若 $\angle MDN = \frac{1}{2}(\angle B + \angle C)$,求证: $BC = \frac{1}{2}(AB + AC)$.

点拨 $BD = BM$,$CD = CN$.

证明 连接 MN,设 I 是 $\triangle AMN$ 的内心,连接 MI、NI,则 $\angle MIN = 90° + \frac{1}{2}\angle A$,又 $\angle MDN = \frac{1}{2}(\angle B + \angle C)$,得 $\angle MDN + \angle MIN = 180°$,所以 D、N、I、M 四点共圆,则 $\angle MDI = \angle INM = \frac{1}{2}\angle ANM$. 又因 $\angle MID = \angle IAM + \angle IMA = \frac{1}{2}(\angle MAN + \angle AMN)$,所以 $\angle MID + \angle MID = 90°$,故得 $\angle IMD = 90°$. 又由 IM 平分 $\angle AMN$,得 AD 平分 $\angle BMN$,所以 $\angle BMD = \angle BDM$,即 $BD = BM$.

同理,$CD = CN$. 故 $BC = BD + CD = BM + CN = \frac{1}{2}(AB + AC)$.

习题 3.3

1. 如图 3.3.31,在 $\triangle ABC$ 中,$\angle B = 15°$,$\angle C = 30°$,$AD \perp BA$ 交 BC 于点 D. 求证: $BD = 2AC$.

2. 如图 3.3.32,过正方形 $ABCD$ 的中心 O 及顶点 A 作圆,交 AB 于点 E,交 AD 于点 F. 求证: $AD = AE + AF$.

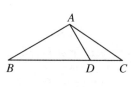

图 3.3.31

图 3.3.32

3. 如图 3.3.33，已知⊙O_1 与⊙O_2 相交于 A、B 两点，过点 A 作⊙O_2 的切线 AC，再作 $\angle BAE = \angle BAC$，AE 交两圆于点 E、D. 求证：$AE = AC + AD$.

4. 如图 3.3.34，在圆内接四边形 $ABCD$ 中，$AB = BD = DA$，$BC = 2CD$. 求证：$AC = 3CD$.

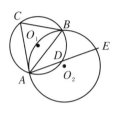

图 3.3.33

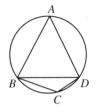

图 3.3.34

5. 如图 3.3.35，在△ABC 中，$AB = AC$，P 为 BC 延长线上一点，$PQ \perp AB$ 于点 Q，$PR \perp AC$ 延长线于点 R，$BD \perp AC$ 于点 D. 求证：$PQ - PR = BD$.

6. 如图 3.3.36，在△ABC 中，$\angle B = 2\angle C$，AD 是 BC 边上的高，AE 是 $\angle BAC$ 的平分线. 求证：$\angle DAE = \dfrac{1}{2}\angle C$.

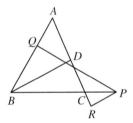

图 3.3.35

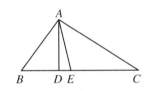

图 3.3.36

7. 如图 3.3.37，$\angle BAD = \angle CAE = 90°$，$AB = AD$，$AE = AC$，$AF \perp CB$ 于点 F. 求证：
(1) △$ABC \cong$ △ADE；(2) $\angle EAF = 135°$；(3) $CD = 2BF + DE$.

8. 如图 3.3.38，D、E 是 Rt△ABC 斜边 BC 上的两点，且 $BD = BA$.

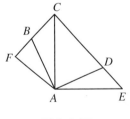

图 3.3.37

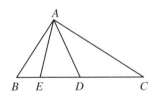

图 3.3.38

9. 如图 3.3.39，在△ABC 中，AD 是 BC 边上的中线，E 是 AD 的中点，BE 的延长线交 AC 于点 F. 求证：$AF = \dfrac{1}{3}AC$.

10. 如图 3.3.40，在△ABC 中，$\angle A = 60°$，$CD \perp AB$ 于点 D，$BE \perp AC$ 于点 E. 求证：$DE = \dfrac{1}{2}BC$.

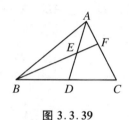

图 3.3.39

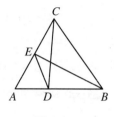

图 3.3.40

11. 如图 3.3.41,过菱形 ABCD 顶点 C 引一直线分别交 AB、AD、BD 的延长线于点 E、F、G,且 AE = 3AF.求证:BG = 3DG.

12. 如图 3.3.42,D、E 分别是△ABC 边 AB、BC 上的点,DE = AC,AD = 2BD,∠BDE + ∠C = 180°.求证:BE = 3BD.

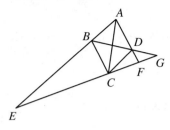

图 3.3.41

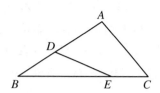

图 3.3.42

13. 如图 3.3.43,E、F、G 分别是正方形 ABCD 边 AB、BC、CD 上的点,且∠EAF = ∠EFB = ∠GFC.求证:BE + CG = BF.

14. 如图 3.3.44,在△ABC 中,∠ACB = 90°,AD 是∠A 的平分线,DE⊥AB 于点 E,点 F 在 AC 上,且 DF = BD.求证:AE − BE = AF.

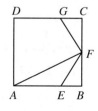

图 3.3.43

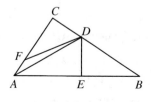

图 3.3.44

15. 如图 3.3.45,在等腰 Rt△ABC 中,∠BAC = 90°,AB = AC,AD⊥BC 于点 D,E 是 AC 的中点,AG⊥BE 于点 F,交 BC 于点 G,连接 EG.求证:AG + EG = BE.

16. 如图 3.3.46,在菱形 ABCD 中,∠B = 60°,E、F 分别在边 BC、CD 上,且∠AEF = 60°.求证:AB = CE + CF.

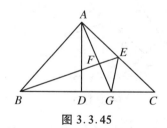

图 3.3.45

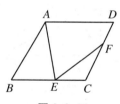

图 3.3.46

17. 如图 3.3.47,在等腰 Rt△ABC 中,AC = BC,D 是△ABC 外一点,且 BD⊥AD.求证:$AD + BD = \sqrt{2}CD$.

18. 如图 3.3.48,在△ABC 中,∠ACB = ∠BAC + 2∠B,AD⊥BC 于点 D.求证:$AB = 2CD + BC$.

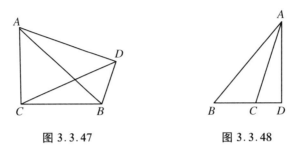

图 3.3.47　　　　图 3.3.48

19. 如图 3.3.49(a),在四边形 ABCD 中,∠ABC + ∠ADC = 180°,AB = AD,AD⊥AB,点 E 在 CD 的延长线上,∠BAC = ∠DAE.

(1) 求证:△ABC≌△ADE,CA 平分∠BCD.

(2) 如图(b),设 AF 是△ABC 边 BC 上的高.求证:$EC = 2AF$.

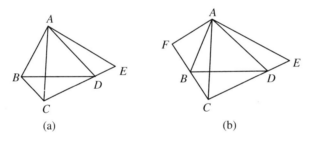

图 3.3.49

20. 如图 3.3.50,在四边形 ABCD 中,AB = AD,AB⊥AD,连接 AC、BD,AC⊥DC,过点 B 作 BE⊥AC,分别交 AC、AD 于点 E、F,G 为 BD 中点,连接 CG.

(1) 求证:△ABE≌△DAC.

(2) 判断 CE 与 CG 的数量关系,并给出证明.

21. 如图 3.3.51,AB∥CD,AD∥CE,F、G 分别是 AC、FD 的中点,过点 G 作直线分别交 CE、CD、AD、AB 于点 Q、P、N、M.求证:$MN + PQ = 2PN$.

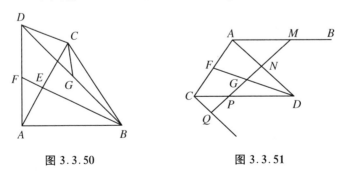

图 3.3.50　　　　图 3.3.51

22. 如图 3.3.52,在△ABC 中,点 D 在 AB 上,且 CD = CB,点 E 为 BD 的中点,点 F 为

AC 的中点,连接 EF 交 CD 于点 M,连接 AM.

(1) 求证:$EF = \dfrac{1}{2}AC$.

(2) 若 $\angle BAC = 45°$,探索 AM、DM、BC 之间的数量关系,并证明你的结论.

23. 如图 3.3.53,在 $\triangle ABC$ 中,$BA = BC$,$\angle B = 100°$,AB 平分 $\angle WAC$,D 是 AC 边上一个动点,连接 BD 并作 $\angle DBE = 50°$,BE 交直线 AW 于点 E,连接 DE.

(1) 当点 E 在射线 AW 上时,直接判断:$AE + DE$ _____ CD.

(2) 当点 E 在射线 AW 反向延长线上时,判断线段 CD、DE、AE 之间的数量关系,并给出证明.

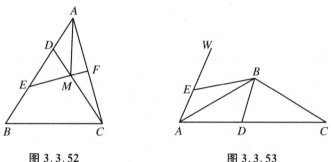

图 3.3.52 图 3.3.53

24. 如图 3.3.54,把两个全等的直角三角板的斜边重合,组成一个四边形 $ADBC$,以 D 为顶点作 $\angle MDN$,交边 AC、BC 于点 M、N.

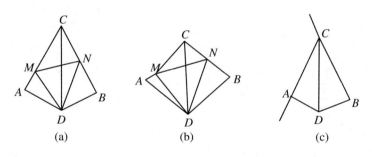

图 3.3.54

(1) 如图(a),若 $\angle ACD = 30°$,$\angle MDN = 60°$,当 $\angle MDN$ 绕点 D 旋转时,AM、MN、BN 三条线段之间有何种数量关系?证明你的结论.

(2) 如图(b),当 $\angle ACD + \angle MDN = 90°$ 时,AM、MN、BN 三条线段之间有何数量关系?证明你的结论.

(3) 如图(c),在(2)的结论下,若将 M、N 分别改在 CA、BC 的延长线上,完成图(c),其余条件不变,则 AM、MN、BN 之间有何数量关系?

25. 如图 3.3.55,在 $\triangle ABC$ 中,$\angle BAC = 90°$,$\angle ABC = 45°$,点 D 为直线 BC 上一动点(异于点 B、C),以 AD 为边作正方形 $ADEF$,连接 CF.

(1) 如图(a),当点 D 在线段 BC 上时,求证:$CF + CD = BC$.

(2) 如图(b),当点 D 在线段 BC 的延长线上时,其他条件不变,请猜想 CF、BC、CD 三条线段之间的关系,并证明.

(3) 如图(c),当点 D 在线段 BC 的反向延长线,且点 A、F 分别在直线 BC 的两侧,其他条件不变,请直接写出 CF、BC、CD 三条线段之间的关系.

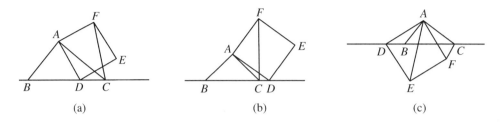

图 3.3.55

26. 如图 3.3.56,在 $\triangle ABC$ 中,$\angle BAC = 60°$,D 是 $\triangle ABC$ 内一点,且 $\angle ADB = \angle BDC = \angle CDA = 120°$,$M$ 是 AD 与 $\triangle BDC$ 外接圆的交点. 求证:$DA + DB + DC = AM$.

27. 如图 3.3.57(a),在 $\triangle ABC$ 中,$AB = AC$,D 为 BC 边上一点,E 为直线 AC 上一点,且 $\angle ADE = \angle AED$.

(1) 求证:$\angle BAD = 2\angle CDE$.

(2) 如图(b),若点 D 在 CB 的延长线上,其他条件不变,则(1)中的结论是否仍然成立? 并说明理由.

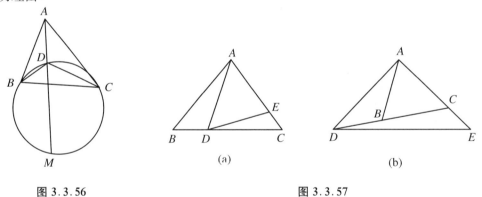

图 3.3.56   图 3.3.57

28. 如图 3.3.58,已知四边形 $ABCD$ 为菱形,E 为菱形 $ABCD$ 外一点.

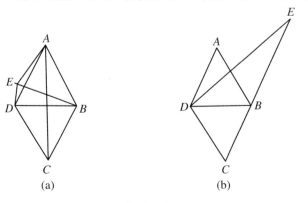

图 3.3.58

(1) 如图(a),若 $2\angle AEB + \angle BED = 180°$,$\angle ABE = 60°$,求证:$BC = BE + DE$.

(2) 如图(b),若 E 在 CB 延长线上,试猜想 $\angle BED$、$\angle ABD$、$\angle CDE$ 之间的数量关系,并加以证明.

29. 如图3.3.59,已知 $\angle MAN$,AC 平分 $\angle MAN$.

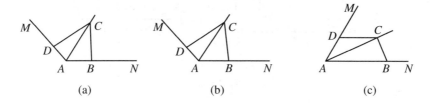

图 3.3.59

(1) 在图(a)中,若 $\angle MAN = 120°$,$\angle ABC = \angle ADC = 90°$,求证:$AB + AD = AC$.

(2) 在图(b)中,若 $\angle MAN = 120°$,$\angle ABC + \angle ADC = 180°$,则(1)中的结论是否仍然成立? 若成立,请给出证明;若不成立,请说明理由.

(3) 在图(c)中,① 若 $\angle MAN = 60°$,$\angle ABC + \angle ADC = 180°$,则 $AB + AD = $ _____ AC. ② 若 $\angle MAN = \alpha (0° < \alpha < 180°)$,$\angle ABC + \angle ADC = 180°$,则 $AB + AD = $ _____ AC(用含 α 的三角函数表示),并给出证明.

30. 如图3.3.60,在 $\triangle ABC$ 中,$\angle BAC = 90°$,$AB = AC$,P 是 BC 边上一点,作 $\angle BPE = \frac{1}{2}\angle BCA$,交 AB 于点 E,过点 B 作 $BD \perp PE$ 于点 D,交 CA 的延长线于点 F,当点 P 与点 C 重合时(图(a)),则 $PE = 2BD$.

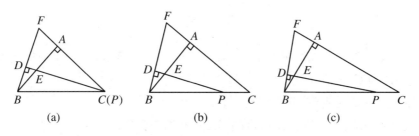

图 3.3.60

(1) 当点 P 的位置如图(b)时,线段 PE、BD 之间有怎样的数量关系? 写出你的猜想,并加以证明.

(2) 若把条件"$AB = AC$"改为"$AB = mAC$",其他条件不变(图(c)),则线段 PE、BD 之间又有怎样的数量关系? 直接写出你的猜想(用含 m 的式子表示),不必证明.

31. 如图3.3.61(a),在 $\text{Rt}\triangle ABC$ 中,$\angle C = 90°$,点 D 是线段 CA 延长线上一点,且 $AD = AB$.

(1) 若 F 在线段 AB 上,连接 DF,以 DF 为斜边作等腰 $\text{Rt}\triangle DFE$,连接 EA,且 $EA \perp AB$. 求证:$AE = AF + BC$.

(2)如图(b),点 F 在线段 BA 的延长线上,探究 AE、AF、BC 之间的数量关系,并加以证明.

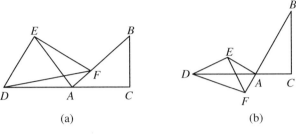

图 3.3.61

32. 如图 3.3.62,在△ABC 中,以 AB 为斜边作 Rt△ABD,使点 D 落在△ABC 内,$\angle ADB = 90°$.

(1)如图(a),若 $AB = AC$,将△ABD 绕点 A 逆时针旋转一定角度,得到△ACE,连接 ED 并延长交 BC 于点 P.求证:$BP = CP$.

(2)如图(b),若 $AD = BD$,过点 D 作直线交 AC 于点 E,交 BC 于点 F,$EF \perp AC$,且 $AE = EC$,请写出线段 BF、FC、AD 之间的关系,并加以证明.

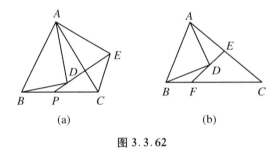

图 3.3.62

33. 如图 3.3.63,在△ABC 中,$AB = AC$,$AD \perp BC$ 于点 D,以 AB 为边向右边作等边△ABE,延长 AD、EC 交于点 F.

(1)求证:$\angle AFC$ 为定值,并确定其度数.

(2)探究线段 AF、CF、EF 之间的数量关系,并给予证明.

34. 如图 3.3.64,AB 垂直平分于 CD 交 CD 于点 O,$AB = BC$,E 为 BC 延长线上一点,连接 AF、AE,且$\angle EAF = \angle EBF$.(1)求证:$AE = AF$;(2)探究线段 BE、BF 与 OB 之间的关系,并加以证明.

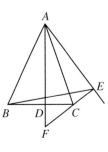

图 3.3.63

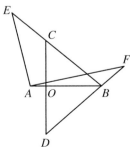

图 3.3.64

35. 如图 3.3.65(a),在矩形 ABCD 中,分别以 AD、AB 为边向内作等边△ADE 和等边△ABF,延长 DF、BE 交于 G.

(1) 求证:DF = BE.

(2) 猜想∠EGF 的度数,并说明理由.

(3) 如图(b),当点 G 位于对角线 AC 上时,① 求证:∠DGA = ∠BGA;② 探究 GE 和 BE 的数量关系,并说明理由.

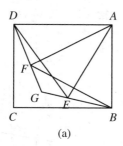
(a)

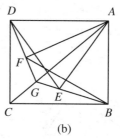
(b)

图 3.3.65

36. 如图 3.3.66,在△ABC 中,以 AC 为底边作等腰△ACD,使∠ABC = 2∠CAD.

(1) 如图(a),若∠ADC = 90°,则 $AB + BC = \sqrt{2}BD$.

(2) 如图(b),若∠ADC = 60°,探究 AB、BC、BD 之间的数量关系,并加以证明.

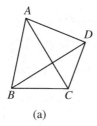
(a)

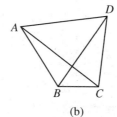
(b)

图 3.3.66

37. 如图 3.3.67,在▱ABCD 中,E 是 AD 上一点,AE = AB,过点 E 作直线 EF,在 EF 上取一点 G,使得∠EGB = ∠EAB,连接 AG.

(1) 如图(a),当 EF 与 AB 相交时,若∠EAB = 60°.求证:EG = AG + BG.

(2) 如图(b),当 EF 与 CD 相交且∠EAB = 90°时,请你写出线段 EG、AG、BG 之间的数量关系,并证明你的结论.

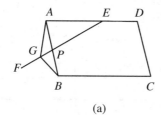
(a)

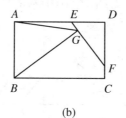
(b)

图 3.3.67

38. 如图 3.3.68(a),△ABC 与△CDE 都是等腰直角三角形,直角边 AC、CD 在同一条直线上,点 M、N 分别是斜边 AB、DE 的中点,P 是 AD 中点,连接 AE、BD.

(1) 猜想 PM 与 PN 的数量关系及位置关系,请直接写出结论;

(2) 现将图(a)中的△CDE 绕着点 C 顺时针方向旋转角 $\alpha(0°<\alpha<90°)$,得到图(b),AE 与 MP、BD 分别交于点 G、H,请判断(1)中的结论是否还成立?若成立,请证明;若不成立,请说明理由.

(3) 若图(b)中的等腰直角三角形变成直角三角形,使 $BC=kAC,CD=kCE$,写出 PM 与 PN 的数量关系,并加以证明.

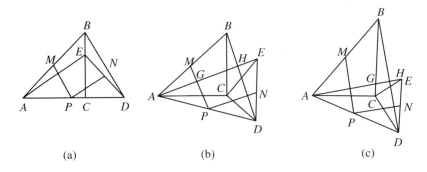

图 3.3.68

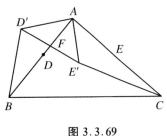

图 3.3.69

39. 如图 3.3.69,在等腰 Rt△ABC 中,$AB=AC$,∠BAC $=90°$,D、E 分别是 AB、AC 的中点,将△ADE 绕点 A 按顺时针方向旋转一个角度 $\alpha(0°<\alpha<90°)$,得到△AD'E',连 BD'、CE'.

(1) 求证:$BD'=CE'$.

(2) 若 $\alpha=60°$,设 AB 与 D'E'交于点 F.求证:$BF=\sqrt{3}AF$.

40. 如图 3.3.70,在△ABC 中,∠BAC $=90°$,AD⊥BC 于点 D,BG 平分∠ABC 交 AD 于点 E,交 AC 于点 G,GF⊥BC 于点 F,连接 EF.

(1) 如图(a),求证:四边形 AEFG 是菱形;

(2) 如图(b),若 E 为 BG 的中点,过点 E 作 EM∥BC 交 AC 于点 M,在不添加任何辅助线的情况下,请直接写出图(b)中是 CM 长 $\sqrt{3}$ 倍的所有线段.

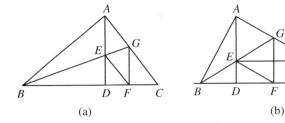

图 3.3.70

41. 如图 3.3.71,在菱形 ABCD 中,∠BAD = 120°,BD 为对角线,P、Q 两点分别在 AB、BD 上,且∠PCQ = ∠ABD,连接 AC,过点 C 作 CK⊥BC,交 BD 于点 K. 求证:(1) ∠ACP = ∠KCQ;(2) $\sqrt{3}DQ + BP = 2CD$.

42. 如图 3.3.72,在△ABC 中,D 是 AB 的中点,E 为 AC 上一点,且∠AED = $\frac{1}{2}$∠C. 求证:AE = BC + CE.

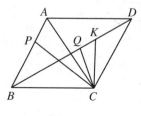

图 3.3.71

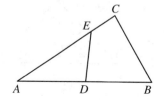

图 3.3.72

43. 如图 3.3.73,已知在凸四边形 ABCD 中,E 为△ACD 内一点,且 AC = AD = 2AB = 2AE,∠BAE + ∠BCE = 90°,∠BAC = ∠EAD. 求证:(1) ∠CED = 90°;(2) CD = 2BE.

*44. 如图 3.3.74,在△ABC 中,∠ACB = 2∠ABC,点 D 在 BC 上,点 E 在 AD 上,∠BED = ∠CED = 90° − ∠B. 求证:BD = 2DC.

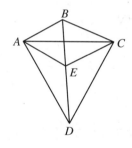

图 3.3.73

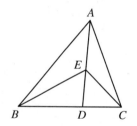

图 3.3.74

*45. 如图 3.3.75,在四边形 ABCD 中,AB = AC,∠CBD = ∠ACD = 30°. 求证:∠DAC = $\frac{1}{2}$∠BAC.

*46. 如图 3.3.76,M、N 分别是等边△ABC 边 BC、BA 上的点,且 BM = $\frac{1}{4}$BC,BN = $\frac{1}{4}$AB,P_1、P_2、P_3 是边 AC 上三个四等分点,猜测∠MP_1N + ∠MP_2N + ∠MP_3N 的度数,并证明你的结论.

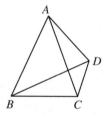

图 3.3.75

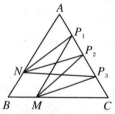

图 3.3.76

*47. 如图 3.3.77,在△ABC 与△ADF 中,∠BAC = ∠DAF = 90°,AB = AC,AD = AF,DF 的延长线交 BC 于点 E,连接 DB、CF.

(1) 如图(a),当∠AFC = 90°时,求证:E 是 BC 的中点.

(2) 如图(b),若 CF 平分∠ACB,且 CF 的延长线与 DB 交于点 G,猜想并写出 BG、DG、FG 之间的数量关系,并加以证明.

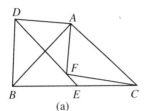
(a)

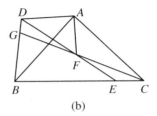
(b)

图 3.3.77

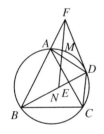

图 3.3.78

*48. 如图 3.3.78,圆内接四边形 ABCD 的对角线 AC、BD 交于点 E,且 AC⊥BD,AB = AC,过点 D 作 DF⊥BD,交 BA 的延长线于点 F,∠BFD 的平分线分别交 AD、BD 于点 M、N.

(1) 求证:∠BAD = 3∠DAC.

(2) 若 $\dfrac{BF - DF}{BD} = \dfrac{CD}{AC}$,求证:MN = MD.

3.4 位 置 关 系

🔲 模式识别

模式 1 平行(垂直)于同一条直线的两直线平行.

例 1 如图 3.4.1,AB 是⊙O 的直径,C 是 AB 上一点,∠ACD = ∠BCE,KD⊥DC.求证:KE∥AB.

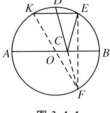

图 3.4.1

点拨 延长 DC 交⊙O 于点 F,则 KE⊥EF.

证明 延长 DC 交⊙O 于点 F,连接 EF、FK.

由 KD⊥DF,得 KF 是⊙O 的直径,则 KE⊥EF.

由∠BCF = ∠ACD = ∠ECB,得 AB⊥EF.

所以 KE∥AB.

说明 ∠ECB = ∠BCF 时,$\overset{\frown}{BE} = \overset{\frown}{BF}$,且 AB 是直径,故 AB⊥EF.

例 2 如图 3.4.2,⊙O 是△ABC 的外接圆,过点 A、C 的切线交于点 E,BC 的垂直平分线交 AB 于点 D.求证:DE∥BC.

点拨 因为 $OD \perp BC$,所以只要证 $OD \perp DE$.

证明 连接 OA、OC、DC. 由 $\angle AOC = 2\angle B$,$\angle ADC = \angle DBC + \angle DCB = 2\angle B$,得 $\angle ADC = \angle AOC$,则 A、D、O、C 四点共圆. 又 $\angle OAE = \angle OCE = 90°$,则 A、O、C、E 四点共圆,从而 D、A、E、C 四点共圆,且 OE 为直径,得 $\angle ODE = 90°$,即 $OD \perp DE$,又 $OD \perp BC$,所以 $DE \parallel BC$.

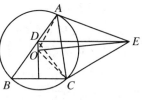

图 3.4.2

模式 2 平行四边形对边平行.

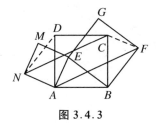

图 3.4.3

例 3 如图 3.4.3,在正方形 $ABCD$ 内任取一点 E,连接 AE、BE,在 $\triangle ABE$ 外作正方形 $AEMN$ 和 $EBFG$,连接 NC,AF. 求证: $NC \parallel AF$.

点拨 四边形 $AFCN$ 是平行四边形.

证明 连接 ND、CF.

由 $AB = BC$,$BE = BF$,$\angle ABE = 90° - \angle EBC = \angle CBF$,得 $\triangle BEA \cong \triangle BFC$,则 $EA = FC$.

同理,由 $\triangle BEA \cong \triangle DNA$,得 $BE = DN$,$\angle EBA = \angle ADN$.

所以 $FC = NA$,$BF = DN$,$\angle FBA = \angle NDC$.

进而有 $\triangle NDC \cong \triangle FBA$,得 $AF = CN$.

所以四边形 $AFCN$ 是平行四边形,得 $NC \parallel AF$.

说明 因要证的是边平行,所以这里用"两组对边相等的四边形是平行四边形"的判定定理.

例 4 如图 3.4.4,在四边形 $ABCD$ 中,$\angle ABC = \angle ADC$,对角线 BD 平分对角线 AC. 求证:$AB \parallel DC$,$AD \parallel BC$.

点拨 即证四边形 $ABCD$ 是平行四边形,也即证 $BO = OD$.

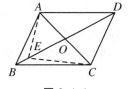

图 3.4.4

证明 假设 $BO \neq OD$,不妨设 $BO > OD$,在 OB 上截取 $OE = OD$,连接 AE、EC. 由 $OA = OC$,得四边形 $AECD$ 是平行四边形,则 $\angle AEC = \angle ADC$. 又 $\angle ABC = \angle ADC$,得 $\angle AEC = \angle ABC$. 而 $\angle AED = \angle ABD + \angle BAE$,$\angle CED = \angle CBD + \angle BCE$,则 $\angle AEC = \angle AED + \angle CED = \angle ABC + \angle BAE + \angle BCE > \angle ABC$,这与 $\angle AEC = \angle ABC$ 矛盾,所以 $BO = OD$. 又因 $OA = OC$,所以四边形 $ABCD$ 是平行四边形,得 $AB \parallel DC$,$AD \parallel BC$.

说明 此题证明的方法是反证法,即假设不成立,可导出矛盾.

模式 3 三角形(梯形)中位线和底边平行.

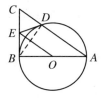

图 3.4.5

例 5 如图 3.4.5,在 $\triangle ABC$ 中,$\angle B = 90°$,以 AB 为直径作 $\odot O$,交斜边 AC 于点 D,过点 D 作圆的切线交 BC 于点 E. 求证:$OE \parallel AC$.

点拨 若 E 是 BC 的中点,则 $OE \parallel AC$.

证明 连接 BD.

由 AB 是 $\odot O$ 的直径,得 $BD \perp AC$.

由 EB 是 $\odot O$ 的切线,得 $EB = ED$.

所以 $EB = ED = EC$.

又 $BO = OA$,得 OE 是 $\triangle ABC$ 的中位线.

所以 $OE \parallel AC$.

说明 由 $EB = ED$,得 $OE \perp BD$.又 $AC \perp BD$,也可得 $OE \parallel AC$.

例 6 如图 3.4.6,等腰 Rt$\triangle ABC$ 和等腰 Rt$\triangle CEF$ 共一个顶点,$\angle ABC = \angle CEF = 90°$,连接 AF,M 是 AF 的中点,连接 MB、ME.

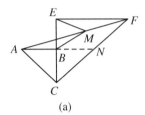 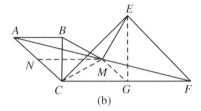

图 3.4.6

(1) 如图(a),当 CB 与 CE 在同一条直线上时,求证:① $MB \parallel CF$;② 若 B 是 CE 中点,则 $BM = \dfrac{1}{2}AC$;(2) 如图(b),当 $\angle BCE = 45°$时,求证:$BM = ME$.

点拨 延长 AB 交 CF 于点 N,则 B 是 AN 的中点.

证明 (1)① 延长 AB 交 CF 于点 N.由 $\angle BAC = \angle BCN = 45°$,$CB \perp AN$,得 B 为 AN 的中点,又 M 是 AF 的中点,则 BM 是 $\triangle ANF$ 的中位线,所以 $BM \parallel CF$.② 由 B 为 CE 的中点,得 N 为 CF 的中点,由①得 $BM = \dfrac{1}{2}NF = \dfrac{1}{2}CN = \dfrac{1}{2}AC$.

(2) 过点 E 作 $EG \perp CF$ 于点 G,取 AC 的中点 N,连接 MN、MC,则易证 $\triangle CMG \cong \triangle EMG$,得 $CM = ME$,因为 MN 是 $\triangle ACF$ 的中位线,所以 $MN \parallel CF$,于是由 $CF \perp CB$,N 为 AC 的中点知 MN 垂直平分 BC,得 $CM = BM$,所以 $BM = ME$.

说明 问题(2)实际上是由"正方形 $CEFH$ 的对角线 CF 在正方形 $ABCD$ 边 DC 延长线上,M 为 AF 的中点,则 $BM = ME$"改编而成的.

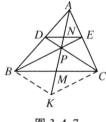

图 3.4.7

模式 4 逆用"平行线截割线段成比例"定理.

例 7 如图 3.4.7,AM 是 $\triangle ABC$ 的中线,P 为 AM 上任一点,BP、CP 分别交 AC、AB 于点 E、D.求证:$DE \parallel BC$.

点拨 证 $\dfrac{AE}{AC} = \dfrac{AD}{AB}$,则有 $DE \parallel BC$.

证明 延长 PM 至点 K,使 $MK = PM$,连接 BK、CK,得 $\square PBKC$,则 $BE \parallel KC$,$CD \parallel KB$.

从而有 $\dfrac{AE}{AC} = \dfrac{AP}{AK} = \dfrac{AD}{AB}$.

所以 $DE \parallel BC$.

说明 如果延长 AM 至点 G,使 MG 与 MA 相等,那么也能得到结果.

例 8 如图 3.4.8,从 $\odot O$ 外一点 A 引 $\odot O$ 的切线 AG 和割线 ADB,G 为切点,BC 为直径,E 在 AB 上,且 $AE = AG$,过点 E 作 $EF \perp AB$,与 AC 的延长线交于点 F.求证:$CE \parallel BF$.

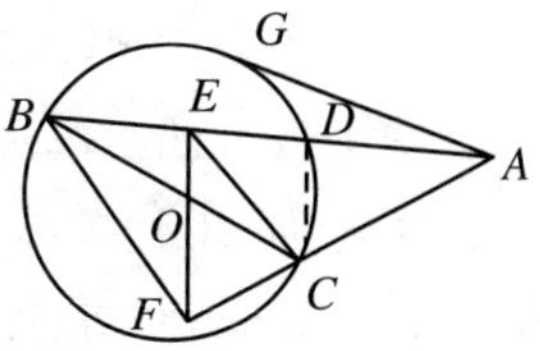

点拨 证 $\dfrac{AC}{AF} = \dfrac{AE}{AB}$.

证明 连接 DC,则由 BC 为直径,得 $CD \perp AB$. 又 $FE \perp AB$,则 $FE // CD$,从而有 $\dfrac{AC}{AF} = \dfrac{AD}{AE}$,由 $AG^2 = AD \cdot AB$,$AG = AE$,得 $\dfrac{AD}{AE} = \dfrac{AE}{AB}$,则 $\dfrac{AC}{AF} = \dfrac{AE}{AB}$,所以 $BF // EC$.

图 3.4.8

说明 尝试通过角度关系显然行不通,所以用"平行线截割线段成比例"定理的逆定理是自然的想法.

模式 5 等腰三角形顶角平分线(底边上的中线)垂直于底边.

例 9 如图 3.4.9,D 是 $\text{Rt} \triangle ABC$ 斜边 AB 上一点,且 $BD = BC$,$DE \perp AB$ 交 AC 于点 E. 求证:$CD \perp BE$.

点拨 证 $EC = ED$.

证明 由 $BC = BD$,$BE = BE$,得 $\text{Rt} \triangle BCE \cong \text{Rt} \triangle BDE$,则 $CE = DE$,$\angle CEB = \angle DEB$. 所以 $CD \perp BE$.

说明 由 $\angle DBE = \angle CBE$ 及 $BD = BC$,也可得 $CD \perp BE$.

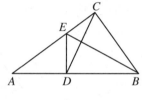
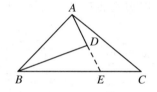

图 3.4.9   图 3.4.10

例 10 如图 3.4.10,在 $\triangle ABC$ 中,BD 平分 $\angle ABC$,$\angle BAD = \angle DAC + \angle C$. 求证:$AD \perp BD$.

点拨 延长 AD 交 BC 于点 E,则 $AB = EB$.

证明 延长 AD 交 BC 于点 E,则由 $\angle BAD = \angle DAC + \angle C = \angle BED$ 以及 BD 平分 $\angle ABC$,得 $BD \perp AD$.

说明 若 $AD \perp BD$,则 $\angle BAD = \angle DAC + \angle C$.

模式 6 相交成直角的两直线垂直.

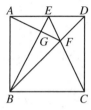

图 3.4.11

例 11 如图 3.4.11,E 是正方形 $ABCD$ 边 AD 的中点,BD、CE 相交于点 F. 求证:$AF \perp BE$.

点拨 证 $\angle ABG + \angle GAB = 90°$,可得 $\angle AGB = 90°$.

证明 由 $AB = CD$,$AE = DE$,得 $\text{Rt} \triangle ABE \cong \text{Rt} \triangle DCE$,则 $\angle ABG = \angle DCF$.

由 $\angle ADF = \angle CDF$,$DF = DF$,$DA = DC$,得 $\triangle ADF \cong \triangle CDF$,则 $\angle DCF = \angle FAD$.

所以 $\angle ABG = \angle FAD$.

由 $\angle BAG + \angle FAD = 90°$,则 $\angle BAG + \angle ABG = 90°$.

所以 $\angle AGB = 90°$，得 $AF \perp BE$.

说明 也可证 $\triangle ABE \backsim \triangle GBA$，从而 $\angle AGB = \angle BAE = 90°$.

例 12 如图 3.4.12，在 $\triangle ABC$ 和 $\triangle ADE$ 中，$\angle BAC = \angle DAE = 90°$，$AB = AC$，$AD = AE$，延长 DE 交 BC 于点 F，若 F 是 BC 的中点. 求证：$AE \perp CE$.

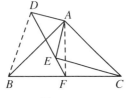

图 3.4.12

点拨 连接 BD，则 $\triangle ADB \cong \triangle AEC$.

证明 连接 BD，则由 $AD = AE$，$AB = AC$，$\angle DAB = 90° - \angle BAE = \angle EAC$，得 $\triangle ADB \cong \triangle AEC$，则 $\angle ADB = \angle AEC$，$\angle ABD = \angle ACE$.

连接 AF，则由 F 是 BC 的中点，得 $AF \perp BC$.

又 $\angle DAB + 45° = \angle BFD + 45°$，得 $\angle DAB = \angle BFD$，

则 A、F、B、D 四点共圆，从而有 $\angle ABD = \angle AFD$.

由 $\angle AFD + \angle BFD = 90°$，得 $\angle AEC = \angle ADB = 90°$.

模式 7 菱形的对角线互相垂直.

例 13 如图 3.4.13，在四边形 $ABCD$ 中，$AB = CD$，M、N、E、F 分别是 AD、BC、BD、AC 的中点. 求证：$MN \perp EF$.

点拨 由于四边形 $MENF$ 是平行四边形，故要证 $MN \perp EF$，只要证四边形 $MENF$ 是菱形即可.

证明 连接 ME，EN，NF，FM.

由 EN 是 $\triangle BCD$ 的中位线，得 $EN \underline{\underline{\parallel}} \dfrac{1}{2} CD$.

同理，$FM \underline{\underline{\parallel}} \dfrac{1}{2} CD$，则 $FM \underline{\underline{\parallel}} EN$.

所以四边形 $MENF$ 是平行四边形.

又由 $AB = CD$，得 $ME = EN$.

所以四边形 $MENF$ 是菱形，则 $MN \perp EF$.

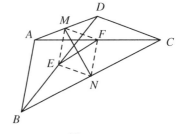

图 3.4.13

说明 四边形 $ABCD$ 是任意四边形时，要使 $\square MENF$ 是菱形或矩形，则需加上条件 $AB = CD$ 或 $AB \perp CD$.

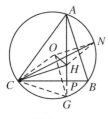

图 3.4.14

例 14 如图 3.4.14，在 $\triangle ABC$ 中，$\angle C = 60°$，$\odot O$ 是 $\triangle ABC$ 的外接圆，N 是 $\overparen{AB}$ 的中点，H 是垂心. 求证：$CN \perp OH$.

点拨 四边形 $OCHN$ 是菱形.

证明 设 AH 延长交 $\odot O$ 于点 G，连接 OC、OG、ON、HN、CG、GB. 由 $\angle C = 60°$，得 $\angle CAG = 30°$，则 $\triangle OCG$ 是等边三角形.

由 H 是 $\triangle ABC$ 的垂心，得 $CH = CG$，由 N 为 $\overparen{AB}$ 中点，则 $ON \perp AB$. 又 $CH \perp AB$，得 $ON \underline{\underline{\parallel}} CH$，则四边形 $OCHN$ 是平行四边形，又 $OC = CH$，所以 $\square OCHN$ 是菱形，得 $OH \perp CN$.

说明 由题图特点，容易想到选用菱形对角线互相垂直这一性质.

模式 8 半圆上的圆周角是直角.

例 15 如图 3.4.15,以 $\triangle ABC$ 边 AB、AC 为边向内作正方形 $ABMN$ 和正方形 $ACPQ$. 求证: $BQ \perp CN$.

点拨 延长 NC 交 BQ 或延长线于点 R, 要证 $BQ \perp CN$, 即证 $\angle CRQ = 90°$, 于是只要证 $ACQR$ 是圆内接四边形即可.

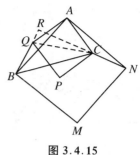

图 3.4.15

证明 连接 CQ, 延长 NC 交 BQ 于点 R.

由 $AB = AN$, $AQ = AC$, $\angle QAB = \angle CAN$, 得 $\triangle ABQ \cong \triangle ANC$, 则 $BQ = NC$, $\angle BQA = \angle NCA$.

所以四边形 $ACQR$ 是圆内接四边形,且 QC 为直径. 从而可得 $QR \perp RC$, 即 $BQ \perp CN$.

说明 本题也可由 $\angle QRC = \angle QAC$, 直接得 $QR \perp RC$.

模式 9 若 $a \parallel b$, $b \perp c$, 则 $a \perp c$.

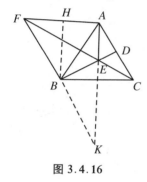

图 3.4.16

例 16 如图 3.4.16, 在 $\triangle ABC$ 中, D 是 AC 的中点, AE 平分 $\angle BAC$ 交 BD 于点 E, 过点 B 作 $BF \parallel AC$, 交 CE 延长线于点 F. 求证: $AE \perp AF$.

点拨 作 $BH \parallel AE$, 证 $BH \perp AF$.

证明 过点 B 作 $BH \parallel AE$, 交 AF 于点 H, 延长 FB、AE 交于点 K, 由 $BH \parallel AK$, $FK \parallel AC$, 得 $\dfrac{FH}{HA} = \dfrac{FB}{BK} = \dfrac{CD}{DA} = 1$, 则 $FH = HA$.

由 $\angle ABH = \angle BAE = \dfrac{1}{2}\angle BAC = \dfrac{1}{2}\angle ABF$, 得 BH 平分 $\angle ABF$, 则 $BH \perp AF$. 又 $BH \parallel AE$, 所以 $AE \perp AF$.

模式 10 勾股定理的逆定理.

例 17 如图 3.4.17, $\triangle ABC$ 是等边三角形, $\triangle A_1B_1C_1$ 的三边 A_1B_1、B_1C_1、C_1A_1 交 $\triangle ABC$ 各边于 C_2、C_3、A_2、A_3、B_2、B_3, 已知 $A_2C_3 = C_2B_3 = B_2A_3$, 且 $C_2C_3^2 + B_2B_3^2 = A_2A_3^2$. 求证: $A_1B_1 \perp A_1C_1$.

点拨 由 $C_2C_3^2 + B_2B_3^2 = A_2A_3^2$ 可联想到勾股定理的逆定理.

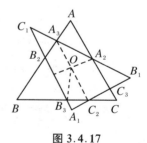

图 3.4.17

证明 过点 A_2、C_2 分别作 C_3C_2、C_3A_2 的平行线设交于点 O, 则四边形 $A_2OC_2C_3$ 是平行四边形, 连接 OB_3, 则 $\triangle OB_3C_2$ 是等边三角形, 得 $\angle OB_3C_2 = 60° = \angle B$, 则 $OB_3 \parallel A_3B_2$. 又由 $OB_3 = B_3C_2 = A_3B_2$, 得四边形 $OB_3B_2A_3$ 是平行四边形, 则 $OA_3 \parallel B_3B_2$, 且 $OA_3 = B_3B_2$. 由 $C_2C_3^2 + B_2B_3^2 = A_2A_3^2$, 得 $OA_2^2 + OA_3^2 = A_2A_3^2$, 由勾股定理的逆定理, 得 $\angle A_2OA_3 = 90°$.

由 $OA_3 \parallel B_3B_2$, 得 $OA_3 \parallel A_1C_1$, 由 $A_2O \parallel C_3C_2$, 得 $A_2O \parallel B_1A_1$, 得 $\angle C_1A_1B_1 = 90°$, 即 $A_1B_1 \perp C_1A_1$.

说明 由 $C_2C_3^2 + B_2B_3^2 = A_2A_3^2$, 可联想到勾股定理及其逆定理.

模式 11 三角形垂心的性质.

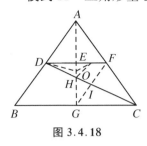

图 3.4.18

例 18 如图 3.4.18,在 △ABC 中,AB = AC,O 是其外心,D 是 AB 边的中点,E 是 △ACD 的重心.求证:OE⊥CD.

点拨 设 AG 与 DC 交于点 H,证 O 是 △DHE 的垂心.

证明 设 F 为 AC 边的中点,点 E 在 DF 上且 $\dfrac{DE}{DF} = \dfrac{2}{3}$.设 G 为 BC 的中点,AG 交 CD 于点 H,则 O 在 AG 上,且 H 为 △ABC 的重心,连接 FG 交 CD 于点 I,则 I 为 DC 的中点,得 $\dfrac{DH}{DI} = \dfrac{2}{3} = \dfrac{DE}{DF}$,从而有 EH ∥ FI ∥ AB,所以 DO⊥EH.

又 HO⊥DF,则 O 是 △DEH 的垂心,所以 OE⊥CD.

🚩 创新思维

例 1 如图 3.4.19,在 △ABC 中,∠ACB = 90°,D 为边 AC 上一点,DE⊥AB 于点 E,M 为 BD 的中点,CM 的延长线交 AB 于点 F.

(1) 求证:CM = EM.

(2) 若 △DAE ≌ △CEM,且 N 为 CM 的中点.求证:AN ∥ EM.

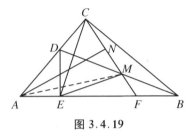

图 3.4.19

点拨 (1) $CM = \dfrac{1}{2}DB = EM$;

(2) 利用相似三角形或等腰三角形"三线合一"性质证明.

证明 (1) M 是 Rt△BCD 与 Rt△BED 斜边 BD 的中点,所以 $CM = \dfrac{1}{2}DB = EM$.

(2)(证法 1)由 △DAE ≌ △CEM,CM = EM,得 AE = ED = EM = CM = DM,∠AED = ∠CME = 90°,则 △ADE 是等腰直角三角形,△DEM 是等边三角形,得 ∠DEM = 60°,∠MEF = 30°. 在 Rt△EMF 中,∠EMF = 90°,∠MEF = 30°,所以 $\dfrac{MF}{EF} = \dfrac{1}{2}$.

由 $NM = \dfrac{1}{2}CM = \dfrac{1}{2}EM = \dfrac{1}{2}AE$,得 $FN = FM + MN = \dfrac{1}{2}EF + \dfrac{1}{2}AE = \dfrac{1}{2}AF$,则 $\dfrac{MF}{EF} = \dfrac{FN}{AF} = \dfrac{1}{2}$.

又 ∠AFN = ∠EFM,得 △AFN ∽ △EFM,

所以 ∠NAF = ∠MEF,得 AN ∥ EM.

(证法 2)连接 AM,同证法 1,∠DEM = 60°,∠MEF = 30°. 所以 ∠EAM = ∠EMA = $\dfrac{1}{2}$∠MEF = 15°,得 ∠AMC = ∠EMC − ∠EMA = 75°. 又 ∠CMD = ∠EMC − ∠EMD = 30°,MC = MD,得 ∠ACM = 75°. 所以 AC = AM. 再由 N 为 CM 的中点,得 AN⊥CM,又 EM⊥CM,所以 AN ∥ EM.

(证法 3)同证法 1,∠DEM = 60°,∠MEF = 30°.

所以∠AEM = 150°,∠DBC = ∠ABC - ∠MBE = 15°,得∠BMC = 150° = ∠AEM,从而有△AEM≌△CMB,则 AM = BC = AC.由 N 为 CM 的中点,得 AN⊥MC,所以 AN∥EM.

（证法 4）设 FM = a,同证法 1,∠DEM = 60°,∠MEF = 30°,则 AE = CM = EM = $\sqrt{3}$a,EF = 2a.

由 CN = NM,得 MN = $\frac{\sqrt{3}}{2}$a,则 $\frac{FM}{MN} = \frac{2\sqrt{3}}{3}$,$\frac{EF}{AE} = \frac{2\sqrt{3}}{3}$,从而有 $\frac{FM}{MN} = \frac{EF}{AE}$,所以 AN∥EM.

说明 证明直线平行,除应用"a∥b,b∥c⇒a∥c"和"a⊥b,c⊥b⇒a∥c"外,一般是转化为角相等,从而可以通过三角形全等和相似得证.本题还可以证明△CAN∽△DBC,由∠ANC = ∠BCD = 90°,得 AN∥EM.

例 2 如图 3.4.20,P 是等腰 Rt△ABC 斜边 AB 上任意一点,PE⊥AC 于点 E,PF⊥BC 于点 F,M 为 AB 的中点.求证:△MEF 是等腰直角三角形.

点拨 证 ME = MF,ME⊥MF.

证明 （证法 1）如图(a),连接 CM,则 CM⊥AB.

由∠PEC = ∠PFC = ∠ECF = 90°,得四边形 ECFP 为矩形,则 PE = CF.由∠A = 45°,得△AEP 为等腰直角三角形,则 AE = PE,即 AE = CF.由 CM = AM,∠MCF = ∠A = 45°,得△AEM≌△CFM,则∠AME = ∠CMF,EM = FM.

由∠CME + ∠AME = 90°,得∠CME + ∠CMF = 90°,即∠EMF = 90°.

所以△EMF 是等腰直角三角形.

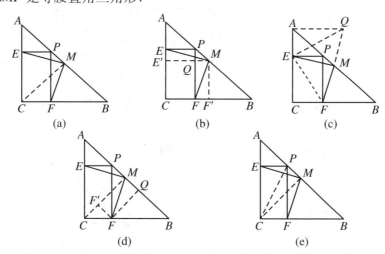

图 3.4.20

（证法 2）如图(b),过点 M 作 ME'⊥AC 于点 E',MF'⊥BC 于点 F',则由 M 为 AB 的中点,得四边形 ME'CF'为正方形,则 ME' = MF'.

设 ME'交 PF 于点 Q,则由 PE⊥AC,PF⊥BC,得∠EPF = ∠C = 90°,又∠PEE' = ∠EE'Q = 90°.得四边形 EE'QP 为矩形,则 EE' = PQ.同理 FF' = QM.

由 PF∥AC,得∠QPM = ∠A = 45°,则△PQM 为等腰直角三角形.

所以 $PQ = QM$,从而有 $EE' = FF'$.又 $ME' = MF'$,$\angle EE'M = \angle FF'M = 90°$,得 $\triangle EE'M \cong \triangle FF'M$,则 $\angle EME' = \angle FMF'$,$EM = FM$.

由 $\angle E'MF + \angle FMF' = 90°$,得 $\angle E'MF + \angle EME' = 90°$,即 $\angle EMF = 90°$.

所以 $\triangle MEF$ 为等腰直角三角形.

(证法 3)如图(c),延长 FM 至点 Q,使 $MQ = FM$,连接 AQ、EF.由 $AM = BM$,知 A、F、B、Q 四点构成平行四边形,得 $AQ = FB$,$AQ /\!/ FB$.由 $BC \perp AC$,得 $AQ \perp AC$,则 $\angle QAE = \angle FCE = 90°$.又由 $PF \perp BC$,$\angle B = 45°$,得 $FP = FB$.同理 $EP = AE$.

因为四边形 $ECFP$ 为矩形,则 $FP = CE$,$EP = CF$,从而有 $AQ = CE$,$AE = CF$,得 $\mathrm{Rt}\triangle AEQ \cong \mathrm{Rt}\triangle CFE$,则 $EQ = FE$,$\angle AQE = \angle CEF$,$\angle QEA = \angle EFC$.

由 $\angle AQE + \angle QEA = 90°$,得 $\angle CEF + \angle QEA = 90°$,则 $\angle QEF = 90°$.又 $\dfrac{QF}{EF} = \sqrt{2}$.

则 $\triangle FEQ$ 为等腰直角三角形,又 M 为底边中点,所以 $\triangle EMF$ 也为等腰直角三角形.

(证法 4)如图(d),连接 CM,则 $CM \perp AB$,CM 平分 $\angle ACB$,得 $\angle MCB = 45°$.过点 F 作 $FQ \perp MB$ 于点 Q,$FF' \perp CM$ 于点 F',则四边形 $F'FQM$ 为矩形,有 $FF' = MQ$.

由 $\triangle CF'F$ 为等腰直角三角形,得 $CF = \sqrt{2}FF' = \sqrt{2}MQ$.

由 $PE \perp AC$,$PF \perp BC$,$AC \perp BC$,得四边形 $ECFP$ 为矩形,则 $EP = CF = \sqrt{2}MQ$.又 $PF = FB = \sqrt{2}QF$,则 $\dfrac{PF}{QF} = \dfrac{EP}{MQ} = \sqrt{2}$,得 $\triangle EPF \sim \triangle MQF$,从而有 $\angle EFP = \angle MFQ$.又 $PF = BF$,得 $\angle PFM + \angle EFP = \angle PFQ = 45°$.同理 $\angle FEM = 45°$,所以 $\triangle EMF$ 为等腰直角三角形.

(证法 5)如图(e),连接 CP、CM.由 $PF = BF$,$\triangle ABC$ 是等腰直角三角形,得 $\angle BPF = \angle BCM = 45°$,则 $\angle CMF = \angle CPF$.又由 $\angle CPF = \angle CEF$,得 $\angle CEF = \angle CMF$,所以 E、C、F、M 四点共圆,则 $\angle MEF = \angle MCF = 45°$,$\angle MFE = \angle MCE = 45°$,所以 $\triangle EMF$ 是等腰直角三角形.

例 3 如图 3.4.21,在等边 $\triangle ABC$ 中,$DE /\!/ BC$,O 为 $\triangle ADE$ 的中心,M 为 BE 的中点.求证:$OM \perp CM$.

点拨 应用等腰三角形"三线合一"或四点共圆证明.

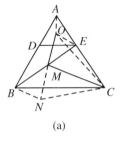 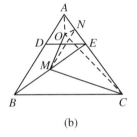

(a)　　　　　　(b)

图 3.4.21

证明 (证法 1)如图(a),延长 OM 至点 N,使 $OM = MN$,连接 OA、OE、OC、BN、CN.

由 $OM = NM$,$BM = ME$,$\angle OME = \angle NMB$,得 $\triangle BMN \cong \triangle EMO$,则 $BN = EO$,$\angle OEM = \angle NBM$.

又由 $DE // BC$,得 $\angle DEB = \angle CBE$,则 $\angle OED = \angle CBN$.

由 O 为 $\triangle ADE$ 的中心,得 $OA = OE = BN$,$\angle OAE = \angle OED = 30° = \angle CBN$.

又由 $AC = BC$,得 $\triangle AOC \cong \triangle BNC$,所以 $OC = CN$.

再由 $OM = MN$,得 $OM \perp CM$.

(证法2)如图(b),取 AE 的中点 N,连接 MN、OA、ON、OC.

由 O 是 $\triangle ADE$ 的中心,得 $\angle OAN = 30°$,$OA = 2ON$.

由 $AN = NE$,$BM = EM$,得 $AB = 2MN = AC$.

由 $ON \perp AC$,$MN // AB$,得 $\angle MNE = 60°$. $\angle ONM = 30°$,

从而有 $\triangle OAC \sim \triangle ONM$,则 $\angle OMN = \angle OCN$,所以 O、M、C、N 四点共圆. 又 $ON \perp AC$,所以 $OM \perp CM$.

例4 如图3.4.22,$\triangle ABC$ 的边 BC 在直线 l 上,$AC \perp BC$,且 $AC = BC$,$\triangle EFP$ 的边 FP 也在直线 l 上,边 EF 与边 AC 重合,且 $EF = FP$.

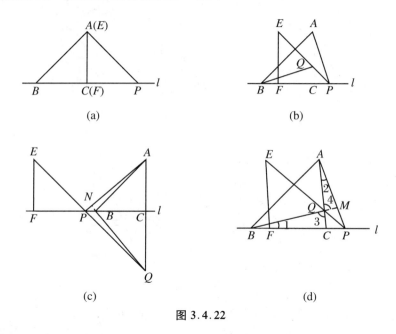

图 3.4.22

(1) 在图(a)中,猜想并写出 AB 与 AP 所满足的数量关系和位置关系;

(2) 将 $\triangle EFP$ 沿直线 l 向左平移到图(b)的位置时,EP 交 AC 于点 Q,连接 AP、BQ. 猜想并写出 BQ 与 AP 所满足的数量关系和位置关系,请证明你的猜想;

(3) 将 $\triangle EFP$ 沿直线 l 向左平移到图(c)的位置时,EP 的延长线交 AC 的延长线于点 Q,连接 AP、BQ. 你认为(2)中所猜想的结论还成立吗?若成立,请给出证明;若不成立,请说明理由.

点拨 由图①可得 $AB = AP$,$AB \perp AP$.

解 (1) $AB = AP$,$AB \perp AP$.

(2) $BQ = AP$,$BQ \perp AP$. 证明如下:如图(d),由 $EF = FP$,$EF \perp FP$,得 $\angle EPF = 45°$.

由 $AC \perp BC$,得 $\angle CQP = \angle CPQ = 45°$,则 $CQ = CP$. 又由 $BC = AC$,得 $Rt\triangle BCQ \cong$

Rt△ACP,则 $BQ = AP$.延长 BQ 交 AP 于点 M,由 Rt△BCQ≌Rt△ACP,得∠1 = ∠2,又∠1 + ∠3 = 90°,∠3 = ∠4,得∠2 + ∠4 = ∠1 + ∠3 = 90°,则∠QMA = 90°.即 $BQ \perp AP$.

(3) 成立.理由如下:由∠EPF = 45°,得∠CPQ = 45°.

由 $AC \perp BC$,得∠CQP = ∠CPQ = 45°,则 $CQ = CP$,从而有 Rt△BCQ≌Rt△ACP,得 $BQ = AP$.

延长 QB 交 AP 于点 N,则∠PBN = ∠CBQ.

由 Rt△BCQ≌Rt△ACP,得∠BQC = ∠APC.

在 Rt△BCQ 中,由∠BQC + ∠CBQ = 90°,得∠APC + ∠PBN = 90°,则∠PNB = 90°,所以 $BQ \perp AP$.

例 5 已知△ABC 和△ADE 是等腰直角三角形,∠ABC = ∠ADE = 90°, $AB = AC$, $AD = DE$,按图 3.4.23(a)放置,使点 E 在 BA 上,取 CE 的中点 F,连接 DF、BF.

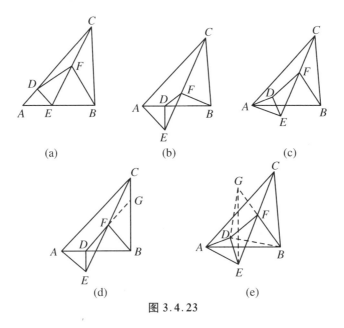

图 3.4.23

(1) 探索 DF、BF 的数量关系和位置关系,并加以证明;

(2) 将图(a)中△ADE 绕点 A 顺时针旋转 45°,再连接 CE,取 CE 的中点 F(图(b)),问(1)中的结论是否仍然成立?证明你的结论.

(3) 将图(a)中△ADE 绕点 A 转动任意角度 α(0° < α < 90°),再连接 CE,取 CE 的中点 F(图(c)),问(1)中的结论是否仍然成立?证明你的结论.

点拨 (1) $DF = BF$, $DF \perp BF$;(2) 成立;(3) 成立.

证明 (1) $DF = BF$ 且 $DF \perp BF$.证明如下:

如图(a),由∠ABC = ∠ADE = 90°, $AB = BC$, $AD = DE$,得∠CDE = 90°,∠AED = ∠ACB = 45°.由 F 是 CE 的中点,得 $DF = EF = CF = BF$,则∠DFE = 2∠DCF,∠BFE = 2∠BCF,所以∠EFD + ∠EFB = 2∠DCB = 90°,则∠DFB = 90°,所以 $DF \perp BF$.

(2) 结论仍然成立.证明如下:

如图(d),延长 DF 交 BC 于点 G.由∠ABC = ∠ADE = 90°,得 $DE \parallel BC$,则∠DEF =

∠GCF. 又由 EF = CF，∠DFE = ∠GFC，得△DEF≌△GCF，则 DE = CG，DF = FG. 又由 AD = DE，AB = BC，得 AD = CG，BD = BG，又∠ABC = 90°，所以 DF = BF 且 DF⊥BF.

(3) 结论仍然成立. 证明如下：

如图(e)，延长 BF 至点 G，使 FG = BF，连接 DB、DG、GE. 在△EFG 与△CFB 中，由 FG = BF，∠EFG = ∠CFB，EF = CF，得△EFG≌△CFB，则 EG = CB，∠EGF = ∠CBF，从而有 EG∥CB. 又由 AB = BC，AB⊥CB，得 EG = AB，EG⊥AB. 由∠ADE = 90°，EG⊥AB，且∠AED = ∠DAE，得∠DAB = ∠DEG. 在△DAB 和△DEG 中，由 AD = DE，∠DAB = ∠DEG，AB = EG，得△DAB≌△DEG，则 DG = DB，∠ADB = ∠EDG，从而有∠BDG = ∠EDG - ∠EDB = ∠ADB - ∠EDB = ∠ADE = 90°，则△BGD 为等腰直角三角形，所以 DF = BF 且 DF⊥BF.

例 6 如图 3.4.24，AD 是等腰 Rt△ABC 斜边 BC 上的高，BM、BN 三等分∠ABC，延长 CM 交 AB 于点 E. 求证：EN∥BM.

点拨 N 是△ACE 的内心.

证明 连接 CN，则由对称性，CM、CN 也三等分∠ACB，又由 AD 是等腰 Rt△ABC 斜边 BC 上的高，得 AD 平分∠EAC，则点 N 是△ACE 的内心，所以 EN 是∠AEC 的平分线，即∠AEN = ∠ABM = 30°，所以 EN∥BM.

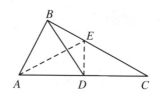

图 3.4.24

说明 本题去掉"直角"这一条件，结论仍然成立.

例 7 如图 3.4.25，在△ABC 三边上向外作△ABR、△BCP、△CAQ，使∠CBP = ∠CAQ = 45°，∠BCP = ∠ACQ = 30°，∠ABR = ∠BAR = 15°. 求证：RQ = RP 且 RQ⊥RP.

点拨 作正△OBR，证△ORP≌△ARQ.

证明 以 BR 为边作等边△BRO，则△ORA 是等腰直角三角形，△OAB∽△PCB，△OBP∽△ABC，△ORP≌△ARQ，所以 RQ = RP，RQ⊥RP.

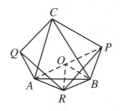

图 3.4.25　　图 3.4.26

例 8 如图 3.4.26，在△ABC 中，D 是 AC 边的中点，∠A = 3∠C，∠ADB = 45°. 求证：AB⊥BC.

点拨 作 DE⊥AC 交 BC 于点 E，则 A、D、E、B 四点共圆.

证明 过点 D 作 DE⊥AC 交 BC 于点 E，则 AE = EC，∠EAD = ∠C. 又因∠A = 3∠C，所以∠BAE = ∠BEA，BA = BE. 由∠ADB = 45°，得∠EDB = 45°，所以 A、D、E、B 四点共圆，∠ABE = ∠ADE = 90°，所以 AB⊥BC.

***例 9** 如图 3.4.27，在△ABC 中，∠C = 90°，CH⊥AB，CE 平分∠ACH，AD = DC，

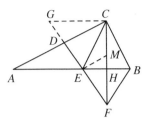

图 3.4.27

DE 和 CH 的延长线交于点 F. 求证: $BF \parallel CE$.

点拨 要证 $\angle BFH = \angle ECH$, 只要证 $\triangle BFH \sim \triangle ECH$.

证明 延长 FD 交过点 C 且与 AB 平行的直线于点 G, 则 $\dfrac{FH}{FC} = \dfrac{EH}{CG}$.

由 $\angle ECA = \angle ECH$, $\angle EAC = \angle BCH$, 得 $\angle CEB = \angle EAC + \angle ECA = \angle ECB$, 则 $BE = BC$.

由 $\triangle ACH \sim \triangle CBH$, 得 $\dfrac{CH}{CA} = \dfrac{BH}{BC}$.

由 $AD = DC$, 得 $CG = AE$.

由 $\angle DCE = \angle FCE$, 得 $\dfrac{EH}{AE} = \dfrac{CH}{CA}$.

所以 $\dfrac{FH}{FC} = \dfrac{EH}{AE} = \dfrac{CH}{CA} = \dfrac{BH}{BC} = \dfrac{BH}{BE}$, 即 $\dfrac{FH}{CH} = \dfrac{BH}{EH}$, 得 $\triangle BFH \sim \triangle ECH$, 则 $\angle BFH = \angle ECH$.

所以 $BF \parallel CE$.

说明 本题由三个比例式, 才得到 $\dfrac{FH}{CH} = \dfrac{BH}{EH}$.

* **例 10** 如图 3.4.28, 在四边形 $ABCD$ 中, $AC = BD = AB$, 且 $AC \perp BD$ 于点 E, I 是 $\triangle AEB$ 的内心, M 是 AB 的中点. 求证: $MI \perp CD$, 且 $MI = \dfrac{1}{2} CD$.

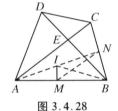

图 3.4.28

点拨 由于 IA 平分 $\angle BAC$, $AB = AC$, 则 AI 垂直平分 BC, 由此出发可得到证题思路.

证明 连接 AI 并延长交 BC 于点 N, 连接 MN, BI.

由 $AC = AB$, I 为 $\triangle AEB$ 的内心, 得 $AN \perp BC$, $BN = CN$.

又由 M 是 AB 的中点, 得 $MN \parallel AC$, $MN = \dfrac{1}{2} AC = \dfrac{1}{2} BD$.

由 $AC \perp BD$, 得 $MN \perp BD$, 则 $\angle CBD = \angle ANM = \angle NAC = \dfrac{1}{2} \angle BAE$.

又由 $\angle IBE = \dfrac{1}{2} \angle ABE$, 得 $\angle IBN = \angle IBE + \angle CBD = \dfrac{1}{2}(\angle ABE + \angle BAE) = 45°$, 则 $IN = BN = \dfrac{1}{2} BC$.

所以 $\dfrac{MN}{DB} = \dfrac{NI}{BC}$. 又 $\angle ANM = \angle CBD$, 从而有 $\triangle MNI \sim \triangle DBC$.

所以 $MI \perp CD$, 且 $MI = \dfrac{1}{2} CD$.

说明 由于 $\triangle MNI$ 与 $\triangle DBC$ 已有两边垂直, 且对应边的比为 $\dfrac{1}{2}$, 故若它们相似, 则另一组对应边也垂直, 且比为 $\dfrac{1}{2}$.

* **例 11** 如图 3.4.29, $\triangle ABC$ 和 $\triangle A_1 B_1 C_1$ 均为正三角形, BC 和 $B_1 C_1$ 的中点均为 D. 求证: $AA_1 \perp CC_1$.

点拨 $\triangle AA_1 D \sim \triangle C_1 CD$.

证明 连接 AD、A_1D，延长 AA_1 交 DC 于点 O，交 CC_1 于点 E，则由 $\angle ADA_1 = 90° - \angle A_1DC = \angle CDC_1$，$\dfrac{AD}{DC} = \sqrt{3} = \dfrac{DA_1}{DC_1}$，得 $\triangle AA_1D \backsim \triangle CC_1D$，所以 $\angle A_1AD = \angle C_1CD$. 又由 $\angle AOD = \angle COE$，得 $\angle ADO = \angle CEO = 90°$，所以 $AA_1 \perp CC_1$.

* **例 12** 如图 3.4.30，在锐角 $\triangle ABC$ 中，$AD \perp BC$ 于点 D，E 在 AD 上，且 $\dfrac{AE}{ED} = \dfrac{CD}{DB}$，$DF \perp BE$ 于点 F. 求证：$AF \perp FC$.

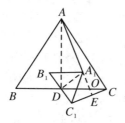

图 3.4.29

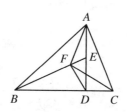

图 3.4.30

点拨 $\triangle AFE \backsim \triangle CFD$.

证明 由 $\angle BED = \angle BDF = 90° - \angle FDE$，得 $\triangle EFD \backsim \triangle EDB$，则 $\dfrac{FD}{DB} = \dfrac{FE}{ED}$，又 $\dfrac{AE}{CD} = \dfrac{ED}{DB}$，则 $\dfrac{AE}{CD} = \dfrac{FE}{FD}$.

由 $\angle FEA = \angle FDC$，得 $\triangle AFE \backsim \triangle CFD$，则 $\angle AFE = \angle CFD$，所以 $\angle AFC = 90°$.

* **例 13** 如图 3.4.31，在 $\triangle ABC$ 中，AK 是角平分线，D、E 分别是 AB、AC 上的点，$BD = CE$，G、F 分别是 DE、BC 的中点. 求证：$GF \parallel AK$.

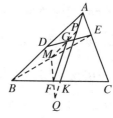

图 3.4.31

点拨 设 M 是 BE 中点，则 $MG = MF$，下面逆用平行线截割线段成比例定理.

证明 连接 BE，取 BE 的中点 M，连接 MG、MF 并延长，分别交直线 AK 于点 P、Q，则 MG、MF 分别为 $\triangle BDE$、$\triangle BCE$ 的中位线，即 $MG \underline{\underline{\parallel}} \dfrac{1}{2}BD$，$MF \underline{\underline{\parallel}} \dfrac{1}{2}CE$，设 $\angle BAK = \angle CAK = \alpha$，则 $\angle MPQ = \angle BAK = \alpha$，$\angle MQA = \angle CAK = \alpha$，从而有 $MP = MQ$. 又由 $BD = CE$，得 $MG = MF$，则 $\dfrac{MG}{MP} = \dfrac{MF}{MQ}$，所以 $GF \parallel AK$.

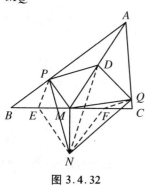

图 3.4.32

* **例 14** 如图 3.4.32，D 为 $\triangle ABC$ 中线 AM 的中点，过点 M 作 AB、AC 的垂线，垂足分别为点 P、Q，过点 P、Q 分别作 DP、DQ 的垂线交于点 N. 求证：(1) $PN = NQ$；(2) $MN \perp BC$.

点拨 (1) $\triangle PDN \cong \triangle QDN$；(2) 取 BM、MC 的中点 E、F，则 $\triangle PEN \cong \triangle QFN$.

证明 (1) 连接 DN，在 $\text{Rt}\triangle PDN$ 与 $\text{Rt}\triangle QDN$ 中，由 D 是 $\text{Rt}\triangle APM$ 与 $\text{Rt}\triangle AQM$ 斜边 AM 的中点，得 $PD = \dfrac{1}{2}AM = QD$. 又 $DN = DN$，则 $\text{Rt}\triangle PDN \cong \text{Rt}\triangle QDN$，所以 $PN = QN$.

(2) 取 BM、MC 的中点 E、F，连接 PE、EN、QF、FN.

在 $\triangle PEN$ 与 $\triangle QFN$ 中，$PE = \frac{1}{2}BM = \frac{1}{2}MC = QF$，$PN = QN$. 设 $\angle DPA = \angle DAP = x$，$\angle DQA = \angle DAQ = y$，$\angle EPN = \alpha$，$\angle FQN = \beta$.

由 $\angle EPB = \angle B$，$\angle FQC = \angle C$，得 $x + \alpha + \angle B = 90°$，$y + \angle C - \beta = 90°$，$x + y + \angle B + \angle C = 180°$，则 $x + y + \angle B + \angle C = x + y + \angle B + \angle C + \alpha - \beta$，得 $\alpha = \beta$，所以 $\triangle PEN \cong \triangle QFN$，故得 $NE = NF$. 又因 M 是 BC 的中点，$BE = CF$，所以 M 是 EF 的中点，得 $MN \perp BC$.

说明 此题很容易连接 BN、CN，证 $BN = CN$，但无法直接证明 $\triangle BNM \cong \triangle CNM$.

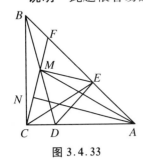

图 3.4.33

例 15 如图 3.4.33，在 $\text{Rt}\triangle ABC$ 中，$\angle ACB = 90°$，D 是边 AC 上一点，$DE \perp AB$ 于点 E，M 为 BD 的中点，CM 的延长线交 AB 于点 F. 求证：(1) $CM = EM$；(2) $\angle EMF = 2\angle BAC$；(3) 若 $\triangle DAE \cong \triangle CEM$，$N$ 为 CM 的中点，则 $AN // EM$.

点拨 (1) B、C、D、E 四点共圆；(2) $AM = AC$.

证明 (1) 由 M 是 $\text{Rt}\triangle BCD$ 与 $\text{Rt}\triangle BED$ 斜边 BD 的中点，得 $CM = \frac{1}{2}BD = EM$.

(2) 由 $BC \perp CD$，$BE \perp DE$，得 B、C、D、E 四点共圆，且圆心为 M，则 $\angle AMC = 2\angle ABC$. 又由 $\angle ABC + \angle BAC = 90°$，得 $\angle EMF = 180° - \angle AMC = 180° - 2\angle ABC = 2(90° - \angle ABC) = 2\angle BAC$.

(3) 由 $\triangle DAE \cong \triangle CEM$，且 $\triangle DAE$ 是直角三角形，$\triangle CEM$ 是等腰三角形，得 $\triangle DAE$ 与 $\triangle CEM$ 是全等的等腰直角三角形，则 $\triangle ABC$ 是等腰三角形，且 $\triangle DEM$ 是等边三角形，从而有 $\angle BDC = 75°$，$\angle MCD = 75°$. 又由 $\angle BEM = 30°$，得 $\angle EMA = \frac{1}{2}(\angle EMA + \angle EAM) = \frac{1}{2}\angle BEM = 15°$，则 $\angle AMN = 30° + (60° - 15°) = 75°$，所以 $AM = AC$，故得 $AN \perp CM$. 又因 $EM \perp CM$，所以 $AN // EM$.

例 16 如图 3.4.34，$\triangle ABC$ 内接于 $\odot O$，M 为 AB 的中点，H 为 $\triangle ABC$ 的垂心，MH 的延长线交 $\odot O$ 于点 D. 求证：$HD \perp CD$.

点拨 作直径 CE，证 E、M、H、D 共线.

证明 作直径 CE，连接 AE、BE、AH、BH，则 $EA \perp AC$，$BH \perp AC$，得 $EA // BH$. 同理，$EB // AH$，所以四边形 $BHAE$ 是平行四边形，则 AB 与 EH 互相平分. 又由 M 为 AB 的中点，D 在 MH 的延长线上，得 E、M、H、D 共线，而 CE 为 $\odot O$ 直径，所以 $HD \perp CD$.

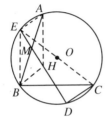

图 3.4.34

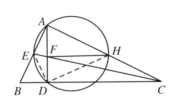

图 3.4.35

例 17 如图 3.4.35，在 $\text{Rt}\triangle ABC$ 中，AD 为斜边 BC 上的高，$\angle C$ 的平分线分别交 AB、AD 于点 E、F，过 A、E、D 三点的圆交 AC 于点 H. 求证：$HF // BC$.

点拨 A、E、D、H 四点共圆，由 $\triangle EAD \backsim \triangle HCD$，可得 $\dfrac{HC}{AC} = \dfrac{DF}{AD}$.

证明 连接 DE、DH，由 CE 平分 $\angle ACD$，得 $\dfrac{AF}{FD} = \dfrac{AC}{DC}$.

由 A、E、D、H 四点共圆，得 $\angle AED = \angle CHD$，又 $\angle EAD = \angle ACD$，从而有 $\triangle EAD \backsim \triangle HCD$，则 $\dfrac{AE}{HC} = \dfrac{AD}{CD}$，即 $\dfrac{HC}{AC} = \dfrac{DF}{AD}$，所以 $HF /\!/ BC$.

例 18 如图 3.4.36，四边形 $APBQ$ 是 $\odot O$ 的内接四边形，BP、QA 延长线交于点 N，PA、BQ 延长线交于点 M，NF、ME 分别是 $\angle PNA$、$\angle PMQ$ 的角平分线，交 PA、AQ 于点 F、E. 求证：$EF /\!/ PQ$.

点拨 设法证 $\dfrac{AE}{EQ} = \dfrac{AF}{FP}$.

证明 在 AQ（或其延长线上）取一点 G，使 $GM = MQ$，连接 MG.

由 $\angle NPA = \angle AQB = \angle MQG = \angle MGA$，$\angle NAP = \angle MAG$，得 $\triangle MAG \backsim \triangle NAP$，则 $\dfrac{MA}{MG} = \dfrac{NA}{NP}$，即 $\dfrac{MA}{MQ} = \dfrac{NA}{NP}$.

又由角平分线的性质，得 $\dfrac{MA}{MQ} = \dfrac{AE}{EQ}$，$\dfrac{NA}{NP} = \dfrac{AF}{FP}$，则 $\dfrac{AE}{EQ} = \dfrac{AF}{FP}$，所以 $EF /\!/ PQ$.

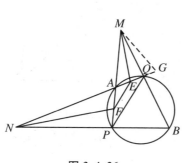

图 3.4.36

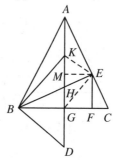

图 3.4.37

例 19 如图 3.4.37，在 $\triangle ABC$ 中，$AB = AC$，高 AG 与高 BE 相交于点 H，$EF \perp BC$ 于点 F，延长 AG 到点 D，使 $GD = EF$，连接 BD，设 K 是 AH 的中点. 求证：$KB \perp BD$.

点拨 可证 $BG^2 = DG \cdot KG$，即证 $\triangle GEF \backsim \triangle KGE$.

证明 连接 KE、GE，则在 $\text{Rt}\triangle AEH$ 与 $\text{Rt}\triangle BCE$ 中，由 K、G 分别是 AH、BC 的中点，得 $KA = KE$，$GB = GE$，则 $\angle EAK = \angle AEK$，$\angle EBG = \angle BEG$，又由 $\angle EAK = \angle BEG$，得 $\angle AEK = \angle BEG$.

由 $\angle AEB = 90°$，得 $\angle KEG = 90°$. 过点 E 作 $EM \perp AD$ 于点 M，则 $KG \cdot MG = GE^2$. 又由 $MG = EF = GD$，$GE = BG$，得 $KG \cdot GD = BG^2$，所以 $KB \perp BD$.

例 20 如图 3.4.38，在 $\square ABCD$ 中，$CM \perp AD$ 于点 M，$CN \perp AB$ 于点 N，延长 NM、BD 交于点 P. 求证：$PC \perp AC$.

点拨 要证 $PC \perp AC$，即证 $CM^2 = AM \cdot MF$.

证明 延长 AD 交 PC 于点 F，延长 DA、CN 交于点 E，延长 MN、CB 交于点 G. 由 EF

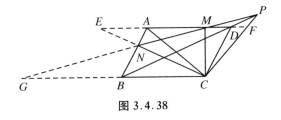

图 3.4.38

// GC,得 $\dfrac{MD}{DF} = \dfrac{GB}{BC} = \dfrac{AM}{AE}$.

由 $CN \perp AB$, $CD \parallel AB$,得 $EC \perp CD$. 又由 $CM \perp AD$,得 $CM^2 = ME \cdot MD$. 要证 $PC \perp AC$,可证 $CM^2 = AM \cdot MF$,即 $AM \cdot MF = ME \cdot MD$,也即 $\dfrac{MD}{MF} = \dfrac{AM}{ME}$,这由 $\dfrac{MD}{DF} = \dfrac{AM}{AE}$,即 $\dfrac{MD}{MD+DF} = \dfrac{AM}{MA+AE}$ 可得.

所以 $PC \perp AC$.

说明 本题与上题都是应用射影定理的逆定理给出结论. 也可以再进一步,通过三角形相似得证 $CM^2 = AM \cdot MF$.

习题 3.4

1. 如图 3.4.39,在四边形 $ABCD$ 中,$\angle A = \angle B$,$AD = BC$. 求证:$AB \parallel CD$.

2. 如图 3.4.40,在 $\triangle ABC$ 中,$AB = AC$,$\angle BAC = 90°$,D 是 BC 上一点,$EC \perp BC$,$EC = BD$,$DF = FE$. 求证:(1) $\triangle ABD \cong \triangle ACE$;(2) $AF \perp DE$.

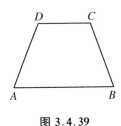

图 3.4.39

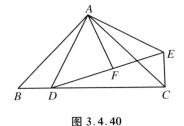

图 3.4.40

3. 如图 3.4.41,在 $\square ABCD$ 中,E、F 分别是 AD、BC 的中点. 求证:$MN \parallel BC$,且 $MN = \dfrac{1}{2}BC$.

4. 如图 3.4.42,已知 $AF \parallel CD$,$\angle A = \angle D$,$\angle B = \angle E$. 求证:$BC \parallel EF$.

5. 如图 3.4.43,在 $\square ABCD$ 中,E、F、H 分别是 BC、AD、BD 的中点,G 为 DC 上一点,GE、DB 延长交于点 M,$HN \parallel DA$ 交 FM 于点 N. 求证:$FG \parallel NE$.

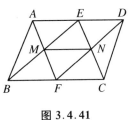

图 3.4.41

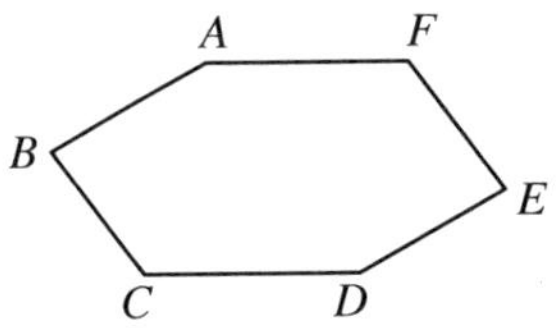

图 3.4.42

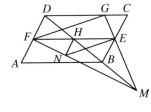

图 3.4.43

6. (1) 如图 3.4.44(a),在等边 $\triangle ABC$ 中,D 是 AB 边上的动点,以 CD 为一边向上作等边 $\triangle EDC$,连接 AE. 求证:$AE \parallel BC$;

(2) 如图(b),将(1)中的等边 $\triangle ABC$ 改为以 BC 为底边的等腰三角形,所以 $\triangle EDC$ 改成

相似于△ABC,请问:是否仍有 AE∥BC？并证明你的结论.

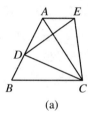
(a)

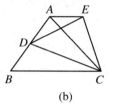
(b)

图 3.4.44

7. 如图 3.4.45,在△ABC 中,AD 平分∠BAC,AB<AC,CE = AB,P、Q 分别是 BC、AE 的中点.求证:PQ∥AD.

8. (1) 如图 3.4.46(a),已知 E、F 分别是四边形 ABCD 边 AB、CD 的中点,且 $EF = \frac{1}{2}(AD + BC)$.求证:AD∥BC.

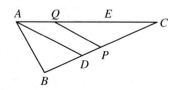

图 3.4.45

(2) 如图 3.4.46(b),在五边形 ABCDE 中,已知 AB∥CE,BC∥AD,CD∥BE,DE∥CA.求证:AE∥BD.

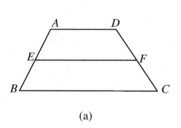
(a)

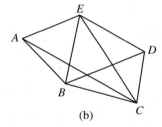
(b)

图 3.4.46

9. 如图 3.4.47,AD、BE、CF 是△ABC 的高,DE∥AB,DF∥AC.求证:EF∥BC.

10. 如图 3.4.48,M、K、L 是△ABC 边 AB、BC、CA 上的点,MK∥AC,ML∥BC,BL 交 MK 于点 P,AK 与 ML 交于点 Q.求证:PQ∥AB.

11. 如图 3.4.49,AB 为直径,过点 A、B 作圆的切线 AC、BD,E 为圆上一点,过点 E 的切线交 AC、BD 于点 C、D,AD 与 BC 交于点 P.求证:PE∥AC.

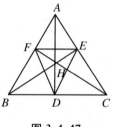

图 3.4.47

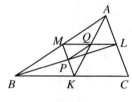

图 3.4.48

图 3.4.49

12. 如图 3.4.50,P 是▱ABCD 对角线 AC 上的任一点,EF、GH 过点 P 且分别交两组

对边于点 E、F 和点 G、H.求证：$GE /\!/ FH$.

13. 如图 3.4.51，PA、PB 分别切 $\odot O$ 于点 A、B，$AC \perp PB$ 于点 C，$BD \perp PA$ 于点 D，AC、BD 交于点 M.求证：$OM \perp AB$.

14. 如图 3.4.52，AB、CD 是 $\odot O$ 的两条互相垂直的直径，E、F 分别是 OA、OD 上的点，$OE = OF$，DE 与 BF 的延长线分别交 $\odot O$ 于点 M、N.求证：$BN \perp DM$.

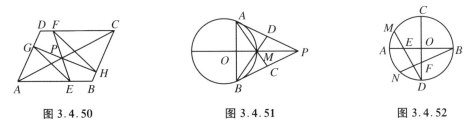

图 3.4.50　　　　图 3.4.51　　　　图 3.4.52

15. 如图 3.4.53，在 $\triangle ABC$ 中，$AC > AB$，$AD \perp BC$ 于点 D，$DE \perp AC$ 于点 E，F 是 DE 上的点，且 $EF \cdot DC = BD \cdot DE$.求证：$AF \perp BF$.

16. 如图 3.4.54，在梯形 $ABCD$ 中，$AD /\!/ BC$，$AB = AD + BC$，E 是 CD 的中点.求证：(1) $\angle DAE = \angle EAB$；(2) $AE \perp BE$.

17. 如图 3.4.55，设 $\triangle ABC$ 内接于 $\odot O$，P、Q、M 分别是 $\overset{\frown}{AB}$、$\overset{\frown}{BC}$、$\overset{\frown}{CA}$ 的中点，连接 PM、AQ，设交 AB、AC 于点 D、E.求证：(1) $\triangle ADE$ 是等腰三角形；(2) $AQ \perp PM$.

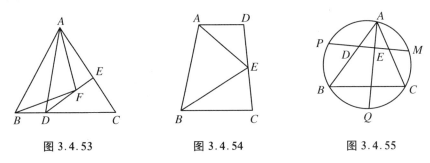

图 3.4.53　　　　图 3.4.54　　　　图 3.4.55

18. 如图 3.4.56，在正方形 $ABCD$ 中，M 是 AB 上一点，N 是 BC 上一点，且 $BM = BN$，$BP \perp MC$ 于点 P.求证：$DP \perp NP$.

19. 如图 3.4.57，在 $\triangle ABC$ 中，$AB = AC$，D 是 BC 边上的中点，过点 D 作 $DE \perp AC$ 于点 E，F 为 DE 的中点.求证：$AF \perp BE$.

20. 如图 3.4.58，已知 O 为等腰 $Rt\triangle ABC$ 底边 BC 的中点，点 P 是 BC 延长线上一动点，过点 P 作 $PD \perp AB$ 于点 D，$PE \perp AC$ 于点 E.求证：$DO \perp OE$.

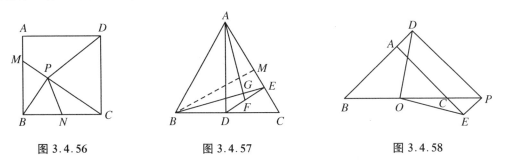

图 3.4.56　　　　图 3.4.57　　　　图 3.4.58

21. 如图 3.4.59, D 是等腰 Rt$\triangle ABC$ 的直角边 BC 的中点, E 在 AB 上, 且 $AE=2EB$. 求证: $CE \perp AD$.

22. 如图 3.4.60, D 为等腰 Rt$\triangle ABC$ 的直角边 AB 的中点, $AF \perp CD$ 于点 H, 交 BC 于点 F, $BE \parallel AC$ 交 AF 的延长线于点 E. 求证: BC 垂直且平分 DE.

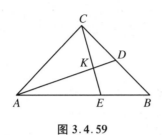

图 3.4.59 　　　　　图 3.4.60

23. 如图 3.4.61, O 是正方形 $ABCD$ 的中心, Q 是 CD 边上任意一点(异于点 C、D), $DP \perp AQ$, 且交 BC 于点 P, 连接 OP、OQ. 求证: $OP=OQ$, $OP \perp OQ$.

24. 如图 3.4.62, $AB \perp BC$, $AB=BC$, $AE \perp EF$, $AE=EF$, $AB=AE$, 延长 BE 交 CF 于点 D. 求证: AD 垂直平分 CF.

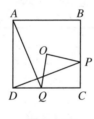 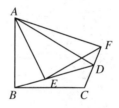

图 3.4.61 　　　　　图 3.4.62

25. 如图 3.4.63, 在$\triangle ABC$ 中, $AB=AC$, $\triangle ABD$ 和$\triangle ACE$ 分别是 AB、AC 为斜边的等腰直角三角形, F 是 BE、CD 的交点, 连接 AF. 求证: $AF \perp BC$.

26. 如图 3.4.64, 在四边形 $ABCD$ 中, E、F、G 分别是边 AB、BC、AD 的中点, 且 $GE \perp AB$, $GF \perp BC$. 求证: $AC \perp CD$.

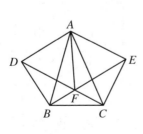 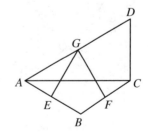

图 3.4.63 　　　　　图 3.4.64

27. 如图 3.4.65, 在四边形 $ABCD$ 中, $AB=2AD$, $CB=CA$, $\angle BAC=\angle DAC$. 求证: $AD \perp DC$.

28. 如图 3.4.66, 已知四边形 $ABCD$、$AEFG$ 均是正方形, H 是 FC 的中点, 连接 EH、DH. 求证: $EH=DH$ 且 $EH \perp DH$.

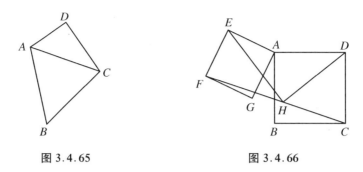

图 3.4.65 图 3.4.66

29. 如图 3.4.67,分别以锐角△ABC 的边 AB、BC、CA 为斜边向外作等腰 Rt△DAB、等腰 Rt△EBC、等腰 Rt△FAC.求证:(1) $AE = DF$;(2) $AE \perp DF$.

30. 如图 3.4.68,设 P 是等腰直角△ABC 斜边 AB 上任意一点,$PE \perp AC$ 于点 E,$PF \perp BC$ 于点 F,$PG \perp EF$ 于点 G,延长 GP 并在其延长线上取一点 D,使得 $PD = PC$.求证:$BC \perp BD$ 且 $BC = BD$.

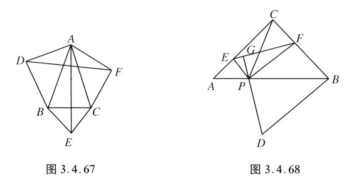

图 3.4.67 图 3.4.68

31. 如图 3.4.69,BE、CF 是△ABC 边 AC、AB 上的高,且 $BM = AC$,$CN = AB$.求证:
(1) $AM = AN$;(2) $AM \perp AN$.

32. 如图 3.4.70,在正方形 ABCD 中,AK、AN 是∠A 内的两条射线,$BK \perp AK$,$BL \perp AN$,$DM \perp AK$,$DN \perp AN$.求证:$KL = MN$,$KL \perp MN$.

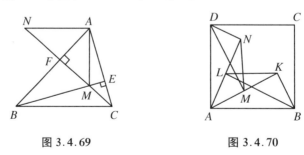

图 3.4.69 图 3.4.70

33. 如图 3.4.71,在菱形 ABCD 中,点 E、F 分别在 BC、CD 上,连接 DE、EF,且 $AE = AF$,$\angle DAE = \angle BAF$.

(1) 求证:$CE = CF$.

(2) 若∠ABC = 120°,点 G 是线段 AF 的中点,连接 DG、EG.求证:$DG \perp EG$.

34. 如图 3.4.72,点 F 是正方形 ABCD 边 CD 上一个动点,BF 的垂直平分线 EM 分别交

AC、BF 于点 E、M,连接 BE、FE.求证:(1) $BE \perp FE$;(2) $BE + EF = 2\sqrt{2}EM$.

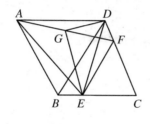
图 3.4.71

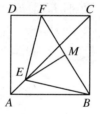
图 3.4.72

35. 如图 3.4.73,在正方形 $ABCD$ 中,P 是 AB 的中点,$BE \perp PD$ 于点 E,连接 AE、BE,$FA \perp AE$ 交 DP 于点 F,连接 BF、FC.求证:(1) $FB = AB$.

(2) $CF \perp EF$,$CF = EF$.

36. 如图 3.4.74,在等腰 Rt△ABC 与等腰 Rt△DBE 中,$\angle BDE = \angle ACB = 90°$,且 BE 在 AB 边上,F、G 分别是 AE、CD 的中点.

(1) 求证:$FG \perp DC$,$FG = \dfrac{1}{2}DC$.

(2) 若将△BDE 绕点 B 逆时针方向旋转 $180°$,其他条件不变,请完成下图(b),并判断(1)中的结论是否仍然成立?并证明你的结论.

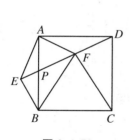
图 3.4.73

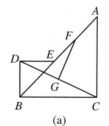
图 3.4.74

37. 如图 3.4.75,△ABC 的两条高 BD、CE 交于点 F,点 M、N 分别是 AF、BC 的中点,连接 ED、MN.

(1) 如图(a),求证:MN 垂直平分 ED.

(2) 如图(b),若 $\angle EBD = \angle DCE = 45°$,判断以 M、E、N、D 为顶点的四边形的形状,并证明你的结论.

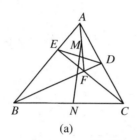

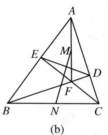

图 3.4.75

38. 如图 3.4.76(a),在△ABC 中,$BD \perp AC$ 于点 D,在线段 DA 上取点 E,使得 $ED =$

CD,DF 平分 $\angle ADB$ 交 AB 于点 F,$BD + ED = \sqrt{2}DF$.

(1) 求证:$FB = FE$ 且 $FB \perp FE$.

(2) 如图(b),若 $\angle ABC = 90°$,求证:$AB = (1+\sqrt{2})BC$.

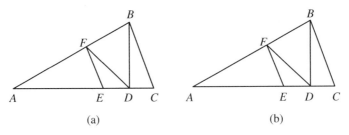

图 3.4.76

39. 如图 3.4.77(a),$\triangle ABC$ 与 $\triangle ADE$ 均为等腰直角三角形,$AB = BC$,$AD = DE$,且 D 在 AC 上,F 是 CE 的中点.

(1) 求证:$DF = BF$,$DF \perp BF$.

(2) 若将 $\triangle ADE$ 绕点 A 顺时针方向旋转一个锐角(图(b)),则(1)中的结论是否成立?并证明你的结论.

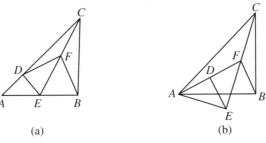

图 3.4.77

40. 如图 3.4.78(a),Rt$\triangle ABC \cong$ Rt$\triangle EDF$,$\angle ACB = \angle F = 90°$,$\angle A = \angle E = 30°$.$\triangle EDF$ 绕着边 AB 的中点旋转,DE、DF 分别交线段 AC 于点 M、K.

(1) 观察:① 如图(b)、(c),当 $\angle CDF = 0°$ 或 $60°$ 时,$AM + CK$ _____ MK(填">""<""=");② 如图(d),当 $\angle CDF = 30°$ 时,$AM + CK$ _____ MK(只填"<"或">").

(2) 猜想:如图(a),当 $0° < \angle CDF < 60°$ 时,$AM + CK$ _____ MK,并证明你所得到的结论.

(3) 如果 $MK^2 + CK^2 = AM^2$,请直接写出 $\angle CDF$ 的度数和 $\dfrac{MK}{AM}$ 的值.

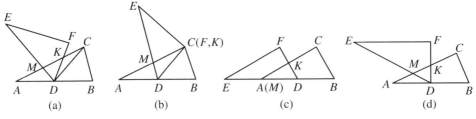

图 3.4.78

*41. 如图 3.4.79,在 △ABC 中,∠A = 3∠C,D 是 AC 边的中点,∠ADB = 45°.求证: AB⊥BC.

*42. 如图 3.4.80,在 △ABC 中,AB = AC,E 是 AC 上一点,过点 C 作 CD⊥BE 于点 D,连接 AD,若∠ADB = 45°.求证:AB⊥AC.

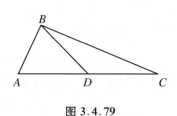

图 3.4.79　　　　　　图 3.4.80

*43. 如图 3.4.81,△ABC 与 △ADE 都是等腰直角三角形,∠ADE = ∠ACB = 90°,F 在 BE 上,且∠CDF = 45°.求证:CF⊥FD.

*44. 如图 3.4.82,在 △ABC 中,∠ACB = 90°,CH⊥AB,AD = DC,CE 平分∠ACH,DE 与 CH 的延长线交于点 F.求证:BF∥CE.

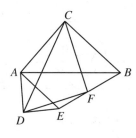 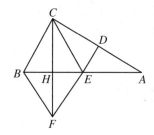

图 3.4.81　　　　　　图 3.4.82

*45. 如图 3.4.83,在 △ABC 与 △FDE 中,连接 AF、BD、CE,G、H 分别是 BC、DE 的中点,BD = CE,AB = AC,FD = FE.求证:AF∥GH.

*46. 如图 3.4.84,H 为平行四边形 ABCD 内一点,使得 AH⊥BD,DH⊥AB,E 在 AB 上,使得 EH = HA.求证:∠CEH = 90°.

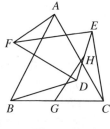 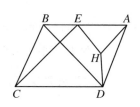

图 3.4.83　　　　　　图 3.4.84

*47. 如图 3.4.85,PB、PC 交矩形 ABCD 对角线 AC、BD 于点 E、F,DE 与 AF 交于点 Q.求证:PQ⊥BC.

*48. 如图 3.4.86,O 是▱ABCD 对角线 AC、BD 的交点,M、N 分别是 OB、CD 的中点.若△AMN∽△ABC,求证:▱ABCD 是正方形.

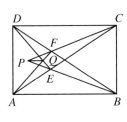
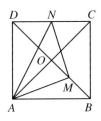

图 3.4.85　　　　　　　图 3.4.86

*49. 如图 3.4.87,过正方形 $ABCD$ 顶点 A 的直线分别与 CB、CD 的延长线交于点 M、N,L 是 DM 与 BN 的交点,$BP \perp BN$ 交 DM 于点 P. 求证:(1) $CL \perp MN$;(2) 若 O 是正方形对角线的交点,则 $\angle MON = \angle BPM$.

*50. 如图 3.4.88,在锐角 $\triangle ABC$ 中,D 是 BC 边上任意一点,O、P、Q 分别是 $\triangle ABC$、$\triangle ABD$、$\triangle ADC$ 的外心. 求证:(1) $\triangle APQ \backsim \triangle ABC$;(2) 若 $OE \perp PQ$ 于点 M,交 BC 于点 E,则 $OQ \perp PE$.

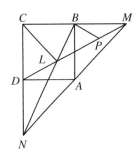
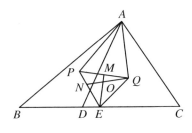

图 3.4.87　　　　　　　图 3.4.88

3.5 比例线段

🔶 模式识别

模式 1　应用平行直线,通过中间比过渡.

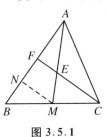

图 3.5.1

例 1　如图 3.5.1,M 是 $\triangle ABC$ 边 BC 的中点,过点 C 引直线与 AM、AB 分别交于 E、F. 求证:$\dfrac{AE}{AF} = \dfrac{2EM}{FB}$.

点拨　过点 M 作 $MN \parallel FC$,则 $FB = 2FN$,且 $\dfrac{AE}{AF} = \dfrac{EM}{FN}$.

证明　过点 M 作 $MN \parallel CF$,交 AB 于点 N,则 $\dfrac{AE}{AF} = \dfrac{EM}{FN}$.

由 M 是 BC 的中点,得 N 是 BF 的中点,则 $FN = \dfrac{1}{2} FB$.

所以 $\dfrac{AE}{AF} = \dfrac{EM}{\dfrac{1}{2}FB} = \dfrac{2EM}{FB}$.

说明 也可以延长 EM 至点 K，使 $MK = ME$，即过点 B 作 $BK /\!/ FC$.

例 2 如图 3.5.2，M 是 $\triangle ABC$ 边 BC 的中点，N 是 AM 上任意一点，过点 N 的直线分别交边 AB、AC 于点 P、Q. 求证：$\dfrac{AB}{AP} + \dfrac{AC}{AQ} = \dfrac{2AM}{AN}$.

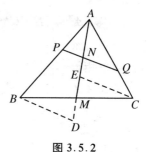

图 3.5.2

点拨 作 $BD /\!/ PN, CE /\!/ NQ$.

证明 分别过点 B、C 作 $BD /\!/ PN$，交 AM 的延长线于点 D，作 $CE /\!/ NQ$ 交 AM 于点 E，则 $\dfrac{AB}{AP} = \dfrac{AD}{AN}, \dfrac{AC}{AQ} = \dfrac{AE}{AN}$，所以 $\dfrac{AD}{AN} + \dfrac{AE}{AN} = \dfrac{AD + AE}{AN}$，要证 $\dfrac{AB}{AP} + \dfrac{AC}{AQ} = \dfrac{2AM}{AN}$，即证 $AD + AE = 2AM$，或 $AD - AM = AM - AE$，即证 $DM = ME$.

由 $BD /\!/ EC$，得 $\angle BDM = \angle CEM, \angle DBM = \angle ECM$，又 $BM = CM$，则 $\triangle BMD \cong \triangle CME$，所以 $DM = ME$，故原等式成立.

说明 构作平行是证明比例式的常用方法.

模式 2 化等积式成比例式，寻找相似三角形.

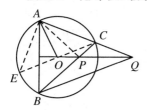

图 3.5.3

例 3 如图 3.5.3，在 $\odot O$ 内，$QO \perp AB$. 求证：$OP \cdot OQ = OA^2$.

点拨 要证 $OP \cdot OQ = OA^2$，即证 $\dfrac{OA}{OP} = \dfrac{OQ}{OA}$，故只要证 $\triangle OPA \sim \triangle OAQ$ 即可.

证明 连接 AP，延长 CO 交 $\odot O$ 于点 E，连接 AE，则 $AE \perp AC$.

由 $\angle ABC = \angle E = \angle OAE, \angle ABC + \angle BPO = \angle E + \angle ACE$，得 $\angle BPO = \angle ACE$.

由 $OQ \perp AB$，得 $\angle BPQ = \angle APQ, \angle ACE = \angle OPA$.

由 $\angle OAQ = \angle ACE$，得 $\angle OPA = \angle OAQ$，则 $\triangle OPA \sim \triangle OAQ$.

所以 $OP \cdot OQ = OA^2$.

说明 本题关键是证 $\angle OPA = \angle OAQ$，有一定的难度.

例 4 如图 3.5.4，四边形 $ABCD$ 是菱形，且 $\angle ABC = 60°$，过点 D 作直线与 AB、BC 的延长线交于点 E、F，CE 与 AF 交于点 M. 求证：$CA^2 = CM \cdot CE$.

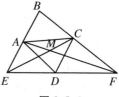

图 3.5.4

点拨 即证 $\dfrac{CA}{CM} = \dfrac{CE}{CA}$，只需证 $\triangle CAM \sim \triangle CEA$.

证明 由 $\angle EAD = \angle DCF = 60°, \angle EDA = \angle DFC$，得 $\triangle ADE$

∽△CFD. 则 $\frac{AE}{AD} = \frac{CD}{CF}$，从而 $\frac{AE}{AC} = \frac{AC}{CF}$.

由 $\angle EAC = \angle ACF = 120°$，得 $\triangle ACE \sim \triangle CFA$. 则 $\angle FAC = \angle CEA$，从而有 $\triangle CAM \sim \triangle CEA$.

所以 $CA^2 = CE \cdot CM$.

说明 本题证 $\triangle CAM \sim \triangle CEA$ 是通过两组相似三角形来实现的，前者得比例线段，后者得夹角相等.

模式 3 巧用圆幂定理，处理平方式.

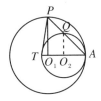

图 3.5.5

例 5 如图 3.5.5，$\odot O_1$ 与 $\odot O_2$ 内切点 A，P 是大圆 $\odot O_1$ 上一点，PT 切 $\odot O_2$ 于点 T. 求证：$\frac{PT^2}{PA^2} = \frac{O_1O_2}{O_1A}$.

点拨 由于 $PT^2 = PQ \cdot PA$，要证的结论可转化为 $\frac{PQ}{PA} = \frac{O_1O_2}{O_1A}$，这由 $O_1P \parallel O_2Q$ 可得.

证明 设 PA 交 $\odot O_2$ 于点 Q，连接 O_2Q，则 $\angle O_2QA = \angle A = \angle O_1PA$，得 $O_1P \parallel O_2Q$.

所以 $\frac{PQ}{PA} = \frac{O_1O_2}{O_1A}$.

由 PT 是 $\odot O_2$ 的切线，得 $PT^2 = PQ \cdot PA$，则 $\frac{PT^2}{PA^2} = \frac{PQ \cdot PA}{PA^2} = \frac{PQ}{PA}$.

所以 $\frac{PT^2}{PA^2} = \frac{O_1O_2}{O_1A}$.

说明 两圆相切时，连心线过切点.

例 6 如图 3.5.6，$\odot O_1$ 与 $\odot O_2$ 相交于 A、B 两点，过点 A 作 $\odot O_2$ 的切交 $\odot O_1$ 于点 C，直线 CB 交 $\odot O_2$ 于点 D，直线 DA 交 $\odot O_1$ 于点 E，连接 CE. 求证：$DA \cdot DE = CD^2 - CE^2$.

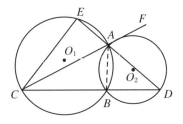

图 3.5.6

点拨 先证 $CA = CE$.

证明 连接 AB，由 $\angle FAD = \angle ABD = \angle CEA$，$\angle EAC = \angle FAD$，得 $\angle CEA = \angle CAE$，则 $CE = CA$.

由 $CA^2 = CB \cdot CD$，$DA \cdot DE = BD \cdot DC$，得 $CA^2 + DA \cdot DE = CB \cdot CD + DB \cdot DC = CD(CB + DB) = CD^2$，即 $DA \cdot DE = CD^2 - CA^2$.

又因 $CA = CE$，所以 $DA \cdot DE = CD^2 - CE^2$.

说明 由于 CE 不是 $\odot O_2$ 的切线，要想降次，容易和 CA 联系起来.

模式 4 应用角平分线定理，进行转化.

例 7 如图 3.5.7，在 $\triangle ABC$ 中，D 为 AB 边上一点，且 $AD = AC$，$DE \parallel BC$，F 为 BC 上一点，DC 平分 $\angle EDF$. 求证：$\frac{BF}{DF} = \frac{AD}{AE}$.

点拨 设法证 AF 平分 $\angle BAC$.

证明　由 $DE \parallel BC$，DC 平分 $\angle EDF$，得 $DF = CF$，则 $\dfrac{BF}{DF} = \dfrac{BF}{CF}$．由 $AD = AC$，$DF = CF$，得 $\triangle ADF \cong \triangle ACF$，则 AF 平分 $\angle DAC$，由角平分线的性质，得 $\dfrac{AB}{AC} = \dfrac{BF}{CF}$．又由 $DE \parallel BC$，得 $\dfrac{AB}{AC} = \dfrac{AD}{AE}$．

所以 $\dfrac{BF}{DF} = \dfrac{AD}{AE}$．

说明　由 DC 平分 $\angle EDF$，可得 $DF = CF$，证明 AF 平分 $\angle BAC$，再由角平分线性质得比例式．

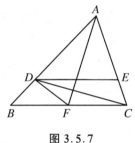

图 3.5.7

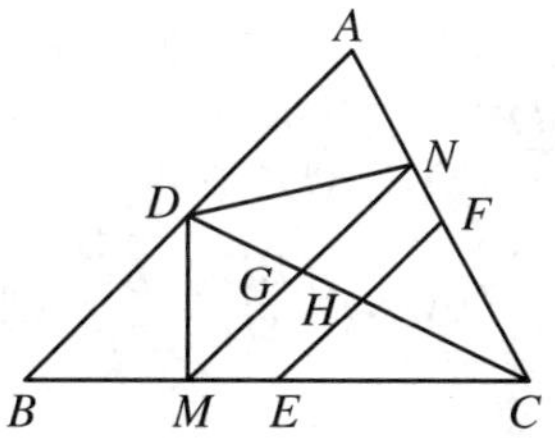

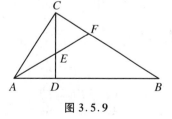

图 3.5.8

例 8　如图 3.5.8，D、E、F 分别是 $\triangle ABC$ 所在边的中点，$\angle BDC$、$\angle ADC$ 的平分线分别交 BC、AC 于点 M、N．求证：$\dfrac{1}{EF} + \dfrac{1}{DC} = \dfrac{2}{MN}$．

点拨　设 MN 交 CD 于点 G，EF 交 CD 于点 H，则由角平分线性质，得 $MN \parallel AB$，从而 G、H 分别是 MN、EF 的中点．

证明　设 MN、EF 交 CD 于点 G、H．

由 DM、DN 分别平分 $\angle BDC$、$\angle ADC$，得 $\dfrac{AN}{NC} = \dfrac{AD}{DC}$，$\dfrac{BM}{MC} = \dfrac{BD}{DC}$，则 $\dfrac{AN}{NC} = \dfrac{BM}{MC}$，所以 $MN \parallel AB \parallel EF$．由 D 为 AB 的中点，得 G、H 分别为 MN、EF 的中点，即证 $\dfrac{MG}{BD} + \dfrac{DG}{CD} = 1$，亦证 $\dfrac{MC}{BC} + \dfrac{BM}{BC} = 1$．又因 $BM + MC = BC$，所以原等式成立．

说明　本题证明 $MN \parallel AB$ 关键，这里借助了角平分线性质进行转化．

模式 5　借用射影定理，处理等积（平方）式．

例 9　如图 3.5.9，在 $\triangle ABC$ 中，$\angle C = 90°$，$CD \perp AB$ 于点 D，AF 平分 $\angle CAB$ 交 CD 于点 E，交 BC 于点 F．求证：$\dfrac{CE^2}{DE^2} = \dfrac{AB}{AD}$．

图 3.5.9

点拨　$\dfrac{CE}{DE} = \dfrac{AC}{AD}$．

证明　由 AE 平分 $\angle CAD$，得 $\dfrac{CE}{DE} = \dfrac{AC}{AD}$．

又 $\angle C = 90°$,$CD \perp AB$,则由射影定理,得 $\dfrac{AC^2}{AD^2} = \dfrac{AD \cdot AB}{AD^2} = \dfrac{AB}{AD}$.

所以 $\dfrac{CE^2}{DE^2} = \dfrac{AC^2}{AD^2} = \dfrac{AB}{AD}$.

说明 本题是角平分线性质定理与射影定理的综合.

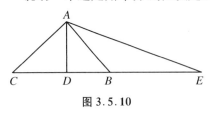

图 3.5.10

例 10 如图 3.5.10,在 $\triangle ABC$ 中,$\angle BAC = 90°$,在 CB 及其延长线上分别取点 D、E,使得 $\angle DAB = \angle BAE = \angle C$. 求证:$\dfrac{AE^2}{CE^2} = \dfrac{BD}{CD}$.

点拨 $AD \perp BC$.

证明 由 $\angle BAC = 90°$,$\angle DAB = \angle C$,得 $AD \perp BC$,则 $\dfrac{BD}{CD} = \dfrac{BD^2}{BD \cdot CD} = \dfrac{BD^2}{AD^2}$.

由 AB 平分 $\angle DAE$,得 $\dfrac{BD}{AD} = \dfrac{BE}{AE}$,则 $\dfrac{BD}{CD} = \dfrac{BE^2}{AE^2}$.

下面只要证 $\dfrac{AE}{CE} = \dfrac{BE}{AE}$,即证 $\triangle ACE \sim \triangle BAE$.

由 $\angle ACE = \angle BAE$,$\angle AEC = \angle BEA$,得 $\triangle ACE \sim \triangle BAE$,则 $\dfrac{AE}{CE} = \dfrac{BE}{AE}$.

故原等式成立.

说明 本题从 $\dfrac{BD}{CD}$ 出发,容易找到证题思路.

模式 6 借用"通分方法",化为同分母.

例 11 如图 3.5.11,在 $\triangle ABC$ 中,$\angle ACB = 90°$,CE 平分 $\angle ACB$ 并交 AB 于点 E,$EF \perp AC$ 于点 F. 求证:$\dfrac{1}{AC} + \dfrac{1}{BC} = \dfrac{1}{EF}$.

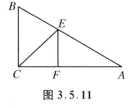

图 3.5.11

点拨 改证 $\dfrac{EF}{AC} + \dfrac{EF}{BC} = 1$. 显然 $\dfrac{EF}{BC} = \dfrac{AF}{AC}$,故只需证 $EF + AF = AC$.

证明 由 $EF \perp AC$,$BC \perp AC$,得 $EF \parallel BC$,则 $\dfrac{AC}{BC} = \dfrac{AF}{EF}$,即 $\dfrac{EF}{BC} = \dfrac{AF}{AC}$.

由 $\angle ECF = 45°$,$EF \perp CF$,得 $\angle CEF = 45°$,则 $EF = CF$.

所以 $\dfrac{EF}{AC} + \dfrac{EF}{BC} = \dfrac{EF}{AC} + \dfrac{AF}{AC} = \dfrac{EF + AF}{AC} = \dfrac{CF + AF}{AC} = \dfrac{AC}{AC} = 1$,即 $\dfrac{1}{AC} + \dfrac{1}{BC} = \dfrac{1}{EF}$.

说明 一般地,要证 $\dfrac{b}{a} + \dfrac{d}{c} = 1$,可证 $\dfrac{b}{a} = \dfrac{y}{x}$,$\dfrac{d}{c} = \dfrac{z}{x}$,且 $y + z = x$.

例 12 如图 3.5.12,MN 是等边 $\triangle ABC$ 的中位线,P 是 MN 上任意一点,BP、CP 延长交 AC、AB 于点 E、F. 求证:$\dfrac{1}{CE} + \dfrac{1}{BF} = \dfrac{3}{BC}$.

点拨 即证 $\dfrac{BC}{CE}+\dfrac{BC}{BF}=3$，找出中间比，使 $\dfrac{BC}{CE}=\dfrac{b}{a}$，$\dfrac{BC}{CE}=\dfrac{c}{a}$，且 $b+c=3a$.

证明 过点 P 作 $PH\parallel AC$，$PG\parallel AB$，分别交 BC 于点 H、G，则 $\dfrac{BC}{CE}=\dfrac{BH}{PH}$，$\dfrac{BC}{BF}=\dfrac{CG}{PG}$.

由 $PH=PG=GH$，得 $\dfrac{BC}{CE}+\dfrac{BC}{BF}=\dfrac{BH}{PH}+\dfrac{CG}{PG}=\dfrac{BH+CG}{PG}$.

由 $PG=MB=\dfrac{1}{2}BC$，得 $BH+GC=BC+GH=\dfrac{3}{2}BC$.

所以 $\dfrac{BC}{CE}+\dfrac{BC}{BF}=3$，即 $\dfrac{1}{CE}+\dfrac{1}{EF}=\dfrac{3}{BC}$.

说明 一般思路证本题没有错，但证 $BH+CG=3PG$ 进行了"微调".

模式7 适当分割合并，转化积和差式.

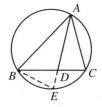
图 3.5.13

例13 如图 3.5.13，AD 是 $\triangle ABC$ 的平分线. 求证：$AB\cdot AC=AD^2+BD\cdot DC$.

点拨 设 AD 延长交 $\triangle ABC$ 外接圆于点 E，则 $BD\cdot DC=AD\cdot DE$，要证已知等式，由于 $AD^2+BD\cdot DC=AD^2+AD\cdot DE=AD(AD+DE)=AD\cdot AE$，故只要证 $AB\cdot AC=AD\cdot AE$，即证 $\triangle ABE\backsim\triangle ADC$.

证明 设 AD 交 $\triangle ABC$ 外接圆于点 E，连接 BE.

由 $\angle BAE=\angle CAE$，$\angle BED=\angle ACD$，得 $\triangle ABE\backsim\triangle ADC$，则 $\dfrac{AB}{AD}=\dfrac{AE}{AC}$，即 $AB\cdot AC=AD\cdot AE$.

同理，由 $\triangle BDE\backsim\triangle ADC$，得 $DE\cdot AD=BD\cdot DC$.

所以 $AB\cdot AC=AD\cdot AE=AD\cdot(AD+DE)=AD^2+AD\cdot DE=AD^2+BD\cdot DC$.

说明 构造三角形的外接圆，也是一种重要作辅助线的方法.

例14 如图 3.5.14，在等腰梯形 $ABCD$ 中，$AD\parallel BC$，$AB=DC$. 求证：$AC^2=AB^2+AD\cdot BC$.

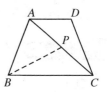
图 3.5.14

点拨 在 AC 上取一点 P，改证 $AC\cdot AP=AB^2$，$AC\cdot PC=AD\cdot BC$，只需证 $\triangle ABC\backsim\triangle APB$，所以应作 $\angle ABP=\angle ACB$.

证明 作 $\angle ABP=\angle ACB$，交 AC 于点 P，则 $\triangle APB\backsim\triangle ABC$，得 $\dfrac{AB}{AP}=\dfrac{AC}{AB}$，即 $AB^2=AP\cdot AC$.

由 $\angle DAC=\angle BCP$，得 $\triangle ACD\backsim\triangle CBP$，则 $\dfrac{AC}{BC}=\dfrac{AD}{PC}$，即 $AC\cdot PC=AD\cdot BC$.

所以 $AB^2+AD\cdot BC=AP\cdot AC+AC\cdot PC=AC(AP+PC)=AC^2$.

说明 欲证 $ab+cd=ef$，可在 e 上截取 x，y，使 $e=x+y$，然后转化为证 $ab=xf$ 和 $cd=yf$，或 $ab=yf$ 和 $cd=xf$. 若 $a=d$，设 $b+c=z$，则可证 $az=ef$. 后一种情况有时不是很

明显的,可以利用另一个比例式代换之.

模式 8 应用四点共圆,求证比例式.

例 15 如图 3.5.15,在 $\triangle ABC$ 中,$\angle ABC = 90° + \angle C$,$AD$ 是 $\angle BAC$ 外角平分线,交 CB 的延长线于点 D,$BH \perp AC$ 于点 G,$AE = AB$.求证:$\dfrac{EC}{BC} = \dfrac{DC}{GC}$.

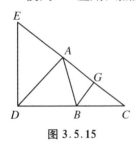

图 3.5.15

点拨 即证 $CB \cdot CD = CG \cdot CE$,亦即证 E、D、B、G 四点共圆,只要证 $\angle EDC = 90°$.

证明 由 $AE = AB$,$AD = AD$,$\angle DAE = \angle DAB$,得 $\triangle ADE \cong \triangle ADB$,则 $DE = DB$,$\angle ADE = \angle ADB = \angle EAD - \angle C = \dfrac{1}{2}\angle EAB - \angle C = \dfrac{1}{2}(\angle ABC + \angle C) - \angle C = \dfrac{1}{2}(90° + 2\angle C) - \angle C = 45°$,所以 $\angle EDB = 90° = \angle EGB$,故得 E、D、B、G 四点共圆,则 $CB \cdot CD = CG \cdot CE$,即 $\dfrac{EC}{BC} = \dfrac{DC}{GC}$.

说明 在题设条件下,还有 $\angle BGD = 45°$.

例 16 如图 3.5.16,P 是正方形 $ABCD$ 外接圆劣弧 AB 上的任意一点(异于点 A、B),AP、CB 交于点 E,CP、AB 交于点 F,AC、PD 交于点 G.求证:$PF \cdot CF = FA \cdot FB$.

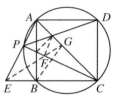

图 3.5.16

点拨 先证 P、F、G 三点共线.

证明 设 EF 交 AC 于点 G',连接 BG'.$\angle APC = \angle ABC = 90°$,即 $CP \perp AE$.又由 $AB \perp EC$,得 F 是 $\triangle AEC$ 的垂心,则 P、E、C、G' 与 A、E、B、G' 四点共圆.所以 $\angle AG'P = \angle AEC = \angle BG'C$.由正方形的对称性,得 $\angle BG'C = \angle CG'D$,则 $\angle AG'P = \angle CG'D$,从而可知 P、G'、D 三点共线,即点 G' 为点 G,所以 E、F、G 三点共线.于是由相交弦定理,得 $PF \cdot CF = EF \cdot FG = FA \cdot FB$.

说明 本题容易默认 E、F、G 三点在一条直线上,这里证 E、F、G 三点共线,即证三线 EF、AC、PD 共点.

创新思维

例 1 如图 3.5.17,在四边形 $ABCD$ 中,O 是 AB 的中点,以 O 为圆心的半圆与 AD、DC、CB 分别相切于 E、F、G.求证:$AB^2 = 4AD \cdot BC$.

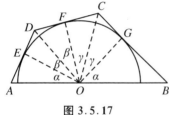

图 3.5.17

点拨 因 $AO = BO = \dfrac{1}{2}AB$,故只要证 $AO \cdot BO = AD \cdot BC$,即证 $\triangle BCO \sim \triangle AOD$.

证明 连接 OE、OD、OF、OC、OG,则 $\text{Rt}\triangle AOE \cong \text{Rt}\triangle BOG$,得 $\angle A = \angle B$,$\angle AOE = \angle BOG = \alpha$.

同理,$\angle DOE = \angle DOF = \beta$,$\angle COF = \angle COG = \gamma$.从而 $\alpha + \beta + \gamma = 90°$.

综上可知，$\angle COD = \beta + \gamma = 90° - \alpha = \angle A$，则 $\angle OCD = \angle AOD$，得 $\angle BCO = \angle OCD = \angle AOD$.

于是 $\triangle BCO \backsim \triangle AOD$，得 $\dfrac{BC}{AO} = \dfrac{BO}{AD}$，即 $AO \cdot BO = AD \cdot BC$.

又因 $AO = BO = \dfrac{1}{2} AB$，所以 $AB^2 = 4AD \cdot BC$.

说明　直线与圆相切，连切点和圆心是常用辅助线之一．

例2　如图 3.5.18，Q 是圆内接四边形 $ABCD$ 对角线的交点，PB、PD 是圆的切线，P 在直线 AC 上．求证：(1) $\dfrac{QA}{QC} = \dfrac{AB \cdot AD}{CB \cdot CD}$；(2) $\dfrac{QA}{QC} = \dfrac{PA}{PC}$.

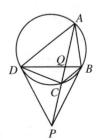

图 3.5.18

点拨　(1) 转化 $\dfrac{QA}{QC}$ 为 $\dfrac{QA^2}{QC \cdot QA}$；(2) 利用(1)的结果和切割线定理．

证明　(1) 由 $\triangle AQD \backsim \triangle BQC$，得 $\dfrac{QA}{QB} = \dfrac{DA}{CB}$.

同理，$\dfrac{QA}{QD} = \dfrac{BA}{CD}$，且 $QA \cdot QC = QB \cdot QD$.

所以 $\dfrac{QA}{QC} = \dfrac{QA^2}{QC \cdot QA} = \dfrac{QA^2}{QB \cdot QD} = \dfrac{QA}{QB} \cdot \dfrac{QA}{QD} = \dfrac{DA}{CB} \cdot \dfrac{BA}{CD} = \dfrac{AB \cdot AD}{CB \cdot CD}$.

(2) 由 $\triangle PCD \backsim \triangle PDA$，得 $\dfrac{PD^2}{PA^2} = \dfrac{DC^2}{DA^2}$，则 $\dfrac{PC \cdot PA}{PA^2} = \dfrac{DC^2}{DA^2}$，即 $\dfrac{PC}{PA} = \dfrac{CD^2}{AD^2}$.

同理，$\dfrac{PC}{PA} = \dfrac{CB^2}{AB^2}$.

所以 $\dfrac{PC^2}{PA^2} = \dfrac{CD^2 \cdot CB^2}{AD^2 \cdot AB^2}$，即 $\dfrac{PA}{PC} = \dfrac{AB \cdot AD}{CB \cdot CD}$.

所以 $\dfrac{QA}{QC} = \dfrac{PA}{PC}$.

说明　证(1)是为证(2)做铺垫的．(1)看似复杂，证明不难，(2)看似简单，证明却困难重重．若无(1)的启发，很难证明成功．

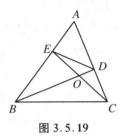

图 3.5.19

例3　如图 3.5.19，D、E 是 $\triangle ABC$ 边 AC、AB 上的点，BD 与 CE 交于点 O，若 $\dfrac{EO}{BO} = \dfrac{DO}{CO}$．求证：$AD \cdot AC = AE \cdot AB$.

点拨　证 B、C、D、E 四点共圆．

证明　由 $\dfrac{EO}{BO} = \dfrac{DO}{CO}$，$\angle EOB = \angle DOC$，得 $\triangle EOB \backsim \triangle DOC$，则 $\angle BEO = \angle CDO$，即 $\angle BEC = \angle CDB$，所以 B、C、D、E 四点共圆，由割线定理，得 $AD \cdot AC = AE \cdot AB$.

说明　本题也可以证 $\triangle ADE \backsim \triangle ABC$，即证 $\angle ADE = \angle ABC$.

例4　如图 3.5.20，在 $\triangle ABC$ 中，AD 平分 $\angle BAC$，$\angle ADC = 60°$，点 E 在 AD 上，且 $DE = BD$，CE 与 AB 交于点 F，BE 与 DF 交于点 G．求证：$BG \cdot EG = DG \cdot FG$.

点拨 证 B、D、E、F 四点共圆.

证明 在 AB 上截取 $AM = AC$,连接 CM、DM. 由 $\angle DAM = \angle DAC$,得 $\triangle ADM \cong \triangle ADC$,从而有 $DM = DC$,$\angle MDA = \angle CDA = 60°$,从而 $\angle BDM = 60°$. 在 $\triangle BDM$ 与 $\triangle EDC$ 中,$DM = DC$,$BD = DE$,$\angle BDM = \angle EDC$,得 $\triangle BDM \cong \triangle EDC$,则 $\angle CED = \angle MBD$,所以 B、D、E、F 四点共圆,由割线定理,得 $BG \cdot EG = DG \cdot FG$.

例 5 如图 3.5.21,在 $\triangle ABC$ 中,D 是边 AB 的中点,P 在边 BC 的延长线上,且 $\angle CAP = \angle B$,DP 与 AC 的交点为 E. 求证:$\dfrac{PA^2}{PC^2} = \dfrac{AE}{CE}$.

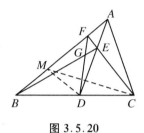

图 3.5.20 图 3.5.21

点拨 $\triangle PAC \backsim \triangle PBA$.

证明 在 $\triangle PAC$ 与 $\triangle PBA$ 中,由 $\angle CAP = \angle B$,$\angle APC = \angle BPA$,得 $\triangle PAC \backsim \triangle PBA$,则 $\dfrac{PA}{PC} = \dfrac{PB}{PA}$,即 $PA^2 = PB \cdot PC$. 要证 $\dfrac{PA^2}{PC^2} = \dfrac{AE}{CE}$,由 $\dfrac{PA^2}{PC^2} = \dfrac{PB \cdot PC}{PC^2} = \dfrac{PB}{PC}$,则只要证 $\dfrac{PB}{PC} = \dfrac{AE}{CE}$.

过点 C 作 $CF \parallel BA$ 交 PD 于点 F,由 D 是 AB 的中点,得 $\dfrac{PB}{PC} = \dfrac{BD}{CF} = \dfrac{AD}{CF} = \dfrac{AE}{CE}$. 所以 $\dfrac{PA^2}{PC^2} = \dfrac{AE}{CE}$.

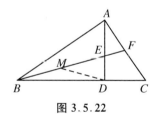

图 3.5.22

例 6 如图 3.5.22,在 Rt$\triangle ABC$ 中,AD 是斜边 BC 上的高,$\angle B$ 的平分线分别交 AD、AC 于点 E、F. 求证:$BE \cdot EF = 2AE \cdot DE$.

点拨 取 BE 的中点 M,证 $\triangle MED \backsim \triangle AEF$.

证明 取 BE 的中点 M,连接 MD,则由 $AD \perp BD$,得 $BM = ME = DM$,即 $BE = 2ME$,故只要证 $ME \cdot EF = AE \cdot DE$,即证 $\triangle MED \backsim \triangle AEF$.

由 BF 平分 $\angle ABC$,得 $\angle DME = \angle MBD + \angle MDB = 2\angle MBD = \angle ABD$. 又 AD 是 Rt$\triangle ABC$ 斜边 BC 上的高,则 $\angle EAF = \angle ABD = \angle DME$. 又 $\angle MED = \angle AEF$,得 $\triangle MED \backsim \triangle AEF$. 故原等式正确.

说明 此题容易联想到角平分线的性质与直角三角形的射影定理.这两个定理与证明本题无关.

例 7 如图 3.5.23,在 $\triangle ABC$ 中,$AD \perp BC$ 于点 D,$BE \perp AC$ 于点 E,$DF \perp AB$ 于点 F,交 BE 于点 G,FD、AC 延长线交于点 H. 求证:$DF^2 = FG \cdot FH$.

点拨 $DF^2 = AF \cdot BF$,故只要证 $AF \cdot FB = FG \cdot FH$.

证明 由 $AD \perp BD$,$DF \perp AB$ 于点 F,得 $DF^2 = AF \cdot FB$,于是由题目 $DF^2 = FG \cdot FH$,知只要证 $AF \cdot FB = FG \cdot FH$,即证 $\dfrac{AF}{FG} = \dfrac{FH}{FB}$,也即证 $\triangle AFH \backsim \triangle GFB$.

由 $HF \perp AB$,$BE \perp AH$,得 $\angle FGB = \angle HGE = \angle FAH$,则 $Rt\triangle HFA \backsim Rt\triangle BFG$,所以原等式成立.

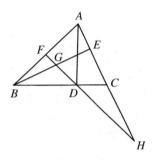

图 3.5.23

说明 以上两例的证明既用到综合法,又用到分析法,目的是便于阐述.

例 8 如图 3.5.24,AB 是 $\odot O$ 的直径,弦 $CD \perp AB$ 于点 M,P 是 CD 延长线上一点,PE 切 $\odot O$ 于点 E,BE 交 CD 于点 F.求证:$PF^2 = PC \cdot PD$.

点拨 $PF^2 = PE^2 = PC \cdot PD$.

证明 连接 AE,则 $AE \perp BE$,得 $\angle A + \angle B = 90°$.

由 $AB \perp CD$ 于点 M,得 $\angle BMF = 90°$,则 $\angle BFM + \angle B = 90°$,从而有 $\angle A = \angle BFM$.又由 $\angle PFE = \angle BFM$,得 $\angle PFE = \angle PEF$,所以 $PE = PF$.

由切割线定理,得 $PE^2 = PC \cdot PD$,即 $PF^2 = PC \cdot PD$.

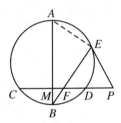   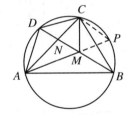

图 3.5.24   图 3.5.25

例 9 如图 3.5.25,圆内接四边形 $ABCD$ 对角线 AC、BD 交于点 N,点 M 在 BD 上,且 $\angle BAM = \angle DAC$,$\angle BCM = \angle DCA$.求证:(1) M 为 BD 的中点;(2) $\dfrac{AN}{CN} = \dfrac{AM}{CM}$.

点拨 (1) $BM^2 = AM \cdot CM = DM^2$;(2)延长 AM 交圆于点 P,则 $PC \parallel BD$.

证明 (1) 由 $\angle CBM = \angle CAD = \angle BAM$,$\angle BCM = \angle DCA = \angle ABM$,得 $\triangle BAM \backsim \triangle CBM$,则 $BM^2 = AM \cdot CM$.

由 $\angle CDM = \angle CAB = \angle DAM$,$\angle DCM = \angle ACB = \angle ADM$,得 $\triangle DAM \backsim \triangle CDM$,则 $DM^2 = AM \cdot CM$,所以 $BM = DM$.

(2) 延长 AM 交圆于点 P,连接 CP,则 $\angle BCP = \angle PAB = \angle DAC = \angle DBC$,得 $PC \parallel BD$,从而有 $\dfrac{AN}{NC} = \dfrac{AM}{PM}$.又 $\angle APC = \angle MCP$,得 $MP = CM$,所以 $\dfrac{AN}{CN} = \dfrac{AM}{CM}$.

例 10 如图 3.5.26,已知 $\odot O_1$ 过梯形 $ABCD$ 顶点 A、B,并切腰 CD 于点 N.$\odot O_2$ 过顶点 C、D 并切腰 AB 于点 M.求证:$AM \cdot MB = CN \cdot ND$.

点拨 延长 BA、CD 交于点 O,用计算推证.

证明 延长 BA、CD 交于点 O,设 $OA = a$,$OD = b$,$\dfrac{OC}{OD} = t^2 (t > 0)$.由 $AD \parallel BC$,得

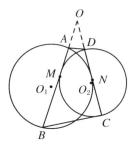

图 3.5.26

$\dfrac{OB}{OA} = \dfrac{OC}{OD} = t^2$，即 $OB = OA \cdot t^2 = at^2$，$OC = OD \cdot t^2 = bt^2$．由 $ON^2 = OA \cdot OB = a^2 t^2$，得 $ON = at$，则 $CN = OC - ON = bt^2 - at$，$ND = ON - OD = at - b$，所以 $CN \cdot ND = (at - b)(bt - a)t$．

同理，$AM \cdot MB = (bt - a)(at^2 - bt) = (bt - a)(at - b)t$，所以 $CN \cdot ND = AM \cdot MB$．

说明 此题的证明方法，是以算代证，有其独到性．

***例 11** 如图 3.5.27，在四边形 $ABCD$ 中，$\angle ABC = \angle DCB = \angle CAD$，$DA$、$CB$ 的延长线交于点 P．求证：$PA \cdot PD = PB \cdot PC + AB \cdot CD$．

点拨 $\triangle PAB \backsim \triangle PCA$，$\triangle ADC \backsim \triangle CDP$．

证明 由 $PA \cdot PD = PA(PA + AD) = PA^2 + PA \cdot PD$，知只要证 $PB \cdot PC = PA^2$，$AB \cdot CD = PA \cdot AD$．

在 $\triangle PAB$ 与 $\triangle PCA$ 中，由 $\angle PBA = 180° - \angle ABC = 180° - CAD = \angle PAC$，得 $\triangle PAB \backsim \triangle PCA$，则 $\dfrac{PA}{PC} = \dfrac{PB}{PA}$，即 $PB \cdot PC = PA^2$．

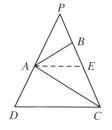

图 3.5.27

同理，$\triangle ADC \backsim \triangle CDP$，则得 $\dfrac{AD}{DC} = \dfrac{CD}{PD}$．下面只要证 $\dfrac{AB}{PA} = \dfrac{CD}{PD}$．过点 A 作 $AE \parallel DC$ 交 PC 于点 E，则 $\angle BEA = \angle DCB = \angle ABC$，故得 $AE = AB$，且 $\dfrac{AE}{PA} = \dfrac{CD}{PD}$，所以 $\dfrac{AB}{PA} = \dfrac{CD}{PD}$．

说明 此题的证法是证明这类问题的基本方法，这里要作 $AE \parallel DC$，增加了难度．

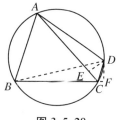

图 3.5.28

***例 12** 如图 3.5.28，$\triangle ABC$ 内接于 $\odot O$，$AC > BC$，点 D 为 $\overarc{ACB}$ 的中点．求证：$AD^2 = AC \cdot BC + CD^2$．

点拨 改证 $AD^2 - CD^2 = AC \cdot BC$．

证明 过点 D 作 $DE \perp AC$ 于点 E，$DF \perp BC$ 交其延长线于点 F，则由 $AD^2 = AE^2 + ED^2$，$CD^2 = CE^2 + ED^2$，得 $AD^2 - CD^2 = AC(AE - CE)$．

连接 BD．由 D 是 $\overarc{ACB}$ 的中点，得 $BD = AD$，又 $\angle DAE = \angle DBF$，则 $\text{Rt}\triangle AED \cong \text{Rt}\triangle BFD$，所以 $AE = BF$．

又 $\angle DCF = \angle BAD \stackrel{m}{=} \overarc{BCD} = \overarc{AD} \stackrel{m}{=} \angle ABD = \angle ACD = \angle ECD$，$DC = DC$，得 $\text{Rt}\triangle CED \cong \text{Rt}\triangle CFD$，则 $CE = CF$．

所以 $AD^2 - CD^2 = AC(AE - CE) = AC(BF - CF) = AC \cdot BC$．

说明 本题若还采用上题的方法，则行不通，所以处理这类问题上面介绍的方法是基本方法，但不是唯一的方法．

习题 3.5

1. 如图 3.5.29，四边形 $ABCD$ 是平行四边形，P 是对角线 BD 上任意一点，过点 P 的直线分别交这个平行四边形或延长线于点 R、S、I、Q. 求证：$PQ \cdot PI = PR \cdot PS$.

2. 如图 3.5.30，在等腰梯形 $ABCD$ 中，$AD \parallel BC$，O 是对角线 AC、BD 的交点，过点 B 作 $BE \parallel CD$ 交 CA 延长线于点 E. 求证：$OC^2 = OA \cdot OE$.

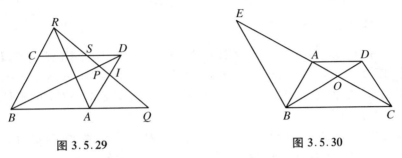

图 3.5.29　　　　　　图 3.5.30

3. 如图 3.5.31，E 是 $\triangle ABC$ 边 AC 上的点，D 是 AB 延长线上的点，且 $BD = AB = CE$，连接 DE 交 BC 于点 F. 求证：$\dfrac{AB}{AC} = \dfrac{EF}{FD}$.

4. 如图 3.5.32，AD 是 Rt$\triangle ABC$ 斜边 BC 上的高，E 是 AC 的中点，DE 与 BA 延长线交于点 F. 求证：$\dfrac{AB}{AC} = \dfrac{BF}{FD}$.

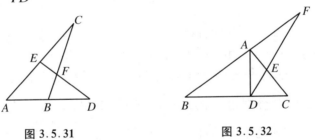

图 3.5.31　　　　　　图 3.5.32

5. 如图 3.5.33，AD、BE、CF 分别是锐角 $\triangle ABC$ 的三条高，M、N 分别是 BE、CF 的中点. 求证：$\dfrac{AB}{AC} = \dfrac{DM}{DN}$.

6. 如图 3.5.34，在 Rt$\triangle ABC$ 中，D 是斜边 AB 的中点，过点 D 作 AB 的垂线交 BC 于点 F，交 AC 的延长线于点 E. 求证：$CD^2 = DE \cdot DF$.

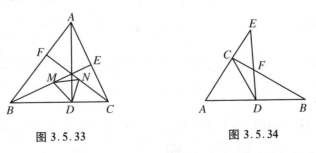

图 3.5.33　　　　　　图 3.5.34

7. 如图 3.5.35，在 $\triangle ABC$ 中，$\angle C = 90°$，D、E、F 分别是 AC、BC、AB 上的点，四边形

$EFDC$ 是矩形. 求证: $BE \cdot CE + AD \cdot CD = AF \cdot BF$.

8. 如图 3.5.36, 在 $\triangle ABC$ 中, $\angle C = 2\angle B$. 求证: $AB^2 = AC^2 + AC \cdot BC$.

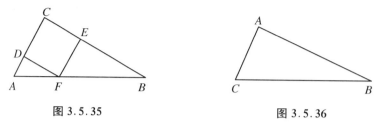

图 3.5.35　　　　　　　图 3.5.36

9. 如图 3.5.37, 在 $\triangle ABC$ 中, $\angle ACB = 90°$, $AC = BC$, $CD \perp AB$ 于点 D, F 为 DB 上任意一点, E 为 AC 上一点, 且 $\angle ADE = \angle DCF$. 求证: $EC \cdot DF = AE \cdot DC$.

10. 如图 3.5.38, 四边形 $ABCD$ 是圆内接四边形, $DP \parallel CA$ 交 BA 的延长线于点 P. 求证: $AD \cdot DC = PA \cdot BC$.

11. 如图 3.5.39, 梯形 $ABCD$ 内接于 $\odot O$, $AB \parallel DC$, 过点 A 的切线与 CD 的延长线交于点 E. 求证: (1) $AD^2 = AB \cdot DE$; (2) 若 $AB = AC$, 则四边形 $ABCE$ 是平行四边形.

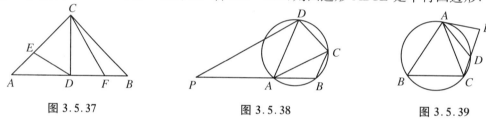

图 3.5.37　　　　　　　图 3.5.38　　　　　　　图 3.5.39

12. 如图 3.5.40, AB 为 $\odot O$ 的直径, 弦 $DE \perp AB$ 于点 F, 过点 A 作 AC, 使 $\overset{\frown}{DC} = \overset{\frown}{AD}$, 交 DE 于点 G. 求证: (1) $AG \cdot AC = AF \cdot AB$; (2) $GC = GF + DF$.

13. 如图 3.5.41, $\odot O_1$ 与 $\odot O_2$ 外切于点 A, $\odot O_1$ 的弦 BC 的延长线切 $\odot O_2$ 于点 D, BA、CA 的延长线与 $\odot O_2$ 分别相交于点 E, F. 求证: (1) $EF \parallel BC$; (2) $\dfrac{BD}{DC} = \dfrac{AE}{AF}$.

14. 如图 3.5.42, AB 是 $\odot O$ 的直径, C 是圆上一点, 以 BC 为直径的圆分别与 AB 和过点 C 的 $\odot O$ 的切线交于点 D、E. 求证: (1) $DE \parallel AC$; (2) $DE \cdot AC = 2CD^2$.

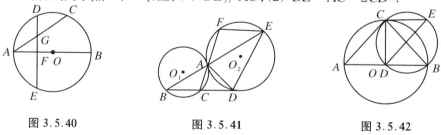

图 3.5.40　　　　　　　图 3.5.41　　　　　　　图 3.5.42

15. 如图 3.5.43, $\triangle ABC$ 内接于 $\odot O$, 过点 A 作 $\odot O$ 的切线与 BC 的延长线相交于点 D. 求证: $\dfrac{AC^2}{AB^2} = \dfrac{CD}{BD}$.

16. 如图 3.5.44, $\triangle ABC$ 内接于 $\odot O$, 过点 A 的切线交 BC 的延长线于点 P, D 为 AB 的中点, DP 交 AC 于点 M. 求证: $\dfrac{PA^2}{PC^2} = \dfrac{AM}{MC}$.

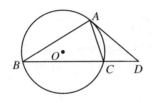

图 3.5.43

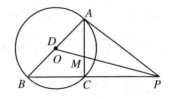

图 3.5.44

17. 如图 3.5.45，△ABC 的高 AD、BE 交于点 H，AD、BE 的延长线交外接圆于点 G、F. 求证：(1) HD = GD；(2) AH·HD = BH·EF.

18. 如图 3.5.46，A 是以 BC 为直径的半圆 O 上一点，AD⊥BC 于点 D，E 为 AC 的中点，连接 DE 并延长与 BA 的延长线交于点 F，FG 与半圆 O 相切于点 G，M 是 AB 的中点. 求证：(1) FA·MB = DE·DF；(2) $FG^2 - FA^2 = 2DE·DF$.

19. 如图 3.5.47，⊙O_1 与 ⊙O_2 相交于 A、B 两点，过点 A 作 ⊙O_2 的切线交 ⊙O_1 于点 C，直线 CB 交 ⊙O_2 于点 D，直线 DA 交 ⊙O_1 于点 E. 求证：(1) △CAE 是等腰三角形；(2) $DA·DE = CD^2 - CE^2$.

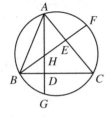

图 3.5.45

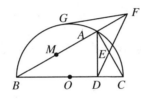

图 3.5.46

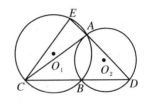

图 3.5.47

20. 如图 3.5.48，△ABC 内接于 ⊙O，弦 AB 的垂直平分线 OD，与 AB、AC 分别相交于点 M、N，与 BC 的延长线相交于点 P，与 $\overparen{AB}$ 相交于点 D. 求证：(1) ON·NP = AN·NC；(2) $OA^2 = ON·OP$.

21. 如图 3.5.49，AB 是圆的直径，弦 FG⊥AB，E 是 FG 上任一点，AE 和 BE 分别交圆于点 C 和点 D. 求证：$\dfrac{CF}{CG} = \dfrac{EF}{EG} = \dfrac{DF}{DG}$.

22. 如图 3.5.50，G 是△ABC 的重心，过点 A 和点 G 的圆切 BG 于点 G，CG 交圆于点 K. 求证：$AG^2 = GC·GK$.

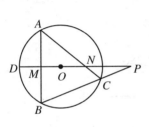

图 3.5.48

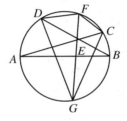

图 3.5.49

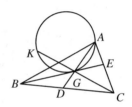

图 3.5.50

23. 如图 3.5.51，AC 是 ⊙O 的切线，A 为切点，AB 为 ⊙O 的弦，AB = AC，BC 交 ⊙O 于点 D，弦 AE∥BC，AO 的延长线交 BD 于点 F，ED 交 AF 于点 G. 求证：(1) 四边形 ACDE

是平行四边形;(2) $BE = \frac{1}{2}CF$;(3) $EG^2 = \frac{1}{8}CF \cdot CB$.

24. 如图 3.5.52,两圆内切于点 A,AP 为大圆的弦,PT 切小圆于点 T,R 和 r 分是大小两圆的半径.求证:$\frac{PA^2}{PT^2} = \frac{R}{R-r}$.

25. 如图 3.5.53,M 为 $\overset{\frown}{AB}$ 的中点,P 为 $\angle AMB$ 所对弧上任一点.求证:$\frac{PA+PB}{PM} = \frac{AB}{AM}$.

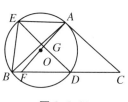

图 3.5.51

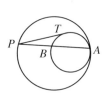

图 3.5.52

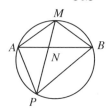

图 3.5.53

26. 如图 3.5.54,在 $\triangle ABC$ 中,$\angle B = 90°$,AD 为角平分线,则 $\frac{AB}{BC} = \frac{BD}{AC-AB}$.

27. 如图 3.5.55,过 $\triangle ABC$ 的顶点 A 作外接圆的切线,交 BC 的延长线于点 P.求证:$\frac{PB}{PC} = \frac{AB^2}{AC^2}$.

28. 如图 3.5.56,过 $\square ABCD$ 顶点 A 作直线分别交 BD、BC 和 DC 的延长线于点 P、Q、R,则 $\frac{PQ}{PR} = \frac{PB^2}{PD^2}$.

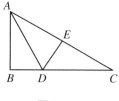

图 3.5.54

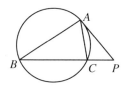

图 3.5.55

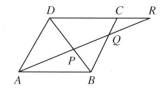

图 3.5.56

29. 如图 3.5.57,过 $\triangle ABC$ 的顶点 B 和 C 作外接圆的切线 BP 和 CQ,又过点 A 作 $AD \parallel BP$,$AE \parallel CQ$,分别交 BC 于点 D 和点 E.求证:$\frac{BD}{CE} = \frac{AB^2}{AC^2}$.

30. 如图 3.5.58,四边形 $ABCD$ 是圆内接四边形.求证:$AC \cdot BD = AB \cdot CD + AD \cdot BC$.

31. 如图 3.5.59,C 是以 AB 为直径的圆上任一点.求证:$AB^2 = AC^2 + BC^2$.

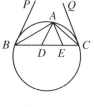

图 3.5.57

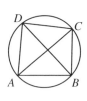

图 3.5.58

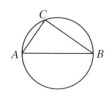

图 3.5.59

32. 如图 3.5.60,$\triangle ABC$ 的三条高 AD、BE、CF 相交于点 H,$BH \cdot BE + CH \cdot CF$

$= BC^2$.

33. 如图 3.5.61, $\triangle ABC$ 中, $AB = AC$, P 为外接圆 $\overset{\frown}{BC}$ 上任一点. 求证: $PA^2 = AB^2 + PB \cdot PC$.

34. 如图 3.5.62, $\odot O_2$ 经过 $\odot O_1$ 的圆心与 $\odot O_1$ 相交于 A、B 两点, $O_1 O_2$ 交 $\odot O_1$ 于点 E, 延长 $O_1 O_2$ 交 $\odot O_2$ 于点 C. 求证: (1) AC 是 $\odot O_1$ 的切线; (2) $AC^2 - CE^2 = 2CE \cdot O_1 E$.

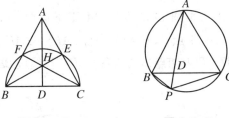
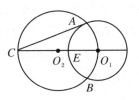

图 3.5.60　　　　图 3.5.61　　　　图 3.5.62

35. 如图 3.5.63, 在 $\triangle ABC$ 中作 AD、AE 交 BC 于点 D、E, 并使 $\angle BAD = \angle CAE$. 求证: $\dfrac{BD \cdot BE}{CD \cdot CE} = \dfrac{AB^2}{AC^2}$.

36. 如图 3.5.64, 圆内接四边形 $ABCD$ 的对角线交于点 E. 求证: $\dfrac{AB \cdot AD}{BC \cdot CD} = \dfrac{AE}{CE}$.

37. 如图 3.5.65, 过 $\square ABCD$ 顶点 A 作圆交 AB、AC、AD 于点 P、Q、R, 在直线 AC 上取点 E, 使 $AQ \cdot AE = AR \cdot AD$. 求证: (1) $\triangle AQR \backsim \triangle ADE$; (2) $\triangle APQ \backsim \triangle CED$; (3) $AQ \cdot AC = AP \cdot AB + AR \cdot AD$.

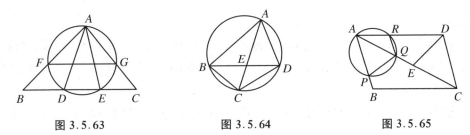

图 3.5.63　　　　图 3.5.64　　　　图 3.5.65

38. 如图 3.5.66, $\triangle ABC$ 内接于 $\odot O$, I 是 $\triangle ABC$ 的内心, CI 的延长线与 AB 相交于点 D, 与 $\odot O$ 相交于点 E, 在 CI 的延长线上取 $EF = EI$, 连接 AF. 求证: (1) $\triangle AFI$ 是直角三角形; (2) $EI \cdot IC = EC \cdot DI$.

39. 如图 3.5.67, PA 是 $\odot O$ 的切线, PBC 是 $\odot O$ 的割线, $\angle APC$ 的平分线 PE 交 AB、AC 于点 D、E. 求证: $\dfrac{DB}{AB} + \dfrac{EC}{AC} = 1$.

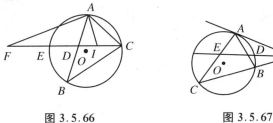

图 3.5.66　　　　图 3.5.67

40. 如图 3.5.68,点 C 在 $\odot O$ 上,$\odot C$ 和 $\odot O$ 的直径相切于点 D,交 $\odot O$ 于点 M、N,MN 交 DC 于点 P,$\angle DCO$ 的平分线交 $\odot O$ 于点 E. 求证:(1) $\overset{\frown}{AE} = \overset{\frown}{BE}$;(2) $4 \cdot PC^2 = AD \cdot BD$.

41. 如图 3.5.69,PA 切 $\odot O$ 于点 A,PBC 为割线,$\angle APC$ 的平分线分别交 AB,AC 于点 D,E. 求证:(1) $AD = AE$;(2) $AD^2 = DB \cdot EC$;(3) $EF = \dfrac{AC^2}{AB + AC}$.

42. 如图 3.5.70,以 OA 为直径的 $\odot O'$ 与半圆 O 的直径 BA 交于点 O、A,BC 切 $\odot O'$ 于点 C,$CD \perp BA$ 于点 D,且分别交 $\odot O'$ 及 $\overset{\frown}{BA}$ 于点 E、F. (1) 求证:$AF^2 = 2AE^2$;(2) 过 A、O 两点画一个 $\odot O''$,并画出 $\odot O''$ 的切线 BT(T 为切点),比较线段 BT 与线段 BE 的大小,并证明你的结论.

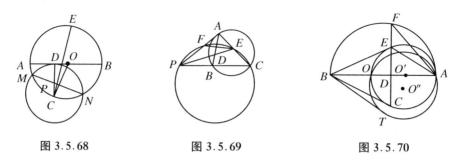

图 3.5.68　　　图 3.5.69　　　图 3.5.70

43. 如图 3.5.71,MN 切 $\odot O$ 于点 A,弦 BC 交 AO 于点 Q,$BP \perp BC$ 交 MN 于点 P. 求证:(1) $PQ \parallel AC$;(2) 设 $\odot O$ 的半径为 r,$AQ = a$,$AC = b$,则 $PQ = \dfrac{2ar}{b}$;(3) $PQ \cdot AC = AQ^2 + BQ \cdot CQ$.

44. 如图 3.5.72,$\odot O_2$ 经过 $\odot O_1$ 的圆心与 $\odot O_1$ 相交于 A、B 两点,$O_1 O_2$ 交 $\odot O_1$ 于点 E,延长 $O_1 O_2$ 于点 C. 求证:(1) AC 是 $\odot O_1$ 的切线;(2) $\angle EO_1 B = 2\angle CAE$;(3) $AC^2 = CE^2 + 2CE \cdot O_1 E$.

45. 如图 3.5.73,在 $\triangle ABC$ 中,$AB > AC$,$\angle A$ 的平分线 AD 交 BC 和 $\triangle ABC$ 外接圆于点 D、E. 求证:(1) $\triangle ABD \sim \triangle AEC$;(2) 若作 $EF \perp AB$ 于点 F,则 $AF = \dfrac{1}{2}(AB + AC)$;(3) $\dfrac{AD}{AB} + \dfrac{AD}{AC} = 2\cos\dfrac{\angle BAC}{2}$.

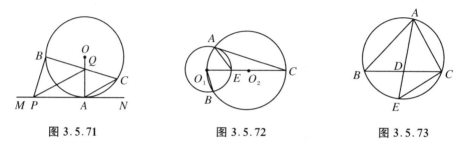

图 3.5.71　　　图 3.5.72　　　图 3.5.73

习题解答思路分析与提示

第1章

习题 1.1

1. P 在 AM 上时,$PM = \dfrac{1}{2}(PB - PA)$;$P$ 在 MB 上时,$PM = \dfrac{1}{2}(PA - PB)$.

2. 设 $AB = a$,$BC = b$,$CD = c$,则 $AB \cdot CD + AD \cdot BC = ac + (a+b+c)b = (ac+ab) + (b+c)b = (a+b)(b+c) = AC \cdot BD$.

3. $\angle 1 = \angle C$,$\angle 2 = \angle B$.

4. $\angle 1 + \angle 2 = 180°$,$\angle 2 - \angle 1 = 180°$.

5. $\angle DOG = 120°$,$\angle EOF = 60°$.

6. 证明对顶角的平分线共线.

7. 由 $AB > AC$,得 $BD > DC$,从而 $PB > PC$.

8. 由 $BC > B'C$,$AC > A'C$,得 $AB > AB' > A'B'$.

9. 设 $\triangle ABC$ 的三条高为 AD、BE、CF,则 $AB > AD$,$BC > BE$,$AC > CF$,从而 $AD + BE + CF < AB + BC + AC$.

10. 如图 F1.1.1,由 $AB \mathbin{/\mkern-5mu/} CD$,得 $\angle 2 = \dfrac{1}{2}\angle BGH = \dfrac{1}{2}\angle DHF = \angle 4$,所以 $GM \mathbin{/\mkern-5mu/} HN$.

11. 如图 F1.1.2,由 $AB \mathbin{/\mkern-5mu/} CD$,得 $\angle 2 + \angle 3 = \dfrac{1}{2}\angle BGH + \dfrac{1}{2}\angle DHG = \dfrac{1}{2} \times 180° = 90°$,从而 $GE \perp FE$.

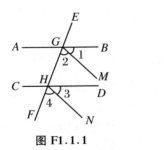

图 F1.1.1

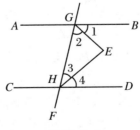

图 F1.1.2

12. 因为 $\angle 1 = \angle 2 = \angle 3$,所以 $DC \mathbin{/\mkern-5mu/} AB$.

13. 由 $\angle EGF = \angle BEG + \angle CFG$,得 $EB \mathbin{/\mkern-5mu/} FC$.

14. 设 K 是 AB、HD 的交点,则 $\angle BKD = \angle B + \angle H = \angle D$,所以 $AB \parallel CD$,过点 F 作 $FI \parallel AB$,则由 $AB \parallel CD$,得 $FI \parallel CD$,所以 $\angle A + \angle C + \angle F = (\angle A + \angle EFI) + (\angle C + \angle GFI) = \angle E + \angle G$.

15. 因为 $BE \parallel DF$,所以 $\angle B + \angle BCD = 180°$,又 $\angle B = \angle D$,则 $\angle D + \angle BCD = 180°$,所以 $AD \parallel BC$.

16. 因为 $DE \parallel BC$,CD 平分 $\angle ACB$,所以 $\angle DCE = \angle BCD = \angle EDC$.

17. 因为 CD 平分 $\angle ACB$,所以 $\angle ACD = \angle BCD$. 又 $AC \parallel DE$,$CD \parallel EF$,则 $\angle DEB = \angle ACB$,$\angle FEB = \angle DCE$,所以 $\angle DEF = \angle BEF$,即 EF 平分 $\angle DEB$.

18. 因为 CE 是 $\angle ACB$ 的平分线,所以 $\angle ACE = \angle BCE$. 因为 $AC \parallel ED$,所以 $\angle DEC = \angle ACE = \angle BCE$. 又 $CE \perp AB$,$DF \perp AB$,得 $DF \parallel CE$,则 $\angle BDF = \angle BCE$,$\angle EDF = \angle DEC = \angle BCE$,所以 $\angle EDF = \angle BDF$.

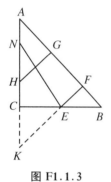

图 F1.1.3

19.(1)如图 F1.1.3,延长 AC、FE 交于点 K. 因为 $HG \parallel EF$,所以 $\angle AHG = \angle K$,所以 $\angle CEF = 180° - \angle BEF = 180° - \angle CEK = 180° - (90° - \angle K) = 90° + \angle K = 90° + \angle AHG$,即 $\angle CEF - \angle AHG = 90°$.

(2)$\angle NEF + \angle AHG = 90°$. 证明如下:因为 $\angle NEF + \angle CEF = 180°$,$\angle BEF + \angle CEF = 180°$,所以 $\angle NEF = \angle BEF$. 所以 $\angle NEF + \angle AHG = \angle BEF + \angle K = \angle CEK + \angle K = 90°$.

20.(1)设 $\angle AMF = \angle EMF = \alpha$,$\angle ENC = \angle ENG = \beta$,由 $AB \parallel CD$,得 $\beta = 2\alpha + \angle E$. 又因为 $\angle G + \alpha + \beta + \angle E = 180°$,$2\angle E + \angle G = 90°$,得 $3\alpha = 90°$,所以 $\angle AME = 2\alpha = 60°$.

(2)$\angle JPQ = 30°$. 设 $\angle NPQ = \angle MPQ = \alpha$,$\angle CNH = \angle PNH = \beta$,$\angle JEM = \gamma$,则由 $AB \parallel CD$,得 $\angle BHN = \beta$,由 $PJ \parallel HN$,得 $\angle NPJ = \angle HNP$,所以有 $\beta = 2\alpha + \gamma$,$2\beta = 2\alpha + 60°$,从而 $\angle JPQ = \alpha + \gamma = 30°$.

习题 1.2.1

1. $\angle A + \angle B + \angle C + \angle D + \angle E + \angle F = 2 \times 4 \times 180° - 6 \times 180° = 360°$.

2. 连接 BE,则 $\angle A + \angle B + \angle C + \angle D + \angle E$ 的度数等于 $\triangle ABE$ 内角和的度数.

3. 由三角形内角和为 $180°$ 可得.

4.(1)延长 CB 至点 D,使 $BD = BA$,则 $AC = AD$.

(2)取 AC 的中点,连接 BE.

5.(1)延长 AP 交 BC 于点 E,则 $\angle APB = \angle PEB + \angle PBE > \angle PEC + \angle PCE = \angle APC$.

(2)$AB > AC$,$BM = CM$,得 $\angle PMB > \angle PMC$,$PB > PC$.

6.(1)取 AB 的中点 E,AD 的中点 M,连接 ME、NE,则 $MN < ME + NE$.

(2)取 AB 的中点 E,BC 的中点 N,连接 ME、NE,则 $MN > |ME - NE|$.

7. 由 $AP \perp BC$,得 $AB^2 - AC^2 = PB^2 - PC^2$,即 $|AB + AC||AB - AC| = |PB + PC||PB - PC|$,又 $|AB + AC| > |PB + PC|$,所以 $|AB - AC| \leqslant |PB - PC|$.

8. (1) 当 $\angle ADB > 90°$ 时, $AB > AD$; 当 $\angle ADC = 90°$ 时, $AB > AC > AD$, 所以 $AB > AD$, 又因为 $AC > BC$, 所以 $AB + AC > AD + BC$. 当 $\angle ADB < 90°$ 时, $\angle ADB > 90°$, 则 $AC > AD$, 又 $AB > BC$, 所以 $AB + AC > AD + BC$.

(2) 过点 P 作 $EF // BC$ 交 AB、AC 于点 E、F, 则由(1)得 $AE + AF > AP + EF = AP + EP + FP$, 所以 $AB + AC = (AE + AF) + (BE + CF) > AP + (EP + BE) + (FP + CF) > AP + BP + CP$.

9. (1) $\alpha - \beta = 15°$.

(2) 如图 F1.2.1, 设 $\angle AMF = \angle EMF = x$, 因为 $\angle CFM = 180° - (x + 45°) = 135° - x$ (F 在 EC 延长线上), $2x + \alpha = 180°$, 所以 $\angle CFM = 135° - \left(90° - \dfrac{\alpha}{2}\right) = 45° + \dfrac{\beta + 15°}{2} = \dfrac{105° + \beta}{2}$ 或 $\angle CFM = x + 45°$ (F 在 EC 上), 所以 $\angle CFM = 90° - \dfrac{\alpha}{2} + 45° = 135° - \dfrac{\beta + 15°}{2} = \dfrac{255° - \beta}{2}$.

10. (1) $\angle AEB = \angle CFE = \angle NBF + \angle DCF = \angle ABE + \angle DCF$.

(2) $\angle CME + \angle AEB = \dfrac{5}{2} \angle CAB$. 证明如下:

如图 F1.2.2, 设 $\angle ABE = \alpha$, $\angle DCF = \beta$, 则由(1)得 $\angle AEB = \alpha + \beta$, 又 $\angle CAB = 2\alpha + \beta$, $\angle CME = 4\alpha + \dfrac{3\beta}{2}$, 消去 α、β, 得 $\angle CME + \angle AEB = \dfrac{5}{2} \angle CAB$.

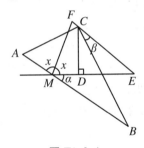

图 F1.2.1

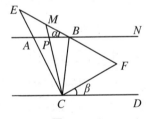

图 F1.2.2

习题 1.2.2

1. $\triangle ABE \cong \triangle ACD$.

2. $\triangle ABE \cong \triangle ACD$.

3. 先证 $\triangle AOE \cong \triangle DOF$, 再证 $\triangle AOB \cong \triangle DOC$.

4. $\triangle ABE \cong \triangle BCD$.

5. $\triangle ABC \cong \triangle CDE$.

6. $\triangle BCE \cong \triangle DAE$.

7. 过点 A 作 $AF // DE$, 则 $\triangle ACF \cong \triangle DCE$.

8. 先证 $\triangle ABE \cong \triangle ACD$, 再证 $\triangle AOE \cong \triangle AOD$.

9. (1) 连接 BF、CE, 则 $\triangle ABF \cong \triangle DCE$.

(2) 先证 $\triangle EAB \cong \triangle BDE$, 再证 $\triangle FAE \cong \triangle CDB$.

10. (1) $\triangle ADC \cong \triangle ABE$, $\triangle CDF \cong \triangle EBF$.

(2) 先证 $\triangle ADC \cong \triangle ABE$, 再证 $\triangle CDF \cong \triangle EBF$.

11. 先证 $\triangle ACE \cong \triangle DBF$，再证 $\triangle ABE \cong \triangle DCF$.

12. $\triangle ABC \cong \triangle DCB$.

13. (1)、(2) 中两个三角形全等，(3) 中两个三角形不全等，当 $\angle BAC = \angle B'A'C' \geq 90°$ 时，两个三角形全等.

14. (1)、(2)、(3) 中两个三角形均不全等.

15. 先证 $\triangle ACD \cong \triangle BCE$，再证 $\triangle ABD \cong \triangle BAE$.

16. $\triangle ABP \cong \triangle QCA$.

17. 延长 CE 至点 F，使 $OF = OD$，则 $\triangle BOF \cong \triangle COD$.

18. 在 EA 上截取 $EF = EB$，则 $\triangle AFC \cong \triangle ADC$.

19. 取 PB、PC 的中点 F、G，则 $\triangle MFD \cong \triangle EGM$，所以 $MD = ME$.

20. 导角.

21. 延长 AD 至点 G，使 $DG = DA$.

22. $\triangle ABC \cong \triangle ADE$.

23. 连接 AC，则 $\triangle ABC \cong \triangle ADC$.

24. 由 $\triangle ABD \cong \triangle A_1B_1D_1$ 得 $\triangle ABC \cong \triangle A_1B_1C_1$.

25. $\triangle BEM \cong \triangle CFM$.

26. $\angle BEA = \angle ADB$，由 $\triangle AEC$ 与 $\triangle BED$ 内角和可得.

27. $\triangle CDE$ 绕点 C 顺时针旋转 $\angle BCD$ 可得 $\triangle CBA$.

28. $\angle EAF = \dfrac{1}{2} \angle BAD$.

29. 在 CD 上截取 $CE = CB$，则可得 $AB = AE = DE$.

30. (1) 角平分线分割的两个小三角形对应全等；(2) 将中线长加倍.

31. 延长 AE 至点 G，使 $EG = EA$，则 $DG = DF$.

32. $\triangle ABE \cong \triangle FBE$.

33. 连接 PA，则 $\triangle PAR \cong \triangle PAS$，$\angle APQ = \angle PAQ = \angle PAR$.

34. (1) 由 $\triangle ABF \cong \triangle CDE$，得 $\triangle BMF \cong \triangle DME$；(2) 成立.

35. (1) $Rt\triangle ABD \cong Rt\triangle ACD$；(2) 在 AB 上截取 $AE = AC$；(3) 延长 AC 至点 F，使 $DF = DC$，则 $\triangle ADF \cong \triangle ADB$.

习题 1.2.3

1. 延长 FD 至点 H，使 $DH = FD$，则 $\triangle BEH$ 是正三角形或取 EC、EF 的中点 G、K，则 $\triangle KGD$ 为正三角形.

2. 延长 AM 至点 F，使 $MF = AM$，则 $\triangle DAC \cong \triangle AEF$.

3. $\triangle DBE \cong \triangle ECF$.

4. $\angle CFE = \angle AFD = 90° - \angle 2 = 90° - \angle 1 = \angle AEC$.

5. (1) E 在 BC 的中垂线上；(2) $BF = AF$.

6. $\triangle AMC \cong \triangle ANB$.

7. $BD = DF$, $EC = EF$.

8. $\angle C + \angle CEF = \angle B + \angle AED = \angle B + \frac{1}{2}\angle A = 90°$.

9. (1) $\angle BAD = \angle CAE$；(2) $\angle BDA = \angle CEA = \angle ADC$.

10. $DE = DF$, $AE = AF$.

11. $\triangle ABC \cong \triangle BAD$.

12. 由 $\triangle ABD \cong \triangle ACE$，得 $\triangle BEF \cong \triangle CDF$.

13. 延长 FD 至点 G，使 $DG = DF$，则 $\triangle DEG$ 是等边三角形.

14. 延长 CA 至点 F，使 $AF = AE$，则 $\triangle CFE \cong \triangle EBD$.

15. 连接 AC、AD，则 $\triangle ABC \cong \triangle AED$.

16. 等边三角形. $\triangle ABP \cong \triangle ACQ$.

17. (1) 由 $\triangle BDE \cong \triangle CDG$，得 $BE = CG$, $DE = DG$.

(2) $BE + CF = CG + CF > GF = EF$.

18. $\triangle AEC \cong \triangle BEF$, $BF = AC = 2CD$.

19. 由 $\triangle AEC \cong \triangle BDC$，得 $\angle EAC = \angle DBC$, $\angle DAF + \angle ADF = \angle DBC + \angle CDB = 90°$.

20. $\triangle ABD \cong \triangle ACE$.

21. (1) $\triangle BDF \cong \triangle CDA$；(2) $\angle DGF = \angle BGH = 90° - \angle HBG = 90° - \angle DBF = \angle DFG$.

22. (1) $\triangle ACD \cong \triangle BCE$, $\angle AEB = \angle BEC - \angle CED = 60°$；(2) $\triangle ACD \cong \triangle BCE$, $\angle AEB = \angle BEC - \angle CED = 90°$, $AE = AD + DE = BE + 2CM$.

23. (1) 由 $\triangle ABD \cong \triangle ACE$，得 $\angle ACE = \angle ABD = 60°$；(2) 成立.

24. (1) 延长 AF、AG 分别交 BC 于点 M、N；(2) $FG = \frac{1}{2}(AB + AC - BC)$；(3) $FG = \frac{1}{2}(AC + BC - AB)$.

25. 成立. 由 $\triangle ADC \cong \triangle BEC$ 可得 $\triangle MDC \cong \triangle NEC$.

26. (1) $\triangle BOC$ 绕点 C 顺时针旋转 $60°$ 可得 $\triangle ADC$；(2) $\angle ADO = 90°$；(3) 不可能，当 $\triangle AOD$ 为等边三角形时，$\alpha = 120°$，这时 $\angle AOB + \angle BOC + \angle COA \neq 360°$；(4) $\alpha = 110°$，$125°$，$140°$.

27. (1) $\triangle AOC \cong \triangle BOD$. (2) $\triangle OAC$ 绕点 O 逆时针方向旋转 $120°$ 可得 $\triangle OBD$，所以 $\angle MLK = 60°$.

28. 直角三角形. 取 BD 的中点 M，连接 MF、ME，则 $ME \underline{\underline{\parallel}} \frac{1}{2}DC$, $MF \underline{\underline{\parallel}} \frac{1}{2}AB$，且 $AB = CD$，所以 $ME = MF$，且 $\angle MEF = \angle EFC = 60°$，从而可得 $\angle AGD = 90°$.

29. 以 AC 为边向外侧作正 $\triangle ACE$，则 A 是 $\triangle BCE$ 的外心，所以 $\angle EBC = \frac{1}{2}\angle CAE = 30° = \angle DBC$，因此 D 在 BE 上，所以 $\angle CAD = \angle CED = \angle CEB = \frac{1}{2}\angle BAC$，即 $\angle BAC = $

$2\angle CAD$.

30. 取 BC、GF、ED 的中点 P、Q、R,从而可得△PNK≌△QMN≌△RKM.

31. (1) 在 BE 上截取 $EF=EB$,则 $AF\perp BC$,$DF=DC$;(2) BC 垂直平分 DG,当 F 为 AD 的中点时,A、D 到 BC 距离相等.

32. (1) 连接 CP,则 $CP\perp BE$,延长 DP 至点 F,使 $PF=DP$,设 $\angle DEP=\alpha$,则可得 $\angle ABF=\angle ACD=90°-2\alpha$,所以△$ABF$≌△$ACD$,$AD=AF$,所以 $AP\perp PD$.

(2) 成立.

习题 1.2.4

1. $MA=\dfrac{1}{2}BD=MC$.

2. $AE=\dfrac{1}{2}AD=\dfrac{1}{4}AC$.

3. △ABC≌△BAD,△ACE≌△BDF.

4. 设 $\angle ACD=\alpha$,$\angle BCE=\beta$,则 $\alpha+\beta=45°$.

5. 作 $AF\perp BC$ 于点 F,$DG\perp BE$ 于点 G,则△AFP≌△PGD.若 C、B、E 三点不共线,结论也成立.方法较多,比如可延长 AP 至点 H,使 $AP=PH$,设 AB、EH 交于点 F,则△DEH≌△DBA.

6. $\angle EFD=2\angle EBD$,$\angle AFE=2\angle EBA$,$\angle AFD=2\angle ABC=90°$.

7. △DFC≌△DEB,$AE-BE=AC-CF=AF$.

8. $\angle AEC=2\angle B=\angle C$,$BD=2AE=2AC$.

9. △ABE≌△CBD,$\angle EDC=\angle EAC$.

10. Rt△CBF≌Rt△ACD,$\angle ABF=\angle ABD=45°$.

11. 过点 D 作 $DE\perp AB$ 于点 E,则△AED≌△ACD.

12. △ABD≌△ACD.

13. △ABE≌△CAD,$\angle BPQ=60°$,$\angle PBQ=30°$,所以 $BP=2PQ$.

14. (1) $FE=\dfrac{1}{2}AB=\dfrac{1}{2}AC=FD$;(2) $\angle EFC=\angle BAC$,$\angle ADF=\angle DAF$,$\angle DFC=2\angle DAF=2\angle CAB$,所以 $\angle EFD=\angle EFC+\angle DFC=3\angle CAB$.

15. 取 AC、AD 的中点 E、F,则△BEM≌△ENM.

16. (1) 连接 DE,则 $DE=DC$;(2) $\angle B=\angle BDE=2\angle BCE$.

17. $BM=BN$,$BM\perp BN$.

18. (1) $\angle DAB=\angle DBA=30°$;(2) 设 $\angle BAD=\alpha$,$\angle B=\beta$,导角可得.

19. 延长 EG 交 FC 于点 H,则 $EG=HG=GF$.

20. 延长 FG 交 AE 于点 H,则 $FG=GH=GE$.

21. 作 $CE\perp AD$ 于点 E,$DF\perp CB$ 于点 F,则 Rt△CDE≌Rt△BDF.

22. (1) △ACF≌△DCN;(2) $AM=DM$.

23. △AEC≌△CFB,△CEG≌△BFD.

24. (1) $\angle BAC = \angle DAE$;(2) $\angle ACB = \angle AEC = \angle ACE = 45°$;(3) $CE = 2AF$.

25. 作 $AF \perp CD$ 于 H,交 BC 于 F,连接 DF,则 $FD = FC = \frac{1}{2}CE = DB$,所以 $\angle B = 45°$.

26. (1) 等腰直角三角形,$CM = \frac{1}{2}AB = DM$,$\angle OAB + \angle OBA = 45°$;(2) 不变.

27. (1) $\triangle ACE \cong \triangle ABD$;(2) $CE = BD$.

28. (1) $\triangle ABD \cong \triangle CAE$;(2) $EC = DE + BD$;(3) $DE = BD + CE$.

29. (1) 连接 OA,则 $\triangle CNO \cong \triangle AMO$;(2) 成立;$\triangle CNO \cong \triangle AMO$.

30. (1) $BM = \frac{1}{2}CE = DM$,$\angle BMD = 2\angle C = 90°$;(2) 成立. BM 平分 $\angle ABC$,延长 MD 交 AE 于 N,则 N 为 AE 中点,$DM \parallel AC$.

31. (1) 由 $\triangle OAC \cong \triangle OBD$ 可得,$\angle AEB = \angle AOB$,OE 平分 $\angle AED$.
(2) 略.

32. (1) $\triangle BCD$ 是等边三角形,由 $CN \perp DB$,得 $DN = \frac{1}{2}DB$. 同理,$AM = \frac{1}{2}AD$. 由 $AD = DB$,得 $AM = DN$;(2) 成立. 由 $\triangle ADG \cong \triangle DBH$,$\triangle AMG \cong \triangle DNH$,可得 $AM = DN$.

33. (1) $FN - MF = \frac{1}{2}BE$. 连接 AD,则 $MN = \frac{1}{2}AD = \frac{1}{2}BE$. (2) $FM - FN = \frac{1}{2}BE$.

34. (1) $45°$,$FM = MN$;(2) 成立. $FM \underline{\underline{\parallel}} \frac{1}{2}AE$,$FN \underline{\underline{\parallel}} \frac{1}{2}BD$. $\triangle ACE$ 绕点 C 逆时针旋转 $90°$ 可得 $\triangle BCD$,所以 $AE = BD$,$AE \perp BD$.

习题 1.2.5

1. 过点 C 作 $CF \perp AB$ 于点 F,则 $8DE^2 = 2CF^2 = AC^2$.

2. $AB^2 + CD^2 = OA^2 + OB^2 + OC^2 + OD^2 = AD^2 + BC^2$.

3. $AB^2 - AC^2 = BD^2 - CD^2 = BH^2 - CH^2$.

4. 作 $AE \perp BC$ 于 E 或将 $\triangle ADC$ 绕点 A 顺时旋转 $90°$ 到 $\triangle ABE$.

5. 利用中线长定理和勾股定理或作 $GE \perp BC$,则 $GB^2 + GC^2 = 2(GD^2 + BD^2)$.

6. 作 $DE \perp AB$ 于点 E,$CF \perp AB$ 于点 F.

7. 连接 BM,$BP^2 = BM^2 - PM^2 = BC^2 + AP^2$.

8. 过点 C 作 $CE \perp MD$,交 MD 延长线于点 E,则 $\triangle BMD \cong \triangle CED$.

9. 过点 D 作 $DM \perp AC$,$DN \perp BC$.

10. 延长 ND 至点 E,使 $DE = DN$,则由已知得 $BM^2 + BE^2 = BM^2 + CN^2 = DM^2 + DN^2 = MN^2 = ME^2$,所以 $\angle MBE = 90°$,从而 $\angle BAC = 90°$,所以 $AB^2 + AC^2 = BC^2 = 4AD^2$.

11. 连接 EF,则 $BE^2 + CF^2 = PE^2 + PF^2 = EF^2$,在 Rt$\triangle DEF$ 中,$2DF^2 = DE^2 + DF^2 = EF^2$.

12. (1) $\triangle EBD$ 绕点 D 逆时针旋转 $90°$ 可得 $\triangle ACD$;(2) $CD = BD$,$DH \perp BC$;(3) $CF^2 + GF^2 = BG^2$. $\triangle CFG$ 是等腰直角三角形,且斜边 $GC = BG$.

习题 1.3.1

1. (1) AG 是 $\triangle FBC$ 的中位线，$FG = GC$ 或 $FA = AB = DC$，$FA \parallel DC$；(2) $AF = \dfrac{1}{2}FB$.

2. $\angle E + \angle F = \dfrac{1}{2}(\angle DAB + \angle CBA) = 90°$.

3. 四边形 $BGFD$ 与四边形 $BEHD$ 是平行四边形.

4. 由 $\triangle ADP \cong \triangle CBQ$，得 $DP = BQ$. 同理 $DQ = BP$.

5. 由 $MQ \parallel PN$，$PQ \parallel NM$，得四边形 $MNPQ$ 是平行四边形.

6. 由题意，可得 PM 是 $\triangle ABC$ 的中位线，SM 是 $\triangle ADB$ 的中位线，从而四边形 $ABCD$ 是平行四边形，所以四边形 $CRMQ$ 也是平行四边形.

7. 连接 BG、BH，则四边形 $BHDG$ 是平行四边形，由 BD、GH 互相平分，得四边形 $ABCD$ 是平行四边形.

8. 四边形 $AECF$ 是平行四边形，$AF \parallel EC$，由 E、F 是 AB、CD 中点，得 $BN = NM = MD$.

9. (1) 连接 DE、AF，则四边形 $ADEF$ 是平行四边形.
(2) 连接 ME、EN、NF、FM，则四边形 $MENF$ 是平行四边形.

10. 四边形 $GEHF$ 是平行四边形.

11. (1) $AC = CB$，$CD = BF$，$\angle ACD = \angle CBF = 60°$；(2) $CF = AD = DE$，$CD = BF = EF$.

12. 由 $\triangle ADE \cong \triangle CBG$，得 $DE = BG$，$OE = OG$. 同理，$OH = OF$.

13. 设 AC、BD 交于点 O，连接 OE，则 $OE = \dfrac{1}{2}AC = \dfrac{1}{2}BD$.

14. (1) $\angle EPA = 90° - \dfrac{\alpha}{2} = \angle EAP$；(2) $EM = EN$.

15. (1) 连接 BE、DF，则 $\triangle DEC \cong \triangle BFA$，四边形 $BEDF$ 是平行四边形，所以 $MB = MD$，$ME = MF$；(2) 连接 BE、DF，同理四边形 $BEDF$ 是平行四边形.

16. 延长 AO 至点 F，使 $OF = OA$，得 $\square AEFD$.

17. 延长 CB、DE 交于点 G，则 EF 是 $Rt\triangle DFG$ 斜边上的中线或作 $EG \parallel BC$ 交 DC、DF 于点 G、H，则 $DH = HF$.

18. $\triangle ABD \cong \triangle CAF$，$\triangle CBF \cong \triangle ABE$.

19. (1) $\triangle ABC \cong \triangle EAF$；(2) $EF = AC = AD$，$EF \parallel AD$；(3) $DF \parallel BC$.

20. (1) $\angle BAE = \angle DAE = \angle AEB = \angle ABE$；(2) $\triangle EAD \cong \triangle CDA \cong \triangle ABC$；(3) $BF = CD = AB$.

21. 作 $MN \perp DE$ 于点 N，则 $\angle BEM = \angle NME = \angle MDC = \angle DMC$.

22. 由 $\triangle BQC \cong \triangle DPA$，得 $BQ = DP$，同理，$BP = DQ$. 所以四边形 $BPDQ$ 是平行四边形.

23. (1) $\dfrac{1}{2}$；(2) 平行四边形；(3) $AC = BD$；(4) 阴影部分与空白部分两平行四边形面积和相等.

24. (1) $BC + CD = AC$；(2) $BC + CD = \sqrt{2}AC$；(3) $BC + CD = 2AC \cdot \cos\alpha$.

25. (1) $BE=EF$;(2) $BE=EF$. 过点 E 作 $EG \perp BC$ 于点 G,则可得 G 是 BF 的中点.

26. (1) 不是. 理由如下:设 $AB=a$,则 $BC=\sqrt{2}a$,$AC=BA=a$,$BD=2\sqrt{\left(\frac{a}{2}\right)^2+a^2}=\sqrt{5}a$,所以 $BD \neq 2AB$ 且 $BE \neq 2AD$. (2) $BC=AD=CE$,GF 是 $\triangle ADC$ 的中位线,所以 $GF=\frac{1}{2}AD=\frac{1}{2}BC=\frac{1}{4}BE$;(3) 设 $AB=DE=a$,$AD=b$,则由 $S_{\triangle ADC}=\frac{1}{2} \times \frac{15a^2}{4}=\frac{1}{2} \times \sqrt{a^2-\left(\frac{b}{2}\right)^2} \cdot b$,可解得 $b=\frac{\sqrt{6}}{2}a$.

27. (1) $AE=BE$,$\angle ADE=\angle BEF$;(2) ① 过点 B 作 $BM /\!/ AK$,交 EF 于点 M,则 $HC=2BM=2AK$;② $n=3$.

28. (1) G 在对角线上,$GE=\frac{1}{2}OB=\frac{\sqrt{3}}{4}AB$($O$ 是 AC 的中点);(2) $GE=\sqrt{3}CG$. 延长 DC、BE 交于点 M,连接 MF,则 $CG=\frac{1}{2}MF=\frac{\sqrt{3}}{4}AB$,$GE=\frac{3}{4}AB$;(3) 不变,仍有 $GE=\sqrt{3}CG$. $GE=\frac{\sqrt{21}}{4}AB$,$CG=\frac{\sqrt{7}}{4}AB$.

习题 1.3.2

1. (1) $\angle EAH=\angle GCF$;(2) 四边形 $EFGH$ 是平行四边形,且 EG 平分 $\angle HEF$.

2. (1) 三边对应相等;(2) 四边形 $BNCM$ 是平行四边形且 $BM=CM$.

3. $\angle BOE=\angle OBE+\angle OEB=30°+45°=75°$.

4. 矩形. 由 $ED=EA=EB$,得 $AD \perp BD$.

5. 即证 $\angle BAF=45°$. 连接 AC 交 BD 于点 O,则 $\angle EOC+\angle ECO=2\angle DAO+2\angle CAF=90°$,从 $\angle DAF=45°$.

6. (1) 四边形 $ABCB$ 是平行四边形;(2) 菱形.

7. 四边形 $BMDN$ 是菱形,且 $BD /\!/ FC$.

8. 连接 CF,则 $CF \perp AE$,则只要证 $\angle BFE=\angle DFC$. 这由 $\angle CDF=\angle DCF=\angle FBE=\angle FEB$ 可得.

9. 过点 O 作 $MN \perp BC$ 于点 N,交 AD 于点 M,则可导出 $\angle BAO=\angle BOA$.

10. (1) $\triangle CB_1E \cong \triangle ADE$. (2) 面积法. 设 $AD=b$,$DE=a$,$AE=c$,$PG=h_1$,$PH=h_2$,则 $\frac{1}{2}(h_1+h_2)c=S_{\triangle AEC}=S_{\triangle ADC}-S_{\triangle ADE}=\frac{1}{2}(a+c)b-\frac{1}{2}ab=\frac{1}{2}bc$,所以 $h_1+h_2=b=AD$.

11. (1) 延长 MN、DC 交于点 E,则 $PN=\frac{1}{2}ME=MN$;(2) 若 $PC=CN$,则 P 是 DC 的中点,$\angle B=90°$;若 $PC=PN$,则 $\angle B=\frac{540°}{7}$.

12. (1) $\triangle ADF \cong \triangle AEB$;(2) $\angle DGB=\angle GFB+\angle GBF=60°+\angle DFA+\angle GBF=60°+\angle ABG+\angle GBF=60°+60°=120°$.

13. (1) $\triangle ABE \cong \triangle CBE$；(2) $\angle EBF = \angle ECF = 30°$，$\angle BEF = \angle CEF = 60°$.

14. (1) $\triangle AEF \cong \triangle DEB$；(2) $AB = AC$.

15. 取 BC 的中点 F，则 $CDEF$ 是菱形.

16. 四边形 $AFCE$ 是平行四边形，且 EF 垂直平分 AC.

17. $\triangle BCD \cong \triangle CAF$.

18. (1) $\triangle AED \cong \triangle FDE$，$DF = AE = AB = CD$；(2) 如图 F1.3.1(a)，当 G 在 AD 右侧时，取 BC 的中点 H，则四边形 $ABHM$ 是矩形，$\triangle ADG$ 是正三角形，$\alpha = \angle DAG = 60°$；如图 F1.3.1(b)，当 G 在 AD 左侧时，$\triangle ADG$ 是正三角形，$\alpha = 360° - \angle DAG = 300°$.

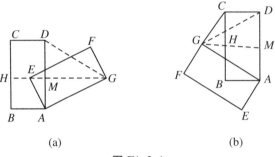

图 F1.3.1

19. (1) $\angle CEF = \angle CFE$；(2) $BE' = CF$.

20. (1) 在 Rt$\triangle ABC$ 中，$\angle ACB = 60°$；(2) 四边形 $ABCG$ 是矩形.

21. (1) $\triangle AEF \cong \triangle DEC$；(2) $AB = AC$.

22. (1) $\triangle ADE \cong \triangle CBF$；(2) 若 $\angle DEC = 90°$，则 $EF = \dfrac{1}{2}CD$，$AB = 2BC$.

23. 延长 AE 交 BD 于点 F，连接 CF，则 $\triangle DFC \cong \triangle FDE$，$\triangle CFE \cong \triangle CFD$，所以 $CE = CD = BC$，$\angle ECB = 60°$.

24. (1) 四边形 $DECF$ 是平行四边形，且 $DE = DF$；(2) 四边形 $EFCG$ 是平行四边形，与 $\triangle ADG$ 面积相等的平行四边形有：▱$DECF$、▱$DEFB$、▱$EFCG$、▱$ADFE$.

25. (1) $\angle OBC + \angle OCB = \dfrac{1}{2}(\angle ABC + \angle DCB) = 90°$；(2) $AF = DE$；(3) 矩形.

26. $PA^2 + PC^2 = PB^2 + PD^2$. 对于图(b)，过点 P 作 $MN \perp AB$，$EF \perp BC$，用勾股定理；对于图(c)，过点 P 作 $PM \perp BC$ 于点 M，交 AD 于点 N，再用勾股定理.

27. (1) 连接 DN（图 1.3.86(a)）或 AN（图(c)），则 $DN = BN(AN = NC)$；(2) 延长 MO 交 AB 于点 K，则 $\triangle BOK \cong \triangle DOM$，得 $BN^2 + DM^2 = BN^2 + BK^2 = KN^2 = MN^2 = CN^2 + CM^2$.

28. (1) $AE = AF = EF$；(2) $\triangle ABE \cong \triangle ACF$；(3) $\dfrac{3\sqrt{3}}{2}$.

29. (1) 设 $DE = BF = a$，则 $CF = 2\sqrt{2}a$，$BC = \sqrt{7}a$. 设 $AF = x$，则 $CD = x + a$，$AC = \sqrt{(x+a)^2 + (\sqrt{7}a)^2} = EC = x + 2a$，所以 $x = 2a$，$CD = 3a$.

(2) 连接 CG，则 $CG \perp AE$. 设 $\angle BHC = \alpha$，$\angle ABG = \beta$，则 $\angle ECG = \angle ACG = \beta$，$\angle BGC = 2\beta$，由 $\alpha + \beta = 60°$，$\alpha = 3\beta$，得 $\beta = 15°$. 在 $\triangle ABC$ 中，$\angle BAC = 30°$，从而 $AF = 2(\sqrt{3}+1)BE$，

$AF = (\sqrt{3} - 1)AC$.

30. (1) $DE \parallel FG \parallel BC$, $DE = FG = \frac{1}{2}BC$;(2) 成立;(3) 等腰三角形,即 $AB = AC$;(4) 等腰直角三角形或 $BE \perp CD$.

习题 1.3.3

1. (1) $BE = CE = AE = CF = BF$;(2) BC 平分 $\angle EBF$.

2. (1) $OA = OB$, $\angle OEA = \angle OGB$;(2) $\angle GBF = \angle BAF = \angle GAF = \angle GBE$.

3. $\triangle ABB_1 \cong \triangle ADD_1$. 在 AB 上截取 $AE = B_1C$,则 $\triangle AEB_1 \cong \triangle B_1CC_1$.

4. 由 $\triangle ADF \cong \triangle DCE$,得 $AF = DE$,且 $AF \perp DE$,从而可得四边形 $MNPQ$ 为正方形.

5. 延长 EP 交 DC 于点 G,则 $\triangle BEF \cong \triangle GPD$.

6. 连接 AF,则 $AF = CF = EF$,过点 F 作 $FG \perp AE$ 交 AB 于点 G,交 DC 于点 K,则 $AE = 2AG = 2DK = \sqrt{2}DF$.

7. 取 ED 的中点 M,则 $OM \parallel AB$, $\angle OMG = \angle OGM = 67.5°$,所以 $BE = 2OM = 2OG$.

8. 连接 CM,则 $\triangle CBM \cong \triangle CDM$, $\triangle CQM \cong \triangle CPM$.

9. 过点 D、E 作 $DM \perp AC$ 于点 M, $EN \perp AC$ 于点 N,则 $EN = DM = \frac{1}{2}AE$,从而 $\angle CAE = 30°$.

10. 设 $EC = a$, $CF = x$,则由勾股定理,得 $5a^2 + a^2 + x^2 = 4a^2 + (2a - x)^2$,解得 $x = \frac{a}{2}$.

11. $\triangle ABE \cong \triangle DCE$, $\triangle ADF \cong \triangle CDF$,从而可得 $\angle AEB + \angle FAD = 90°$,所以 $AF \perp BE$.

12. (1) F 是 CB 的中点;(2) $\angle GAC = \angle FAE = 45°$ 且 $AC \perp GF$.

13. (1) $\angle ABE = \angle ADF = 135°$;(2) 菱形.

14. (1) $\angle AFE = \angle DBE$;(2) $CD = AD$;(3) $AB = AC$.

15. (1) BD 与 AC 互相垂直平分;(2) $\angle OAB = \angle OAD = 60° - 15° = 45°$.

16. (1) $\triangle AEF \cong \triangle BED$;(2) 四边形 $ACDF$ 是菱形且 $\angle C = 90°$.

17. (1) 四边形 $ABCD$ 是平行四边形,且 $\triangle ABE \cong \triangle ADE$;(2) 设 $AD = \sqrt{2}$,则 $DE = EC = 1$,作 $EM \perp BC$ 于点 M, $EN \perp CD$ 于点 N,则 M、N 分别是 BC、CD 的中点,且四边形 $EMCN$ 是正方形.

18. (1) O 是 AC 的中点;(2) $\angle ACB = 90°$.

19. (1) $\triangle BCK \cong \triangle CDE$;(2) 如图 F1.3.2;(3) 平行四边形.

20. 因为 $\angle AFD = \angle CFD$, $\angle BCE = \angle BEC = 22.5°$,所以 $\angle AFD = 45° + 22.5° = 67.5°$.

21. $\angle HAF = 45°$. 设 $BF = a$, $CF = b$, $CH = c$, $DH = d$,则有 $bc = 2ad$, $a + b = c + d$. 下面只要证 $BF + DH = FH$ 即可. 因为 $a - d = c - b$,所以 $a^2 + d^2 - 2ad = c^2 + b^2 - 2bc$,所以 $FH = \sqrt{b^2 + c^2} = \sqrt{a^2 + d^2 + 2bc - 2ad} = \sqrt{a^2 + d^2 + 2ad} = a + d = BF + DH$.

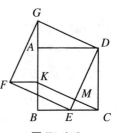

图 F1.3.2

22. (1) $\triangle BOE \cong \triangle AOF$；(2) 成立．

23. (1) $PB = PQ$．连接 PD，则 $PD = PB$．于是由 $\angle PQD = \angle PBC = 90° - \angle ABP = 90° - \angle ADP = \angle PDQ$，得 $PD = PQ$；(2) 成立．

24. (1)① $\triangle ADP \cong \triangle CDP$；② 过点 P 作 $MN \perp AB$ 于点 M，交 CD 于点 N，则 $\triangle AMP \cong \triangle PNC$；(2) $PC = PA = PE = AE$．

25. (1) 成立，由 $\triangle ACF \cong \triangle ABD$ 可得；(2) $\triangle ACF \cong \triangle ABD$，则 $\angle AFC = \angle ADB$，从而 $\angle AFC + \angle FNH = \angle ADB + \angle AND = 90°$．

26. (1) $BE \perp AF$，$AE = EF$；(2) $\angle F = \angle BAE = \angle PBE$．设 $\angle PBG = \angle FBG = \alpha$，$\angle F = \angle PBE = \beta$，则 $2\alpha + 2\beta = 90°$，所以 $\angle EBG = \alpha + \beta = 45°$；(3) $\triangle BGC \cong \triangle BGF$．

27. (1) $Rt\triangle BCF \cong Rt\triangle CDE$；(2) $FG = CE$，$FG \parallel CE$．四边形 $GECF$ 是平行四边形；(3) 成立．

28. (1) $BC = CD$，$CE = CF$；(2) $OG = \dfrac{1}{2} BF$．证 $\angle BFD = \angle BDF$，得 $BG \perp DF$，从而 G 是 DF 的中点；(3) 连接 EF，则由 $CE = CF$，得 $EF = DE = \sqrt{2} CE$．

29. (1) 延长 DH 交 BC 于点 K，则可得 K 是 BC 的中点，$HK = HF$，$AF = DK = DH + FH$；(2) $\angle EGH = 45°$．

30. (1) 连接 OE、BM，则 $EO \perp AF$，所以 $OM = \dfrac{1}{2} CE$；(2) $OB = \sqrt{2} OM$．$MB = ME = MO$，$\angle OMB = 2\angle ACB = 90°$；(3)(1)中的结论成立，理由同(1)．(2)中的结论不成立．

31. (1) AC 垂直平分 EF；(2) $MN \perp MD$，$MN = MD$．

32. (1)、(2)中均有 $MN = AM + CN$．延长 DC 至点 E，使 $CE = AM$，则 $\triangle BCE \cong \triangle BAM$，$\triangle MNB \cong \triangle ENB$．

33. (1) 作 $FH \perp CE$ 于点 H，则 $\triangle ABP \cong \triangle PHF$，$FH = PB = CH$；
(2) $PG = PB + DG$．延长 GD 至点 N，使 $DN = BP$，则 $\triangle APG \cong \triangle ANG$；
(3) 存在且 $BM = 3$．

34. (1)① $CF \perp BD$，$CF = BD$；② 成立；(2) $\angle ACB = \angle AFD = 45°$．

35. (1)① $90°$；② 取 AB 的中点 E，则 $\triangle AEM \cong \triangle MCN$．
(2) 在正五边形 $ABCDE$ 中，点 M 是 BC 的中点，CN 是正五边形 $ABCDE$ 外角 $\angle DCQ$ 的平分线，当 $\angle AMN = 108°$ 时，$AM = MN$．

习题 1.3.4

1. $\triangle ADF \cong \triangle FCA$．

2. 作 $DE \parallel CB$ 交 AB 于点 E，得 $CD = EB$，$\angle ADE = \angle AED$，所以 $AD = AE$，所以 $CD = BE = AB - AD$．

3. 连接 DM，并延长交 AB 延长于点 F，则 $BF = DC$，$(DC + AB) \cdot DE = AF \cdot DE = 2S_{\triangle ADF} = 4S_{\triangle ADM} = 2MN \cdot AD$．

4. 取 AB 的中点 N，连接 MN，则 $MN \parallel AD$，所以 $MN \perp AB$，从而 $AM = BM$．

5. 由 $CG = \sqrt{2}AB = \sqrt{2}CD$，得 $\angle GDC = 90°$.

6. (1) MN 与 EF 互相垂直平分；(2) $MN = \frac{1}{2}BC$.

7. (1) 由 $\angle GFC = \angle GCB = \angle B$，得 $GF \parallel AE$；(2) $\angle EFB + \angle GFC = \angle EFB + 90° - \frac{1}{2}\angle FGC = 90°$.

8. (1) $\triangle AOC \cong \triangle BOD$；(2) $\angle AED + \angle EDB = \angle ACD + \angle ECB = 2\angle BCD = 120°$.

9. (1) $EF \parallel BC, EF < BC$；(2) $EF^2 + BC^2 = BE^2 + CF^2$.

10. (1) $\angle DCE = \angle FCE$；(2) $AB^2 + AE^2 = EB^2 = 3EF^2$.

11. (1) $AP = AB, DP = DC$；(2) 取 AD 的中点 E，则 $OE = \frac{1}{2}AD$.

12. 延长 EC 交 AB 于点 G，则 $CE = AD = CG$.

13. (1) $DE = DG, CE = CG$；(2) 过点 P 作 $PF \perp AB$ 于点 F，则 $PC = PF = PD$.

14. 因为 $\triangle ABC \cong \triangle DCB$，$\angle ACB = \angle DBC$，$GB = GC$，$\triangle GBC$ 为正三角形，所以 $GB = BC$. 又因 $GE = CE$，所以 $BE \perp GC$，故 $EF = \frac{1}{2}AB$.

15. 矩形或等腰梯形. 当 $AD = BC$ 时，四边形 $ABCD$ 是平行四边形且对角线相等；当 $AD \neq BC$ 时，$\triangle ABD \cong \triangle DCA$，$\triangle ABC \cong \triangle DCB$，$\angle ADB = \frac{1}{2}(180° - \angle AOD) = \frac{1}{2}(180° - \angle BOC) = \angle DBC$，所以 $AD \parallel BC$. 又因 $AB = CD$，所以四边形 $ABCD$ 是等腰梯形.

16. 如图 F1.3.3，分别取 BC、DE 中点 M、N，连接 MN，则 $EM = DM$，$MN \perp FG$，又 $BF \perp ED$，$CG \perp ED$，所以 $BF \parallel MN \parallel CG$，所以 N 为 FG、ED 中点，所以 $EF = DG$.

17. 如图 F1.3.4，设 B、C、E、F 在直线 AD 上的射影分别为 B_0、C_0、E_0、F_0，则 $Rt\triangle ABB_0 \cong Rt\triangle EAE_0$，$AE_0 = BB_0$，同理 $CC_0 = DF_0$，又因四边形 BB_0C_0C 是矩形，所以 $BB_0 = CC_0$，$AE_0 = DF_0$. 而 MN 是梯形 EE_0F_0F 的中位线，所以 $EM = FM$.

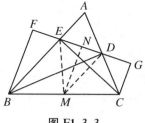

图 F1.3.3

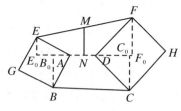

图 F1.3.4

18. (1) 由已知得 $BC = 2AD$，$EF \underline{\underline{\parallel}} \frac{1}{2}BC \underline{\underline{\parallel}} AD$；(2) G 为 BC 的中点；(3) E 或 F 在 BC 上的射影即为所求的点 G'.

19. (1) $AD = AB + DC$；(2) $AB = AF + FC$，延长 AE 交 DF 延长线于点 K，则 $AB = CK = CF + FK = CF + AF$.

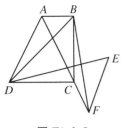

图 F1.3.5

20. (1) 垂直,相等.

(2) 画图如图 F1.3.5 所示(答案不唯一).(1)中结论不变,由 △DCE≌△BCF 可得.

(3) BF = DE.由 △DCE≌△BCF 可得.

习题 1.3.5

1. 平移 AC 至 DE,则四边形 ACED 是平行四边形,DE = AC = BD,从而 △ABC≌△DCB.

2. 将 △AEC 平移至 △PBD,设 AB 与 PD 交于点 O,则四边形 APBE 是平行四边形,所以 PB = AE,于是由 AO + OD > AD,OB + OP > PB,相加可得.

3. 设 ∠MBA 的平分线交 AC 于点 D,连接 DM,则 M 是 △DBC 的内心,∠MDB = ∠MDC = 60°,点 A 与点 M 关于 BD 对称,所以 ∠MAB = 90° − ∠DBA = 70°.

4. 设点 E 与点 C 关于 AD 对称,连接 EA、EB、EC、ED,则由条件可得 △DEC 与 △ABE 是等边三角形,从而点 D 与点 E 关于 BC 对称,所以 ∠DBC = ∠EBC = 20°.

5. 将 △ADF 绕点 A 顺时针旋转 90° 至 △ABG,则有 AF = AG = GE = DF + BE.

6. $BF = \frac{1}{2}AC = AB = ED$,又 ∠FBC = 30°,∠BCE = 60°,所以 BF⊥EC.又因 DE⊥EC,所以 BF // ED,故四边形 BEDF 是平行四边形.

7. (1) △ADF≌△CBE;(2) AP = PE,且 △APB 与 △EPC 是锐角为 30°、60° 的直角三角形.

8. (1) 由 △AOE_1≌△BOF_1 得 $AE_1 = BF_1$;(2) $OE_1 = 2OA$ 且 ∠AOE = 60°.

9. (1) FD = FC;(2) 成立.补成正方形 ACBG,则 GF = FC.过点 F 作 FM⊥DG 于点 M,则可由梯形中位线性质,得 M 是 DG 的中点,所以 FG = FD.(该题中 45° 角换成 α(0° < α < 90°)结论也成立)

10. (1) BE + DF = EF;(2) AM = AB;(3) AM = AB.将 △ADF 绕点 A 顺时针旋转角 ∠BAD,得 △ABG,则 △AEG≌△AEF,GE = EF,AB = AM.

11. (1) 不成立,比如点 G 在 AB 上时,DF > BF;(2) BE = DG.

12. (1) 将 △ADN 绕点 A 旋转至 △ABE 可得;(2) BM − DN = MN;(3) DN − BM = MN.将 △ABM 绕点 A 逆时针旋转 90° 至 △ADE,则可得 △AMN≌△AEN.

13. (1) 等边三角形.设 BE = BF = a,则 $DE = EF = FD = \sqrt{2}a$;(2) 正方形,且 AE = BF,这由 Rt△EBF≌Rt△FCG 等可得.

14. (1) $EG = \frac{1}{2}DF = CG$;(2) 成立,连接 AG,则 CG = AG,过点 G 作 GH⊥AE 于点 H,则 H 是 AE 的中点;(3) 成立.

15. (1) AC = BD,90°;(2) 成立,Rt△ACO≌Rt△BDO;(3) 成立,△ACO≌△BDO.

16. (1) AB = AE,AB⊥AE;(2) △BCG 与 △ACE 全等且有公共点 C 可得.

17. (1) △ABD≌△ACE;(2) 成立,△ABD≌△ACE.

18. (1) 如图 F1.3.6 所示. (2) 由 $\angle AOB = 30°$, 得 $\angle OMP + \angle OPM = 180° - 30° = 150°$. 因为 $\angle MPN = \angle OPN + \angle OPM = 150°$, 所以 $\angle OMP = \angle OPN$. (3) 当 $\angle OMP = 90°$, $OM = \sqrt{3}$ 时, 可得 $OP = 2$.

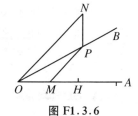

图 F1.3.6

19. (1) $EA_1 = FC$, $\triangle BAE \cong \triangle BC_1F$; (2) 菱形; (3) 设 $DE = a$, 则 $BE = AE = 2a$, $\angle AEB = 120°$, 所以 $AB = 2\sqrt{3}a$.

20. (1) 设 BE 与 MN 交于点 K, 则 $\angle A'KE = 90° - \angle ABE = 90° - \angle A'BE = \angle A'EB$, 且 $KA' = KE$, $\triangle KA'E$ 是等边三角形; (2) $\triangle BEF$ 与 $\triangle B'EF$ 是全等的等边三角形.

21. (1) $PM = PN$, $PM \perp PN$; (2) 等腰直角三角形, $\triangle ACE$ 是 $\triangle ABD$ 绕点 A 旋转 $90°$ 而得, 所以 $CE = BD$, $CE \perp BD$. 又 $PM \underline{\underline{=}} \frac{1}{2} CE$, $PN \underline{\underline{=}} \frac{1}{2} BD$, 所以 $PM = PN$, $PM \perp PN$; (3) 当点 D 在 BA 延长线上时, $S_{\triangle PMN}$ 最大值为 $\frac{1}{2}(m+n)^2$.

22. (1) 成立. 过点 P 作 $PK \perp AC$ 于点 K, 则由梯形中位线性质得 K 是 EC 的中点, 所以 $PC = PE$; (2) 不成立. 特殊化, 设点 F 与点 C 重合, 且 $\angle A = 60°$, 则有 $PC > PE$; (3) $k = \frac{\sqrt{3}}{3}$.

23. (1) $EP = EQ$; (2) 成立, $\triangle DQE \cong \triangle CEP$; (3) $\angle BGD = \angle OGD$, $\angle OGC = \angle AGC$.

24. (1) $AF = \sqrt{2}AE$; (2) $AF = \sqrt{2}AE$, 设 BC 与 DF 交于点 K, 连接 AK, 则 $\triangle AKF \cong \triangle BFK$, 四边形 $ABFK$ 是等腰梯形, $\angle BAF = \angle ABK = 45°$, $\angle EAF = 45°$, 即 $\triangle AEF$ 是等腰直角三角形.

25. (1) $\triangle BOC \cong \triangle AOD$, 所以 $BC = AD$. 又因 H 为 BC 的中点, 所以 $OH = \frac{1}{2}AD$, $\angle OAD + \angle HOC = 90°$, 即 $OH \perp AD$; (2) 延长 OH 至点 G, 使 $HG = OH$, 连接 BG, 则 $\triangle BGH \cong \triangle COH$, $\triangle BGO \cong \triangle ODA$, 所以 $OH = \frac{1}{2}AD$ 且 $OH \perp AD$; (3) 延长 OH 至点 M, 使 $HM = OH$, 连接 BM, 则 $\triangle BMH \cong \triangle COH$, $\triangle BMO \cong \triangle ODA$, 所以 $OH = \frac{1}{2}AD$ 且 $OH \perp AD$.

26. (1) $BM = FN$, $\triangle BOM \cong \triangle FON$; (2) 成立.

习题 1.3.6

1. 因为 $S_{\triangle ABD} = S_{\triangle ABC}$, 所以 $S_{\triangle ADP} = S_{\triangle BCP}$.

2. 连接 AC、BD, 则 $S_{\triangle PAD} = S_{\triangle ACD} = S_{\triangle BCD} = S_{\triangle PBC}$.

3. 连接 AC, 则 $S_{\triangle CDE} = S_{\triangle CAE} = S_{\triangle BEF}$.

4. 连接 BD, 则 $S_{\triangle ABE} = S_{\triangle DBE} = S_{\triangle CEF}$.

5. 连接 BE, 则 $S_{\triangle CDE} = S_{\triangle CEB} = S_{\triangle ABC}$.

6. 连接 EF，则 $S_{\triangle BFG} = S_{\triangle CEG}$.

7. 连接 BE、DE，则 $S_{\triangle DAE} = S_{\triangle DCO}$，$S_{\triangle BAE} = S_{\triangle BCO}$，$S_{\triangle EBF} = S_{\triangle EDO}$.

8. $S_{\triangle OCD} + S_{\triangle OAB} = S_{\triangle ABC} = \dfrac{1}{2} S_{\square ABCD}$.

9. $S_{\triangle PCD} = S_{\triangle BCD}$.

10. 过点 M 作 $EF \parallel AD$，交 DC 延长线于点 E、AB 于点 F，则 $S_{\triangle AMD} = \dfrac{1}{2} S_{\square ADEF} = \dfrac{1}{2} S_{梯形ABCD}$，或取 AD 的中点 N，连接 MN. 设梯形的高为 h，则 $S_{\triangle AMD} = \dfrac{1}{2} MN \cdot h$，$S_{梯形ABCD} = MN \cdot h$.

11. $\dfrac{BD}{DC} = \dfrac{S_{\triangle ABD}}{S_{\triangle ACD}} = \dfrac{S_{\triangle PBD}}{S_{\triangle PCD}} = \dfrac{S_{\triangle ABD} - S_{\triangle PBD}}{S_{\triangle ACD} - S_{\triangle PCD}}$.

12. 先证 $\dfrac{AN}{NC} = \dfrac{1}{2}$. 取 AC 的中点 E，连接 PE，则 $\dfrac{NE}{NC} = \dfrac{PE}{BC} = \dfrac{PE}{2CM} = \dfrac{1}{4}$，所以 $CE = 3NE$，$AN = 2NE$.

13. $S_{\triangle ADF} : S_{\triangle ABC} = 2 : 9$.

14. $S_{\triangle AEH} : S_{\square ABCD} = 1 : 8$.

15. （1）$\angle BAE = \angle DAE = \angle AEB = \angle ABE$；（2）$AB = EA$，$BC = AD$，$\angle ABC = \angle EAD = 60°$；（3）过点 F 作 $FG \perp BC$，则 $S_{\triangle CEF} = \dfrac{1}{2} \cdot CE \cdot FG = \dfrac{1}{2} h \cdot BE$，其中 h 是 $\triangle ABE$ 边 BE 上的高，且 $FG = h$.

16. 作 $BM \perp AE$ 于点 M，$BN \perp CE$ 于点 N，由 $S_{\triangle ABF} = \dfrac{1}{2} S_{\square ABCD} = S_{\triangle BCE}$，得 $BM = BN$，$\text{Rt}\triangle BPM \cong \text{Rt}\triangle BPN$，$\angle BPM = \angle BPN$.

17. 由面积关系得 $AD \cdot BC = AB \cdot AC$，所以 $\dfrac{1}{AB^2} + \dfrac{1}{AC^2} = \dfrac{AB^2 + AC^2}{AB^2 \cdot AC^2} = \dfrac{BC^2}{AD^2 \cdot BC^2} = \dfrac{1}{AD^2}$.

18. （1）过点 D 作 $DE \perp AB$，$DF \perp AC$，则由 AD 是 $\angle BAC$ 的平分线得 $DE = DF$. 过点 A 作 $AG \perp BC$，则 $\dfrac{S_{\triangle ABD}}{S_{\triangle ADC}} = \dfrac{AB \cdot DE}{AC \cdot DF} = \dfrac{BD \cdot AG}{DC \cdot AG}$，所以 $\dfrac{AB}{AC} = \dfrac{BD}{DC}$.

（2）成立. 证明同上.

19. 连接 BF、CF、DE，由 $DF \parallel BE$，$EF \parallel CD$，得 $S_{\triangle BDF} = S_{\triangle DEF} = S_{\triangle CEF}$. 又由 $BD = CE$，得点 F 到 AB、AC 的距离相等，所以 AF 平分 $\angle BAC$.

20. 连接 PE、PF，由 P 到 BF、CE 距离相等，得 $\dfrac{S_{\triangle PBF}}{S_{\triangle PCE}} = \dfrac{BF}{CE}$. 而 $BE \parallel PC$，$CF \parallel PB$，则 $S_{\triangle PEC} = S_{\triangle PBC}$，$S_{\triangle BFP} = S_{\triangle BCP}$，所以 $S_{\triangle PEC} = S_{\triangle BFP}$，故得 $BF = CE$.

21. 连接 BF，则由 $AF = 4CF$，$AD = \dfrac{1}{2} DB$，得 $S_{\triangle ABF} = \dfrac{4}{5} S_{\triangle ABC}$，$S_{\triangle ADF} = \dfrac{1}{3} S_{\triangle ABF}$，所以 $S_{\triangle ADF} = \dfrac{4}{15} S_{\triangle ABC}$. 同理，$S_{\triangle DBE} = \dfrac{1}{3} S_{\triangle ABC}$，$S_{\triangle ECF} = \dfrac{1}{10} S_{\triangle ABC}$，所以 $S_{\triangle DEF} = S_{\triangle ABC} - S_{\triangle ADF} -$

$S_{\triangle DBE} - S_{\triangle ECF} = \left(1 - \dfrac{4}{15} - \dfrac{1}{3} - \dfrac{1}{16}\right) S_{\triangle ABC} = \dfrac{3}{10} S_{\triangle ABC}$.

22. (1) 连接 AP, 由 $S_{\triangle APB} + S_{\triangle APC} = S_{\triangle ABC}$ 可得.

(2) 如图 F1.3.7, 若 P 在 $\triangle ABC$ 内, 则有 $PG + PE + PF = AF$. 若 P 在 $\triangle ABC$ 外, 则过点 P 作 $MN \parallel BC$, 分别交 AB、AC 延长线于点 M、N, 则有 $PE + PD = AH = AF + PG$, 即有 $PE + PD - PG = AF$.

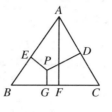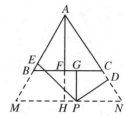

图 F1.3.7

23. (1) 连接 MP 或 QN, 则 $S_{\triangle MPQ} = \dfrac{1}{2} S_{\text{四边形}AMPD}$, $S_{\triangle MNP} = \dfrac{1}{2} S_{\text{四边形}MBCP}$ 或 $S_{\triangle QMN} = \dfrac{1}{2} S_{\text{四边形}ABNQ}$, $S_{\triangle QNP} = \dfrac{1}{2} S_{\text{四边形}QNCD}$.

(2) 能. 设一点 P_1 使 $MP_1 \parallel BC$, 则 $S_{\text{四边形}MNPQ} = S_{\text{四边形}MNP_1Q}$. 因为 $S_{\triangle MNQ} = S_{\triangle MNQ}$, 所以 $S_{\triangle QNP} = S_{\triangle QNP_1}$. 又因这两个三角形同底, 所以 $PP_1 \parallel QN$, 即 $QN \parallel AB$.

24. (1) 连接 AD, 则 $\triangle ADF \cong \triangle BDE$; (2) $S_{\triangle ADF} = S_{\triangle BDE}$, $S_{\triangle ADE} = S_{\triangle CDF}$; (3) 成立.

25. (1) $S_{\triangle DEF} = S_{\triangle CEF} = \dfrac{1}{4} S_{\triangle ABC}$; (2) (1)中结论不变. 连接 DC, 则 $\triangle DEC \cong \triangle DFB$.

26. 连接 DB、DB'、DC'. (1) ① $BD = BC$, $AB = C'B$, $\angle C'BD = \angle ABC$, 所以 $\triangle C'BD \cong \triangle ABC$, 则 $AC = C'D$. 又 $BC = DC$, $AC = B'C$, $\angle ACB = \angle B'CD = 60°$, 所以 $\triangle BCA \cong \triangle DCB'$, 所以 $DB' = BA$, 从而有 $\triangle C'BD \cong \triangle B'DC$. ② $C'D = AC = B'A$, $AC' = DB' = BA$, $AD = DA$, 所以 $\triangle AC'D \cong \triangle DB'A$; (2) $S_{\triangle ABC} + S_{\triangle ABC'} = S_{\triangle ACB'} + S_{\triangle A'BC}$.

27. (1) $\triangle BEC \cong \triangle DGC$; (2) 成立. $\triangle BEC \cong \triangle DGC$; (3) 连接 DF, 设 $S_{\triangle DEC} = S$, 则 $S_{\triangle AEB} = 2S$, $S_{\triangle DEF} = S$, $S_{\triangle FDG} = S_{\triangle CDG} = S_{\triangle CBE} = 3S$, 所以 $S_{\text{菱形}CEFG} = 8S = \dfrac{8}{3} S_{\triangle EBC}$.

28. 因为 $\dfrac{S_{\triangle ABD}}{S_{\triangle ACD}} = \dfrac{BD}{CD}$, $\dfrac{S_{\triangle PBD}}{S_{\triangle PCD}} = \dfrac{BD}{CD}$, 所以 $\dfrac{BD}{CD} = \dfrac{S_{\triangle ABD}}{S_{\triangle ACD}} = \dfrac{S_{\triangle PBD}}{S_{\triangle PCD}} = \dfrac{S_{\triangle ABD} - S_{\triangle PBD}}{S_{\triangle ACD} - S_{\triangle PCD}} = \dfrac{S_{\triangle ABP}}{S_{\triangle ACP}}$. 同理, $\dfrac{CE}{EA} = \dfrac{S_{\triangle BCP}}{S_{\triangle ABP}}$, $\dfrac{AF}{BF} = \dfrac{S_{\triangle ACP}}{S_{\triangle BCP}}$, 所以 $\dfrac{BD}{CD} \cdot \dfrac{CE}{EA} \cdot \dfrac{AF}{FB} = \dfrac{S_{\triangle ABP}}{S_{\triangle ACP}} \cdot \dfrac{S_{\triangle BCP}}{S_{\triangle ABP}} \cdot \dfrac{S_{\triangle ACP}}{S_{\triangle BCP}} = 1$.

习题 1.4.1

1. 连接 AE, 则 $\angle AEB = \angle B$. 又 $AD \parallel BC$, 所以 $\angle B = \angle GAF$, $\angle FAE = \angle AEB$, 则 $\angle FAE = \angle GAF$.

2. 过点 O 作 $OM \perp AC$ 于点 M, $ON \perp BD$ 于点 N, 则 $OM = ON$, 所以 $AC = BD$.

3. (1) 连接 AD、DB、BC、CA, 由 $AB = DC$, 得 $\overset{\frown}{AB} = \overset{\frown}{BD}$, 所以 $\overset{\frown}{AC} = \overset{\frown}{BD}$, 从而 $AC = BD$. (2) 因为 $\overset{\frown}{AC} = \overset{\frown}{BD}$, 所以 $\angle MAD = \angle MDA$, 所以 $AM = DM$.

4. 连接 OE, 则 $OE = 2OM$, 所以 $\angle OEF = 30°$, 从而可得 $\angle ABE = 15°$, $\angle EBC = 30°$.

5. 过点 M 任作一弦 EF, 作 $OP \perp EF$ 于点 P, 则由 $OP \leqslant OM$, 得 $EF \geqslant CD$.

6. (1) $NA = NB$; (2) MN 过圆心 O.

7. 连接 OC、OD，则 $Rt\triangle COM \cong Rt\triangle DON$，$\angle COM = \angle DON$.

8. 连接 OE，则 $\angle DOE = 60°$，$\angle EOA = 30°$. 取 $\overparen{EC}$ 的中点 F，则 $\angle COF = \angle EOF = \angle EOA$，所以 $\overparen{EC} = 2\overparen{CF} = 2\overparen{EA}$.

9. 连接 OD、OE，则 $OD \perp AB$，$OE \perp AC$，从而可得 $\angle AFG = \angle AGF$.

10. (1) $\angle COB = \angle DOB = \frac{1}{2}\angle COD = \angle CPD$；(2) $\angle CP'D + \angle COB = 180°$.

11. 作 $ON \perp DC$ 于点 H，连接 OD，则 $HC = HD = \frac{1}{2}CD$，$HP = OH$，由勾股定理可得.

12. 过点 O 作 $OH \perp AB$ 于点 H，则 H 是 AB 的中点，H 是 CD 的中点. 过点 O 作 $MN \perp CE$ 于点 M，交 DF 于点 N，则 $OM = ON$，从而 CE、DF 所在弦相等，进而有 $ME = NF$. 又因 $MC = ND$，所以 $CE = DF$.

13. 作 $OD \perp PQ$ 于点 D，连接 OM、ON，则 $\triangle ODM \cong \triangle ODN$，得 $MD = ND$，从而 $PM = QN$.

14. 连接 AB、CD，证 $\angle AEB = \angle ABE = 75°$，$\angle DFC = \angle DCF = 75°$，所以 $AE = AB$，$DF = DC$，从而 $AE = BC = FD$.

15. (1) $AC \perp BC$；(2) 连接 OC、ON，则 $CM = AN$，$\triangle AON \cong \triangle COM$，进而有 $\triangle OMN$ 是等腰直角三角形；(3) 成立. $\triangle AON_1 \cong \triangle COM_1$.

习题 1.4.2

1. $MA = MB = MC$.

2. 取 MN 的中点 O，则 O 到 BC 的距离为 $\frac{1}{2}AD = \frac{1}{2}MN$.

3. 连接 OP，证 $OP \perp AD$，则 $OP \perp MN$.

4. 证 $OK = \frac{1}{2}AB$.

5. 取 AB 的中点 O，DC 中点 M，则 $OM = \frac{1}{2}CD$，所以 $\angle DOC = 90°$. 在 CD 上取点 F 使 $DF = DA$，可证 $\angle AFB = 90°$.

6. 连接 OC，则 $OC \perp MN$，所以 $OC \parallel AE$，则 $\angle ABE = \angle OCB = \angle E$.

7. 连接 OD，则 $\angle COD = \angle ODA = \angle DAB = \angle COB$，得 $\triangle CDO \cong \triangle CBO$，所以 $\angle CDO = \angle CBO = 90°$.

8. 连接 OD，则 $OD \perp DE$. 由 $Rt\triangle OEB \cong Rt\triangle OED$，得 $\angle BOE = \angle DOE$. 又 $\angle BOD = \angle A + \angle ADO = 2\angle A$，所以 $\angle BOE = \angle A$.

9. 连接 BD 延长交 AC 延长线于点 H，则 C 是 $Rt\triangle ADH$ 斜边 AH 的中点. 又 $DE \parallel AH$，所以 $DG = GE$.

10. (1) 连接 AD、OD，由 $AB = AC$，$AD \perp BC$，得 D 是 BC 的中点，$DO \parallel BA$；(2) $DB = DE$.

11. (1) $Rt\triangle ABC \cong Rt\triangle DCB$；(2) $OB \parallel DC$.

12. (1) 连接 OD,则 $OD /\!/ AC$;(2) $OD /\!/ AC$,$OF \perp AC$.

13. (1) $\angle OEC = \angle OCE = \angle B$;(2) 四边形 $OEHF$ 是正方形,$EH = OF = \dfrac{1}{2} DC = \dfrac{1}{2} AB$.

14. (1) ① $\angle ABD = \angle ABC + \angle BAC = 90°$;② F 是 BC 的中点,OF 是 $\triangle ABC$ 的中位线;

(2) 由 $BE = OE = OB$,得 $\triangle OBE$ 是等边三角形,得 $AC = AO = OE$,所以四边形 $AOEC$ 是菱形.

15. (1) 连接 BE,$\angle EAC = 90° - \angle AEC = 90° - \angle ABE = \angle BAE$.

(2) $AB /\!/ EF$,只要证 $\angle EFD = 90° - \angle FED = 60° = \angle ABD$.

16. (1) $AO = OB$,$DF = FE$,$AC = DE$,$AG = DG$,$GE = GC$.

(2) $ME = MG$ 成立,连接 AD、AE,由 EM 是 $\odot O$ 的切线,得 $\angle GEM = \angle EAD$,从而可得 $\angle EGM = \angle GEM$,所以 $ME = MG$.

17. (1) 连接 OD,可得 $\angle CDE = \angle CED$,所以 $CD = CE$.

(2) $CE = CD$ 仍然成立. 即证 $\angle CED = \angle CDE$.

(3) $CE = CD$ 仍然成立. 即证 $\angle CDE = \angle CED$.

18. (1) 如图 F1.4.1(a),连接 OB,可得 $\angle CAB = \angle ABC$,所以 $AC = BC$.

(2) 无论 P 在圆内或圆外都有 $AC = BC$.

(3) 如图(b),P 在圆内时,连接 QB,可得 $\angle CAB = \angle CBA$;如图(c),P 在圆外时,连接 OB,可得 $\angle ABC = \angle CAB$.

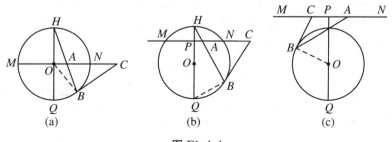

图 F1.4.1

习题 1.4.3

1. 过点 O、O' 作 $OE \perp AM$ 于点 E,$O'F \perp MB$ 于点 F,则 E 是 AM 的中点,F 是 BM 的中点.

2. $MA = MC = MB$.

3. 连接 PQ,则 $PQ = \dfrac{1}{2}(OM + O'N) = \dfrac{1}{2} OO'$.

4. (1) 连接 $O_1 O_2$,则 $\angle P = \angle O_1 AP = \angle O_2 AQ = \angle Q$. (2) $l_1 /\!/ l_2$.

5. 连接 AB、$O_1 B$、$O_2 B$,则由 $O_1 A = O_1 B = O_1 C$,得 $AB \perp BC$. 同理,$AB \perp BD$,所以 C、B、D 三点在一条直线上.

6. 连接 OO_1，则 $OO_1 = AB = AD$.

7. 连接 OA、OM、O_1C、O_1N，证 O_1、M、O 三点共线.

8. SO 平分 $\angle ESH$，SO' 平分 $\angle FSG$.

9. $AC = BD$，$HL = MN$，$AE = EH = NH = BH$，$CG = GM = LF = FD$.

10. 取 BE、CD 的中点 N、M，则点 N、M 分别是 $\triangle AEB$、$\triangle ADC$ 的外心. 因为 $DE \parallel BC$，所以 $MN \parallel BC$. 又因为 $AF \perp MN$，所以 $AF \perp BC$.

11. 连接 BO、BO'，则可证 $OB \perp O'B$.

12. (1) 连接 O_1E、O_2F，过点 O_2 作 $O_2G \perp EO_1$ 于点 G，设两个小半圆的半径分别为 r_1、r_2，计算可得 $CD^2 = 4r_1r_2 = EF^2$；

(2) 设 CD 与 EF 交于点 P，则 $PD = \frac{1}{2}EF = \frac{1}{2}CD$，$PC = PD$. 四边形 $DECF$ 对角线互相平分且等长，所以 D、E、C、F 是矩形的四个顶点.

习题 1.4.4

1. 连接 AB，则 $\angle ABC = \angle ABD = 90°$.

2. $\overset{\frown}{BC} = \overset{\frown}{AD} = \overset{\frown}{BE}$.

3. (1) 连接 CD，则 $CD \perp AB$，$MD = MC = BM$.

(2) 连接 OD、DC. 由 $\angle CDM = \angle A = \angle ADO$，得 $\angle ODM = \angle ADC = 90°$.

4. 连接 CB，设交 AE 于点 H，则 $BC \perp AF$. 又 $\angle HAB = \angle CDA = \angle HBA$，所以 H 是 $\mathrm{Rt}\triangle ABE$ 斜边 AE 的中点. 而 $HC \parallel EF$，所以 $AC = CF$.

5. 延长 EC、FD 交于点 G，连接 PC、PD，作两圆内公切线 PH 交 CD 于点 H，则 $\angle CPH = \angle HCP$，$\angle DPH = \angle HDP$，从而有 $\angle PCH + \angle PDH = 90°$. 又 $\angle HCP = \angle E$，$\angle HDP = \angle F$，则 $\angle E + \angle F = 90°$，所以 $EC \perp DF$.

6. 连接 OD，则 $\triangle ODC \cong \triangle OBC$，所以 $\angle ODC = \angle OBC = 90°$.

7. 连接 DC，则 $\triangle DBC$ 与 $\triangle EAC$ 中，$\angle DBC = \angle DCB = \angle EAC = \angle ECA$，从而有 $\angle BDC = \angle AEC$，所以四边形 $ADCE$ 是圆内接四边形，进而有 $\angle ADE = \angle ACE = \angle ABC$，因此 $DE \parallel BC$.

8. 作公切线 PQ，则 $\angle PAC = \angle PBD$.

9. 连接 AB，则 $\angle C = \angle ABF = \angle D$.

10. (1) 延长 AE 交 $\overset{\frown}{BC}$ 于点 F，连接 BF，则 $\angle EDC = 90° - \angle DEC = 90° - \angle ABE = 90° - \angle AFC = \angle EAC$. (2) $\angle EAD = \angle ECD = 90°$.

11. $AD \perp BE$ 且 $\angle BAD = \angle EAD$.

12. (1) $\angle DEF = \angle A = \angle B$；(2) $\angle FEB + \angle B = 90°$.

13. (1) 连接 OA，则 $OA \perp AC$；(2) $\angle EOB = \angle EOA = 2\angle CAE$.

14. 过点 P 作外公切线 PE，则 $\angle EPB = \angle A$，$\angle EPC = \angle BCP = \angle A + \angle APC$，所以 $\angle APC = \angle BPC$.

15. 过点 P 作外公切线 PE，则 $\angle EPB = \angle A$，$\angle EPD = \angle PCD$，又 $\angle PCD = \angle A +$

$\angle APC$,所以 $\angle APC = \angle BPD$.

16. (1) 过点 P 作外公切线 PE 交 CA 于点 E,则 $\angle CPE = \angle C$, $\angle EPA = \angle B$. 所以 $\angle CPA = \angle CPE + \angle EPA = \angle C + \angle B = \angle CPD$. (2) $\angle BPC + \angle APC = \angle BPC + \angle DPC = 180°$.

17. 连接 BE、BF、BC、BD,证 $\triangle BEF \cong \triangle BCD$.

18. 延长 CF 交 $\odot H$,则 $\overset{\frown}{BE} = \overset{\frown}{BH}$.

19. (1) $\angle CPF = \angle C = \angle CPO$; (2) $\angle EPD = \angle D = \angle OPD$.

20. 连接 OD、AD,过点 A 作 $AE \perp CD$ 于点 E,由 $Rt\triangle AED \cong Rt\triangle AEC$,得 $\angle DAE = \angle CAE$. 又 $\angle OAD = \angle ODA = \angle DAE$, $\angle EAC = \angle ACB$. 所以 $\angle OAC = 3\angle EAC = 3\angle ACB$.

21. $\angle PAM + \angle APF = \frac{1}{2}\angle BAC + \frac{1}{2}\angle APB + \angle B = \frac{1}{2}(\angle BAP + \angle APB + \angle B) = 90°$.

22. 连接 AB,则 $\angle BO_1C = 2\angle BAC$, $\angle BO_1D = \angle BAD$,所以 $\angle BO_1C = 2\angle BO_1D$,得 $\angle DO_1C = \angle BO_1D$,即 O_1D 平分 $\angle BO_1C$,所以 $O_1D \perp BC$.

23. 延长 AO 交 $\odot O$ 于点 E,连接 OC、EC,则 $\angle DCP = \angle AEC = \angle APO = \angle DPC$,所以 $PD = CD$.

24. $PA = PC + \sqrt{2}PB$. 延长 CP 至点 E,使 $PE = \sqrt{2}PB$,则由 $\angle EPB = 45°$,得 $\triangle PBE$ 是等腰直角三角形,所以 $BE = BP$,所以 $\triangle BCE \cong \triangle BAP$,所以 $PA = EC = PC + PE = PC + \sqrt{2}PB$.

25. (1) 因为 MN 是 $\triangle ABP$ 的中位线,所以 $\angle MDP = \angle BPE = \angle MPC$; (2) 由圆的对称性,$PC$、$EN$ 的交点 F 在圆上,且 $\angle MPC = \angle PDM = \angle PFE$,所以 $EN \parallel PA$.

26. (1) $\angle CED = \angle CAD = 60°$; (2) $CD \perp PO_1$; (3) $\angle C'AD' = \alpha$, $C'D' \perp P'O_1$.

习题 1.4.5

1. 四边形 $AMDN$ 是圆内接四边形,且 $\angle ADM = \angle ADN$,所以 $AM = AN$.

2. 连接 DC. 在 $\triangle DBC$ 与 $\triangle EAC$ 中,$\angle DBC = \angle DCB = \angle EAC = \angle ECA$,得 $\angle BDC = \angle AEC$,所以四边形 $ADCE$ 是圆内接四边形,有 $\angle ADE = \angle ACE = \angle ABC$,则 $DE \parallel BC$.

3. $MN = \frac{1}{2}(AB + CD) = \frac{1}{2}(AD + BC)$.

4. $\angle H + \angle F = 180°$(外角平分线时可类似证明).

5. 延长 AC 至点 F,使 $AF = AB$,连接 DF,由 $\triangle ADF \cong \triangle ADB$,得 $CD = BD = DF$,则 $\angle ABD = \angle DFC = \angle DCF$,所以 $ABDC$ 是圆内接四边形.(外角平分线可类似证明)

6. 设 $\angle APE = \angle DPE = \alpha$, $\angle BQF = \angle AQF = \beta$, $\angle A = \gamma$,则在 $\triangle PBC$ 中,$\angle PCB = \gamma$, $\angle PBC = 2\beta + \gamma$,所以 $2\alpha + 2\beta + 2\gamma = 180°$,从而有 $\angle APE + \angle PRQ = \alpha + \beta + \gamma = 90°$.

7. $HE + FG = EF + GH$.

8. 因为 $\angle ABC = \angle AEC$, $\angle ABD = \angle AFP$,所以 $\angle P + \angle CBD = \angle P + \angle AEC +$

$\angle AFP = 180°$.

9. 在 Rt$\triangle BCM$ 中，$BC = \frac{1}{2}(AB + CD)$，$BM = \frac{1}{2}(AB - CD)$，所以 $CM^2 = \left[\frac{1}{2}(AB + CD)\right]^2 - \left[\frac{1}{2}(AB - CD)\right]^2 = AB \cdot CD$.

10. 设 $\angle BFS = \angle ASF = \angle DSM = \alpha$，$\angle MDA = \angle ABC = \beta$，则 $\angle M = 180° - (\alpha + \beta) = \angle N$，$\angle PQR = 180° - (\alpha + \angle PAD) = 180° - (\alpha + \angle PBC) = \angle PRQ$.

11. 设 $AB = a$，$CD = c$，$BC = DA = b$，在 AB 上截取 $BC' = BC$，$AD' = AD$，则 E 是 $C'D'$ 的中点. 连接 OC'、OD'，则有 $C'D' = AD' + BC' - a = 2b - a = c = CD$. 又因 $OC = OC'$，$OD = OD'$，故 $\triangle OC'D' \cong \triangle OCD$，所以 $OE = OF$.

12. (1) 连接 BD，在 CA 上截取 $CF = AB$（也可以延长 BA 至点 G，使 $BG = AE$），连接 DF，则 $\triangle DCF \cong \triangle DBA$，所以 $DF = DA$，$AE = EF$，故 $CE = CF + EF = AB + AE$；(2) $CD^2 - AD^2 = CE^2 + DE^2 - (DE^2 + AE^2) = CE^2 - AE^2 = AC \cdot CF = AC \cdot AB$.

习题 1.4.6

1. B、C、D 在 $\odot A$ 上.

2. $\triangle PEG \cong \triangle PHF$，$\angle GEF = \angle GHF$.

3. $\angle DEA = \angle ABH = \angle CBG$.

4. 连接 EF，则 $\angle D + \angle EFC = \angle D + \angle A = 180°$.

5. 连接 MN，则 $\angle A = \angle CMN = \angle B$.

6. $\angle MEC = \angle EDC = \angle B$.

7. D、C、E、F 四点共圆，$\angle BFD = \angle BAD = 45°$，所以 A、B、D、F 四点共圆，从而 $\angle AFB = \angle ADB = 90°$.

8. 连接 BR，则 B、Q、R、C 四点共圆，所以 $\angle BRQ = \angle BCQ = 45°$，所以 $BQ = QR$.

9. 由 A、D、E、F 四点共圆，得 $\angle FED = \angle CAD = \angle CBD$.

10. 延长 CK 交 AB 于点 N，则 K 是 CN 的中点，又 M 是 CB 的中点，所以 $KM \parallel AB$，$\angle HMK = \angle B = \angle HDK$.

11. $\angle DCA = \angle DBA = \angle F$.

12. 连接 PQ，则 $\angle TAB = \angle PQA$，$\angle TBA = \angle PQB$，所以 $\angle T + \angle Q = \angle T + \angle TAB + \angle TBA = 180°$.

13. 连接 OD、OE、OF，则 $\angle AFO = \angle CEO = \angle BDO$.

14. (1) $\triangle BAP \cong \triangle CBQ$；(2) P、C、Q、B 四点共圆.

15. 连接 BP，图 (a)、(b)、(c) 中，均有 P、A、D、B 四点共圆，所以 $\angle DPB = \angle DAB = 45°$.

16. 连接 CB、BD、AB，则 $\angle CBD + \angle R = \angle CBA + \angle DBA + \angle R = \angle P + \angle RQP + \angle R = 180°$.

17. 由 $\angle PAQ = \angle QDC$，$\angle QDC = \angle QFD$，得 $\angle PAQ = \angle QFD$，所以 P、A、Q、F 四点共圆，$\angle PQA = \angle PFA = \angle BFD = \angle FQD$.

18. (1) $\angle AOB = \angle BOC = \angle COA = 120°$；(2) $\angle AOB + \angle BOD = 120° + 60° = 180°$，其他类似可证；(3) $\triangle ABD \cong \triangle BCE \cong \triangle CAF$；(4) $\triangle AQR \cong \triangle BRP \cong \triangle CPQ$.

19. 连接 $P'B$、$P'R$、$P'C$、$P'Q$，则 $\triangle P'QR \cong \triangle PQR$，所以 $P'Q = PQ$，$P'R = PR$. 又 $BQ = PQ$，$PR = CR$，所以 $\dfrac{P'Q}{P'R} = \dfrac{BQ}{CR}$. 又因 $\angle QAR = \angle QP'R$，所以 P'、Q、R、A 四点共圆，则 $\angle P'QB = \angle P'RC$，所以 $\triangle BP'Q \backsim \triangle CP'R$，故 $\angle BP'Q = \angle CP'R$，从而可得 $\angle BP'C = \angle BAC$，所以点 P' 在 $\triangle ABC$ 外接圆上.

20. (1) 因为 $\angle MDC = \angle MCB = \angle MNL$，所以点 D 在 $\triangle LMN$ 的外接圆上，其他类似可证.

(2) 因为 $PN \parallel BH$，$PM \parallel CH$，所以 $\angle NPM = \angle EHF$. 又因 $\angle NLM = \angle A$，$\angle EHF + \angle A = 180°$，所以 $\angle MPN + \angle NLM = 180°$，故 P 在 $\triangle LMN$ 的外接圆上，其他类似可证.

习题 1.4.7

1. F 是 $\triangle ABC$ 重心，$AF = 2FD = 2DG$.

2. $\angle IBJ = \angle ICJ = 90°$.

3. 连接 BI，则 $\angle DIB = \angle DBI$，$\angle IAB = \angle IAC = \angle DBC$，所以 $\angle IBA = \angle CBI$.

4. $MB = MI = MC$.

5. (1) 由四点共圆，得 $\angle HDE = \angle ECF = \angle EBF = \angle HDF$，其他类似可证.

(2) 延长 DE 至点 G，则 $\angle GEA = \angle DEC = \angle B = \angle FEA$，其他类似可证.

6. 连接 BK，则 $\angle KBD = \angle KAC = \angle HBD$，且 $BD \perp HK$.

7. (1) 由四点共圆得 $\angle KMC = \angle KAC = \angle CBL = \angle CML$，其他类似可证.

(2) $\angle CAK + \angle ACB = 90°$.

8. 取 GB、GC 的中点 M、N，连接 MN 交 GD 于点 H，则 H 是 LG 的中点.

9. 连 CF 交 AB 于点 G，则 G 是 AB 的中点，从而 $\angle B = \angle BCF$. 再由 $\triangle CAE \cong \triangle CDF$，得 $\angle ACE = \angle BCF = \angle B$，于是可得 $CE \perp AB$.

10. (1) $\angle MBC = \angle MAC = \angle MAB = \angle BMN$；(2) $\angle IBA = \angle IBC$. $\angle MIC = \angle MAC + \angle ACI = \angle MAB + \angle ACI = \angle MCI$，所以 $MB = MC = MI$.

11. 证明 O 是 PD 的中点.

12. 作 $OM \perp AB$ 于点 M，则 $\angle AOM = \angle C$，进而有 $\angle OAM = \angle CAH$，所以 $\angle OAH = \angle BAC - (\angle OAM + \angle CAH) = \angle BAC - 2\angle CAH = \angle BAC + 2\angle C - (\angle BAC + \angle B + \angle C) = \angle C - \angle B$.

13. 由 $\angle BOC = \angle BOM + \angle COM = 180° - \angle BAC$，得 A、B、O、C 四点共圆，所以 OA 平分 $\angle BAC$. 又 $\angle ABM + \angle MAB = \angle OMB = \angle MBO = \angle MBC + \angle OBC$，所以 $\angle ABM = \angle MBC$，即 BM 平分 $\angle ABC$，所以 M 是 $\triangle ABC$ 的内心.

14. 连接 DP、DQ、EC，则 $AE \perp PQ$. 由 $\angle DQC = \angle DPQ = \angle DQE$，可得 $\triangle DQE \cong \triangle DQC$，所以 $EQ = QC$，$\angle QEC = \angle QCE$，又 $PQ \parallel BC$，所以 $\angle BCE = \angle QEC = \angle QCE$，所以 E 是 $\triangle ABC$ 的内心.

15. 以 BC 为边向上作正 $\triangle BFC$，则 FI 是 BC 的中垂线，由 $\triangle BDC \cong \triangle BAF$，$\triangle BDE \cong \triangle BAI$，可得 $BE = BI$。

16. 作 $BF \parallel DE$ 交 AC 延长线于点 F，连接 IF，则 $\angle BFI = \angle FBI = \angle BID = \angle BCI$，所以 B、F、C、I 四点共圆，所以 $\angle IBD = \angle IFC = \angle IBC$，$\angle ICB = \angle IFB = \angle IBF = \angle ICE$，所以 I 是 $\triangle ABC$ 的内心。

17. 连接 BE、BF，由 $\angle BFC = \angle BEC$，可得 B、C、E、F 四点共圆，从而 $\angle FBE = 30° - \frac{1}{2}\angle ACB = \angle EBC$，所以 $EF = EC$。

18. 连接 PO，分别与 AN、DM 交于点 Q'、Q''，在 $\triangle PAC$ 中，由 $AO = OC$，$PN = NC$，得 Q' 为 $\triangle PAC$ 的重心，所以 $PQ' = 2OQ'$。同理 $PQ'' = 2OQ''$。所以 Q' 与 Q'' 即为点 Q，故 P、Q、O 三点共线，且 $PQ = 2OQ$。

19. 延长 CE、DA 交于点 E，则 $\triangle BEC \cong \triangle AEF$，$\angle EDA = \angle EDC$，$Rt\triangle ADE \cong Rt\triangle EDC$，$\angle O_1 DO_3 = \angle ADE$，$\frac{DO_1}{AD} = \frac{DO_3}{ED}$，$\triangle O_1 O_3 D \sim \triangle AED$，$\angle O_3 O_1 D = 90°$，$\angle EO_1 D = 135°$，$\angle EO_1 O_3 = 45°$，$\angle O_1 EO_2 = 135°$，从而 $EO_2 \parallel O_1 O_3$。同理，$EO_1 \parallel O_2 O_3$。

习题 1.4.8

1. C 是 $\overset{\frown}{OA}$、$\overset{\frown}{OB}$ 的中点。

2. 大圆半径是小圆半径的两倍。

3. $AB^2 + AC^2 = BC^2$。

4. 利用题 3 的结果。

5. $S_{\triangle ABM} = R^2$。

6. 过点 B 作 $DE \perp OP$，则 $\triangle PDE$ 是正三角形，且高为 $\odot O$ 的半径 R。

习题 1.5

1. 因为 $b^2 = ac$，$m^2 = ab$，$n^2 = bc$，所以 $b^2 m^2 n^2 = a^2 b^2 c^2$，所以 $b^2 = mn$。

2. 设 $\frac{a}{b} = \frac{c}{d} = \frac{e}{f} = k$，则 $a = bk$，$c = dk$，$e = fk$。所以 $a : c : e = kb : kd : kf = b : d : f$。

3. $\angle AEF = \angle ADF = \angle C$，$\angle AFE = \angle B$。

4. $\frac{AB}{AE} = \frac{AC}{AD}$，$\angle BAE = \angle CAD$。

5. 设 $AB = a$，则 $\frac{AE}{EF} = \sqrt{2} = \frac{CE}{EA}$，且 $\angle AEF = \angle CEA$。

6. （1）$\angle AEB = \angle EDC$；（2）作 $EF \perp AD$ 于点 F，则 $\triangle EDF \cong \triangle EDC$，$AB + DC = AF + DF = AD$。

7. 连接 MN，则 $\angle B = \angle CMN = \angle CAP$，$\angle D = \angle ANM = \angle ACP$。

8. $\angle A = \angle C$，$\angle B = \angle PDC$。

9. $\angle B = \angle D$，$\angle BKA = \angle DCK$。

10. 由△AOB≌△A'OB',得∠AOB=∠A'OB',所以∠AOA'=∠BOB',所以两个等腰△AOA'与△BOB'相似.

11. ∠BAF=∠D.

12. 连接 ED,则∠EFC=∠D=∠O.

13. 由四边形 ADCH 为圆内接四边形,得∠AHD=∠ACD=∠E,∠DAH=∠ECB.

14. 由四边形 AQPR 和 PEDF 是圆内接四边形,得∠BAC=∠RPQ=∠EDF.

15. ∠ACE=∠APE=∠BDF,∠CAE=∠CPE=∠DBF.

16. 连接 CG、CF、BE,则∠CDG=∠CGD,所以△ABD∽△ACG.所以 $\dfrac{AB}{AC}=\dfrac{BD}{CG}=\dfrac{BE}{CF}$,从而 Rt△ABE∽Rt△ACF,于是可得∠EAD=∠FAD,且 $\dfrac{AE}{AF}=\dfrac{AD}{AG}$,所以△AED∽△AFG∽△ADF.

17. (1) ∠DEO=∠ACB,∠DOE=∠ABC,所以△DOE∽△ABC.

(2) ∠ODE=∠A=∠BDC,所以∠ODF=∠BDE.

18. (1) ∠BAC+∠EAB=∠BAC+∠ACB=90°.

(2) 因为∠EAB=∠AEB=∠ACB,∠EAC=∠ABC=90°,所以△AEF∽△BCA.

19. (1) ∠AMD=∠A.(2) 由 DE∥AC,得∠DEB=∠C,∠BDE=∠A.又∠AFE=∠A,则∠BDE=∠AFE,所以∠BDG+∠GDE=∠C+∠FEC.又∠BDG=∠C,所以∠EDG=∠FEC,所以△DEG∽△ECF.

20. $PD^2=PE \cdot PF$.

21. △ODE∽△OBC,△OCF∽OAD,△OCD∽△OEF.

22. (1) ∠PDC=∠HDC;(2) DP=DH,PC=CH,DA=DB;(3) ∠ABC=90°.

23. (1) 略;(2) H 在△ABC 的外接圆上.

24. (1) 四边形 GHIJ 是正方形,证明如下:由 GJ⊥OA,GH⊥GJ,HI⊥OA,得∠GJI=∠JIH=∠JGH=90°,所以四边形 GHIJ 是矩形.又因四边形 CDEF 是正方形,CD 边与矩形 GHIJ 的 IJ 边在同一条直线上,所以 FC∥HI,EF∥GH,得△FOC∽△HOI,△EFO∽△GHO,从而有 $\dfrac{OF}{OH}=\dfrac{FC}{HI}$, $\dfrac{OF}{OH}=\dfrac{EF}{GH}$,所以 $\dfrac{FC}{HI}=\dfrac{EF}{GH}$.又 FC=EF,得 HI=GH,所以四边形 GHIJ 是正方形.

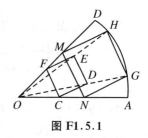

图 F1.5.1

(2) 如图 F1.5.1.1,正方形 MNGH 为所求.

习题 1.6.1

1. 因为 DG∥EC,EG∥BC,所以 $\dfrac{AD}{AE}=\dfrac{AG}{AC}=\dfrac{AE}{AB}$.

2. 由 AD∥EF∥BC,得 $\dfrac{OE}{BC}=\dfrac{AO}{OC}=\dfrac{DO}{DB}=\dfrac{OF}{BC}$.

3. 由△OCE∽△OFC,得 $OE \cdot OF=OC^2=OA^2$.

4. $\dfrac{DC}{AC} = \dfrac{BD}{AB} = \dfrac{DE}{AE}$.

5. 由 AE 平分 $\angle A$，得 $\dfrac{CE}{EB} = \dfrac{AC}{AB}$，$\dfrac{AH}{AC} = \dfrac{HD}{DC}$. 由 $DF // AB$，$\triangle ACB \backsim \triangle AHC$，得 $\dfrac{HD}{DC} = \dfrac{BF}{FC}$，$\dfrac{AC}{AB} = \dfrac{AH}{AC}$，则 $\dfrac{AH}{AC} = \dfrac{CE}{EB}$，所以 $\dfrac{EC}{BF} = \dfrac{EB}{FC} = \dfrac{EC+EB}{BF+FC} = \dfrac{BC}{BC} = 1$.

6. 因为 $\dfrac{AB^4}{AC^4} = \dfrac{BD^2 \cdot BC^2}{CD^2 \cdot BC^2} = \dfrac{FB \cdot AB}{EC \cdot AC}$，所以 $\dfrac{AB^3}{AC^3} = \dfrac{FB}{EC}$.

7. (1) $\triangle ACD \backsim \triangle CBD$；(2) $\triangle ACD \backsim \triangle ABC$；(3) 射影定理之逆.

8. 由 $\triangle ABC \backsim \triangle ACP$，得 $\dfrac{AB}{AC} = \dfrac{BC}{CP}$.

9. 由 $\triangle ABM \backsim \triangle PDM$ 和 $\triangle ADM \backsim \triangle NBM$，得 $\dfrac{AM}{MP} = \dfrac{BM}{MD} = \dfrac{MN}{AM}$.

10. 由 $\mathrm{Rt}\triangle MCE \backsim \mathrm{Rt}\triangle MDB$，得 $\dfrac{AM}{ME} = \dfrac{CM}{ME} = \dfrac{MD}{MB} = \dfrac{MD}{AM}$.

11. 先证 $PE = PF$，再由 $\mathrm{Rt}\triangle PEC \backsim \mathrm{Rt}\triangle PAF$，得 $\dfrac{PE}{PC} = \dfrac{PA}{PF} = \dfrac{PA}{PE}$.

12. 证 $\triangle ABD \backsim \triangle ECA$，则 $\dfrac{AB}{EC} = \dfrac{BD}{CA}$，所以 $BC^2 = AB \cdot CA = BD \cdot EC$.

13. 证 $\triangle ABE \backsim \triangle CAD$，得 $\dfrac{AE}{CD} = \dfrac{BE}{AD}$.

14. $\dfrac{PD}{PM} = \dfrac{AD}{BM} = \dfrac{AD}{CM} = \dfrac{ND}{NM}$.

15. 过点 A 作 $AD // BC$，则 $\dfrac{PA}{PB} = \dfrac{AD}{BM} = \dfrac{AD}{CM} = \dfrac{NA}{NC}$.

16. 由 $\triangle ABC \backsim \triangle DBA$ 和 $\triangle ADF \backsim \triangle DBF$，得 $\dfrac{AB}{AC} = \dfrac{BD}{AD} = \dfrac{DF}{AF}$.

17. 连接 ME、MC，则 $\triangle MEC$ 是直角三角形，且 $\triangle MEF \backsim \triangle CMF$.

18. $\mathrm{Rt}\triangle ABD \backsim \mathrm{Rt}\triangle DCB$.

19. $\dfrac{AC^2}{CD^2} = \dfrac{AD \cdot AB}{AD \cdot BD} = \dfrac{AB}{BD}$.

20. 证 $BD^2 = AD \cdot HD$，这由 $\triangle ABD \backsim \triangle BHD$ 可得.

21. 由 $\dfrac{EF}{FC} = \dfrac{DF}{AF} = \dfrac{1}{2}$，得 $\triangle DFE \backsim \triangle AFC$，所以 $\dfrac{DE}{AC} = \dfrac{EF}{FC} = \dfrac{1}{2}$，即 $DE = \dfrac{1}{2}AC$.

22. 过点 E 作 $EF // BD$，交 AM 于点 F，则 $\dfrac{AE}{AB} = \dfrac{EF}{BC} = \dfrac{1}{4}$，所以 $BC = 4EF$. 又因 M 是 AC 的中点，所以 $\dfrac{EF}{CD} = \dfrac{MF}{MC} = \dfrac{MA - FA}{MC} = 1 - \dfrac{AF}{CM} = 1 - \dfrac{2AF}{AC} = 1 - \dfrac{2AE}{AB} = \dfrac{1}{2}$，即 $CD = 2EF$，故 $BC = 2CD$.

23. 过点 D 作 $DH // CF$，交 BF 于点 H，则 $AF = FH = HB$. 又因 E 是 $\mathrm{Rt}\triangle ACD$ 斜边 CD 的中点，所以 $EC = EA$. 又因 $FG // AC$，所以 $AF = CG$，$BF = 2AF = 2CG$.

24. 延长 BD、CE 交过点 A 且与 BC 平行的直线于点 M、K，则 $\dfrac{AE}{EB} = \dfrac{AK}{BC} = \dfrac{AM}{BC} = \dfrac{AD}{DC}$，

所以 $ED \parallel BC$.

25. $\dfrac{MH}{MK} = \dfrac{BD}{DC} = \dfrac{MF}{MG}$.

26. 因为 $\dfrac{AM}{MD} = \dfrac{AC}{BD} = \dfrac{PC}{PD} = \dfrac{CE}{DF} = \dfrac{EN}{ND}$, 所以 $MN \parallel l_1$.

27. 因为 $\dfrac{MQ}{MA} = \dfrac{PQ}{AD} = \dfrac{PQ}{BC} = \dfrac{NQ}{NB}$, 所以 $MN \parallel AB$.

28. 因为 $AC^2 = AB^2 = AP \cdot AQ$, 即 $\dfrac{AC}{AP} = \dfrac{AQ}{AC}$, 所以 $\triangle APC \backsim \triangle ACQ$.

29. 因为 $\triangle AED \backsim \triangle CDF$, 所以 $AC^2 = AE \cdot CF$, 又 $\triangle AEC \backsim \triangle CAF$, 则 $\triangle ACM \backsim \triangle ECA$.

30. (1) $PF = PE = \dfrac{1}{2}AB$; (2) 成立, 由 $PE \parallel AB$, $PF \parallel DC$, 得 $\dfrac{PE}{AB} + \dfrac{PF}{DC} = \dfrac{PC}{BC} + \dfrac{BP}{BC} = 1$, 且 $AB = DC$, 所以 $AB = PE + PF$.

31. 因为 $\dfrac{AD}{DM} = \dfrac{AD \cdot AM}{DM \cdot AM} = \dfrac{AC^2}{CM^2} = 4$, $\dfrac{AE}{EB} \cdot \dfrac{BC}{CM} \cdot \dfrac{MD}{DA} = 1$, 所以 $AE = 2EB$.

32. 作 $AD \perp BC$, 则 $\triangle BEM \backsim \triangle BDA$, $\triangle MCF \backsim \triangle ACD$, 所以 $\dfrac{BE}{BD} = \dfrac{BM}{AB}$, $\dfrac{CD}{CF} = \dfrac{AC}{MC}$, 于是 $\dfrac{BE}{BD} \cdot \dfrac{CD}{CF} \cdot \dfrac{AC}{AB} \cdot \dfrac{BM}{MC} = 1$. 又由 $AE = AF$ 及塞瓦定理的逆定理知 AD、BF、CE 共点, 所以 $AP \perp BC$.

33. 由 CEF 截 $\triangle ABD$, 且 $BD = DC$, 以及 $\dfrac{BC}{CD} \cdot \dfrac{DE}{EA} \cdot \dfrac{AF}{FB} = 1$, 得 $\dfrac{AE}{ED} = \dfrac{2AF}{FB}$.

34. 设 AG 交 BC 于点 H, 则 $BH = CH$, $AG = 2GH$, 由梅涅劳斯定理, 得 $\dfrac{HD}{DB} \cdot \dfrac{BE}{EA} \cdot \dfrac{AG}{GH} = 1$, $\dfrac{CD}{DH} \cdot \dfrac{HG}{GA} \cdot \dfrac{AF}{FC} = 1$. 设 $DB = b$, $BH = HC = a$, 则 $\dfrac{BE}{EA} + \dfrac{CF}{AF} = \dfrac{b}{2(a+b)} + \dfrac{2a+b}{2(a+b)} = 1$.

35. 设 $BD = a$, $DC = b$, $CE = c$, $EA = d$, $AF = l$, $FB = f$, 则有 $a + f + l = b + c + d$, $a + b + c = f + l + d$, $l + d + c = a + b + f$, 所以 $a = d$, $c = f$, $b = l$, 所以 $\dfrac{BD}{DC} \cdot \dfrac{CE}{EA} \cdot \dfrac{AF}{FB} = \dfrac{acl}{bdf} = 1$, 由塞瓦定理的逆定理得 AD、BE、CF 交于一点.

36. 因为 DE、DF 分别平分 $\angle ADC$、$\angle ADB$, 所以 $\dfrac{AD}{DC} = \dfrac{AE}{EC}$, $\dfrac{AD}{BD} = \dfrac{AF}{FB}$, 所以 $\dfrac{BD}{DC} \cdot \dfrac{CE}{EA} \cdot \dfrac{AF}{FB} = \dfrac{BD}{DC} \cdot \dfrac{DC}{AD} \cdot \dfrac{AD}{BD} = 1$, 所以 AD、BE、CF 交于一点.

37. 延长 CE、DA 交于点 K, 设 $DG = CH = a$, $AG = BH = b$, $DF = GP = AE = c$, $FC = PH = d$, $AH = f$, 则由 $EF \parallel DK$, 得 $\dfrac{a+b+f}{a+b} = \dfrac{c+d}{d}$, 即 $(a+b)c = df$, 又因为 $CH \parallel AK$, 得 $\dfrac{QH}{QA} = \dfrac{a}{f}$, 则 $\dfrac{AD}{DG} \cdot \dfrac{GP}{PH} \cdot \dfrac{HQ}{QA} = \dfrac{a+b}{a} \cdot \dfrac{c}{d} \cdot \dfrac{a}{f} = \dfrac{(a+b)c}{df} = 1$, 所以 D、P、Q 三点共线.

38. 在 △DKL 中,由塞瓦定理得 $\dfrac{DA}{AK} \cdot \dfrac{KF}{FL} \cdot \dfrac{LC}{CD} = 1$. 由 ACG 截△DKL,得 $\dfrac{DA}{AK} \cdot \dfrac{KG}{GL}$ · $\dfrac{LC}{CD} = 1$,所以 $\dfrac{KF}{LF} = \dfrac{KG}{LG}$.

39. (1) $\angle CAD + \angle CBD = 180° - (\angle BAD + \angle ABD + \angle C) = 90°$;(2)① $\angle DAC = \angle EBC$;② $AB \cdot CD = AC \cdot DE = \sqrt{2} AC \cdot BD$.

40. (1) $\angle BDE = \angle DEC - \angle DBC = \angle DCE - \angle ACB = \angle ACD$;(2) △DCA ≌ △EDG,且 $AF // EG$,所以 $AB = 2AG$;(3)① 作 $EG // AC$ 交 AB 延长线于点 G,则△DCA ≌ △EDG,△ABC ∽ △GBE,所以 $\dfrac{AB}{BC} = \dfrac{BG}{BE} = \dfrac{AD}{BE}$;② △ADF ∽ △CDE,$\dfrac{AD}{DG} = \dfrac{BE}{DE} = \dfrac{1}{4}$. 作 $AH \perp BC$ 于点 H,$DM \perp CE$ 于点 M,由 $AH // DM$,得 $\dfrac{AB}{DB} = \dfrac{AH}{DM} = \dfrac{4}{3}$. 又因△ABC ∽ △GHE,$\dfrac{AB}{BG} = \dfrac{BC}{BE} = 4$,$\dfrac{BC}{EC} = \dfrac{4}{5}$,所以 $\dfrac{S_{△ABC}}{S_{△DEC}} = \dfrac{BC \cdot AH}{EC \cdot DM} = \dfrac{16}{15}$.

习题 1.6.2

1. Rt△ABE ∽ Rt△ADC.

2. 设 BC 切⊙O 于点 D,连接 AO 交⊙O 于点 E,则由 Rt△ADC ∽ Rt△ABE,得 $\dfrac{AB}{AE} = \dfrac{AD}{AC}$.

3. 连接 CE,则△ACE ∽ △CDE ∽ △ADB,所以 $\dfrac{AE}{AC} = \dfrac{CE}{CD} = \dfrac{AB}{AD}$.

4. 证明△ABD ∽ △BAC.

5. 证明 $\angle AOD = 90°$,设 AD 切圆于点 K,则 $OK \perp AD$,$OK^2 = KD \cdot KA$.

6. 因为 $\angle APQ = \angle QBP$,$\angle PAQ = \angle BQP$,所以△PAQ ∽ △BQP.

7. 连接 BD,因为 $\angle PDA = \angle DAC = \angle DBC$,$\angle DPA = \angle CAB = \angle BDC$,所以△PAD ∽ △DCB.

8. 连接 FA、FB,则 $DF^2 = AD \cdot DB$. 由 Rt△ADE ∽ Rt△GDB,可得 $AD \cdot BD = DE \cdot DG$.

9. 连接 DM、AM,则△DCM ∽ △MBA.

10. 连接 BF、BA、FC,则△ABE ∽ △AFB.

11. 连接 DE、BH,由 $DE \perp AB$,得 $DE^2 = AE \cdot EB$. 又由△AEG ∽ △AHB,得 $AE \cdot AB = AG \cdot AH = AD^2$.

12. 连接 DE、PB、EF、PC,则四边形 BDPE 与四边形 CFPE 都是圆内接四边形,所以 $\angle PED = \angle PBD = \angle PCE = \angle PFE$,同理 $\angle PDE = \angle PEF$,所以△PDE ∽ △PEF.

13. 连接 AC、BC,则 $CE^2 = AE \cdot BE$. 再证 $CE = CD$.

14. 连接 AN、CN,则由 $AE \perp MN$,$AM \perp AN$,得 $AM^2 = ME \cdot MN$,又由△MED ∽ △MCN,得 $ME \cdot MN = MD \cdot MC$.

15. 连接 BE，则 $\angle BDE = \angle BAC$，$\angle BED = \angle ACB$，所以 $\triangle BED \backsim \triangle BCA$.

16. $\triangle BDE \backsim \triangle DPC$.

17. $FD^2 = FE^2 = FA \cdot FB$.

18. 连接 BD，则 $\triangle ABD \backsim \triangle CDE$.

19. (1) $\angle A = \angle A$，$\angle FOA = \angle BEA$；过点 B 作 $BM \parallel PE$，交 AE 延长线于点 M，则 $\dfrac{AE}{EM} = \dfrac{AP}{PB} = \dfrac{AO}{FO}$.

20. 连接 CB，则 $\triangle BFG \backsim \triangle FEP$，再由相交弦定理可得 $FC \cdot FD = FB \cdot FP$ 可得.

21. 连接 OP，由 $OT \cdot ON = OA^2 = OP^2$，得 $\triangle OPN \backsim \triangle OTP$.

22. (1) 连接 AB，则 $\angle BAD = \angle CAD$，$\angle PAB = \angle ACD$；(2) $PA^2 = PB \cdot PC = PD^2$.

23. $\triangle PAB \backsim \triangle PCA$.

24. 连接 CA、CB，先证 $CD = CE$，再证 $CE^2 = AE \cdot EB$.

25. 即证 $PA^2 = PE \cdot PF$，只需证 $\triangle PAE \backsim \triangle PFA$.

26. 连接 AD，则 $BC = AD$，且 $\triangle PAD \backsim \triangle PCA$.

27. 过点 C 作 $CP \parallel DF$ 交 BA 延长线于点 P.

28. $\triangle ACE \backsim \triangle ADC$.

29. 因为 $CD^2 = CE \cdot CA$，所以只要证 $\triangle ABC \backsim \triangle FEC$.

30. 连接 BC、CE，由 $\triangle BCM \backsim \triangle BEC$ 及 $BN = BC$ 可得.

31. 连接 AD、BD，过点 D 作 $DM \perp AB$ 于点 M，则 $EB^2 = DA^2 = AM \cdot AB = CD \cdot AB$.

32. $\triangle ABC \backsim \triangle DBA$.

33. $\triangle ABC \backsim \triangle ADB$.

34. 设 AB 交 $\odot O$ 于点 M，连接 MC，则 $MC \parallel EF$，$\dfrac{AE}{AB} = \dfrac{AE^2}{AB \cdot AE} = \dfrac{AD^2}{AB \cdot AE} = \dfrac{AM \cdot AB}{AB \cdot AE} = \dfrac{AM}{AE} = \dfrac{AC}{AF}$.

35. 连接 BE、EA，则 $DE^2 = DA \cdot BD$，$Rt\triangle BDF \backsim Rt\triangle PDA$，所以 $DE^2 = DA \cdot DB = DF \cdot DP$.

36. 连接 AC，则 $\triangle ABC \backsim \triangle DBA$.

37. $\triangle ADB \backsim \triangle PCA$.

38. 连接 BE，则 $BE = AE$ 且 $EF \parallel AB$，从而 $\triangle FBE \backsim \triangle EDA$.

39. 因为 $\angle AFC = \angle ADB = \angle ACB$，所以 $\triangle ABC \backsim \triangle ACF$.

40. 由 $\triangle PEA \backsim \triangle PAD$，得 $\dfrac{PE}{PA} = \dfrac{EA}{AD}$.

41. $\triangle APD \backsim \triangle AEB$，且 $CE = BE$.

42. 由于 $EF^2 = FA \cdot FB$，故只需证 $FD = FE$，连接 OE，则 $\angle OED = \angle OCD$，由此可得 $\angle FED = \angle FDE$.

43. $\triangle CDE \backsim \triangle CAD$.

44. 因为四边形 $ADPE$ 是圆内接四边形，所以 $\angle PED = \angle ACB$，$\angle EPD = \angle CAB$，故

△PED∽△ACB.

45. 连接 CG,则由 $CG \perp AB$, $EF \perp AB$,得 $CG \parallel EF$,所以 $\frac{AC}{AF} = \frac{AG}{AE}$.又因 AD 切圆于点 D,且 $AE = AD$,所以 $AD^2 = AE^2 = AG \cdot AB$,即 $\frac{AG}{AE} = \frac{AE}{AB}$,所以 $\frac{AC}{AF} = \frac{AE}{AB}$.

46. (1) 连接 CE,则 $2\angle EBD = \angle ABC = \angle ACB = \angle D + \angle CAD = \angle D + \angle EBD$,所以 $\angle EBD = \angle D$;(2) △DCE∽△DAB,且 $AE = CE$, $AB = AC = CD$,所以 $\frac{AE}{CD} = \frac{CE}{CD} = \frac{AB}{AD} = \frac{CD}{AD}$.

47. (1) 连接 AD、ED,则 D 是 BC 的中点,所以 $OD \parallel AC$;(2) $AF \cdot FC = DF^2 = AF \cdot EF$.

48. 连接 OC,则(1) △AON∽△PCN;(2) △OCN∽△OPC.

49. (1) $\angle AGC = \angle AOC = 90°$, $\angle GAC = \angle BCE = \angle DAC$, $AC = AC$;(2) $BG \cdot GA = GC^2 = CD^2 = DF \cdot DA$.

50. (1) $DB = DC$, $\angle EBD = \angle A$;(2) $\frac{DE}{DA} = \frac{DE \cdot DA}{DA^2} = \frac{DB^2}{DA^2} = \frac{BE^2}{AB^2}$.

51. (1) 连接 O_1A, O_2B,由 $\angle ACO_1 = \angle O_1AC$, $\angle BCO_2 = \angle O_2BC$,得 $\angle ACB = \angle ACO_1 + \angle BCO_2 = 90°$;(2) △$PCA$∽△$PBC$.

52. (1) △ADE∽△ACD;(2) △BAD∽△BDC.

53. 因为 $ET^2 = EF \cdot EG$,所以只要证 $DE^2 = EF \cdot EG$,这由 △AED∽△CEF 和 △CDE∽△AGE 可得.

54. 连接 BD,则 △ABD∽△CDP,所以 $\angle ACD = \angle ABD = \angle PDC$.

55. 由 $EF^2 = FG^2 = FB \cdot FC$,得 △$CEF$∽△$EBF$,所以 $\angle BEF = \angle ECF = \angle DAE$,故 $AD \parallel EF$.

56. 连接 MA、MB,则 $ME^2 = AE \cdot EB$,又由 △AED∽△GEB,得 $AE \cdot EB = ED \cdot EG$.

57. 连接 AD,证明 AD 是切线,则 $AD^2 = AH \cdot AK = 2AC^2$.

58. $AE \cdot AF = 2AD^2 = 2CD^2 = 2DE \cdot DF$.

59. 连接 OE、OB、OA、$O'A$、OC、$O'F$,则(1) △PBO∽△$PO'C$, △POA∽△$PO'C$;(2) 由 △PAO∽△PCO',得 △POE∽△$PO'F$.

60. 连接 GD,则由 $\angle AGE = \angle ABC = \angle ADE$,得 A、G、D、E 四点共圆,所以 $AF \cdot FD = GF \cdot EF$.由 D 是 BC 的中点,得 $GF = FE$,所以 $AF \cdot FD = EF^2$.

第 2 章

习题 2.1

1. 延长 DE 交 AB 于点 F.

2. $\angle ACE = \angle A + \angle B$.

3. $AD \parallel EG$, $\angle E = \angle DAC$, $\angle AFE = \angle DAB$.

4. $EF \parallel CD$, $\angle BEF = \angle BCD = \angle CDG$, $DG \parallel BC$.

5. $AB \parallel CD$, $\angle B + \angle D = 180°$. 又因 $\angle FEG = \angle 1 + \angle B$, $\angle HGE = \angle 2 + \angle D$, 所以 $\angle FEG + \angle HGE = \angle 1 + \angle 2 + 180°$.

6. 设 $\angle CEH = \angle GEH = x$, $\angle AFH = \angle GFH = y$, 则由 $AB \parallel CD$, 得 $\angle CEG = \angle AFG + \angle G$, $\angle AFH = \angle CEH + \angle H$, 所以 $\angle G = 360° - 2x - (360° - 2y) = 2(y-x) = 2\angle H$.

7. 由于 $\frac{1}{2}\angle BPQ + \frac{1}{2}\angle DQP = \angle M = 90°$, 即 $\angle BPQ + \angle DQP = 180°$, 所以 $AB \parallel CD$, $\angle PNQ = \angle CQN$. 又因 $QN \parallel PM$, 所以 $\angle BPM = \angle PNQ = \angle CQN$.

8. (1) 如图 F2.1.1, $\angle P = \angle A + \angle C$; (2) $\angle P = 2\angle M$; (3) 结论不变, 因为 $\angle P + \alpha = \angle M + \beta$, $\beta = \angle M + \alpha$, 所以 $\angle P = 2\angle M$.

9. (1) 设 AB 与 CE 交于点 F, 则 $\angle ECD = 180° - \angle BFC = \angle AEC + \angle EAB$;
(2) 如图 F2.1.2, 因为 $\angle E + \beta = 2\alpha$, $\angle E + 90° = \alpha + \angle F$, 所以 $\angle EAB + 2\angle AFC = \angle AEC + 180°$.

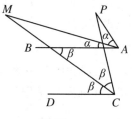

图 F2.1.1

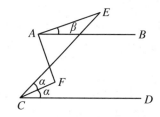

图 F2.1.2

10. (1) 因为 $AB \parallel EF$, 所以 $\angle FEC = \angle 1$. 因为 $\angle 2 = \angle FCE + \angle FEC = \angle FCE + \angle 1 = 2\angle 1$, 所以 $\angle FCE = \angle 1 = \angle FEC$; (2) $\angle CFM = 2\angle NMC$.

11. (1) $BE \perp DE$; (2) $BE \parallel DF$; (3) $BE \perp DE$.

12. (1) 因为 $EF \parallel AB$, $CF \parallel AD$, 所以 $\angle EGC = \angle BAC = 2\angle BAD = 2\angle GFC$;
(2) 因为 $EF \parallel AB$, $CF \parallel AD$, 所以 $\angle GFC = \angle BAD = \angle CAD$, 即 $\angle EGC = 2\angle GFC$;
(3) $\angle BQD + \angle DGE = 90°$. 因为 $\angle AQD + \angle AGD = 180°$, $\angle AQD + \angle BQD = 180°$, 所以 $\angle BQD = \angle AGD$. 又 $\angle F + \angle FCG = \angle BAC = 90°$, 所以 $\angle BQD + \angle DGE = \angle AGD + \angle DGE = 90°$.

习题 2.2

1. 作 $DE \perp BC$ 于点 E,则 $BE = DE = AD$.

2. 在 CD 上截取 $CF = CB$,则 $\triangle AED \cong \triangle FED$.

3. 取 AB 的中点 E,则 $DE \perp AB$,$\triangle ADC \cong \triangle ADE$.

4. 延长 CD 交 AB 于点 M,证 $AM = AC$.

5. 作 $\angle BAE$ 的平分线交 BC 于点 N,作 $NF \perp AE$ 于点 F,连 NE,则 $\triangle NCE \cong \triangle NFE$.

6. (1) 在 BC 上截取 $BD = BA$,则可证 $CE = CD$.

(2) 在 BC 上截取 $BD = BA$,再在 EC 上取一点 F,使 $BF = BD$,则 $DF = CF$. 或延长 BA 至点 P,BA 至点 Q,使 $BP = BE$,$BQ = BC$.

7. $BG = CF$. 连接 BE、CE,则 $\text{Rt}\triangle BEG \cong \text{Rt}\triangle CEF$.

8. 由 $\triangle ABD \cong \triangle CBD$,得 $\angle ADP = \angle CDP$,所以 $PM = PN$.

9. 过点 D 作 $DN \perp AC$ 于点 N,则 $\text{Rt}\triangle DMC \cong \text{Rt}\triangle DNC$.

10. 作 $EP \perp BC$ 于点 P,$DQ \perp BC$ 于点 Q,则 $MN = \frac{1}{2}(EP + DQ) = \frac{1}{2}(EL + DH)$.

11. 延长 BN 交 AC 于点 E,则 $MN = \frac{1}{2}EC = \frac{1}{2}(AC - AB)$.

12. 延长 BA 至点 F,使 $AF = AC$,则 $\triangle AEF \cong \triangle AEC$.

13. 延长 AB 至点 D,使 $AD = AC$,则 $\triangle ADP \cong \triangle ACP$.

14. 延长 BM、BN 交直线 AC 于点 E、F,则 MN 是 $\triangle BEF$ 的中位线.

15. 在 AB 上截取 $AF = AC$,则 $\triangle BFE \cong \triangle BDE$.

16. 延长 DM 至点 N,使 $MN = MD$,则 $CN = CD$,$AB + AC = AD + AN = 2AD + 2DM = 2AM$.

17. 构成的三个命题是:(1) AC 平分 $\angle BAD$,$\angle B + \angle D = 180°$,则 $BC = CD$. 可延长 AB 至 F,使 $AF = AD$,则 $\triangle ACF \cong \triangle ACD$,从而可得 $CB = CF = CD$. (2) AC 平分 $\angle BAD$,$BC = CD$,则 $\angle B + \angle D = 180°$. 可延长 AB 至点 F,使 $AF = AD$,则 $\triangle ACD \cong \triangle ACF$,从而可得 $\angle CBF = \angle CFB = \angle ADC$. (3) $BC = CD$,$\angle B + \angle D = 180°$,则 AC 平分 $\angle BAD$. 不妨设 $\angle B > \angle D$,过点 C 作 $CF \perp AB$ 于点 F,$CE \perp AD$ 于点 E,则 $\triangle FBC \cong \triangle EDC$,于是可得 $CF = CE$,所以 AC 平分 $\angle BAD$.

18. (1) 过点 E 作 $EF \perp AM$ 于点 F,则 $\triangle EMC \cong \triangle EMF$;

(2) 成立. 可设 $DE = CE = a$,$MC = b$,则在 $\text{Rt}\triangle ABM$ 中,由 $(2a + b)^2 = (2a - b)^2 + (2a)^2$ 可得 $a = 2b$. $DE + BM = 3a - b = 2a + b = AM$;

(3) (1)成立,(2)不成立. 证明同上.

习题 2.3

1. 取 DE 的中点 M,连接 AM,则 $AB = AM = MD$.

2. 过点 A 作 $AM \perp GF$ 于点 M,则 M 是 GF 的中点.

3. 取 BC 的中点 N,则 $MN = NB = NC$.

4. 取 AC 的中点 M,连接 MD、ME 或取 AB 的中点 N,连接 DN、EN.

5. 取 DF 的中点 M, 则 $AM \parallel BE$.

6. 取 DM 的中点 E, 则 $\triangle BEM$ 是等边三角形.

7. 取 AB、AC 的中点 P、Q, 则 $\triangle MPE \cong \triangle FQM$.

8. 过 C 作 $CF \perp AB$ 于 F, $DG \perp AB$ 于点 G, 则 $\triangle AFC \cong \triangle EGD$, 所以 $\angle BAC = \angle BED$ 或延长 EB 至 F, 使 $BF = BE$, 则 $\triangle BDE \cong \triangle BCF$.

9. 过点 D 作 $DG \perp CB$, 交 CF 延长线于点 G, 则 $\triangle BEF \cong \triangle GDF$.

10. 延长 AD 至点 E, 使 $DE = DA$, 连接 CE, 则 $AC = \frac{1}{2}CE = \frac{1}{2}AB$.

11. 在 EG 上取点 K, 使 $EK = EF$, 则 $\triangle BFE \cong \triangle CKE$, 所以 $BF = CK = CG$, $BF = CG$, $AB - AC = AF + CG - AC = AG + CG - AC = 2CG$.

12. 延长 GE 至点 K, 使 $EK = EG$, 则 $\triangle BEG \cong \triangle CEK$, 又由 $EF \parallel AD$, 可得 $\angle CKF = \angle CFK$, 所以 $CF = CK = BG$.

13. 延长 AM、DC 交于点 N, 连接 DM, 设 $\angle BAM = \alpha$, 则 $\angle N = \angle CDM = \angle CMD = \alpha$, $\angle AMD = 2\alpha$, 所以 $\angle AMC = 3\angle BAM$.

14. 连接 DA, 则 G 是 $\triangle ADC$ 的垂心, $\angle GCE = 90° - \angle ADC = 45°$, 所以 $GE = EC$.

15. 连接 AD、DC, 则 $\triangle ADM \cong \triangle CBM$, $DE = DM = AE$.

16. (1) 延长 PD 至点 E, 使 $DE = PD$, 连接 EQ、EC, 则 $Rt\triangle QCE \cong Rt\triangle PAQ$, $QD \perp PE$; (2) P 在 AB 的中点时, 四边形 $APDQ$ 是正方形.

17. (1) $BM = DM$, $BM \perp DM$. $BM = \frac{1}{2}EC = DM$, $\angle BMD = 2\angle BCA = 90°$; (2) 成立. 延长 DM 至 F, 使 $MF = MD$, 则 $\triangle ACD \cong \triangle BCF$, 且 $\angle DCF = \angle ACB = 90°$.

18. (1) ① $\triangle ADE$ 绕点 A 顺时针旋转 $90°$ 可得 $\triangle ABC$; ② 延长 CB、EA 交于点 G, 则 AC 垂直平分 EG; (2) 成立. 延长 EA 于点 K, 使 $AK = AE$, 连接 KC、KB 或作 $BK \parallel HA$ 交 EA 延长线于点 K. 也可延长 AF 至 G, 使 $FG = FA$ 或作 $BG \parallel AE$ 等.

习题 2.4

1. 取 AB 的中点 P, 连接 FP、GP, 则 $FP = GP$.

2. 连接 AC 取其中点 P, 则 $PM = PN$.

3. 过点 B 作 $BF \parallel AD$, 交 CE 延长线于点 F, 则 $BE = BF = 2DG$.

4. F 是 DC 的中点且 $MF \parallel NC$, 从而 $DM = MN$.

5. 连接 PC、BQ, 则 $PC = BQ$.

6. 取 BF 的中点 M, 连接 DM, 则 $AE \cdot MF = DE \cdot AF$.

7. 连接 OD、AD, 则 $OD \parallel AC$, $AD \perp DC$, 由射影定理可得.

8. 连接 BQ, 则 $BQ \perp AC$.

9. 连接 BD, 则 $ED = EB = EC$.

10. 延长 BO 交 $\odot O$ 于点 N, 则四边形 $AHCN$ 是平行四边形.

11. 取 AD 中点 M, 则 $ME \underline{\underline{\parallel}} \frac{1}{2}BD$, $MF \underline{\underline{\parallel}} \frac{1}{2}AC$.

12. 取 BC、DC 的中点 P、Q，则 $\triangle MPN \cong \triangle LQM$.

13. 连接 PQ、QM、MN、NP，则四边形 $PQMN$ 是平行四边形.

14. 过点 A 作 $AP \perp BC$ 于点 P，过点 O 作 $OQ \perp BC$ 于点 Q，则(1) 由 $\mathrm{Rt}\triangle DBH \cong \mathrm{Rt}\triangle BAP$，$\mathrm{Rt}\triangle FCK \cong \mathrm{Rt}\triangle CAP$，得 $BH = AP = CK$；(2) 由 $OQ = \frac{1}{2}(DH + FK) = \frac{1}{2}BC$，得 $BO \perp OC$，$BO = OC$.

15. 平行四边形. 证明如下：

(证法1) 连接 BD，取其中点 G，连接 GE、GF，则 $EF \leqslant \frac{1}{2}(AD + BC)$ 且 $MN \leqslant \frac{1}{2}(AB + CD)$，所以 $EF + MN \leqslant \frac{1}{2}(AB + BC + CD + DA)$. 又 $EF + MN = \frac{1}{2}(AB + BC + CD + DA)$，所以 $AD // BC$，$AB // CD$，所以四边形是平行四边形.

(证法2) 延长 AF 至点 G，使 $FG = AF$，则 $AD + BC = CG + BC \geqslant BG = 2EF$，同理 $AB + CD \geqslant 2MN$，以下同方法1.

习题 2.5

1. 由 $\angle EAD = \angle CAD = \angle EDA$，得 $EA = ED$.

2. 取 BC 的中点 M，证明 $AM // DF$.

3. $\angle BDF = \angle CDE = \angle BAE$.

4. $ME = MA = MB$.

5. 设 BD 与 CE 交于点 H，连接 AH 交 BC 于点 K，则 $BK = NG$，$CK = MF$.

6. 延长 AO 交圆于点 G，则 $\angle AMN = \angle AGB$.

7. $\angle KQF = \angle A + \frac{1}{2}\angle E$，$\angle KPF = \angle BCE + \frac{1}{2}\angle E = \angle A + \frac{1}{2}\angle E$.

8. $\angle GDE = \angle GFC = \frac{1}{2}\angle A + \angle B = \frac{1}{2}\angle A + \angle ACE = \angle GED$.

9. 过点 D 作 $DG \perp AF$，交 AF 延长线于点 G，则 $\triangle ADG \cong \triangle EAB$，$\triangle BFC \cong \triangle GFD$，所以 $CE = BG = 2BF$.

10. 过点 A 作 $AH \perp BC$ 于点 H，则 $\triangle ABH \cong \triangle BDF$，$\triangle ACH \cong \triangle CEG$.

11. 连接 PF，则 $\triangle BOF \cong \triangle COE$，可得 $\angle EFO = \angle FEO = 45°$. 又由 P 为 $\triangle CEF$ 的内心，可得 $\angle OCF = \angle EFO = 45°$，$\angle PFO = \angle FPO$，所以 $OE = OP = OF$.

12. 连接 AD，过点 D 作 $DF \perp DE$，交 BG 于点 F，则 $\triangle ADE \cong \triangle BDF$，且 $EF = \sqrt{2}DE$.

13. (1) 连接 AC，则 $\angle CBP = \angle CAB = \angle ABC$；(2) $PC \cdot PD = PA^2 = PE \cdot PO$.

14. 作 $CE // AB$，交 AD 于点 E，则 $AB = 4CE$，$\frac{1}{4}AB^2 = AG^2 = AF \cdot AC$，从而 $\frac{AB}{AF} = \frac{AC}{CE}$，$\mathrm{Rt}\triangle ABF \sim \mathrm{Rt}\triangle CAE$，$\angle ABF = \angle CAD$，所以 $\angle CAD + \angle AFB = \angle ABF + \angle AFB = 90°$.

15. (1) $PB = EC$，$CE \perp AD$. 连接 CA，则 $\triangle BAP \cong \triangle CAE$，所以 $PB = EC$. 延长 CE 交

AD 于点 H,则 $CE \perp AD$;(2)结论仍成立.连接 AC 交 BD 于点 O,设 CE 交 AD 于点 H,则 $\triangle BAP \cong \triangle CAE$,所以 $PB = EC$.又因 $\angle AHC = 90°$,所以 $CE \perp AD$;(3)连接 AC 交 BD 于点 O,连接 CE 交 AD 于点 N,则 $EC \perp AD$,$CE = BP$.

16.(1) $BM + CN = MN$.连接 OC,过点 O 作 $OH \perp ON$,交 CB 延长线于点 H,则 $\triangle BOH \cong \triangle CON$,$\triangle HOM \cong \triangle NOM$;$BH = CN$,$HM = MN$,所以 $BM + CN = BM + HB = HM = MN$.

(2) $BM - CN = MN$.连接 OC,过点 O 作 $OH \perp ON$,则 $\triangle BOH \cong \triangle CON$,$\triangle MOH \cong \triangle MON$,$BH = CN$,$MH = MN$,所以 $BM - CN = BM - BH = MH = MN$.

习题 2.6

1. 在 $\square HEFG$ 中,$EG^2 + HF^2 = 2(HG^2 + EH^2)$.

2. $4AD^2 = 4AC^2 + BC^2$,$4BE^2 = 4BC^2 + AC^2$.

3. 作 $DE \perp AB$ 于点 D,则 $AD = AB - BC$.

4. 作 $AE \perp BC$ 于点 E,则(1) $AD^2 - AB^2 = (AE^2 + ED^2) - (AE^2 + BE^2) = ED^2 - BE^2 = BD \cdot CD$;(2) $AD^2 = DE^2 + AE^2 = BD \cdot CD + AB^2 = 2AB^2$.

5. 作高 AM,则 $AB^2 - AE^2 = BM^2 - EM^2 = BE \cdot EC = ED^2$.

6. 作 $\angle B$ 的平分线 BD 和 AC 边上的高 BE,由 $BD = BC = AD$ 和 $AB^2 = AE^2 + BE^2$ 可得.

7. 将 $\triangle APC$ 绕点 C 逆时针方向旋转 $60°$ 可得 $\triangle BEC$,则 $\angle BPE = 90°$.

8. 延长 AB 至点 E,使 $BE = AD$,则 $\triangle CBE \cong \triangle CDA$,$\triangle ACE$ 是等腰直角三角形,$AB + AD = AE = \sqrt{2} AC$.

9. 连接 DA、DF,则 $\triangle ADE \cong \triangle CDF$,$\triangle DEF$ 是等腰直角三角形.

10. 过点 B 作 $BM \perp BE$,交 EC 延长线于点 M,则 $\triangle BMC \cong \triangle BEA$,$\triangle BME$ 是等腰直角三角形.

11. 连接 CD,则 $\triangle CMD \cong \triangle BND$,$CN - CM = CN - BN = BC = \sqrt{2} BD$.

12. 连接 AD,则(1) $\triangle ADE \cong \triangle CDF$;(2)证明 $AE + AF = \sqrt{2} BD$ 同(1),证明 $EF^2 = DB^2 + FC^2$ 可延长 FD 至点 G,使 $DG = DF$,则 $\triangle BEG$ 是直角三角形.

13. 作 $PQ \perp AB$ 于点 Q,由 B、C、P、Q 四点共圆,得 $AQ \cdot AB = AC \cdot AP$.同理,$BQ \cdot AB = BD \cdot BP$,相加可得 $AB^2 = AC \cdot AP + BD \cdot BP$.

14. 作 $AF \perp BC$ 于点 F,交 $\odot O$ 于点 G,连接 GE,则 $FD // GE$,$\dfrac{AD}{DE} = \dfrac{AF}{FG}$,下面只要证 $\dfrac{BF}{AF} = \dfrac{FG}{FC}$,这由 $\text{Rt}\triangle ABF \sim \text{Rt}\triangle CGF$ 可得.

15. 作 $AE \perp PB$ 于点 E,$DF \perp PC$ 于点 F,则 $AE = a$,$DF = b$,所以 $\tan\angle APB \cdot \tan\angle DPC = \dfrac{AE}{PE} \cdot \dfrac{DF}{PF} = \dfrac{a}{3b} \cdot \dfrac{b}{3a} = \dfrac{1}{9}$.

16. 作 $PE \perp AC$ 于点 E,$PF \perp BD$ 于点 F,则 $CE \cdot FD = BF \cdot EA$,从而 $\tan\angle ACP \cdot$

$$\tan\angle BDP = \frac{PE \cdot PF}{EA \cdot BF} = \frac{BC \cdot AD}{AC \cdot BD}.$$

习题 2.7

1. 过点 D 作 $DE \parallel AC$，交 BC 延长线于点 E，$DF \perp BC$ 于点 F.

2. 过点 C 作 $CE \parallel DB$，交 AB 延长线于点 E.

3. 取 AB、CD 的中点 M、N，连接 MN，则由 $OM + ON > MN$，得 $AB + CD > AD + BC$.

4. 作 $DF \perp AB$ 于点 F，$CG \perp AB$ 于点 G，则 $AB = 2CG = 2DF$，所以 $\angle ABE = 30°$，$\angle AED = 75°$.

5. $\triangle DAM \cong \triangle MBC$，从而 $\angle DMC = 90°$，又 $\triangle ADC \cong \triangle CNA$，$DC \parallel AN$，所以 $\angle APM = \angle DCM = 45°$.

6. 延长 CE、BA 交于点 F，则 $\triangle DCE \cong \triangle AFE$.

7. 连接 AP，延长 BA、CD 交于点 K，则 AP 是 $Rt\triangle BPK$ 斜边上的中线.

8. (1) 等腰梯形. $AD = BC = CE$，作 $DF \perp AC$ 于点 F，则 $DF = EH$，所以 $DE \parallel AC$.

(2) $AE + EC < AC + EH$. 由 $S_{\triangle ABC} = \frac{1}{2}AE \cdot EC = \frac{1}{2}AC \cdot EH$ 及 $(AE + EC)^2 = AE^2 + EC^2 + 2AE \cdot EC = AC^2 + 2AC \cdot EH < (AC + EH)^2$，得 $AE + EC < AC + EH$.

9. 设 MN 分别交 AD、BC 于点 P、Q，则 $PM = NQ = \frac{1}{2}CD$，$PQ = PM + MN + NQ = CD + MN = \frac{1}{2}(AB + CD)$. 延长 DM 交 AB 于点 R，则四边形 $BCDR$ 是平行四边形，所以 $DM = \frac{1}{2}DR = \frac{1}{2}BC$. 同理，$CN = \frac{1}{2}AD$，$DM + CN = \frac{1}{2}(BC + AD)$，所以 $l_1 = 2l_2$.

10. 在 BC 或其延长线上取一点 F，使 $BF = AE$，则四边形 $ABFE$ 为平行四边形，所以 $\triangle ABE$、$\triangle BEF$ 周长相等，从而有 $\triangle BCE$ 与 $\triangle BFE$ 周长相等，所以 F 即为 C 点，从而 $BC = AE$. 同理，$BC = DE$，所以 $2BC = AE + ED = AD$.

习题 2.8

1. 设 $AC = a$，$BC = b$，由 $PC \parallel BE$，$CQ \parallel AD$，得 $CQ = \frac{ab}{a+b} = PC$.

2. 设 $AB = a$，$AC = b$，由 $AB \parallel GF$，$AC \parallel DE$，得 $AP = \frac{ab}{a+b} = AQ$.

3. $\frac{AF}{AD} = \frac{AP}{AC} = \frac{AE}{AB}$.

4. $\frac{CF}{CD} = \frac{CE}{CP} = \frac{CG}{CB}$.

5. (1) 过点 D 作 $DM \parallel BC$，交 AF 于点 M；(2) 过点 D 作 $DG \parallel BC$，交 AB 于点 G. 于是由 $\frac{AC}{AO} = \frac{OC}{OE}$，$\frac{AB}{BC} = \frac{AE}{CD}$，$\frac{DC}{BC} = \frac{CD}{CO}$. 相乘可得 $BC^2 = AB \cdot AC$.

6. 过点 O 作 $OE \parallel AC$，交 AB、BC 于点 E、D，则 $\triangle AEO \sim \triangle AOC$，$\triangle COD \sim \triangle CBO$.

7. 过点 P 作 $PF /\!/ BC$，交 AM 于点 E，交 AC 于点 F；过点 F 作 $FD /\!/ PQ$，交 AM 于点 D，则 $\dfrac{AC}{AB} = \dfrac{AF}{AP} = \dfrac{AF}{AQ} = \dfrac{DF}{NQ} = \dfrac{PN}{NQ}$.

8. 由 $BD /\!/ MS$，得 $\dfrac{PN}{PR} = \dfrac{OD}{BO}$，$\dfrac{PS}{PM} = \dfrac{OD}{BO}$，所以 $\dfrac{PN}{PR} = \dfrac{PS}{PM}$.

9. 作 $BE \perp AD$ 交 AC 于点 F，则 $\dfrac{AB^2}{AD^2} = \dfrac{AE \cdot AD}{AD^2} = \dfrac{AE}{AD}$，再过点 E 作 $EM /\!/ BC$.

10. 由 $EF /\!/ AD$，得 $\dfrac{CE}{CD} = \dfrac{CF}{CA}$. 由 $EG /\!/ AB$，得 $\dfrac{CB}{CE} = \dfrac{CA}{CG}$. 所以 $\dfrac{CB}{CD} = \dfrac{CF}{CG}$，从而有 $BF /\!/ DG$.

11. 由 $AD /\!/ BC /\!/ GF$，$PF /\!/ BD$，$PE /\!/ AC$，得 $\dfrac{AG}{AB} = \dfrac{DF}{DC} = \dfrac{BP}{BC} = \dfrac{BE}{AB}$.

12. 设 FE 交 AC 于点 K，则由 $FK /\!/ BC$，$BD = DC$，得 $FE = EK$，所以 $\dfrac{GF}{GP} = \dfrac{FE}{PC} = \dfrac{EK}{PC} = \dfrac{HE}{HP}$，所以 $GH /\!/ EF$，即 $GH /\!/ BC$.

习题 2.9

1. 由 $\angle E = \angle CBA = \angle CDA$，得 $\triangle ACD \backsim \triangle AFE$.

2. $AM^2 = ME \cdot MN$，且 $\triangle MDE \backsim \triangle MNC$.

3. $\triangle PCE \backsim \triangle DCP$.

4. $MA^2 = MB \cdot MC = DM \cdot EM$.

5. 连接 AE，则由 $\triangle ABE \backsim \triangle CAE$，得 $BE \cdot CE = AE^2 = DE^2$.

6. $\dfrac{FC}{FA} = \dfrac{FB}{FD} = \dfrac{FE}{FC}$.

7. $\dfrac{GP}{GS} = \dfrac{GA}{GC} = \dfrac{GR}{GQ}$.

8. $AF \cdot AD = AC^2 = AE \cdot AB$.

9. $\dfrac{EG}{FD} = \dfrac{CE}{FD} = \dfrac{AC}{AD} = \dfrac{AB}{AC} = \dfrac{EB}{CE} = \dfrac{EB}{EG}$.

10. 由 $\triangle BEM \backsim \triangle ANM$，$\triangle ABM \backsim \triangle NEM$，得 $\angle MEN = 45°$，所以 $AE = \sqrt{2} AN$.

11. (1) 在 $\text{Rt}\triangle ACD$ 和 $\text{Rt}\triangle CBD$ 中，$\dfrac{CD}{AD} = \dfrac{BD}{CD}$；(2) $\angle A + \angle ACD = 90°$，$\angle BCD + \angle ACD = 90°$，所以 $AC \perp BC$.

12. 由 $\triangle ADE \backsim \triangle BDA$，得 $AD^2 = DE \cdot DB$，$CD^2 = DE \cdot DB$，所以 $\triangle CDE \backsim \triangle BDC$，$\angle CBD = \angle ECD$.

13. (1) $\angle EFA = \angle PCB$，$\angle EAF = \angle B$；(2) 作 $CD \perp AB$ 于点 D，则 $\triangle ACD \backsim \triangle CBD$，得 $CD = 2BD$，又 $\dfrac{AF}{BC} = \dfrac{AE}{BP} = \dfrac{2}{3}$，从而可得 $FC = 2AF$.

14. (1) $\triangle CDB \cong \triangle CFA$；(2) $\triangle ACB \backsim \triangle FCD \backsim \triangle CFA$，所以 $\angle B = \angle CAF$，$AF \perp AB$.

15. (1) $\triangle HEB \cong \triangle CDE$;(2) $\triangle ABG \backsim \triangle HEB$,$AB^2 = AB \cdot BH = AG \cdot HE$.

16. $\angle P \stackrel{m}{=} \frac{1}{2}(\overset{\frown}{BC} - \overset{\frown}{AE}) = \frac{1}{2}(\overset{\frown}{AC} - \overset{\frown}{AE}) = \frac{1}{2}\overset{\frown}{CE} \stackrel{m}{=} \angle F$.

17. 由 $PQ^2 = QA \cdot QB = QD \cdot QC$,得 $\triangle AQD \backsim \triangle CQB$.

18. 过 D 作 $DF /\!/ AC$ 交 PC 于点 F,则 $AD = DF = AE$,$\frac{DB}{AB} = \frac{DF}{AC} = \frac{AE}{AC}$.

19. 由 $\triangle PFA \backsim \triangle PBE$,可得 $PA \cdot PB = PE \cdot PF$.

20. (1) 因为 $\triangle ABC$、$\triangle ADC$ 为等腰直角三角形,所以 $AD = \sqrt{2}AC$. 又因 $\triangle AEC \backsim \triangle AFD$,所以 $EC = \frac{\sqrt{2}}{2}DF$,$BE + \frac{\sqrt{2}}{2}DF = AD$;

(2) $2BE + DF = AD$,取 BC 的中点 G,连接 AG,则 $AD = BC = 2AG$. 又因 $\triangle AGE \backsim \triangle ADF$,所以 $FD = 2EG$,$BC = 2BG = 2BE + 2EG = 2BE + DF$.

21. (1) $\triangle DON \cong \triangle AOM$;(2) 四边形 $DMNE$ 为菱形;(3) $\triangle ADE \backsim \triangle DEN$.

22. (1) ① $BG = DE$,$BG \perp DE$;② 成立;(2) $BG \perp DE$ 成立,$\triangle BCG \backsim \triangle DCE$.

习题 2.10

1. 连接 CO 交 AE 于点 K,则 $\triangle KOA \cong \triangle DOC$.

2. 连接 OM、ON,则 $OM \perp AB$,$ON \perp CD$,从而 $\angle PEF = \angle MEB = \angle NFD = \angle PFE$,所以 $PE = PF$.

3. 即证 $\angle AFD = \angle EFC$ 或 $\angle AFD = \angle ADC$.

4. 作 $OM \perp CD$ 于点 M,则 $OC = OD$,$OE = OG$.

5. 由 $\angle OEH = \angle GEH$ 得 $EG /\!/ OH$,从而 $\angle GOH = \angle EGO$,所以 $\angle EGO = \angle GEO = 2\angle HEO$.

6. $\angle PGH \stackrel{m}{=} \frac{1}{2}(\overset{\frown}{AM} + \overset{\frown}{ND} + \overset{\frown}{BD}) + \frac{1}{2}(\overset{\frown}{BM} + \overset{\frown}{CN} + \overset{\frown}{BD}) = \angle PHG$.

7. $AC /\!/ BD$.

8. 即证 $\triangle CDF \backsim \triangle EAF$,只需证 $\angle C = \angle AEF$.

9. 连接 BC 交 PE 于点 F,则 $\angle CEF = \angle CFE$.

10. 连接 OF、OB、OP,则 $OF \perp CD$,四边形 $OFBP$ 是圆内接四边形,所以 $\angle DFE = \angle BFP = \angle BOP = \angle E$.

11. 连接 OP、AQ,则 $\angle OAM = \angle APO = \angle AQO$.

12. (1) $\angle C = \angle AOP$;(2) 先证 M 是 AB 的中点,再证 $\triangle ABC \backsim \triangle PAO$.

13. (1) $\angle ODB + \angle CDH = \angle ACD + \angle CDH = 90°$;(2) $AB /\!/ HD$.

14. (1) 因为 $\angle BAF = \angle C = \angle D$,所以 $\angle FAD = \angle BAD + \angle BAF = 90°$;(2) $\angle BAC = \angle C = \angle D$,$\angle ABE = \angle DBA$,所以 $\triangle ABE \backsim \triangle DBA$.

15. (1) $\angle DEB = \frac{1}{2}(\angle A + \angle B) = \angle DBE$;(2) 由 $CD = BD = DF$,得 $BC \perp FC$.

16. (1) $\angle D = \angle B = \angle E$,且 $AD /\!/ CE$;(2) 延长 CO 交 $\odot O$ 于点 F,则 $Rt\triangle CFE \cong$

Rt$\triangle CFB$,所以$\angle FCE = \angle FCB$.

习题 2.11

1. (1) $\angle C = \angle A = \angle P$;(2) $\triangle PBD \backsim \triangle PCA$ 或 $\triangle PAD \backsim \triangle BCD$.

2. 延长 CF 交圆于点 M,则 $\overset{\frown}{MB} = \overset{\frown}{BE}$.

3. $\triangle ADG \backsim \triangle AHB$.

4. $\triangle PBO \backsim \triangle BDA$.

5. 连 CE,则 $\triangle ACE \backsim \triangle CDB$.

6. 延长 BF 交圆于点 G,则 $DA = GC$,从而 $\triangle ACD \cong \triangle GBC$.

7. 过点 O 作 $OM \perp BC$ 于点 M,并延长至点 N,使 $MN = OM$,则 $ON = AH = AE$,$OB = OA = AD$,$\angle BON = \angle DAE$,从而 $\triangle BON \cong \triangle DAE$. 又 $OB = BN$,故 $DE = DA$. 或延长 BO 交 $\odot O$ 于点 G,可 $GC = AH = AD$,$AE = AO = OC$.

8. $\angle COD = \angle OBD + \angle ODB = 2\angle ABD$.

9. 连接 OD,由 $OA^2 = OD \cdot OE$,得 $\angle OAD = \angle AEO$. 又 $\angle OAF = \angle OFA$,故 $\angle DAF = \angle FAE$.

10. 连接 BD,则 $\angle BAD = \angle ADE$,$\angle EAD = \angle ABD$,所以 $\angle ADB = \angle AED$,于是可得 $\angle ADB = \angle ADE$.

11. 连接 MD,则 $\angle B = \angle DAE = \angle EMD = \frac{1}{2}\angle B + \angle MDB$,从而 $\angle MBD = \angle MDB$,从而 $MB = MD = MF$.

12. (1) 连接 O_1O_2 必过点 P,连接 O_2B,则 $O_2B \perp BD$,由 $\angle O_2BP = \angle O_2PB = \angle O_1PA = \angle O_1AP$,得 $AE \parallel BO_2$. (2) 改证 $\angle APC = \angle BPD$,故只需证 $\angle ACP = \angle DBP$. 过点 P 作两圆内公切线 NPM 交 BC 于点 M,则 $\angle DBP = \angle MPB = \angle APN = \angle ACP$.

13. 连接 OE,则 $OE \parallel BC$,$\angle AEO = \angle C = 90°$;(2) $\triangle CDE \cong \triangle HFE$.

14. (1) $CD = CE$;(2) $CD = CE$;(3) $CD = CE$. 延长 OA 交 CF 于点 G,则在 Rt$\triangle AEG$ 中,$\angle AEG + \angle GAE = 90°$. 因为 $\angle OAD = \angle ODA$,$\angle ODC = 90°$,所以 $\angle OAD = \angle ODA = \angle EAG$,$\angle CED = \angle CDE$,所以 $CD = CE$.

习题 2.12

1. 连接 AB,可得 $\angle CBD = \angle ECD + \angle EDC$.

2. 连接 AB、PO_2,则 $\angle O_2PC = \angle O_2BA = \angle O_2AB = \angle O_2PB$,从而 $\triangle O_2PC \cong \triangle O_2PB$.

3. 连接 AB,则 $\angle CBA = \angle MEF$,$\angle DBA = \angle MFE$.

4. 连接 O_1O_2,O_2B,则 P 在 O_1O_2 上,从而 $\angle A = \angle O_1PA = \angle O_2PB = \angle O_2BP$,所以 $O_2B \parallel AC$.

5. 连接 AB、AK,只要证 $PE \perp CD$,这由 $\angle C = \angle ABP = \angle AKP$ 可推得.

6. 即证 $\triangle PAC \backsim \triangle PCB$,只需证 $\angle PAC = \angle PCB$.

7. （1）连接 CD，作公切线 AM，则 $\angle EAD = \angle DAC = \angle B + \angle C$；（2）$\triangle EAD \backsim \triangle DAC$.

8. （1）连接 $AB, AO, \angle OAC = 90°$；（2）$\angle CAE \stackrel{m}{=} \frac{1}{2}\stackrel{\frown}{AE} = \frac{1}{2}\stackrel{\frown}{BE} \stackrel{m}{=} \frac{1}{2}\angle EOB$.

9. （1）连接 O_1O_2, O_1A, O_2B，则 P 在 O_1O_2 上，且 M 是直角梯形 ABO_2O_1 边 AB 的中点，则 O_1M, O_2M 是 $\angle AO_1O_2$、$\angle O_1O_2B$ 的平分线，故得 $\angle DMF = 90°$；（2）由 $MC \cdot MD = ME \cdot MF$，可得 $\triangle EMC \backsim \triangle DMF$.

10. （1）过点 P 作公切线 PK，则 $\angle KPB = \angle PCB, \angle KPA = \angle D$，由此可得 $\angle APB = \angle DPF$.

（2）$\triangle AEC \backsim \triangle FDP$.

习题 2.13

1. 连接 BE，则 $\triangle ABE \backsim \triangle ADC$.

2. 连接 BC、BE、CE，证 $\triangle ACE \backsim \triangle AFD$.

3. （1）$\angle CDA = \angle DCP = \angle CAD$；（2）即证 $CD \cdot CA = PA \cdot BD$，只需证 $\triangle CBD \backsim \triangle PCA$.

4. （1）$\angle FEB = \angle EAD = \angle C$；（2）$FG^2 = FE^2 = FB \cdot FC$.

5. （1）$\angle E \stackrel{m}{=} \frac{1}{2}(\stackrel{\frown}{AC} - \stackrel{\frown}{BD}) = \frac{1}{2}(\stackrel{\frown}{BC} - \stackrel{\frown}{BD}) = \stackrel{\frown}{CD} \stackrel{m}{=} \angle CBD$；

6. 过点 A 作公切线 MAN. 连接 AD，过点 C 作 $CK \parallel DA$，交 BA 延长线于点 K.

（1）$\angle MAC = \angle AEF = \angle ABC$；（2）$\frac{BD}{CD} = \frac{BA}{AK} = \frac{BA}{AC} = \frac{AE}{AF}$.

7. （1）$\angle EDC = \angle B = \angle C$；（2）即证 $CE \cdot DE = DF \cdot AC$，只需证 $\triangle DEF \backsim \triangle CAE$.

8. （1）$AE^2 = AC \cdot AB = AF^2$.（2）连 BF，则 $\triangle AEC \backsim \triangle FBC$.

9. （1）$\angle EAB = \angle ACB = \angle ACD = \angle ABD$；（2）由于 $AB = AD$，即证 $AD \cdot AB = DF \cdot AE$. 只需证 $\triangle ABE \backsim \triangle DFA$.

10. （1）连接 BC. $\angle ACG = \angle CBG = \angle ACD$；（2）即证 $BG = DF$，由 $\angle CFD = \angle CBG$ 可得 $\triangle CFD \cong \triangle CBG$.

习题 2.14

1. （1）连接 BG、CG，则 $\angle EGK = \angle ACG = \angle ABG = 90° - \angle BAG = \angle AKC = \angle EKG$；（2）连接 DG，则 $\triangle KGD \backsim \triangle KEG$，所以 $\angle EGK = \angle GDK = \angle CAG$，所以 $AC \parallel EF$.

2. （1）$\angle ACD = \angle ABC$；（2）$\angle PCF = \angle PCB + \angle BCE = \angle BAC + \angle ACE = \angle PFC$.

3. （1）连接 OB，则 OD 垂直平分 AB，所以 $PA = PB, \angle PAO = \angle PBO = 90°$.

（2）$EF^2 = AC^2 = 4OA^2 = 4OD \cdot OP$.

4. （1）$OG \perp CD, OC = \frac{1}{2}AB = OD$；（2）$\text{Rt}\triangle ACE \cong \text{Rt}\triangle BCF$.

5. (1) 因为 $CE // DF$,所以 $\dfrac{AE}{EC} = \dfrac{AF}{FD}$;(2) F 是 BD 的中点,且 $\angle BCD = 90°$.

6. (1) $\angle PDC = \angle PFD$,$\angle FPD = \angle FDB = 45° = \angle DPC$;(2) $\triangle EPD \backsim \triangle EDC$.

7. (1) $\angle DBA = \angle A + \angle ABC = 90°$;(2) $\triangle OBE$ 为正三角形,四边形 $ABEC$ 是等腰梯形;(3) 延长 AC、BD 交于点 K,则由 $AK // OD$,O 是 AB 的中点,得 D 是 BK 的中点. 由 $FC // BK$,得 G 是 FC 的中点.

8. (1) $\angle OEC = \angle OCE = \angle ABC$;(2) $EH = OF = \dfrac{1}{2}AB$;(3) 连接 DE,作 $AK \perp BE$ 于点 K,则 $\triangle ABK \backsim \triangle EBH$,从而 $EH = 2CE$.

9. (1) O_1O_2 垂直平分 AB;(2) 延长 AO_2 交 $\odot O_2$ 于点 F,连接 EF,则 $Rt\triangle AFE \cong \triangle ACE$,且 $DO_2 // EF$,所以 $CE = EF = 2O_2D$.

10. (1) $OD \perp AC$;(2) 设 $BC = a$,则 $AC = 2a$,从而可得 $\triangle ABC \cong \triangle DAE$,$\angle OAD = 90°$.

11. (1) $\angle ACF = \angle ACE$,$\angle FAC = \angle EAC$;(2) $\triangle CBE \backsim \triangle CPB$,所以 $BC^2 = CE \cdot CP$.

12. (1) $\angle ABC = \angle OFB$;(2) 连接 OD、OQ,得 $Rt\triangle OQR$,设 $OA = OB = R$,$QB = a$,$QF = b$,$AD = c$,则由 $\triangle ABD \backsim \triangle FBO$,$\triangle AOD \backsim \triangle BQO$,得 $2R^2 = (a+b)c$,$R^2 = ac$,则 $2ac = (a+b)c$,可得 $a = b$.

13. 连接 BM,(1) $\angle ACM = \angle BCM$;(2) $\triangle MAD \backsim \triangle MCA$;(3) EA 平分 $\angle BAC$,EB 平分 $\angle ABC$.

14. (1) $\angle CBE = \angle CAE = \angle BAF = \angle EBF$;(2) 连接 OE 交 BC 于点 G,则 $BG = GC$,且 $\triangle GBE \cong \triangle HBE$;(3) $\triangle BDE \backsim \triangle ADC$.

15. (1) BC 平分 $\angle EBD$,$\angle ECB = \angle CDB$;(2) 延长 BC 交 $\odot O$ 于点 F,则由 $\odot O$ 的直径是 $\odot O_1$ 的直径的 2 倍,得 C 是 BF 的中点,故 $AC \cdot CE = BC \cdot CF = BC^2 = BE \cdot BD$.

16. (1) $\angle AFE = \angle ADE = \angle B$;(2) 由 $\angle AEF = \angle ACB = \angle AHB$,可得 $\triangle AEG \backsim \triangle AHB$,从而 $AG \cdot AH = AE \cdot AB = AD^2$.

17. (1) $\angle ADE = \angle BAD = \angle BCD$;(2) 由 $AD = BD$,$\dfrac{AD}{BC} = \dfrac{AE}{BD}$,得 $AD^2 = BC \cdot AE$ 及 $DE^2 = CE \cdot AE$,可得 $\dfrac{AD^2}{DE^2} = \dfrac{BC}{CE}$.

18. 连接 BD,则 $BD \perp AC$,$AD = DC$,从而 BD 平分 $\angle B$,$\angle DEC = \angle A = \angle C$,所以 $CD = AD = DE$,于是 $\angle EFD = \angle CFD$;(2) $O_1D // BC$,$\angle O_1DF = 90°$.

19. (1) 由 $GE // BC$,得 $\dfrac{AE}{AG} = \dfrac{BE}{CG} = \dfrac{AD}{CG}$;(2) 因为 $CD^2 = AD \cdot DB = AD \cdot AE = AF^2$,所以 $CD = AF$,$\dfrac{AC}{BC} = \dfrac{AD}{CD} = \dfrac{BE}{AF}$.

20. (1) 连接 O_1O_2,则 $O_1O_2 // CD$,$\angle ACD = \angle AO_1O_2 = \angle O_1AO_2$;(2) 证 AD 为直径,再证 $\dfrac{AC}{AD} = \dfrac{AE}{AF}$,只需证 $\triangle ACD \backsim \triangle AEF$,这由 $\angle CDA = \angle EFA$,$\angle CAD = \angle FBD = \angle EAF$ 可得.

第 3 章

习题 3.1

1. 延长 BA、CE 交于点 G,则 AF 是 Rt$\triangle GBF$ 斜边上的中线,所以 $AF = AB$.

2. 过点 C 作 $CH \perp AC$,交 AF 于点 H,则 $\triangle ABD \cong \triangle CAH$,$HC = AD$,$\triangle FHC \cong \triangle FDC$,$HC = CD$,所以,$D$ 为 AC 的中点.

3. 过点 C 作 $CG \parallel BA$,交 EF 于点 G,则 $\dfrac{BD}{CG} = \dfrac{BF}{CF} = \dfrac{AE}{EC} = \dfrac{AD}{CG}$.

4. 取 BC 的中点 E,连接 EM、EN,则 $EM = EN$,$\angle APQ = \angle ENM = \angle EMN = \angle AQP$.

5. 过点 D 作 $DF \perp CG$ 于点 F,则 $GH = DF$,Rt$\triangle CDF \cong$ Rt$\triangle ECG$,所以 $CG = DF = GH$.

6. 作 $DE \parallel AB$ 或延长 AD 至点 E,使 $DE = BC$ 或延长 CB 至 F,使 $BF = DA$.

7. 过点 B 作 $BE \perp AD$ 于点 E,在 BE 上取点 F,使 $\angle AFE = 30°$ 或补成正方形 $ABEC$,连接 DE,则 $\triangle DBE$ 是等边三角形或以 AC 为边向外作等边 $\triangle ACE$,则 $\triangle ADE \cong \triangle CDE$.

8. 连接 OD,因为 $\angle BDC = \angle BEC = 90°$,$O$ 是 BC 的中点,所以 $OE = \dfrac{1}{2}BC$,$OD = \dfrac{1}{2}BC$,所以 $OE = OD$.

9. 将 $\triangle DCE$ 绕点 D 顺时针方向旋转 $90°$ 至 $\triangle DAH$,则 $\triangle AGH \cong \triangle FGE$ 或延长 EG 至点 H,使 $GH = GE$.

10. 过点 E 作 $EM \parallel AH$,交 BA 延长线于点 M,交 CD 延长线于点 N,则 $\triangle ADC \cong \triangle AME$.

11. 过点 A 作 $AF \perp CD$ 于点 H,交 BC 于点 F,连接 DF,则 $CF = DF = \dfrac{1}{2}CE = DB$,又 $\angle BDF = 90°$,所以 $\angle B = 45°$,$AC = BC$.

12. 连接 CE,则 $\triangle BCE \cong \triangle AEG \cong \triangle FCE$,$DF = DE = DC$.

13. 连接 GN、ME,则 $\triangle AGN \cong \triangle ACB \cong \triangle MEB$,$\triangle ABE \cong \triangle MNG$.

14. (1) 略;(2) 通过计算证明,其中若设 $AB = a$,则 $BE = (2 - \sqrt{3})a$.

15. 因为 $\triangle ABD \backsim \triangle CAD$,所以 $\dfrac{DM}{DN} = \dfrac{BD}{AD}$. 又因 $\triangle ABD \backsim \triangle NMD$,所以 $\angle LKA = \angle BDM = 45°$,从而 $\triangle AMK \cong \triangle AMD$,$AK = AD = AL$.

16. 连接 ME,则 $\triangle BCE$、$\triangle BCD$ 均为直角三角形,因为 M 为 BC 的中点,所以 $MB = ME = MD = MC$,从而 B、E、D、C 四点共圆,$\angle EBD = 30°$,$\angle DME = 2\angle EBD = 60°$. 又因 $ME = MD$,$\triangle MED$ 是等边三角形,所以 $DE = DM$.

17. 以 DC 为边作 $\triangle DCE \cong \triangle ABD$,则 $DE = DA$,$\angle DAE = \angle DEA = \dfrac{180° - 88°}{2} = 46°$

$=\angle DCE$,所以 A、D、E、C 四点共圆,所以 $\angle ACD = \angle AED = 46° = \angle ABC$,故 $AB = AC$.

18. 作 $\square PQBD$,则 $\triangle ABQ \cong \triangle PDC$.

19. 如图 F3.1.1,以 AD 为边作等边 $\triangle ADE$,则 $\triangle ABC \cong \triangle CAE$,所以 $AD = AE = BC$.

20. 如图 F3.1.2,延长 CO 交 AB 于点 D,以 OC 为边作等边 $\triangle OCE$,则 $AC = DC$,$BD = OD$,$OC = AD$,$\triangle ACE \cong \triangle CAD$,$\triangle ACO \cong \triangle AEO$,$\angle CAO = \frac{1}{2}\angle CAE = 10°$,所以 $\angle BAO = 70°$,$\angle ABO = 40°$,所以 $\angle AOB = 70°$,所以 $AB = OB$.

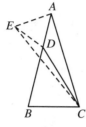
图 F3.1.1

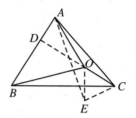
图 F3.1.2

21. 由 $EF \parallel BD$,得 $\angle BAC = \angle D = \angle EFC$,所以 $\triangle EAF \sim \triangle EFC$,所以 $EF^2 = EC \cdot EA = EG^2$.

22. 连接 AK,则 $\triangle APM \cong \triangle APK$.

23. 连接 BP,则 C、B、P 共线,$\angle C = \angle BO_2C$.

24. 设 CD 交 $\odot O$ 于点 G、交 $\odot C$ 于点 H,则 $CM \cdot MG = ME \cdot MF = MD \cdot MH$,从而 $\frac{CM}{CH} = \frac{DM}{DG}$. 又 $CH = CD = DG$,所以 $CM = DM$.

25. $\angle ECD = \angle A + \frac{1}{2}\angle P = \angle PEB + \frac{1}{2}\angle P = \angle EDC$.

26. (1) 过点 O 作 $OM \perp ED$ 于点 M,则 $AM = MB$,$EM = MD$.
(2) $AF^2 = AE \cdot AD = AD \cdot BD = CD^2$.

27. $\triangle ABE \cong \triangle CAD$.

28. 过点 F 作 $FH \parallel BC$,交 AD 于点 H,设 $BD = EC = b$,$DE = a$,$HG = c$,$GD = d$,则有 $\frac{c}{d} = \frac{a}{2b}$ 且 $\frac{a+2b}{2c+2d} = \frac{b}{a}$,所以 $(a-d)(a+2b) = 0$,从而 $a = d$,即 $DE = GD$.

29. (1) 延长 AD 至点 F,使 $OF = OC$,连接 BF,作 $OG \perp AF$ 于点 G,则 $\angle F = \angle ACB = \angle BHD$,$BH = BF$,$HD = DF$,$AH = GF + HG = 2(GH + HD) = 2OM$;(2) $\angle BOM = 60°$,$OB = 2OM = AH = AO$.

30. 连接 OA、OD,则 $\angle BHC = \angle BOC = 120°$,所以 B、H、O、C 四点共圆,$DB = DO = DC$,$DH = DO = OA$. 又因 $AH \parallel OD$,所以四边形 $AHDO$ 是菱形,所以 $AH = HD$.

31. 延长 BA、CD 交于点 S,则由直线 AMC 截 $\triangle SEF$,得 $\frac{EM}{MF} \cdot \frac{FA}{AS} \cdot \frac{SC}{CE} = 1$. 因为 $AD \parallel BC$,所以 $\frac{SD}{AD} = \frac{BC}{SC}$,$\frac{SA}{AF} = \frac{SD}{AF}$,故 $\frac{EM}{MF} = \frac{SA}{AF} \cdot \frac{EC}{SC} = \frac{SD}{DE} \cdot \frac{EC}{SC} = \frac{SD}{AD} \cdot \frac{BC}{SC} = 1$,即 $EM = MF$.

32. 作 $OR \perp AC$ 于点 R,$OS \perp BD$ 于点 S,连接 OE、OF、MR、MS,则由 O、M、E、R 四

点共圆与 O、M、F、S 四点共圆,得 $\triangle MAC \backsim \triangle MDB$,$\triangle MRC \backsim \triangle MSB$,从而 $Rt\triangle OME \cong Rt\triangle OMF$,所以 $ME = MF$.

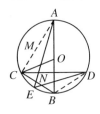

图 F3.1.3

33. 如图 F3.1.3,连接 AC、BD,则 $\angle BCD = \angle BDC$,$\angle OCA = \angle OAC$. 又因 $\angle BDC = \angle OAC$,所以 $\angle BCD = \angle OCA$,$\triangle BCD \backsim \triangle OCA$,故 $\dfrac{CB}{OC} = \dfrac{CD}{CA}$. 又因 $\triangle CDN \backsim \triangle CAM$,所以 $\dfrac{CN}{CM} = \dfrac{CD}{CA} = \dfrac{CB}{CO} = \dfrac{CB}{2CM}$,故 $CN = \dfrac{1}{2}CB$,即 $BN = CN$.

34. 由 BEP、PCN、BDC 分别截 $\triangle ADM$、$\triangle ADF$、$\triangle AMF$,得

$$\dfrac{AD}{PD} \cdot \dfrac{DE}{EM} \cdot \dfrac{MB}{BA} = 1, \qquad ①$$

$$\dfrac{AD}{PD} \cdot \dfrac{DN}{NF} \cdot \dfrac{FC}{CA} = 1, \qquad ②$$

$$\dfrac{AB}{BM} \cdot \dfrac{MD}{DF} \cdot \dfrac{FC}{CA} = 1, \qquad ③$$

则 ①×③÷②,得 $\dfrac{DN}{NF} = \dfrac{MD}{EM}$,所以 $\dfrac{DN-NF}{NF} = \dfrac{MD-ME}{EM}$,故 $NF = ME$.

35. 因为 $\angle ABE = \angle C = \angle F = 90°$,$\angle ABC = \angle BEF$,所以 $\triangle ABC \backsim \triangle BEF$,$\dfrac{AC}{BF} = \dfrac{AB}{BE}$,$\dfrac{AC}{AB} = \dfrac{BF}{BE}$. 又因 $\angle CAD = \angle BAE$,所以 $\triangle ACD \backsim \triangle ABE$,所以 $\dfrac{AC}{AB} = \dfrac{CD}{BE}$,故 $\dfrac{BF}{BE} = \dfrac{CD}{BE}$,从而可得 $BF = CD$.

36. (1) $\triangle PMN$ 形状不变;(2) 仅当 $\angle B = 60°$ 时,存在. 延长 MP 交 AD 于点 Q,则由 $PN = PM = PQ$,得 $\angle QNM = 90°$,且 $\angle NMC = \angle NCM$,从而 $\angle C = 60°$.

37. (1) 由 $CF = CE$,得 $\angle F = 30°$;(2) 成立;(3) 当且仅当 $AE = 2AC$ 时,(1) 中结论成立.

38. (1) $\triangle GDF$、$\triangle GAH$、$\triangle ECH$;(2) $D_1F_1 = AH_1$;(3) 连接 G_1C,则 $\angle ICG_1 = \angle IG_1C = 37.5°$.

39. 数学思考:(1) $OB' = OD'$;(2) 因为 OF 是 $Rt\triangle B'D'F$ 斜边上的 $B'F$ 上的中线,所以四边形 $GFEB'$ 是平行四边形;拓展探究:$B'O = OP$,延长 GB'、PO 交于点 Q,则 $\triangle OGQ \cong \triangle OFP$,且 $B'O$ 是 $Rt\triangle B'PQ$ 斜边 PQ 的中线.

40. (1) 过点 M 作 $MH \perp DC$ 于点 H,则 $\triangle ABE \cong \triangle NMH$;(2) 连接 GA、GE、GC,则 $GA = GC = GE$,作 $GK \perp EC$ 于点 K,设 $\angle EGK = \alpha$,$\angle AEB = \beta$,$\angle AEG = \gamma$,则由 $\angle BAD = 90°$,$\angle BEC = 180°$,得 $\beta = \alpha + \gamma$,$\beta + \gamma = 90° + \alpha$,从而 $\gamma = 45°$,所以 $FG = \dfrac{1}{2}AE = BF$;(3) $AE = MN$,$BF = FG$. 理由如下:作 $MK \perp CD$ 于点 K,则 $Rt\triangle ABE \cong Rt\triangle MKN$. 设 $\angle FBA = \alpha$,$\angle AEB = \angle MND = \beta$,则 $\alpha + \beta = 90°$,$\angle FGB = 135° - \beta = 45° + \alpha = \angle FBG$,所以 $BF = FG$.

41. 略.

42. 略.

43. 略.

44. 略.

45. 略.

习题 3.2

1. 连接 DC、PC，则 $\triangle ADC \cong \triangle BDC$，$\triangle BCD \cong \triangle BPD$.

2. 因为四边形 $ACBM$ 是圆内接四边形，所以 $\angle MBA = \angle MCA$，$\angle MAB = \angle MCB$. 又 $\angle MBA = \angle MAB$，所以 $\angle MCA = \angle MCB$.

3. 由 $\dfrac{DQ}{DA} = \dfrac{CP}{CQ}$，得 $\text{Rt}\triangle ADQ \backsim \text{Rt}\triangle QCP$，$\text{Rt}\triangle AQP \backsim \text{Rt}\triangle ADQ$，所以 $\angle QAP = \angle QAD$.

4. 过点 A 作 $AM \perp BC$ 于点 M，则 $\triangle ADM \backsim \triangle CDH$，得 $\dfrac{AD}{CD} = \dfrac{MD}{HD}$，即 $\dfrac{AD}{BD} = \dfrac{BD}{HD}$. 又 $\angle ADB = \angle BDH$，所以 $\triangle ADB \backsim \triangle BDH$，$\angle DAB = \angle DBH$.

5. 取 BD 的中点 M，连接 ME、MF，则 $ME = MF$.

6. $\angle ACB = \angle BHD = \angle BAH + \angle ABH = \angle MDA + \angle ADE = \angle MDE$.

7. 连接 EH、FH，则四边形 $EHFG$ 是菱形.

8. 由 $AC^2 = AB \cdot AD$，得 $\triangle ACD \backsim \triangle ABC$，从而 $\angle ACD = \angle B$. 又 $\angle ACD + \angle DCE = \angle ACE = \angle AEC = \angle B + \angle ECB$，所以 $\angle DCE = \angle BCE$.

9. $\angle DCB = \angle A = \angle ECB$.

10. $\angle EDF = \angle ADB = \angle ACB = \angle ABC = \angle CDF$.

11. $\angle ABE = \angle ADE = \angle ACF = \angle ABF$.

12. 由 $AC = BD$，得 $OM = ON$.

13. 过点 O 作 $OM \perp CD$ 于点 M，则 $MC = MD$.

14. 连接 AE、AD，则 $\angle FCD = \angle AED = \angle ADE = \angle ACE$.

15. 由 $PB^2 = AB^2 = BC \cdot BD$，得 $\triangle BPC \backsim \triangle BDP$.

16. (1) $\angle DAC = \angle BCE = \angle CAB$；(2) $\triangle ACD \backsim \triangle ABC$.

17. (1) $\angle CA'D' = \angle DAA' = \angle DAB = \angle D'A'B'$；(2) $\angle B'EC = 2\angle A'$.

18. 将 $\triangle ABC$ 绕点 A 逆时针旋转至 $\triangle AEF$，使 AB 与 AE 重合.

19. (1) 将 $\triangle ACE$ 绕点 A 逆时针旋转 $90°$ 可得 $\triangle AFB$；(2) $\angle AME = \angle AMF = 60°$.

20. 导角可得.

21. 因为 $EF \parallel BC$ 且 $EF = CE$，所以 $\angle ECF = \angle EFC = \angle BCF$.

22. (1) 四边形 $ADEC$ 是平行四边形；(2) 计算可得 $BG = BC$.

23. (1) $\angle ACE + \angle BCD = 180°$；(2) $S_{\triangle BCD} = S_{\triangle AEC}$；(3) $\angle BCM = \angle AEC$.

24. (1) 略；(2) $\angle BEA = \angle BEC = 60°$；(3) 可以. 比如先作 $\triangle BPF$ 关于 PF 的对称 $\triangle PQF$，再将 $\triangle PQF$ 绕点 P 旋转 $120°$ 至 $\triangle PER$，则 $\triangle EAR$ 是等腰三角形.

25. 略.

26. 略.

27. 由角平分线性质，得 $\frac{AB}{BC} = \frac{AD}{DC}$, $\frac{AC}{BC} = \frac{AE}{BE}$. 又因 $BE = CD$，所以 $\frac{AD}{AB} = \frac{DC}{BC} = \frac{BE}{BC} = \frac{AE}{AC}$，所以 $\triangle ABD \backsim \triangle ACE$，$\angle ABD = \angle ACE$，所以 $\angle ABC = \angle ACB$.

28. 由 $\triangle MGP \backsim \triangle NHP$，得 $\angle GPM = \angle HPN$，从而 M、N、P 三点共线.

29. 设 AB、AC 交 $\triangle AMN$ 外接圆于 P、Q，由 $BM \cdot BN = BP \cdot BA$，$CN \cdot CM = CQ \cdot CA$，$BM = CM$，得 $\frac{BN}{CN} = \frac{BP \cdot AB}{CQ \cdot AC}$. 又因 $\frac{BN}{CN} = \frac{AB^2}{AC^2}$，所以 $\frac{AB}{AC} = \frac{BP}{CQ}$，故 $PQ /\!/ BC$，$\overset{\frown}{PM} = \overset{\frown}{QN}$，所以 $\angle PAM = \angle QAN$，即 $\angle BAM = \angle CAN$.

30. 取 BC、AC 的中点 P、Q，连接 PD、QD、PF、QE，则 $\frac{DP}{DQ} = \frac{AC}{BC} = \frac{EQ}{FP}$，$\angle DPF = \angle DQE$，所以 $\triangle DPF \backsim \triangle DQE$，得 $\angle PDF = \angle QDE$. 同理，$\triangle DPO_2 \backsim \triangle DQO_1$，所以 $\angle PDO_2 = \angle QDO_1$，得 $\angle FDO_2 = \angle EDO_1$.

习题 3.3

1. 取 BD 的中点 E，则 $AE = AC$.

2. 连接 OE、OA、OF、OD，则 $\triangle OAE \cong \triangle ODF$.

3. 连接 BD、BE，即证 $DE = AC$，只需证 $\triangle ABC \cong \triangle EBD$.

4. 延长 BC 至点 E，使 $CE = CD$，则 $\triangle BDE \cong \triangle ABC$，所以 $AC = BE = BC + CD = 3CD$.

5. 作 $CE \perp AB$，$CF \perp PQ$，则四边形 $ECFQ$ 是矩形，$\triangle PCR \cong \triangle PCF$，所以 $PQ - PR = PQ - PF = FQ = CE = BD$.

6. $\angle DAE = \frac{1}{2}(\angle B - \angle C) = \frac{1}{2}\angle C$.

7. (1) $\angle BAC = \angle DAE$；(2) $\angle ACB = \angle E = 45°$；(3) 延长 BF 至点 G，使 $FG = FB$，则 $\triangle ADC \cong \triangle AGC$.

8. 由 $90° - \angle BAE = \angle CAE = \angle CEA = \angle B + \angle BAE$，得 $\angle BAE = \frac{1}{2}(90° - \angle B) = \frac{1}{2}\angle ACB$.

9. 过点 E 作 $EM /\!/ BC$，交 AC 于点 M，则 M 是 AC 的中点，且 $\frac{FM}{FC} = \frac{EM}{BC} = \frac{1}{4}$，从而 $AF = \frac{1}{3}AC$.

10. 由 $\triangle ADE \backsim \triangle ACB$，得 $\frac{DE}{BC} = \frac{AD}{AC} = \frac{1}{2}$.

11. 设 $AB = a$，则由 $\frac{BE}{BC} = \frac{AE}{AF} = 3$，得 $BE = 3a$，$\frac{BG}{DG} = \frac{BE}{DC} = \frac{3a}{a} = 3$.

12. 延长 EC 至点 F，使 $CF = BD$，则 $\triangle DEB \cong \triangle CAF$，从而 $BE = FA = AB = 3BD$.

13. 设 $AB = a$，$BF = b$，则 $BE + CG = \frac{b^2}{a} + \frac{ab - b^2}{a} = b = BF$.

14. 在 AE 上截取 $AG = AF$,连接 GD,则 $DG = DF = BD$,所以 $GE = BE$.

15. 延长 AG 至点 H,使 $GH = GE$,则 $\triangle ABE \cong \triangle CAH$.

16. 将 $\triangle ADF$ 绕点 A 顺时针旋转到 $\triangle ABH$ 位置,连接 HE,则 $\triangle AHE \cong \triangle AFE$,$\triangle ABE \cong \triangle ACF$.

17. 在 AD 延长线上取点 E,使 $DE = DB$,连接 BE,则 $\triangle ABE \backsim \triangle CBD$,且相似比为 $\sqrt{2}$.

18. 延长 CD 至点 E,使 $DE = DC$,连接 AE,则可导出 $\angle BAE = \angle E$,所以 $AB = BE = BC + CE = BC + 2CD$.

19. (1) $\angle ADE = \angle ABC$,$AC = AE$;(2) 作 $AG \perp CE$ 于点 G,则 $\text{Rt}\triangle ACG \cong \text{Rt}\triangle CAF$.

20. (1) $\angle ABE = \angle DAC$;(2) $CE = \sqrt{2}CG$. 延长 CG 交 EB 于点 K,连接 EG,则 $\triangle BGK \cong \triangle DGC$,所以 $GK = GC$,$BK = DC = AE$,从而 $EK = EC$,所以 $\triangle EKC$ 是等腰直角三角形,所以 $EG \perp CK$,从而 $CE = \sqrt{2}CG$.

21. 过点 G 作 $M'Q' \parallel AC$,交 AM、AD、CD、CQ 于点 M'、N'、P'、Q',则由 $M'N' = 2N'G$,$P'Q' = 2P'G$ 和相似三角形性质,可得 $MN = 2GN$,$PQ = 2PG$,或延长 BA、EC 交于点 O,由 F 为 AC 的中点,得 DF 过点 O,且 $\dfrac{DG}{OG} = \dfrac{1}{3}$. 由 $AB \parallel CD$,$AD \parallel CE$,得 $\dfrac{MN}{PN} + \dfrac{PQ}{PN} = \dfrac{AN + CQ}{DN}$,由 $\triangle DGN \backsim \triangle OGQ$,得 $OQ = 3DN$,$AN + CQ = 2DN$,所以 $MN + PQ = 2PN$.

22. (1) 连接 CE,$\triangle AEC$ 是等腰直角三角形;(2) $AM = CM$,$BC = CD = DM + CM = DM + AM$.

23. (1) $AE + DE = CD$;(2) $DE - AE = CD$. 旋转 $\triangle BDC$ 至 $\triangle BEA$.

24. (1) $MN = AM + BN$. 将 $\triangle ADM$ 绕点 D 旋转至 $\triangle BDE$;(2) $MN = AM + BN$. 证法同(1);(3) $MN = AM + BN$.

25. (1) $\triangle ABD \cong \triangle ACF$;(2) $CF = BC + CD$,$\triangle ABD \cong \triangle ACF$;(3) $CD = BC + CF$,$\triangle ABD \cong \triangle ACF$.

26. 连接 MB、MC,则 $\triangle BMC$ 是等边三角形,用延长或截取的方法可证得 $DB + DC = DM$,所以 $DA + DB + DC = DA + DM = AM$.

27. (1) 导角. 设 $\angle ADE = \angle AED = \alpha$,$\angle EDC = \beta$,$\angle BAD = \gamma$,则 $\angle B = \angle ACB = \alpha - \beta$,于是由 $180° - 2\alpha + \gamma = 180° - 2(\alpha - \beta)$,得 $\gamma = 2\beta$,即 $\angle BAD = 2\angle CDE$;(2) 成立.

28. (1) 延长 BE 至点 H,使 $EH = ED$,连接 AH,延长 AE、BD 交于点 F,连接 HF,则由 $2\angle AEB + \angle BED = 180°$,得 $\angle FED = \angle FEH$,所以 $\triangle ADE \cong \triangle AHE$,故 $AH = AD = AB$. 又因 $\angle ABE = 60°$,所以 $\triangle ABH$ 是等边三角形,故 $BE + DE = BE + EH = BH = AB = BC$. (2) $\angle CDE = 2\angle ABD - \angle BED$.

29. (1) $AB = AD = \dfrac{1}{2}AC$;(2) 成立. 延长 AB 至点 E,使 $BE = AD$,则 $\triangle AEC$ 是等边三角形;(3) ① $AB + AD = \sqrt{3}AC$;② $AB + AD = 2AC\cos\dfrac{\alpha}{2}$. 在 AB 上截取 $AE = AD$,连接 CE,则 $\triangle AEC \cong \triangle ADC$,从而可得 $\angle CEB = \angle CBE$,所以 $CE = CB$,设 $AD = a$,作 $CF \perp EB$

于点 F,则 F 为 EB 的中点,$AB + AD = a + 2AC\cos\frac{\alpha}{2} - 2a + a = 2AC\cos\frac{\alpha}{2}$.

30. 由 $\triangle ABF \cong \triangle APE$,得 $BF = PE = 2BD$,则(1) $PE = 2BD$,在 DF 上截取 $DG = DB$,连接 PG 交 AB 于点 H,则可得 $PG \parallel CF$.又因 $AB = AC$,所以 $BH = HP$,从而 $\triangle PEH \cong \triangle BGH$,所以 $PE = 2BD$.(2) $PE = \dfrac{2BD}{m}$,作 $PM \parallel CF$ 分别交 BA、BF 于点 N、M,则 $\triangle PEN \sim \triangle BMN$,$\dfrac{PE}{2BD} = \dfrac{PN}{BN} = \dfrac{AC}{AB} = \dfrac{1}{m}$,所以 $PE = \dfrac{2BD}{m}$.

31. (1) 作 $DM \perp AE$ 于点 M,则 $\text{Rt}\triangle DEM \cong \text{Rt}\triangle EFA$,$\text{Rt}\triangle ADM \cong \text{Rt}\triangle ABC$;(2) $BC = AE + AF$. 作 $DM \perp AE$ 交 AE 延长线于点 M,则理由同(1).

32. (1) 因为 $\angle BAC = \angle DAE$,等腰 $\triangle ABC \sim$ 等腰 $\triangle ADE$,所以 $\angle ACB = \angle AEP$,从而 A、E、C、P 四点共圆,故得 $\angle APC = \angle AEC = 90°$,所以 $PB = PC$;(2) 连接 CD,则 $BD = AD = DC$,所以 $BD + DC \geqslant BC$,即 $2AD \geqslant BF + FC$.

33. (1) 设 $\angle BAD = \angle CAD = \alpha$,则 $\angle BCE = 90° - \alpha + 60° + \alpha = 150°$,所以 $\angle FCD = 30°$,$\angle AFC = 60°$;(2) $AF = CF + EF$. 延长 EF 至点 G,使 $FG = FB$,则 $\triangle ABF \cong \triangle BEG$,所以 $AF = EG = EF + FG = EF + BF = EF + CF$,或在 AF 上截取 $AH = EF$,则 $\triangle ABH \cong \triangle EBF$.

34. (1) 由 $\angle EAF = \angle EBF$,得 A、B、F、E 四点共圆,所以 $\angle AEF = \angle ABD = \angle ABE = \angle AFE$,故 $AE = AF$;(2) $BE = 2OB + BF$. 延长 BD 至点 G,使 $AG = AB$,则 $\triangle AFG \cong \triangle AEB$,$BE = GF = GB + BF = 2OB + BF$. 其中过点 A 作 $AK \perp GB$ 于点 K,则 $\text{Rt}\triangle AKB \cong \text{Rt}\triangle DOB$,得 $OB = KB = \dfrac{1}{2}BG$.

35. (1) $\triangle ABE \cong \triangle AFD$;(2) $\angle EGF = 120°$;(3) ① $\triangle DGA \cong \triangle BGA$;② $BE = \sqrt{3}GE$.

36. 延长 BC 至点 E,使 $CE = AB$,连接 ED,(1) $\triangle ABD \cong \triangle CED$;(2) $BD = BC + AB$. $\triangle DAB \cong \triangle DCE$,所以 $DB = DE$,$\triangle DBE$ 是等边三角形,所以 $BD = BE = BC + CE = BC + AB$.

37. (1) 作 $\angle GAH = \angle EAB$ 交 GE 于点 H,则 $\triangle ABG \cong \triangle AEH$ 且 $\triangle AGH$ 是等边三角形;(2) $EG = \sqrt{2}AG - BG$. $\triangle ABG \cong \triangle AEH$ 且 $\triangle AGH$ 是等腰直角三角形,$\sqrt{2}AG = HG$.

38. (1) $PM = PN$,$PM \perp PN$. 由 $\text{Rt}\triangle ACE \cong \text{Rt}\triangle BCD$,得 $AE = BD$,$AE \perp BD$;

(2)(1)中结论仍成立. 由 $\triangle ACE \cong \triangle BCD$,得 $AE = BD$,$AE \perp BD$. 而 $PM \underline{\underline{\parallel}} \dfrac{1}{2}BD$,$PN \underline{\underline{\parallel}} \dfrac{1}{2}AE$;

(3) $PM = kPN$. 由 $\triangle ACE \sim \triangle BCD$,得相似比为 k,所以 $PM = \dfrac{1}{2}BD = \dfrac{1}{2} \cdot kAE = k \cdot PN$.

39. (1) $\triangle BD'A \cong \triangle CE'A$;(2) 连接 DD',则 $\triangle ADD'$ 是等边三角形,$\angle BAE' = \angle ABD'$,$\angle BFD' = \angle AFE'$,所以 $\triangle BFD' \sim \triangle AFE'$,故 $\dfrac{BF}{AF} = \dfrac{BD'}{AE'} = \dfrac{BD'}{AD'} = \sqrt{3}$.

40. (1) 因为 $AE \parallel GF$, $\triangle ABG \cong \triangle FBG$, 所以 $AG = FG = AE$; (2) $\triangle AEG$ 是等边三角形, $BF = FC$, $CM = GM$. $EG = AG = GM = CM$. 因为四边形 $EFCM$ 是平行四边形, 所以 $AB = BF = CF = EM = \sqrt{3}CM$.

41. (1) $\angle ACP = \angle ACB - \angle BCP = 60° - \angle BCP$, $\angle KCQ = \angle KCB - \angle PCQ - \angle BCP = 60° - \angle BCP$; (2) $AC = CD$. 作 $KG \perp CD$ 于点 G, 则 $\triangle APC \sim \triangle KQC$, 所以 $\dfrac{AP}{KQ} = \dfrac{AC}{KC} = \dfrac{CD}{KC} = \sqrt{3}$. 又因 $KQ = DQ - DK = DQ - \dfrac{\sqrt{3}}{3}CD$, $AP = AB - BP = CD - BP$, 所以 $DQ - \dfrac{\sqrt{3}}{3}CD = \dfrac{\sqrt{3}}{3}AP$, 即 $\dfrac{\sqrt{3}}{3}(CD - BP) = DQ - \dfrac{\sqrt{3}}{3}CD$, 所以 $\sqrt{3}DQ + BP = 2CD$.

42. 作 $DF \parallel BC$ 交 AC 于点 F, 则 $DF = \dfrac{1}{2}BC$. 又因 $\angle FDE = \angle AFD - \angle FED = \angle C - \dfrac{1}{2}\angle C = \dfrac{1}{2}\angle C$, 所以 $EF = DF = \dfrac{1}{2}BC$, $AE = AF + EF = \dfrac{1}{2}(AE + CE) + \dfrac{1}{2}BC$, 得 $AE = BC + CE$.

43. (1) $\triangle BAC \cong \triangle EAD$, $\angle CED = \angle BAF + \angle BCE = 90°$; (2) $\angle EAD = \angle BAC$, $\angle CAD = \angle BAE$, $AB = AE$, $AC = AD$, 所以 $\triangle BAE \sim \triangle CAD$, $\dfrac{CD}{BE} = \dfrac{AC}{AB} = 2$, 故 $CD = 2BE$.

44. 延长 AD 交 $\triangle ABC$ 外接圆于点 F, 作 $FH \perp BE$ 于点 H, 则 $\triangle ECF \cong \triangle EHF$, 所以 $EC = EH$. 又因 $FB = FE$, $EH = \dfrac{1}{2}EB$, $EC = \dfrac{1}{2}EB$, 所以 $\dfrac{BD}{DC} = \dfrac{EB}{EC} = 2$, 所以 $BD = 2DC$.

45. 作 $AF \perp BC$ 于点 F, 交 BD 于点 G, 连接 CG, 则 $\angle BGF = \angle FGC = 60°$. 若 CA 上取点 P、Q, 使 $PC = PD = PQ$, 则 $\triangle PQD$ 为等边三角形, 所以 $\angle CQD = 60° = \angle CGD$, 所以 Q、G、C、D 四点共圆, 且 P 为圆心, 所以 $PG = PD$. 又因 $\angle AGD = 60° = \angle APD$, 所以 A、G、P、D 四点共圆, 故 $\angle DAC = \angle FAC = \dfrac{1}{2}\angle BAC$.

46. 连接 MN, 则 $\triangle BMN$ 为正三角形, $MN \parallel AC$, $MN = BM = AP_1 = P_2P_3$. 又因四边形 $ANMP_1$ 是平行四边形, 所以 $AN = P_1M$, $\angle MP_1N = \angle ANP_1$. 同理, 四边形 NMP_2P_1 是平行四边形, 得 $NP_1 = MP_2$, $\angle MP_2N = \angle P_2NP_1$. 由四边形 NMP_3P_2 是平行四边形, 得 $NP_2 = MP_3$, $\angle MP_3N = \angle P_3NP_2$. 所以 $\angle MP_1N + \angle MP_2N + \angle MP_3N = \angle P_3NA = 60°$.

47. (1) 作 $BH \perp BD$, 交 DF 延长线于点 H, 则 $\triangle BDH$ 是等腰直角三角形, 所以 $BH \parallel CF$. 又 $BH = BD = CF = BH$, 所以 $\triangle CFE \cong \triangle BHE$, $\triangle ADB \cong \triangle AFC$, $\angle ADB = \angle AFC = 90°$, $\angle BDF = \angle ADF = 45°$, 所以 $CF = BD$, 所以 E 是 BC 的中点; (2) 延长 CA、BD 交于点 K. 因为 $CG \perp BD$, CG 平分 $\angle BAC$, 所以 $BG = KG$, $CK = CB = \sqrt{2}AC$, $AK = CK - AC = (\sqrt{2} - 1)AC$. 由 $\triangle BAK \sim \triangle BDA \sim \triangle CGB$, 得 $\dfrac{AK}{AB} = \dfrac{AD}{BD} = \dfrac{BG}{CG} = \sqrt{2} - 1$, 所以 $\dfrac{BG}{BG + DG + GF} = \sqrt{2} - 1$, 所以 $\sqrt{2}BG = DG + GF$.

48. (1) 在 BE 上取一点 P, 使 $\angle BAP = \angle DAC$, 则 $\triangle BAP \cong \triangle CAD$, $\triangle ADE \cong \triangle APE$, 所以 $\angle PAE = \angle BAP = \angle DAC$, 故 $\angle BAD = 3\angle DAC$; (2) 设 $\angle DAC = \alpha$, 则 $\angle BAC = 2\alpha$,

$\angle BAD = 3\alpha$, $\angle NDM = 90° - \alpha$. 在 FB 上截取 $FQ = FD$, 连接 QD, 则 $BQ = BF - FQ = BF - FD$. 因为 $\dfrac{BF-DF}{BD} = \dfrac{CD}{AC}$, 所以 $\dfrac{BQ}{BD} = \dfrac{CD}{AC}$, 则 $\triangle QBD \backsim \triangle DCA$, $\angle QDB = \angle DAC = \angle DBC$, 所以 $QD \parallel BC$, $\angle FQD = \angle ABC$.

又因 $AB = AC$, $\angle BAC = 2\alpha$, $\angle ABC = 90° - \alpha$, 所以 $\angle FQD = 90° - \alpha$. 因为 $FQ = FD$, 所以 $\angle BFD = 2\alpha$. 又因 FN 平分 $\angle BFD$, 所以 $\angle NMD = \angle BAD - \angle AFM = 2\alpha$, 所以 $\angle MND = 90° - \alpha = \angle MDN$, 所以 $MN = MD$.

习题 3.4

1. 延长 AD、BC 交于点 P, 则 $PA = PB$, $PD = PC$.

2. (1) $\triangle ABD$ 绕点 A 旋转, 逆时针 $90°$ 可得 $\triangle ACE$; (2) $AD = AE$, $DF = FE$, 所以 $AF \perp DE$.

3. 由 $\triangle AEM \cong \triangle FBM$, 得 M 是 BE 的中点, 同理 N 是 CE 的中点.

4. 双向延长 AB、CD、EF, 得 $\triangle MNK$, 故可得 $\triangle NCB$、$\triangle EDK$、$\triangle MAF$ 中均有两个底角对应相等.

5. $\dfrac{MN}{MF} = \dfrac{MH}{MD} = \dfrac{ME}{MG}$.

6. (1) $\triangle BCD \cong \triangle ACE$, 得 $\angle EAC = 60°$; (2) $\angle EAC = \angle EDC = 45° = \angle ACB$, 所以 $AE \parallel BC$.

7. 过点 B 作 $BM \parallel AD$, 交 CA 延长线于点 M, 则 $\angle MBA = \angle M$, $AM = AB$. 因为 $QA = QE$, $AM + QA = CE + QE$, 所以 $MQ = CQ$, 故 QP 是 $\triangle CBM$ 的中位线, $QP \parallel BM \parallel AD$.

8. (1) 过点 C 作 $CG \parallel AD$, 交 AF 延长线于点 G, 则 $\triangle ADF \cong \triangle GCF$, 所以 $CG = AD$, 故 $2EF = AD + BC = CG + BC \geqslant BG$, 当且仅当 C 在 BG 上时等号成立.

(2) 由已知条件得 $S_{\triangle ABE} = S_{\triangle ABC} = S_{\triangle BCD} = S_{\triangle CDE} = S_{\triangle DEA}$, 所以 $S_{\triangle ABE} = S_{\triangle DEA}$, 故 $AE \parallel BD$.

9. $\triangle ABC$ 是等边三角形.

10. $\dfrac{LQ}{LM} = \dfrac{CK}{CB} = \dfrac{LP}{LB}$.

11. 由 $\dfrac{PA}{AC} = \dfrac{PD}{BD}$ 和 $AC = CE$, $BD = DE$, 得 $\dfrac{PA}{CE} = \dfrac{PD}{DE}$.

12. $\dfrac{PG}{PH} = \dfrac{PA}{PC} = \dfrac{PE}{PF}$.

13. 连接 OA、OB, 则 $OAMB$ 是菱形.

14. 由 $\triangle BOF \cong \triangle DOE$, 得 $\angle B = \angle D$.

15. 由 $\text{Rt}\triangle AED \backsim \text{Rt}\triangle DEC$, 得 $\dfrac{AE}{AD} = \dfrac{DE}{DC} = \dfrac{EF}{BD}$, 则 $\triangle ADB \backsim \triangle AEF$, 得 $\angle AFE = \angle ABD$, 可知 A、B、D、F 四点共圆, 得 $\angle AFB = \angle ADB = 90°$.

16. 取 AB 的中点 F, 则 $FE = \dfrac{1}{2}(AD + BC) = \dfrac{1}{2}AB$. 则 (1) $AF = EF$; (2) $\angle AEB = 90°$.

17. 连接 PA, 则 $\angle AED \stackrel{m}{=} \dfrac{1}{4}(\overset{\frown}{AB} + \overset{\frown}{AC}) \stackrel{m}{=} \angle ADE$.

18. 证 $\triangle PBN \sim \triangle PCD$.

19. 证 $\triangle BCE \sim \triangle ADF$.

20. 连接 AO，则 $\triangle AOD \cong \triangle COE$，所以 $\angle DOA = \angle EOC$.

21. 过点 B 作 $BF \parallel DA$ 交 CE 延长线于点 F，则可导出 $AK = 4KD$. 又 $AC = 2CD$，设 $CD = a$，$KD = b$，则由勾股定理得 $5a^2 = 25b^2$，$a^2 = 5b^2$，从而可得 $\triangle CDK \sim \triangle ADC$，所以 $\angle CKD = \angle ACD = 90°$.

22. $\angle DBC = \angle EBC = 45°$，由 $\text{Rt}\triangle ABE \cong \text{Rt}\triangle CAD$，得 $BE = AD = BD$，所以 BC 垂直平分 DE.

23. 因为 $\text{Rt}\triangle ADQ \cong \text{Rt}\triangle DCP$，所以可得 $OP = OQ$，连接 OD、OC，由 $\triangle ODQ \cong \triangle OCP$，可得 $OP \perp OQ$.

24. 连接 AC，并作 $CM \perp BD$ 于点 M，$FN \perp BD$ 于点 N，则 $\triangle BCM \cong \triangle EFN$，$CM = NF$，$\triangle MCD \cong \triangle NFD$，则 $CD = FD$. 又因 $AC = AF$，所以 AD 垂直平分 CF.

25. $\triangle BCD \cong \triangle CBE$，$\triangle ABF \cong \triangle ACF$，从而 $\angle FAB = \angle FAC$.

26. 连接 GB、GC，则 $GC = GB = GA = GD$，所以 $AC \perp CD$.

27. 延长 AD 至点 F，使 $DF = AD$.

28. 延长 DH 至点 M，使 $HM = HD$，连接 FM、ED，则 $\triangle EFM \cong \triangle EAD$.

29. 取 AB 的中点 G，$\triangle DGF$ 绕点 G 顺时针旋转 $90°$ 可得 $\triangle AGE$.

30. 因为 $\angle EPG = \angle EFP = \angle FPC$，所以 $\angle BPD = \angle BPC$，$\triangle BPD \cong \triangle BPC$.

31. $\triangle ABM \cong \triangle NCA$，所以 $AM = AN$，$\angle ANM = \angle MAF$. 又因 $AF \perp MN$，所以 $AM \perp AN$.

32. $\triangle DMA \cong \triangle AKB$，$\triangle DNA \cong \triangle ALB$，$\triangle LKA \cong \triangle NMD$.

33. (1) $\triangle ABE \cong \triangle ADF$；(2) 延长 DG 交 AB 于点 H，连接 HE，则 $\triangle HBE \cong \triangle EFD$.

34. (1) 连接 DE，则 $EF = EB = ED$，过点 E 作 $EM \perp AB$ 于点 M，交 DF 于点 N，则 $\angle FEN + \angle BEM = \angle DEN + \angle BEM = \angle EBM + \angle BEM = 90°$；(2) $EM = BM = MF$.

35. (1) $\triangle AEB \cong \triangle AFD$，$BE = DF$，设 $AB = 2a$，则由 $\triangle PBE \sim \triangle PDA$，可得 $PE = \dfrac{a}{\sqrt{5}}$，$DF = BE = \dfrac{2}{\sqrt{5}}a$，所以 $EF = \dfrac{4}{\sqrt{5}}a$，故 $BF = \sqrt{\dfrac{4}{5}a^2 + \dfrac{16}{5}a^2} = 2a = AB$；(2) $\triangle BEF \cong \triangle DFC$.

36. (1) 补成正方形 $ACBH$，过点 F 作 $MN \parallel BC$，则由 F 为 AE 的中点，得 M 为 HD 的中点，所以 $FD = FH = FC$，且 $\angle MFD + \angle CFN = \angle FCN + \angle CFN = 90°$；(2) 成立.

37. (1) $NE = ND$，$ME = MD$；(2) 锐角为 $45°$ 的菱形，由 $\text{Rt}\triangle ADF \cong \text{Rt}\triangle BDC$ 可得.

38. (1) 作 $FM \perp FD$ 交 AD 于点 M，则 $FM = FD$，$MD = \sqrt{2}DF$，从而有 $BD + ED = ME + ED$，又 $FM = FD$，$\angle FME = \angle FDB = 45°$，所以 $\triangle FME \cong \triangle FDB$，$FE = FB$. 又因 $\angle BFD + \angle EFD = \angle AFE + \angle EFD = 90°$，所以 $FB \perp FE$；(2) 设 N 是 FE、BD 的交点，则 $\triangle EDN \cong \triangle CDB$，$\triangle AEF \cong \triangle NBF$，所以 $AF = NF$. 设 $BF = EF = a$，则 $BC = BE = NE = \sqrt{2}a$，$AB = FA + FB = (2 + \sqrt{2})a$，所以 $\dfrac{AB}{BC} = \sqrt{2} + 1$，即 $AB = (1 + \sqrt{2})BC$.

39. (1) $DF = \frac{1}{2}CE = BF$，$\angle DFB = 2\angle C = 90°$.

(2) 成立.(解法 1)延长 DF 至 G，使 $FG = DF$，连接 CG、BG、BD，则由 $\angle BAD = \angle BCG$，可得 $\triangle ABD \cong \triangle CBG$.

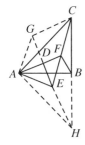

图 F3.4.1

(解法 2)如图 F3.4.1，构作等腰 Rt$\triangle AEG$、$\triangle AHC$，将 DF 与 BF 关系转化到 CG 与 EH 关系.

40. (1) ① $AM + CK = MK$；② $AM + CK > MK$.

(2) 作点 C 关于 FD 的对称点 G，连接 GK、GM、GD，则 $CD = GD$，$GK = CK$，$\angle GDK = \angle CDK$，$\angle ADM = \angle GDM$，所以 $\triangle ADM \cong \triangle GDM$，故 $GM = AM$. 由 $GM + GK > MK$，得 $AM + CK > MK$；

(3) 当 $MK^2 + CK^2 = AM^2$ 时，由(2)知 $MK^2 + GK^2 = GM^2$，$\angle GKM = 90° = \angle GKC$，所以 $\angle GKF = \angle CKF = 45°$. 又因 $\angle ACD + \angle CDF = \angle CKF$，$\angle ACD = 15°$，所以 $\angle CDF = 15°$，$\angle MGK = 60°$，故 $\frac{MK}{AM} = \frac{MK}{GM} = \sin 60° = \frac{\sqrt{3}}{2}$.

41. 略.

42. 略.

43. 略.

44. 略.

45. 略.

46. 略.

47. 略.

48. 略.

49. 略.

50. 略.

习题 3.5

1. 由 $SD \parallel BQ$，$DI \parallel BR$，得 $\frac{PQ}{PS} = \frac{PB}{PD} = \frac{PR}{PI}$.

2. 由 $BE \parallel CD$，$AD \parallel BC$，得 $\frac{OE}{OC} = \frac{OB}{OD} = \frac{OC}{OA}$.

3. 过点 E 作 $EH \parallel AB$，交 CB 于点 H，则 $\frac{EH}{EC} = \frac{AB}{AC}$，$\frac{EH}{BD} = \frac{EF}{FD}$. 又因 $AB = BD = EC$，所以 $\frac{AB}{AC} = \frac{EF}{FD}$.

4. 由 $\triangle BCA \sim \triangle BAD$，得 $\frac{AB}{AC} = \frac{BD}{AD}$. 由 $\triangle FBD \sim \triangle FDA$，得 $\frac{BF}{DF} = \frac{BD}{AD}$，所以 $\frac{BF}{DF} = \frac{AB}{AC}$.

5. $\triangle ABC \sim \triangle DMN$.

6. $\triangle CDF \sim \triangle EDC$.

7. $\frac{BE \cdot CE}{AF \cdot BF} + \frac{AD \cdot CD}{AF \cdot BF} = \frac{BC}{BA} \cdot \frac{DF}{AF} + \frac{AD}{AF} \cdot \frac{EF}{BF} = \frac{BC^2}{BA^2} + \frac{AC^2}{BA^2} = \frac{AB^2}{AB^2} = 1$.

8. 延长 AC 至点 D,使 $CD = CB$,则 $\triangle ABC \backsim \triangle ADB$.

9. 过点 A 作 AB 的垂线 MA,交 DE 延长线于点 M,则 $\triangle ADM \cong \triangle DCF$,$\triangle AEM \backsim \triangle CED$,所以 $\dfrac{EC}{EA} = \dfrac{CD}{AM} = \dfrac{CD}{DF}$.

10. $\triangle PAD \backsim \triangle DCB$.

11. (1) 连接 BD,则 $\triangle ADB \backsim \triangle DEA$;(2) $\angle EAC = \angle ABC = \angle ACB$.

12. (1) 连接 CB,则 $\triangle AGF \backsim \triangle ABC$;(2) $GF + DF = GF + FE = GE$,由 $\overset{\frown}{CD} = \overset{\frown}{AD} = \overset{\frown}{AE}$,得 $\angle GEC = \angle GCE$.

13. (1) 过点 A 作公切线 AM,交 CD 于点 M,则 $\angle AEF + \angle AED = \angle MAC + \angle MAD$,且 $\angle MAD = \angle AED$,$\angle CAM = \angle B$,从而 $\angle B = \angle AEF$;(2) $\dfrac{BD}{CD} = \dfrac{AB}{AC} = \dfrac{AE}{AF}$.

14. (1) $\angle ECB = \angle EDB = \angle A$;(2) 延长 CD 交 $\odot O$ 于点 G,连接 AG,则 $CG = 2CD$,且 $\triangle ACG \backsim \triangle CDE$,所以 $\dfrac{CD}{AC} = \dfrac{DE}{CG} = \dfrac{DE}{2CD}$.

15. 由 $\triangle ACD \backsim \triangle BAD$ 及 $AD^2 = DC \cdot DB$,得 $\dfrac{CD}{BD} = \dfrac{CD \cdot BD}{BD^2} = \dfrac{AD^2}{BD^2} = \dfrac{AC^2}{AB^2}$.

16. 过点 C 作 $CN \parallel AB$,交圆于点 N,则 $\dfrac{PA^2}{PC^2} = \dfrac{PB \cdot PC}{PC^2} = \dfrac{PB}{PC} = \dfrac{BD}{CN} = \dfrac{AD}{CN} = \dfrac{AM}{CM}$.

17. (1) 连接 BG,则 $\angle BHG = \angle BGH$;(2) 连接 AF,则 $\triangle AHE \backsim \triangle BHD$.

18. (1) 因为 ME 垂直平分 AD,所以 $\angle ADE = \angle DAE = \angle B$,从而 $\triangle FAD \backsim \triangle FDB$,因此 $\dfrac{FA}{FD} = \dfrac{FD}{FB} = \dfrac{DE}{BM}$;(2) $FG^2 - FA^2 = FA \cdot FB - FA^2 = FA \cdot AB = 2FA \cdot BM = 2DE \cdot DF$.

19. 连接 AB,则(1) 由 $\angle CAB = \angle D$,得 $\angle CAD = \angle CBA$,则 $\angle E = \angle EAC$;(2) $CA^2 = CB \cdot CD$,$DA \cdot DE = DB \cdot DC$,相加并将 $CA = CE$ 代入即可.

20. (1) 连接 OB、NB,因 $\overset{\frown}{AD} = \overset{\frown}{DB}$,由此可推 $\triangle OBN \backsim \triangle CPN$;(2) $\angle BPM = \angle OBN$,$\angle BOP = \angle NOB$,从而 $\triangle BOP \backsim \triangle NOB$. 或连接 OC、OA,证 $\triangle OCN \backsim \triangle OPC$.

21. $\angle ECF = \angle ECG$,$\angle DEF = \angle DEG$.

22. 连接 AK,延长 AD 至点 F,使 $DF = DG$,则 $BE \parallel FC$,所以 $\angle GFC = \angle AGE = \angle AKG$,从而 $\triangle AKG \backsim \triangle CFG$.

23. (1) $\angle AED = \angle ABD = \angle ACD$;(2) 连接 AD,由 $\angle CAD = \angle B = \angle C$,得 D 是 CF 的中点,所以 $BE = AD = \dfrac{1}{2}CF$;(3) 由 $DA = DC = EA$,$AG \perp ED$,得 $EG = \dfrac{1}{2}DE = \dfrac{1}{2}AC$. 所以 $\dfrac{1}{8}CF \cdot CB = \dfrac{1}{4}CD \cdot CB = \dfrac{1}{4}CA^2 = EG^2$.

24. 如图 F3.5.1,因为 $\dfrac{PA^2}{PT^2} = \dfrac{PA^2}{PB \cdot PA} = \dfrac{PA}{PB} = \dfrac{PA}{PA - AB}$,而且 $\dfrac{AB}{AP} = \dfrac{OB_2}{PO_2} = \dfrac{r}{R}$,所以 $\dfrac{PA^2}{PT^2} = \dfrac{R}{R - r}$.

25. 由 $\triangle PBM \backsim \triangle BNM$ 及 $AM = BM$ 得 $\dfrac{PM}{PB} = \dfrac{AM}{BN}$. 又由 $\dfrac{PA}{PB} =$

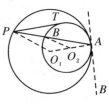

图 F3.5.1

$\frac{AN}{BN}$,得 $\frac{PA+PB}{PB}=\frac{AB}{BN}$.所以 $\frac{PA+PB}{AB}=\frac{PB}{BN}=\frac{PM}{AM}$.

26. 过点 D 作 $DE \perp AC$ 交于点 E,则 $AE=AB$,所以 $\frac{BD}{AC-AB}=\frac{BD}{CE}=\frac{DE}{CE}=\frac{AB}{BC}$.

27. $\frac{PB}{PC}=\frac{PB \cdot PC}{PC^2}=\frac{PA^2}{PC^2}=\frac{AB^2}{AC^2}$.

28. 因为 $PA^2=PQ \cdot PR$,所以 $\frac{PQ}{PR}=\frac{PQ \cdot PR}{PR^2}=\frac{PA^2}{PR^2}=\frac{PB^2}{PD^2}$.

29. 由 $\triangle ABD \backsim \triangle CBA$,得 $AB^2=BC \cdot BD$.同理 $AC^2=BC \cdot CE$.所以 $\frac{AB^2}{AC^2}=\frac{BD}{CE}$.

30. 作 $\angle BAE=\angle DAC$,交 BD 于点 E,由 $\triangle ABE \backsim \triangle ACD$ 和 $\triangle ABC \backsim \triangle AED$,得 $AB \cdot CD=AC \cdot BE$,$AD \cdot BC=AC \cdot DE$,相加即得.

31. 过点 C 作 $CD \perp AB$,因为 $AC \perp BC$,所以 $\triangle ACD \backsim \triangle ABC$,$\triangle BCD \backsim \triangle BAC$,从而 $AC^2=AD \cdot AB$,$BC^2=BD \cdot AB$.相加,得 $AC^2+BC^2=AB \cdot (AD+DB)=AB^2$.

32. 由四边形 $DCEH$ 是圆内接四边形,得 $BH \cdot BE=BD \cdot BC$.同理,$CH \cdot CF=CD \cdot BC$.相加即得.

33. 由 $\triangle ABD \backsim \triangle APB$ 和 $\triangle PCD \backsim \triangle PAB$,得 $AB^2=AD \cdot PA$,$PB \cdot PC=PD \cdot PA$.相加可得.

34. (1) $\angle O_1AC=90°$;(2) $AC^2=CE \cdot CD=CE \cdot (CE+2O_1E)=CE^2+2CE \cdot O_1E$.

35. $\frac{BD \cdot BE}{CD \cdot CE}=\frac{S_{\triangle ABD} \cdot S_{\triangle ABE}}{S_{\triangle ACE} \cdot S_{\triangle ACD}}=\frac{AB^2}{AC^2}$.

36. $\triangle ABE \backsim \triangle DCE$,$\triangle BCE \backsim \triangle ADE$.

37. (1) $\frac{AQ}{AR}=\frac{AE}{AD}$;(2) $\angle DEC=\angle DRQ=\angle APQ$;(3) $AP \cdot AB=AQ \cdot EC$,$AR \cdot AD=AQ \cdot AE$.

38. (1) 连接 AE,证明 $EA=EI$;(2) 由 $\triangle ECA \backsim \triangle EAD$,得 $\frac{AC}{AD}=\frac{EC}{EA}$.又 $\frac{AC}{AD}=\frac{IC}{DI}$,$EA=EI$.所以 $EI \cdot IC=EC \cdot DI$.

39. 由 $\triangle PAB \backsim \triangle PCA$ 和 $\triangle PAD \backsim \triangle PCE$,得 $\frac{AB}{AC}=\frac{PA}{PC}$ 和 $\frac{AD}{CE}=\frac{PA}{PC}$.所以 $\frac{CE}{AD}=\frac{AC}{AB}$,从而 $\frac{CE}{AC}=\frac{AB-BD}{AB}=1-\frac{BD}{AB}$.

40. (1) 延长 PD、DP,连接 OE,证明 $OE \perp AB$;(2) $CP \cdot PR=PM \cdot PN=PS \cdot PD$,从而可得 $PC=PD$,所以 $4PC^2=CD^2=AD \cdot BD$.

41. (1) $\angle ADE=\angle AED$;(2) $PA \cdot BD=AD \cdot PB$,$PA \cdot EC=PC \cdot AE$,$PA^2=PB \cdot PC$.所以 $AD^2=AE^2=DB \cdot EC$;(3) $AD^2=DB \cdot EC=(AB-AD)(AC-AE)$,即 $AE^2=(AB-AE) \cdot (AC-AE)$.

42. (1) $AF^2=AD \cdot AB=2AD \cdot AO$,$AE^2=AD \cdot AO$;(2) $BE^2=BC^2=BO \cdot BA=BT^2$,从而 $BT=BE$.

43. (1) $\angle QAP = \angle PBQ = 90°$; (2) 延长 AO 交 $\odot O$ 于点 K, 连接 KC. 由 $\triangle ACK \backsim \triangle QAP$, 得 $\dfrac{PQ}{AK} = \dfrac{AQ}{AC}$; (3) 由 $\dfrac{PQ}{AK} = \dfrac{AQ}{AC}$, 得 $PQ \cdot AC = AK \cdot AQ = AQ^2 + QK \cdot AQ$. 而 $QK \cdot AQ = BQ \cdot CQ$, 所以 $PQ \cdot AC = AQ^2 + BQ \cdot CQ$.

44. (1) 连接 AO_1, 则 $AC \perp AO_1$; (2) 延长 CO_1 交 $\odot O_1$ 于点 D, 连接 AD, 则 $\angle CAE = \angle D = \dfrac{1}{2}\angle AO_1E$. 又因 $\overset{\frown}{AE} = \overset{\frown}{BE}$, 所以 $\angle AO_1E = \angle EO_1B$, 故 $\angle CAE = \dfrac{1}{2}\angle EO_1B$;

(3) $AC^2 = CE \cdot CD$, $CD = CE + ED = CE + 2O_1E$.

45. (1) $\angle BAD = \angle CAD$, $\angle ABC = \angle AEC$; (2) 过点 E 作 $EF \perp AB$ 于点 F, $EG \perp AC$ 延长线于点 G, 连接 BE, 则 $\text{Rt}\triangle AFE \cong \text{Rt}\triangle AGE$, $\text{Rt}\triangle BEF \cong \text{Rt}\triangle CEG$, 所以 $AF = AG$, $BF = CG$; (3) 由 $\triangle ABD \backsim \triangle AEC$, 得 $AD \cdot AE = AB \cdot AC$, 所以 $\dfrac{AD}{AB} + \dfrac{AD}{AC} = AD \cdot \dfrac{AB + AC}{AB \cdot AC} = \dfrac{2AD \cdot AF}{AB \cdot AC} = 2 \cdot \dfrac{AF \cdot AD}{AD \cdot AE} = \dfrac{2AF}{AE} = 2 \cdot \cos\dfrac{\angle BAC}{2}$.